Schriftenreihe des
Österreichischen Studienzentrums
für Frieden und Konfliktlösung – ÖSFK (Hrsg.)
Gerald Mader / Wolf-Dieter Eberwein / Wolfgang R. Vogt

Studien für europäische Friedenspolitik

Band 5

Konflikt und Gewalt

Ursachen – Entwicklungstendenzen – Perspektiven

Koordination: Wilhelm Kempf

D1732247

Schriftenreihe des
Österreichischen Studienzentrums
für Frieden und Konfliktlösung – ÖSFK (Hrsg.)
Gerald Mader / Wolf-Dieter Eberwein / Wolfgang R. Vogt

Studien für europäische Friedenspolitik

Band 5

Konflikt und Gewalt

Ursachen – Entwicklungstendenzen – Perspektiven

agenda Verlag
Münster
2000

Die Schriftenreihe wird gefördert vom
Bundesministerium für Unterricht und kulturelle Angelegenheiten, Wien,
und vom Bundesministerium für Wissenschaft, Forschung und Kunst, Wien.

Die Deutsche Bibliothek – CIP-Einheitsaufnahme

Konflikt und Gewalt : Ursachen – Entwicklungstendenzen – Perspektiven / [Koordination: Wilhelm Kempf]. – Münster : Agenda-Verl., 2000
(Studien für europäische Friedenspolitik ; Bd. 5)
ISBN 3-89688-071-3

© 2000 agenda Verlag GmbH & Co. KG
Hammer Str. 223, D-48153 Münster
Tel. +49–(0)251–79 96 10, Fax –79 95 19
E-mail: info@agenda.de
Internet: www.agenda.de
Alle Rechte vorbehalten
Umschlaggrafik: Derek Pommer
Lektorat, Register, Satz, Grafik:
draft fachlektorat frieden – Wilhelm Nolte, Hamburg
ISBN 3-89688-071-3

Inhalt

Abbildungen und Tabellen

Einleitung

Wilhelm Kempf

Das Ende des Kalten Krieges und der Zusammenbruch des Sozialismus in Mittel- und Osteuropa sowie in der Sowjetunion haben keineswegs den erhofften unumkehrbaren Aufbruch auf dem Weg zu Frieden und Stabilität mit sich gebracht. Statt dessen erleben wir eine Reihe von Turbulenzen: Krieg und Bürgerkrieg, Wirtschaftskrise und Verfall der politischen, gesellschaftlichen und wirtschaftlichen Institutionen in Mittel- und Osteuropa sowie u.a. Orientierungslosigkeit und Politikverdrossenheit, Arbeitslosigkeit und Verteilungskämpfe um die Wahrung des Status quo in den westlichen Demokratien, die mit lange überwunden geglaubten Gewaltphänomenen, Rassismus und dem Erstarken xenophobischer Tendenzen in der politischen Parteienlandschaft einhergehen.

Ausgangspunkt des Forschungsprogramms „Zivilmacht Europa" ist es, daß die gegenwärtigen Bedrohungs- und Konfliktstrukturen erstens noch keineswegs festgefahren sind, sondern daß sich stabile Muster vielmehr erst noch herausbilden werden, und zweitens, daß gerade deswegen die Handlungsspielräume in der gegenwärtigen Phase wesentlich größere Gestaltungsmöglichkeiten bieten, als dies normalerweise der Fall ist. Der in dem Forschungsvorhaben unternommene Versuch, die friedenspolitischen Gestaltungsnotwendigkeiten und -möglichkeiten für Gesamteuropa wissenschaftlich auszuloten, kann jedoch nur gelingen, wenn er auf einer umfassenden Analyse der aktuellen Konflikt- und Gewaltpotentiale aufzubauen vermag.

Beim Gewaltphänomen kann zwischen Kriegsgewalt und Alltagsgewalt unterschieden werden. Im vorliegenden Band geht es darum, sowohl beide Aspekte je für sich als auch ihre Querbezüge darzustellen. Im Mittelpunkt steht hierbei die kulturelle Verfestigung von Gewalt als denkbares und praktiziertes Handlungsmuster ebenso wie die Möglichkeit, derartige kulturell verfestigte Praktiken zu überwinden. Zielsetzung ist es, die Interdependenz von personaler, struktureller und kultureller Gewalt ebenso wie die Interdependenz von Alltagsgewalt und Kriegsgewalt, die Interdependenz der Gewalt „von oben" und „von unten" sowie die Interdependenz zwischen Umbruch im Osten und zunehmender Integration im Westen Europas herauszuarbeiten, der Gleichzeitigkeit von Kontinuität und Veränderung gerecht zu werden und schließlich Perspektiven einer gewaltfreien Transformation der Konflikte zu eröffnen.

Das Buch gliedert sich in vier Teile, deren erster der Klärung konzeptioneller Grundlagen gewidmet ist. Hier geht es um die Aufarbeitung der in den letzten Jahrzehnten verwendeten Gewaltbegriffe. Die klassische Einteilung in personale (direkte), strukturelle (indirekte), symbolische und kulturelle Gewalt wird diskutiert (Dieter Kinkelbur); die Entwicklungslogik, welche der gewaltförmigen Eskalation von Konflikten immanent ist, wird analysiert (Wilhelm

Kempf); und es wird untersucht, wie die sozio-kulturellen Bedingungen, welche die psycho-soziale Bewältigung lange andauernder unkontrollierbarer Konflikte ermöglichen, sich zu einer Kultur der Gewalt verfestigen, welche weit über das Kriegsende hinaus wirkt (Daniel Bar-Tal). Dem Phänomen der Gewalt wird das Konzept der Gewaltfreiheit entgegengesetzt: Pazifismus, Perspektiven gewaltfreier Gewaltprävention, Konfliktbearbeitung und Gewaltreduktion werden untersucht, und die Handlungsmöglichkeiten zivilgesellschaftlicher Akteure werden eruiert (Barbara Müller mit Christine Schweitzer).

In den folgenden Teilen werden Alltagsgewalt und Kriegsgewalt einander gegenübergestellt und zueinander in Beziehung gesetzt.

Im zweiten Teil, der mit „Alltagsgewalt" überschrieben ist, wird anhand des Rassismus die zunehmende Gewalt innerhalb der scheinbar so friedlichen westeuropäischen Gesellschaften analysiert (Christoph Butterwegge); anhand des Verhältnisses von Polizei und Gewalt werden die Implikationen einer Sicherheitspolitik problematisiert, welche Gewalt als Mittel der Konfliktlösung verfestigt, indem sie an Stelle der Gewaltprävention (durch Bearbeitung der sozialen und kulturellen Gewaltursachen) die Gewaltbekämpfung in den Vordergrund rückt (Norbert Pütter); und schließlich wird der Beitrag der Medien zur Etablierung einer Kultur der Gewalt untersucht (Helmut Lukesch).

Im dritten Teil, der mit „Krieg und Politik" überschrieben ist, kommt das Dilemma zwischen dem Anspruch einer zivilen Konfliktregelung und gewaltförmiger (militärischer) Intervention deutlich zum Tragen. Zunächst wird die Beziehung zwischen Gewalt und Politik im innerstaatlichen wie auch im zwischenstaatlichen Bereich aus Sicht einer vergleichenden makropolitischen Analyse betrachtet (Ekkart Zimmermann). Das daraus gezogene Resümee, wonach die Abschreckungslogik des *si vis pacem, para bellum* noch immer nicht ad acta gelegt werden kann, stellt jedoch nicht den Schlußpunkt, sondern die Ausgangsfrage einer kontroversen Suche nach friedenspolitischen Alternativen dar. Sie läuft darauf hinaus, daß die Frage, wann ein Konflikt so weit eskaliert ist, daß militärische Gewalt zu seiner Beendigung eingesetzt werden soll, stets eine politische Einzelfallsentscheidung sein muß. Auf Grundlage einer Analyse der Kriegsverläufe und Kriegsursachen nach 1945 werden die Eigendynamik innerstaatlicher Kriege und das Fortbestehen der Gewalt über die Beseitigung der zentralen Kriegsursachen hinaus aufgezeigt (Klaus Schlichte). Notwendigkeit und Perspektiven einer Gewaltprävention, die sowohl an den Ursachen als auch an den Folgen anknüpft, werden herausgearbeitet (Sven Chojnacki mit Wolf-Dieter Eberwein) und Möglichkeiten einer zukünftigen gemeinsamen europäischen Außen- und Sicherheitspolitik, welche in die Konflikte transformierende und deeskalierende Elemente einzubringen vermag, werden dargestellt (Christoph Rohloff mit Hardy Schindler). Den Abschluß bildet eine Diskussion der rechtlichen und institutionellen Problematik friedenserzwingender Maßnahmen (Berthold Meyer).

Im vierten Teil des Buches findet unter der Überschrift „Kriegsgewalt" schließlich eine Rückkehr zur Alltagsgewalt statt: zur Gewalt im Alltag des Krieges
und ihren Implikationen für diejenigen Menschen, deren Alltag durch den Krieg
geprägt ist. Sie finden sich in einer je doppelten Rolle wieder: als Kämpfer und
Bekämpfte, als Täter und Opfer, als Mitläufer und Widerständige in den
Kriegsgebieten selbst wie auch fernab in den Metropolen. Untersucht werden
das Verhältnis von Frauen und Krieg (Annette Weber) und die psycho-sozialen
Auswirkungen des Krieges auf Kinder (Ilhan Kizilhan) ebenso wie der Zusam-
menang von Gewalt und Migration (Steffen Angenendt mit Sven Chojnacki)
und die Universalisierung der Kriegskultur, die tagtäglich von den Medien in
unsere Wohnzimmer getragen wird (Heikki Luostarinen mit Wilhelm Kempf).

Teil 1

Grundlagen

Sozialformen der Gewalt[1]

Dieter Kinkelbur

"Der Mißbrauch wissenschaftlicher Theorien und Forschungsergebnisse zur Rechtfertigung von Gewalt ist nicht neu: er begleitet die gesamte Geschichte der modernen Wissenschaften. .... Ebenso wie 'Kriege im Geiste des Menschen entstehen', so entsteht auch der Frieden in unserem Denken. Dieselbe Spezies, die den Krieg erfunden hat, kann auch den Frieden erfinden. Jeder von uns ist dafür verantwortlich."[2]

1. Grundbegriffliche Notizen: Herrschaft und Macht, Gewalt und Frieden

Eine Durchsicht neuerer Veröffentlichungen der kritischen Sozialwissenschaften macht auf einen Sachverhalt[3] aufmerksam, der auf eine entscheidende Schwäche des Diskurses über Gewalt im Bereich der Friedensforschung[4] hinweist. Der begriffliche Grundrahmen in der Beschreibung und Analyse sozialer

---

1 Für Daniel. Hilfreiche Kommentare zur ersten Fassung des Manuskriptes verdanke ich Wilhelm Nolte, der auch die graphischen Übersichten erstellte, und insbesondere Björn Schulz sowie Petra Schmitz. Sie hat meine Aktivitäten im Bereich der Friedensforschung, die ich immer als eine Form einer intellektuellen Friedensarbeit begriffen habe, in den letzten zehn Jahren kritisch und solidarisch begleitet sowie unterstützt.

2 „The Seville Statement on Violence" wurde 1986 beschlossen und ist veröffentlicht in Alternatives, 1990, sowie auf deutsch u.a. in Galtung/Kinkelbur/Nieder 1993.

3 Lesenswert sind hier Imbusch (1998) sowie Rolshausen (1997).

4 Friedensforschung wird hier als Sammelbezeichnung verstanden. Sie kann nicht mehr als nur kritische Friedensforschung bezeichnet werden, ausgehend von ihrem Theorieverständnis hat sich in den 90er Jahren ein kritisch-konstruktives Selbstverständnis herausgebildet, das sich gerade bei Theoretikern der ersten Generation nachweisen läßt.

13

Zustände, die aufgelöst bzw. aufgehoben werden können,[5] unterscheidet sich in den kaum noch zu registrierenden, durchaus auch konträren und im Gefolge der Versozialwissenschaftlichung des Gewaltdiskurses in den 70er Jahren vorgelegten wissenschaftlichen Thematisierungen von Gewalt[6] (Bibliographie „Gewalt" 1993) erheblich. Für die Kontroversen, die sich direkt oder indirekt auf strukturelle Gewalt als einem maßgeblichen, aber ergänzungsbedürftigen ‚Basiskonzept der Friedensforschung' (Schmitt-Egner) beziehen, kann durchaus festgehalten werden: Wird zum einen eine herrschaftskritische Position ohne konstruktiven Ausblick auf Formen eines sozialen, gewaltärmeren Zusammenlebens gepflegt, so wird zum anderen ein Ausblick auf ein friedliches Zusammenleben in Gruppen, in national konstruierter und global konturierter Gesellschaft gewählt, ohne die Ambivalenz in Rechnung zu stellen, die Macht auszeichnet. Genauso wie Macht – funktional betrachtet – in Herrschaft umschlagen kann, Macht häufig ein Synonym für ein Gewalthandeln ist, ist sie eine Voraussetzung, um Prozesse sozialen Wandelns einzuleiten, zu stimulieren oder aber zu beeinflussen, so daß eine Qualität des Lebens mit Mitmenschen und in der Natur sich etabliert, die den Namen Frieden verdient.

In meinen Überlegungen wird zum einen an den Diskussionsstrang der kritischen Friedensforschung[7] angeschlossen, zum anderen wird die sich unabhängig von friedenswissenschaftlichen Diskursen entfaltende Debatte über Ansätze einer Soziologie der Gewalt (Baecker 1996; Nedelmann 1997) aufgegriffen, um die für den Bereich der Militärkritik, einer Sicherheitsanalyse und der Friedenspolitik relevanten Sozialformen der Gewalt in den Blick zu nehmen. Vermieden werden soll dabei ein Blick zweiter Ordnung, dem durchaus in der Kritik eines Betroffenheit in den Mittelpunkt stellenden Forschungsansatzes gefolgt werden kann, der aber die Involviertheit des Forschenden ausblendet und unbewußt weiter wirken läßt. Das Theoretisieren über Gewalt[8] geschieht stets in den spe-

---

5 Grob vereinfacht ließen sich für eine vom Selbstverständnis her angewandter Wissenschaftsansatz wie die Friedensforschung drei Herangehensweisen unterscheiden: Ein deskriptiver, ein analytischer sowie ein be-greifender – im Doppelsinn eines Begreifens und eines Eingreifens – Theorieansatz stehen nicht gegeneinander, haben jeweils Vorzüge, aber auch Grenzen.

6 Die verdienstvolle Bibliographie aus dem Jahr 1993 zum Thema „Gewalt" des Informationszentrums Sozialwissenschaften der Arbeitsgemeinschaft Sozialwissenschaftlicher Institute erfaßt Veröffentlichungen aus dem Bereich der Friedens- und Konfliktforschung leider nur ansatzweise. Ein randständiger Wissenschaftsansatz und graue Literatur sind von außen nur schwer erfaßbar; Bibliographien mit einer Aufmerksamkeit für den Bereich der Friedens- und Konfliktforschung liegen über die 80er und 90er Jahre für die psychologische und die theologische Friedensforschung vor. Es ist ein erkennbares Defizit, ein Beleg für eine mangelnde Kooperation und eine institutionelle Fragmentierung der Friedens- und Konflitkforschung, daß nicht regelmäßig eine „Friedensbibliographie" erscheint.

7 Frühe Ausführungen zu den Grundbegriffen der Friedensforschung liegen in Deutschland für den Friedensbegriff von Georg Picht und darüber hinaus für die weiteren Begriffe wie Konflikt und Gewalt von Dieter Senghaas vor.

8 Was Hülsmann für den in den 60er und 70er Jahren dominanten und in den 90er Jahren wieder aufgegriffenen Konfliktbegriff ausführt, gilt auch für „Theorie(n) und Gewalt": Das Theoretisieren über Gewalt geschieht nie luftleer oder nur abstrakt, es ist stets auf die Deutung und Bedeutung von Gewalt in den konkreten Lebensbezügen bezogen.

zifischen Kontexten der Rede und inhaltlichen Füllung von Krieg und Frieden, den beiden Polen eines Handlungskontinuums, sowie im Zusammenhang der konkreten Lebensumstände, die zwar durch die große Politik mitbestimmt werden, nicht aber zum Verschwinden der mikrosozialen und lebensweltlichen Situiertheit von Menschen, Frauen und Männern, Kindern und Alten führen. Hier wird deshalb das friedenswissenschaftliche Dictum, wonach, wer den Frieden will, „jene gesellschaftlichen Voraussetzungen, die bisher immer wieder zum Krieg geführt haben" (Krippendorff 1968:23) zu verändern hat, im Hinblick auf eine Friedensagenda in einer multipolaren Weltgesellschaft verdeutlicht: Wer über Gewalt redet, darf über Friedensakteure und Friedensstrukturen nicht schweigen. Kritisch-konstruktive Friedens- und Konfliktforschung als ein auf die gegenwärtigen Schlüsselprobleme unserer Weltübergangsgesellschaft[9] bezogener Wissenschaftsansatz verdeutlicht dabei in der Offenlegung des Erkenntnisinteresses, daß bezogen auf seine Untersuchungsgegenstände die mitunter als vorwissenschaftlich abgetane Thematisierung von sowohl zugefügtem und subjektiv erlebtem körperlich-physischem als auch von immateriellem Schmerz und Leid Sinn macht.

2. Stationen der Debatte über Gewalt – Aufriß zu einer Sozialtheorie der Gewalt

Unter Gewalt wird hier eine „Schädigungshandlung" (Schneider 1994:13) verstanden, wobei die Verletzung der Zielperson abhängig von einer Absicht des Handelnden ist, sie jedoch auch durch eine Beeinträchtigung einer von Menschen geschaffenen sozialen Struktur erfolgen kann. Die, bezogen auf die unterschiedlichen weltgesellschaftlichen Niveauebenen, Vielzahl von Wechselwirkungen und die eine Mehrzahl von gesellschaftlichen Einrichtungen umfassende Sozialstruktur stellen einen äußeren Handlungsrahmen dar, wobei sie nicht nur mit Zwang[10] in Verbindung zu bringen sind, sondern auch den Grundrahmen für die Ermöglichung von humanen Lebensweisen abstecken. Der Doppelaspekt von Sozialstruktur, die entweder objektlose Gewalt oder gesellschaftsbezogenen Frieden zu erzeugen vermag, läßt es wichtig werden, die Erscheinungsweisen von institutionalisierter Gewalt in Familie, in Fabriken, im Militär und auch im Staat analytisch wie praktisch abzugrenzen von struktureller Gewalt. Über diese kann nur sinnvoll geredet und gestritten werden kann, wenn sie als Menschen beschädigender Vergesellschaftungsmodus in zeitdiagnostischen Analysekon-

---

9 R. Meyers (1994) markiert in seinen wissenschaftshistorischen Überlegungen den Wandel zu einem neuen Selbstverständnis der Friedens- und Konfliktforschung in Deutschland und verdeutlicht, 1995, an den Veränderungen der Form des Krieges auch den Wandel der Begriffsinhalte.

10 M. Foucault betont den Aspekt der Herausbildung einer politischen Technologie in der Neuzeit. Er vereinseitigt jedoch das historische Moment der Arbeitsteilung in seinen disziplinierenden Auswirkungen, ohne die Freiheitsräume zu sehen, die z.B. das Entstehen wissenschaftlicher Disziplinen mit sich bringen kann, wenn das Ganze nicht ausgeblendet wird.

zepten der sich – mit Widersprüchen und mit Brüchen – herausbildenden weltweiten Sozialstruktur verstanden wird.

Als die entscheidende Schwäche der Rezeption des Theorems der strukturellen Gewalt – insbesondere in der deutschsprachigen Friedensforschung, auch in den zahlreichen Studien, die Schule z.B. als einen Ort struktureller Gewalt, nicht institutionalisierter Gewalt betrachten, weniger in der feministischen Kritik an dem Strukturmerkmal Patriarchat – kann in den letzten drei Jahrzehnten die Herauslösung aus ihrem struktur-funktionalistischen Hintergrund angesehen werden, die Johan Galtung in seinen Arbeiten über „Frieden und Sozialstruktur" (1978) sowie „Frieden und Weltstruktur" (1980) ausführt und – wenig beachtet von den Kritikern einer Erweiterung wie auch von den Befürwortern einer Sensibilisierung gegenüber Gewaltverhältnissen – weiterentwickelt.[11] Ohne die Rückbindung des Diskurses über strukturelle Gewalt in internationalen bzw. zwischengesellschaftlichen Beziehungen auf die spezifische Sozialstruktur, welche in unserer gegenwärtigen Weltübergangsgesellschaft sich zwar zur Weltstruktur entwickelt, deren Struktur räumlich und zeitlich aber einzugrenzen bleibt, geht die Enttabuierungsleistung über das Vorhandensein und das Ausmaß von gewalttätigen Sozialbeziehungen verloren.

2.1 Eine notwendige Erinnerung (70er Jahre)

Die Analysen über weltwirtschaftliche Abhängigkeiten und strukturelle Gewaltverhältnisse (in den Imperialismusstudien von S. Amin, A. G. Frank, J. Galtung, G. Myrdal, D. Senghaas, J. Tinbergen. I. Wallerstein u.a.) waren – bei allen Unterschieden – gegen einen machtpolitischen Erklärungsansatz in der Lehre von der internationalen Staatenpolitik gerichtet, die hegemoniales und kulturell dominantes Akteursverhalten nicht in den Zusammenhang mit asymmetrischen Strukturen in der Weltwirtschaft stellten. Strukturelle Gewalt war, wie der Hinweis auf ungleiche Lebenserwartungen in Zentrum- und Peripherieländern zeigen sollte, ein Ergebnis einer nicht egalitären Ressourcen- und Machtausnutzung. Die wirtschaftliche, politische und kulturelle Abhängigkeit von Indien und Rhodesien[12] sowie die Thematisierung der Abhängigkeitsstrukturen Süd- und Mittelamerikas von den westlichen Industrienationen benennen den zeithistorischen Kontext, wobei innerhalb eines funktionalistisch begriffe-

---

11 Auffallend für die Rezeptionsgeschichte des Theorems der stukturellen Gewalt ist, daß ein 1975 auf deutsch erschienener Aufsatz die traditionelle Referenzquelle darstellt. Weder die einschlägigen Beiträge in der Kopenhagener Ausgabe – insbesondere das Verständnis von Struktur – noch die eigenen Weiterentwicklungen des Autors werden herangezogen. In dem erwähnten lexikalischen Beitrag macht Galtung deutlich, daß für ihn eine Analyse von pyramidalen, „Alpha"-Strukturen und radartig interagierenden „Beta"-Strukturen klären könnte, „wieviel Strukturierung zuviel ist" (1997:478).

12 Die *strukturelle* Theorie des Imperialismus in der verschiedene Positionen und allgemeine Gesichtspunkte zusammenführenden Fassung von Galtung bietet dabei eine Bestätigung für die These von Hülsmann über die Zeitabhängigkeit von Theoretisierungen. Für eine kritische Würdigung der Theorie Galtungs wäre dann aber nicht so sehr eine Analyse des Gewaltbegriffes als seines Strukturbegriffes zentral.

nen Zentrum-Peripherie-Modells die Möglichkeit angelegt ist, neue Wirtschaftsmächte wie Japan als potente Mächte und hegemoniale Staaten einzuordnen.[13] Erst im Gefolge der Popularisierung des Theorems der strukturellen Gewalt, wobei von einer wissenschaftlichen zu einer politischen Diskursebene übergegangen wurde, einer ‚internen‘ Kritik an den mangelnden Operationalisierungsmöglichkeiten für empirisch gehaltvolle Forschungsvorhaben sowie der ‚externen‘, grundsätzlichen Kritik an einem zu weiten Gewaltbegriff, der – so die Kritiker von Kielmansegg bis zu dem Münchner Staatswissenschaftler Schmitt-Glaeser – mehr Unklarheit schafft als Erkenntnisfortschritt und Handlungsmöglichkeiten bringt, wurde der wesentliche Zusammenhang zwischen inter-nationalen Verflechtungen und inner-gesellschaftlichen Zuständen aus einem Theorieansatz herausgelöst, der als Bezugsrahmen die Debatten über eine Neue Weltwirtschaftsordnung, eine ‚Weltordnung ohne Krieg‘ und nicht zuletzt über das Vorhandensein sozialer Indikatoren eines humanen Maßes von Leben in allen Weltregionen hat – auch in den ‚peripheren‘ bzw. ‚semi-peripheren‘ und nicht nur den urbanen, industrialisierten, zentralen. Dissoziative, aber auch kooperative Handlungsstrategien sozialer Akteure[14] würden dabei als Wege notwendig sein, um das Spiel der Mächtigen und Herrschenden auf der weltpolitischen Bühne in eine Balance zwischen den Interessen von Gleichen zu bringen.

2.2 Die längst überfällige Vertiefung (80er Jahre)

Gegenüber der Rückbindung an nur innergesellschaftliche Vorgänge – wobei der Nationalstaat am Ende seiner westfälischen Ära nicht mehr die Grenzziehung bietet, um Wirkungsfolgen von Akteursverhalten und aus der vorhandenen wirtschaftlichen und politischen Ordnung resultierende Auswirkungen einzuhegen – betonen feministische Ansätze, daß die Analysekategorie *strukturelle* Gewalt hilfreich ist, um sublime Gewaltformen nicht auszublenden und auch den Ausschluß von Frauen an den Gütern und dem Reichtum in der Welt einzufassen. Hervorgehoben wird, daß sich strukturelle Gewaltverhältnisse im Geschlechterkonflikt, der sich als ein durchgängig „hierachische(s) Geschlechterverhältnis" (Batscheider 1993:132) im Alltag erweist und das „Recht auf Entfaltung" (Birckenbach 1993:72) nicht nur in Einzelfällen blockiert, im Patriarchalismus gründen, der zu spezifischen, nicht nur auf eine Logik des Ausschlusses von Erwerbsarbeit in den Industriegesellschaften reduzierbaren Formen der Diskriminierung von Frauen und Bürgerinnen führt. Gegenüber einer allzu optimistischen Perspektive einer Demokratie in den Beziehungen der Intimität, auf die Giddens hinweist – neben Bourdieu und dem Friedensforscher Krippendorff

---

13 Das dem Zentrum-Peripherie-Modell zugrundeliegende Strukturverständnis ermöglicht es Galtung in einem Rückblick auf die „Strukturelle Theorie des Imperialismus – Zehn Jahre danach", auf deutsch 1996 nachgedruckt, den Prozeß der sogenannten Triadisierung der Weltwirtschaft in sein Konzept aufzunehmen.

14 In ihrer Abstraktheit hat die Dependencia-Theorie hiermit auch zwei in den letzten Jahrzehnten von Frauen beschrittene Umgangsweisen mit dem Geschlechterkonflikt beschrieben.

(1999:341-356) einer der wenigen namhaften männlichen Sozialwissenschaftler, deren Theorien sich nicht durch einen blinden Fleck[15] in der Thematisierung
des Geschlechterkonfliktes auszeichnen, betont der feministische Diskurs, daß
die notwendige Aufmerksamkeit gegenüber der körperlichen und der seelischen
Schädigung in vielen Studien nicht durchgehalten wird und den alltäglichen,
mikrosozialen Gewaltformen gegen Frauen zu wenig Beachtung zuteil wird.[16]

2.3 Die diskursive Verengung (90er Jahre)

Ein Beispiel für die Ausblendung weltweiter Verwicklungen und zunehmender
Entgrenzungen bietet der von Schwind und Baumann (1990) herausgegebene
Kommissionsbericht, der den Auftrag der Bundesregierung über präventive und
staatliche Maßnahmen, Gewalt zu verhindern, nachzudenken, auf den Aspekt
der paternalistischen Kontrolle[17] von Gewalt einengt, ohne die Zweckbindung
staatlichen Handelns zu sehen. Gewaltphänomene werden für eine Vielzahl von
Themengebieten beschrieben, bis hin zum Problemfeld Gewalt im Verkehr;
Datenmaterial wird präsentiert, aber weder wird thematisiert, wo die Ursachen
der Gewalt liegen, noch, ob das staatliche Gewaltmonopol und seine Universalisierung eine Ordnung schaffen, die Gewalt ohne den Preis einer totalen
Zwangsgewalt ausschließt. Wären am Ende vielleicht sogar die Menschenrechte
eine Form der strukturellen Gewalt oder einer kulturellen Gewalt, die wie das
staatliche Gewaltmonopol etwas anderes erreicht als das, was überall durchgesetzte soziale Normen und eine uniforme Weltregierung erreichen zu wollen
vorgeben?

Werden Gewalt und ihre Ausmaße überschätzt oder führt ein enger Gewaltbegriff dazu, daß Gewalt unterschätzt wird? Ist – so muß nach dem kursorischen
Rückblick auf drei Stationen der Gewaltdebatte in Deutschland und im Hinblick
auf eine nur kontextgebunden zulässige Thematisierung von Gewalt gefragt
werden – die wissenschaftliche Diskurslandschaft mit der Zäsur von 1989 durch
zeit- und weltpolitische Umbrüche obsolet geworden[18] und neu zu vermessen?

---

15 Friedensforscherische und friedensbewegte Positionen stehen durchaus vor der Gefahr, eine weibliche Friedensfähigkeit zu behaupten bzw. zu postulieren. Frieden ist unteilbar, weder eine idealisierende androgyne Position noch eine den Status quo verabsolutierende differente Position wird
uns m.E. weiterführen.

16 Was für den kirchlichen Binnenraum als eine Kritik an einer konziliaren Trias mit dem blinden
Fleck Geschlechterkonflikt verdeutlicht worden ist, könnte für die Theoriearbeit als eine konstruktive Kritik an der im Bereich der Sozialwissenschaften und Friedensforschung wenig rezipierten Arbeit von Huber/Reuter (1990) über eine „Friedensethik" ausgeführt werden. In der Entfaltung der Pichtschen Parameter von Not, Gewalt und Unfreiheit läßt sich Gewalt gegen Frauen
in allen ihren Schattierungen begreifen.

17 So Habermas (1990) resümierend über erste Eindrücke bei der Lektüre des ,Endgutachtens' der
Gewaltkommission.

18 Für die innergesellschaftliche Entwicklung in einem mitteleuropäischen Staat siehe z.B. die
„Stichworte zur Entwicklung der Gewaltformen von 1989 bis 1992" von Hennig (1993); für die
außenpolitische Dimension siehe etwa die Anmerkungen von Beck (1995) über „Militär und Demokratie nach dem Ende des Kalten Krieges", wobei dieser in einer Tageszeitung erschienene

Stellen sich bei der Suche nach einem vermittelnden, neben einem engen und weiten Gewaltverständnis, dritten oder neu akzentuierten Gewaltbegriff neue Fragen, wobei disziplinäre Diskurse zusammengeführt werden könnten, Themengebiete wie Kindesmißhandlung, Obdachlosigkeit, politische Verfolgung und Folter als individuelles und kollektives Gewalthandeln (Rauschfleisch 1992) einer Beschreibung und einem Verstehen zugeführt werden und nicht die „Allgegenwart von Gewalt" wissenschaftlich reproduziert wird, sondern eine zu entfaltende Sozialtheorie der Gewalt über den Gegensatz von Zivilisierung und Disziplinierung in den Großtheorien in handlungsermöglichender und strukturverändernder Absicht hinausführt?

Daß auch der Praxisanspruch der Friedens- und Konfliktforschung in ihren ersten drei Jahrzehnten nicht eingelöst worden ist (hierzu das vierte Kapitel der Arbeit von Alfs 1995), auch durch die Benennung und Identifizierung von Gewalt noch keine Reduzierung von Gewalt einhergeht, muß hier nicht besonders betont werden. Aber die Frage ist aufgeworfen, wie in der wissenschaftlichen Arbeit Fragen gestellt, Themen identifiziert und Antworten versucht werden können, um ein stark emanzipatorisch ausgerichtetes Erkenntnisinteresse an der Befreiung von den Wurzeln der Gewalt zur Geltung zu bringen.

Die folgende Schautafel 1 führt Überlegungen von Johan Galtung und Anthony Giddens[19] zusammen. Wenn Gewalt als Problem der Politik verstanden werden kann, dann ist Gewalt heute ein Thema der Politik in der Welt, die zur Weltpolitik wird. In dem Prozeß der Globalisierung von Staat, Kapital und Markt und einer Verdichtung der supranationalstaatlichen Organisationen und gesellschaftlichen Institutionen sind zumindest vier institutionelle Dimensionen der Gegenwartsgesellschaften (1) identifizierbar, die hier mit Industrialismus, Imperialismus, Militarismus und Patriarchalismus bezeichnet werden. Sie gründen in und begründen eine(r) weltweite(n) Sozialstruktur, in der Gewalt als Problem der Weltpolitik angesehen werden kann und der Prozeß der Globalisierung als ein ergebnisoffener Vorgang anzusehen ist, der weder naturgesetzlich noch zwangsläufig auf Barbarei zielt. Die bisherige dominante Austragung von konflikthaltigen Widersprüchen (2) führt zu identifizierbaren Gewaltformen (3), die noch gesondert erläutert werden, aber auch zum Entstehen von Gegenbewegungen (4), welche sich für den Abbau der Gewaltpotentiale und den Umbau der institutionalisierten Dimensionen einer Weltgesellschaft einsetzen. Die jeweilige Leitidee einer modernisierten Sozialordnung bezeichnet nicht den Status quo, vielmehr wird die Perspektive für die Etablierung von lebbaren Gegenmodellen angegeben, womit die Frage nach den Organisationen, Institutionen und Struk-

---

Beitrag bereits 1993 in einem Sammelband „Nachdenken über Deutschland" veröffentlicht wurde.

19 Giddens (1997) verortet sein Denken über Gewalt bei aller Differenz in die Nähe der Gewaltstudien von Bourdieu und Galtung. Unverständlich ist, daß es keine ausgeführte Rezeption seiner Arbeiten in der Friedens- und Konfliktforschung gibt und eine Übersetzung von „The Nation-State and Violence" (1985) immer noch nicht vorliegt.

turen in einer gewaltärmeren, nur in einer schlechten Utopie[20] als gewaltfrei vorzustellenden Welt aufgeworfen ist. Daß die Leitideen einer modernisierten Sozialordnung (5) auch in Kollision zueinander geraten können, wird in einzelnen Fällen nicht zu verhindern sein. Aber alle Auswege aus der Gewalt werden daran zu prüfen sein, inwieweit sie die jeweiligen anderen Dimensionen mitberücksichtigen. Pointiert formuliert: Entmilitarisierung ohne Feminisierung der Gesellschaft endet in einer fallstrickartigen Sackgasse: in der Teilhabe von Frauen am Kriegsgeschehen und am Kriegssystem.

2.4 Gewalt als Ausdruck sozialer Beziehungsmuster – Kulturalisierung des Gewaltdiskurses als wissenschaftlicher Fallstrick

Wird Gewalt analysiert, so wird an einzelnen Beispielen deutlich, daß sie ein Ausdruck von inter-nationalem, auch kollektiv verdichtetem Handeln von Menschen ist. Auch und insbesondere strukturelle Gewalt ist ein aufgeschichtetes Handlungs- und Kommunikationsmuster, wobei die historisch entstandene und in einem Etablierungsprozeß produzierte Struktur als Ablagerung von menschlichem Tun und Lassen begriffen werden muß, soll es möglich werden, Herrschaft abzubauen und Gewalt zu reduzieren. Für die zwischenstaatlichen wie zwischengesellschaftlichen Beziehungen von Südamerika zu Westeuropa etwa ist nach der unmitelbaren Unterwerfung die Etablierung struktureller Gewaltverhältnisse in den Wirtschafts- und Austauschbeziehungen über einen langen historischen Zeitraum nach 1492 feststellbar, der durch kulturell begründete Überlegenheitsansprüche der Westeuropäer eine zusätzliche, bis heute in den gegenseitigen Wahrnehmungen nicht egalitär gestaltete Qualität findet.

Genauso wie die Benachteiligung von Frauen[21] in Peripherieländern ein Faktum darstellt, sind die Diskriminierung und der Ausschluß von Frauen in unserer Gesellschaft augenfällig. Gewalt gegen Frauen stellt dabei eine Unrechtssituation dar, an der in dem Aufdecken von Gewalt und einer Suche nach Alternativen zwischengeschlechtlicher Beziehungen die Analyse der Verschränkung von direkten, strukturellen und symbolisch-kulturellen[22] Gewaltformen in von ihrem Theoriestatus kritisch-konstruktiven Studien fruchtbar zu machen ist. Ausschließungsprozesse und Überlegenheitsvorstellungen von Männern, wobei hier nicht der einzelne Mann, wohl aber die Männer als Mitglied der sozialen Gruppe gemeint sind, setzen sich gesellschaftlich durch, weil die patriarchale

---

20 Der Friedensbegriff ist unaufgebbar utopiehaltig. Frieden verwirklichen, heißt aber, Krieg überwinden und Gewalt zu reduzieren und sich einem sozialen Zustand der Gewaltfreiheit anzunähern. Auf der realpolitischen Agenda steht dabei eine – um Pichts Zeit- und Zukunftsstudien hier aufzugreifen – introvertierte Utopie in der nahen Jetztzeit, keine in Raum und Zeit expansive Utopie.

21 Siehe dazu z.B. die seit 1990 jährlich erscheinenden UNDP-Berichte über die menschliche Entwicklung sowie verschiedene INEF-Reports.

22 Für den gegenwärtigen Imperialismus, Patriarchalismus und Militarismus kann gelten: Sie sind kulturell fundiert und schützen sich symbolisch. In der Schautafel I steht der Eintrag kulturelle Gewalt für symbolisch-kulturelle Gewaltformen.

Sozialstruktur das Entstehen einer anderen Geschlechterbeziehung verhindert. Daß Armut und Not weiblich sind, ist dabei auf allen weltgesellschaftlichen Niveauebenen nachweisbar: in einer weltweiten, wie innerstaatlichen als auch mikrosozialen hierarchischen Schichtung und Exklusion.

Schautafel I: Gegenwärtige Globalisierungstendenzen
(nach Galtung und Giddens)

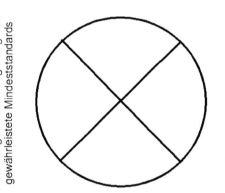

Patriarchalismus
MANN-FRAU
direkte, strukturelle, kulturelle Gewalt
Frauenbewegung
formale und materiale Geschlechterdemokratie

Imperialismus
ARM-REICH
strukturelle, kulturelle Gewalt
Solidaritätsbewegung
Nachhaltige Entwicklung und global
gewährleistete Mindeststandards

Militarismus
STAAT-MENSCH
direkte Gewalt - kollektiv ausgeübt
Friedensbewegung
Weltfriedensordnung und
zivile Konfliktbearbeitung

umweltbewahrendes System der Knappheit
und "Mensch-Natur" angepaßte Produktionsweise
Umweltbewegung
direkte Gewalt
MENSCH-NATUR

Industrialismus

Legende (von außen nach innen):
1) **Institutionelle Dimension**
2) ZENTRALE KONFLIKTFIGURATION
3) Identifizierbare Gewaltformen
4) *Typ der Gegenbewegungen*
5) Leitidee einer modernisierten Sozialordnung

draftgrafik

Die Gegenwehr von Frauen und die Aktivitäten der Friedensbewegung nach Auschwitz und Hiroshima, die zu einer Nähe, nicht aber zu einer Identität von

Frauen- und Friedensbewegung als basale Gegenkräfte in den Weltbezügen der Schlüsselfrage von Gewalt und Krieg als extrem(st)em Ausdruck kollektiven Gewalthandelns führen, zeigen über ihre jeweiligen Stärken und ihre situative Ohnmacht hinweg an, daß die produzierten Risiken nicht ohne Widerspruch bleiben. Der ‚parasitäre Militarismus' (A. Rapoport), der sich heute nicht mehr nationalstaatlich parzelliert formiert und sich jenseits einer Staatlichkeit, die der Abwesenheit von Krieg und der Förderung des Friedens zu dienen hätte, technologisch globalisiert hat, nimmt Menschen ihren Entscheidungsspielraum ab, Leben zu fördern oder zu vernichten, und ‚verstaatlicht' die Frage nach dem ultimativen Einsatz von Gewalt. Die Abtretung der Souveränität von Männern und Frauen – denen das Wahlrecht in Deutschland erst 1918 eingeräumt worden ist und denen eine Entscheidung für die Teilhabe an sicherheitspolitischen und polizeilichen Maßnahmen nicht wird vorenthalten werden können – an eine anonyme Instanz bzw. eine kleine Gruppe von männlichen Entscheidungsträgern, führt zu einer Entpersonalisierung von Gewaltakten und der Anonymisierung der vorangehenden Willensbildung. Daß zivile Konfliktregelungen auch an Formen von Staatlichkeit gebunden bleiben, läßt es im Bereich der Akteure unerläßlich sein, nach den intermediären, sogenannten dritten, nicht nur zuschauenden Parteien zwischen Staat und Bürgern Ausschau zu halten, die Hemmnisse für die politische und kulturelle Hegemonie der Kriegsbewegungen darstellen.

Die vierte Dimension kann (in diesem Aufriß hier) etwas kürzer im Hinblick auf das Analyseraster beschrieben werden, wiewohl ihr ein gleiches Gewicht gebührt. Der Umgang des Menschen und der Menschen mit den knappen Gütern und der Ressource Natur hat an der derzeitigen Wegmarke der neuzeitlichen Entwicklung zu einer prekären Situiertheit der Menschheit geführt. Raubbau in den räumlichen und lebensweltlichen Peripherien gründet in dem Entzug von Kapazitäten zugunsten einer Ökonomie des Todes, einem verschwenderischen Umgang, der in den derzeitigen Planungen für neuartige Waffensysteme seinen Ausdruck als eine ‚Perversion des Denkens und der Vernunft' findet, die in der Kontinuität der Erfindung und Produktion der Neutronenwaffe steht. Die u.a. von Foucault eindrücklich beschriebene Macht der Maschinen und technischen Gerätschaften zerstört in postmodernen Kriegsführungsstrategien Menschen, wobei aber beabsichtigt bleibt, nicht-menschliche Mitwelt sowie die Natur für eine weitere Nutzung bei einer unmittelbaren Schädigung zu erhalten.

3. Kritisch-konstruktive Friedensforschung heute: Kulturologie der Gewaltursachen – Politologie der Friedensperspektiven

Abseits des sozialwissenschaftlichen Diskurses hat sich bereits Jahre, bevor Galtung im Zusammenhang seiner „Geometry of Violence"[23] den Zusammen-

---

23 P. Korhonen hat 1990 im Hinblick auf die für seine Arbeit verwendeten geometrischen Figuren von einer „Geometry of Power" gesprochen. Auch wenn Galtung über – gandhisch inspiriert – die Selbst-Macht und eine Autonomie als gesellschaftliches Projekt in verschiedenen Schaffenspe-

hang von kulturellen Dispositionen mit einer politischen Friedensfähigkeit in das Zentrum seiner Überlegungen zu einer Theorie und Praxis des Friedens gestellt hat, eine diskursive Verschiebung ergeben, die erst verspätet die politikwissenschaftlich dominierte Friedensforschung in Mitteleuropa eingeholt hat. Die Diskussion über kulturelle Machtfaktoren, die Wirkung von Bildern, die Gegenwärtigkeit von kollektiven Einstellungsmustern werden verkürzt auf den Stellenwert der Bedeutung von Kultur in der Formierung internationaler Staatenbündnisse. Theoriepolitisch interessant ist dabei, daß einige Aufsätze und ein Buch des nordamerikanischen Strategieforschers Huntington[24] die wissenschaftliche Diskussionslandschaft prägen, ohne daß unter dem Vorzeichen des Friedens diejenigen Thematisierungen des Einflußfaktors Kultur rezipiert werden, die in den westeuropäischen Sozialwissenschaften und in der internationalen Debatte über „Interkulturelle Studien" geführt werden. Weder wird an die Überlegungen von Peter Heintz aus dem Jahr 1974 über die Voraussetzungen und Möglichkeiten interkultureller Vergleiche im Rahmen einer von ihm als Kulturologie bezeichneten Erforschung des Weltsystems angeknüpft, noch werden die detailreich unterfütterten Arbeiten von Pierre Bourdieu zu einer Kultursoziologie der Macht für das umkämpfte Feld des Politischen genutzt, welche die Bedeutung von symbolischer Gewalt für die Konstituierung von ökonomischen, politischen, kulturellen – in einem weiten Sinne sozialen – Praxen betonen und die – zusammen mit Claude Passeron 1971 – die Institution Schule und den Bildungsbereich als Ort der kulturellen Reproduktion und der symbolischen Verteilungskämpfe exemplifiziert haben. Über den Umweg medienkritischer Arbeiten sowie philosophischer Arbeiten[25] zur Möglichkeit eines Widerstandshabitus in den sozialen Auseinandersetzungen unserer Tage sowie in der Tradition einer kritischen Religionssoziologie (F. Houtart), wobei letztere heute sich zu einer Befreiung von Not, Unterdrückung und Abhängigkeit mitbedenkenden Theologie des Aufbruchs entwickelt hat, welche im christlichen Symbol des Kreuzes als Demutssymbol eine Ästhetisierung von Gewalt sieht, wurden in den 80er und 90 er Jahren die in ideologiekritischer und handlungsermöglichender Absicht unerledigten Fragen nach dem Zusammenhang von Gewalt und Kultur sowie Frieden und Kultur aufgeworfen, welche 2000 im „Internationalen Jahr für eine Kultur des Friedens" und einer „Internationalen Dekade für eine

rioden nachdenkt, spätestens seit der Veröffentlichung von „Cultural Violence" im Journal of Peace Research 1990 und seiner Frage, was Gandhi zur kulturellen Gewalt zu sagen hatte (1998: 363), sollte die Zentralität des Gewaltbegriffes unbestritten sein.

24 Nicht so sehr die nur im Zusammenhang mit der veränderten geopolitischen Strategie der NATO verständliche Position des nordamerikanischen Strategieforschers überrascht, wohl aber die affirmative Rezeption und Popularisierung seiner Thesen z.B. durch Hochschullehrer, Journalisten und staatliche Zentraleinrichtungen für Politische Bildung. Als ein Gegengift gegenüber der ideologischen Zurüstung für neue Kriege siehe etwa den Beitrag von Scherrer in dem unter den Vorzeichen Frieden und – ein politikwissenschaftliches Modewort aufnehmend – globale Zivilisierung (H. Maull) lesenswerten Loccumer Protokoll von 1997.

25 Wichtig für den deutschsprachigen Wissenschaftsraum sind hier Harry Pross „Zwänge. Essay über symbolische Gewalt" (1981) und die Beiträge von Hans Saner, insbesondere „Hoffnung und Gewalt. Zur Ferne des Friedens" (1982).

Kultur des Friedens und der Gewaltfreiheit für die Kinder der Welt" (2001-2010) durch die Vereinten Nationen einen ersten welt-öffentlichen, wenn auch wenig konkretisierten und kontextualisierten Ausdruck gefunden haben. Korrespondierend dazu hat der Ökumenische Rat der Kirchen für das erste Jahrzehnt im 21. Jahrhundert eine „Ökumenische Dekade zur Überwindung von Gewalt" ausgerufen, welche die weltweite Christenheit vor die Wahl zwischen ihren domestizierenden oder befreienden Tendenzen stellt.

Genauso wie es eine Schwäche des sozialwissenschaftlich dominierten Gewaltdiskurses war, das Ökonomische gegenüber den individuellen und kollektiven Bewußtseinslagen absolut zu setzen, so stehen das sich kulturwissenschaftlich öffnende Friedensdenken und die Praxis des Friedens in den Politiken verschiedener Akteure vor der Gefahr, neben einer Ästhetisierung von Gewalt der Kulturalisierung des Friedens Vorschub zu leisten. Frieden – begriffen als Abwesenheit von Krieg und als prozeßhafter Ausweg aus Gewaltverhältnissen – wird entwertet, indem der politische Frieden aus seinen Verortungen in den weltgesellschaftlichen Niveauebenen gelöst oder enthistorisiert wird, wobei im zweiten Falle häufig entweder die Zeitmodi einer vergangenen Geschichte oder einer unerreichbaren Zukunft in den Mittelpunkt rücken und der Frieden um sein Wesen, das an eine materiale Substanz gebunden bleibt, entleert wird. Festzustellen bleibt: Weder darf Frieden, als ein Grund- und Leitbegriff, individuell spiritualisiert noch gesellschaftlich aus den lebensweltlichen Bereichen von Wirtschaft, Politik und Sicherheitsfürsorge entfernt werden, soll Frieden als Maß einer humanen Qualität des sozialen Zusammenlebens wachsen.

Bevor im nächsten Abschnitt nach den konkreten Untersuchungsgegenständen im Brennpunkt des polaren Gegensatzes von Krieg und Gewalt sowie Konflikt und Frieden gefragt werden kann, wird es hilfreich sein zu skizzieren, durch welche Herangehensweise an Gewaltphänomene eine Aufdeckung von Gewalturachen und die Benennung der Komponenten von Frieden gelingen könnte. Dabei bieten verschiedene disziplinäre Zugänge spezifische Erkenntnismöglichkeiten, aber auch Blickfeldverengungen, so daß m.E. entschiedener als eine metatheoretische Debatte über einen inter- bzw. transdisziplinären Forschungsansatz in der Friedens- und Konfliktforschung eine Konzentration auf den jeweiligen Gewaltaspekt und die Ausrichtung verschiedener Fachdisziplinen und Theorieansätze erfolgen müßte, wobei auf die Schlüsselfrage nach der Transformation von Gewaltzuständen in Formen der nicht Mensch und Natur beschädigenden Konfliktaustragungen in den Sozialpraxen handelnder Subjekte und einer Theorie und Praxis der Konflikttransformation – im Abstand zu einem Kulturkampfgetöse à la Huntington – zurückzukommen wäre.

Im folgenden werden vier Gewaltformen im Anschluß[26] an Arbeiten von Pierre Bourdieu und Johan Galtung unterschieden, auch wenn Gewalt häufig

---

26 Im ideologischen Feld gehen symbolische und kulturelle Gewaltformen Hand in Hand, von daher spreche ich manchmal auch von kulturell-symbolischer Gewalt, für die Sozialstruktur wird hier ein Primat des sozialen gegenüber einem kulturellen Strukturierungsprozeß behauptet. Vielleicht

erst im Miteinander direkter, struktureller und symbolischer sowie kultureller Aspekte eingesetzt wird.

3.1 Direkte Gewalt

Direkte Gewalt als eine häufig verhäuslichte[27] Gewaltform wird als Gewalt in der Familie und in der Ehe zwischen den Geschlechtern[28] feministisch, rechtstheoretisch bzw. figurationssoziologisch, aus psychologischer Betrachtungsweise, in erziehungswissenschaftlichen und sozialisationstheoretischen Studien und auch im Hinblick auf die gewaltpräventiven wie die nachsorgenden Möglichkeiten des Strafrechtes betrachtet. Mögliche Antwortversuche auf die als ein Problem angesehene direkte Gewalt werden sich entsprechend den disziplinären Zugängen ausdifferenzieren, sie kreisen jedoch um den Abbau nackter oder auch sublimer Gewalt und damit um den Aufbau und die Praxis gewaltärmerer oder sogar gewaltfreier Konflitkaustragungsformen im mikrosozialen Bereich.

3.2 Strukturelle Gewalt

Es ist anzunehmen, daß strukturelle Gewalt ein prioritärer Forschungsgegenstand für Theorien aus dem Bereich der Internationalen Beziehungen sein könnte. Auffällig ist jedoch zum einen, daß – bis in Publikationen der letzten Jahre – Machtpolitik mitunter ohne den Aspekt von Gewalt diskutiert oder sogar eine Naturgesetzlichkeit von Krieg als kollektiver Gewalthandlung behauptet wird. Zum anderen werden aber auch die Fragen der großen Politik losgelöst von Entwicklungen und Einwirkungsfaktoren erörtert, die in Meso- oder Mikrobereichen stattfinden. Die Fokussierung auf eine internationale Staatenebene korrespondiert mit einer Ressortierung der Frage nach der Abschaffung der sozialen Institution Krieg zwischen politikwissenschaftlichen und soziologischen Analyseansätzen. Während die Frage nach einer sozialen Ordnung im supra-

---

ist daher die Ausdrucksweise sozio-strukturelle Dimension angemessener, auch wenn sie nicht verwendet wird.

27 Der Sozialraum der Familie ist zwar als ein Ort von Aggression und Gewalterfahrungen anzusehen, aber nicht darauf zu reduzieren. Familie kann auch, was im Widerspruch zu einschlägigen Theorien häufig abgetan wird, und worauf mich der Sozialethiker Heinz Eduard Tödt in einem Gespräch Ende der 80er Jahre aufmerksam gemacht hat, Ermöglichungsraum eines gelebten Umgangs mit Aggressionen und eine wichtige Instanz für das Erlernen einer Friedenseinstellung sein. In meiner Skizze zu einem Mehrebenenansatz bleibt die prägende Kraft der Familie für die personale Einstellung gegenüber Krieg oder Frieden unausgeführt. Kann ‚Familie' in der Pluralität ihrer Erscheinung sogar eine primäre Instanz für eine Friedenssozialisation sein? – fragte mich damals mit Blick auf seine Debattenbeiträge über die Perpektive der Friedenserziehung als Alternative zum wehrkundlichen Unterricht in Schulen der Heidelberger Sozialethiker.

28 Einführend zum Thema Hagemann-White (1992), ihre sozialisationstheoretischen Arbeiten sowie aus der Perspektive der Rechtswissenschaft Schall/Schirrmacher (1995). Ergebnisse der Forschungsarbeit und Lehrtätigkeit Osnabrücker Kolleginnen und Kollegen sind eingegangen in die verallgemeinernden Überlegungen von mir, wie das Gewaltthema aufgegriffen werden und eine Erforschung der Gewaltursachen aussehen könnte.

staatlichen Bereich in den Mittelpunkt des Erkenntnisinteresses tritt, bleibt die Anfrage nach dem Vorhandensein von struktureller Gewalt in den gegenwärtigen, von Menschen etablierten Sozialordnungen in zahlreichen Arbeiten politikwissenschaftlicher Provenienz häufig außerhalb des Blickfeldes. Erst wenn sich politikwissenschaftliche Arbeiten den Grundsatzfragen einer Logik, Vernunft und Wahrheit von Politik stellen, werden sie ihren Charakter als politologische Expertise verdeutlichen können und wird Politik über eine Blickfeldvertiefung hinsichtlich der Oberflächenphänome ihren Beitrag zu einer „Weltordnung ohne Krieg" zu leisten vermögen, die unversöhnlich mit nekrophilen Haltungen von Personen[29] und einer „exterministischen" Sozialstruktur ist.

3.3 Symbolische Gewalt

Symbolische Gewalt ist eine manifeste, veräußerte und verfestigte Form, die in vielfältigen Facetten und als „durchgesetzte Bedeutung" (Saner 1982:87) Herrschaft und Dominanz über Personen und Kollektive ausübt. Wenn als ein Beispiel die Villa ein Monument der Herrschaft darstellt, dann signalisieren die Stufen und Portale vor den staatlichen und kirchlichen Gebäuden, daß Bittsteller einen mühsamen Weg zurückzulegen haben, bevor der zentrale Ort der Macht- und Herrschaftsausübung erreicht wird. Symbole, die an Kriege erinnern, ohne Aufklärung zu leisten, Symbole, die eine Kriegsbereitschaft mithervorbringen, finden sich in der Architektur und dem Ensemble einer jeden Stadt. Sie werden zu einer symbolischen Gewalt, weil die „Materialität der Zeichen" (Pross 1981:69) von Betrachtern wie Betroffenen dinglich genommen wird. Die virtuelle Realität von Bildern des Krieges etwa, die ein Verstehen der Zusammenhänge eher verunmöglicht, ist ein weiterer Beleg für eine subjektlose Wirkungsmächtigkeit von Artefakten, die Empfindungen und Haltungen beeinflussen sollen.

3.4 Kulturelle Gewalt

Kulturelle Gewalt manifestiert sich in der Herrschaft von Symbolen – ein z.B. in Berlin gesetzter Grenzstrich konstituierte für die koloniale Ära Deutschlands räumliche und staatliche Zugehörigkeit in Afrika – umfaßt darüber hinaus aber auch ihre Genese und die Struktur-Gewordenheit der ‚akkumulierten Geschichte'. Sie rechtfertigt Überlegenheitsansprüche, von Europäern über Nicht-Weiße, von Männern über Frauen,[30] von angeblich zivilisierten Politikern über asozial

---

29 Nekrophile und selbstdestruktive Latenzen und Tendenzen finden sich auch in der Arbeit am Frieden. Für mich hilfreich waren das einschlägige Kapitel in dem Buch von Moeller (1992) über die Lust am Krieg, an der Gewalt und an der Macht sowie seine Hinweise im Aufsatz (1993), was Krieg auch heißt: Selbstbegeisterung, aber nicht Selbstbestimmung.

30 Zur innerfeministischen Diskussion über die zum Zweck der ‚Auflösung' bzw. ‚Überwindung' von Gewalt notwendige Berücksichtigung des kulturellen Faktors siehe die Beiträge von Brückner und Hagemann-White und die Replik (1993). Benseler bemerkt, daß, wenn man die verschie-

etikettierte Despoten, auch von Experten über Laien, läßt sich jedoch nicht auf die Funktion einer Reproduktion von sozialer Gewalt reduzieren. Wichtig ist zu sehen, daß ein in der Sozialstruktur inkorporiertes kulturelles Gedächtnis selbst die organisierte Friedlosigkeit stabilisierenden personalen und kollektiven Bewußtseinslagen produzieren kann und dabei die untergründige Latenz zur sichtbaren und dominanten Tendenz wird. Durchgesetzte Grenzziehungen in kolonisierenden Praxen – um beim Beispiel der etablierten zwischenstaatlichen Politik zu bleiben, aber auf die Relevanz sowohl für die neoimperale Situation in anderen Weltregionen als auch für den gegenwärtigen Geschlechterkonflikt in unserer Gesellschaft und der Weltgesellschaft abzuheben – wirken nicht nur auf die Gegenwart und das aktuelle Kräfteverhältnis im Kampf um soziale Anerkennung ein, sie bemessen auch den Handlungsspielraum sozialer Akteure für lebenseröffnende und Unverletzlichkeit – oder schlichter formuliert: Menschenwürde – gewährende Perspektiven in naher Zukunft.

Fassen wir den Unterschied zwischen kultureller und symbolischer Gewalt und die Gemeinsamkeit zwischen kultureller und struktureller Gewalt noch einmal zusammen: Die symbolische Gewalt stellt eine Gewaltform im Überbaubereich dar, kulturelle Gewalt demgegenüber ist auch eine Basisquelle für Unfrieden. Kulturelle Gewalt ist eine historisch geronnene, in menschlichen Bewußtseinslagen eingeprägte und politisch durch die Indienstnahme der herausgebildeten Mentalitäten instrumentalisierbare Gewaltform, die auf ein in Richtung und Linie der Destruktivität internalisiertes, kollektives Unterbewußtsein zurückgreift und welche – genauso wie strukturelle Gewalt – nicht ohne ihre Einbettung in die etablierte Sozialordnung begriffen werden kann. Kurzum: Eine Analyse struktureller Gewalt ohne die Bezeichnung der spezifischen Sozialstruktur wird leer, eine Analyse kultureller Gewalt ohne die Inblicknahme ihres Eingebundenseins in die Sozialstruktur macht blind – nicht zuletzt auch für das Erkennen eines zivilisatorischen Reifegrades. Erst die Veränderbarkeit eines kulturellen Sozio-Codes läßt die Arbeit an einer Kultur des Friedens in ihren ideellen und insbesondere materiellen Gehalten zu einer konkreten Perspektive für einen Zuwachs an Humanität und Zivilität werden. Was für den Prozeß der Etablierung einer anderen Sozialordnung auch gilt, daß sie nur durch eine dauerhafte Anstrengung sozialer Akteure umgebaut werden kann, führt hinsichtlich der tiefenstrukturellen Phänome der kulturellen Gewalt notwendigerweise zu einer Friedensstrategie, „die aufgrund der nur langsamen Transformation grundlegender Aspekte der Kultur über lange Zeiträume hinweg" (Galtung 1998:348) den Erfolg (oder Mißerfolg) des weltweit gefeierten Jahres des Friedens nicht bereits am letzten Tag des UN-Friedensjahres oder der Friedens-Dekade festzustellen vorgibt, sondern die vielmehr an einer nachhaltigen Substituierung der Kultur(en) der Gewalt durch eine weltweit garantierte Kultur des Friedens gebunden ist, sollen symbolische Praxen vielgestaltige und mehrdimensionale Friedenspolitiken nicht dominieren.

---

denen Gewaltformen stufenmäßig ordnet, „die kulturelle Gewalt (auch historisch übrigens) die Grundlage für alle anderen" (Benseler 1995:12) bildet.

Dieter Kinkelbur

Schautafel II: Direkte, symbolische, kulturelle und strukturelle Aspekte eines Systems der Gewalt (im Anschluß an Bourdieu und Galtung)[31]

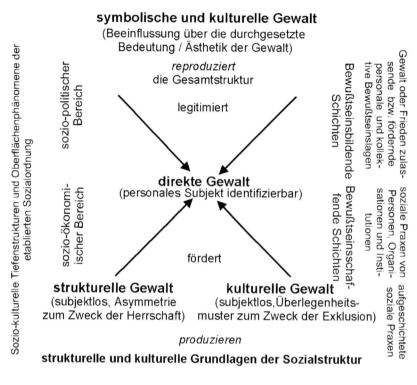

symbolische und kulturelle Gewalt
(Beeinflussung über die durchgesetzte
Bedeutung / Ästhetik der Gewalt)

reproduziert
die Gesamtstruktur

legitimiert

direkte Gewalt
(personales Subjekt identifizierbar)

fördert

strukturelle Gewalt
(subjektlos, Asymmetrie
zum Zweck der Herrschaft)

kulturelle Gewalt
(subjektlos, Überlegenheits-
muster zum Zweck der Exklusion)

produzieren
strukturelle und kulturelle Grundlagen der Sozialstruktur

Sozio-kulturelle Tiefenstrukturen und Oberflächenphänomene der etablierten Sozialordnung

sozio-politischer Bereich

sozio-ökonomischer Bereich

Bewußtseinsbildende Bewußtseinsschaffende Schichten

Gewalt oder Frieden zulassende bzw. fördernde personale und kollektive Bewußtseinslagen

Personen, Organisationen und Institutionen

soziale Praxen von aufgeschichtete soziale Praxen

draftgrafik

3.5 Disziplinäre Zugänge zur Erforschung der Übergänge aus Herrschafts- und Gewaltverhältnissen in soziale Muster der Konfliktbearbeitung und des Friedens

Eine zeitgemäße Friedens- und Konfliktforschung wird als ihr Erkenntnisziel nicht nur ein Verstehen von Krieg ausweisen, der als eine „Verschachtelung" (Saner 1982:92) der sich gegenseitig bis in das Extrem steigernden vier[32] Ge-

---

31 Zur Ästhetik der Gewalt in der Grafik: Die Lektüre des Buches von J. Wertheimer (1986) zeigt mir, daß sozialwissenschaftliche Analysen von literatur- und kulturwissenschaftlichen Ansätzen profitieren können.

32 Mit Blick auf ein Verstehen des Ersten Weltkrieges kann die Fruchtbarkeit einer Kriegsursachen-forschung, die mentalitätsgeschichtliche und auch kulturanthropologische Fragestellungen auf-

28

waltformen analysiert werden kann, vielmehr auch die Abschaffung der sozialen Institution Krieg und ein Aushungern der modernen Kriegsbewegungen als Zwecksetzung ihrer Bemühungen offenzulegen haben. Für sozialwissenschaftlich orientierte Friedensstudien[33] bietet sich deshalb eine Konzeptualisierung an, in der Friedens- und Konfliktforschung sowohl Entmilitarisierungsforschung in der Kritik der weltweit angehäuften Waffen- und Tötungsarsenale ist als auch zugleich die Erforschung der Bedingungen für den Erfolg von Friedenspolitiken bei der Etablierung von Friedenszonen und nur noch auf Dauer global aufrechtzuerhaltenden Friedensstrukturen umgreift. Was für die Sozialwissenschaften im polaren Handlungskontinuum zwischen Krieg, den ihn erzeugenden Gewaltverhältnissen, möglichen gewaltfreien Konfliktaustragungsformen und einem konkret-materialen Frieden als Ausgang aus einer technologisch-kapitalistischen Formation mit dem Mittel der Rüstungskonversion zum Zwecke der Etablierung einer Friedenswissenschaft (K. Boulding) in einer weltweiten Frieden ermöglichenden und eröffnenden Richtung hier nur kurz angesprochen werden kann, stellt sich gleichfalls für die kulturwissenschaftlich orientierten Friedensstudien als eine Entscheidungsalternative dar. Aufgabe der zu entfaltenden Alternativen ist das Nachdenken über Gewalt und das Vorausdenken auf den Frieden in einem nicht nur analytischen Zugang, vielmehr einem kritisch-konstruktiven Zugriff.

Verschiedene disziplinäre und theoretische Zugänge für die Aufklärung über kulturelle Gewalt und die Aufhellung über den Aspekt einer Kultur des Friedens in einer durch eine Entgrenzung von Raum und Zeit sich konstituierenden Weltgesellschaft haben sich herausgebildet und könnten spezifische Erkenntnisweisen einbringen, um auf der Seite der Bewußtsein prägenden Einstellungen und Haltungen dasjenige Verhalten zu verstärken, das auf „einer ‚konstitutionellen Intoleranz' gegen den Krieg" (Horn 1988:49) basiert und das damit soziale Praxen über eine Reduktion von Destruktivität und Kriegswilligkeit auf Frieden ausrichtet.

Eine *Kulturologie der Gewaltursachen* kann dabei auf zahlreiche Veröffentlichungen aus der Geschichte, der Literatur- und Medienwissenschaften über die „Autopoiesis des Krieges",[34] eine Ästhetik der Gewalt, der Ethnologie und auch der psychologischen Forschungsansätze zurückgreifen. Die folgende kurze Übersicht soll nur einen Eindruck vermitteln. Je nach Schwerpunkt ist z.B. eine psychoanalytische bzw. sozialpsychologische Erforschung von Gewalt- oder Friedenseinstellungen möglich, die Verhalten von individuellen bis zu internationalen,[35] gewaltfreien Konfliktregelungen in den Blick nehmen

---

nimmt, unterstrichen werden, ohne das imperiale und hegemoniale Streben Deutschlands als Kriegsursache zu bestreiten.

33 Friedensstudien umfassen mehr als einen deskriptiven oder rein analytischen Ansatz. Ich spreche hier von Friedensstudien dann, wenn die Generierung von sozial relevantem Friedenswissen zum Forschungsprozeß mitgerechnet wird. Friedensstudien befähigen zum Urteilen und zum Handeln.

34 Der Beitrag von Link (1999) wäre noch zu ergänzen um die vermeintliche Poesie des Krieges.

35 Warum muß die „große Politik" herrschaftlich, gewaltsam oder machtvoll sein? Die in den 90er Jahren in den Blick gerückte, aber weder im Studium der Politikwissenschaft noch den profesio-

kann. Die Tatsache, daß sich journalistische und mediale Berichterstattung bis zur Schaffung virtueller Realitäten stärker auf das Kriegsgeschehen, die Bilder vom Krieg, konzentriert und weniger auf die Schönheit des Friedens eingeht, ist ein Beleg dafür, daß die Ferne des Friedens als gesellschaftliches Strukturdefizit, welches nicht ohne am Frieden tätige Subjekte behoben werden kann, angesehen werden muß.

Kulturwissenschaftlich orientierte Friedens- und Konfliktforschung leistet – auch wenn mit Blick auf die Jahre 2000 bis 2010 weiterhin von einer Abwesenheit einer weltweiten Kultur des Friedens gesprochen werden muß – einen Beitrag zum Frieden, den ich als *Archäologie des Friedens* bezeichnen möchte.

Schautafel III: Kulturologie und Archäologie von Freiden und Friedenswissen

	KULTUROLOGIE DES FRIEDENS
	Geschichte, Literatur- und Medienwissenschaft, Psychologie, Ethnologie
kritisch:	Mentalitätsgeschichte, Gewaltdarstellungen in Literatur und Medien
konstruktiv:	historische Friedensursachenforschung (Friedensinseln – R. Jungk; Friedenszonen – K. Boulding, weltweite Friedensstrukturen – G. Howe)
kritisch-konstruktiv:	psychoanalytische und sozialpsychologische Erforschung von Gewalt- und Friedenseinstellungen, bewußtseinsbildende Öffentlichkeitsarbeit und Friedensjournalismus
	ARCHÄOLOGIE DES FRIEDENSWISSENS UND -KÖNNENS

4. Strukturen und Akteure von Krieg oder Frieden – Skizze zu einem Mehrebenenansatz

Die Notwendigkeit, Systeme organisierter Friedlosigkeit durch etablierte Sozialordnungen gewährleisteter Friedensfähigkeit zu ersetzen, wird als Zielperspektive verschiedener Friedenspolitiken auf unterschiedlichen und sich ergänzenden weltgesellschaftlichen Niveauebenen beschrieben werden können. Gerade, wenn die Konvergenz im Bereich des Zieles einer Abschaffung von Krieg, die auf den Abbau latenter Gewaltsysteme und eine Verhinderung der Gewalteskalation vor der Schwelle zum Kriegszustand angewiesen ist und nicht zuletzt der Etablierung von Frieden als dem Zentrum von Politik besteht, wird die Verschiedenheit von Akteuren und ihrer Mittel nicht als Nachteil, sondern als

---

nellen Politikern gelehrte Mediation ist dabei nur eine Methode, Konflikte ohne kriegerische Mittel zu regeln, worauf Wessells (1993) in „Psychologische Dimensionen internationaler Mediation" hinweist.

Voraussetzung für einen prozeßhaften Umbau militarisierter bzw. kriegsbereiter Gesellschaften angesehen werden können. Das Prozeßhafte – und die Komplexität der Arbeit am Frieden und die Mehrdimensionalität dessen, was einen dauerhaften Frieden ausmacht – wird sogar dann besser zu bewerkstelligen sein, wenn „auf allen Ebenen" (Senghaas 1997b:560) die Frage nach den Voraussetzungen einer politischen Gemeinwesenbildung beantwortet wird. Mit dieser Begriffswahl versuche ich, die Konkurrenz der beiden Begriffe Vergemeinschaftung und Vergesellschaftung zu umgehen, weil beide Positionierungen einen unproduktiven Streit im kritischen Diskurs nach sich ziehen, der nach der Zäsur von 1989 im alten Für und Wider obsolet geworden ist.

In der folgenden Schautafel IV werden sieben weltgesellschaftliche Niveauebenen analytisch unterschieden, ohne ihre vollständige Eigenständigkeit oder auch nur eine relative Autonomie zu behaupten. Wichtiger jedoch als die Diskussion über andere, weitere oder weniger Ebenen[36] ist mir, daß mit den Stichworten Akteur und Struktur eine Mehrzahl handelnder oder erleidender subjektfähiger Akteure sowie eine Vielgestaltigkeit gesellschaftlicher Hervorbringungen, die erst eine Struktur schaffen, angesprochen werden.

Akteursverhalten unterscheidet sich z.B. nicht nur dadurch, wer Subjekt oder Objekt einer Handlung oder einer Unterlassungstat ist, sondern es differiert auch bei der Betrachtung der Frage, ob überhaupt und welchen Beitrag Täter, Zuschauer bzw. Dritte und Opfer bei der Transformation einer durch die Dominanz der Kriegsakteure aufgeschichteten Kriegsstruktur in eine erst zu etablierende Friedensstruktur leisten können. Gleichfalls wird eine Struktur, sei es eine Kriegsstruktur oder eine Friedensstruktur, auf sie erzeugende und reproduzierende Organisationen, Institutionen oder in einem engeren Sinne auf ein politisches System angewiesen sein, wobei die – zunächst hier negativ beschriebene – zivilisatorische Leistung beim Aufbau einer Friedensstruktur darin besteht, daß sie die Etablierung totaler Institutionen und sich nicht selbst korrigierender Systeme ausschließt. Demokratie als ein offenes politisches System ist eine unerläßliche, aber nicht hinreichende Voraussetzung für eine Friedensstruktur. Sie bedarf der Daueranstrengung von vielstimmigen Friedensakteuren sowie von Organisationen und Institutionen, die für den Frieden einstehen. Anders formuliert: Familie als eine eher vergemeinschaftende Institution und Staat als eine stark vergesellschaftende Institution haben ihren Beitrag – als eine Sozialisationsinstanz für eine gewaltfreie Erziehung bzw. als ein Staat, zu dessen Staatszielbestimmungen der Dienst am Frieden gehört – zur Etablierung und zum Erhalt der Friedensstruktur zu leisten, wenn sie nicht nur Eckpfeiler einer auf Gewalt oder sogar Krieg orientierten sozialen Verfaßtheit sein sollen. Damit könnten sie einen spezifischen Beitrag bei dem Abbau von Gewalt und dem Aufbau einer Struktur des Friedens leisten.

---

36 Ein gravierendes Defizit, das angesprochen werden muß, ist die fehlende theoriegeschichtliche Aufarbeitung des Einflusses der Systemtheorie auf die Friedensforschung. Während u.a. bei Deutsch die Vernachlässigung der Meso- und Mikroebene festzustellen ist, bleibt die andere Linie mit den Namen und Ansätzen von Boulding, Galtung und weithin unbeachtet Rapoport verbunden.

Daß sowohl Krieg als auch der zu erreichende Zustand Frieden auf das Verhalten sozialer Akteure und den Verfestigungsgrad sozialer Strukturen gründet und basiert, darf nicht dazu verleiten, ihre Unterscheidbarkeit in Abrede zu stellen. Auch der kritische Hinweis auf die Schwierigkeiten und die Hindernisse bei den „Wegen aus der Gewalt"[37] kann dann zu einer Entmächtigung sozialer Akteure führen, wenn das Qualitätsmerkmal sozialer Beziehungen nicht gesehen wird. Gewaltsame, gewaltärmere und gewaltfreie soziale Beziehungsmuster unterscheiden sich nicht nur, sie erzeugen – zeitlich mittelfristig bzw. in langanhaltenden Wellen und abhängig von dem Reifegrad der jeweiligen soziokulturellen Beziehungsmuster – eine Grundstruktur, die über den Ermöglichungsraum des Ausmaßes von Nicht-Krieg oder bereits Frieden als abgelagerter Geschichte und aufgehäufter Sozialstruktur mitentscheidet, welche aber menschliche Subjekte nie vollständig um ihren Entscheidungsspielraum berauben, welcher mit ökonomischer, politischer, sozialer und kultureller Machtteilhabe wächst.

Betrachten wir einzelne Stichwörter in dieser, hier noch unvollständigen Forschungsagenda über Themen, die für Kriegs- bzw. Friedensstudien wichtig sind, so wird deutlich, daß sie aus dem Blickfeld der bundesrepublikanischen Gegenwartssituation aufgefüllt sind. Der zweite Balkankrieg nach 1989 hat welt- und geopolitische Implikationen erkennbar werden lassen, welche zu einer Kriegsbeteiligung Deutschlands geführt haben. Die NATO kann auf der weltpolitischen Bühne kein System kollektiver Sicherheit darstellen. Zu fragen sein wird, ob sie sich derzeit zu einem Kriegsakteur verändert, mit dem wirtschaftliche Interessen außerhalb der transatlantischen Region der Bündnisstaaten durchgesetzt werden sollen. Die Verschiedenheit der ökonomischen und sozialen Standards in West- und Osteuropa führt auch dazu, daß es auf der zivilen Seite zu unterschiedlichen Prioritäten in der bürgerschaftlichen Arbeit kommt – es kann sinnvoll nicht von einer gesamteuropäischen Friedensbewegung geredet werden, vielmehr geht es hier und jetzt um ein Miteinander verschiedener Ausformungen von Sozialbewegungen im weiten Sinn – und gleichfalls unterschiedlich stark verstaatlichte Typen militärischer Macht sich unterscheiden lassen, auch wenn das Militär in allen europäischen Gesellschaften einen hohen Anteil an den gesellschaftlichen Aufwendungen – neben den WORLDWATCH-Reports und SIPRI-Jahrbüchern siehe jetzt auch zum Datenmaterial die BICC-Veröffentlichungen – beansprucht.

---

37 Verdienstvoll ist die entsprechende Kampagne des Bundes für Soziale Verteidigung in Minden/Westfalen. Ihr bisher im Nahbereichsraum liegender Schwerpunkt ist jedoch zu ergänzen, um eine transnationale Politik und Praxis „von unten" und „von oben".

Schautafel IV: Akteure und Strukturen von Krieg oder Frieden – ein Mehrebenenansatz zur Identifizierung von Untersuchungsgegenständen (im Rahmen friedensorientierter Studien) – Krieg und Frieden als polare Gegensätze – Akteure und Strukturen von Krieg oder Frieden

	Wege aus der Gewalt			
	gewaltsam	gewaltärmer		gewaltfrei
	Akteure	Strukturen der Krieges	Akteure	Strukturen des Friedens
weltgesellschaftliche	NATO	WTO + MAI[38]	transnational tätige Friedensbewegung(en)	System(e) kollektiver Sicherheit
gesamteuropäische	Soldateska / war lords	defizitäre Integration/und mangelnde ökonomische und demokratische Teilhabe	Sozial- und Bürger/innenrechtsarbeit	OSZE-Regime
europäische	Expansions- und Überlegenheitsdenken (WEU)	Militär- und Rüstung(co)produktion (Profileration)	Entnuklearisierungsbewegungen	Europäische Zivilmacht (Kritik der GASP, Konstruktion eines zivilen Europa)
nationalstaatliche	Kriegsbewegungen	Nationale Ökonomie des Todes/ Anteil der Aufwendungen am BSP bzw. ÖSP	Innergesellschaftliche Friedensorganisationen / internationale Friedensdienste	Friedensstaatlichkeit, Friedenspolitik in und von Deutschland aus
regionale/ lokale	Kriegerdenkmäler	militärische Infrastruktur	Friedenskulturarbeit / Städte des Friedens	Konversion als regionale Strukturpolitik
personale	selbstdestruktiver Umgang mit Aggressionen	?	Friedensfähigkeit (subjekthafter Frieden)	?
Körper-Ebene	Narben / Wunden / Zerstörung	?	Unversehrte und gelebte Körperlichkeit (Mensch als Teil der Natur)	?

---

38 Einführend hierzu Zattler (1999) in seiner Analyse dieses Vorboten eines haifischartigen Weltmarktmodelles.

Prioritär zu diskutieren und zu ermitteln bleibt weiterhin, ob ein transnationales OSZE-Regime in der Lage sein könnte, eine stabile Sicherheitsstruktur zu bilden, die den war lords in den Krisenregionen auch über einen politisch gewollten Integrationsprozeß Fesseln anlegt. Bei der europäischen Friedens- und Umweltbewegung ist eine deutliche Konvergenz in ihrer politischen Zielsetzung bei der Ablehnung der Atomtechnologie feststellbar. Wie aber europäische Politiken im Bruch mit dem kolonialen und imperialen Erbe und im raum-zeitlichen Horizont des Atomzeitalters in den etablierten Sektoren von Politik eine europäische Zivilmacht etablieren, bleibt eine bisher eher offene Frage. Sowohl die Proliferation von Waffen und Gerätschaften aus Europa in die Welt als auch der mangelnde politische Wille einzelner europäischer Länder, auf Nuklearwaffen als eine zentrale Quelle für die internationale Stellung des Staates zu verzichten, sprechen eine deutliche Sprache: Weder existiert eine europäische Zivilmacht in der Europäischen Union noch ist sie eine Leitidee der politischen Entscheidungsträger. Für die deutsche Geschichte im Jahrhundert der Extreme ist die Durchsetzungsfähigkeit von Kriegsbewegungen, die Nationalismus, Rassismus und Sexismus zur Formierung nutzen, feststellbar. Die Denunziation des Pazifismus in Politik, Kultur und auch Wissenschaft wird hierbei auch als ein Moment der Diskreditierung von Friedensaktivitäten und der Arbeit an der Etablierung einer Friedensstruktur – ökonomisch wie staatlich – verstanden werden können. Die Einhegung des staatlichen Gewaltmonopols ist dabei für die nationalsstaatliche Ebene die vernachlässigte Aufgabenstellung: Ist vielleicht sogar eine Friedensstaatlichkeit als eine Konsequenz aus der Sicherheitsfürsorge des weltinnenpolitisch agierenden Staates zu verstehen? Monumente des Krieges wie z.B. Kriegerdenkmäler ‚verschönern' die militärische Infrastruktur vor Ort, auch weil Krieg auf einen abrufbaren „Wille(n) zur Gewalt" (S. Kappeler) angewiesen bleibt. Gesehen werden muß auf der einen Seite: Auch wenn Staaten eine Kriegswilligkeit pflegen oder zu schüren vermögen, in der Mehrzahl wird das Zerstören, Vergewaltigen und Töten von Staatsbürgern gemacht. Auf der anderen Seite bleibt die Arbeit für eine Kultur des Friedens an eine Konversion der militärischen Einrichtungen und eine Dekonstruktion[39] der Symbole des Unfriedens gebunden. Personale sowie körperbezogene Aspekte von Krieg oder Frieden sind auch dann nicht auszublenden, wenn der innere Friede nicht[40] als eine Voraussetzung des politischen Friedens angesehen werden darf. Einerseits bleiben „Narben der Gewalt" (J. L. Herman) wie eine exterministische Grundhaltung von sozialen Gruppen anschlußfähig für die Weckung von Kriegsbereitschaft, andererseits ist eine Politik des Friedens auf den Beitrag aller Bürger/Bürgerinnen, dem Neben- und Miteinander von Friedensbewegung und Frauenbewegung und auch den Körper als intentional gewähltes Naturmedium der

---

39 Die vielfach vorgeschlagene Reinigung oder Reinterpretation von Symbolen greift zu kurz. Es müssen auch neue Symbole mit Friedensgehalt erfunden und entwickelt werden.

40 H. Saner (1988) legt dar, warum der innere Friede keine Voraussetzung für die Arbeit am Frieden ist. Ich würde sagen: Es geht nicht um den eigenen inneren Frieden als eine Vorleistung für die Arbeit am Frieden, es geht um die Subjekthaftigkeit von Frieden.

Darstellung positiver Loyalitäten[41] angewiesen. Erst in der Gesamtheit dieser Weltbezüge, die durch Wechselwirkungen, aber auch durch ein Gegeneinander der Einflußfaktoren aller Niveauebenen gekennzeichnet ist, wird die einzelne Person ihre Unversehrtheit erspüren, ausleben und auch in Bewegung und Szene setzen können.

Als wichtiges Forschungsdesiderat innerhalb des deutschsprachigen Wissenschaftsraumes ist im Hinblick auf einen Mehrebenenansatz der Aufweis der Verknüpfungen zwischen den mikrosozialen Konstituierungsprozessen und den anonymisierenden makropolitischen Vorgängen zu nennen. Gebrochen wird in dieser friedensorientierten Methodologie von Studien mit der These, daß die große Weltpolitik – insbesondere in ihrer reduzierten Form einer internationalen Staatenpolitik – das personale Handeln und Lassen bestimmt oder sogar überdeterminiert. Nur in konkreten Forschungsvorhaben wird geklärt werden können, wo die Schwerpunkte – auf welcher weltinnenpolitischen Niveauhöhe, aber auch, ob stärker auf der Seite der Akteure oder der Strukuren – für die Stimulierung von Transformationsprozessen liegen. Tief verwurzelte Konflikte,[42] auch das Kriegsgeschehen im Kosovo,[43] werden nicht hinreichend versteh- und begreifbar sein, wenn nicht in kritischer Absicht die local-global-linkages herausgearbeitet und in konstruktiver Hinsicht die Gesamtheit friedenskonsolidierender Maßnahmen gesehen werden.

Analysen der Motive für die Kriege auf dem Balkan werden dann zu kurz greifen, wenn sie einerseits nur die Veränderungen im Staatensystem nach der Implosion der Gesellschaften sowjetischen Typs herausstellen, welche nicht auf die unipolare Dominanz der Vereinigten Staaten hinausläuft, oder andererseits durch einen ausschließlichen Rückgriff auf die Mentalitätsgeschichte einer angeblich „auf dem Balkan" festzustellenden Kultur der Gewalt und der Indienstnahme kultureller Zugehörigkeitsmuster abstellen. Frieden wird sich auch erst dann etablieren und konsolidieren lassen, wenn weder dominante Gewaltverhältnisse noch Konflikteskalationen auf der einen Ebene Friedensprozesse, Akteursverhalten wie Ansätze zur Herausbildung von Friedensstrukuren auf ‚niedrigeren' oder ‚höheren' Ebenen marginalisieren bzw. zurückbilden.

---

41 Zu der Bedeutung von Loyalitäten, die sich nicht nur in Körperinszenierungen ausdrücken, für eine Friedenserziehung siehe die Ergebnisse der die friedenspädagogische Diskussion der 70er und 80er Jahre sichernden (Gemeinschafts)Beiträge von Nicklas und Ostermann, 1993 und 1996.

42 Siehe das Handbuch vom Institute for Democracy and Electoral Assistance (1998). Angewiesen bei einer Konfliktregelung bzw. -transformation wird man nicht nur, aber hier insbesondere bei tief-verwurzelten Konflikten auf eine echte Partizipation möglichst aller Beteiligten sein. Bourdieu (1997) macht mit seiner Formulierung, daß die ‚Toten' die ‚Lebenden' packen werden, darauf aufmerksam, daß an dem zu führenden Dialog mehrere Generationen, die Subjekte, aber auch Objekte darstellen, zu beteiligen wären.

43 M.-J. Calic „Ein Mythos bringt Tod und Zerstörung. Das Amselfeld ist seit Jahrhunderten erbittert umkämpft" spricht diesen Sachverhalt in einem Artikel über den Krieg im Kosovo an (1996), ohne ihn inhaltlich auszuführen. Auch ihr Buch zum ersten Krieg im ehemaligen Jugoslawien hat seine Stärken bei der Phänomenologie soziopolitischer Vorgänge und bietet keine Darstellung kultureller Konfliktlinien und ihrer Bedeutungen.

Wer die Not von Personen oder sozialen Gruppen mindern will, ist bei der Analyse von Gewalt wie bei der Intervention in Konfliktverläufe auf ein Differenzierungsvermögen angewiesen, das „Gewalt" auf einer Ebene nicht als gleich mit „Gewalt" auf einer anderen Ebene erscheinen läßt. Während häusliche Gewalt gegen Frauen häufig ein Beziehungsdelikt in einer asymmetrischen Konstellation darstellt, in der Täter und Opfer eindeutig unterschieden werden können, werden die gewaltsame Erniedrigung und die Vergewaltigung von Frauen in einem Krieg auch zur Demütigung der gegnerischen Seite eingesetzt. Ebenso ist die Überwindung von Gewalt nicht durch gegenläufige Tendenzen zum Frieden auf anderen Niveauebenen unmittelbar herstellbar. Der kommunale Sozialraum, Städte bzw. Inseln des Friedens, als Beispiele, werden nicht notwendigerweise zwischengesellschaftliche oder staatlicherseits gebilligte Genozide[44] verhindern können, aber Orte und Zonen des Friedens strukturieren, die durchaus das gesellschaftliche Klima wie die Sozialstruktur in einer engmaschiger werdenden Weltgesellschaft beeinflussen werden.

5. Friedenshabitus – Ein neuer Schwerpunkt für die nächste Phase der Friedens- und Konfliktforschung – Jenseits des Zivilisierungsdiskurses: Elias und Foucault

Bei allen erkennbaren Stagnationen sowie Verkrustungen der Friedensforschung im engeren Sinn[45] sowie bei einer Neubesinnung über ihr Theorie- und Praxisverständnis ist es offensichtlich, daß für die Weiterentwicklung einer kritisch-konstruktiven Friedens- und Konfliktforschung neben einer sozialtheoretischen Fundierung eine sozialhistoristorische Verortung der Rede und des Inhalts von Frieden unerläßlich ist. Es geht dabei um mehr als die ideengeschichtliche Aufarbeitung des neuzeitlichen Friedensbegriffes und den Gebrauchsnutzen einer Archäologie des Friedenswissens- und könnens, weil nicht nur die Begrenzung durch den Faktor Zeit im Angesicht einer planetarischen Zivilisationskrise drängt, sondern auch etwas aufscheint, was politisch als Gestaltungswissen zum Frieden beschrieben werden könnte, das jedoch personal für Weltbürgerinnen und Weltbürger als ein Ensemble von Einstellungen und Haltungen, Empathie und einen nicht sich und andere beschädigenden Umgang mit

---

44 Erst verpätet entwickelt sich eine Genozidforschung, siehe etwa die seit 1999 erscheinende einschlägige Zeitschrift aus Bochum. Aus dem Bereich der Friedensforscher/-innen liegen wenig Arbeiten zu diesem Themen- und Aufgabenfeld vor. Eine Ausnahme bietet Egbert Jahn, der seine Forschungsgebiete und Lehrtätigkeit bereits vor Jahren verlagert hat.

45 Die Arbeiten aus den Jahren von 1993 bis 1998 von Alfs, Batscheider, Hauswedell, Kinkelbur und Wasmuht referieren und reflektieren die Wissenschaftsgeschichte der Friedens- und Konfliktforschung bis Anfang der 90er Jahre von verschiedenen Standpunkten und Fragestellungen aus. Ohne einen Institutionalisierungsschub und eine Integration in das Hochschulsystem wird die Friedens- und Konfliktforschung eine „halbetablierte Nischenwissenschaft" sein, obwohl sie eine Kernfrage von Wissenschaften anspricht und in das – zumindest: ein – Zentrum von Forschung und Lehre an Hochschulen gehört.

Aggressionen sowie von Zivilcourgage und Identität[46] nicht behindertem Leben in komplexen, nie widerspruchsfreien Weltbezügen[47] beschrieben werden kann: Dieser zu entwickelnde Friedenshabitus[48] kann dabei nicht nur theoretisch als eine Vermittlung von eingeübten Akteursaspekten und aufgeschichteten Strukturaspekten angesehen werden, er ist auch eine Gewähr dafür, daß eine persönliche Friedensbewußtheit zu einem intersubjektiven Friedensbewußtsein[49] entfaltet werden kann. Auch wenn hier für eine Sozialgeschichte des Friedens, dem Pendant zu einer sich auf 1492 als Achsenzeit beziehenden Soziologie der Globalisierung, nicht allein auf den in der Friedensforschung seit Mitte der achtziger Jahre stark rezipierten Ansatz einer vielfach als gelungen angesehenen Zivilisierung von sozialen Gruppen und menschlichen Affekten von Norbert Elias zurückgegriffen werden sollte. So geht es um nicht weniger als einen zivilisatorischen Sprung „vom martialen zum zivilen Habitus" (Meyer 1995:101), der eingedenk der historischen Zivilisationsbrüche erst durch die erkämpfte Kontinuität von Frieden zu einem Schutz vor Krieg und der Abwehr von Not, Unfreiheit und Gewalt – in allen seinen extremen und exterministischen Formen sowie in den physischen[50] wie psychischen Ausprägungen der gegenwärtigen Sozialformation führen kann, wobei die Ambivalenz unserer Gegengewartgesellschaft im Umbruch mit der Entdeckung und Bezeichnung Amerikas sowie der Ignoranz dem anderen gegenüber (T. Todorov) ihren Anfang nahm.

Angesprochen ist damit etwas, das erst eine Kultur des Friedens ausmacht. Wenn die Angaben von UNICEF aus dem Jahr 1995 zutreffen, die „die Zahl der Kinder, die an posttraumatischen Symptomen leiden, auf zehn Millionen welt-

---

46 Ohne zu behaupten, daß Identität erreicht werden kann, Identitätsbildung wird durch Gewalt be- und auch verhindert (Graf/Ottomeyer 1989). Strukturelle Gewalterfahrungen und eine die Gewalt als Mittel akzeptierende Dominanzkultur führen bei Jugendlichen und Menschen allgemein dazu, daß sie eine ‚Lust auf Gewalt' (Dominikowski/Esser 1993) herausbilden. In den verdinglichten Verhältnissen, auch in abstrakten Vergesellschaftungen, wird einerseits der vermeintliche „Störfaktor individuelle Subjektivität" (Horn 1996:145) beseitigt, subjekthafte Identitätsbildung wird andererseits durch Kriegserlebnisse und Gewalterfahrungen im Ansatz erschwert.

47 Zu einer ersten Füllung dessen, was zu einem Friedenshabitus gehört, habe ich Gesichtspunkte des analytischen Konfliktdreiecks von Galtung (1975a) sowie des stärker interventionistischen Konfliktdreiecks im 2. Kapitel seiner seit 1980 entfalteten interkulturellen Theorie des Friedens, 1998, zusammengefügt. Ein Friedenshabitus ist schließlich mehr als eine entwickelte Konfliktfähigkeit in individuellen und globalen Bezügen, aber diese gehört als Vorbedingung von Frieden und ihrer entfalteten Konfliktkultur dazu.

48 Soziologisch wäre an Arbeiten von Wallerstein, Giddens und Foucault, sozialgeschichtlich an die Darstellungen von Foucault, Elias und hier Bourdieu anzuschließen. Auch die Überlegungen zu einer „Auflösung" von Gewalt bei René Girard sind hier zu erwähnen, weil nicht nur ‚ein bewußter Umgang mit Gewalt', sondern auch ‚Frieden' an Ritualhandlungen gebunden ist.

49 Die Differenz von Bewußtheit und Bewußtsein wird hier nicht durch Definitionen erläutert. Es geht um den Umschlag, der aus einem ‚Haben' ein ‚Sein' macht.

50 Bei einer neuzeitlichen Sozialtheorie und Archäologie des Friedenswissens und -könnens steht nicht eine Rekonstruktion von Theorieansätzen im Vordergrund. Es geht vielmehr auch darum, in intellektueller Redlichkeit Scheinalternativen wie zwischen einer kapitalistisch entfesselten Barbarei und eine postmodernen Nova Atlantis zu vermeiden. Materialreiche Detailstudien – s. dazu den Sammelband von Lindenberger/Lüdtke (1995) – geographisch und zeitlich begrenzt, bieten sich dabei an, um komparativistisch einen Grad von Zivilität einzufassen.

weit" (Wehrmann in der Zeit am 1.7.1999:41) schätzen, und hier und jetzt in der Weltgesellschaft „in den gegenwärtig geführten Kriegen 90 Prozent der Opfer Frauen, Kinder und alte Leute sind" (ebd.), und wenn in der Kritik verstaatlichter Willkür und der mangelnden Zivilisierung des Staates, zu dessen Konstituierungsphase eine Kriegsverdichtung wie eine bis heute nicht eingehegte Gewaltsamkeit gehört, darauf aufmerksam gemacht wird, „daß die Häfte aller Nationen (genauer: Nationalstaaten, D.K.) die Folter anwendet" (ebd.), dann steht etwas auf der theoretischen wie praktischen Tagesordnung, was als eine ‚Abrüstung der Seelen' bezeichnet worden ist.

Das zivilisatorische Septagon,[51] das Dieter Senghaas „etwa zu Beginn des 13. Jahrhunderts mit dem Kampf um die Magna Charta" (Senghaas 1997:573) sich in Westeuropa herausbilden sieht, thematisiert für gegenwärtige Friedensstrategien zentrale Richtungen und Linien und legt stärker als in akteursbezogenen Praxeologien auch auf die Institutionalisierung und Verfestigung sozialer Projekte ein besonderes Augenmerk. Aber Umweltkrise wie feministischer Diskurs zeigen erstens, daß ohne die Aufmerksamkeit für körperbezogene und naturbewahrende Praktiken sowie eine Debatte über ein verändertes Mensch-Natur-Verhältnis, wobei die Natur als Humus für die von Menschen geschaffene Sozialstruktur anzusehen ist, eine nachhaltige Erdpolitik kaum zu bewerkstelligen sein wird. Zweitens wird aber bei einer nur horizontalen Erweiterung des Gewaltmonopols auf die nächsthöheren Ebenen etwas als Aufgabenstellung unterschlagen, was als eine Zivilisierung von Institutionen und politischen Systemen bezeichnet werden kann. Wie auch immer die Diskussion über Zivilisierungsmodelle – als Zwischenbericht und als Bericht über Kontroversen ist das ÖSFK-Forschungsprogramm eine Fundgrube – weiterhin geführt werden wird: Die ‚äußere' und ‚innere' Zivilisierung zielen auf eine nicht totalitäre, den Frieden fördernde Qualität der menschlichen Beziehungen gegenüber der (Zweidrittel)Welt und Mitwelt ab. Dabei bleibt die Zentralität eines realpolitischen Friedensinhaltes gegenüber den Ausweitungsversuchen eines schließlich ausufernden und ordnungspolitischen Sicherheitsbegriffes für eine nicht militarisierte Wissenschaft Leitbild und Leitaufgabe.

5.1 Kindergarten, Schule und Hochschule: Konfliktbearbeitungswissen und Friedenssozialisation

Genauso wie Gewalt erlernt wird, ob in mimetischer Praxis in der Familie oder als intentionales Handeln im Krieg, so wird Frieden gelernt werden müssen, soll die in einer demokratischen Gesellschaft erkennbare Friedensbewußtheit zu einem Friedensbewußtsein werden. Insbesondere wenn der Ausgang aus einer

---

51 Erhalt der natürlichen Lebensgrundlagen bildet eine weitere, siebte, unverzichtbare Eckkomponente in einem Modell, daß friedensstrategische Überlegungen ausgehend von einer westeuropäischen Situiertheit zusammenfügt. In dem erwähnten Loccumer Protokoll verdeutlicht Senghaas die Richtung für eine Profilierung eines integrierten Friedenskonzeptes, das bei allen Mängeln der offiziellen Sicherheitspolitik gegenüber in der Benennung zu berücksichtigender Interdependenzen und bisher fragmentierter Politikbereiche voraus ist.

politischen Kriegskultur, aus den Gewalterfahrungen von Heranwachsenden, Frauen und auch Männern gefunden werden soll, aber auch wenn der nachsorgende Umgang mit „Krieg, Gewalt und deren Nachwirkungen"[52] erfolgreich sein will, sind Zeit und Raum zur Verfügung zu stellen, in denen eine Akkumulation von Konfliktbearbeitungswissen und Friedenskompetenzen für das einzelne Subjekt und dessen intersubjektive Weltbezüge gelingt.

Befreiung von Krieg, Abbau der Gewaltsamkeit sozialer Systeme und die Etablierung einer persönlichen wie politischen Konfliktkultur, in welcher gewaltarme und -freie Konfliktaustragungsmodi dominieren, ist dabei heute stärker als in einer Menschheitssituation, in der die Gattung nicht auf dem Spiel steht, an eine Friedensbildung geknüpft, „die Überleben nur prozeßhaft" (Heydorn 1980:287) und als eine „wachsende Gewinnung eines menschlichen Inhalts verstehen kann" (ebd.). Weil Bildung in den kapitalistischen Industriegesellschaften „zu einer lebenslangen Einrichtung" (288) geworden ist, haben die gesellschaftlichen Hervorbringungen, die als Sozialisationsinstanzen für den Frieden wirken können, auf eine „wirkliche Veränderung im Menschen" (294) und die Selbsttätigkeit und Eigenverfügung des Menschen abzuheben. Erst in einer langen „Kette selbständiger Akte" (297) wird die Etablierung einer friedensfähigen Weltgesellschaft und einer Humanität zulassenden Sozialstruktur möglich. Gebrochen wird dann auch mit einer Gehorsamsbereitschaft und der Unterordnung unter nicht legitimierte Autorität, die „in der primären Sozialisation beginnt" (Kempf 1996a:64), aber in sekundären und tertiären Institutionen wie Schule und Hochschule, Militärzeit und Berufsleben ihre Fortsetzung findet.

Weil „Bildung des Bewußtseins, die den Menschen zum wissenden Handeln im verwundbaren Gewebe seiner Bedingungen befähigt" (Heydorn 1980:294), einen Stellenwert wie nie zuvor bekommen hat, haben auch Kindergarten wie (hoch-)schulische Ausbildungsstätten ihren Beitrag zu einer Friedenssozialisation zu entfalten. Weder ist z.B. Schule ein Ort struktureller Gewalt, der eine Friedensbildung ausschließt, noch ein Handlungsraum, in dem Frieden geschaffen werden kann. Aber sie kann – wie die Hochschule – ein Lernort sein, wo ein informiertes Abrüstungswissen, Fähigkeiten zum Umgang mit Konflikten und subjekthafte Friedenskompetenzen gewissermaßen im Probehandeln eingeübt werden. Daß das erzieherische Handeln im Lehr-Lern-Geschehen und seiner inhäreten Differenz nicht prinzipiell gewaltfrei sein wird, sollte nicht als Entmutigung für die als eine Didaktik des Friedens her zu konzipierende Friedensbildung, ihr in dem hochschulischen Lernort verankertes akademisches Friedenscurriculum sowie eine auf Friedenswissen und -können ausgerichtete Allgemeinbildung, angesehen werden.

---

52 J. Galtung (1997) bietet eine Systematisierung von Konfliktbearbeitungsformen. Zu ergänzen ist die inzwischen breite Debatte über zivile Konfliktregelungen durch Überlegungen über ‚Konflikttransformationswissen, Friedenskönnen und ihre Voraussetzungen'.

Die Schwäche der schulischen wie außerschulischen Friedenserziehung[53] –
ihr Hauptaugenmerk lag auf der Erstellung didaktischer Materialien und einer
bewußtseinsbildenden Öffentlichkeitsarbeit über entwicklungspolitische Themen – liegt auch in dem Mangel einer Bezugnahme auf eine allgemeine Friedenstheorie begründet, während sich in den beiden letzten Jahrzehnten die Um-
weltbildung stärker profilieren konnte. Selbst die interkulturelle Bildung formulierte sich in Zusatzausbildungen für Lehrerinnen und Lehrer im Einwande-
rungsland Deutschland studiengangsmäßig aus, es unterblieb dagegen die bil-
dungstheoretische Beschreibung von Frieden als einem unverwechselbaren Bil-
dungsgegenstand. Für den Bereich institutionalisierter Ausbildung kann deshalb
die mangelnde Systematisierung eines Kerns von Friedensstudien als Nachteil
bei der Ressortierung des Friedensthemas angesehen werden: Die methodolo-
gisch begründbare Forderung nach Grenzverletzungen gegenüber etablierten
Fachgrenzen, die Forderung nach Friedenserziehung als fächerübergreifendem
Prinzip, entlastet die Institutionen, Lernorte, Ausbildungsstätten und Erfah-
rungsräume zur Verfügung zu stellen, wo das Bildungs- und Allgemeingut
Frieden gelehrt wird und Kompetenzzuwächse für involvierte Personen bzw.
anwaltschaftlich handelnde Akteure angestoßen werden. Wenn aber Bildung,
die nicht zuletzt den einzelnen Menschen befähigen sollte, gleichzeitig physisches Überleben und gelingendes Leben zu realisieren, im Widerspruch zur
Herrschaft von Menschen über Menschen, Männern über Frauen und der Menschen über die Natur steht, dann wäre eine Friedensbildung als Kritik von Gewalt und als Arbeit am Frieden, wobei es dabei[54] darum geht, sich auf die Beine
zu stellen und gesellschaftliche Friedensstrukturen zu errichten, eine Voraussetzung für einen Frieden, der geschichtlich werden will, und als Ort, nicht parti-
kular, auch nicht in einzelnen Lernorten oder hinter schönen Mauern einge-
grenzt sein darf.

5.2 Friedensforschung + Friedenslehre + Friedensstudium = Friedensstudien

Auch das für das bundesrepublikanische Wissenschaftssystem gerade im sozial-
und geisteswissenschaflichen Bereich feststellbare Auseinanderklaffen zwischen grundlagentheroetischer und praxisorientierter Arbeit ist für die Schlüs-
selkompetenz Frieden, welche nicht unwesentlich aus einer fundamentalen Kritik an Gewalt hervorgeht, von entscheidender Bedeutung geworden. Kritische
Friedensforschung, die als angewandter Wissenschaftsansatz Theorie, Aktion

53 Für die Friedenserziehung im deutschsprachigen Raum sei auf den klassischen Sammelband von Wulf (1973), die kritische Bestandsaufnahme von Bernhard (1988) und den Rekonzeptualisie-rungsversuch von Wintersteiner (1999) als Stationsmarken hingewiesen.

54 Mir scheint es wichtig, die Motive zu prüfen, die Menschen anleiten, sich für die Arbeit an einer Struktur und Kultur des Friedens einzusetzen. Für mich war es auch ein Mittel, sich mit sich selbst auseinanderzusetzen. Selbstreflexion und die in den Ausbildungsprogrammen für Friedens-arbeiter/-innen beschriebene Supervision wären dann Wege, intra-psychische Selbstzerstörungs-anteile zu bearbeiten.

und Reflexion zu integrieren beabsichtigte, wurde auch deshalb in den Universitäten zur Friedens*forschung* zurechtgestutzt, weil erkennbar wurde, daß die gesellschaftliche Rezeption des Theorems der strukturellen Gewalt zu einer Enttabuisierung und der damit ermöglichten Skandalisierung von Gewalt beigetragen hatte. Hinzu kam als interne Entwicklung, daß den bewußtseinsumbildenden Prozessen wenig Bedeutung und kaum ein inhaltliches Gewicht für friedensforscherisches Arbeiten beigemessen wurde. Für die Weiterenwicklung hin zu Frieden als einem Frieden voraussetzenden und Frieden als Ziel ansehenden ‚sozialen Axiom‘, der in Theorie und Praxis seine Gütigkeit hat, wird deshalb wichtig sein, daß Friedensforscher/-innen und Friedenserzieher/-innen gemeinsam mit den in pädagogischen Arbeitsfeldern tätigen Multiplikator(inn)en über die stofflichen wie methodischen[55] Aspekte der Arbeit am Frieden in eine multi- und zuletzt beim Werden des Friedens transdisziplinäre Debatte eintreten.

Ein bei der Vermittlung des Friedens durch ihre mangelnde innerinstitutionelle Verankerung bestehender Gesichtspunkt muß als Gefahr einer Semi-Professionalität angesprochen werden. Zwar gibt es vielfältige und unterschiedlich gestaltete Angebote, friedensrelevante Kompetenzen zu lehren, aber sie werden – auch im Bereich der institutionalisierten Friedensforschung – der Forschung als nachgeordnet angesehen. Eine akademische Friedenslehre stellt aber etwas grundsätzlich anderes als die Präsentation von Forschungsergebnissen dar. Sie verbürgt die Öffentlichkeit für sozial relevantes Wissen über Kriegsursachen und Friedensperspektiven und könnte bei genügender Dichte des Angebotes in Aus-, Fort- und Weiterbildungseinrichtungen wiederum – selbstreflexiv – Forschungsvorhaben generieren bzw. zu neuen Fragestellungen anregen. Allein im Hinblick auf international erprobte bzw. für eine Konfliktbearbeitung relevante Methoden wie „Verhandlungen, Mediation, Problemlöse-Werkstätten und einseitige Initiativen" (Sommer 1998:221) müßten ein breiter Fundus von Wissen sowie exemplarisch Fähigkeiten und Fertigkeiten gelehrt und gelernt werden, wozu es schulisch erkennbare Ansätze bei der Streitschlichter/-innenausbildung, aber für die Universitäten speziell – mit ihrer Ausblendung der Aufgabe einer Friedenssozialisation – nur vereinzelte Unterrichts- bzw. Seminarangebote gibt. Daß, wenn der Abbau von kognitiven wie emotionalen Feindbildern sowie das Akzeptieren des Konfliktgegners und der Konflitkgegnerin als Mensch gelehrt werden, nicht zwingend Friedensbewußtsein entstehen wird, wird nur die überraschen, welche das Gelehrte für das Gelernte halten und die den subjekthaften Aneignungsmechanismen oder der Dauer kollektiver Lernprozesse nicht genügend Zeit lassen und – zunächst – Räume überlassen. Darüber hinaus wird ein erst noch herzustellender Zustand Frieden nur dergestalt ‚gelehrt‘ werden können, daß das Konflikttransformationswissen und die Friedenskompetenzen ‚vorwissenschaftlich‘ – genauer: nur in der Polis – realisiert

---

55 Für den Bereich der Schule denke ich hier an spielpädagogische, gruppendynamische und theaterpädagogische Aktivitäten, für die Hochschule ist das Potential eines erfahrungsbezogenen, eines epochalen, das meint: eines nicht wöchentlichen Sitzungsrhythmusses, wie eines weltkundlichen Lernens noch unaufgeschlossen.

werden können und die ideelle wie materiale Dimension eines politischen Friedens umfassen.

Weil die Kontroversalität über die Inhaltsbestimmungen friedenswissenschaftlicher Grundbegriffe auch für kritisch-konstruktive Friedensstudien[56] nicht in einer Einheitsdefinition auflösbar sein wird, wird ein Studium der Friedens- und Konfliktforschung einen Kernbereich umfassen, in dem sich verschiedenene bzw. konkurrierende Ansätze und Fachdisziplinen wiederfinden, und die Vermittlung von Qualifikationen, die sich für Lehrende und Lernende unterscheiden, aber – wissenschaftlich – sich als Fähigkeit zur Zusammenarbeit, sich in andere Perpektiven hineinzuversetzen, und als Koordination verschiedener Fachansätze beschreiben lassen. Ein ordentliches Friedensstudium, für das es in Mitteleuropa wenn auch verspätet, inzwischen ein grundständiges Studien- wie Aufbaustudienangebot gibt, wird eine starke curriculare Ausrichtung haben, aber auch eine „soziale und friedenspolitische Sensibilität und Handlungsbereitschaft" (Zoll 1996:167) zu vermitteln beabsichtigen. Als strukturelle Schwäche muß dabei mit Blick auf die Hochschulen gelten, daß infrastrukturelle Mindestvoraussetzungen bisher nur vereinzelt geschaffen worden sind und diese mehr als ein zufälliges Zusammentreffen von zwei Faktoren – in dem Bereich tätige Forscher/-innen und einzelne Lehrangebote – darstellen. Erst dann, wenn ein Studium als Ausdruck der Wahrnehmung einer institutionellen Verantwortung für den Frieden angeboten wird und relativ unabhängig von den persönlichen Haltungen und Einstellungen einzelner Hochschullehrer/-innen geworden ist und innerhalb des Wissenschaftssystems durch entsprechende Professuren unter besonderer Berücksichtigung der Theorie, Didaktik und Praxis des Friedens repräsentiert sein wird, besteht eine Chance, daß über Frieden nicht nur gelehrt, sondern auch aus der Kritik des Krieges und der Gewalt als existenzzerstörende, nicht existenzentfaltende soziale Zustände heraus Friedenskenntnisse, -fähigkeiten und -fertigkeiten nicht nur benannt, sondern vielmehr gelernt werden (können).

Friedensstudien, Geschlechterstudien, auch Cultural Studies – an den Hochschulen im angelsächsischen Bereich längst beheimatet – stellen einen inhaltlichen Beitrag für eine zweite Phase der Bildungsreform in den bundesrepublikanischen Hochschulen und einen Anstoß für den deutschsprachigen Wissenschaftsraum dar. Durch die Revision des Curriculums werden disziplinäre und disziplinierende Grenzziehungen zwischen den etablierten Fächern verschoben, womit das eigeniche Anliegen dieser wissenschaftskritischen Ansätze, das Gesicht von Wissenschaft zu verändern, erfüllt werden kann.

---

56 Friedensstudien meint hier mehr als ein einschlägiges Studienprogramm. Aber soll die „Not der Friedensforschung" – so etwa in einem Spendenaufruf des größten Friedensforschungsinstitutes in der Bundesrepublik zugunsten der eigenen Einrichtung – nicht ständig beklagt werden, wird als eine Etappe die Ausbildung von Friedensforscher/-innen und Friedensarbeiter/-innen, von Promotor/-innen und Mediator/innen in eine stärkere Aufmerksamkeit der breiten Öffentlichkeit und das Zentrum einer institutionalisierten Ausbildung gerückt werden, soll Friedensforschung weiterhin möglich sein.

Friedensstudien stellen hierbei in den sozialen Kämpfen unserer Weltübergangsgesellschaft den Versuch einer Antwort auf die Militarisierung von Wissenschaft dar, im Großforschungsbereich wie in der ideologischen Zurüstung
für Krieg und die Akzeptanz von Gewalt und Gehorsam. Sie reflektieren und
denken über etwas hinaus, was als weltweiter Militarismus die Situation in allen
Staaten mit kennzeichnet. Friedensstudien im Besonderen stellen dabei einen
Antwortversuch auf die Gefahren des Militarismus und der sozialen Institution
Krieg dar. Ihren Beitrag zu einer zivilen Weltgesellschaft leisten sie durch das –
menschheitsgeschichtliche – Wachhalten gelungener und möglicher Praxen eines Friedenkönnens und der für soziale Akteure relevanten Produktion von
Friedenswissen. Aber erst dann, wenn die für das erste Jahrzehnt im 21. Jahrhundert proklamierte Dekade einer Kultur des Friedens die Arbeit von Menschen, Frauen und Kindern, alten und jungen Weltbürgerinnen und -bürgern an
einer Weltsozialstruktur, die Krieg überflüssig macht und Kriegsakteure wie das
Militär abschafft bzw. seelisch und geistig aushungert, konkretisiert und kon-
textualisiert, wird ein Zusammenleben möglich, das Frieden heißen könnte und
welches nach Frieden schmeckt. Das bisher gepflegte und durch das Krieg-
Machen in Südosteuropa relegitimierte antizivilisatorische „Handlungsschema
der Gewalt"[57] wird dann durch ein Handlungsschema der Rechtsstaatlichkeit,
der demokratischen Partizipation, einer sozialen Gerechtigkeit, eines bewußten
Umgangs mit Affekten, der Zivilisierung auch staatlicher Bereiche von Politik,
kurzum: durch ein Handlungsschema des Friedens und einer nicht symbolischen, vielmehr materialen Konfliktkultur – auch zwischen den Generationen –
ersetzt werden müssen, soll der Frieden werden und wachsen, erfunden und
gemeinsam erbaut sowie gelebt werden.

---

57 Siehe die „Erklärung von Erziehungswissenschaftlern zum Jugoslawienkrieg und seine Folgen".
Benner (1987) hat pädagogisches Handeln als ein sich – soweit wie möglich – negierendes „Ge-
waltverhältnis" beschrieben, das sich m.E. nicht immer in ein 'Friedensverhältnis' im Lehr-Lern-
Geschehen überführen lassen wird.

Gewaltursachen und Gewaltdynamiken

Wilhelm Kempf

„Die Idiotie der zivilen Gesellschaft", schreibt Peter Schneider in der Frankfurter Allgemeinen Zeitung vom 9.3.1993, „zeigt sich gerade darin, daß sie Erklärungen für etwas sucht, was nicht erklärt werden kann, keiner Erklärung bedarf, und das eigentliche Movens der kulturellen Anstrengung ist: die Tatsache, daß Menschen ein allzu fähiges Aggressionspotential mitbringen, das nur durch eine eher unwahrscheinliche und äußerst fragile Leistung, die gemeinhin Kultur oder Zivilisation genannt wird, in Schranken gehalten wird. Eine Zivilisation, die vergessen hat, warum sie entstanden ist, hat schlechte Karten, dem Ausbruch der Barbarei zu widerstehen", denn: „Es ist bekannt, daß keine Kulturleistung ohne einen gewissen Anteil an Aggression zustandekommt".

Diese Auffassung, welche die Wurzeln der Gewalt „tief in der menschlichen Natur" (Der Spiegel 3/1994) verortet, ist gleichermaßen populär wie nach heutigem Forschungsstand unhaltbar. Indem ihr Gegengewalt als einzig mögliches Mittel erscheint, um der Gewalt ein Ende zu bereiten, stellt sie geradezu *das* Kernelement einer Kultur der Gewalt dar, welche Konflikte regelmäßig gewaltförmig eskalieren läßt und die Spirale von Gewalt und Gegengewalt am Laufen hält.

Aggression und Gewalt

Charakteristisch für diese Auffassung ist u.a. die unzulässige Gleichsetzung von Aggression und Gewalt.

Etymologisch gesehen leitet sich das Wort „Aggression" von lat. *aggredior* her. Das bedeutet laut Stowasser: (1) herangehen; (2) sich an jemanden wenden, ihn angehen (legatos: zu gewinnen suchen; pecunia: zu bestechen suchen) – jedenfalls ein sehr zielstrebiges Herangehen an jemanden, das erst in einer Nebenbedeutung (d.h. wenn die friedlichen Mittel der Werbung und Bestechung versagen) angreifen bedeutet wie in unserem verkürzten Alltagssprachgebrauch; (3) unternehmen, beginnen, versuchen, an etwas gehen.

Der Terminus „Gewalt" (englisch. „violence") leitet sich dagegen von lat. *violo* her. Das bedeutet laut Stowasser: (1) Gewalt antun, wehe tun, mißhandeln, verletzen; (2) beflecken, besudeln; (3) verletzen, versehren, gelegentlich auch schänden (virginatem), entweihen (caeremonias), beleidigen.

Damit sind zwei sehr unterschiedliche Phänomene angesprochen, ohne deren klare Trennung Gewaltursachen und Gewaltdynamiken nicht richtig verstanden werden können.

Im ursprünglichen Sinn des Wortes bezeichnet Aggression zunächst nicht mehr und nicht weniger als tatkräftiges Handeln, zielstrebiges Verhalten, das

Widerstände aus dem Weg räumt, ggf. auch Feinde: erst in Verbindung mit Worten wie ,hostes' (Feinde) wird die Tatkraft dann zum Angriff, d.h., nimmt das Wort ,aggredior' die Bedeutung ,angreifen' an.[1] Das entspricht auch dem wissenschaftlichen Sprachgebrauch, der Aggression als Durchsetzungshandlung versteht (vgl. u.a. Kempf 1978; Werbik 1982). Aggression bedeutet (versuchte) Durchsetzung eigener Ziele gegen den (tatsächlichen oder vermeintlichen) Willen eines anderen, die jedoch noch lange nicht dessen körperliche oder seelische Unversehrtheit verletzen muß. Auch gewaltfreier Widerstand ist Aggression; selbst der Versuch, andere zu überreden. Ohne die Fähigkeit zur Aggression, ohne die Kompetenz, Ziele auch gegen den Widerstand anderer weiterzuverfolgen, wären nicht nur die Kulturleistungen der Menscheit undenkbar, sondern auch das einzelne menschliche Subjekt schlicht nicht lebensfähig.

Abbildung 1: Typologie des Aggressions- und Gewaltbegriffs

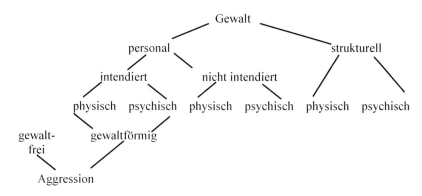

Gewalt dagegen besteht in der der physischen oder psychischen Verletzung von Menschen.[2] Sie kann, aber muß nicht personale Gewalt sein. Sie kann auch

---

1 Nur im Alltagssprachgebrauch ist die Bezeichnung eines Verhaltens als „Aggression" mit einer Abwertung oder Verurteilung dieses Verhaltens verbunden: der „Agressor", das ist der Angreifer, der sich damit ins Unrecht setzt. Die anderen werden dadurch zu den Angegriffenen, die sich verteidigen, quasi Notwehr begehen, deren Verhalten dadurch gerechtfertigt wird.

2 Innerhalb der Friedenswissenschaften besteht eine rege Diskussion darüber, wie weit oder wie eng der Gewaltbegriff gefaßt werden soll. Exemplarisch für einen engen Gewaltbegriff ist die Definition von Fuchs (1993), welche den Terminus 'Gewalt' ausschließlich für die Verletzung der *körperlichen* Unversehrtheit von Menschen reserviert. Am anderen Pol der Skala findet sich die Definition von Galtung (1975a), wonach Gewalt immer dann vorliegt, wenn Menschen so beeinflußt werden, daß ihre aktuelle somatische und/oder geistige Verwirklichung geringer ist als ihre potentielle Verwirklichung.

Während Galtung darauf abzielt, verdeckte Gewaltverhältnisse sichtbar zu machen, um eine Reduktion der Gewalt mit gewaltfreien Mitteln zu ermöglichen, geht Fuchs von der *de facto* verbreiteten Orientierung am Reziprozitätsprinzip (Gouldner 1960) aus und versucht, der Legitimation von Gegengewalt durch einen möglichst engen Gewaltbegriff vorzubeugen.

strukturell bedingt sein (vgl. Kinkelbur, in diesem Band). Wesentlich an der strukturellen Gewalt ist, daß es hier keinen Gewalttäter gibt, der die Gewalt mit Absicht ausübt. Sie ist in das System eingebaut und äußert sich in ungleichen Machtverhältnissen und folglich in ungleichen Lebenschancen. Selbst personale Gewalt beruht nur dann auf Aggression, wenn sie intendiert ist.

Aggression und Gewalt überschneiden einander nur dort, wo sich die Durchsetzung eigener Ziele gewaltförmiger Mittel bedient (vgl. Abbildung 1).

Konflikt

Aggression setzt das (tatsächliche oder vermeintliche) Bestehen eines Konfliktes voraus. Unter einem Konflikt (lat. *confligere* = zusammenstoßen, streiten) versteht man das Aufeinandertreffen miteinander unvereinbarer Handlungstendenzen. Bestehen diese innerhalb einer Person, so spricht man von einem inneren oder interpersonalen Konflikt. Als soziale Konflikte bezeichnet man dagegen die Unverträglichkeit der Handlungen oder Ziele zweier oder mehrerer Akteure (Personen, Gruppen oder Institutionen), der sogenannten Konfliktparteien. Soziale Konflikte spielen sich nicht nur auf der Ebene der Sachfragen ab, die den Konfliktinhalt bilden, sondern stets auch auf der Ebene der Einstellungen der Konfliktparteien zueinander und auf der Ebene ihres Verhaltens (vgl. Abbildung 2). Diese Ebenen sind nicht unabhängig voneinander, sondern bedingen sich wechselseitig. Jede Veränderung des Konfliktes auf einer der drei Ebenen hat Auswirkungen auf das Gesamtsystem.

Abbildung 2: Konfliktdreieck (nach Galtung 1987)

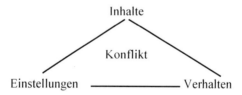

Zwischenmenschliche Beziehungen sind nie statisch, sondern ständigen Veränderungen unterworfen, bei denen Reibungen unvermeidbar sind. Daher sind Konflikte nicht von vornherein als schädlich zu betrachten. Sie müssen nicht notwendigerweise einen destruktiven Verlauf nehmen, sondern können auch als Chance für die Gestaltung – und Veränderung – der zwischen den Konfliktparteien bestehenden Beziehung genutzt werden und einen konstruktiven Verlauf nehmen.

Die hier verwendete Definition (Verletzung der körperlichen und/oder seelischen Unversehrtheit von Menschen) geht auf Kempf (1996a) zurück und versucht einen Ausgleich zwischen den beiden Positionen.

Welchen Verlauf ein Konflikt nimmt, hängt jedoch wesentlich davon ab, ob der Konflikt als kompetitiver oder als kooperativer Prozeß gestaltet wird.

- Eine Kooperationssituation besteht, wenn die Zielerreichung der Akteure positiv korreliert. Im Falle der reinen Kooperation kann jeder Teilnehmer sein Ziel dann (und nur dann) erreichen, wenn die anderen, mit denen er verbunden ist, ebenfalls ihre Ziele erreichen können („win-win"-Prinzip).
- Eine Konkurrenzsituation besteht dagegen dann, wenn die Zielerreichung der Akteure negativ korreliert. Im Falle der reinen Konkurrenz kann ein Teilnehmer sein Ziel dann (und nur dann) erreichen, wenn die anderen, mit denen er verbunden ist, ihre Ziele nicht erreichen können („win-lose"- Prinzip).

Deutsch (1976) spricht in Zusammenhang mit diesen Definitionen von einer gleichgerichteten bzw. entgegengesetzten Wechselbeziehung zwischen den Teilnehmern.

Konstruktive Konfliktverläufe

In einer kooperativen Umgebung kann ein Konflikt als gemeinsames Problem angesehen werden, an dem die Konfliktparteien das gemeinsame Interesse an einer allseits zufriedenstellenden Lösung haben. Dies begünstigt eine produktive Konfliktlösung in dreierlei Hinsicht:

- Der kooperative Prozeß verhilft zu offener und ehrlicher Kommunikation. Die Freiheit, Informationen untereinander auszutauschen, ermöglicht es den Konfliktparteien, über die offenliegenden Streitfragen zu den dahinterliegenden Interessen der Konfliktparteien vorzudringen und dadurch erst eine angemessene Definition des Problems zu erarbeiten, dem sie gemeinsam gegenüberstehen. Zugleich wird jede Partei in die Lage versetzt, vom Wissen ihres Partners zu profitieren, so daß ihre Beiträge zur Lösung des Konfliktes optimiert werden. Nicht zuletzt verringert eine offene Kommunikation die Gefahr von Mißverständnissen, die zu Verwirrung und Argwohn führen können.
- Der kooperative Prozeß ermutigt die Anerkennung der Sichtweisen und Interessen des Partners und die Bereitschaft zur Suche nach Lösungen, die beiden Seiten gerecht werden. Er reduziert defensive Einstellungen und ermöglicht es den Partnern, das Problem so anzugehen, daß ihre besonderen Kompetenzen zum Tragen kommen.
- Der kooperative Prozeß führt zu einer vertrauensvollen, wohlwollenden Einstellung der Partner zueinander, welche die Sensitivität für das Erkennen von Gemeinsamkeiten erhöht und die Bedeutung von Unterschieden reduziert. Er regt eine Annäherung von Überzeugungen und Werten an.

Die Kooperation begünstigt es, Widersprüche in abgeschwächter Form, Wohlwollen des Partners dagegen in verstärkter Form wahrzunehmen. Diese typischen Veränderungen haben nach Deutsch (1976) oft die Wirkung, den Konflikt einzudämmen und eine Eskalation unwahrscheinlich zu machen; sie tragen aber auch die Gefahr in sich, daß Konfliktgegenstände übersehen werden oder daß sich die Partner auf eine „verfrühte Kooperation" einlassen und deshalb zu keiner stabilen Übereinkunft kommen, weil sie sich nicht genügend mit ihren Widersprüchen beschäftigt oder mit den Streitfragen nicht gründlich genug auseinandergesetzt haben (Keiffer 1968). Auch kooperative Prozesse laufen daher stets Gefahr, in eine Frustration zu münden, welche die Eskalationsdynamik des Konfliktes in Gang setzt.

Frustration und Aggression

Unter einer Frustration (lat. *frustrare* = vereiteln) versteht man ein Ereignis, als dessen Wirkung eine Handlung verhindert wird und/oder in Hinblick auf die mit ihr verfolgten Ziele erfolglos bleibt (Dollard et al. 1939; Kempf 1978). Ähnlich wie bei der Gewalt kann diese Vereitelung sowohl personal als auch strukturell verursacht sein. Und auch personale Verursachung der Frustration kann beabsichtigt (intendiert) oder unbeabsichtigt (nicht intendiert) erfolgen.

Zwischen Konflikt, Frustration und Aggression besteht ein struktureller Zusammenhang, der für das Verständnis der Konflikteskalation von zentraler Bedeutung ist.

- Erleidet jemand eine Frustration und interpretiert sie als beabsichtigte Folge des Handelns eines anderen, so meint er, sich mit diesem in einem Konflikt zu befinden.
- Beharrt er in diesem (tatsächlichen oder vermeintlichen) Konflikt auf seinen ursprünglichen Handlungszielen, so ist jede Handlung, welche auf deren unmittelbare Durchsetzung gerichtet ist, *per definitionem* eine Aggression (Frustrations-Aggressions-Hypothese).
- Setzt er seine Ziele erfolgreich durch, dann ist die Handlung damit abgeschlossen, und es bedarf (zur Erreichung dieser Ziele) keiner weiteren Handlungen, also auch keiner weiteren Aggressionen (Katharsis).

Dabei ist festzuhalten, daß sowohl die Verursachung von Aggression durch Frustration als auch die sog. Katharsis nicht – wie ursprünglich von Dollard et al. (1939) angenommen – auf einer empirischen Gesetzmäßigkeit beruhen, sondern in der Logik des Konfliktes begründet und an subjektseitige Prämissen gebunden sind (Kempf 1978, 1996a), namentlich

- an die Deutung der Frustration als beabsichtigte Folge „gegnerischen" Handelns, und
- an die (versuchte) Durchsetzung der ursprünglichen, eigenen Ziele, d.h. an die Konstruktion des Konfliktes als kompetitiver Prozeß („win-lose" Modell).

Die Durchsetzung ursprünglicher Handlungsziele in Frustrationssituationen ist *per se* noch keine Aggression. Zur Aggression wird sie erst, wenn der Akteur meint, sie gegen den Willen eines Konfliktpartners durchzusetzen, der die Erreichung dieses Zieles verhindern will. Ist dies der Fall, so ist diese Aggression vom Standpunkt des Akteurs aus die Verteidigung seiner ursprünglichen Handlungsziele gegen eine (tatsächliche oder vermeintliche) Aggression des anderen, mit welcher dieser die Zielerreichung verhindert hat.

Auch die sog. Aggressions-Attributions-Hypothese (Dodge 1980; 1982) ergibt sich somit als unmittelbare Konsequenz des strukturellen Zusammenhanges zwischen Frustration und Aggression: Je mehr jemand dazu neigt, andere für Mißerfolge verantwortlich zu machen und ihnen dabei bösen Willen zu unterstellen, desto eher wird er Frustrationen aggressiv beantworten.

Dabei besteht dieser strukturelle Zusammenhang zwischen Frustration und Aggression nicht nur für bereits eingetretene, sondern auch für drohende Frustrationen (Bedrohungs-Aggressions-Hypothese). Denn entscheidend dafür, daß die Durchsetzung eigener Handlungsziele eine Aggression darstellt, ist nicht,

— ob der Akteur in seiner Zielerreichung bereits behindert worden ist, sondern
— daß der Akteur meint, seine Ziele gegen den Willen eines Konfliktpartners durchsetzen zu müssen.

Letzteres wiederum folgt daraus, ob sich der Akteur in einer Konkurrenzsituation oder in einer Kooperationssituation zu befinden meint.

Wird ein Akteur (A) an seiner Zielerreichung durch einen anderen Akteur (B) gehindert (Frustration) und meint er, seine Ziele aber dennoch gegen einen Dritten (C) durchsetzen zu können, und beharrt er auf der Durchsetzung seiner Ziele, dann muß sich diese Durchsetzung nicht gegen B richten, sondern es kann zur Verschiebung der Aggression gegen C kommen. Diese kann auch dann eintreten, wenn A gar nicht der Meinung ist, daß B die Frustration intendiert hat.

Ob es zu einer Verschiebung der Aggression kommt, wird wesentlich davon abhängen,

— welche Erfolgschancen er für die Durchsetzung seiner Handlungsziele sieht: sei es gegen C, gegen B oder sei es auf einem kooperativen Weg, der sich gegen keinen der beiden wendet,
— und welche (positiven oder negativen) Nebenwirkungen er sich dabei erwartet.

Letzteres wird auch davon abhängen, welche Art von Beziehung A zu den anderen Akteuren hat, welche Einstellung(en) er ihnen gegenüber hegt usw.

Mit der erfolgreichen Durchsetzung seiner Ziele entfällt zwar das ursprüngliche Aggressionsmotiv (Katharsis). Das bedeutet jedoch nicht, daß der Konflikt damit beendet ist. Vielmehr besteht die Gefahr, daß sich die Interaktion zwischen den Konfliktparteien in einen Teufelskreis von Aggression und Gegenaggression entwickelt. Denn was sich aus Perspektive der einen Partei (A) als (versuchte) Durchsetzung eigener Ziele gegen den Widerstand eines Gegners

(B) darstellt, wird von diesem als Angriff erfahren, der nun seine Zielerreichung vereitelt oder zumindest zu vereiteln droht. Aggressive Interaktionen bzw. kompetitive Prozesse verselbständigen sich derart zu einem autonomen Prozeß (vgl. Abbildung 3), der allein von den Nebenfollgen der Durchsetzungshandlungen angetrieben wird und vom Handlungserfolg unabhängig ist. Beide Konfliktparteien sehen sich dabei gleichermaßen selbst in einer Verteidigungs- und den anderen in einer Angriffsposition.

Abbildung 3: Verselbständigung aggressiver Interaktionen zu autonomen Prozessen (nach Kempf 1993)

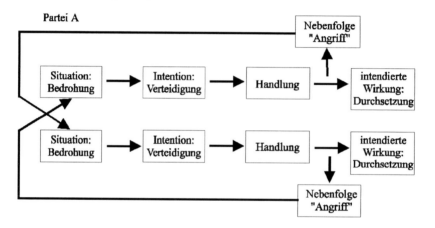

Aggression bedeutet jedoch noch nicht Gewaltanwendung, und aggressive Interaktionen können ggf. über weite Strecken mit gewaltfreien Mitteln ausgetragen werden. Sie tragen jedoch stets die Gefahr einer gewaltförmigen Eskalation in sich.

Der Mythos vom allmächtigen Aggressionspotential

Die Aggression ist als eine Grundform des Sozialverhaltens derart kontinuierlich in der Wirbeltierreihe bis hin zum Menschen erkennbar, daß es naheliegt, die Bereitschaft zur Aggression auch beim Menschen als uraltes Wirbeltiererbe anzusehen.[3]

---

3 Für die Kontinuität tierischer und menschlicher Aggression spricht auch, daß die zentralnervösen Steuerungsmechanismen bei Tier und Mensch keineswegs grundsätzlich verschieden sind. Eingriffe in bestimmte Bereiche des Gehirns können übereinstimmend bei verschiedenen Säugetieren wie Ratte, Katze, Hund, Rhesusaffe und auch beim Menschen entweder extreme, unkontrollierbare Aggressivität oder ungewöhnliche Friedfertigkeit hervorrufen.

Aus evolutionsbiologischer Sicht wird Aggression als eine Form des Konkurrenzverhaltens um sog. fitnessbegrenzende Ressourcen verstanden und nach Markl (1982) als ein Verhalten definiert, das geeignet und darauf gerichtet ist, die Fitness eines Konkurrenten zu mindern, indem ihm ein fitnessbegrenzendes Gut (Revier, Nahrung, Sexualpartner) weggenommen oder vorenthalten wird, das dadurch der Steigerung der Fitness des Aggressors zugutekommt.

Populär geworden ist die biologische Aggressionsforschung durch das Buch „Das sogenannte Böse" von Konrad Lorenz (1963). Trotz aller Ungenauigkeiten und obwohl sich die von Lorenz postulierte Annahme eines „Aggressionstriebes" theoretisch (vgl. Werbik 1974) wie empirisch (vgl. Franck 1985) als unhaltbar erwiesen hat, besteht die bahnbrechende Leistung von Lorenz u.a. darin, die Aggression als intraspezifisch definiert und damit als eine prototypisch soziale, auf den Artgenossen gerichtete Verhaltensbereitschaft erkannt zu haben, die (entgegen Freuds Lehre vom Todestrieb) ursprünglich keine destruktive Pathologie darstellt, sondern im Bauplan des organismischen Verhaltens eine Funktion erfüllt. Zusammen mit der Aggression sind auch aggressionshemmende Mechanismen stammesgeschichtlich evolviert, deren balancierende Wirkung erst dann versagt, wenn ein Lebewesen aus seiner natürlichen Ökologie fällt (vgl. Bischof 1991). Und genau darin sieht Lorenz das existentielle Problem des Menschen, dessen Waffentechnik sich weit schneller entwickelt hat als die Hemmungsmechanismen, welche den Einsatz der Waffen unterbinden könnten.

Dies ist jedoch nur einer der Aspekte, welche für die gewaltförmige Eskalation menschlicher Aggression in Rechnung gestellt werden müssen. In der Entwicklungsreihe der Aggression bis hin zum Menschen haben zumindest zwei qualitative Sprünge stattgefunden, deren erster bereits an Schimpansen und anderen Primaten zu beobachten ist und mit deren *Fähigkeit zur vorausschauenden Planung* zu tun hat.

Die den Menschen am nächsten verwandten Schimpansen leben in halbgeschlossenen Gruppen von 15 bis 60 Einzeltieren, die in kleinere Trupps mit ständig wechselnder Zusammensetzung zerfallen, ohne daß es dabei zu auffallendem Aggressionsverhalten kommt. Die Gruppen leben in sich überlappenden Streifgebieten und meiden sich gegenseitig. Treffen aber dennoch Tiere aus fremden Gruppen aufeinander, so sind alle Formen aggressiven Verhaltens – von ritualisierter bis hin zu offener Aggression – möglich. Auch das Zusammenleben innerhalb der Gruppe ist nicht frei von Aggression. Schimpansengruppen sind hierarchisch organisiert. Reagiert ein Gruppenmitglied nicht erwartungsgemäß, so kann das Aggression zur Folge haben.

Franck (1985) sieht darin eine Parallele zum Sozialverhalten des Menschen, wobei die Struktur menschlicher Gesellschaften jedoch weitaus komplexer ist, weil Gruppenbildung auf vielen verschiedenen Ebenen möglich ist. Als gefährlichste Form der Aggression sieht Franck in diesem Zusammenhang die Gruppenaggression an, bei der es zu einer kollektiven Steigerung der Aggressionsbereitschaft gegenüber gruppenfremden Artgenossen und zu planvollen, kriegs-

Wilhelm Kempf

ähnlichen Auseinandersetzungen mit tödlichem Ausgang (als gleichsam „ultimative Konfliktlösung") kommen kann.[4]

Wenngleich noch nicht bekannt ist, wie häufig derartige Formen kriegerischer Gruppenaggression bei freilebenden Schimpansen sind, kommt Franck unter dem Eindruck dieser Beobachtungen zu dem Schluß, daß wir uns mit dem Gedanken vertraut machen müssen, daß der Mensch ein biologisches Erbe besitzt, das ihn zu kriegerischer Gewalt zwischen Gruppen prädisponiert, da er ähnlich wie andere gruppenlebende Säugetiere (u.a. Schimpansen, Löwen, Hyänen) über keine angeborenen Tötungshemmungen gegenüber Gruppenfremden verfügt.

Die Evolution des Menschen ist von einer beispiellosen Zunahme seiner geistigen Fähigkeiten geprägt, deren biologische Wurzeln vermutlich im Bereich des sozialen Lernens zu suchen sind. Im Primatenverband beeinflußt die Fähigkeit zum sozialen Lernen vermutlich entscheidend den Fortpflanzungserfolg der Individuen. Es gab daher einen starken Selektionsdruck, der das soziale Lernen verbesserte und in der Evolution der Primaten zu einer allgemeinen Verbesserung der geistigen Fähigkeiten führte. So konnte experimentell gezeigt werden, daß Schimpansen die Folgen ihres Verhaltens planend voraussehen, unter Einsatz von Werkzeugen technische Probleme lösen und eine einfache Symbolsprache erlernen können, wenngleich es laut Franck bisher keine Anhaltspunkte dafür gibt, daß wildlebende Schimpansen diese Fähigkeiten wirklich nutzen. Verhaltensbeobachtungen in der Schimpansenkolonie des Arnheim-Zoos in den Niederlanden sprechen jedoch dafür, daß Schimpansen die Fähigkeit, vorausschauend zu planen, in ihrem sozialen Leben fortwährend einsetzen.[5]

---

4 Eine von J. van Lawick-Goodall (zit.n. Franck 1985) beobachtete Schimpansengruppe begann sich 1970 zu teilen, indem sieben Männchen und drei Weibchen mit ihren Kindern zunehmend den südlichen Teil des bisherigen Streifgebietes bevorzugten und immer seltener in das nördliche Gebiet zurückkehrten, in dem sich die größere Gruppe aufhielt. 1972 hatte sich die kleine Gruppe völlig verselbständigt und verteidigte sich gegenüber der Nordgruppe durch Imponierverhalten. 1974 begann die Nordgruppe kriegerische Gewalt gegen die Mitglieder der Südgruppe auszuüben. Ein Trupp von fünf männlichen Mitgliedern der Nordgruppe fing an einzelnes Männchen der Südgruppe und schlug und biß 20 Minuten lang auf das blutende Opfer ein, das danach nie wieder gesehen wurde und vermutlich umgekommen ist. Im Abstand von wenigen Wochen oder Monaten ereigneten sich weitere Überfälle, denen zwei weitere Männchen und ein altes Weibchen der Südgruppe zum Opfer fielen. Dann herrschte 2 Jahre lang Ruhe, bis 1977 ein weiteres Männchen der Südgruppe angegriffen und danach mit Wunden übersät tot aufgefunden wurde. Schließlich fiel (nachdem zwei Männchen eines natürlichen Todes gestorben waren) auch das letzte Männchen der Südgruppe einem Überfall zum Opfer. Die Nordgruppe konnte damit wieder ungehindert in den südlichen Teil ihres vorherigen Streifgebietes vordringen.

5 „Ein erwachsenes Männchen kann Minuten mit der Suche nach dem schwersten Stein auf seiner Seite der Insel zubringen, weit weg vom Rest der Gruppe, und den Stein in seiner Hand jedes Mal, wenn es einen möglicherweise größeren findet, bedächtig abwägen. Dann trägt es den erwählten Stein auf die andere Seite der Insel, wo es mit gesträubtem Fell eine Einschüchterungsshow vor seinem Rivalen beginnt. Da Steine als Waffen dienen (Schimpansen werfen ziemlich genau), können wir annehmen, daß das Männchen die ganze Zeit beabsichtigte, den anderen herauszufordern" (de Waal 1993).

Im allgemeinen verwenden freilebende Primaten kaum technische, wohl aber soziale Werkzeuge. Rangniedere Makakenmännchen nehmen z.B. häufig einen Säugling mit, wenn sie sich einem überlegenen Männchen nähern. Auf diese Weise wird das überlegene Tier daran gehindert, anzugreifen (Franck 1985). Auch die Herausbildung einer sozialen Intelligenz, durch welche Aggressionsverhalten vermieden werden kann, gehört also zum biologischen Erbe des Menschen, ebenso wie die Kompetenz zur Versöhnung, die bei Schimpansen aufgrund ihres hervorragenden Gedächtnisses und der Fähigkeit, vorausschauend zu planen, besonders hoch entwickelt ist. Denn Versöhnung bezieht sich sowohl auf die Vergangenheit als auch auf die Zukunft. Sie dient dazu, vorausgegangene Vorfälle im Hinblick auf zukünftige Beziehungen „ungeschehen zu machen" (de Waal 1993).

Nach de Waal begann die Evolution von Sicherheitsmaßnahmen gegen zerstörerische Aggression mit der Fürsorge für den Nachwuchs. Je komplizierter das Gruppenleben von Tieren wird, um so markanter sind die Hemmungsmechanismen, die nicht nur Kindern, sondern auch nichtverwandten Gruppenmitgliedern gegenüber beobachtet werden können. Nichtmenschliche Primaten sind mit besonders hochentwickelten Kontrollfähigkeiten für den Fall von Kampfeskalationen ausgestattet. Der direkte Weg, um Eskalationen zu vermeiden, führt über beschwichtigende Äußerungen oder Körperkontakt, Spannungsregulierung mittels freundlicher Berührungen, Kraulen oder Umarmen und befriedigt das unersättliche Kontaktbedürfnis, das für die Primatenordnung charakteristisch ist.

Der zweite qualitative Sprung setzt mit der Herausbildung einer hochentwickelten *Symbolsprache* ein, die den Menschen nicht nur in die Lage versetzt, sein Handeln zu planen, sondern auch zu *reflektieren*.[6] Damit hat menschliches Handeln gegenüber dem Verhalten anderer Primaten eine weit höhere Flexibilität erlangt. Der Mensch reagiert nicht mehr unmittelbar auf bestimmte Umweltreize, sondern der Mensch handelt gegenüber den Dingen seiner Umwelt aufgrund der Bedeutung, welche diese für ihn besitzen (Blumer 1973). Hieraus folgt auch, daß der Mensch vielfach die Freiheit hat, biologisch bedingten Verhaltensbereitschaften zu folgen oder nicht zu folgen. „Der Mensch muß keineswegs seinen genetischen Programmen gehorchen, es fällt ihm aber unendlich viel schwerer, gegen als im Sinne seiner angeborenen Neigungen zu handeln" (Franck 1985).

Daß sein biologisches Erbe den Menschen zur Aggression prädisponiert, ist nicht zu leugnen, aber es gibt auch jene Seite seines biologischen Erbes, die den

---

6 Die Evolution geistiger Fähigkeiten des Menschen war nach Franck (1985) eng mit dem Übergang zur jagenden Lebensweise verbunden. In der vorausschauenden und zielgerichteten Herstellung von Jagdgeräten, die möglicherweise erst Wochen später eingesetzt wurden, sieht Franck einen entscheidenden Schritt auf dem Wege der Menschwerdung. Die weitere Evolution wurde besonders von der Notwendigkeit beherrscht, bei der gemeinschaftlichen Jagd auf große Beutetiere hochentwickelte Kommunikationstechniken einzusetzen, mittels derer die Jäger eine Jagd vorplanen und sich während der Jagd verständigen konnten. Dadurch wurde die Entwicklung einer Symbolsprache selektiv stark begünstigt.

Menschen zu Versöhnung und friedlicher Konfliktlösung befähigt. Daher stehen auch die kulturell entwickelten Fähigkeiten zur Friedensstiftung nicht der menschlichen Natur entgegen, sondern sie setzen lediglich einen anderen Aspekt der biologischen Evolution fort. Die kulturelle Evolution des modernen Menschen hatte seit der industriellen Revolution jedoch eine so explosionsartige Entwicklung seiner technischen Fähigkeiten zur Folge, daß die kulturelle Evolution sozialer Kompetenzen kaum damit Schritt halten konnte. Das bedeutet nicht, daß die entsprechenden Fähigkeiten – etwa einer gewaltfreien Konfliktbewältigung – nicht entwickelt und durch Tradition weitergegeben worden wären, aber bei der Tradition des sozialen Handelns hat immer wieder eine Regression auf frühere Entwicklungsstufen stattgefunden bzw. wurden primitive Verhaltensmuster durch Tradition eher wiederbelebt und verfestigt denn aufgelöst. Hinzu kommt, daß sich die biologische Forschung lange Zeit auf das aggressive Erbe des Menschen konzentriert hat, während den natürlichen Mechanismen der Konfliktlösung und Friedensstiftung, die ebenfalls bereits an Primaten zu beobachten sind, vergleichsweise weniger Augenmerk geschenkt wurde. So hat die kulturelle Evolution des Menschen bis in die modernen Wissenschaften vom Menschen hinein einen Mythos von der aggressiven Natur des Menschen geschaffen, gegen die es sich nicht oder nur äußerst schwierig anleben ließe.

Sozialisationsfaktoren

Die gewaltförmige Eskalation aggressiver Interaktionen wird durch eine Vielzahl von kulturellen Faktoren begünstigt. Dazu gehören soziale Normen, welche Durchsetzung um jeden Preis vorschreiben, ebenso wie soziale Modelle (Vorbilder), welche Kompetenzen einer kooperativen Konfliktbearbeitung vernachlässigen und die (vermeintliche) Funktionalität von Gewalt als Mittel der Konfliktlösung vor Augen führen. Solche Normen werden nicht nur durch Erziehung,[7] sondern auch durch die Medien (vgl. Lukesch, in diesem Band) und in-

---

7 Bandura und Walters (1959) verglichen die Erziehungspraktiken der Eltern von Heranwachsenden, die zu Gewalt neigten, mit denen von nicht auffälligen Jugendlichen. Beide Gruppen von Jugendlichen stammten aus intakten Mittelschichtelternhäusern, in denen die Verhaltensstandards der Umgebung gesetzestreues Verhalten förderten. Verglichen wurden die Familien von Jugendlichen, die wiederholt antisoziales Aggressionsverhalten gezeigt hatten, mit denen von Jugendlichen, die weder gewaltbereit noch passiv waren.

Die Eltern der nicht-gewaltbereiten Jugendlichen ermutigten ihre Söhne durchaus, ihre Prinzipien entschlossen zu verteidigen, aber sie entschuldigten gewaltförmige Aggression als Mittel zur Beilegung von Streitigkeiten nicht und bestärkten ihre Söhne selten, wenn sie als Reaktion auf Provokation von gewaltförmigen Aggressionen Gebrauch machten.

Die Eltern der zu Gewalt neigenden Jugendlichen tolerierten zwar zu Hause keinerlei gewaltförmige Handlungsweisen, entschuldigten jedoch provokative und gewaltförmige Handlungen gegenüber anderen, spornten ihre Kinder aktiv dazu an und belohnten sie. Während der frühen Kindheit nahm die Anstiftung häufig sogar die Form von Forderungen an, nach denen der Junge seine Fäuste gebrauchen sollte, wenn er sich mit seinen Gegnern abgab.

nerhalb der Peer-Group weitergegeben. In der Sozialisation Heranwachsender gehen soziale Bekräftigung und Modellierungseinflüsse dabei oft Hand in Hand.[8]

Innerhalb jeder sozialen Gruppe werden manche Mitglieder eher als Quelle für die Imitation von Verhaltensweisen ausgewählt als andere. Der funktionale Wert der Verhaltensweisen, die von verschiedenen Modellen gezeigt werden, bestimmt wesentlich, welche Modelle eingehender beobachtet und welche ignoriert werden. Dabei wird die Wirksamkeit eines Modells z.T. aus den greifbaren Belegen über die Resultate seiner Handlungen erschlossen und zum Teil aus Status verleihenden Symbolen, die Kompetenz und vergangene Erfolge andeuten. Die Aufmerksamkeit für Modelle wird derart nicht nur durch den Erfolg ihrer Handlungsweisen gelenkt, sondern auch durch ihre zwischenmenschliche Anziehungskraft.

Wenn man Menschen eine Vielzahl von Modellen anbietet, wie dies ständig der Fall ist, so beschränkt sich ihr Lernen selten auf eine einzige Quelle, und sie reproduzieren auch nicht alle Verhaltensmuster der bevorzugten Modelle. In Experimenten, in denen mehrere Modelle verschiedene Verhaltensweisen zeigen, stellen die nachahmenden Verhaltensweisen der Beobachter in der Regel Verschmelzungen von Elementen der verschiedenen Modelle dar (Bandura/ Ross/Ross 1963). Gegensätzliche Modellierungseinflüsse, die von Erwachsenen und von Peer-Modellpersonen stammen, führen ebenfalls meist zu zusammengesetzten Verhaltensmustern, und es ist eher unwahrscheinlich, daß nur die erwachsenen oder nur die gleichaltrigen Modelle nachgeahmt werden (Bandura/ Grusec/Menlove 1966).

Perspektivendivergenz

Selbst dort, wo die Austragung eines Konfliktes (noch) nicht durch soziale Normen belastet ist, welche Konflikte grundsätzlich nach dem „win-lose"-Prinzip interpretieren und zur Durchsetzung der eigenen Ziele auffordern, besteht jedoch stets eine gewisse Tendenz zur Interpretation des Konfliktes als Konkurrenzsituation, welche eine aggressive Interaktion der Konfliktparteien begünstigt.

In jedem Konflikt gibt es eigene Rechte und Intentionen und fremde Handlungen, die damit interferieren und als Bedrohung erlebt werden. Zugleich gibt es Rechte und Intentionen der anderen Partei, mit welchen die eigenen Hand-

---

Ähnliche Ergebnisse erbrachte eine Untersuchung der Erziehungspraktiken in den Familien gewaltbereiter und gehemmter kleiner Jungen (Bandura 1960).

8   So zeigte sich in der bereits zitierten Studie von Bandura und Walters (1959), daß sich die Familien der zu Gewalt neigenden und der nicht-gewaltbereiten Jugendlichen auch in ihrem Vorbildcharakter deutlich voneinander unterschieden: In den familiären Interaktionen modellierten die Eltern der nicht-gewaltbereiten Jugendlichen rücksichtsvolles Verhalten und vertrauten hauptsächlich auf Argumente, wenn sie sich mit sozialen Problemen beschäftigten. Im Unterschied dazu zeigten die Eltern der gewaltbereiten Jungen zwar wenig antisoziales Aggressionsverhalten, aber sie modellierten und verstärkten immer wieder kämpferische Verhaltensweisen.

Wilhelm Kempf

lungen interferieren und die vom anderen als Bedrohung erlebt werden. Aber es gibt auch gemeinsame Rechte und Intentionen und einen gemeinsamen Nutzen aus der Beziehung zwischen den Parteien, die Anlaß für gegenseitiges Vertrauen sind (vgl. Abbildung 4).

Abbildung 4: Die Konfliktkonstellation

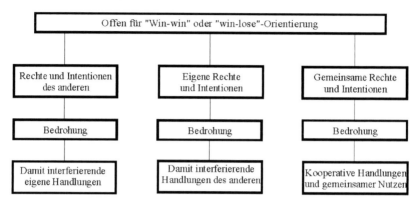

Insofern ist die Interpretation des Konfliktes als kompetitiver oder als kooperativer Prozeß noch offen. Gelingt den Konfliktparteien eine kooperative Herangehensweise an den Konflikt, so kann der Konflikt in einem problemlösenden Gespräch nach dem „win-win"-Prinzip bearbeitet werden, dessen gemeinsames Ziel es ist, eine für beide Seiten zufriedenstellende Lösung zu finden.

Abbildung 5: Perspektivendivergenz

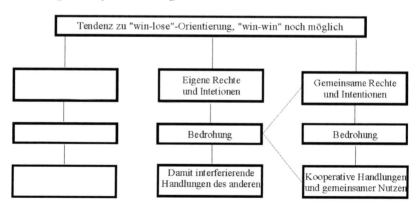

Dieses Gleichgewicht zwischen den Konfliktparteien ist jedoch labil. Da eigene Handlungen von den damit verfolgten Intentionen her interpretiert werden, die gegnerischen Handlungen jedoch von ihren Wirkungen (d.h. von der Behinde-

56

rung der eigenen Zielerreichung) her wahrgenommen werden, besteht eine Perspektivendivergenz zwischen den Pateien, welche einen vollständigen Blick auf die Konfliktkonstellation behindert und nur durch Empathie überwunden werden kann, d.h. indem man sich in die Position der gegnerischen Partei versetzt (Kempf 1996b). Ist die Kommunikation zwischen den Konfliktparteien gestört oder ihr Vertrauen ineinander beschädigt, so bleibt der Blickwinkel auf die je eigenen Rechte und Intentionen und ihre Bedrohung durch die gegnerischen Handlungen verengt, die zugleich als Bedrohung der gemeinsamen Rechte und Intentionen sowie als Bedrohung des gemeinsamen Nutzens wahrgenommen werden (vgl. Abbildung 5).

Diese – tatsächliche oder vermeintliche – Konkurrenzsituation impliziert die Notwendigkeit, die eigenen Ziele gegen den anderen durchzusetzen. Damit verselbständigt sich die Durchsetzung der eigenen Ziele zu einem eigenständigen Ziel und der Konflikt läuft Gefahr, einen destruktiven Verlauf zu nehmen.

Destruktive Konfliktverläufe

Destruktive Konflikte haben die Tendenz, sich auszubreiten und hochzuschrauben. Sie verselbständigen sich und dauern auch dann noch an, wenn die ursprünglichen Streitfragen belanglos geworden oder vergessen sind. Parallel zur Ausweitung des Konfliktes vollzieht sich eine zunehmende Fixierung auf Machtstrategien, auf die Taktiken der Drohung, des Zwanges und der Täuschung.

Die Tendenz, den Konflikt hochzuschrauben, resultiert auf der Ebene der Konfliktinhalte aus dem Konkurrenzprinzip, das dazu verleitet, im Konflikt gewinnen zu wollen; auf der Ebene der Einstellungen aus der Fehleinschätzung des gegnerischen Handelns und seiner Intentionen, und auf der Verhaltensebene aus dem Prozeß der sozialen Verpflichtung, der damit einhergeht, daß der Sieg über den Gegner zum vorrangigen Ziel wird.

Der Konkurrenzprozeß bewirkt eine Verarmung der Kommunikation zwischen den Konfliktparteien. Die bestehenden Kommunikationsmöglichkeiten werden einesteils nicht ausgenutzt und andernteils dazu benutzt, den Gegner einzuschüchtern oder irrezuführen. Aussagen des Gegners wird wenig Glauben geschenkt. Fehleinschätzungen von Informationen im Sinne bereits existierender Vorbehalte werden dadurch begünstigt. Der Konkurrenzprozeß legt die Ansicht nahe, daß eine für die eigene Seite befriedigende Konfliktlösung nur auf Kosten des Gegners und gegen diesen durchgesetzt werden kann. Dadurch wird die Anwendung immer drastischerer und gewaltsamerer Mittel für die Durchsetzung der eigenen Ziele begünstigt. Der Konkurrenzprozeß führt zu einer argwöhnischen und feindseligen Haltung gegenüber dem Gegner, welche die Wahrnehmung von Gegensätzen zwischen den Konfliktparteien verschärft und die Wahrnehmung für Gemeinsamkeiten der Konfliktparteien vermindert.

Wilhelm Kempf

Konkurrenz zwischen Gruppen

In Konflikten zwischen Gruppen wird dieser Antagonismus durch die Prozesse der sozialen Bindung an die eigene Gruppe noch weiter gefördert. Wie Muzafer Sherif mit seinem berühmten Ferienlagerexperiment (Sherif/Sherif 1969) gezeigt hat, stellen Zusammenarbeit und Harmonie innerhalb von Gruppen keine hinreichende Bedingung für Kooperation zwischen den Gruppen dar.[9] Umgekehrt hat die Konkurrenz zwischen Gruppen jedoch sowohl Auswirkungen auf die kognitive Kompetenz der Gruppenmitglieder als auch Auswirkungen auf die Sozialstruktur der Gruppen, durch welche der Konflikt zwischen den Gruppen weiter verschärft wird.[10]

Blake und Mouton (1961/1962) untersuchten die Auswirkungen kompetitiver Prozesse auf die Verhandlungen zwischen Gruppen. Sie zeigten, daß die Konkurrenz zwischen Gruppen verstärkten Zusammenhalt innerhalb der Gruppen, größere Identifikation der Gruppenmitglieder mit ihrer Gruppe und einen Wechsel zu konfliktorientierter Führung bewirkt.

Gleichzeitig verändert die Konkurrenz die Wahrnehmung der Außengruppe in Richtung auf Überbetonung ihrer Verschiedenheit von der Innengruppe und Zunahme negativer Pauschalurteile über die Außengruppe.

In stark konkurrierenden Gruppen zeichnen sich Verhandlungen zur Bereinigung des Konfliktes aus durch:

---

9 Nachdem die Gruppenmitglieder im ersten Abschnitt des Experimentes mit kooperativen Tätigkeiten beschäftigt waren und die Gruppen während dieser Zeit ihre eigenen Organisationsformen und Anzeichen eines „Wir-Gefühls" entwickelt hatten, wurden im zweiten Abschnitt des Experimentes Spannungen zwischen den beiden Gruppen erzeugt. Sherif schuf eine Reihe von Situationen (z.B. Wettbewerbsspiele), in denen die eine Gruppe ihr Ziel nur auf Kosten der anderen erreichen konnte. Während dieser Phase entwickelten die Gruppenmitglieder feindselige Einstellungen und Klischeehaltungen gegenüber der anderen Gruppe und ihren Mitgliedern. Der Konflikt offenbarte sich schließlich in abwertenden Schimpfwörtern und Schmährufen, im Aufflammen körperlicher Gewalt und in Angriffen auf die Unterkunft der anderen.
Im dritten Abschnitt des Experimentes wurden Maßnahmen ergriffen, die den Konflikt zwischen den Gruppen reduzieren sollten. Dazu gehörten Kontakte zwischen den Gruppen bei Handlungen, die für die Gruppenmitglieder zwar angenehm waren, aber keinerlei Abhängigkeit zwischen den Gruppen implizierten, wie z.B. gemeinsam ins Kino zu gehen, im gleichen Speisesaal zu essen usw. Eine andere Maßnahme war die Einführung übergeordneter Ziele (z.B. die Reparatur der Wasserversorgung auf dem Zeltplatz, die Beschaffung von Geld für den Besuch eines sehenswerten Films oder die Instandsetzung eines zusammengebrochenen Lastwagens), welche von keiner Gruppe ohne Mitarbeit der anderen erreicht werden konnten.
Die Ergebnisse zeigten, daß intergruppale Kontakte ohne übergeordnete Ziele nicht zur Heilung der Beziehung zwischen den Gruppen beitrugen, sondern im Gegenteil oft in Streit ausarteten. Die gemeinsame Anstrengung, gruppenübergreifende Ziele zu erreichen, veränderte dagegen allmählich die Beziehung zwischen den beiden Gruppen. Feindschaft wandelte sich in wohlwollende Interaktion.

10 So nahmen das Zusammengehörigkeitsgefühl und die Hilfsbereitschaft innerhalb der jeweils eigenen Gruppe zu, und es vollzog sich ein Wandel in der sozialen Rangordnung der Gruppenmitglieder, wobei diejenigen, die sich in der Konkurrenz zwischen den Gruppen besonders hervortaten, im Rang stiegen.

- eine Tendenz zur Überbewertung der Vorschläge der eigenen Gruppe und zur Verwerfung gegnerischer Vorschläge;
- eine Tendenz zu gegenseitigen Mißverständnissen, indem gemeinsame Werte übersehen und Unterschiede überbetont werden;
- eine Tendenz, den eigenen Sieg höher zu bewerten als die Übereinstimmung, so daß Verhandlungspartner, die Kompromißbereitschaft zeigen, als Verräter angesehen und unnachgiebige Verhandlungspartner als Helden gefeiert werden;
- eine Tendenz zur Disqualifikation neutraler dritter Parteien, wenn sie Empfehlungen geben, die nicht der eigenen Gruppe zum Vorteil gereichen; sowie
- eine Tendenz zu häufigem Blockieren der Verhandlungen an Stelle von Bemühungen um eine für beide Seiten zufriedenstellende Lösung.

Abbildung 6: Eskalationsdynamik von Konflikten

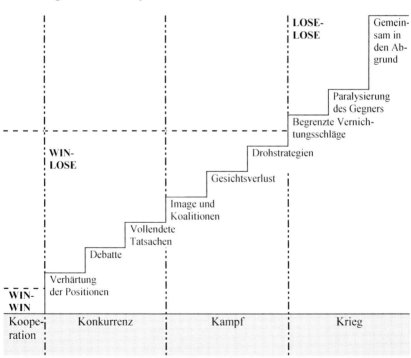

Dynamik der Konflikteskalation

Die gewaltförmige Eskalation von Konflikten erfolgt in neun Stufen (Glasl 1992), die in drei Hauptebenen (Creighton 1992) gegliedert sind, welche durch spezifische Veränderungen in der kognitiven Repräsentation des Konfliktes (Kempf 1996b) charakterisiert sind (vgl. Abbildung 6).

Auf der ersten Eskalationsebene wird der Konflikt als Konkurrenzsituation nach dem „win-lose"-Prinzip konzeptualisiert. War der Blickwinkel der Konfliktparteien infolge der Perspektivendivergenz bereits während der kooperativen Konfliktbearbeitung eingeschränkt, so geraten nun auch die gemeinsamen Rechte und Intentionen und der gemeinsame Nutzen aus dem Blickfeld. Das gegenseitige Vertrauen geht verloren. Man sieht nur noch die eigenen Rechte und Intentionen und deren Bedrohung durch die gegnerischen Handlungen (vgl. Abbildung 7).

Abbildung 7: Konkurrenz

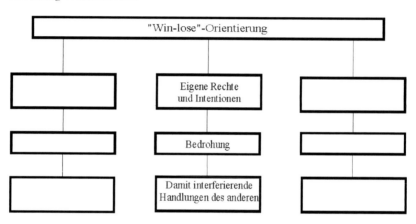

Es kommt zum Streit. Das Ziel der gemeinsamen Problemlösung wird durch die Absicht der Durchsetzung eigener Positionen verdrängt. Es wird wichtiger, den Streit zu gewinnen, als das Problem zu lösen. Die Konfliktparteien empfinden einander als Gegner, nicht mehr als Team. Das vorherrschende Klima ist das eines Wettkampfes, den man nur gewinnen oder verlieren kann. Glasl unterscheidet die Stufen:

1. Verhärtung: Noch überwiegt die Kooperation, doch die Standpunkte prallen zuweilen aufeinander.
2. Debatte: Denken, Fühlen und Wollen der Konfliktparteien polarisieren sich. Zwischen kooperativen und kompetitiven Einstellungen besteht ein labiles Gleichgewicht.
3. Taten statt Worte: Das Konkurrenzverhalten gewinnt die Oberhand. Eine Strategie der vollendeten Tatsachen wird eingeschlagen.

Wenn der Punkt erreicht ist, an dem miteinander reden nicht mehr hilft, sondern Fakten geschaffen werden müssen, dann ist das Ende einer konstruktiven Konfliktbearbeitung erreicht, die sich um Sachfragen dreht und die die Parteien allein bewältigen können. Von nun an wird die Beziehung zur gegnerischen Partei zentraler Konfliktgegenstand (Müller/Büttner 1996).

Der nun stattfindende Übergang zum Kampf erfolgt, wenn eine der Parteien sich verletzt fühlt und befürchtet, noch mehr verletzt zu werden. Ziel der Auseinandersetzung wird es, die andere ebenfalls zu verletzen. Keine ist bereit, eigene Schwächen einzugestehen. Das Bild der gegnerischen Partei wird verzerrt.

Eskaliert die Konkurrenz zum Kampf, so werden die Rechte des anderen bestritten und seine Intentionen dämonisiert. Eigene Handlungen, die mit gegnerischen Rechten und Intentionen interferieren, werden gerechtfertigt, und die eigene Stärke wird betont. An die Seite der Bedrohung durch den Gegner tritt die Zuversicht, den Kampf gewinnen und die eigenen Rechte und Intentionen durchsetzen zu können. Eigene Rechte und Intentionen werden idealisiert. Gegnerische Handlungen, welche damit interferieren, werden verurteilt, und die Gefährlichkeit des Gegners wird betont. Die Bedrohung gegnerischer Rechte durch die eigenen Handlungen wird verleugnet. Die Angriffe des Gegners erscheinen ungerecht und lassen Argwohn gegen ihn entstehen (vgl. Abbildung 8).

Abbildung 8: Kampf

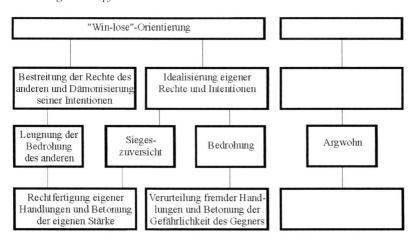

Standen im Streit noch Sachfragen im Vordergrund, so wird jetzt vor allem die Einstellungsebene zum Problem. Glasl unterscheidet die Stufen:

1. Sorge um Image und Koalition: Die Konfliktparteien drängen einander in negative Rollen. Sie werben um Anhänger und Koalitionen.
2. Gesichtsverlust: Die ganze Person des Gegners erscheint – auch rückwirkend – in einem neuen Licht.
3. Drohstrategien: Gewaltdenken und Gewalthandeln nehmen zu. Die Parteien versuchen, durch Drohungen aufeinander Einfluß auszüüben.

Der Kampf eskaliert zum Krieg, wenn die Absicht zur physischen oder psychischen Vernichtung des Gegners entsteht und/oder dieser unter Anwendung von Gewalt zum Nachgeben gezwungen werden soll. Die Parteien sehen sich nicht mehr als Menschen, sondern als Feinde. Jedes gesprochene Wort (selbst Schweigen) wird zur Waffe, jedes gehörte Wort (auch Schweigen) wird als Waffeneinsatz interpretiert. Sogar Bemühungen einer Partei, das Ausmaß des Konfliktes zu dämpfen, werden nur noch als taktische Manöver oder Manipulationsversuche wahrgenommen.

Mit der Eskalation zum Krieg verengt sich die Konfliktwahrnehmung vollends auf die Logik der Gewalt. Der Konflikt wird zu einem Nullsummenspiel, in dem es nur noch noch um ein Ziel geht: um jeden Preis zu gewinnen. Die Alternative einer friedlichen Streitbeilegung wird zurückgewiesen, der Argwohn gegenüber dem Gegner geschürt. Gemeinsame Interessen, die Grundlage einer konstruktiven Konfliktbearbeitung sein könnten, werden bestritten; die Möglichkeit der Kooperation mit dem Gegner wird ausgeschlossen. Die (gerechtfertigte) Empörung über den Krieg wird in eine (selbstgerechte) Empörung über den Feind umgewandelt: Das gemeinsame Leid, das der Krieg für beide Seiten mit sich bringt, darf nicht gesehen werden; ebensowenig der gemeinsame Nutzen, den eine friedliche Streitbeilegung mit sich bringen könnte (vgl. Abbildung 9).

Abbildung 9: Krieg

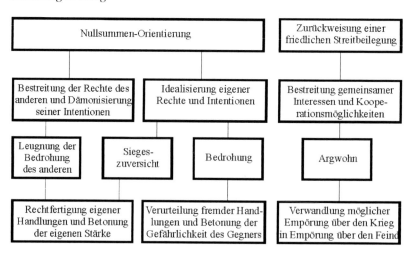

Am Ende geht es nicht einmal mehr darum, auf Kosten des anderen zu gewinnen, sondern nur noch darum, daß der andere nicht gewinnen darf („lose-lose"-Prinzip). Wird diese Schwelle überschritten, dann haben die Parteien voneinander keine menschlichen Bilder mehr, sondern sehen sich als Objekte, die einander nur noch loswerden wollen. Von nun an wird die gegenseitige Gewaltanwendung zum vorherrschenden Konfliktgegenstand (Müller/Büttner 1996). Glasl beschreibt diesen Prozeß in den Stufen:

1. Begrenzte Vernichtungsschläge: Die Werte verkehren sich ins Gegenteil, relativ geringerer eigener Schaden wird bereits als Gewinn angesehen.
2. Zersplitterung: Paralysierung und Desintegration des feindlichen Systems werden zum vorherrschenden Ziel.
3. Gemeinsam in den Abgrund: Es führt kein Weg mehr zurück. Die Konfliktparteien betreiben die Vernichtung des Feindes selbst um den Preis der Selbstvernichtung.

Unvermittelte Gewaltausbrüche

Die dargestellten Stufen der Konflikteskalation folgen ebenso wie die damit einhergehenden Veränderungen der Konfliktwahrnehmung seitens der Konfliktparteien einer gewissen Entwicklungslogik. Eine Stufe folgt auf die andere, indem die Parteien immer drastischere Mittel zur Durchsetzung ihrer Ziele anwenden. Je drastischer die Mittel sind, desto mehr bedürfen sie einer Rechtfertigung, welche die eigenen Ziele als gleichermaßen gerecht wie unverzichtbar erscheinen läßt und die eigene Seite in der Rolle des Opfers sieht, den Gegner dagegen in der des Angreifers, gegen welchen es sich zu verteidigen gilt und der nichts zu befürchten hätte, wenn er nicht an ungerechtfertigten Zielen festhalten wollte und seine Handlungen nicht so verabscheuenswürdig wären. Doch je verächtlicher der Gegner erscheint, desto weniger gemeinsame Anknüpfungspunkte gibt es und desto drastischerer Mittel bedarf es, um sich gegen seine Angriffe zu verteidigen usw.

Gleichwohl ist der Prozeß der Konflikteskalation zumeist kein linearer Prozeß, der Stufe für Stufe voranschreitet, sondern er vollzieht sich eher nach dem Muster „zwei Schritte vor, ein Schritt zurück". Auf jeder Stufe der Konflikteskalation besteht grundsätzlich die Möglichkeit zur Umkehr, zur schrittweisen Deeskalation des Konfliktes.[11] Insbesondere, wenn nur eine der Konfliktparteien versucht, den Konflikt ein Stück weit zu deeskalieren, sind Enttäuschungen jedoch vorprogrammiert. Indem das Eskalationsniveau immer noch hoch ist, erscheint die Frustration der Deeskalationsbemühungen als neuerlicher Beweis für die Verächtlichkeit des Gegners und bestätigt gleichzeitig die Gerechtigkeit der eigenen Anliegen. Die Eskalationsdynamik kommt erneut und mit doppelter Wucht in Gang.

Die Verweildauer auf den verschiedenen Stufen der Konflikteskalation kann sehr unterschiedlich sein. Ein Konflikt mag über lange Zeit hin auf einem stabilen Eskalationsniveau ausgetragen werden und dann innerhalb kürzester Zeit mehrere Eskalationsstufen nacheinander durchlaufen.

---

11 Auch wenn sich dies als umso schwieriger erweist, je weiter die Eskalation fortgeschritten ist und in hoch eskalierten Konflikten ohne die Vermittlung einer neutralen dritten Partei kaum noch möglich ist.

Aufgrund der gestörten Kommunikation zwischen den Konfliktparteien verläuft die Eskalation oft nicht auf beiden Seiten synchron. Bewegen sich die Parteien auf unterschiedlichem Eskalationsniveau, so heizt dies die Eskalationsdynamik noch weiter an:

– Die Partei, die sich auf der höheren Eskalationsstufe bewegt, interpretiert die Handlungen ihres Gegners im Sinne ihres eigenen Eskalationsniveaus und unterstellt ihm böse Absichten, welche weit darüber hinausgehen, was er tatsächlich im Sinn hat.

– Der anderen Partei, die sich auf der niedrigeren Eskalationsstufe bewegt, erscheinen die Handlungen ihres Gegners dagegen als überzogen und unangemessen und bestätigen damit, daß die Verächtlichkeit des Gegners noch weit größer ist als ohnehin befürchtet.

Asynchrone Eskalationsverläufe sind häufig die Folge von Machtungleichgewicht zwischen den Konfliktparteien. Während die mächtigere Partei ihre Rechte und Ziele durchsetzen kann, ohne den Konflikt wirklich austragen zu müssen, ist die machtärmere Partei ständigen Frustrationen ausgesetzt und befindet sich in einem andauernden Zustand der Deprivation, aus welchem sich mit maßvollen Mitteln zu befreien zunehmend aussichtslos erscheint, bis es am Ende zu scheinbar unvermittelten Gewaltausbrüchen kommt.

Dies kann so weit führen, daß die mächtigere Partei sich noch in einem Prozeß der partnerschaftlichen, kooperativen Bearbeitung von Problemen wähnt, während die weniger mächtige bereits zu begrenzten Vernichtungsschlägen greift. Im Extremfall kann es sogar sein, daß die mächtigere Partei das Bestehen eines Konfliktes überhaupt nicht bemerkt hat und sich in einem Zustand vollständiger Harmonie mit dem Partner zu befinden meint, bis sie der Konflikt plötzlich und mit völlig unverständlicher Schärfe trifft.

Da Machtlosigkeit auch bedeutet, daß man mit Reden wenig oder nichts erreichen kann, führt Machtlosigkeit nur allzuoft dazu, daß man die Konflikte gegenüber dem Partner gar nicht mehr anspricht. Die Fixierung auf die eigenen Rechte und Ziele bis hin zu deren Idealisierung und die Verurteilung der gegnerischen Handlungen (und seien sie auch noch so kooperativ gemeint) bis hin zu deren Dämonisierung und zur Bestreitung der Rechte des Gegners vollziehen sich im Verborgenen und werden allenfalls gegenüber dritten Personen thematisiert, von denen man sich Unterstützung erhofft. Indem diese Unterstützung nur allzuoft gewährt wird, statt vermittelnd in den Konflikt einzugreifen, finden die sich herausbildenden Vorurteile gegenüber dem Gegner soziale Unterstützung und werden langsam zur Gewißheit. Wenn der Konflikt schließlich ausbricht, geschieht dies mit solcher Vehemenz, daß die konkreten Sachfragen, welche den (ursprünglichen) Konfliktinhalt ausmachen, hinter dem Ausmaß der Feindseligkeit zurücktreten, ja mitunter nicht einmal mehr konkret benannt werden können – oder allenfalls als lange Liste von Beweisen für die Verabscheuenswürdigkeit des Gegners. Aber die Frustrationen, welche die Beziehung belasten, liegen in der Vergangenheit, und darum geht es jetzt nicht mehr. Die Beziehung selbst steht zur Disposition, der frühere Partner ist zum Feind geworden.

Ähnlich fatale Folgen zeitigt auch die Unterdrückung der Aggression, welche erforderlich wäre, um für seine Interessen mit gewaltfreien Mitteln einzutreten. Der Konflikt eskaliert im Verborgenen, und wenn er schließlich manifest wird, hat er bereits ein so hohes Eskalationsniveau erreicht, daß er nur noch schwer unter Kontrolle zu bringen ist.

So erweist es sich, daß es nicht so sehr das Erbe der Natur ist, welches den Menschen zur Gewalt prädisponiert und das von der menschlichen Kultur in Schranken gehalten werden muß. Es sind in erster Linie Kulturleistungen, welche die zum Überleben des Individuums und der menschlichen Gattung unverzichtbare Aggression in tödliche Gewalt verwandeln.

Die Kultur der Gewalt

Daniel Bar-Tal

Einleitung

Viele Sozialwissenschaftler gehen davon aus, daß intergruppale Konflikte ein notwendiger Bestandteil des sozialen Lebens der Menschen sind (vgl. Burton 1969; Coser 1956; Galtung 1969a; Levi-Strauss 1958; Mitchell 1981). Tatsächlich ist die Geschichte der Zivilisation die von ständigen und zahllosen Konflikten zwischen Gruppen,[1] und auch unser Jahrhundert ist Zeuge einiger schrecklicher Konflikte zwischen Ethnien und Nationen gewesen, die mit extensivem Blutvergießen verbunden waren (vgl. z.B. die Auflistung der Konflikte in Beer 1981; Richardson 1960).

Intergruppale Konflikte folgen keinem einheitlichen Muster, und eine Möglichkeit, sie zu evaluieren, besteht darin, dies in Abhängigkeit von ihrem Ausmaß und von ihrer Intensität zu tun. Dementsprechend hat Kriesberg (1993 1998) vorgeschlagen, Konflikte auf einer bipolaren Skala danach zu klassifizieren, ob sie leicht oder schwer kontrollierbar sind. Als 'schwer kontrollierbar' werden Konflikte eingeordnet, in denen sich die an ihnen beteiligten Parteien weigern, sie friedlich zu lösen und grausame Gewalttaten verüben. Am anderen Pol der Skala werden Konflikte angesiedelt, in denen die Parteien institutionalisierte und annehmbare Formen des Konfliktaustrags nutzen und üblicherweise verhandeln, um die Konflikte zu lösen und Gewaltanwendung zu verhindern. Die schwer kontrollierbaren Konflikte werden durch sieben Merkmale charakterisiert:

- Sie sind gewalttätig und schließen die Tötung von Soldaten und Zivilpersonen ein;
- sie sind langandauernd, überdauern zumindest eine Generation;
- die an ihnen beteiligten Parteien empfinden ihren Konflikt als unlösbar;
- verschiedene Gruppierungen innerhalb der beteiligten Parteien haben massive ökonomische, militärische und ideologische Interessen an der Fortführung des Konflikts;
- sie werden als Nullsummenkonflikte wahrgenommen;
- sie betreffen grundlegende Bedürfnisse, die als wesentlich für das Überleben der Parteien betrachtet werden, und
- sie dominieren alle Lebensbereiche der Konfliktparteien (Bar-Tal 1998; Kriesberg 1993; 1998).

---

1 Im gesamten Beitrag wird der Terminus *intergruppaler Konflikt* verwendet, aber er bezieht sich in erster Linie auf Konflikte zwischen Ethnien und Nationen.

Die beschriebenen Merkmale sollten als kontinuierliche Variablen betrachtet werden, wobei ein Konflikt über die je spezifische Ausprägung jeder der Variablen charakterisiert wird. Das Vorhandensein aller sieben Merkmale macht einen Konflikt zu einem ausgesprochen schwer kontrollierbaren, aber die Wertigkeit jedes einzelnen Merkmals ist unterschiedlich und kann von Konflikt zu Konflikt variieren. Dennoch ist die Grundannahme des vorliegenden Kapitels die, daß Gewalt dem Konflikt einzigartige und gewichtige Charakteristika verleiht. Tatsächlich hat eine Reihe von Politikwissenschaftlern bereits den determinierenden Einfluß der Gewalt auf den Charakter und die Entwicklung eines Konflikts beobachtet (vgl. Brecher 1984; Gochman/Maoz 1984; Goertz/Diehl 1992).

Der vorliegende Beitrag will die sozialpsychologischen Implikationen der Gewalt herausarbeiten. Im allgemeinen geht man davon aus: Wenn in einem intergruppalen Konflikt Menschen getötet oder verwundet werden (was bedeutet, daß Menschen andere Menschen töten oder verletzen), dann ist es so, daß diese bloße Tatsache den Charakter des Konflikts häufig dramatisch verändert. Das heißt, daß sich gewaltsame Konflikte erheblich von gewaltfreien unterscheiden. Gewalt behindert die friedliche Lösung von Konflikten oft dadurch, daß sie den Widerstand gegen Kompromißlösungen anwachsen läßt. Darüber hinaus wird sie in Fällen von schwer kontrollierbaren Konflikten, in denen die Gewaltanwendung eine Generation überdauert, ein mächtiger, determinierender Faktor, der die Versöhnung verhindert und möglichen (und sogar bereits ausgehandelten) Verhandlungslösungen im Wege steht. Der Konflikt zwischen Protestanten und Katholiken in Nordirland, der indisch-pakistanische und der israelisch-arabische Konflikt können als Beispiele für den schädlichen Einfluß von Gewalt auf den Konfliktverlauf dienen: Die Gewaltanwendung verwandelte die Konflikte in Teufelskreise, aus denen wieder herauszufinden schwierig ist.

Es sollte angemerkt werden, daß der schädliche Einfluß der Gewalt zwar kein Axiom, aber eine Regel ist. Die Anwendung physischer Gewalt kann die Konfliktparteien auch zur Besinnung bringen und sie im Angesicht des Preises, den die Menschen für die Konfrontation bezahlt haben, dazu bewegen, eine friedliche Konfliktlösung zu suchen. In ähnlicher Weise kann auch andauernde physische Gewaltanwendung zu Versöhnungsversuchen führen, wenn das ständige Blutvergießen zeigt, wie hoch der Preis ist, den beide Parteien für den Konflikt bezahlen müssen. Realiter werden Konflikte auch dann beendet, wenn bereits physische Gewalt angewendet worden ist. Jedoch ist die grundlegende These dieses Beitrags die, daß physische Gewaltanwendung dem Konflikt ein wesentliches Merkmal hinzufügt, das seinen Charakter verändert. Folglich sind Konflikte mit physicher Gewaltanwendung besonders schwer mit friedlichen Mitteln zu lösen.

Ausgehend von der Bedeutung, die Gewalt in intergruppalen Konflikten hat, wird in diesem Beitrag der spezifische Charakter gewaltsamer Konflikte durch die Fokussierung der sich in ihnen entwickelnden ‚Kultur der Gewalt‘ analysiert.

Daniel Bar-Tal

Die Bedeutung physischer Gewalt

Definitionen von Gewalt variieren hinsichtlich des Umfangs von Handlungen, die sie einschließen. In einer der weitesten Definitionen konstatiert Galtung (1969b:168), daß „Gewalt dann vorliegt, wenn Menschen so beeinflußt werden, daß ihre aktuelle somatische und geistige Verwirklichung geringer ist als ihre potentielle Verwirklichung." Diese Definition schließt eine Vielzahl von Handlungen ein, die eine mögliche Verwirklichung in verschiedenen Bereichen des menschlichen Lebens verhindern, einschließlich Armut und Krankheit. Die hier diskutierte Konzeption beschränkt Gewalt auf rein physische Gewalt, die das Töten und Verwunden von Menschen im Ergebnis internationaler feindlicher Aktivitäten der Konfliktparteien einschließt. Während nahezu immer Tote und Verwundete in den Reihen der Streitkräfte zu finden sind, wird physische Gewalt oft auch Zivilpersonen zugefügt, die an den Kampfhandlungen nicht unmittelbar beteiligt sind. Ebenso muß beachtet werden, daß in internationalen Konflikten die Gewalt von einem sozialen System initiiert und angewendet wird, auch wenn es letztlich Individuen sind, die die gewaltsamen Akte ausführen. Das soziale System stellt die Grundprinzipien und die Rechtfertigungsstrategien für die Gewaltanwendung zur Verfügung, die Infrastruktur des Systems befähigt die Individuen zur Gewaltanwendung, seine Funktionsmechanismen und seine Institutionen verherrlichen gewaltsame Konfrontationen und perpetuieren sie. Deshalb ist es wichtig, die sozialen Implikationen von intergruppaler Gewalt in den Mittelpunkt zu rücken.

Physische Gewalt ist wahrscheinlich der extreme Ausdruck von intergruppalen Konflikten. Gruppen können Erklärungen und Drohungen austauschen, die die Divergenzpunkte betonen und die Absichten ausdrücken. Sie können sogar konkrete Schritte unternehmen, um den Konflikt zu verschärfen und ihn in die direkte Konfrontation zu führen. Aber die Tatsache, daß Menschen getötet werden, hat einen wesentlichen Einfluß auf den Charakter eines Konflikts, und das ganz besonders in der Gegenwart. Die Frage, die gestellt werden muß, lautet: Worin besteht die Bedeutung physischer Gewalt, die so immense Auswirkungen auf den Charakter des Konfliktes hat? Die Antwort auf diese Frage betrifft die Heiligkeit des Lebens, die emotionale Bedeutung des Sterbens, die Irreversibilität des Sterbens, den Willen zur Rache und die Notwendigkeit, Gewalt zu erklären.

Die Heiligkeit des Lebens

Wahrscheinlich gehören die Fortführung und Bewahrung des Lebens zu den heiligsten und universellsten Werten der Menschheit. Aus der gegensätzlichen Perspektive werden das Töten und sogar die physische Verletzung von Menschen als ernsthafteste Verletzung des Moralkodexes betrachtet (Donagan 1979; Kleinig 1991). Das Gebot „Du sollst nicht töten" ist ein breit akzeptierter Grundsatz und wahrscheinlich einer derjenigen mit der größten Bedeutung für die meisten, wenn nicht alle Gesellschaftssysteme (Feldman 1992). Die Gesellschaften befolgen dieses Gebot bereitwillig, schaffen Regeln und erlassen Gesetze, die es relativ erfolgreich schützen. Heute ist das Recht zu leben ein Grundprinzip geworden, und unter nahezu allen Umständen ist niemand befugt, einem anderen Menschen das Leben zu nehmen. Jemandem das Leben zu nehmen, und besonders dann, wenn es sich um einen Unschuldigen handelt, ist fast in jedem Fall eine unverzeihliche Sünde. Die Gesellschaften tolerieren diese Grenzüberschreitung nicht und bestrafen jene streng, die moralische und rechtliche Normen verletzen, die die Heiligkeit des Lebens betreffen. Im Extremfall nehmen Gesellschaften dem Mörder sogar das Leben – als strengste Strafe, die möglich ist.

Im Kontext intergruppaler Konflikte wird es sogar als Verletzung des Moralkodexes betrachtet, Militärangehörige umzubringen, die doch darauf trainiert und vorbereitet werden, es als Teil ihrer Aufgabe zu akzeptieren, daß sie töten und getötet werden (Osgood/Tucker 1967). So führt auch das Töten oder Verwunden von Soldaten zur Eskalation des Konflikts. Solange der Konflikt auf verbale Erklärungen und auf feindliche Handlungen ohne Verluste an Menschenleben beschränkt bleibt, befindet er sich auf einer niedrigeren Konfrontationsebene. Wenn eine Konfliktpartei Angehörige der anderen Gruppe tötet und/oder verwundet oder wenn beide Seiten Verluste zu beklagen haben, dann tritt der Konflikt in ein anderes Stadium ein. In dieser Situation ist es von besonderer Bedeutung, wenn unschuldige Zivilisten betroffen sind, weil die Konfliktparteien diese Verluste als besonders schmerzlich und hart betrachten. Da sie als ernste Verletzung des Moralkodexes angesehen werden, heizen diese Vorfälle den Konflikt noch weiter an und zwingen die Parteien zu besonderen Handlungen, um weitere Gewalt zu verhindern und die Verursacher zu bestrafen.

Emotionale Betroffenheit

Gewaltanwendung erhöht das emotionale Engagement der an einem Konflikt beteiligten Parteien. Gruppen sind emotional tief betroffen, wenn Landsleute getötet oder verwundet werden, weil der Verlust des Lebens in den meisten Fällen die extremste emotionale Erfahrung jedes Menschen ist, besonders wenn der Tod plötzlich, vorzeitig und durch Fremdeinwirkung verursacht eintritt, wie das in einem gewaltsamen Konflikt der Fall ist. Grundsätzlich ist die emotionale Reaktion desto intensiver, je enger die Beziehung zu der getöteten oder verwundeten Person ist. Im Falle der Gewaltanwendung bei intergruppalen Konflikten jedoch nehmen die Gruppenmitglieder die Verluste an Menschenleben mit individueller Betroffenheit auf, auch wenn sie die Getöteten nicht persönlich gekannt haben. Die Toten und Verwundeten werden als Landsleute betrachtet, als Verwandte, die als Gruppenmitglieder verletzt wurden. In diesen Fällen wird die physische Gewalt zur Angelegenheit der gesamten Gruppe, und die Gruppenmitglieder sehen die Verluste als solche der Gruppe, wodurch sie identitätsstiftend werden.

Diese Art der Wahrnehmung und die emotionale Betroffenheit sind Konsequenzen des Sozialisationsprozesses in modernen Gesellschaften, die Verwandtschaftsgefühle (qua Patriotismus und Nationalismus) auf unbekannte Mitglieder der Gesellschaft ausdehnen (vgl. Billig 1995; Fox 1994; Johnson 1997). Im besonderen unternehmen die Gesellschaften spezielle Anstrengungen, um patriotische und nationalistische Gefühle zu entwickeln. Beispielsweise werden für die Mitglieder der Gesellschaft und die Einwohner des Landes fiktive Verwandtschaftsbezeichnungen wie ‚Söhne‘, ‚Brüder und Schwestern‘, ‚Bruderschaft‘, ‚Mutterland‘ oder ‚Vaterland‘ benutzt (vgl. z.B. Halliday 1915; Johnson/Ratwik/Sawyer 1987). Dadurch entsteht bei den Mitgliedern einer Gesellschaft ein Gefühl, zur selben Gesellschaft zu gehören; ebenso entstehen Verbundenheitsgefühle und ein Gefühl von gegenseitiger Verantwortung und Solidarität. Unter Berücksichtigung dieser Sozialisationspraktiken ist es nicht überraschend, daß die Angehörigen einer Gesellschaft persönlich betroffen sind, wenn Mitglieder ihrer Gemeinschaft durch physische Gewalt bei einem intergruppalen Konflikt ums Leben kommen.

In den meisten Fällen trauert die ganze Gesellschaft um diese Toten. Sie werden als Märtyrer der Gesellschaft betrachtet, weil sie für die gemeinsame Sache gestorben sind. Ihr Tod wird so als ein Verlust der Gruppe betrachtet, und deshalb fühlen sich die Gruppenmitglieder emotional betroffen. Bei dieser Art der Analyse muß beachtet werden, daß es häufig so ist, daß der Verlust von Landsleuten den Konflikt für viele Mitglieder der Gesellschaft in eine bedeutsame Erfahrung umwandelt. Das ist deshalb so, weil viele der zwischen den Parteien strittigen Punkte schwierig zu verstehen und unwichtig für das Leben des einzelnen in der Gesellschaft sind. Der Tod von Landsleuten jedoch ist eine Erfahrung, die jedes Mitglied einer Gesellschaft angeht und die dem Konflikt konkrete Realität verleiht. Der Konflikt wird dann ein wichtiger Teil des gesellschaftlichen Lebens und erhält eine neue, persönliche Bedeutung.

Die Unumkehrbarkeit der Situation

Wegen seiner nicht revidierbaren Folgen hat der Verlust von Menschenleben in einem Konflikt besondere Bedeutung. Die Konfliktparteien können zwar annehmbare Kompensationen und Kompromisse für verschiedene Streitpunkte finden; im Unterschied dazu aber gibt es keinen Ersatz für tote Landsleute. Niemand kann denen, die getötet wurden, das Leben zurückgeben. Diese Situation hebt den Konflikt auf eine neue Eskalationsstufe. Der für den Konflikt zu zahlende Preis steigt sehr hoch, und den Familien der Opfer kann kein Ausgleich angeboten werden. Angesichts von Verlusten an Menschenleben haben es die Konfliktparteien schwer, Kompromisse zu rechtfertigen. Insbesondere wenn Kompromisse vor dem Verlust von Menschenleben möglich gewesen wären (oder bevor diese Verluste anwuchsen), hat dies die fatale Konsequenz, daß die Parteien auf ihre Positionen fixiert werden und ihren Konflikt weitertreiben.

Der Wille zur Rache

Tötungen im Rahmen eines intergruppalen Konflikts bilden die Grundlage für Racheakte. „Aug' um Auge" ist eine der grundlegenden Regeln in vielen Gesellschaften, die diese sogar als moralisch erforderlich betrachten. Das heißt, daß die Mitglieder einer Gesellschaft eine Verpflichtung spüren, Mitglieder der Gruppe des Konfliktgegners als Strafe für die erlittene Gewalt körperlich zu verletzen. Deshalb ist es schwierig, einen Konflikt friedlich beizulegen und ohne die Toten zu rächen, wenn erst einmal Gruppenmitglieder getötet worden sind.

In seiner Untersuchung der Kriegsführung in primitiven Gesellschaften stellt Turney-High (1949:149f) heraus, daß

> „Rache so permanent als einer der wesentlichen Gründe für Kriege dargestellt wird, daß dies eine detaillierte Untersuchung erfordert. Warum sehnt der Mensch sich danach, seine Demütigung im Blut der Feinde zu kompensieren? Das Motiv von Spannung und Entspannung spielt dabei eine Rolle: Rache lockert das Gefühl der Spannung, das durch die Ermordung oder Ausplünderung des Selbst, des eigenen Clans, Stammes oder der eigenen Nation verursacht wird. Nur die Hoffnung auf Rache ermöglicht es dem gedemütigten Wesen, Haltung zu bewahren und befähigt es dazu, weiterhin in einer sozial ungünstigen Umgebung zu funktionieren ... Rache, oder die Hoffnung auf Revanche, heilt das angeschlagene Ego und ist eine Konfliktursache, mit der die Menschheit generell rechnen muß".

Der Ruf nach Rache ertönt nicht nur in primitiven Gesellschaften. Er ist eine universelle Erscheinung. Die Mitglieder einer Gesellschaft fordern Rache, wenn die Gesellschaft Verluste an Menschenleben im Gefolge eines intergruppalen Konflikts erlitten hat. So zitiert z.B. Rutkoff (1981) französische Gedichte aus dem Deutsch-Französischen Krieg von 1870/71, die Revanche fordern. In einem von ihnen (S. 161) heißt es:

> Die Rache wird kommen, vielleicht langsam,
> vielleicht leise, aber mit Macht, das ist sicher,
> weil die Bitternis bereits geboren ist und die Kraft strömen wird,
> und nur Feiglinge werden der Schlacht ausweichen.

Die Verluste bei intergruppalen Konflikten werden immer als ungerecht empfunden, und es gibt einen definierten, konkreten, spezifischen Übeltäter (die andere Konfliktpartei), der für seine Taten bestraft werden muß. Rache wird als nationale oder ethnische Verpflichtung in Verantwortung gegenüber den Getöteten empfunden. Es wird als Angelegenheit der Nationalehre betrachtet, den Gegner zu strafen und künftige Verluste zu verhindern, indem man zeigt, daß sich Gewalt nicht bezahlt macht. Scheff (1994) hat darauf hingewiesen, daß Rachegefühle eine der wichtigsten Grundlagen internationaler Konflikte bilden. Seiner Ansicht nach entsteht Rache aus der Verleugnung solcher Gefühle wie Scham, Schuld oder Entfremdung. Diese Gefühle werden auch in Situationen geweckt, in denen Konfliktparteien Verluste an Menschenleben erleiden. Nach

Scheff verleugnen die Parteien diese Gefühle jedoch in den meisten Fällen und rufen statt dessen nach Vergeltung.

Das Bedürfnis nach Erklärung und Delegitimierung

Physische Gewalt, die darin besteht, Menschen zu töten und/oder zu verwunden, bedarf einer Erklärung sowohl für diejenigen, die sie ausüben, als auch für die Opfer (vgl. Grundy/Weinstein 1974). Wegen der Heiligkeit des Lebens und der Verletzung dieser Heiligkeit durch die Anwendung physischer Gewalt brauchen die Beteiligten ein Grundprinzip zur Rechtfertigung der unmoralischen und unmenschlichen Handlungen. Das rührt von dem grundlegenden Bedürfnis des Menschen her, in einer sinnvollen, berechenbaren und gerechten Welt zu leben (Katz 1960; Lerner 1980; Reykowski 1982). Die Ausführenden müssen hören, warum sie die gewaltsamen Handlungen ausführen sollen, und die Opfer müssen hören, warum sie die Verluste erleiden mußten. Häufig holen ‚die Opfer' zum Vergeltungsschlag aus und werden Ausführende, werden diejenigen, die physische Gewalt gegen ihre Gegner ausüben. In diesem Falle betrachten sich beide Konfliktparteien als Opfer, die auch gewaltsame Akte ausführen. Deshalb brauchen in den meisten Fällen beide Konfliktparteien Erklärungen, Rechtfertigungen und Prinzipien zur Legitimierung der physischen Gewalt, die sie ausüben und deren Opfer sie sind. So hat z.B. McFarlane (1986) eine Untersuchung der Rechtfertigungen von Gewalt im Konflikt zwischen Protestanten und Katholiken vorgelegt, die von den Bewohnern ländlicher Gegenden Nordirlands vorgebracht wurden. Die Menschen hatten das Bedürfnis, so extreme Gewalttaten wie Morde, Bombenattentate etc. zu erklären. Sie beharrten darauf, daß diese Gewaltakte von Außenseitern ausgeführte Verirrungen waren. Von Bedeutung für die vorliegende Analyse ist die Tatsache, daß die Rechtfertigungen und Erklärungsschemata meist aus Inhalten kommen, die den Gegner delegitimieren (Bar-Tal 1990; Eldrige 1979; Mitchell 1981; Worchel 1999). Delegitimierung ist definiert als extrem negative Einordnung sozialer Gruppen, die letztlich deren Humanität verneint (Bar-Tal 1989). Delegitimierung unterstellt, daß die gegnerische Partei böse, böswillig, unmoralisch und unmenschlich ist. Das ist die einfachste, effektivste und umfassendste Art, zu erklären, weshalb Menschen umgebracht wurden und weshalb sie auch weiterhin umgebracht werden sollten.

Zusammenfassung

Die obige Analyse zeigt, daß Gewalt ein wesentliches Element in intergruppalen Konflikten ist. Sie verändert das Wesen des Konflikts, weil Verluste an Menschenleben und die Ausübung von Gewalt eine besondere Bedeutung für die Mitglieder der Gesellschaft haben. Deshalb führt Gewalt oft zur Eskalation dieser Konflikte.

Der Tod von Landsleuten im Gefolge eines solchen Konflikts ist für die gesamte Gesellschaft eine mächtige Erfahrung und prägt ihr Leben. Er hat einen nachhaltigen Einfluß darauf, wie die Gesellschaft mit ihren Konflikten umgeht. Die längerfristige Akkumulation solcher Erfahrungen hat offensichtlich eine wesentliche Wirkung auf die Gesellschaft. Die Auswirkungen ständiger physischer Gewaltakte, bei denen die Gruppe einerseits Verluste erleidet und andererseits Mitglieder der gegnerischen Gruppe tötet, durchdringen jeden Teil des gesellschaftlichen Gefüges. Wenn die physische Gewalt lang andauert, und das tut sie in einem schwer kontrollierbaren Konflikt, dann hat dies dadurch einen dauerhaften Einfluß auf die Gesellschaft, daß sich eine 'Kultur der Gewalt' herausbildet. Diese entwickelt sich über die Jahre als Erfahrung einer Gesellschaft, in der sich Gewalt akkumuliert. Sie hinterläßt ihre Spuren, indem sie die Weltsicht und damit das Verhalten der Mitglieder der Gesellschaft prägt.

Die Kultur der Gewalt

Die Entstehung der Kultur der Gewalt ist nahezu unvermeidlich, weil Mitglieder der Gesellschaft an Gewalttaten teilnehmen und weil die Gesellschaft Verluste an Menschenleben erleidet. Diese machtvollen Erfahrungen berühren die Gesellschaftsmitglieder emotional, beziehen sie in das Geschehen ein und durchdringen die gesellschaftliche Produktion, die Institutionen und Informationskanäle der Gesellschaft. Allmählich entwickelt sich ein kulturelles Muster, das drei wesentliche Punkte umfaßt:

- die Formierung gesellschaftlicher Grundüberzeugungen bezüglich der intergruppalen Gewalt;
- die Ausbildung von Ritualen und Zeremonien zum Gedenken an die getöteten Landsleute, und
- die Errichtung von Denkmälern zu Ehren der Getöteten.

Gesellschaftliche Grundüberzeugungen

Gesellschaftliche Grundüberzeugungen sind definiert als gemeinsam geteilte Kognitionen über Gegenstände und Probleme, die von besonderer Bedeutung für die jeweilige Gesellschaft sind und die zum Bewußtsein der Einmaligkeit der Mitglieder der Gesellschaft beitragen. Sie entwickeln und verbreiten sich angesichts der signifikanten und relevanten Erfahrungen der Mitglieder der Gesellschaft (Bar-Tal 1999). Die Inhalte gesellschaftlicher Grundüberzeugungen können gesellschaftliche Ziele, Selbstvorstellungen, Bestrebungen, Verhältnisse oder Vorstellungen von Outgroups etc. betreffen. Sie sind um thematische Cluster organisiert, wobei jedes Thema aus einer Anzahl gesellschaftlicher Grundüberzeugungen besteht. Sie stehen oft im Mittelpunkt des öffentlichen Interesses, dienen als wichtige Bezugspunkte für Führungsentscheidungen und beeinflussen die Wahl der Handlungsabläufe. Gesellschaftliche Grundüberzeugungen bilden sich hauptsächlich auf der Basis der subjektiven Erfahrungen der Mitglieder der Gesellschaft aus und werden über verschiedene soziale, kulturelle und Bildungskanäle und -institutionen weitergegeben, weil sie zur Festigung der sozialen Identität beitragen.

Physische Gewalt in intergruppalen Konflikten ist eine prägende Erfahrung für die Mitglieder einer Gesellschaft. Wenn sie lang andauert, trägt sie beträchtlich zur Ausbildung, Verbreitung und Bewahrung von drei Themenkreisen gesellschaftlicher Grundüberzeugungen bei, die Teil des Konfliktethos sind (ebd.): zu gesellschaftlichen Grundüberzeugungen der Delegitimierung des Gegners, der Viktimisierung der eigenen Gruppe und des Patriotismus. Im Verlauf eines schwer kontrollierbaren Konflikts können auch noch andere gesellschaftliche Grundüberzeugungen ausgebildet werden, wie Bar-Tal (1998) in seiner Analyse des Konfliktethos gezeigt hat, aber diese drei stehen in unmittelbarer Beziehung zu menschlichen Verlusten im Ergebnis physischer Gewaltanwendung.

Gesellschaftliche Grundüberzeugungen der Delegitimierung des Gegners
Es sind zwei Aspekte, die die Ausbildung gesellschaftlicher Grundüberzeugungen der Delegitimierung erleichtern:

– Verluste an Menschenleben in intergruppalen Konflikten, und zwar im besonderen Verluste in der unschuldigen Zivilbevölkerung, und
– die Notwendigkeit, dem Gegner Leid zuzufügen.

Die gebräuchlichsten Arten der Delegitimierung (Bar-Tal 1989) sind Dehumanisierung, Brandmarkung, extrem negative Charakterisierung; negative politische Etikettierung und abwertende Vergleiche mit verächtlichen Gruppierungen. Labels wie Wilde, Unmenschen, Kriminelle, Mörder, Brutalos, Blutrünstige, Nazis, Imperialisten, Barbaren, Vandalen oder Hunnen, die zur Delegitimierung des Gegners benutzt werden, exemplifizieren diese fünf Kategorien. Das Repertoire delegitimierender Labels ist unerschöpflich, und im wesentlichen negieren alle die Menschlichkeit der anderen Gruppe.

Delegitimierende gesellschaftliche Grundüberzeugungen erfüllen einige wichtige epistemische Funktionen. Zuvörderst erklären sie den Mitgliedern einer Gesellschaft, warum die Gesellschaft Verluste an Menschenleben erleidet, im besonderen unter der Zivilbevölkerung. Die benutzten Labels beschreiben die Gewalttätigkeit, Bösartigkeit und Grausamkeit des Gegners. Labels wie ‚Mörder‘ oder ‚Vandalen‘ erklären, wie es möglich ist, daß der Gegner inhumane und unmoralische Handlungen gegen andere menschliche Wesen verüben kann. Gleichzeitig dienen delegitimierende Grundüberzeugungen auch als Rechtfertigungen für die eigene Gewaltanwendung. Delegitimierende Labels zeigen an, daß die Mitglieder der gegnerischen Gruppe keine menschliche Behandlung verdienen. Wegen ihrer unmenschlichen Eigenschaften müssen sie für ihre Gewalttaten bestraft und/oder – notfalls mit Gewalt – davon abgehalten werden, weitere Gewalttaten zu verüben. Zugleich wird mit diesen beiden Argumenten die Tötung oder Verwundung von Mitgliedern der gegnerischen Gesellschaft gerechtfertigt. In vielen Fällen findet diese Rechtfertigung sogar für Übergriffe auf die Zivilbevölkerung des Feindes Anwendung.

Im israelisch-palästinensischen Konflikt zum Beispiel haben beide Parteien extensiv delegitimierende Labels benutzt. Die israelischen Juden bezeichneten die Palästinenser als Terroristen, Mörder, Nazis, Antisemiten oder als blutrünstig, wohingegen die Palästinenser die israelischen Juden als Sadisten, Nazis, Imperialisten, Kolonialisten, Terroristen oder Aggressoren beschimpften (vgl. Bar-Tal 1988). Eine ähnliche Delegitimierung wurde von vietnamesischen Anhängern des Vietcong bzw. der Amerikaner während ihres Krieges vorgenommen, der viele Tausend Menschenleben forderte (White 1970).

Gesellschaftliche Grundüberzeugungen der eigenen Viktimisierung
Wenn eine Gesellschaft Verluste an Menschenleben zu beklagen hat, entwickelt sie die Überzeugung, vom Gegner viktimisiert worden zu sein. Diese Grundüberzeugung fokussiert die Verluste, das Leid, die Bösartigkeit und die Grausamkeit des Gegners und delegiert die Verantwortung für verübte Gewalt an diesen. Die Selbstwahrnehmung als Opfer konzentriert sich auf das traurige und schlimme Schicksal der Gruppe. Sie eröffnet eine Perspektive, die die Realität der Gewalt beschreibt und die die Gruppenmitglieder in die Opferrolle bringt. Diese Perspektive rückt die Verluste an Menschenleben absolut in den Vordergrund. Die Getöteten werden oft als Märtyrer gesehen. Sie und die Verwundeten sind der konkrete Beweis dafür, daß die eigene Seite das Opfer ist.

Im Nordirlandkonflikt zum Beispiel haben sich beide Seiten – Katholiken und Protestanten – als Opfer der anderen Partei wahrgenommen. Beide Gruppen fokussierten selektiv und kollektiv den Terrorismus der anderen Seite, hielten die Erinnerung an die Gewalttaten wach und machten dem Gegner Vorwürfe (Hunter/Stringer/Watson 1991; Wichert 1994).

Der Opferstatus ist nicht notwendigerweise eine Position der Schwäche. Im Gegenteil, er verhilft zu einer guten Ausgangsposition gegenüber der internationalen Gemeinschaft, die normalerweise dazu tendiert, die im Konflikt viktimisierte Seite zu unterstützen, und er verleiht den Mitgliedern dieser Gesellschaft oft die Kraft zur Rache und zur Bestrafung des Gegners.

Gesellschaftliche Grundüberzeugungen des Patriotismus
Verluste an Menschenleben befördern das Vorherrschen gesellschaftlicher Grundüberzeugungen des Patriotismus, der mit Inhalten wie Stolz, Verpflichtung und Loyalität gegenüber der Ingroup und dem eigenen Land verbunden ist (Bar-Tal 1993). Sind Verluste an Menschenleben zu beklagen, schreien diese Überzeugungen nach Mobilmachung und nach Opfern. Sie fordern letztlich die Bereitschaft, für das Vaterland zu sterben, was in gewaltsamen Konflikten oft notwendig ist, weil im Krieg stehende Gesellschaften diejenigen brauchen, die Gewalt ausüben. Ohne die bereitwillige Teilnahme der Mitglieder der Gesellschaft können gewaltsame Konflikte nicht fortgesetzt werden. So unternehmen die Gesellschaften spezifische Anstrengungen, um ihren Mitgliedern patriotische Überzeugungen zu vermitteln, die sie dazu befähigen, die äußersten Opfer für ihr Vaterland zu bringen. Diesem Opfer wird dann Tribut gezollt, indem die Toten und Verwundeten verehrt werden. Einige von ihnen werden als Helden

und patriotische Vorbilder porträtiert, und die Folgegenerationen werden im Geiste dieser Vorbilder erzogen. In dieser Hinsicht dienen patriotische Grundüberzeugungen als Erklärung und Rechtfertigung für die Opfer, zu denen die Mitglieder der Gesellschaft aufgerufen sind.

Die israelische Gesellschaft ist ein Beispiel für den Versuch, während eines gewaltsamen Konflikts patriotische Grundüberzeugungen zu vermitteln. Wegen der andauernden Gewalt brauchte die israelische Gesellschaft viel Hingabe, Engagement und Opferbereitschaft (Galnoor 1982). Verschiedene Kanäle, Methoden und Institutionen wurden dazu verwendet, um Liebe und Loyalität gegenüber dem Staat und dem jüdischen Volk zu entwickeln (Eisenstadt 1973). Die Gesellschaft pflegte das Erbe von Kriegen und Schlachten und glorifizierte den Heroismus (vgl. Sivan 1991). Kriegshelden erhielten eine besondere gesellschaftliche Stellung, und die Gesellschaft erinnerte sich der im Kriegsdienst Gefallenen. Diese Herangehensweise wurde auch auf die Behandlung der jüdischen Geschichte übertragen. Historische Kämpfer-Heroen und ihre patriotischen Taten wurden als Identifikationsmuster und Gegenstände der Bewunderung präsentiert (vgl. Liebman/Don-Yehiya 1983).

Die beschriebenen Grundüberzeugungen entwickeln sich ganz besonders während eines gewaltsamen Konflikts. Wenn dieser Konflikt über Jahre andauert, erhalten die Grundüberzeugungen eine größere Bedeutung im sozialen und eine zentrale Stellung im persönlichen Repertoire der Mitglieder der Gesellschaft. Sie werden oft über die gesellschaftlichen Kommunikationskanäle dargeboten und sind Teil der öffentlichen Agenda. Darüberhinaus werden sie während andauernder Konflikte über kulturelle, gesellschaftliche und Bildungsinstitutionen verbreitet. Das bedeutet, daß die beschriebenen gesellschaftlichen Grundüberzeugungen zu bleibenden Bewußtseinsinhalten werden, die als Themen in der Literatur, in Schulbüchern, Filmen, Theaterstücken, in der Malerei und in anderen Kontexten vorkommen (Bar-Tal 1999; Winter 1995). In diesen kulturellen Produkten wird der Feind delegitimiert, die Gesellschaft als Opfer präsentiert; die Notwendigkeit sowohl der Mobilmachung als auch von Opfern wird betont, und die gefallenen Soldaten werden glorifiziert. Als bleibende Kulturgüter werden die Grundüberzeugungen zu Säulen, auf denen die Kultur der Gewalt ruht, denn sie sind weit verbreitet, werden über die Zeiten hin bewahrt und an die Folgegeneration weitergegeben.

Stätten des Gedenkens

Verluste an Menschenleben in gewaltsamen Konflikten ziehen das Entstehen unterschiedlicher Gedenkstätten nach sich, vor allem von Denkmälern und Friedhöfen (vgl. Ignatieff 1984; Winter 1995). Diese Stätten vereinigen zwei wichtige Charakteristika in sich: Sie befinden sich an speziell dafür bestimmten Plätzen, und sie sind über dauerhafte Strukturen aufgebaut, die den Mitgliedern der Gesellschaft ein Symbol zur Verfügung stellen. Sie erinnern an die im Konflikt gefallenen Landsleute und werden ein untrennbarer Bestandteil der Kultur der Gewalt. Mosse (1990:35) hat herausgestellt:

„Kriegsdenkmäler, die an die Gefallenen erinnern, symbolisierten die Stärke und Männlichkeit der Jugend der Nation und lieferten nachfolgenden Generationen ein nachahmenswertes Beispiel."

Tatsächlich haben sie die wichtige Funktion, sowohl die Erinnerung an die Gefallenen wach zu halten als auch die verbleibenden Gesellschaftsmitglieder mit dem Willen zu erfüllen, den Konflikt fortzuführen und gegen den Feind zu kämpfen. Levinger (1993) hat bei einer Untersuchung der Kriegsdenkmäler in Israel herausgefunden, daß über 900 von ihnen gebaut wurden, um die gefallenen Soldaten unsterblich zu machen. Ihrer Ansicht nach haben diese Denkmäler eine ideologische Funktion für die Gesellschaft, die unter anderem darin besteht, den Krieg zu rechtfertigen, die Gefallenen zu heroisieren und Märtyrertum darzustellen. In ähnlicher Weise hat Almog (1992:63) herausgestellt, daß die israelischen Kriegsdenkmäler ein didaktisches Mittel sind, um die Botschaft der Verpflichtung gegenüber dem Vermächtnis der Gefallenen zu übermitteln, „namentlich die Verpflichtung des Volkes, die Nation weiterhin zu schützen und an dem Land festzuhalten, für das die Gefallenen ihr Leben gegeben haben". Im wesentlichen läuft dies auf eine Fortführung des Konflikts hinaus. In einer von Shamir (1976) herausgegebenen Broschüre, die das israelische Verteidigungsministerium veröffentlicht hat, diskutieren die Beiträger verschiedene Aspekte der Wahrung des Gedenkens an die gefallenen Soldaten. Diese betreffen in erster Linie die Verpflichtung der Gesellschaft, die gefallenen Soldaten nicht zu vergessen; die Möglichkeiten, wie dies erreicht werden kann; die moralische Autorität, die den hinterbliebenen Familien zugestanden wird; und das Vermächtnis der gefallenen Soldaten, den von ihnen beschrittenen Weg weiterzugehen, um die Existenz des Staates Israel zu sichern (vgl. auch Witztum/Malkinson 1993).

Für die Mitglieder der Gesellschaft sind die Denkmäler und Friedhöfe dauerhafte und ständig präsente Mahnungen an die im Konflikt erlittenen Verluste, an die Opfer der Patrioten und an die Böswilligkeit des Gegners. In vielen Fällen erweisen sie sich als konkrete Investitionen in die Fortsetzung des Konflikts.

Rituale und Zeremonien

Ein anderer Ausdruck der Kultur der Gewalt sind Rituale und Zeremonien, die an bestimmte Schlachten, Kriege und im besonderen an im Konflikt gefallene Mitglieder der Gesellschaft erinnern sollen. Rituale und Zeremonien bestehen aus Ansprachen, Szenen, Musik, Dekorationen und anderen Dingen, die zu einer bestimmten Zeit an einem bestimmten Ort für die Mitglieder der Gesellschaft stattfinden, um die oben erwähnte Botschaft zu vermitteln. Sie drücken symbolisch Überzeugungen, Werte und Einstellungen aus, die eine Beziehung zu dem gewaltsamen Konflikt haben. Im besonderen zielen sie auf die Glorifizierung von Schlachten und Kriegen; auf den Heroismus derer, die daran teilgenommen haben; auf das Märtyrertum derer, die dabei gefallen sind; auf die Bösartigkeit und die Schlechtigkeit des Feindes und die Notwendigkeit, den

Kampf als Erfüllung ebenso des „Willens" der Gefallenen wie auch patriotischer Pflichten fortzusetzen.

Rituale und Zeremonien lassen zusammen mit Denkmälern und Friedhöfen das kollektive Gedächtnis der Gesellschaft ewig fortdauern. Aber letztlich werfen sie ein spezifisches Licht auf die Gegenwart. Denkmälern und Friedhöfen wird auf der Grundlage der in ihrem Raum vollzogenen Rituale Sinnhaftigkeit zugeschrieben. So hat z. B. Ben Amos (1993) bei seiner Analyse des Stellenwertes, den vier Nationaldenkmäler in Paris im französischen kollektiven Gedächtnis einnehmen, herausgestellt, daß ihre Signifikanz in dem Sinn liegt, der über die in ihrem Raum vollzogenen Zeremonien beschrieben wird. Mit anderen Worten, die Begegnung zwischen dem Denkmal und der Zeremonie leistet den entscheidenden Beitrag zum Aufbau und zur Bewahrung des kollektiven Gedächtnisses für die spezifische Periode.

In konfliktären Zeiten, und besonders bei schwer kontrollierbaren Konflikten, tragen Rituale und Zeremonien zur Fortführung des Konflikts bei. Ihre Inhalte heizen einerseits die Animosität gegen den Feind an, andererseits drängen sie die Mitglieder der Gesellschaft dazu, ihre patriotischen Pflichten zu erfüllen. Sie dienen als wichtiger sozialisierender und kultureller Faktor, der den Konflikt ideologisiert.

Diesem Ansatz folgend, analysierte Handelman (1990) detailliert die staatliche Zeremonie zum Gedenken an die gefallenen Soldaten am Volkstrauertag in Israel. Dieser Tag ist dazu bestimmt, an jene zu erinnern, die 'ihr Leben für die Existenz des Staates geopfert haben'. Die Zeremonie erzeugt das Gefühl, zu einer großen Familie zu gehören, die ihre Söhne im Konflikt verloren hat und deren Pflicht es ist, die Gefallenen und ihre Taten nicht zu vergessen. Kürzlich stellte Azaryahu (1995) in einer umfänglichen Arbeit über die Erinnerung an die in Israel von 1948-56 Gefallenen die Beziehung zwischen den Zeremonien und den Stätten (Soldatenfriedhöfe und Denkmäler) auf der einen Seite und dem sich entwickelnden Wesen der staatlichen Rituale auf der anderen Seite heraus. Für unseren Fall hob er hervor, daß während des Untersuchungszeitraums, in dem sich der schwer kontrollierbare Konflikt zwischen Israel und den arabischen Staaaten auf dem Höhepunkt befand, die Rituale eine spezielle Bedeutung dafür hatten, die patriotische Verpflichtung unter den Israelis zu verbreiten. Sie sollten das Vermächtnis der Opfer der Helden vermitteln, das gebraucht wurde, um den gewaltsamen Konflikt fortsetzen zu können.

Schlußfolgerungen und Implikationen

Der vorliegende Beitrag läßt darauf schließen, daß Gewalt Konflikte oft verlängert; besonders dann, wenn sie lang andauert. Wenn eine Gesellschaft Verluste an Menschenleben erleidet, und besonders dann, wenn auch dies über eine längere Periode andauert, wird das zu einer prägenden Erfahrung für Mitglieder dieser Gesellschaft, die besondere Bedeutung für sie erlangt. Im Ergebnis entsteht im Laufe der Zeit eine Kultur der Gewalt, die den Konflikt resistenter gegen eine friedliche Lösung macht. Die Kultur der Gewalt konstituiert sich über gesellschaftliche Grundüberzeugungen, über Stätten des Gedenkens sowie über Rituale und Zeremonien, die den Konflikt perpetuieren.

Die beschriebenen kulturellen Produkte entwickeln sich vorrangig im Ergebnis physischer Gewalt, die Verluste von Landsleuten fordert und die die Mitglieder der Gesellschaft dazu bringt, Handlungen auszuführen, die menschliche Wesen töten und verletzen. Die beiden letzteren Produkte (Gedenkstätten sowie Rituale und Zeremonien) setzen einen gewaltsamen Konflikt mit Notwendigkeit voraus. Im Unterschied dazu können die gesellschaftlichen Grundüberzeugungen der Delegitimierung und der Viktimisierung auch unter anderen Umständen ausgebildet werden, und Patriotismus entwickelt sich unter allen Bedingungen, die eine Gesellschaft zum Überleben braucht. Alle drei Grundüberzeugungen florieren im Kontext eines gewaltsamen Konflikts jedoch intensiv und extensiv. Das heißt, daß diese Überzeugungen einen zentralen Platz im gesellschaftlichen Repertoire einnehmen und weit verbreitet werden, wenn Gewalt über die Jahre hin andauert.

In einer Kultur der Gewalt erfüllen die Konfliktgedenkstätten, -zeremonien und -rituale die Funktion, diese Grundüberzeugungen leichter zugänglich, bedeutungsvoller und konkreter zu machen. Zusammen mit schriftlichen Zeugnissen erinnern sie die Mitglieder der Gesellschaft ständig an die Bezugspunkte der drei Grundüberzeugungen. Umgekehrt betrachtet, liefern die gesellschaftlichen Grundüberzeugungen den konzeptuellen Rahmen für die Gedenkstätten, die Rituale und Zeremonien. Sie stellen die Inhalte zur Verfügung, die in den Ritualen und Zeremonien thematisiert werden und die als Prisma dienen, durch das die Mitglieder der Gesellschaft den Ritualen Bedeutung zuschreiben.

Die Kultur der Gewalt hat eine Reihe von Implikationen, die direkten Einfluß auf den Verlauf von intergruppalen Konflikten haben. *Zum ersten* fixiert die Kultur der Gewalt die kollektiven Grundüberzeugungen auf die drei genannten. Die Erfahrungen von Verlusten an Menschenleben im Konflikt werden in das Gedächtnis der Mitglieder der Gesellschaft eingegraben, und die Grundüberzeugungen liefern einerseits die Perspektive dafür, wie diese Erfahrungen erklärt werden müssen, und rechtfertigen andererseits eigene Gewalt. In lang andauernden, mit schweren Verlusten verbundenen Konflikten kennen viele Mitglieder der Gesellschaft mindestens einen Gefallenen persönlich, und solch eine Erfahrung verbindet sie mit dem Konflikt. Damit wird der Konflikt konkret und wichtig für sie. Die Mitglieder der Gesellschaft gedenken nicht nur der Gefallenen; sie erinnern sich auch daran, weshalb sie fielen und an deren unerledigte Mission. Darüber hinaus wird das Erinnern im Laufe der Zeit durch Rituale und Zeremonien institutionalisiert – und dadurch aufrechterhalten und verstärkt (Connerton 1989; Halbwachs 1992). Auch haben in länger andauernden Konflikten viele Mitglieder der Gesellschaft persönlich Anteil an der Gewalt. Diese Teilnahme an der Gewalt vertieft oft die Erfahrung und stärkt die zentrale Stellung der Grundüberzeugungen der Kultur der Gewalt. So ist es nicht überraschend, daß mit den Jahren die Gewalterfahrungen und deren spezifische Interpretation Teil des kollektiven Gedächtnisses werden. Im wesentlichen fokussiert das kollektive Gedächtnis jene Erfahrungen, die die drei Grundüberzeugungen bestätigen. Deshalb erinnern die Mitglieder einer Gesellschaft besonders die Gewalt des Gegners und wie der Gegner sie in Gang setzte, die Grausamkeit des Gegners und – natürlich – die eigenen Verluste an Menschenleben. Bezüglich der eigenen Gewaltakte jedoch tendieren sie dazu, diese zu vergessen.

Zweitens sind die Verluste an Menschenleben und die entwickelte Kultur der Gewalt in verschiedenen Hinsichten Investitionen in die Fortsetzung des Konflikts. Was die Verluste an Menschenleben betrifft, so ist es unmöglich, die Mitglieder der Gesellschaft dafür zu entschädigen. Die Toten können nicht wieder zum Leben erweckt werden. Sie haben ihr Leben für die Gesellschaft geopfert. Deshalb fühlt die Gesellschaft eine Verpflichtung, an ihren ursprünglichen Zielen festzuhalten; andernfalls hätten die Gefallenen umsonst ihr Leben gelassen. Diese Logik trifft besonders für jene zu, die ihre nächsten Angehörigen verloren haben. Oft verweigern sie Kompromisse zur Konfliktlösung, weil sie sie als Verrat an den Gefallenen ansehen und annehmen, daß rechtzeitige Kompromisse das Leben der Gefallenen hätten retten können. Da aber die Gesellschaft entschieden hat, an ihren ursprünglichen Zielen festzuhalten und Landsleute für diesen Konflikt zu opfern, muß diese Haltung auch beibehalten werden.

Indem sie Erklärungen und Rechtfertigungen für seine Fortsetzung zur Verfügung stellen, dienen die Grundüberzeugungen auch als kognitive und emotionale Grundlagen des Konflikts und liefern ihm die ideologische Basis. Die Mitglieder der Gesellschaft, die diese Grundüberzeugungen teilen, sind gezwungen, den Konflikt fortzusetzen, weil sie damit dem Grundprinzip folgen, das die Fortsetzung des Konflikts rechtfertigt. Wenn sich diese Überzeugungen verbreiten und Teil des gesellschaftlichen Repertoires werden, ist es schwer, sie zu verändern. Die gesellschaftlichen Grundüberzeugungen der Delegitimierung, der eigenen Viktimisierung und des Patriotismus wecken Gefühle der Angst, des Hasses und des Zorns gegenüber dem Gegner; gleichzeitig aber auch Selbstbewußtsein, Selbstwertgefühle und Mitleid mit Mitgliedern der Ingroup. Ebenso stärken sie die Entschlossenheit, die eigenen Ziele zu erreichen, erlittene Verluste zu rächen, den Gegner zu verletzen, sich für die eigene Sache zu mobilisieren und sogar das eigene Leben für die Gesellschaft zu opfern.

Schließlich initiiert die Entwicklung der Kultur der Gewalt einen Teufelskreis von Gewaltanwendung. Gewalt führt zu einer Zunahme der Gewalt. Wenn Mitglieder der Gesellschaft in einem Konflikt getötet werden, fühlen die Patrioten die Verpflichtung, die Gefallenen zu rächen und an ihren ursprünglichen Intentionen festzuhalten. All diese Elemente lösen die neue Welle der Gewalt aus. Dabei ist es oft schwierig, zwischen der Aktion und der Re-Aktion zu unterscheiden. Jede Handlung kann unter Umständen sowohl als das eine als auch als das andere gesehen werden, obwohl (natürlich) die Konfliktparteien eigene Handlungen immer als Verteidigung und/oder als Strafaktion einordnen. In Wirklichkeit werden diese Handlungen jedoch von der Kultur der Gewalt gestützt, die im Ergebnis der Gewalt forciert wird und die umgekehrt als Grundlage für die Fortsetzung der Gewalt bzw. sogar für deren Anwachsen dient. Pool

(1995:43) kam bei einer Analyse der Gewaltanwendung in Nordirland zu dem Schluß, daß der Teufelskreis ein kontinuierlicher Prozeß ohne Ende ist. Die Gewalt konnte vorübergehend nachlassen, aber nur so lange, „bis das Töten wieder begann. Dann konzentrierte sie sich auf genau dieselben Punkte wie zuvor. Die lokale soziale Reproduktion einer Kultur der politischen Gewalt kann scheinbar viele Jahre lang im Schlaf liegen, sogar über eine Generation hin. Jedoch entzieht sie sich lediglich dem unmittelbaren Blick – und nur bis zum nächsten Mal".

Aufgrund der Untersuchungsergebnisse wird jedoch nicht angenommen, daß gewaltsame Konflikte nicht auch friedlich gelöst werden können. Viele solcher Konflikte wurden nach langandauernder Gewalt beigelegt. Unter besonderen Bedingungen, die einer weiteren Diskussion bedürfen, kann Gewalt gelegentlich die Konfliktlösung sogar erleichtern, und zwar angesichts des Preises, den die Menschen für eine Fortsetzung des Konflikts zu bezahlen gehabt hätten. Aber die Grundthese dieses Kapitels besagt, daß Gewalt, wenn sie denn ausbricht und fortgesetzt wird, zu einem determinierenden Faktor in intergruppalen Konflikten wird. Sie verändert das Wesen des Konflikts. Deshalb ist es von spezifischer Bedeutung, nicht nur die Gewaltakte zu verstehen, sondern im besonderen auch ihre psychologischen und kulturellen Grundlagen.

Gewaltfreiheit als Dritter Weg zwischen Konfliktvermeidung und gewaltsamer Konfliktaustragung

Barbara Müller, Christine Schweitzer

1. Einleitung: Konflikt, Gewalt, Gewaltfreiheit

Einen Beitrag über Konflikt und Gewaltfreiheit zu einem Buch beizusteuern, in dem Gewalt den Konflikt dominiert, ist schon eine Herausforderung. Dies umso mehr in einer Situation, in der nach einem jahrelang durchgehaltenen gewaltfreien Widerstand im Kosovo die Gewalt zum Krieg eskaliert ist. Gewalt ist anscheinend überall, allumfassend und durchdringt jeden Aspekt der Wirklichkeit. Gewaltfreiheit wird dagegen kaum sichtbar, höchstens in wenigen spektakulären Ereignissen von Massenbewegungen wie 1989/1990 in Mitteleuropa oder in Handlungen von herausragenden Einzelpersönlichkeiten, die sich leicht auf „den" Gandhi oder „den" King reduzieren lassen – zur Nachahmung nicht geeignet. Schon gar nicht sichtbar wird Gewaltfreiheit, wo sie im Konflikt erfolgreich ist. Denn sie wird dadurch erfolgreich, daß Gewalt *nicht* geschieht. Und wo etwas nicht geschieht, hat dieses auch niemand wirklich gewollt ...

Schon hier soll festgehalten werden, daß es sich bei Gewaltfreiheit sowohl um eine innere Haltung als auch um eine praktische Verhaltensweise handelt. Ihr erstes und wesentlichstes Merkmal ist der Verzicht einer Konfliktpartei auf eigene Gewaltanwendung bei der Konfliktaustragung. Hierauf aufbauend, entwickelt Gewaltfreiheit praktische Handlungskonzepte und Strategien, die eine Konfliktaustragung allein mit politischen und sozialen Mitteln aussichtsreich erscheinen lassen sollen. Diese praktische Handlungsorientierung ist ihr zweites Merkmal. Gewaltfreiheit kann sich auf die individuelle Sphäre beziehen, als ein Gestalten der eigenen Lebenswelt („Gewaltfreiheit als Lebensprinzip"). Auch dieser individuelle Ansatz kann in die soziale und politische Umgebung ausstrahlen. In diesem Beitrag soll es aber um die Gewaltfreiheit gehen, die sich auf die öffentliche Sphäre bezieht, um die Möglichkeiten und Grenzen von Gewaltfreiheit als einem Weg der Konfliktaustragung und -transformation im politischen Raum.

Die gängige These lautet, daß Gewalt nur durch Gewalt überwunden werden kann. Gewalt wird entweder einer einzigen, zur Gewalt berechtigten Autorität zugestanden (Gewaltmonopol) oder als reinigende Katharsis von Revolutionären (Frantz Fanon) gerechtfertigt. Die Alternative zur Gewalt sei eine Konfliktvermeidung oder Verleugnung, ein Ignorieren, Wegschauen oder ein hilfloses Zuschauen. Die These dieses Beitrages lautet demgegenüber, daß sich Gewaltfreiheit als „Dritter Weg" anbietet: als Ausweg zwischen dem desinteressierten Wegschauen oder der Hinnahme von Unrecht als unveränderlich und der Anwendung von Gewalt. Allerdings hat dieser Weg auch seine Voraussetzungen, und soll Gewaltfreiheit zum Zuge kommen, müssen ihre Wirkungsmechanismen beachtet werden. Dies gilt sowohl für jene Konfliktszenarien, bei denen soziale Bewegungen mit Gewaltfreiheit soziale Kämpfe zur Durchsetzung von Anliegen und zur Bekämpfung von Unrecht führen, bis hin zu gewaltfreien Revolutionen. Gleichermaßen gilte es für jene Konfliktszenarien, bei denen es primär um die Verhinderung von Gewalteskalation durch Prävention oder Konfliktintervention geht.

Nach der Klärung einiger Begrifflichkeiten sollen beide Anwendungsfelder von Gewaltfreiheit näher betrachtet werden. Dabei werden sowohl die Strategien gewaltfreien Handelns als auch ihre Voraussetzungen und Bedingungen diskutiert. Dann werden die beiden Anwendungsfelder mit jeweils einem aktuellen Beispiel gewaltfreien Handelns illustriert. Abschließend wird zu resümieren sein, welchen Beitrag Gewaltfreiheit bei der Prävention, der Überwindung von Gewalt und der Transformation von Konflikten leisten kann.

2. Begriffe und Ansätze

Gewaltfreiheit ist kein besonders exakter Begriff. Am ehesten läßt sich sagen, daß er eine ganze Gattung[1] von Handlungsweisen und Einstellungen beschreibt. Zur Beschreibung von gewaltfreiem Handeln werden unter anderem benutzt: Gewaltfreie Aktion, Zivile Konfliktbearbeitung, Soziale Verteidigung, Ziviler Ungehorsam, gewaltfreier Aufstand, gewaltfreier Widerstand und ziviler Widerstand. Diese Begriffe sind nicht synonym zueinander, sondern machen den Charakter von Gewaltfreiheit als generischem Begriff (Gene Sharp) deutlich. Entsprechend vielfältig sind die Träger von gewaltfreiem Handeln und die Anwendungsbereiche. Gewaltfreiheit ist in Neuen Sozialen Bewegungen und Kampagnen zu finden, in friedenspädagogischen Ansätzen, im Pazifismus, in gewaltlosen Aufständen und Konzepten Sozialer Verteidigung, in staatlichem Handeln, wo zivile Konfliktbearbeitung betrieben wird und in Projekten von ziviler Konfliktbearbeitung im In- und Ausland.

2.1 Gewaltfreiheit und Gewaltlosigkeit

Im Deutschen wird oftmals zwischen Gewaltfreiheit und Gewaltlosigkeit unterschieden. Das erste meint das Handeln aus einer prinzipiellen Überzeugung heraus, das zweite beschreibt schlicht den Verzicht auf direkte, physische Gewaltanwendung[2]. In der Praxis ist es oft nicht einfach, diese Unterscheidung nach-

---

1 „Nonviolent action is a generic term covering dozens of specific method s of protest, noncooperation and intervention, in all of which the actionists conduct the conflict by doing – or refusing to do – certain things without using physical violence." (Sharp 1973:64).

2 „Es gilt zwischen gewaltfreien und gewaltlosen Aktionen zu unterschieden. Gewaltfreie Aktionen verzichten nicht nur auf die Ausübung von Zwang und Gewalt, in ihnen wirkt die positive Kraft

zuvollziehen. Viele der besonders herausragenden und bedeutsamen Beispiele gewaltfreien Handelns – Prag 1968, die Anti-Vietnam-Bewegung, der Sturz von Präsident Marcos auf den Philippinen 1986, die Umstürze in Mittel- und Osteuropa 1989, die Demokratiebewegung in China 1989 und der Widerstand der Kosovo-Albaner 1989-1997, um nur einige der jüngeren Fälle zu nennen, würden in dieser Unterscheidung eher das Prädikat „gewaltlos" oder sogar nur „gewaltarm" verdienen, weil die AktivistInnen sich aus pragmatischen Gründen für gewaltfreie Mittel entschieden hatten. Das gleiche mag im übrigen auch für viele der AnhängerInnen der bekannten gewaltfreien Führer von Bewegungen[3] – von Mohandas K. Gandhi über Martin Luther King bis zu Danilo Dolci und Cesar Chavez – gelten, auch wenn es diese Persönlichkeiten[4] gewesen sind, die Gewaltfreiheit als prinzipiellen Ansatz begründeten. Dieser Beitrag folgt dieser Unterteilung nicht sondern betrachtet alle Konzepte, Strategien und Methoden als gewaltfrei, die einen bewußten Gewaltverzicht zur Grundlage haben, unabhängig davon, welches Konfliktverständnis oder welche ethische Grundlage diese Entscheidung hat. Innerhalb dieses Verständnisses von Gewaltfreiheit haben dann alle Ansätze Platz, die sich Gewaltfreiheit als eines Mittels in politischen Auseinandersetzungen bedienen wollen.

2.2 „Prinzipieller" und „pragmatischer" Ansatz von Gewaltfreiheit

Gewöhnlich werden zwei Ansätze von Gewaltfreiheit unterschieden, eine „prinzipielle" und eine „pragmatische" Gewaltfreiheit. Beiden gemeinsam ist die Überzeugung, daß Gewaltfreiheit ein effizientes und ein ethisch verantwortbares Mittel für die politische Auseinandersetzung ist, da sie Schäden zu mini-

---

der Gewaltfreiheit. Gewaltlose Aktionen können dagegen mehr oder weniger Zwang enthalten. Wesentlich für die Unterscheidung zwischen gewaltfreien und gewaltlosen Aktionen ist die Motivation des Handelnden. Sofern er sich vom Willen zur Wahrheit, zum Frieden und zur Gerechtigkeit leiten läßt, wird sein Handeln gewaltfrei sein, auch wenn es vom „Gegner" als Zwang empfunden wird, denn die Nichtzusammenarbeit mit dem Bösen ist nach Gandhis Auffassung ein ebenso verbindliches ethisches Gebot wie die Zusammenarbeit mit dem Guten. Von der gewaltfreien Aktion ist die gewaltlose zu unterscheiden. Wenn im täglichen Leben von Gewaltlosigkeit oder gewaltloser Aktion die Rede ist, so versteht man darunter gewöhnlich die Anwendung legaler Aktionsmethoden, angefangen vom Protest bis zum Streik und Boykott. Sie können nicht nur vom Gegner als Zwang und damit als eine Form der Gewalt empfunden werden, sie sind von denen, die sie anwenden, auch durchaus so gemeint. Sie verzichten aber auf Gewalt schlechthin. ..." Sternstein 1981, zitiert nach Gugel 1983.

3 Wolfgang Sternstein (1982) merkt hierzu an, daß nicht alle TeilnehmerInnen an einer Kampagne überzeugte AnängerInnen von Gewaltfreiheit sein müßten. Es genüge, wenn nur wenige bzw. der Führer der Kampagne dies sei.

4 Sie waren nicht die ersten. Die Geschichte der Gewaltfreiheit läßt sich im Grunde bis in die klassische Antike zurückführen. In jüngerer Zeit waren es in Europa und Nordamerika besonders die Quäker und verwandte Sekten, die unter Berufung auf das Neue Testament jede Gewaltanwendung ablehnten, sowie H. D. Thoreau (1817-62), der das Konzept des Zivilen Ungehorsams begründete, und Leo Tolstoi (1828-1910), dessen christlicher Anarchismus u.a. Gandhi sehr beeinflußte. In Asien blieb vorrangig im Buddhismus, Jainismus, aber auch einigen Strängen des Hinduismus und Islam Gewaltfreiheit als religiöses Gebot stets ungebrochen.

mieren sucht, die nicht wieder rückgängig zu machen sind, vor allem Verluste an Menschenleben. Beide Ansätze teilen weiterhin die Einschätzung, daß Gewaltfreiheit sowohl zu reformerischen wie zu revolutionären Zwecken eingesetzt werden kann (Burrowes 1996) und daß mit ihr sowohl sozialer Wandel vorangetrieben werden kann als auch unerwünschte Veränderungen des Status quo verhindert werden können.

Die Hauptunterschiede zwischen beiden Ansätzen liegen in der ethisch-religiösen Basis, der Grundhaltung gegenüber dem Gegner, dem Konfliktverständnis, den angenommenen Wirkungsweisen gewaltfreien Handelns und dem Zweck-Mittel-Verhältnis.

Die prinzipielle Gewaltfreiheit, von Gandhi als Satyagraha, „Festhalten an der Wahrheit", von Martin Luther King als „Kraft zum Lieben", von Wolfgang Sternstein als „Feindesliebe" und von Martin Arnold neuerdings als „Gütekraft" bezeichnet (1998), beruft sich gewöhnlich auf ein religiös begründetes Tötungsverbot als höchster sittlicher Norm. Sie sucht die Gegnerschaft in einem Konflikt in eine gemeinsame Suche nach einer Konfliktlösung zu transzendieren. Die Haupwirkungsweise prinzipieller Gewaltfreiheit wird in der Kraft gesehen, das Gegenüber davon zu überzeugen, daß es Unrecht hat – notfalls dadurch, daß die AktivistInnen eigenes Leiden auf sich nehmen: „Bei der Anwendung von Gewaltfreiheit entdeckte ich schon sehr früh, daß die Wahrheitssuche es nicht erlaubt, dem Gegner Gewalt anzutun. Er muß vielmehr durch Geduld und Mitgefühl von seinem Irrtum abgebracht werden. Was aber dem einen als Wahrheit erscheint, mag dem anderen als Irrtum erscheinen. Geduld aber bedeutet Selbstleiden. Von da an bedeutete die Lehre von der Gewaltfreiheit, daß man die Wahrheit verteidigt, indem man nicht dem Gegner, sondern sich selbst Leiden zufügt." (Gandhi 1951:6f).

Gegen diese Sicht wird von verschiedenen Seiten Einspruch erhoben, sowohl von Kritikern der Gewaltfreiheit wie auch von den Befürwortern des „pragmatischen" Ansatzes. Zum einen wird bezweifelt, daß man eine gemeinsame ethische Basis, die von sehr vielen Menschen geteilt wird, überhaupt voraussetzen könne (Ryan 1995). Von feministischer Seite wird darauf hingewiesen, daß das Auf-sich-Nehmen von Leiden der traditionellen Rolle von Frauen entspreche, einer Rolle, die es zu überwinden gelte (Eberhard 1986). Im Kontext der Pazifismus-Bellizismus-Diskussion wurde vielfach der Vorwurf laut, Gewaltfreiheit sei eine Sache von „Gesinnungsethikern", die sich weigerten, Verantwortung für das Ganze zu übernehmen.

Für den pragmatischen Ansatz ist Gewaltfreiheit eine Kampftechnik, die auf den Einsatz von physischer Gewalt verzichtet und zu fast beliebigen Zwecken eingesetzt werden kann. Die wichtigsten Protagonisten dieses Ansatzes, vorrangig Gene Sharp und seine Schule gehen dabei von einem negativen Konfliktverständnis aus. Das Gegenüber in dem Konflikt wird als Gegner gesehen, der besiegt werden muß. Gene Sharp hat hier den Begriff des „politischen Jiu-Jitsu" geprägt. Der Hauptpfeiler von gesellschaftlicher und staatlicher Macht liegt nach dieser Theorie in der Zustimmung und der Kooperation der Regierten. Die

Hauptwirkungsweise gewaltfreier Aktion liegt darin, den Regierenden diese Machtbasis zu entziehen (Sharp 1973).

Einwände gegen den pragmatischen Ansatz bringen insbesondere Vertreter-Innen der prinzipiellen Gewaltfreiheit vor. Die Kritik richtet sich nicht auf die Analyse der Machtbeziehung zwischen Regierenden und Regierten, die beide Ansätze teilen. Die Einwände zielen vor allem auf die Konsequenzen einer unzureichenden ethischen Basis auf, die darin gipfeln könnte, daß die Einheit von Weg und Ziel und der Respekt vor dem Gegner verlorengehen. Kritisiert wird die negative Konfliktauffassung dieses Ansatzes, die eine Schwächung von gewaltfreier Aktion bedeute, weil sie verhindere, das volle Potential gewaltfreien Handelns zu nutzen. Praktisch wurde dieser Gegensatz oft an der Frage diskutiert, ob gewaltfreie Aktionen allein auf die innere Umkehr des Gegners ausgerichtet werden sollten oder ob sie auch sozialen, politischen oder wirtschaftlichen Druck und damit einen Zwang entfalten dürften, der dem Gegner keine andere Wahl als den Rückzug lasse.

Weiter unten wird auf die Wirkungsweisen gewaltfreien Handelns näher eingegangen. An dieser Stelle soll nur schon angedeutet werden, daß die Kluft zwischen beiden Ansätzen wohl eher im Ideologischen als im Empirischen zu finden ist. So sind einerseits in der Praxis gewaltloser Aktion auch bei Kampagnen von Gandhi oder Martin Luther King, um nur die beiden vielleicht herausragendsten Vertreter der prinzipiellen Gewaltfreiheit zu nennen, Elemente von Zwang zu finden (Burrowes 1996:117ff). Auf der anderen Seite spielt bei der Bewertung der Erfolgschancen gewaltfreien Handelns vor allem auch die Frage eine wichtige Rolle, inwieweit eine Lösung gesucht wird, die auch den Interessen des Konfliktgegners gerecht wird. Sie kann gerade von denen nicht völlig ausgeklammert werden, die von einem negativen Konfliktverständnis ausgehen und sich auf die pragmatischen Aspekte gewaltfreien Handelns konzentrieren.

Folgenreicher als die Differenzierung der Aktionsformen nach dem Anteil von Zwang und der gewaltfreien Akteure nach ihrer Motivation ist die Frage nach den Zielsetzungen, in denen sich „prinzipielle" und „pragmatische" VertreterInnen von Gewaltfreiheit merklich unterscheiden. Die am weitesten reichende Auffassung nimmt für sich in Anspruch, daß mit gewaltfreien Methoden nur gerechte Ziele zu erreichen seien. So postuliert z.B. Gernot Jochheim eine direkte Verbindung zwischen Mitteln und Zielen. „Von den Mitteln, von den Methoden des Kampfes geht eine gleichsam eigengesetzmäßige Wirksamkeit aus. Die Mittel haben hinsichtlich des Ziels eine prägende Kraft. Wird in den Mitteln, die man anwendet, nicht etwas von dem angestrebten Ziel deutlich, ja, sind die Mittel angesichts des Ziels unangemessen, widersprechen sie vielleicht sogar dem Ziel, dann kann dieses Ziel nicht erreicht werden." (Jochheim 1988:17) Diesem direkten Mittel-Ziel-Zusammenhang widerspricht Hildegard Goss-Mayr. Sie führt aus: „Gewaltfreie Methoden können durchaus für eine ungerechte Zielsetzung mißbraucht werden." (Goss-Mayr 1981:85). Beispielhaft nennt sie die Anwendung von Bestreikung und Boykott durch Großgrundbesit-

zer in Lateinamerika, um die Durchführung von Landreformen zu verhindern und Ausbeutung weiter aufrechtzuerhalten.[5]
Die folgende Übersicht soll die wichtigsten Unterschiede festhalten:

Ansatz:	prinzipiell	pragmatisch
ethische Basis	grundlegende Gemeinsamkeit	Trennung überwiegt
Sicht vom Gegner	Partner, der im Irrtum ist	Feind, der zu besiegen ist
Konfliktverständnis	positiv, win-win	negativ, win-lose
Wirkungsmechanismus	Bekehrung	Zwang
Zweck-Mittel-Verhältnis	nur für gerechte Ziele einsetzbar	für jeden Zweck einsetzbar

Hervorzuheben ist, daß die meisten VertreterInnen des pragmatischen Ansatzes nicht bestreiten, daß Gewaltfreiheit so funktioniere, wie es der prinzipielle Ansatz verstehe. Sie reklamieren jedoch, daß Gewaltfreiheit auch unter anderen Voraussetzungen funktioniere. Die VertreterInnen des prinzipiellen Ansatzes ihrerseits stellen zumindest teilweise in Frage, ob Gewaltfreiheit nach dem pragmatischen Ansatz funktioniert. Übereinstimmend betonen sie, daß Gewaltfreiheit, die nach dem pragmatischen Ansatz angewandt wird, viel von ihrem Potential zur Transformation der Beteiligten einbüßt.

Es wird sich in den weiteren Ausführungen zeigen, daß sowohl in den Strategien wie in den Praxisbeispielen immer wieder Mischungen aus beiden Ansätzen zu finden sind. Das erlaubt die These, daß eine der Stärken von Gewaltfreiheit darin liegt, das Spannungsverhältnis zwischen beiden Ansätzen immer wieder auszutarieren.

2.3 Zivile Konfliktbearbeitung und Gewaltfreiheit

In den letzten Jahren ist im Bereich der Friedensforschung und der politischen Diskussion oftmals weniger von Gewaltfreiheit und mehr von „Ziviler Konfliktbearbeitung" die Rede. Daher erscheint es sinnvoll, beide Begriffe kurz aufeinander zu beziehen. „Ziviler Konfliktbearbeitung" liegt wie dem prinzipiellen Ansatz von Gewaltfreiheit ein positives Konfliktverständnis zugrunde. Auch sie geht davon aus, daß Konflikte notwendig sind, auch wenn oftmals danach gestrebt werde, sie zu vermeiden oder ihr Vorhandensein zu leugnen. Im Unterschied zur prinzipiellen Gewaltfreiheit setzt zivile Konfliktbearbeitung aber keine religiös oder ethisch fundierte Basis voraus. Genauso wie der pragmatische Ansatz von Gewaltfreiheit geht zivile Konfliktbearbeitung davon aus, daß

---

5 Diese Mißbrauchsmöglichkeit begründet sie mit der fehlenden ethischen Basis, ohne die gewaltlose Methoden „rasch zu einem bloßen Druckmittel umfunktioniert werden können, das eine neue, subtile Form der Gewalt darstellt und weder die engagierte Gruppe noch den Gegner im Sinne größerer Gerechtigkeit verändert." (Goss-Mayr 1981:83).

der bessere Weg der Konfliktbearbeitung ein „ziviler" sei. Problematisch sei nicht der Konflikt, sondern die Form seiner Austragung, sprich das Zurückgreifen auf Gewalt zur Durchsetzung von Interessen.

Zivile Konfliktbearbeitung stellt wie Gewaltfreiheit ein Aktivitätsfeld dar, das in praktisch allen gesellschaftlichen Bereichen zu finden ist. Dabei sind Abgrenzungen zwischen der Bearbeitung von Konfliktinhalten und der Gewaltprävention (einschließlich Erziehung zu Toleranz und Demokratie) nur schwer vorzunehmen, da diese Bereiche ineinander übergehen. Was der zivilen Konfliktbearbeitung fehlt, ist im Burrowesschen Sinne die revolutionäre Komponente der gewaltfreien Aktion, die offensive Artikulation und Austragung von Konflikten zur Veränderung von Situationen. Gewöhnlich wird zivile Konfliktbearbeitung allein in den Kontexten der Gewaltprävention und der Gewaltdeeskalation angesiedelt und weniger als ein offensives Mittel zur Konflikttransformation verstanden.

Zu ziviler Konfliktbearbeitung zählen Verfahren zur Konfliktlösung wie die Mediation und andere Verhandlungskonzepte. Hier haben vor allem Handlungsweisungen Eingang gefunden, die wie die prinzipielle Gewaltfreiheit auf eine Konfliktlösung hinarbeiten, die sowohl die Beziehungen der Verhandlungsparteien berücksichtigt als auch ein beiderseits akzeptables Ergebnis anstrebt, das nicht ein Kompromiß ist, bei dem beide Seiten das Gefühl des Verlustes haben, sondern das einen zusätzlichen Gewinn (Win-Win) anstrebt Eindruck von Verlusten hätten, sondern den eines zusätzlichen Gewinns (Win-Win).[6] In dem Maße, wie eine zivile Konfliktbearbeitung Gewaltanwendung zurückzudrängen sucht und Lösungen anstrebt, die den Konflikt als eine Chance zum Wachstum aller Konfliktbeteiligten erlebbar werden läßt, vereint sie die Ansätze der pragmatischen mit der prinzipiellen Gewaltfreiheit.

2.4 Zum Verhältnis von Gewaltfreiheit und Gewaltmonopol

Eine gängige Vorstellung, wie Gewalt zu überwinden sei, besteht darin, ein Gewaltmonopol zu schaffen und es durchzusetzen. Die mit dem Gewaltmonopol ausgestattete Autorität besitzt dann sowohl allein die Verfügung über Gewaltmittel als auch die Legitimität, gewaltsames Handeln zu unterbinden und zu bestrafen (Koppe 1994; Tönnies 1996). Im Prozeß der Enstehung des modernen Staates gelang dies zu einem beachtlichen Ausmaß. Aus dieser Erfahrung wird gefolgert, daß dasselbe auf der Weltebene mit einem „Weltstaat" und einer „Weltpolizei" möglich sein müsse.

Dies ist nicht, was hier mit dem Begriff der Gewaltfreiheit beschrieben werden soll, auch wenn in der Umgangssprache gesetzestreues Handeln oftmals mit „gewaltlosem" Handeln gleichgesetzt wird. Gewaltfreiheit akzeptiert in ihrem Wesenskern kein Gewaltmonopol, weil sie keine Gewalt akzeptiert. Es geht nicht um legitime oder illegitime Gewaltausübung, sondern darum, andere For-

---

6 Zum Beispiel der Verhandlungsansatz des Harvard-Konzeptes von Roger Fisher und William Ury (Fisher/Ury/Patton 1995).

men der Konfliktaustragung zu entwickeln und zu praktizieren. Daher ist sie auch bereit, Gesetze zu brechen[7] und Regierungen zu stürzen, wenn diese als unrecht angesehen werden.

Im internationalen Kontext muß außerdem darauf hingewiesen werden, daß eine „Weltpolizei" nur ein anderes Etikett für Militär darstellen würde. Solange es Gruppen und Länder gibt, die auf Krieg als Mittel zur Erreichung ihrer Ziele nicht verzichten, würde eine Polizeitruppe zu dem gleichen Maß an Gewalt und Vorgehensweisen greifen müssen wie militärische Interventionskräfte. Es ist eine gefährliche Illusion zu glauben, daß kriegerische Konflikte durch die Schaffung eines „Weltstaates" – unabhängig davon, ob man diesen überhaupt als wünschenswert ansieht – harmloser würden. Die Konfliktszenarien, die die VertreterInnen von Weltpolizeien beschreiben, scheinen sich sehr an den Erfahrungen im südslawischen Raum zu orientieren und dürften schon in dem mit wesentlich stärkeren Waffen und intensiver geführten Krieg in Tschetschenien nicht funktioniert haben: „An die Stelle der Armeen treten mobile Einsatzkommandos, die keinen Feind, sondern Terrorgruppen vor sich sehen, gegen die sie mit psychologischer Finesse vorgehen. Waffenproduktion und -handel werden unterbunden; Kriegsgebiete werden seuchenpolizeilich behandelt, und das heißt abgeriegelt, damit der Infekt nicht nach außen dringt" (Tönnies 1996). Im Klartext hieße das: Wenn ein Krieg nicht „polizeilich" zu unterbinden ist, dann werden die Grenzen ohne Rücksicht auf die Opfer des Konfliktes dichtgemacht. Dies entspricht im übrigen kaum der Ethik von Polizeieinsätzen, bei denen fast immer der Schutz der Opfer vor der Verfolgung von Straftaten steht.

3. Strategien und Wirkungsweisen von Gewaltfreiheit als Mittel der politischen Auseinandersetzung

Entgegen dem Trend der Zeit, der mehr über zivile Konfliktbearbeitung und ihre Rolle bei der Deeskalation von Konflikten und von Gewaltprävention spricht, möchten wir mit der Rolle beginnen, die Gewaltfreiheit bei der Bekämpfung von Unrecht spielt, also von gewaltfreien Aufständen, „peoples struggles" und der Rolle von Gewaltfreiheit als strategischem Element in Sozialen Bewegungen.

---

7 Das Konzept der Sozialen Verteidigung nimmt zum Beispiel planmäßig die Brechung des Internationalen Kriegsvölkerrechts hin, das Kombattanten und Nicht-Kombattanten trennt. Auf der anderen Seite gibt es bei den Protagonisten von Zivilem Ungehorsam als einem Mittel der politischen Auseinandersetzung auch jene, die Zivilen Ungehorsam nicht außerhalb des gesetzlichen Rahmens stellen wollen, sondern sich z.B. auf Widersprüche zwischen Verfassung und einzelnen Gesetzen oder Internationalem Recht und Regierungshandeln beziehen.

3.1 Methoden und Eskalationsschemata der gewaltfreien Aktion in politischen Kampagnen

Das Methodenspektrum gewaltfreien Handelns ist zu umfangreich, als daß es hier auch nur annähernd beschrieben werden könnte. Die bislang wohl ausführlichste Zusammenstellung hat Gene Sharp in seinem über 900 Seiten starken Werk über „The Politics of Nonviolent Action" (1973) vorgelegt. Er unterscheidet Methoden des Protestes und der Überzeugung, Methoden der sozialen, ökonomischen und politischen Nichtzusammenarbeit und Methoden der gewaltfreien Intervention. Unter letzteren versteht er solche Vorgehensweisen, die den Gegner direkt an seiner Wirkungsstätte treffen, z.B. Besetzungen, Sit-ins und Streiks. Diese Methoden dürfen nicht mit dem Anwendungsfeld der Konfliktintervention verwechselt werden, von dem weiter unten berichtet werden wird.

John Paul Lederach hat den Begriff der „Konflikttransformation" geprägt (Lederach 1994). Damit meint er die Entwicklung eines Konfliktes von einem statischen Zustand, in dem ein Problem zwar vorhanden ist, aber noch nicht zu einem Streitpunkt geworden und nicht gelöst ist, zu einem dynamischen Zustand, in dem das Problem bearbeitet werden kann. Damit umfaßt er alle Phasen eines Konfliktes, von einem latenten Zustand struktureller Gewalt, über die Artikulation von Protest, zur Konfrontation der Konfliktparteien bis zu Verhandlungen und eine Neugestaltung der Beziehungen für die Zukunft. Ein entscheidendes Element bei diesem Veränderungsprozeß ist die Infragestellung und Veränderung der Machtbalance in einer Gesellschaft. Sie muß ausbalancierter sein, damit für die Zukunft tragfähige Ergebnisse erzielt werden können. Die Bearbeitung von Konflikten hat nach Lederach sehr viel damit zu tun, zunächst von dem statischen Zustand in einen dynamischen zu kommen. Dafür muß der Dissens innerhalb der Gesellschaft über eine bestimmte Frage zunächst organisiert, artikuliert und in politische Forderungen umgesetzt werden. Erst auf dieser Grundlage können Akteure im Konflikt entstehen, kann Gegenmacht entwickelt werden und kann die Auseinandersetzung um die Verteilung der Macht vorangetrieben werden. Eine neue Verteilung der Macht ist sowohl die Voraussetzung für eine Klärung der Sachfragen als auch Ausdruck eines veränderten und positiv in die Zukunft wirkenden neuen Verhältnisses der Konfliktparteien zueinander.

Das Konzept der Konflikttransformation beschreibt die einzelnen Phasen einer Konfliktentwicklung und gibt gleichzeitig eine gewünschte Richtung vor, in die sich der Konflikt entwickeln soll, ist also deskriptiv und präskriptiv zugleich. Konflikte sollen so ausgetragen und bearbeitet werden, daß die am Konflikt Beteiligten eine bessere gemeinsame Zukunft entwickeln. In dieser Perspektive entspricht der Lederachsche Konfliktansatz einer originär gewaltfreien Perspektive und liefert ihr einen konsistenten theoretischen Ansatz, der den Kampf um die Neuverteilung der Macht nicht ignoriert und damit Gewaltfreiheit mit politischer Realität eng verzahnt. Auch bei Lederach kommen der prinzipielle und der pragmatische Ansatz von Gewaltfreiheit zur Deckung: Der prinzipielle in der Betonung, daß die Transformation eines Konfliktes in einer gemeinsamen Zukunft und in verbesserten Beziehungen der Konfliktbeteiligten liegen wird. Macht wird gesammelt, um gleichberechtigte Verhandlungspositionen erreichen zu können, nicht, um die eigene Auffassung durchzusetzen zu können. Der pragmatische Ansatz wird deutlich in der Betonung, daß die Frage der Verteilung und Veränderung der gesellschaftlichen Macht die Meßlatte für die Stärke des Transformationsprozesses ist.

Der Beitrag gewaltfreier Aktionskonzepte zu einer solchen Transformation ist leicht erkennbar. Er liegt darin, den zunächst latenten Konflikt aufzudecken und in der Phase der Konfrontation mit allein gewaltfreien Mitteln dafür zu sorgen, daß sich die Machtbalance soweit verschiebt, daß mit Aussicht auf Erfolg Verhandlungen geführt werden können. Der machtbewußte und offensive Charakter der gewaltfreien Aktionskonzepte wird hier sehr deutlich, gleichzeitig die große Herausforderung, unabhängig von den Aktionen der Gegner die Machtfrage allein mit gewaltfreien Mitteln anzugehen und die Veränderung der Machtbalance durchzusetzen.

Wie diese Transformation auf gewaltfreiem Wege erreicht werden kann, damit haben sich verschiedene AutorInnen befaßt, von Gene Sharp über Hildegard Goss-Mayr, Robert J. Burrowes bis zu Theodor Ebert. Sie alle betonen die Notwendigkeit sorgfältiger strategischer Planung, wenn ein gewaltfrei geführter Kampf sein Ziel erreichen soll. Grundsätzlich sind gewaltfreie Aktionskonzepte in dieser Art von politischen Auseinandersetzungen als Eskalationskonzepte angelegt. Eine Eskalation der Auseinandersetzung wird erzielt, indem

- die Reichweite der Aktivitäten (räumlich oder zeitlich) ausgeweitet wird,
- die Zahl der Aktiven sich vergrößert,
- Aktionen Zivilen Ungehorsams und andere direkte Aktionen zunehmen („Verschärfung der Kampfmaßnahmen", Ebert 1981:144).

Im Unterschied zum bewaffneten Kampf, das wird immer wieder deutlich, ist es bei solchen gewaltfreien Kämpfen oftmals leichter, wieder auf eine vorherige Eskalationsstufe zurückzukehren, sofern kein Erfolg erzielt oder die Repression zu stark wird.

Wie ein solches Aktionskonzept aussieht, soll an dem von Hildegard Goss-Mayr vorgelegten Modell beschrieben werden. Sie stellt die Analyse des Konflikts an den Anfang einer gewaltfreien Kampagne. Darin ist eingeschlossen, die Wahrheit der Gegenseite zu erarbeiten. Dies beruht darauf, daß „... die Linie, die Recht und Unrecht trennt, nicht zwischen den Konfliktpartnern verläuft, sondern daß sich auf jeder Seite, wenn auch in oft radikal ungleichem Maße, Recht und Unrecht befinden. Daher muß man, um eine gerechte Lösung anstreben zu können, das Positive des Gegners entdecken und alle Bedingungen untersuchen, die zu seiner gegenwärtigen ungerechten Haltung geführt haben, sie begründen und sie stützen." (Goss-Mayr 1981:88f) In einem zweiten Schritt beginnen die Organisierung und Vorbereitung von Gruppen von Aktivisten. Sie werden in Gewaltfreiheit geschult, verbinden sich untereinander und entscheiden, mit welchen Aktionsmethoden sie die Anliegen der Kampagne in die Öffentlichkeit tragen wollen. Das Ziel ist es, andere gesellschaftliche Akteure aufmerksam zu machen und zum Mitmachen zu bewegen. Indem der Kreis der gesellschaftlichen Akteure wächst, die dasselbe Problem artikulieren sich und die Forderungen der AktivistInnen aneignen, kommt die Kampagne dem Ziel näher, „die Pfeiler, die das Unrecht stützen, zu schwächen, abzubauen und aktionsunfähig zu machen ... und die Kräfte, die in ihnen wirken, zur Unterstützung der Sache der Betroffenen zu gewinnen." (Goss-Mayr 1981:93-9). Hier wird also ein groß angelegter Wandel in den Machtverhältnissen angestrebt.

Je mehr „Pfeiler" einer ungerechten Machtverteilung abgebaut werden, je mehr Institutionen und wichtige gesellschaftliche Akteure die Seite wechseln, desto näher rückt der Zeitpunkt, wo die bestehende Situation nicht mehr aufrecht erhalten werden kann. Dies markiert einen besonders kritischen Punkt, da die Veränderung der Situation mit Machtverlusten einhergeht. Jetzt sind die Alternativen zu entwickeln, die eine neue Machtverteilung und Lösungsansätze für das Problem beinhalten. Hieran haben alle Kräfte, auch die ehemaligen Gegner, Anteil.

Konzepte wie diese sind nicht nur theoretische Konstrukte, sondern dienen der praktischen Entwicklung und strategischen Begleitung von Basisbewegungen, wie das folgende Beispiel illustriert. Seit 1984 bauten Hildegard Goss-Mayr, Jean Goss, Richard Deats und Pater Blanco in den Philippinen systematisch eine gewaltfreie Bewegung auf[8], die als ein erstes Etappenziel einen Machtwechsel an der Staatsspitze anstrebte, indem sie eine Gegenkandidatin zum amtierenden Präsidenten Marcos unterstützte. Die Bewegung bestand aus Kontaktgruppen und unterhielt während der heißen Phase der Präsidentschaftswahl im Jahr 1986 „Zeltstädte" in den Zentren der Auseinandersetzungen und in der Hauptstadt Manila, auf die sich schließlich die Auseinandersetzung konzentrierte. Die aktuelle politische Konfrontation spitzte sich auf die Frage zu, ob die anstehenden Präsidentschaftswahlen einen demokratischen Machtwechsel erlauben würden oder ob der amtierende dikatorische Präsident Marcos dies unter Einsatz von militärischer Gewalt würde verhindern wollen. Zuvor waren mit den EntscheidungsträgerInnen der Oppositon, Frau Aquino, die gegen den Diktator Marcos zur Präsidentenwahl antrat, und Kardinal Sin, der den mächtigen katholischen Radiosender Radio Veritas leitete, verschiedene Szenarien und gewaltlose Handlungsoptionen durchgespielt worden, darunter die Spaltung der Streitkräfte, die dann später eintrat, und auf die sofort reagiert werden konnte. Diese Vorarbeit und Begleitung bildeten den Hintergrund, vor dem sich die Massendemonstrationen in Manila im August 1986 abspielten, mit denen das Volk dem abgespalten Teil der Armee zu Hilfe kam, ein Blutvergießen zwi-

---

8 Gewaltfreiheit, 1986. Über diesen Umsturz gibt es eine eindrucksvolle Reportage eines australischen Kamerateams, das die gewaltfreie Bewegung in Aktion sieht, ohne sie zu erkennen! Über den Zusammenbruch der Bewegung und die erneuten kleinen Anfänge s. Goss-Mayr (1989): kritischer Diokno (1991).

schen den verschiedenen Armeeteilen verhinderte und den Diktator Marcos nach dessen verlorener Wahl, die er nicht anerkennen wollte, zum Abdanken zwang. Daß sich mit dem Auswechseln von Führungspersonen nicht automatisch Strukturen von Unrecht und Gewalt ändern, zeigte die weitere Entwicklung. An den Grundproblemen von struktureller Gewalt und weit verbreiteter Armut und Korruption hat sich nicht viel geändert. Aus der Perspektive des Transformationskonzeptes von Lederach würde dies eine erneute Analyse der Machtkonstellation erfordern und einen erneuten Anlauf, diese zu verändern. Insofern sind Aktions- und Kampagnenkonzepte als eher kurzfristige Mobilisierungskonzepte anzusehen, die noch keine Gewähr für eine nachhaltige Transformation bieten. Sie dienen dazu, in der Phase der Konfrontation mit gewaltfreien Methoden erfolgreich zu bestehen.

Neuere Forschungsarbeiten zur Dynamik von Konflikten haben ergeben, daß ihnen eine Tendenz zur Eskalation innewohnt, die die Bearbeitung von Konflikten mehr und mehr erschwert.[9] Hierbei wirken verschiedene Faktoren zusammen, die in den verschiedenen Phasen des Konfliktes eine Spur der Eskalation ziehen und dafür sorgen, daß zuerst die Sachfragen nicht mehr zufriedenstellend gelöst werden können, dann die Beziehungen der Beteiligten zerstört werden und schließlich die Interaktion der Konfliktparteien zum zentralen Streitpunkt wird.[10] Hier stellt sich nun die Frage, inwieweit „gewaltfreie Eskalationsschemata" nicht genau diesen negativen Dynamiken verfallen und ob sie dann überhaupt noch eine konstruktive und offensive Konfliktbearbeitung zugleich leisten können? Eine Analyse der gewaltfreien Eskalationskonzepte bringt hier jedoch erstaunliche Ergebnisse.

Die PraktikerInnen gewaltfreier Kampagnen haben die Gefahr des negativen Eskalationsprozesses offensichtlich intuitiv sehr klar erkannt. Zu dieser negativen Spirale gehört immer die oft nicht bewußte Beeinträchtigung der kommunikativen Fähigkeiten aller Konfliktbeteiligten und die zunehmende Abwertung der Gegenseite. Gewaltfreie Eskalationskonzepte haben hier vorgesorgt: Eine durchgehende und glaubwürdige Dialogbereitschaft ist geradezu das Herzstück gewaltfreier Kampagnen. Diese Fähigkeit zu erhalten und die Bereitschaft der eigenen Seite zum Dialog aufrechtzuerhalten, gehört zu den Essentials und erklärt, warum auf die innere Vorbereitung, die Anerkenntnis eigenen Unrechts und auf die Unterscheidung zwischen Person und Rolle beim Gegner so viel Wert gelegt wird.

Weitere „Eskalationsbremsen" betreffen das Konfliktverhalten. Hier werden dem eigenen Konfliktverhalten bewußt und gezielt vielfältige Begrenzungen auferlegt. So soll immer die mildeste Form des Konfliktaustrages gewählt werden, und die weiteren Schritte sollen angekündigt werden, um Überraschungs-

---

9 Vgl. den Beitrag von Kempf in diesem Band, insbesondere zur Dynamik der Konflikteskalation. Darin bezieht er sich auf Glasl (1990), der ein neunstufiges Eskalationsmodell entwickelt hat. Die folgenden Ausführungen gehen ebenfalls von Glasls Eskalationsmodell aus.

10 Zur theoretischen Entwicklung der „Eskalationsspur" aus dem Modell von Glasl vergleiche Müller/Büttner (1996.)

oder Angstgefühle auf der Gegenseite zu vermeiden. Die Zusicherung des Gewaltverzichts spielt hier eine weitere wichtige, begrenzende Rolle.

Auf der inhaltlichen Ebene wirkt das Gebot, die Ziele nicht auszudehnen, dem negativen Eskalationsprozeß entgegen. So finden sich in „gewaltfreien Eskalationskonzepten" Vorschriften, die bei allen wichtigen Elementen eines Konfliktes, bei den Inhalten, den Einstellungen und dem Verhalten, dafür sorgen sollen, daß die destruktive, immanente Dynamik des Eskalationsprozesses durch bewußte Gegenmaßnahmen nicht zum Zuge kommen kann (Galtung 1987:113-118, 135-138, 179). Gewaltfreie „Eskalationskonzepte" sind ihrer Anlage nach geradezu „Eskalationsverhinderungskonzepte".

Entscheidend ist jedoch, ob sie diese Absicht ihren Kontrahenten tatsächlich vermitteln können. Dies ist eine Erkenntnis, die sich durch die neueren Forschungen jetzt aus der Dynamik gut erklären läßt. Gelingt es nicht, die Absichten wirklich zu vermitteln, laufen auch gewaltfreie Kampagnen in die Eskalationsfalle, die darin besteht, daß die eigenen echten guten Absichten von der Gegenseite als besonders arglistige Täuschungsmanöver wahrgenommen werden. Die bessere Einsicht in die negativen Eskalationsdynamiken erlaubt nun, gewaltfreie Kampagnen noch bewußter als gezieltes offensives Mittel der Konfliktaustragung zu konzipieren (Besemer 1997; Müller 1997).

3.2 Soziale Verteidigung

Die Erfahrungen gewaltfreier Kampagnen wurden zu Konzepten einer alternativen staatlichen Verteidigungsstrategie weiterentwickelt. Während sich die gewaltfreien Kampagnen auf Konflikte bezogen und beziehen, die sich innerhalb einer Gesellschaft abspielen, wurden die Konzepte Sozialer Verteidigung in den 60er und 70er Jahren vor dem Hintergrund des Ost-West-Konfliktes entwickelt und griffen die Bedrohungsvorstellung einer fremden militärischen Besetzung auf. Der Einmarsch der Warschauer Pakt-Truppen in die Tschechoslowakei und der sich hierauf spontan entwickelnde gewaltfreie Widerstand war hier eine tiefgreifende Erfahrung. Die gängige Bedrohungsvorstellung in Westeuropa aufnehmend, konzeptionierte Gene Sharp (1985) den möglichen Ablauf einer Sozialen Verteidigung durch westeuropäische Staaten angesichts eines direkt bevorstehenden Angriffs des Warschauer Paktes.

Eine praktische Umsetzung hat das Konzept der Sozialen Verteidigung bislang nicht erfahren (Müller 1996), wohl aber sind die Grundideen durch Gene Sharp und seine Mitarbeiter vor allem nach Osteuropa gelangt und haben als praktische Politikberatung weitergewirkt. Dabei erlangten sie in verschiedenen Situationen beim Zerfall der Sowjetunion und der Herauslösung der baltischen Staaten eine möglicherweise große Bedeutsamkeit. Im Baltikum bestanden Kontakte zwischen der Opposition und Gene Sharp bzw. der Albert-Einstein-Institution vermutlich schon vor der gewaltlosen Verteidigung des Fernsehturms in Wilnius im Januar 1991. Seit Januar 1990 wurde in Lettland eine neue, loyale Schutzkommission für das lettische Parlament aufgebaut. Dabei wurden Schriften von Gene Sharp zurategezogen und wichtige Vorschläge ins Lettische übersetzt. Im Februar 1991 legitimierte ein litauisches Informations-Bulletin des Parlaments die Bürger, sich mit allen Methoden zu verteidigen. Speziell wurden sie darauf hingewiesen, die Prinzipien des Ungehorsams, des gewaltlosen Widerstands, der politischen und sozialen Nichtzusammenarbeit als Hauptmittel des Kampfes für die Unabhändigkeit zu befolgen (Ebert 1992:48, 52-59; CBD 1991).[11]

Die erfolgreiche Abwehr des Putsches in Moskau im August 1991 wiederum zeichnete sich insbesondere durch eine außerordentlich schnelle Reaktion des russischen Präsidenten Boris Jelzin aus, der sofort die machtpolitisch entscheidende Frage nach der Legitimität der Putschisten stellte. Damit schuf er für alle Entscheidungsträger, aber auch für die Bevölkerung einen unmittelbaren Entscheidungszwang für oder gegen die Demokratie, für oder gegen die legitime Ordnung. Die zweite Reaktion war der Schutz des Parlaments durch Moskauer Bürgerinnen und Bürger. Dieser Entscheidungszwang spaltete das Militär, und die innere Schwäche der Putschisten trat zutage. Bei der Abwehr dieses Putsches wurden die zivilen Machtfaktoren derart klassisch ins Spiel gebracht, daß sich die Vermutung geradezu aufdrängt, daß hier ein systematisches Wissen zur Hand war und herangezogen wurde. Diese Spekulation ist tatsächlich noch nachzuprüfen. Eine mögliche Verbindungslinie zum Gedankengut Sozialer Verteidigung kann die Tagung in Moskau 1989 zur Ethik der Gewaltfreiheit darstellen, auf der auch Informationen zur Sozialen Verteidigung verteilt wurden.[12]

3.3 Wirkungsweisen von gewaltfreier Aktion

Die Wirkungsweisen von Gewaltfreiheit als Mittel der politischen Auseinandersetzung lassen sich in drei Kategorien einteilen:

1. Methoden, die der Schaffung und Stärkung des Zusammenhalts der Aktiven gelten (Boserup/Mack 1973);
2. Methoden, die das Konfliktverhalten ändern, besonders die den Gegner daran hindern sollen, Gewalt anzuwenden. Dabei wird gewöhnlich nicht nur auf das Verhalten, sondern auch auf die Einstellung des Gegners eingewirkt;
3. Methoden, die die gegnerische Partei von ihren Zielen abzubringen suchen (also gerichtet auf den Konfliktinhalt).

Zu 1:
Eine wichtige Aufgabe in gewaltfreien Auseinandersetzungen ist, die Widerstandskraft zu erhalten, die Mobilisierung zu erhöhen und ein Zusammenbre-

---

11 Weitere Einzelheiten waren die Ausstrahlung des Gandhi-Filmes eine Woche vor dem Sturm auf den Fernsehturm (Ebert 1992:48) und weitere vereinzelte Hinweise auf die Anwesenheit Sharps (ebd.:48, 52, 56, 58f). Text of parliamentary Information News Bulletin, Wilnius, Lithuania, in: CBD. Vol. 7. Nr. 3. May-July 1991:4.

12 Zum Ablauf des Putsches und seiner Abwehr aus der Sicht der Sozialen Verteidigung: Schulz 1991; ferner Jewtuschenko 1991; CBD 6/1990/4:4f.

chen des Widerstandes zu verhindern. Hierzu gehören symbolische Maßnahmen, die den AktivistInnen deutlich machen, wie viele ihrer Meinung sind (z.b. das Heraushängen von Bettüchern während des 2. Golfkrieges 1991 oder das Tragen von Buttons), Protestmärsche und ähnliches.

Zu 2:
Das herausragende Merkmal gewaltlosen Konfliktverhaltens ist der Verzicht auf physische Gewaltanwendung. Hier liegt der Schlüssel der Wirksamkeit gewaltfreier Aktionen. Es gibt eine Wahrnehmung, die per se gewaltlosem Verhalten gegenüber Waffengewalt keine Erfolgschance einräumt.[13] Diese verkennt jedoch, daß Gewaltanwendung von konkreten Rahmenbedingungen abhängig ist: „Wie jede andere Handlung in einem Krieg ist Unterdrückung keine sinnlose Zerstörungshandlung, sondern eine zweckbestimmte Aktivität. Sie wird ausgeübt in einem bestimmten sozialen, politischen, kulturellen und ideologischen Kontext, in dem sie auf irgendeine Art berechtigt und geeignet erscheint. ... Physische Unterdrückung kann darum nicht als völlig willkürliche Handlung beg riffen werden, als ‚im Prinzip' immer mögliche Handlung, die ihre Grenzen nur in den vorhandenen physischen Mitteln findet und in der Menschlichkeit der feindlichen Leiter oder deren Mangel an ausreichenden Motiven. Man kann die ‚psychologischen' und technologischen Seiten der Unterdrückung nicht von ihren politischen und soziologischen Aspekten trennen, ohne gleichzeitig auf jede Verbindung mit der Wirklichkeit zu verzichten." (Boserup/Mack 1973:140).

Gewaltlosigkeit kann als Aktionsform definiert werden, die klar darauf abzielt, die Gewalt in menschlichen Beziehungen auf das niedrigst mögliche Niveau zu reduzieren. Umsomehr ist der konkrete Konfliktkontext in einer sorgfältigen Analyse zu berücksichtigen. Dazu gehört insbesondere eine realistische Einschätzung, inwieweit Gewaltanwendung für die Konfliktbeteiligten oder für einen Teil von ihnen als ein völlig rationales Mittel der Konfliktaustragung erscheint und welche Gefährdungspotentiale in Rechnung gestellt werden müssen. In solchen Kontexten nutzen gewaltlose Methoden ihre Eigenschaft, bei gewaltbereiten Gegnern alle nur denkbaren Hemmschwellen zu aktivieren. Die auf Gewalt verzichtende Seite steigert durch ihren Gewaltverzicht die ohnehin schon vorhandene Asymmetrie zwischen den Konfliktparteien soweit, daß beispielsweise exemplarischer Terror als eine geeignete Handlung erscheinen könnte, um den Widerstand zu zerbrechen und zu demoralisieren, daß aber dieser sogar auf der gewaltbereiten Seite schwerer oder gar nicht zu legitimieren ist. Diese Einschätzung ist eine schwierige Gratwanderung und nicht voraussetzungslos. Die Voraussetzungen sind weitgehend gegeben in Kontexten, in de-

---

13 Diese sehr verbreitete Wahrnehmungsverzerrung hat weitreichende Konsequenzen. Sie verhindert beispielsweise, daß historische Erfahrungen mit gewaltlosem Widerstand angemessen analysiert und eingeordnet werden. Die Folge davon ist, daß die Geschichte von gewaltlosem Widerstand sich oft erst erschließt, wenn die gängige Lehrmeinung hinterfragt und die Quellen neu gesichtet werden. Beispiele hierfür sind die Arbeiten von Jochheim (1977): antimilitaristische Aktionstheorie, Müller (1995): passiver Widerstand gegen die Besetzung des Ruhrgebiets, und Semelin (1995): ziviler Widerstand gegen das Naziregime.

nen die Gegner im Konflikt große Gemeinsamkeiten haben und der Konflikt nicht soweit eskaliert ist, daß die gewaltbereite Seite keine menschlichen Bilder von ihren Gegnern mehr hat. Dies setzt voraus, daß entweder nur eine geringe soziale Distanz besteht oder daß eine vorhandene Distanz verringert werden kann (Galtung 1995:39).

Herrschen jedoch bereits entmenschlichte Bilder vor, muß eine gewaltfreie Strategie die Chancen und Risiken noch sorgfältiger abwägen. Je nach der pragmatischen oder der prinzipiellen Einstellung zur Gewaltfreiheit sind die Voraussetzungen für eine erfolgreiche Gewalthemmung auf unterschiedliche Wirkungsmechanismen zurückzuführen. Die prinzipielle Gewaltfreiheit braucht Zugänge zur gewaltbereiten Seite, um die entmenschlichten Bilder wieder zu verändern. Dies kann durch gezielte, riskante gewaltfreie Aktionen geschehen. Aber diese Aufgabe können auch solidarische Dritte Parteien übernehmen, die ihrerseits eine größere Nähe zum Gegner haben und so Glieder einer „langen Kette der Gewaltlosigkeit" bilden können. Galtung weist am Beispiel des Vietnamkrieges darauf hin, daß dies manchmal nicht Aufgabe der Unterdrückten sein kann, deren „Entmenschlichung" in der Wahrnehmung ihres Gegners zu weit fortgeschritten ist, sondern die Aufgabe anderer Gruppen, die näher bei dem Gegner anzusiedeln sind. Im Falle des Vietnamkrieges war dies die US-amerikanische Anti-Vietnambewegung, die diesen Brückenschlag vollzog. Manchmal können es auch einzelne Persönlichkeiten sein, die eine Veränderung der Einstellung bewirken, man denke an den spanischen Mönch de Las Casas, dessen Berichterstattung über die Eroberungen in der Neuen Welt die katholische Kirche dazu brachte, zumindest den Status der Indianer als Menschen anzuerkennen.

Die pragmatische Gewaltfreiheit, in einem so weit eskalierten Konflikt Gewalthemmungen wirksam werden zu lassen, schließt eine wie oben beschriebene Strategie nicht aus, sie zieht ihre Schlüsse aber vorwiegend aus einer Analyse des Kalküls der Gegenseite zur Gewaltanwendung.

Zu 3:

Gene Sharp unterscheidet vier Mechanismen, wie gewaltfreie Aktion zum Erfolg führen kann: Konversion, d.h. die Überzeugung des Gegners, „Akkomodation", das Einlenken des Gegners ohne daß er innerlich überzeugt worden wäre; Zwang und Desintegration des Systems (1973 und 1985). Ähnlich Sharp arbeitet George Lakey Zwang, Bekehrung und Überredung als die wichtigsten Wirkungsmechanismen gewaltfreier Aktionen heraus (Lakey 1979). Je nach dem Grad der Abhängigkeit des Konfliktgegners von der Partei, die gewaltfrei handelt, können gewaltfreie Methoden auf eine vollständige Zwangswirkung ausgerichtet werden (z.B. bei einem wirksamen Boykott eines Geschäftes, der existenzgefährdende Wirkungen hätte) oder aber auf Zwang verzichten und allein auf die Bekehrung abzielen (wenn z.B. beim Boykott dem boykottierten Geschäft neue Kunden gebracht werden, um deutlich zu machen, daß es den Boykotteuren nicht um die Schädigung des Geschäftsinhabers geht, sondern daß sie auf bestimmte Mißstände aufmerksam machen wollen, die es ihnen verbieten, weiter in diesem Geschäft einzukaufen).

An dieser Stelle trennen sich die Wege derer, die einem negativen Konfliktverständnis folgen, und derer, die einem positiven Konfliktverständnis folgen. Für diejenigen, die mit dem Gewinn-Verlust-Schema zufrieden sind, ist mit dem Sieg der Konflikt zuende. Diejenigen, die eine Lösung zu beiderseitigem Nutzen anstreben, können mit einem Einlenken der Gegenseite unter Zwang nicht zufrieden sein. Sie sind der Einschätzung, daß sich eine Entscheidung unter Zwang nur solange hält, wie der Zwang andauert. Nur eine freiwillige Sinnesänderung erlaubt in diesem Verständnis die Verinnerlichung des Wandels. Insofern ist die Veränderung aller Konfliktbeteiligten das wichtigste Erfolgskriterium: „Ein gelöster Konflikt, der die Beteiligten unverändert läßt, ist kein Erfolg. Das Erfolgskriterium ist daher ein dreifaches: erstens die Schlichtung des Streits, zweitens eine neue soziale Struktur als Ausdruck der Konfliktlösung im gewöhnlichen Sinn und drittens ein hoher Grad an Selbstläuterung bei beiden Konfliktpartnern, also sowohl bei der satyagraha-Gruppe wie auf der Gegenseite." (Galtung 1987:124).

In diesem Verständnis ist gewaltfreie Konfliktaustragung ein äußerst anspruchsvolles Programm der nachhaltigen Konfliktbearbeitung. Wesentlich ist hier, daß es den gewaltfrei Handelnden gelingt, den Mechanismus der Abwertung des Gegners, der gewöhnlich mit Gruppenidentifikation zusammengeht, zu überwinden, und zwar nicht nur in der eigenen Gruppe, sondern auch beim Konfliktgegner. Die Abwertung erleichtert gewaltsames Verhalten, und die Hauptaufgabe besteht darin, das Gegenüber dahin zu bringen, in den AktivistInnen Mit-Menschen zu sehen. Dieses ist erst die Basis, die die Prozesse von Überzeugung und Bekehrung in Gang bringt. Wenn und insoweit dies gelingt, gewinnt die Diskrepanz des Verhaltens beider Konfliktparteien zusätzlich an Bedeutung, denn es entsteht eine Spannung zwischen einer positiveren Einstellung und einem weiterhin negativen, gewaltsamen Verhalten. Diese Spannung kann dazu führen, das gewaltsame Verhalten zu verändern. Sie kann darüberhinaus auch die Inhalte des Konflikts berühren und die bislang verfolgten Ziele in einem anderen Licht erscheinen lassen.

Eine Lösung und damit die Bearbeitung der Inhalte wird als umso tragfähiger bewertet, je mehr sie durch Bekehrung zustande gekommen ist. Um dies durch die Art der Konfliktaustragung bereits zu begünstigen, folgt für das gewaltlose Konfliktverhalten ein möglichst enger Kontakt zum Kontrahenten, möglichst eine Lösung, die zusammen mit dem Gegner gefunden wird, darin eingeschlossen die Fähigkeit zur selbstkritischen Veränderung der eigenen Position und eine Konfliktaustragung auf möglichst niedrigem Eskalationsniveau.

4. Gewaltfreie Strategien in der Konfliktintervention

Nachdem in den siebziger und achtziger Jahren dieses Jahrhunderts Gewaltfreiheit als „gewaltfreie Aktion", „Ziviler Ungehorsam" in Sozialen Bewegungen eine so weite Verbreitung gefunden hat, daß die „samtenen Revolutionen" am Ende der 80er Jahre den Übergang der meisten osteuropäischen Staaten zu demokratischen Systemen einleiteten, ist es in den 90er Jahren um Gewaltfreiheit als politischem Instrument in innenpolitischen Auseinandersetzungen still geworden. Im Zusammenhang mit dem neuen Begriff der „Zivilen Konfliktbearbeitung" ist vor allem das Anwendungsfeld der Konfliktintervention in den Vordergrund getreten.

Die Diskussion um Konfliktinterventionen[14] hat in der heute geführten Intensität erst nach 1989 begonnen und geht einher mit einer seitdem veränderten politischen Praxis der Konfliktaustragung zwischen Staaten und den überstaatlichen Institutionen der Vereinten Nationen durch vorrangig militärisch gestützte Interventionen (Kuwait, Nordirak, Somalia und in Europa im Konflikt im ehemaligen Jugoslawien). Dieser Diskussion folgend, begannen gewaltfreie AktivistInnen, PazifistInnen und FriedensforscherInnen über alternative gewaltfreie Formen der Konfliktintervention zu debattieren und in konkreten Projekten zu entwickeln. Aus westeuropäisch-nordamerikanischer Perspektive erscheint derzeit Konfliktintervention beinahe das alleinige, neue Paradigma sowohl staatlichen militärischen wie staatlichen „zivilen" und nichtstaatlichen Handelns im Kontext von Gewalt und Krieg zu sein. Eine Auseinandersetzung mit den verschiedenen und manchmal widersprüchlichen Zielsetzungen und Strategien von Konfliktintervention erscheint daher unabdingbar und ebenso notwendig wie die Entwicklung von Strategien und konzeptionellen Vorstellungen darüber, wie in diesem Anwendungsfeld eine gewaltfreie Option beschaffen sein könnte und was ihre Voraussetzungen sind.

4.1 Zu den Strategien der Konfliktintervention

Konfliktinterventionen verfolgen unterschiedliche, manchmal mehrere Ziele gleichzeitig, wobei oftmals die Antwort auf die Frage, welche Ziele die „wahren" sind, in der öffentlichen Debatte heiß umstritten ist. Einzelne Instrumentarien bzw. Methoden der Intervention können jeweils einem oder mehreren Zielen zugeordnet werden. Zum Beispiel können Wirtschaftssanktionen oder Embargos sowohl dazu dienen, Konfliktparteien zum Umdenken zu bewegen (Beispiel: Südafrika). Sie können einen Versuch darstellen, die Bevölkerung des Ziellandes gegen ihre Regierung aufzubringen (Beispiel: Irak, Serbien). Oder

---

14 Czempiel (1994:403) definiert Intervention folgendermaßen: „Herkömmlich wird unter Intervention nur der bewaffnete Eingriff eines fremden Staates verstanden. Dieser Extremfall wird erweitert um alle anderen gewaltsamen Grade der Einwirkung bis zur Einflußnahme und Beeinflussung. Gleichzeitig werden die ‚inneren Angelegenheiten' eines Staates auf sein Herrschaftssystem ... verengt. ... Haben sich die Strategien der Einmischung erweitert, verfeinert und entmilitarisiert, so haben sie ihr eigentliches Objekt beibehalten: das Herrschaftssystem eines Landes."

Barbara Müller, Christine Schweitzer

sie können mit der meist nicht offen geäußerten Absicht verhängt werden, eigene Interessen (z.b. ein zu hoher Ölexport, der die Preise drücken würde) zu schützen.[15]

Nach wie vor fehlen umfassende Untersuchungen darüber, welche Strategie und welche Methode dienen können.

Seit Boutros Boutros-Ghalis Agenda for Peace ist die Unterscheidung von Peacekeeping, Peacemaking und Peacebulding weithin bekannt, auch wenn diese Begriffe ursprünglich von Galtung (1982) geprägt wurden.

Nach Stephen Ryan (1995:105ff) beeinhaltet

Peacekeeping die „prevention, containment, moderation and termination of hostilities between or within states, through the medium of a peaceful third party intervention." Das heißt, es ist eine dissoziative Strategie, die sich an die bewaffneten Gruppen richtet und sie trennt.

„*Peacemaking* is concerned with the search for a negotiated resolution of the perceived conflicts of interests between the parties". Peacemaking richtet sich an die politische Führerschaft und kennt drei Verfahren der Problemlösung:

1. Den Versuch, eine Lösung durch Gewalt oder Macht aufzuzwingen, wobei Ryan diesen Versuch als langfristig wenig erfolgversprechend ansieht.
2. Durch Gesetz, wobei diese Unterstrategie nur dann funktioniert, wenn die Legitimität des Staates noch von allen Seiten anerkannt wird, was im Falle ethnischer Konflikte oft nicht der Fall sein dürfte.
3. Durch Verhandlungen und Mediation, entweder im herkömmlichen Sinne oder durch alternative Vorgehen (second-track-diplomacy, Problemsolving workshops).

„*Peacebuilding* is the strategy which most directly tries to reverse those destructive prodesses that accompany violence ..." Diese Strategie richtet sich an die „normalen Leute", also die breiten Massen. Hier lassen sich verschiedene Unterstrategien oder Ansätze unterscheiden, davon einige, die im religiösen

---

15 Es können dreizehn solcher unmittelbaren, vielleicht am besten als taktisch zu bezeichnenden *Ziele oder Zwecke* definiert werden:
  1. Umdenken bzw. Einlenken einer oder aller Konfliktpartei(en) bewirken,
  2. Machtverteilung innerhalb einer Konfliktpartei verändern,
  3. einer Konfliktpartei zum Sieg verhelfen,
  4. Modus der Konfliktaustragung verändern,
  5. Menschenrechte schützen,
  6. Opfern von Gewalt und Krieg helfen,
  7. Umsetzung von Vereinbarungen garantieren,
  8. Aufbau von Zivilgesellschaft unterstützen,
  9. Mächtige Dritte zum Ergreifen von Maßnahmen bewegen,
  10. eigene Staatsbürger schützen,
  11. strategische und/oder wirtschaftliche Interessen sichern,
  12. Anhänger/Mitglieder für die eigene Sache/Glauben gewinnen,
  13. Soziale/ökonomische Struktur verändern.

Sinne Versöhnung zum Ziele haben, andere, die die ehemaligen Gegner bei der Verfolgung übergeordneter Ziele (von gemeinsamen Sportaktivitäten bis zur Eingliederung in die EU) zusammenbringen oder die die wirtschaftliche Entwicklung mit dem Ziel von wirtschaftlicher Gerechtigkeit für beide Seiten betreiben. Wieder andere versuchen, Vertrauen zu bilden (z.B. Verzicht auf bestimmte Symbole), sich im Bildungssystem um die nachfolgende Generation zu bemühen oder Vorurteilsreduzierung zu betreiben.

Ryan vertritt die These, daß alle drei Strategien gleichzeitig angewendet werden müssen, soll ein (ethnischer) Konflikt effektiv gelöst werden. Ohne Peacekeeping würde fortgesetzte Gewalt eine Suche nach Konfliktlösungen verhindern. Ohne Peacemaking blieben die Interessenkonflikte, die Ursache des Konfliktes sind, ungelöst. Und ohne Peacebuilding gelänge es nicht, die langfristigen Voraussetzungen für einen nachhaltigen Frieden zu schaffen.

4.2 Die Deeskalationsspur bei Konfliktinterventionen

Die oben bereits angesprochene negative Dynamik, die eine Spur der Eskalation hinterläßt, ist auch für die Frage von Konfliktinterventionen relevant. Im Grunde geht es bei Konfliktinterventionen darum, die Spur der Eskalation umzukehren und eine Spur der Deeskalation zu ziehen. Außerdem wäre die Frage zu klären, ob beim Versuch einer deeskalierenden Einflußnahme Aktivitäten in allen drei Friedensstrategien (Peacemaking, Peacekeeping, Peacebuilding) gleichermaßen nützlich sind oder ob es in bestimmten Stadien des Konfliktes besonders notwendige, aber auch sogar kontraproduktive Aktivitäten geben kann? Welche Intervention ist hilfreich, um, bei einem gegebenen Punkt auf der Eskalationsspur, diesen Prozeß zu verlangsamen, vielleicht sogar zu stoppen und umzukehren?

Ein erster Hinweis findet sich bei Fisher, der die Phasen eines Konfliktes mit bestimmten Interventionsstrategien verknüpft, die er als unerläßlich ansieht, um zu einem konstruktiven Konfliktverlauf zurückzukehren (Fisher 1993:258).

Befindet sich der Konflikt auf den obersten Eskalationsstufen, dann sind Kontrolle und Eindämmung der Gewalt das erste Ziel, das ausgehandelt werden muß, und die Trennung der Konfliktparteien durch Peacekeeping die erste Friedensstrategie, die umgesetzt werden muß. Gleichzeitig müssen Peacebuilding-Aktivitäten entfaltet werden, um diesen Zustand zu stabilisieren und die Parteien bereit zu machen, grundlegende Bedürfnisse (nach Sicherheit, Identität, Partizipation) zu klären und ihre gegenseitigen Beziehungen zu verbessern. Damit gelingt der Übergang zu der Phase nach Glasl, in der die gegenseitigen Beziehungen das Hauptproblem waren. Gelingen hier Fortschritte, dann bedeutet das, daß die Konfliktparteien wieder lernen, ihre Beziehungen konstruktiver zu gestalten. Sie haben sich nun weit zur Normalität hin bewegt und ihre schlechten Erfahrungen durch bessere abgelöst. Sind sie bei der untersten Stufe angelangt, dann kann durch Peacemaking eine moderierende Unterstützung bei der Regelung von Interessengegensätzen gegeben werden, während sich die gegenseitigen Einstellungen und das Verhalten weitgehend normalisiert haben.

Abbildung: Kontingenzmodell der Zugänge zu Frieden

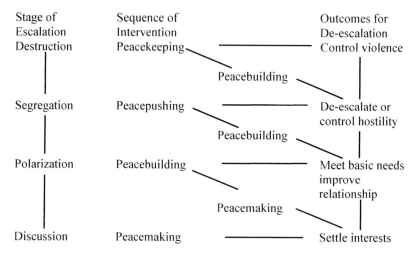

In der niedrigsten Eskalationsphase geht es um die Regelung von Interessensge-gensätzen, und nun werden die Interventen gebraucht, um als Unterstützung beim Problemlösen zu dienen. Grundsätzlich ist hier der Übergang zu einer ei-genständigen Konfliktbearbeitung durch die Konfliktparteien selbst anzusie-deln. Die Konfliktparteien sind jetzt weitgehend in der Lage, gemeinsam an den Problemen zu arbeiten. Ihre Beziehungen sind auf eine neue Grundlage gestellt und das gegenseitige Verhalten ist konstruktiv genug, um in Zukunft auftreten-de Probleme kreativ anzugehen. Insofern wäre diese Phase auch der Übergang zum „Sustainable Peace" im Transformationskonzept von Lederach (Lederach 1994:35-37). Hier ist dann der Punkt zur Beendigung der Intervention oder zum Übergang in die Konsolidierungsphase (Glasl 1990:430-432). Vergleicht man diese Hauptinterventionen mit der „Eskalationsspur", dann führt Fisher den Prozeß auf derselben Spur zurück.

Die zusätzlichen Interventionen, mit denen Fisher die Abschwünge zu der jeweils nächsttieferen Eskalationsstufe erreichen will, deuten zum einen darauf hin, daß Deeskalation nicht als eine isolierte Aktivität i.S. von „nur" Peacekee-ping, Peacemaking oder Peacebuilding gedacht werden kann, sondern als Ele-ment von Konfliktbearbeitung alle Elemente des Konflikts – Inhalte, Einstel-lungen und Verhalten – mit berücksichtigen muß. Ferner kann man die These aufstellen, daß flankierende deeskalierende Impulse notwendig sind, um die Ei-gendynamik der Eskalation auszugleichen. Beispielsweise könnten in der ober-sten Eskalationsstufe Verhandlungen über eine Feuerpause (Peacemaking-Aktivitäten) und Gefangenenaustausch oder andere gutmeinende Gesten (Peace-building-Aktivitäten) dazu dienen, den notwendigen deeskalierenden Impuls der Verhaltenskontrolle umzusetzen (Peacekeeping).

In der Konfliktdynamik bildet sich somit eine „Spur" der Eskalation ab, die beim Deeskalationsprozeß zurückverfolgt werden kann. Dies bedeutet nicht, daß die gesamte Geschichte und Entwicklung des Konfliktes zurückverfolgt werden soll. Dies ist bei sozialen Konflikten mit einer meist langen Geschichte auch gar nicht möglich. Die Konfliktgeschichte wird vermutlich in Form von Traumata, Mythen und Gewaltkulturen auftreten, die an bestimmten Stellen der Konfliktbearbeitung einer Deeskalation im Wege stehen und dann bearbeitet werden müssen. Die Deeskalationsspur soll helfen, bei der Konfliktbearbeitung den jeweils konkreten nächsten Schritt zu identifizieren. Dies hieße auch, daß Impulse zur Deeskalation, die allein die Einstellungen der Konfliktbeteiligten verändern sollen, letztlich fruchtlos bleiben, wenn sich der Konflikt auf der Stufe befindet, in der die gegenseitige gewaltsame Interaktion der Hauptmotor der Eskalation ist. In dieser Phase sind die aktuellen Probleme die des physischen Überlebens inmitten einer gewaltsamen Interaktion. Sie müssen auf jeden Fall mit Peacekeeping bearbeitet werden, sollen die Konfliktparteien aus ihrer Verstrickung herausfinden.

Daher erfüllen die Friedensstrategien je nach dem Stand der Eskalation unterschiedliche Funktionen. So verstanden, bedeutet Peacemaking nicht automatisch, das ursprüngliche Problem in Verhandlungen zu lösen. Welche Inhalte zur Debatte stehen, hängt u.E. vielmehr davon ab, auf welcher Stufe der Konflikt sich befindet. Peacemaking heißt daher, die jeweils anstehenden Probleme der akuten Konfliktphase zu lösen. Analog würde Peacebuilding bedeuten, die konkreten Einstellungen auf der akuten Konfliktstufe zu verändern und über neue Einsichten und Ansichten die Bereitschaft zu neuen Beziehungen und Vereinbarungen zu entwickeln. Peacekeeping richtet sich dann darauf, vor allem gewaltsames und repressives Verhalten zu unterlassen oder es zu beenden.

Schließlich ist zu ersehen, daß der Deeskalationsprozeß in jeder Phase alle drei Elemente von Konflikt berührt. Das heißt, in jeder Phase sind nicht nur Elemente einer Friedensstrategie wichtig, sondern auch die der anderen, insofern sind die Friedensstrategien Elemente eines umfassend verstandenen Konzeptes von Deeskalation und Konfliktlösung. Das heißt auch, daß der gesamte Prozeß möglicherweise immer dann ins Stocken gerät, wenn in den anderen Bereichen als der der Hauptintervention kein Fortschritt erzielt wird. Möglicherweise kann dieses Bild erklären, warum eine fortlaufende Verschränkung von Friedensstrategien für einen wirklichen Friedensprozeß notwendig ist. Von dieser theoretischen Grundlage ausgehend, sollen nun die Besonderheiten gewaltfreier Interventionen herausgearbeitet werden.

4.3 Merkmale gewaltfreier Interventionen

Das Thema der gewaltfreien Intervention ist wissenschaftlich noch wenig erforscht. Doch aus den vorliegenden Erkenntnissen läßt sich ablesen, daß sie auf anderen Wirkungsmechanismen beruhen muß als militärische oder sogenannte

„zivile" Interventionen.[16] Wir sprechen hier von gewaltfreien Interventionen, wenn

– das Ziel der Intervention die Bearbeitung des Konfliktes unter Berücksichtigung der Interessen aller Konfliktseiten oder die Unterstützung einer Partei ist, die für eine solche Konfliktbearbeitung und/oder Verteidigung der Menschenrechte und Herstellung von Gerechtigkeit eintritt und wenn
– dabei auf tödliche Gewalt, sei sie direkter physischer oder struktureller Art, verzichtet wird (Schweitzer 1998).

Bei der Konfliktintervention bezieht sich gewaltfreies Handeln darauf, Eskalationsprozesse umzukehren und die Konfliktparteien darin zu unterstützen, wieder zu einer besseren Konfliktbearbeitung fähig zu werden. An dieser Stelle werden gewaltfreie Akteure als „Dritte" oder besser „externe Parteien" im Konflikt tätig, in den sie wie andere auch intervenieren, wobei sie ihre Ansatzpunkte aus der gewaltfreien Konfliktanalyse beziehen.

Eine Untersuchung von zehn Fällen gewaltfreier Interventionen (Müller/ Büttner 1996) ergab erste Anhaltspunkte auf die Besonderheiten gewaltfreier Interventionen. Besonders auffällig ist hier, daß gewaltfreie Interventionen nicht auf einen gewaltsamen „Machteingriff" zurückgreifen wollen, um Konfliktparteien zu trennen. Um dieses Ziel zu erreichen, verfolgen sie bislang unterschiedlich erfolgreiche Strategien, die auf unterschiedlichen Wirkungsweisen beruhen. Als bislang wenig erfolgreich haben sich dabei Aktionen erwiesen, die als Kopie des militärischen Peacekeepings versuchten, durch die Anwesenheit einer großen Zahl von ZivilistInnen in einem Kriegsgebiet auf die Parteien einzuwirken. Allerdings ist eine Aussage über das Potential solcher auf Dissoziation der Konfliktparteien gerichteter Aktionen noch nicht möglich, weil bei den untersuchten Beispielen die eine Aktion vor einer möglichen Konfrontation abgebrochen wurde (der Marsch „Mir Sada" nach Bosnien-Herzegowina 1993) und im anderen Fall (beim „Gulf Peace Team" 1991 im Irak) keine große Zahl an TeilnehmerInnen zustande kam.

Erfolgreicher war ein anderer Ansatz, der sich zunächst um gute und stabile Kontakte zu allen Konfliktparteien bemühte und damit eher eine verbindende als eine trennende Strategie verfolgte (z.B. Peace Brigades International, Balkan Peace Team). Dies ist in einem stark polarisierten Konflikt bereits eine große Leistung, weil die Parteien von einer bestimmten Eskalationsstufe an Außenstehende fast nur noch nach dem Freund-Feind-Schema einordnen. Diese so-

---

16 Wichtig zu betonen ist, daß, wenn „zivil" als Gegensatz zu „militärisch" verstanden wird, nicht implizit unterstellt oder assoziiert werden darf, daß dies auch bedeute, daß die entsprechende Intervention deshalb „gewaltlos" sei. Zum Beispiel figurieren Sanktionen gewöhnlich in der Liste von Instrumentarien „ziviler Intervention" an hervorgehobener Stelle. Doch angesichts des Beispiels des Irak, wo nach offiziellen Zahlen der UNO fast 600.000 Kinder infolge der ökonomischen Sanktionen gestorben sind, dürften sie wohl nicht einmal als gewalt-arm, viel weniger als gewalt-frei eingeschätzt werden.
Aufgrund der hier genannten Probleme scheint uns, daß der Begriff der zivilen Intervention viel zu vage ist, um für eine aussagefähige Diskussion von Konfliktintervention zu taugen.

zialen Beziehungen waren die Grundlage dafür, daß den zahlenmäßig kleinen Teams von Gewaltfreien die moralische Autorität zugestanden wurde, Waffenstillstände zu überwachen, zwischen einander bedrohende Gruppen zu treten, erneute Eskalationen zu verhindern.

Ein weiterer Unterschied liegt darin, daß gewaltfreie Interventionen Methoden der repressiven Machtausübung vermeiden wollen. Der repressive Aspekt, der in den sog. „Alarmnetzen" und in der Mobilisierung internationalen Drucks liegt, kennzeichnet den Grenzbereich. Dieses Instrument haben als erste die Internationalen Friedensbrigaden (Peace Brigades International) entwickelt. Das Notfallnetz mobilisiert bei Übergriffen in kürzester Zeit eine relevante internationale Öffentlichkeit, die nicht ignoriert werden kann, wenn sie – wie im Fall Guatemala geschehen – z.B. Auswirkungen auf die US-amerikanischen Militärhilfen an den Staat hat, der die Repression ausübt.

Hier wird von repressiver Macht Gebrauch gemacht, die (weitere) Dritte auf eine spezifische Konfliktpartei ausüben können. Allerdings muß diese Macht erst aktiviert werden und sie muß sich für bestimmte Werte wie Menschenrechte gegen Rüstungshilfe mobilisieren lassen. Die Möglichkeit, diese Macht anzuwenden, ist demnach nicht immer vorhanden oder jederzeit abrufbar, sondern eher prekär.

Man kann also zwei unterschiedliche Quellen von Macht erkennen, aus denen gewaltfreie Interventionen ihre Kraft schöpfen. Die eine ist die der direkten und konstruktiven Beziehungen, die zwischen den einzelnen Konfliktparteien und den Intervenierenden entstehen, und die zweite ist die der negativen Sanktionen, die aus einem Reputationsverlust der Konfliktparteien bei weiterer Gewaltanwendung resultieren. Auch hier geht es letztlich darum, daß Beziehungen ins Spiel gebracht werden, im zweiten Falle Beziehungen von Akteuren auf anderen, staatlichen, formelleren Ebenen.

Trifft die These zu, daß konstruktive Beziehungen den Kern gewaltfreier Einflußmöglichkeiten ausmachen, dann wäre dies eine Bestätigung für Lakeys These von der soziologischen Wirksamkeit von Gewaltfreiheit. Nachvollziehbar wird, wie die Beziehung von Respekt entstehen kann, die für Mitchell eine Bedingung der Effizienz von gewaltfreien, nicht auf Zwang beruhenden Verhaltensweisen ist. Es wird noch einmal deutlich, wie grundlegend die von Lakey postulierte Hauptaufgabe ist, mit gewaltfreier Aktion diesen Respekt bei der Gegenseite aufzubauen.

5. Zwei Beispiele gewaltfreien Handelns

5.1 Der gewaltfreie Widerstand im Kosovo 1989-1997

Der Krieg im Kosovo im Frühjahr 1999 ist ein schreckliches Beispiel dafür, was geschieht, wenn gewaltfreier Widerstand zur Gewalt eskaliert, wobei alle Beteiligten, die Kosovarer selbst, ihre serbischen Gegner und die internationalen Intervenen, zu massiver Gewalt griffen.

Dennoch oder vielleicht gerade deshalb lohnt es sich, die Phase des gewaltfreien Widerstandes,[17] die ungefähr von Sommer 1989 bis Herbst 1997 angesiedelt werden kann, näher zu betrachten. Mit ihm versuchten die Kosovarer, der serbischen Gleichschaltung nach der Aufhebung der Autonomie 1989 zu begegnen und ihr Ziel der Unabhängigkeit[18] des Kosovo durchzusetzen.

Dieser Widerstand, von der Kosovarer Führung als „friedliche Strategie" bezeichnet, wurde von praktisch der gesamten Bevölkerung mitgetragen. Trotz seines letztendlichen Mißerfolges ist er ein beeindruckendes Beispiel dafür, über welch langen Zeitraum eine gewaltlose Strategie aufrechterhalten werden kann. Dabei war er anfangs durchaus nicht vorhersehbar. 1988 erwarteten die meisten Beobachter der Situation im Kosovo eine Intifada nach dem palästinensischen Muster, nicht einen gewaltfreien Widerstand. Die Entscheidung für Gewaltfreiheit stellte eine rein pragmatische Entscheidung dar, wobei einige der Führer der Kosovo-Albaner mit den Theorien von Gandhi u.a. vertraut waren. Howard Clark macht vier Gründe für diese Entscheidung aus (Clark 1998):

– Die Erfahrung mit den Massendemonstrationen im Jahr 1981, die mit viel Gewalt niedergeschlagen wurden.

– Gewaltlose Protestaktionen und Streiks von Bergleuten im November 1988 und Februar/März 1989, in dessen Verlauf 7.000 Bergleute sich in den Bergwerken einschlossen und 1.700 von ihnen einen Hungerstreik begannen (Clark 1998), der viel Eindruck machte.

– Eine von StudentInnen initiierte Versöhnungsbewegung innerhalb der Kosovarer, bei der 2.000 Familien bis 1993 das Ende der Blutrache verabredeten und

– die Entwicklung in anderen europäischen Staaten im Jahr 1989 mit ihren Bürgerrevolutionen als „Erfolgsgeschichten".

Dazu kam die Gewißheit, daß jedes andere Vorgehen zu einem Krieg mit unvorstellbaren Opferzahlen führen würde, eine, wie sich herausstellte, überaus realistische Einschätzung der Führung des gewaltlosen Widerstandes von der Gewaltbereitschaft des serbischen Repressionsapparates.

Der gewaltfreie Widerstand konzentrierte sich auf den Aufbau eines parallelen, von Albanern getragenen Systems. Öffentliche Aktionen (Demonstrationen z.B.) wurden nach 1991 als zu gefährlich betrachtet. Man fürchtete – im Nachhinein kann man sagen, zu recht – dem serbischen Regime einen Vorwand für gewaltsames Durchgreifen zu liefern. Das parallele System konzentrierte sich auf die drei Bereiche Schule, Gesundheitssystem und Regierung.

In den Schulen war im August 1990 ein serbisches Curriculum erlassen worden. Die albanischen LehrerInnen weigerten sich, der Lehrplanänderung

---

17 Eine ausführliche Beschreibung des Widerstandes gibt H. Clark in der Gewaltfreien Aktion 117/118; 3-4/1998.

18 Unabhängigkeit war das offizielle, von der führenden Partei des Kosovo formulierte Ziel. Nur eine kleine Minderheit von Politikern konnte sich auch andere Lösungen vorstellen, seien es der Anschluß an Albanien auf der nationalistischen Seite oder eine Autonomieregelung auf der gemäßigten Seite.

Folge zu leisten und unterrichteten weiter gemäß des alten Curriculums. Daraufhin entließen die serbischen Behörden alle Schuldirektoren und zahlten keine Löhne mehr aus. Zu Beginn des nächsten Schuljahres (September 1991) stand dann die Polizei vor den Schulen und verweigerte den albanischen SchülerInnen den Zutritt zu ihren Schulen. Daraufhin begann die Führung der Kosovarer mit dem Aufbau von Schattenschulen, die zuletzt von 220.000 SchülerInnen besucht wurden und in denen 19.000 LehrerInnen unterrichteten. (In der Mehrzahl handelte es sich hierbei um weiterführende Schulen, nachdem die Hauptschulen ein Jahr später wieder geöffnet wurden.) Ebenso wurde die albanisch-sprachige Universität in Prishtina geschlossen. Auch sie wurde illegal fortgeführt und hatte zuletzt 16.000 StudentInnen. Trotz dieser beeindruckenden Zahlen muß allerdings festgestellt werden, daß – zwangsläufig – die Qualität des Schul- und Universitätsunterrichts abfiel und daß der Schulbesuch vor allem von Mädchen wieder zurückging, nachdem erst in den letzten Jahrzehnten der Gedanke, daß auch Mädchen eine formale Bildung genießen sollten, hatte verankert werden können.

Ein zweiter Schwerpunkt lag auf dem Gesundheitssystem, nachdem die meisten albanischen ÄrztInnen ihre Arbeit in den Krankenhäusern verloren und die Behandlung grundsätzlich in serbischer Sprache erfolgen mußte. Viele der entlassenen Ärzte engagierten sich, oftmals ehrenamtlich, bei der humanitären Organisation „Mutter Theresa", die besonders Ambulatorien aufbaute. Allerdings funktionierte das alternative Gesundheitssystem nicht besonders gut. Die Kindersterblichkeit nahm zu, viele Krankheiten (Lungenkrankheiten z.B.) stiegen drastisch an, und auch hiervon waren besonders Frauen betroffen, da Geburten nicht mehr in den Krankenhäusern, sondern zu Hause stattfanden und mit hohem Risiko behaftet waren.

Das dritte Hauptelement des Widerstandes war die Errichtung eines parallelen politischen Systems. Es fanden zweimal Wahlen zu einem kosovoalbanischen Parlament statt (das allerdings nie zusammentrat), und ein funktionierendes Verwaltungs- und Regierungsystem wurde eingerichtet.

Allerdings, und dies kann als eine der zentralen Schwächen des Widerstandes angesehen werden und wohl als einer der Gründe, warum er letztlich zusammenbrach, fehlte dem Widerstand eine Strategie, mit der er seine Ziele – die Unabhängigkeit von Serbien/Jugoslawien – aus eigener Kraft hätte erreichen können. Stattdessen setzte man von Anfang an auf die internationale Gemeinschaft, die dem Kosovo die Selbständigkeit geben und durch die Stationierung von Truppen absichern sollte.

Eine zweite Schwäche des Widerstandes war seine Passivität. Der Alltag ging weiter, ohne daß Veränderungen sichtbar wurden und ohne daß besondere Akte des Widerstandes durchgeführt werden konnten. Hier zeichnete sich allerdings 1997 eine Veränderung ab, als die StudentInnen in Prishtina mit Demonstrationen für die Wiedereröffnung von Schulen und der Universität begannen. Zur gleichen Zeit begannen allerdings auch die gewaltsamen Aktivitäten der Kosovo-Befreiungsarmee (UCK). Sie war die andere Antwort auf den Stillstand in der politischen Situation.

Ein drittes, kritisch zu sehendes Element war das Fehlen jeglicher Dialogbereitschaft mit dem Gegner. Lange Zeit galt (wie jetzt wieder) jeder Kontakt, auch zu serbischen Oppositionellen, als verratsverdächtig. Ebenso suchte man z.b. auch bei den Studentenprotesten 1997 vergeblich Transparente in serbischer Sprache.

Als Fazit läßt sich festhalten, daß der gewaltfreie Widerstand im Kosovo versagte, weil es ihm nicht gelang, den Konflikt gewaltlos so voranzutreiben, daß alle Konfliktparteien in einen Suchprozeß nach einer Lösung eingebunden wurden, sei es durch ein politisches Engagement der internationalen Staatengemeinschaft oder durch eine stärkere Thematisierung des Problemes innerhalb der Jugoslawischen Föderation. Erst die Terrorakte der Befreiungsarmee und die massiven Gegenaktionen der serbischen Polizei und des Militärs riefen die internationale Gemeinschaft auf den Plan, die zuvor eher geneigt war, die Vorgänge im Kosovo als interne Angelegenheit Serbiens bzw. Jugoslawiens anzusehen und damit dem Widerstand eine faktische Unterstützung zu versagen. Dieses ungeschickte und auf gewaltsame Intervention konzentrierte Vorgehen löste letztlich die Katastrophe aus, vor der seit 1989 immer wieder gewarnt wurde, nämlich die Vertreibung der Kosovo-Albaner aus ihrer Heimat (von Kohl/Libal 1992).

5.2 Das Balkan Peace Team
als Projekt einer gewaltfreien Konfliktintervention

Das Balkan Peace Team ist ein Projekt, das als Antwort externer gewaltfreier Organisationen auf die Konflikte im ehemaligen Jugoslawien entstanden ist. In der Situation des Jahres 1993, angesichts einer anscheinend unaufhaltsamen Eskalation der Gewalt in Bosnien, seit 1991 gewachsener Kontakte in die Region und regelmäßiger Besuche dort, geriet bei den Analysen über den „nächsten" Kriegsschauplatz der Kosovo in den Blick. Die Gewaltlosigkeit des Widerstands erschien unterstützenswert. Insbesondere das „Center for Human Rights" in Prishtina/Kosovo, dessen MitarbeiterInnen sich darum bemühten, den Zusammenhalt des gewaltlosen Widerstandes aufrechtzuerhalten, erschien als ein Partner, der durch eine internationale Präsenz gestärkt werden konnte.

Solche Überlegungen resultierten in einem Vorschlag für eine gewaltfreie Präsenz von zunächst 100 Personen im Kosovo, verteilt auf die Region, von denen eine tatsächlich präventive Wirkung würde ausgehen können. Für die Richtung der Projektentwicklung war indessen ausschlaggebend, daß die serbische Regierung im Mai 1993 einen Visumzwang einführte und damit den bis dahin unbeschränkten Zugang in den Kosovo wirksam reglementierte. Angesichts von zunehmenden Übergriffen und Drohungen gegen AktivistInnen von Friedens- und Menschenrechtsgruppen in Kroatien wurde die Zielrichtung des gesamten Projektes zunächst vom Kosovo nach Kroatien als dem leichter zugänglichen Aktionsgebiet verändert. Im Juni 1993 wurde das ursprüngliche „Kosovo Peace Team" zum „Balkan Peace Team". Auf den drei größeren internationalen Treffen von Juni 1993 bis Februar 1994 kristallisierten sich die meisten derjenigen Organisationen und Netzwerke heraus, die sich Anfang 1994 zum „Koalitionsprojekt" des Balkan Peace Team zusammenschlossen. [19]

Seit 1994 arbeitet das Balkan Peace Team als eine internationale Koalition von einem Büro in Minden aus mit drei Teams, davon bis zum Jahresende 1998 zwei in Kroatien und eines in Serbien/Kosovo.[20] In den Teams arbeiten in der Regel zwei, manchmal drei Freiwillige für einen Zeitraum von zunächst sechs Monaten bis zu zwei Jahren. Die Regelzeit ist inzwischen durchschnittlich ein Jahr.

Als Ziele hatte sich das Balkan Peace Team gesetzt:

1. Dialogmöglichkeiten zwischen den verschiedenen Gruppen zu identifizieren,
2. als ein unabhängiger, unparteilicher und alle Standpunkte berücksichtigender Informationskanal aus den Regionen zu wirken,
3. die Fähigkeiten der Teammitglieder in Konfliktbearbeitung allen Bürgern zur Verfügung zu stellen und
4. an möglichen Brennpunkten und bei Vorfällen als beobachtende Dritte Partei anwesend zu sein.

Hieraus entwickelten sich sehr unterschiedliche Arbeitsfelder in Kroatien und in Serbien/Kosovo, in denen die Teams tätig wurden. Nach vier Jahren praktischer Erfahrung lassen sich die Ansatzpunkte und Wirkungsweisen des Balkan Peace Teams zusammenfassen:

In Kroatien wirken die Teams des Balkan Peace Team als eine kontinuierlich stärkende Kraft für eine kleine Anzahl von menschenrechtlich orientierten Gruppen und Organisationen bei deren inhaltlicher Arbeit und ihrer internen Entwicklung. Die Teams unterstützen diese internen Akteure, indem sie mit ihren eigenen Freiwilligen deren eigene Kräfte verstärken, sie durch ihre Nähe ermutigen, gleichzeitig als eine ausländische und daher fremde Kraft Brücken bilden und dabei den „Ausländerbonus" einsetzen können, den Fremde aus westlichen Staaten in Kroatien genießen. Diese Brücken können sowohl in die kroatische Gesellschaft entstehen, zu Bürgermeistern, Richtern und Soldaten. Sie können aber auch zu den vielen im Land tätigen internationalen Organisationen und Botschaften entwickelt werden. Die einheimischen Gruppen bekommen auf diese Weise leichter Zugänge, Gehör und Beachtung. Auf eine in-

---

19 Das Balkan Peace Team ist als ein Projekt einer Koalition von eigenständigen Gruppen, Organisationen und Netzwerken zu sehen, die die Verantwortung für das Projekt gemeinsam tragen. Die Mitgliederstruktur des Balkan Peace Teams umfaßt eine ganze Reihe von explizit gewaltfreien Organisationen und ist ohne diesen theoretischen und ideologischen Hintergrund nicht denkbar. Im Selbstverständnis solcher Organisationen werden Projekte wie das Balkan Peace Team als Vorreiterprojekte gesehen, die später vom Mainstream aufgenommen werden. Dabei spielt die Orientierung an Gewaltfreiheit eine durchaus politisch-ideologische Rolle. Es geht nicht um irgendeine zivilere Art von Konfliktaustragung, sondern um eine spezifisch gewaltfreie. Aus dieser Perspektive ist weniger der Perfektion eines Projektes entscheidend als seine Signalfunktion für einen gangbaren anderen Weg (vgl. Müller/Büttner/Gleichmann 1999).

20 Ende 1998 wurde eines der Kroatienteams geschlossen, weil die Nachfrage bei den lokalen Gruppen nicht mehr vorhanden war.

direkte Weise unterstützen die Teams in Kroatien die dortigen menschenrechtlichen Gruppen, indem sie wichtige Informationen sammeln, aufbereiten und durch ihre internationale Berichterstattung den internen Akteuren, aber auch potentiell für auswärtige Akteure eine Grundvoraussetzung für eine kompetente Konfliktbearbeitung liefern.

In Serbien und Kosovo spielte das Team bis zum Kriegsausbruch eine Rolle bei der Entwicklung von neuen Akteuren, die die Polarisierung zwischen serbischen und albanischen NGOs durch einen Dialog verändern wollten. Im Laufe von vier Jahren kontinuierlicher Präsenz im Land konnten seit 1997 vermehrt direkte Dialoge zwischen kosovo-albanischen und serbischen Gruppen initiiert und begleitet werden. Dabei übernahm das Team eine entscheidende gestaltende Funktion, indem es Gesprächswünsche zwischen den beiden Seiten hin- und hertrug, Partnergruppen auswählte und bei der inneren Vorbereitung der TeilnehmerInnen auf den Dialog mithalf. Diese Spurenelemente von Veränderung hielten bei den TeilnehmerInnen der Dialogprojekte der Eskalation im Jahr 1998 stand, auch wenn es zu keinen direkten Treffen mehr kommen konnte. Der Krieg und die nachfolgende Vertreibung haben die zivile Struktur im Kosovo bereits jetzt zerstört. Welche Ansätze es für eine Weiterarbeit des Balkan Peace Team geben wird, ist derzeit nicht einschätzbar.

6. Resümee: Welchen Beitrag kann Gewaltfreiheit zur Überwindung von Gewalt leisten?

Eine der am häufigsten anzutreffenden Annahmen und einer der Haupteinwände gegen Gewaltfreiheit ist, daß Gewaltfreiheit nur in niedrigen Eskalationsstufen eines Konfliktes Aussicht auf Erfolg habe, bevor offene Gewaltanwendung den Konflikt dominiert. Sie sei zwar immer dem gewaltsamen Handeln vorzuziehen, könne dieses aber nicht in jedem Falle ersetzen. Gewalt bleibe das „letzte Mittel". Selten wird allerdings dieses sogenannte „letzte Mittel" daraufhin befragt, ob es diese Rolle zu Recht spielt.

Dieser meist pauschal vorgetragenen Auffassung widersprechen viele der KonfliktforscherInnen (z.B. die schon zitierten Sharp, Ebert, Galtung), die sich mit Gewaltfreiheit befaßt haben, und auch etliche historische Beispiele dieses Jahrhunderts (Prag 1968, Philippinen 1986, Kosovo 1989-1998). Das Konzept der Sozialen Verteidigung wurde für die größte annehmbare Gewaltanwendung, den Krieg, entwickelt und beruht auf Erfahrungsschätzen aus zahlreichen Konflikten, in denen von einer Seite keine Gewalt angewendet wurde. Tatsächlich scheint es, als ob in vielen Fällen Gewaltfreiheit und nicht Gewalt das „letzte Mittel" gewesen ist. Sie war das Instrument der Konfliktaustragung, das auch dann zur Verfügung stand, wenn Gewalt nicht möglich schien, z.B. weil keine Waffen zur Verfügung standen, das Militär auf der anderen Seite stand oder ihm nicht zu trauen war (Kapp-Putsch, Prag 1968, Philippinen 1986) oder weil man wußte, daß Gewalt zur Vernichtung führen würde (was man im Kosovo bis 1997 wußte).

Ob jedoch Gewaltfreiheit in jedem Falle „funktioniert", diese Frage soll offen bleiben. Eine Antwort darauf bedarf im konkreten Fall einer sorgfältigen Analyse der Beziehungen der Konfliktparteien und ihrer inneren Stärken und Schwächen. Dennoch ist es immer wieder erstaunlich, in welchen Kontexten gewaltfreies Handeln stattfindet.

Oben wurde verschiedentlich auf die Wirkungsweisen gewaltfreien Handelns und damit auch auf seine Voraussetzungen – Bedingungen, die erfüllbar sein müssen – hingewiesen. Eine der Hauptbedingungen erfolgreichen gewaltfreien Handelns ist, wie oben schon an verschiedener Stelle angesprochen, die Schaffung konstruktiver Beziehungen zwischen den Konfliktparteien. Dies setzt voraus, daß entweder nur eine geringe soziale Distanz besteht oder daß eine vorhandene Distanz verringert werden kann (Galtung 1995:39).

Dies mag nicht immer oder nicht rechtzeitig genug gelingen. Die Anti-Vietnambewegung benötigte etliche Jahre, bevor sie die USA zum Rückzug aus Südostasien zwingen konnte, während Gewalt u.U. sehr schnell bis zu Massenmord und Genozid eskalieren kann. (Man denke an Ruanda.) Allerdings versagten in solchen Fällen auch militärische Gegenmaßnahmen in der Vergangenheit und Gegenwart. Die Alliierten im Zweiten Weltkrieg unternahmen nichts gegen die deutschen Konzentrationslager, obwohl sie wußten, was vorging. In Ruanda zogen die zahlenmäßig kleinen UN-Truppen zunächst ab, im Kosovo wurden hilflos Einrichtungen und Truppen der angreifenden Armee bombardiert, während Paramilitärs ungehindert die Bevölkerung vertrieben.[21] Die Frage des „Was-kann-man-tun,-wenn" muß daher als von beiden Seiten – PazifistInnen wie MilitärbefürworterInnen – in ihrem Kern unbeantwortet betrachtet werden. Wohl können beide Seiten theoretische Alternativen benennen (z.B. große Zahlen gewaltfreier AktivistInnen als Beobachterinnen und Peacekeeper entsenden versus schneller und entschiedener militärisch vorgehen), aber in der Praxis gab es immer Gründe, warum dies bislang nicht ging.

Gewaltfreiheit wurde eingangs als der dritte Weg zwischen Nichtstun und Gewaltanwendung bezeichnet. Wir sind der Auffassung, daß ihr ein Potential innewohnt, das selbst am Ende dieses Jahrhunderts, das so viele gewaltlose Kämpfe wie keines vor ihm gesehen hat, noch immer nicht ausgetestet erscheint. Angesichts der Ungleichverteilung von Ressourcen, die für gewaltsame Konfliktaustragung bereitgestellt werden – aber weder für Prävention noch für gewaltfreie Optionen je zur Verfügung stehen, kann noch lange nicht davon gesprochen werden, daß es je einen ernsthaften Versuch gegeben hätte, diesen Dritten Weg zu beschreiten. So ist es an der Zeit, sich politisch endlich auf diesen Dritten Weg einzulassen und ihn zielsicher zu beschreiten.

---

21 Debiel/Nuscheler (1996:24) stellen fest, daß der ‚interventionsgeneigte Idealismus' „bislang kaum den Anspruch (hat) einlösen können, daß eine globale Einmischung tatsächlich die erwähnten Schutzfunktionen dauerhaft zu erfüllen bzw. wiederherzustellen vermag".

Teil 2

Alltagsgewalt

Gewalt gegen (ethnische) Minderheiten: Ursachen – Hintergründe – Rechtfertigungen

Christoph Butterwegge

Daß die Gewalt nach der Beendigung des Ost-West-Konflikts (in seiner über-kommenen Form), dem Zusammenbruch der Sowjetunion und ihrer Verbünde-ten sowie dem Scheitern des Realsozialismus wieder zu einer Schlüsselkatego-rie des Politischen geworden ist, verdankt sie vor allem der Tatsache, daß (Rechts-)Extremismus, Rassismus und Nationalismus seit dem Epochenwechsel 1989/91 in fast allen Teilen Europas eine kaum mehr für möglich gehaltene Re-naissance erleben. War bis dahin der ultralinke Terrorismus die Hauptquelle politisch motivierter Gewaltakte innerhalb westeuropäischer Länder, so eska-lierte nunmehr die rechtsextreme, fremdenfeindliche und rassistische Jugend-gewalt.

Betrachtet man die Geschichte des Rassismus während der letzten zwei bis drei Jahrhunderte, läßt sich eine Abnahme *direkter* Gewalt feststellen: „Den-noch ist die Gewalt als Konstitutionsbedingung des Verhältnisses zwischen dem Eigenen und dem Anderen nicht verschwunden. Zudem scheint es fraglich, ob die direkte Gewalt weiter abnehmen wird – gerade angesichts der Restituierung von bestimmten Verhältnissen des 19. Jahrhunderts unter anderen Vorzeichen. Die ständig wachsende Befestigung der Grenzen der westlichen Welt, die Um-verteilung von Macht an die Exekutive, die Gründung schneller Eingreiftruppen und die allgemeine Rede vom ‚Kulturkrieg' deuten jedenfalls nicht auf die Verminderung von direkter Gewalt hin." (Terkessidis 1998:263) Aufgrund des weiter fortschreitenden Globalisierungsprozesses, der nicht nur Unternehmen, sondern auch Nationen, die im neoliberalen Konzept der „Standortsicherung" als Wirtschaftsstandorte firmieren, zu aggressiver Konkurrenz veranlaßt, pro-phezeien Wolf-Dieter Narr und Alexander Schubert (1994:196) sogar eine neue

Welle der Gewalt: „Im Gegensatz zu der Annahme, ein Zeitalter pazifistischer Handelsstaaten stünde bevor, von Handelsstaaten, die auf nichts anderes gerichtet seien, als ihre und anderer Länder Wohlfahrt und die allgemeinen Produktionsbedingungen zu befördern, lautet die Schrift an der Wand der ökonomischen Weltordnung: Gewaltsame Aggressionen werden zunehmen."

Rechtsextremismus ist ein hochkomplexes und sozial heterogenes Phänomen, das Gesinnungen und Gewalttaten, neonazistische Organisationen und „jungkonservative" Orientierungen, jugendliche Schlägerbanden und „Skinheads in Nadelstreifen", Stiefelfaschisten und Stammtischbrüder umfaßt. Aufgrund seiner Geschichte gilt Deutschland als Hauptwirkungsstätte der extremen Rechten, obwohl diese beispielsweise in Frankreich (Front National, Jean-Marie Le Pen) oder in Österreich (FPÖ, Jörg Haider) gegenwärtig über größeren Rückhalt und einflußreichere Führungspersönlichkeiten verfügt. Zwar erregen die Rechtsextremisten „auf der Straße" mehr Aufsehen als Rechtsextremisten in den Parlamenten, ein Kausalzusammenhang zwischen der Gewaltbereitschaft bzw. -tätigkeit ersterer und dem Wirken letzterer wird aber in aller Regel nicht hergestellt, obwohl Abgeordnete der Deutschen Volksunion (DVU) und der REPublikaner bei allen Versuchen, bürgerliche Seriosität auszustrahlen, immer wieder durchblicken lassen, daß ihre Politik ohne Militanz und Brutalität nicht realisierbar ist (vgl. dazu: Butterwegge u.a. 1997; Schmidt 1997).

Bisher haben die Fachwissenschaftler/innen weder überzeugende theoretische Modelle zur Analyse von Rechtsextremismus, Rassismus und Nationalismus noch erfolgversprechende Gegenstrategien entwickelt. Die dominierenden Deutungsmuster bleiben vielmehr auf der erscheinenden Oberfläche (hierzu ausführlich: Butterwegge 1996), das Wesen und die gesellschaftlichen Hintergründe im Dunkeln. Meist wird Rechtsextremismus weniger erklärt als entschuldigt, und der Auslöser rassistischer Gewalt – die Zuwanderung von Arbeitsmigranten, Aussiedlern und Flüchtlingen – mit ihrer Ursache verwechselt (vgl. z.B. Willems u.a. 1998:212). Wenn es nicht die hohe Zahl der Zuwanderer selbst ist, welche Fremdenfurcht bzw. -haß hervorrufen soll, wird ein „Migrationsstreß" genannt, der durch eine „öffentlichkeitswirksame Darstellung von Bedrohungsszenarien und die Interpretation und Antizipation der Dynamik der Zuwanderung durch die Einheimischen" entstehe, beispielsweise in „Ostdeutschland, wo gerade nicht die Anzahl von Flüchtlingen und Asylsuchenden, sondern eine unerwartete Begegnung mit ihnen zur Fremdenfeindlichkeit führte." (Fritzsche 1995:166). Umgekehrt führen Jörg Bergmann und Claus Leggewie (1993:27) jugendliche Gewaltlust auf „Langeweile in der Erlebnisgesellschaft" zurück, obwohl Kinder und Jugendliche schon mit dem Terminkalender aufwachsen, weil es ihnen schwerfällt, die knappe Zeit einzuteilen. Werner Bergmann (1994:184) wiederum sieht Versuche zur „Protestmobilisierung von rechts" in eine soziokulturelle Bewegung münden, die sich aus der „Erfahrung von Fremdheit im Zuge massenhafter Migrationsprozesse" speise. Jens Alber (1995:64) hebt demgegenüber m.E. zu Recht die Verantwortung der Politiker und Parteien für die Akzeptanz von Migrant(inn)en hervor: „Ausländerfeindliche Einstellungen wachsen nicht automatisch auf der Basis von Zuwanderung, sondern entstehen in einem politischen Klima, zu dem die politischen Eliten ganz wesentlich beitragen."

Seit der Wiedervereinigung (3. Oktober 1990) und dem Beschluß des Bundestages, Regierung und Parlament von Bonn nach Berlin zu verlegen (20. Juni 1991) ist die Zahl der Gewalttaten gegenüber Angehörigen ethnischer Minderheiten drastisch gestiegen. Nach den pogromartigen Übergriffen im sächsischen Hoyerswerda (September 1991) und Rostock-Lichtenhagen (August 1992) flaute die Gewaltwelle vorübergehend wieder ab. Derselbe Effekt stellte sich auch nach den Brandanschlägen auf von Türk(inn)en bewohnte Häuser in der schleswig-holsteinischen Kleinstadt Mölln (November 1992) und in Solingen (Mai 1993) ein, die zeigten, daß nicht nur Asylbewerber/innen, sondern auch Arbeitsmigrant(inn)en, die bereits seit Generationen in Deutschland leben, zu Objekten des Hasses geworden und keineswegs bloß *ost*deutsche Jugendliche zur brutalen Gewalt übergegangen waren.

Tabelle:
Ausländer- und fremdenfeindliche Straftaten in den Jahren 1992 bis 1997

Ausländer- und fremdenfeindliche Straftaten: Jahr	Strafta- ten ins- gesamt	Brand- an- schläge	Angriffe gegen Personen	davon: Tötungs- delikte vollzo- gen / versucht	Sonstige Straf- taten	Verletzte
1992	4.061	478/6	379	3/7	3.198	89
1993	5.414	292/2	617	8/60	4.502	812
1994	2.434	76/1	381	-/6	1.976	429
1995	1.684	34	297	-/4	1.353	367
1996	1.634	24	238	-/7	1.372	352
1997	1.974	28	294	2/-	1.652	431

Zusammengestellt nach den Antworten der Bundesregierung auf die Kleinen Anfragen der Bundestagsabgeordneten Ulla Jelpke.

Die rechtsextreme Gewalt äußert sich aber nicht nur in Übergriffen gegenüber Ausländer(inne)n oder Menschen, die man dafür hält, sondern auch in Anschlägen auf politische Gegner/innen, seien es nun Gewerkschafter/innen, kritische Journalist(inn)en oder jugendliche Antifaschist(inn)en, etwa in den ostdeutschen Gemeinden, wo von der Neonaziszene mit „national befreiten Zonen" eine Subkultur rechter Gewalt geschaffen wurde (vgl. Schröder 1997). Wie man ihr begegnet, hängt natürlich davon ab, welche Ursachen sie hat. Aus diesem Grund sollen – nach einer Klärung der Terminologie – die wichtigsten Deutungsmuster rechter/rassistischer Gewalt vorgestellt und kritisiert werden, bevor sich auf der Basis einer Rechtsextremismus- und Rassismustheorie überzeugende Erklärungsalternativen entwickeln lassen.

1. Politik, Wissenschaft und Publizistik im Kampf um den richtigen Begriff: „Ausländerfeindlichkeit", „Xenophobie" oder „Rassismus"?

Unklarheit und Unsicherheit der Fachwissenschaft hinsichtlich des Rechtsextremismus offenbaren sich in einer Begriffsvielfalt, die nur als ein terminologisches Chaos bezeichnet werden kann. „Die Rechtsextremismusforschung ist gegenwärtig dadurch charakterisiert, daß fast jeder Forscher seinen eigenen Rechtsextremismusbegriff mit unterschiedlichen Bedeutungen zugrunde legt." (Druwe 1996:76) Dies gilt nicht bloß für Ausdrücke wie Rechtsextremismus, Rechtsradikalismus und Rechtspopulismus, die das Forschungsfeld umreißen, sondern auch für verwandte Termini.

In der Bundesrepublik spricht man überwiegend von „*Ausländer*feindlichkeit", um Ressentiments gegenüber Bürger(inne)n anderer Nationalität zu charakterisieren. Kritiker/innen meiden das Wort, weil sein erster Teil irreführend und sein zweiter Teil verharmlosend ist. „Ausländerfeindlichkeit" betrifft weder *alle* Ausländer noch Ausländer/innen *allein*: Schweizer Bankiers, Skandinavier und weiße US-Amerikanerinnen leiden nicht darunter; Afrodeutschen, z.B. den sog. Besatzungskindern, wiederum nützt es im Konfliktfall wenig, einen Bundespersonalausweis zu besitzen. Zudem wird das Phänomen zum Problem einzelner Deutscher im Umgang mit Nichtdeutschen umgedeutet, obwohl es gesellschaftlich bedingt und politisch erzeugt ist.

„*Fremden*feindlichkeit" (Flohr 1994) ist noch unschärfer und mißverständlicher. Sofort stellt sich die Frage, wie und wodurch jemand zum Fremden wird und warum Menschen abgelehnt, benachteiligt oder erniedrigt werden, die man kennt oder gut zu kennen glaubt, gerade weil sie vielleicht schon seit Generationen in der unmittelbaren Nachbarschaft wohnen (z.B. Türken in der Bundesrepublik oder Serben, Kroaten und Moslems im ehemaligen Jugoslawien). Obwohl ihn Hans Magnus Enzensberger (1993:13) für eine „anthropologische Konstante" hält, gibt es keinen *allgemeinen* „Fremdenhaß", sondern nur die Aus- und Abgrenzung von *bestimmten* Gruppen, die dafür als „Fremde" konstruiert werden: „Gegen die Familie eines japanischen Geschäftsmannes als Nachbar wendet kaum jemand etwas ein. Denn die ist gut situiert. Zu einem Problem sind auch die sogenannten Deutschstämmigen kaum geworden, obwohl viele von ihnen außer dem Blut nichts Deutsches vorzuweisen haben, zum Beispiel keinen deutschen Satz hervorbringen können. Ihre Aufnahme vollzog sich so reibungslos, weil ihnen alle Bürgerrechte zugestanden und die notwendigen Starthilfen für eine ‚ordentliche', das heißt unanstößige Existenz zuteil wurden." (Lenhardt 1993:545).

In dem eng damit verwandten Begriff „Xenophobie" wird ein Kausalzusammenhang zwischen Furcht und Fremdenfeindlichkeit hergestellt, womit sich zuweilen die Behauptung verbindet, gemeint sei etwas Natürliches und biologisch Vorgegebenes, also nicht sozial Gelerntes und Veränderbares (vgl. Fritzsche 1995:165f). Bedenklich stimmt auch, daß in Deutschland selbst von erklärten Gegnern der Übergriffe lange nicht mehr so viel von „den/dem Fremden" gesprochen worden ist wie in den letzten Jahren (vgl. Hoffmann 1994:53), wodurch man – meist unbewußt/ungewollt – Ausgrenzungsprozesse unterstützt hat, denen bestimmte Gruppen seither verstärkt unterliegen.

Präziser ist ein Terminus, der zwar international üblich, hierzulande aber trotz seiner allmählichen Enttabuisierung zum Teil immer noch verpönt ist: „Rassismus" fand erst nach den Gewalttaten von Hoyerswerda, Rostock und Mölln Eingang in den offiziellen Sprachgebrauch, bezeichnet jedoch im Unterschied zu den genannten Begriffen ein zwischenstaatliches wie innergesellschaftliches Macht- und Gewaltverhältnis (institutioneller bzw. struktureller Rassismus), aber auch eine Weltanschauung, die Rangunterschiede zwischen größeren Menschengruppen pseudowissenschaftlich zu rechtfertigen sucht (intellektueller Rassismus) sowie das Denken und Handeln eines Großteils der Bevölkerung stark beeinflußt (individueller bzw. Alltagsrassismus). Während der Rassismus die – biologische bzw. kulturelle – Differenz betont und damit in letzter Konsequenz den Ausschluß, die Ausgrenzung oder gar die Ausmerzung „der Anderen" verlangt, hält der Ethnozentrismus die eigene Überlegenheit für ein zu vermittelndes Gut und neigt eher zur Assimilation anderer Völker/Volksgruppen (vgl. Zerger 1997:91).

2. Erklärungsmodelle für Rechtsextremismus und rassistische Gewalt in (West-)Deutschland: Wie aus den „alten Nazis" eine „neue APO" wurde

In der Nachkriegszeit richtete die westdeutsche Rechtsextremismusforschung ihr Hauptaugenmerk auf solche Entwicklungstendenzen, die eine Fortsetzung oder Wiederbelebung der NS-Aktivitäten darstellten. Besonders für konservative Forscher, etwa den Politikwissenschaftler Hans-Helmuth Knütter, stellte sich der Rechtsextremismus als „ideologische Altlast" dar, die in naher Zukunft aus biologischen Gründen ohne Schwierigkeiten entsorgt sein würde, weil sie ihn mit dem historischen Nationalsozialismus identifizierten. Knütter (1961:208) glaubte zwar, es werde immer Personen und Gruppen geben, die unzufrieden wären, räumte dem organisierten Rechtsradikalismus aber keinerlei Entwicklungsmöglichkeiten mehr ein: „Da die heutigen Rechtsextremen zum überwiegenden Teil mit den Anhängern des Nationalsozialismus und der vornationalsozialistischen Rechten identisch und da ihre Anschauungen durch diese Identität bestimmt sind, deutet vieles darauf hin, daß sich das Problem in seiner heutigen Form mit dem Aussterben der Generation, die den Nationalsozialismus bewußt erlebt und bejaht hat, von selbst regeln wird."

Im Bemühen, dem Ausland keinen Vorwand für „antideutsche Propaganda" zu liefern, deckte man über fast alle Straftaten mit rassistischem Hintergrund den Mantel des Schweigens. Wenn dies nicht möglich war, wie bei der international Aufsehen erregenden Schändung jüdischer Gotteshäuser, Gräber und Gedenkstätten zum Jahreswechsel 1959/60, mußten kommunistische Provokateure und Geheimdienstagenten des Ostens als eigentlich Schuldige herhalten. Verharmlosend wurde damals von einer „antisemitischen Schmierwelle" gesprochen. Im Bundesamt für Verfassungsschutz schloß man politische Motive eher aus und meinte abwiegelnd, „daß eindeutig nazistische Gesinnung und fanatischer Antisemitismus relativ seltene Beweggründe sind. Häufiger brechen unverarbeitete Relikte der nationalsozialistischen Propaganda, halb vergessene Parolen aus dem Jargon der NS-Ära oder Aggressionstendenzen auf Grund verdrängter Eindrücke aus jener Zeit überraschend im Affekt oder Rausch hervor." (Bessel-Lorck 1966:13).

Daß der genannte Problemkreis tabuisiert und jede Renaissance des Antisemitismus negiert wurde, änderte sich auch nicht, als sich Mitte der 60er Jahre die ersten Erfolge von Sammlungsbemühungen im „nationalen Lager" abzeichneten (vgl. Bundesministerium des Innern 1966:10). Begünstigt durch die Rezession 1966/67 sowie die Bildung der Großen Koalition aus CDU/CSU und SPD, zog die im November 1964 gegründete Nationaldemokratische Partei Deutschlands (NPD) neofaschistische und rechtskonservative Kräfte an. Trotz mehrerer Erfolge bei Kommunal- und Landtagswahlen wurde sie meist als „Sammelbecken der Unzufriedenen" und „bedeutungslose Splittergruppe" abgetan (siehe z.B. Götz 1966:140f). Die in sich sehr heterogene NPD bot jedoch keineswegs bloß ein Forum für „aggressiven Protest" enttäuschter Kleinbürger/innen und -bauern bei Wahlen.

Im Mittelpunkt der Diskussion über die politische Resonanz und Relevanz der NPD stand nicht die Frage, ob, wie und wodurch die westdeutsche Gesellschaft rechtsextreme Kräfte hervorbringe oder begünstige, sondern nur die Frage, ob die NPD eine Neuauflage der Nazipartei sei. „Alte Nazis" oder „Neofaschisten" lautete die Antwort der meisten Publikationen auf die Frage nach den Trägern der NPD. „Angepaßter", „Post-„ oder „Neofaschismus" hießen die Bezeichnungen, mit denen man sie bedachte (vgl. Kühnl u.a. 1969; Niethammer 1969).

Der Kölner Soziologe Erwin K. Scheuch (1967:12f) löste sich dadurch aus dem Bannkreis des Nationalsozialismus, daß er den Vergleich des Rechtsextremismuspotentials der Bundesrepublik mit dem anderer hochentwickelter Länder des Westens für aufschlußreicher als die bislang eindeutig dominante Retrospektive erklärte: „In allen westlichen Industriegesellschaften existiert ein Potential für rechtsradikale politische Bewegungen. Rechtsradikalismus ist unter dieser Perspektive eine ‚normale‘ Pathologie von freiheitlichen Industriegesellschaften." Der moderne Rechtsextremismus wurde nicht mehr als Ausläufer oder bloßes Imitat des Nationalsozialismus begriffen, sondern zum „krankhaften Auswuchs" des westlichen Staats- und Gesellschaftssystems erklärt, der unvermeidbar und ein angemessener Preis für die demokratischen Freiheiten sei.

Zwar scheiterte die NPD bei der Bundestagswahl 1969, erreichte aber immerhin 4,3 Prozent der Zweitstimmen. Wegen des nachfolgenden Wirtschaftsaufschwungs und deutschnationaler Töne der CDU/CSU im Kampf gegen die Ostverträge verlor sie einen Großteil ihrer Wähler und Mitglieder. Als „später Triumph" der NPD wurde die Tatsache gewertet, daß sich die „politische Mitte" der Bundesrepublik aufgrund des Wirkens dieser Partei nach rechts verschoben hatte (vgl. Taler 1972:126ff).

In den 70er Jahren verjüngte und radikalisierte sich die extreme Rechte. Gegen Ende des Jahrzehnts war das Auftreten neofaschistischer Gruppen von zunehmender Öffentlichkeit und Gewalttätigkeit gekennzeichnet, ohne daß Polizei und Justiz darauf reagierten (vgl. dazu: Berlin u.a. 1978:538ff). Manchmal drängte sich der Eindruck auf, daß die westdeutschen Sicherheitsbehörden das Problem einer militanten Neonaziszene nicht erkannten oder sogar bewußt verniedlichten. Am 26. September 1980 starben auf dem Münchener Oktoberfest bei einem Bombenanschlag 13 Menschen, ohne daß man die Komplizen des Attentäters Gundolf Köhler enttarnte und seinen ideologischen Hintergrund erhellte. Sicherheitskräfte, konservative Politiker und ein Großteil der Massenmedien hielten vielmehr an ihrer Version des „unpolitischen Einzeltäters" fest (vgl. Vinke 1981:37ff; Chaussy 1985). Zu einer Zeit, als die RAF-Hysterie ihren Höhepunkt erst gerade überschritten hatte, paßte der Rechtsterrorismus schlecht in das Bild des von links bedrohten Staates.

Während der 80er Jahre wurde Rechtsextremismus nur im Gefolge die westdeutsche Öffentlichkeit schockierender Wahlergebnisse (der DVU, der REPublikaner und der NPD) oder spektakulärer Gewaltakte gegenüber (ethnischen) Minderheiten zur Kenntnis genommen. Die Fachwissenschaft unterlag denselben Wahrnehmungsmustern und konzentrierte sich besonders auf rechtsextreme *Organisationen*. Diese Sichtweise sowohl des Verfassungsschutzes als auch eines Großteils der Politikwissenschaft trug mit dazu bei, daß die gegen Ende der 70er/Anfang der 80er Jahre in der Bundesrepublik entstehenden Skinhead-Gruppen als eher unpolitisches Phänomen betrachtet wurden (vgl. Pfahl-Traughber 1993:156). Wilhelm Heitmeyer (1987:15) kritisierte frühzeitig die Reduktion der westdeutschen Rechtsextremismus- auf bloße Parteien- bzw. Wahlforschung. Außerdem lenkte der Bielefelder Erziehungswissenschaftler den Blick auf soziale Desintegrationserscheinungen, begriffen als „Schattenseiten der Individualisierung" (vgl. dazu: Heitmeyer 1994, 1995), und darin seines Erachtens begründete rechtsextreme Orientierungsmuster von Jugendlichen, vernachlässigte hierüber jedoch völlig die Katalysatorenrolle ultrarechter Organisationen, Parteien und Politiker.

Claus Leggewie reformulierte hinsichtlich der REPublikaner, die bei der bayerischen Landtagswahl 1986 drei Prozent der Stimmen erhielten, und der DVU, die 1987 in Bremen/Bremerhaven sogar wieder einen rechtsextremen Landtagsabgeordneten stellte, aus politikwissenschaftlicher Sicht jene These, die Erwin K. Scheuch 20 Jahre zuvor in bezug auf die NPD-Wahlerfolge als Resultat seiner soziologischen Analyse präsentiert hatte: Daß die „Zwerge am rechten Rand" zwar nicht zu Riesen mutieren, aber Parlamentsmandate erringen würden, sei auf die schwindende Integrationsfähigkeit der „Massenlegitimations-" bzw. „Volksparteien", insbesondere der CDU/CSU, zurückzuführen und nicht verwunderlich. „Das historische Tabu, das eine Partei rechts von der Union belastet, nämlich der ‚Schatten Hitlers', löst sich allmählich auf, nicht zuletzt dank der Bemühungen, die von seiten der unionsgeführten Bundesregierung im Verein mit ihr nahestehenden Historikern selbst angestellt wurden („Historikerstreit' 1986). Eine ‚Normalisierung' der westdeutschen politischen Verhältnisse auf ein ‚europäisches Maß' wird möglich (Normalisierungseffekt)." (Leggewie 1987:363).

Wolfgang Benz (1989:23) hob demgegenüber hervor, daß es aufgrund der besonderen deutschen Geschichte ein „schlummerndes", über Randgruppen der Gesellschaft hinausreichendes Potential für den Rechtsextremismus gebe, das nur schwer mit ähnlichen Phänomenen im europäischen Ausland vergleichbar sei: „Ohne das Erbe der zwölf Jahre des Dritten Reiches wäre Rechtsradikalismus in der Bundesrepublik wie auch in anderen Staaten in erster Linie eine statistische Größe des politischen Lebens und vermutlich eine eher harmlose Randerscheinung oder bei entsprechender Größenordnung, bei kriminellem, terroristischem Ausmaß also, ein Problem der inneren Sicherheit. Die historische Hypothek macht aber in Deutschland jede Art von rechtem Extremismus, auch in per se zunächst harmloser Erscheinungsform, zum politischen Problem von unvergleichbarer und einzigartiger Dimension." Daher kann in der Bundesrepublik, was in anderen westeuropäischen Demokratien wie ein rechtsextremistischer Bodensatz erscheinen mag, der kaum der Rede wert und ungefährlich wäre, ganz einfach nicht „normal" sein.

Die empirische Parteien- und Wahlforschung interpretierte das Votum für eine Gruppierung wie die REPublikaner als Ausdruck „rationalen Protests" gegen die Vernachlässigung legitimer Interessen der Bürger/innen durch und als „Denkzettel" für die Volksparteien (vgl. Pappi 1990; Erdmenger 1991; Roth/ Schäfer 1994). Wenn sich Journalist(inn)en nach Wahlerfolgen rechtsextremer Parteien, beispielsweise bei der Landtagswahl in Sachsen-Anhalt am 26. April 1998, mit den Ursachen dafür befassen, plappern sie häufig gleichfalls bloß nach, was ihnen Rechtsextremisten vorgeben: „Diesmal Protest wählen!" heißt eine Standardparole der DVU, womit die Partei des Multimillionärs Dr. Gerhard Frey (geschätztes Vermögen: ca. 400.000.000 – 500.000.000 DM) so tut, als wende sie sich gegen „die da oben", obwohl es in Wirklichkeit gegen „die ganz unten" (ausländische Flüchtlinge, Obdachlose, Behinderte, Drogenabhängige, Aidskranke usw.) geht.

Teilweise wurden die Rechtsparteien sogar als „Sprachrohr der sozialen Unterschichten" bezeichnet, das unabhängig von Programm und Politik gewählt werde: „Es geht den neuen Rechtswählern in erster Linie um eine Plattform, mit deren Hilfe sie sich Gehör verschaffen, nicht um Ideologien." (Feist 1992:73f) Weil man vor allem die REPublikaner als *Protest*partei am rechten Rand" ansah, wurde ihre Beständigkeit unterschätzt. Querelen, persönliche Rivalitäten und Machtkämpfe, die 1994/95 sogar zum Ausschluß des Parteivorsitzenden Franz Schönhuber führten, interpretierte die deutsche Wahl- und Parteienforschung auf dem Hintergrund eines allgemeinen Stimmungstiefs der Rechtsparteien im Laufe des Vereinigungsprozesses vorschnell als Niedergang der REPublikaner. Dieter Roth (1990:29) etwa sprach von einer „Blitzkarriere" der REPublikaner, die in einen raschen Auflösungsprozeß übergegangen sei: „Bei den Kommunalwahlen in Nordrhein-Westfalen und in Baden-Württemberg im

Herbst 1989 wurde der Charakter der Republikaner als Partei deutlich, die zwar Proteste auffangen, aber kein Programm anbieten und nur wenige Bürger mobilisieren konnte, die für ihre Ziele eintraten."

Die Konrad-Adenauer-Stiftung der CDU legte nach den Landtagswahlen im April 1992, bei denen die REPublikaner 10,9 Prozent der Stimmen in Baden-Württemberg und die DVU 6,3 Prozent in Schleswig-Holstein erreicht hatten, eine Untersuchung zu diesen Wahlerfolgen vor, in der das Votum für DVU und REPublikaner als „Protest von Rechts" (siehe Neu/Zelle 1992) bewertet wurde. Eine wachsende Unzufriedenheit mit den Volksparteien gehörte zweifellos zu den Hauptgründen für die besseren Erfolgsaussichten der Rechtsextremen. Man verkürzt jedoch das Problem, wenn man so tut, als handle es sich bei der DVU und den REPublikanern um ein Übergangsphänomen, das sich dem Stimmungstief ihrer Konkurrenten auf dem „Wählermarkt" verdankt. Der Begriff „*Protest*wähler" suggeriert aber, daß dieser nicht bewußt *für* eine Rechtspartei, sondern nur *gegen* die anderen, als „etabliert" geltenden Parteien votiert. Auf diese Weise wird eine fragwürdige, für parlamentarische Demokratie, Menschenwürde und Mitmenschlichkeit gleichermaßen abträgliche Wahlentscheidung relativiert und eine Kontingenz behauptet, die so nicht existiert. „Das Protestwahlmotiv spielt zwar für die Wahl der Republikaner (...) eine große Rolle, aber nur in Verbindung mit dem Vorhandensein rechtsextremer Einstellungen." (Falter 1994:147).

Erst nach 1989/90 fand die Debatte über Rechtsextremismus, Fremdenfeindlichkeit und Rassismus in einer breiteren Öffentlichkeit die ihr gebührende Aufmerksamkeit. Gleichzeitig stieg die Zahl der Paradigmata, mit deren Hilfe der Rechtsextremismus gedeutet wird, sprunghaft an – ein Zeichen für die wachsende Intensität der Fachdiskussion, aber auch verbreiteter Unsicherheit, wie man dem Phänomen begegnen soll. Jahrzehntelang hatte man „junge Rabauken", „unpolitische Einzeltäter" und „ideologische Wirrköpfe" für rechte Gewalttaten verantwortlich gemacht, rechtsextreme Brand- und Bombenanschläge als „Dummejungenstreiche" abgetan. Als sich die Übergriffe besonders im Osten Deutschlands häuften und zu Pogromen mit rassistischem Hintergrund auswuchsen, veränderten sich einmal mehr die Erklärungsmuster. Fortan firmierten rechte Gewalttäter als „APO der 90er Jahre".

Schon vor den gewalttätigen Ausschreitungen in Hoyerswerda warf Michael Rutschky (1991) die Frage auf, ob es in Ostdeutschland zu einer „antiautoritären Revolte von rechts" nach 68er-Vorbild kommen werde. Was Rutschky noch in Frageform gekleidet und als Vermutung eines Westberliner Lehrers präsentiert hatte, war für den Schriftsteller Bodo Morshäuser (1993:41) einige Zeit später bereits Gewißheit, als er über Skinheads sagte: „Es ist eine antiautoritäre Rebellion, die sich unter anderem auch gegen die Antiautoritären wendet."

Galt die Wahl rechtsextremer Parteien schon lange als „Reaktion der unteren sozialen Schichten" auf ihre soziale und psychische Deprivation, so firmierte die rassistische Gewalt nach Hoyerswerda und Rostock-Lichtenhagen als Rebellion. Die pogromartigen Übergriffe in den neuen Bundesländern als handfest ausgetragenen Generationskonflikt bagatellisierend, sprach Peter Schneider

(1992:94) von einer „verkrümmten Jugendrevolte gegen die stalinistische Vätergeneration". Nun ergänzten die Medien den Begriff „Protestwähler" durch den genauso fragwürdigen Terminus „Jugendprotest". Bei den Mordanschlägen auf Asylbewerber, mutmaßten sie, handle es sich bloß um die Entladung der Wut über fehlende Berufsperspektiven und mehr Konkurrenz durch ausländische Mitbewerber um knappe Stellen. Bald hieß es unisono, hier gehe es um die Manifestation eines Jugendprotests, der sich im Osten gegen die (hauptsächlich von der SED verursachte) soziale Misere und im Westen gegen den antiautoritär-libertären Erziehungsstil einer Generation kritischer Lehrer/innen richte. Die naheliegende Frage, warum der vermeintliche Haß auf die „Alt-68er" keineswegs Oberstudienräte, Sozialpädagog(inn)en und Hochschullehrerer/innen, sondern Asylbewerber und die Kinder/Enkel der sog. Gastarbeiter traf, wurde nicht gestellt, geschweige denn überzeugend beantwortet.

Eine starke Tendenz zur Simplifizierung fand sich auch in der Fachpublizistik. So sprach etwa Karl-Heinz Roth (1993:7) von einer Revolte der „Anschluß"-Verlierer in Ost- und Westdeutschland: „Diesseits und jenseits der Elbe hat sich eine Jugendbewegung an die Spitze des Aufbegehrens der moralisch, ökonomisch und sozialpolitisch Entwerteten gesetzt. Adressat ihrer Wut aber wurden nicht diejenigen, die mit ihren Entscheidungen und Handlungsrastern die soziale Katastrophe ausgelöst haben und inzwischen verwalten. Die Gewalt der Jugendlichen richtete sich gegen Zuzug von außen, gegen die Asylsuchenden der jüngsten Migrationswelle, die von den Behörden in die Zentralen Anlaufstellen und Sammellager der Trabantenstädte und Depressionszonen gepfercht wurden." Die „Objektverschiebung" im Handeln rechter Gewalttäter erschien dem Autor überhaupt nicht weiter erklärungsbedürftig. Vielmehr begnügte er sich mit dem Hinweis, vor allem die auf dem Balkan „ethnischen Säuberungen" unterworfenen Roma seien „nicht nur extrem anders, sondern auch soziale Konkurrenten auf den Schwarzarbeitsmärkten, an den kommunalen Treffpunkten, bei der Wohnungssuche und auf den Sozialämtern." (Roth 1993:7). Roth (ebd.:8) äußerte ein gewisses Verständnis für die Gewalt deprivierter Jugendlicher gegenüber Fremden, weil sie die letzten Reste ihres Selbstwertgefühls bewahre: „Die Brandschatzungen, Messerstechereien und Prügelexzesse der Jugendlichen von Hoyerswerda, Mannheim-Schönau, Eisenhüttenstadt, Rostock-Lichtenhagen und Mölln enthüllen gerade in ihrer Bestialität den kollektiven wie orientierungslosen Notschrei einer inzwischen sehr breit gewordenen Schicht, die sich in ihrer fortgeschrittenen Verelendung nur noch Erfolge innerhalb des zum Sammelbecken aller Pauperisierten gewordenen Sozialgettos zutraut."

Uwe Backes und Patrick Moreau (1994:247) vertraten die These vom politischen Pendelschlag der Generationen, wonach sich der Enkel gegen den Willen seiner Eltern mit dem Großvater bzw. dessen Affinität zum Nationalsozialismus solidarisiert: „Die Kinder der ‚68er' rebellieren mit rechtsextremen Formen und Formeln in ähnlicher Weise gegen ihre Eltern, wie diese sich zwanzig Jahre zuvor von ihren eigenen, NS-belasteten Eltern distanziert hatten." Die Assoziation von rassistischen Pogromen mit APO-Demonstrationen ist zwar ab-

surd, auf dem Hintergrund einer durch Schuldgefühle und psychologische Abwehrmechanismen geprägten Gewalterfahrung wie in Deutschland allerdings
verständlich: „Wo schon die Sitzblockaden auf Straßenbahnschienen oder vor
Kasernentoren, um Raketentransporte zu behindern, als Gewalt betrachtet werden und der Schutzhelm, mit dem man sich gegen Polizeiknüppel sichern
möchte, als passive Bewaffnung verstanden wird, verwischen sich allmählich
auch die Unterschiede zwischen revolutionärer Gewalt, die Motiven einer Mas-
senempörung gegen Unterdrückung und Herrschaft entspringt, und den Gewalttaten eines gewöhnlichen Kriminellen oder dem Aggressionsstau von Jugendlichen, der sich im Vandalismus von Sachbeschädigungen Luft macht."
(Negt 1995:49).

Hans-Gerd Jaschke (1993:107f) zufolge ermöglicht Ulrich Becks Indivi-
dualisierungsthese zwar eine Beschreibung der veränderten Stellung des Individuums innerhalb der „Risikogesellschaft", erklärt aber nicht, weshalb es die
eine oder die andere politische bzw. vorpolitische „Protestform", etwa die Hin-
wendung zu einer religiösen Sekte, die Flucht in den Drogenkonsum oder eben
die Übernahme rechtsextremer Orientierungsmuster, bevorzuge. Diese Lücke
des Individualisierungskonzepts suchte Jaschke dadurch zu schließen, daß er die
Faszination des Rechtsextremismus aus seinem Charakter als soziale Massen-
bewegung ableitete: „Versteht man den rechten Protest als Konstitutionsprozeß
einer sozialen Bewegung, dann läßt sich eine Schwäche der individualisierung-
stheoretischen Ansätze überwinden: Die Motivation der Anhänger und Sympa-
thisanten, ihr Weg nach rechts und nicht anderswohin, erklärt sich durch die
Attraktion der Bewegungsmomente des Rechtsradikalismus." (Jaschke 1993:
110).

Auch dieses scheinbar stimmige, aber politische Inhalte und Rahmenbedingungen vernachlässigende Deutungsmuster kann nicht überzeugen. Denn die
rassistischen Gewalttaten jugendlicher Skinheads sind nicht gegen die Repräsentanten der Staatsmacht oder die bestehende Sozialordnung gerichtet. Vielmehr orientieren sich ihre Träger an etablierten Leitwerten und Grundnormen
der Gesellschaft: „Wir haben es demnach nicht mit einer Jugendrevolte oder
einer neuen antiautoritären Bewegung zu tun, sondern ganz im Gegenteil mit
einem Aufstand derer, die ihre Ansprüche an die Gesellschaft anmelden wollen
und dabei bereit sind, *ihre* Gesellschaft ‚territorial' und ‚personell' abzusi-
chern." (Bukow 1996:34).

3. Rivalität erzeugt Brutalität: Rassismus als Resultat und ideologischer Ausdruck der Konkurrenz

Fragt man, was rechte Gewalttäter und Sympathisant(inn)en miteinander verbindet, stößt man auf die „Kernideologien" des Rechtsextremismus: Rassismus
und Nationalismus, aber auch – kaum weniger wichtig – Sozialdarwinismus,
Militarismus und Sexismus. Wir konzentrieren uns im Folgenden auf die beiden

ersteren, weil sie gegenwärtig für den Rechtsextremismus in ganz Europa eine Schlüsselrolle spielen.

Rassismus ist ein gesellschaftliches Macht-, Herrschafts- und Gewaltverhältnis, das strukturelle Benachteiligungen, wie sie Ausländer- und Asylgesetze kodifizieren, mit personeller Gewalt, von Angehörigen der Mehrheitsgesellschaft gegenüber ethnischen Minoritäten ausgeübt, verbindet und durch die Theorien der sog. Neuen Rechten, etwa jene des „Ethnopluralismus", legitimiert wird, wobei Massenmedien eine Scharnierfunktion übernehmen. Man kann zwischen einem individuellen, institutionellen und intellektuellen Rassismus, also den Vorurteilen, Ressentiments und Klischees gegenüber (ethnischen) Minderheiten, staatlicher Ausländer- bzw. Asylpolitik und entsprechenden pseudowissenschaftlichen Schreibtischaktivitäten unterscheiden.

Stereotype gelten zwar als Inbegriff des Rassismus (vgl. Zick 1997), bilden aber mitnichten seinen „harten Kern". Vielmehr sind die rassistischen Denk- und Handlungsweisen weniger eine Sache der persönlichen Einstellung als staatlicher Politik und gesellschaftlicher Mechanismen. Die strukturelle Benachteiligung ethnischer Minderheiten spiegelt sich in einer Ausländergesetzgebung wider, die Nichtdeutsche per se zu Menschen „zweiter Klasse" stempelt: „Mit dem Begriff des institutionellen Rassismus verschiebt sich die Suche nach rassistischen Dispositionen der Individuen auf die Frage nach gesellschaftlich organisierten bzw. institutionalisierten Diskriminierungen bestimmter Menschengruppen, so daß sich die einzelnen in Anpassung an die bestehenden Normen oder Anforderungen an diesen Diskriminierungen beteiligen, ohne sich unbedingt dessen bewußt zu sein oder dies zu beabsichtigen." (Osterkamp 1996:201).

Siegfried Jäger (1992:15) begreift Rassismus als Einstellung, bei der genetisch oder/und kulturell bedingte Unterschiede, die man bei Angehörigen von Minderheiten feststellen kann oder feststellen zu können glaubt, aus einer Position der Macht heraus (in der Regel negativ) bewertet werden. Wie Robert Miles (1991:57ff) feststellt, sollte der Rassismusbegriff nur auf eine bestimmte (Art von) Ideologie, aber weder auf Praxisformen, Handlungsprozesse und ihre Folgen bezogen noch dadurch überfrachtet werden, daß man ihn für jede Zuschreibung von Eigenschaften aufgrund biologisch oder kulturell bedingter Unterschiede verwendet, die der Rechtfertigung von Ungleichheit dient.

Rassismus ist ein (Haltung und Handeln von Millionen Menschen bestimmendes) Denken, das nach körperlichen bzw. nach kulturellen Merkmalen gebildeten Großgruppen unterschiedliche Fähigkeiten, Fertigkeiten oder Charaktereigenschaften zuschreibt, wodurch die Ungleichverteilung von Rechten und materiellen Ressourcen erklärt, also die Existenz eigener Privilegien bzw. der Anspruch darauf legitimiert, die Gültigkeit universeller Menschenrechte hingegen negiert wird. Wer bei Gruppen von Menschen somatische Unterschiede (z.B. der Haut- und Haarfarbe, Physiognomie, Gesichtsform) feststellt, ist deshalb zwar noch kein Rassist, selbst dann nicht, wenn er sie als „Rassen" bezeichnet, obwohl dieser Begriff durch fragwürdige Methoden seiner Hauptprotagonisten (Schädelmessungen) und den unter Bezugnahme darauf begangenen

NS-Völkermord diskreditiert und kaum geeignet ist, eine sachliche Diskussion zu ermöglichen. Rassismus beginnt erst dort, wo phänotypsche Merkmale oder kulturelle Spezifika einer Großgruppe so mit deren „inneren Werten" in Verbindung gebracht werden, daß man den einzelnen Gruppenmitgliedern die Möglichkeit zur Entwicklung ihrer eigenen Persönlichkeit abspricht.

Die Vorgeschichte des Rassismus reicht bis zur Herausbildung der indischen Kastengesellschaft um das Jahr 1500 v. Chr. zurück (vgl. Geiss 1989:49). Im antiken Griechenland waren die (als Sklaven gehaltenen) Barbaren nicht etwa „rassisch" Minderwertige, sondern zivilisatorisch Zurückgebliebene. Die Geburtsstunde des modernen Rassismus/Antisemitismus schlug vor einem halben Jahrtausend: 1492 wurden die Juden – zusammen mit den Muslimen – nach der Reconquista (Rückeroberung Andalusiens durch die Christen) aus Spanien vertrieben; mit der Entdeckung/Eroberung Amerikas einige Monate später waren nicht nur die Durchsetzung einer neuen Weltordnung, sondern auch die Notwendigkeit verbunden, koloniale Ausbeutung, Versklavung und Ausrottung fremder Völker zu rechtfertigen. Was lag näher, als Indios und Afrikaner, die sich durch ihre Hautfarbe von den weißen Kolonialherren unterschieden, für „minderwertig" gegenüber diesen Herrenmenschen zu erklären?

Die moderne Rassenlehre kann man als Reaktion auf die Große Französische Revolution von 1789 begreifen: Joseph Arthur Comte de Gobineau interpretierte den Niedergang seines adligen Standes gegen Mitte des 19. Jahrhunderts als Form der Degeneration und prophezeite, daß die „Vermischung des Blutes" unterschiedlicher Rassen zum Aussterben der Menschheit führen werde (vgl. Claussen 1994:27ff). Houston Stewart Chamberlain und sein Schwiegervater Richard Wagner schufen, vom Sozialdarwinismus ihrer Zeit geprägt, mit dem Germanenkult und dem Ariermythos wichtige Anknüpfungspunkte für den Nationalsozialismus (vgl. dazu: Mendlewitsch 1988:18ff, 51ff).

Nach dem Holocaust war der Rassismus/Antisemitismus für längere Zeit weltweit geächtet. Durch die Rückkehr zu einer seiner früheren Erscheinungsformen konnte er sich wieder vom „Geruch der Gaskammern" befreien: Der „differentialistische", *Neo*- bzw. *Kultur*rassismus (vgl. Taguieff 1991) unterscheidet sich zwar insofern vom traditionellen, biologistisch begründeten *Kolonial*rassismus, als zumindest vordergründig keine Hierarchie der „Menschenrassen" entsteht. Die angeblich kulturell bedingte Fremdheit zwischen verschiedenen Ethnien ersetzt die Höher- bzw. Minderwertigkeit der offenbar nicht mehr für zeitgemäß gehaltenen Rassen. „Ethnopluralismus" bezeichnet das neurechte Postulat, die verschiedenen Volksgruppen (im Sinne einer weltweit geltenden Apartheid) unter dem Vorwand voneinander zu trennen, man wolle auf diese Weise nur ihre Eigenarten, Traditionen und Kulturgüter erhalten. Bewohner der Entwicklungsländer werden ihrer Bildung bzw. Kultur nach als der abendländischen Hochindustrie nicht gewachsen bezeichnet. Scheinbar ergreift man sogar Partei für die ethnischen Minoritäten, wenn deren Integration mit dem vorgeschobenen Argument abgelehnt wird, daß diese ihrer Liquidation als Volk/Volksgruppe gleichkomme. Etienne Balibar (1992:19) weist darauf hin, daß sich in den Ressentiments gegenüber dem Islam bzw. gegenüber arabischen

Muslimen die beiden Hauptstränge des Rassismus, seine koloniale und seine antisemitische Variante, überlagern und verdichten.

In den (west)europäischen Staaten, die 1992 den Maastrichter Vertrag schlossen, bildet sich schon seit geraumer Zeit eine Abwehrhaltung gegenüber Migranten aus Elendsregionen heraus, die als „Wohlstandschauvinismus" bezeichnet wird. Fast überall griff eine Wagenburgmentalität um sich, welche die Durchsetzung restriktiverer Ausländer- bzw. Asylgesetze ermöglichte. Daß sich die Erscheinungsformen des Rassismus verändert haben, beruht auf seinem Funktionswandel: Legitimiert wird heutzutage nicht mehr eine Politik der Expansion von Großmächten, sondern die Abwehr ihrer durch Arbeitsmigrant(inn)en, Armuts- bzw. Ökoflüchtlinge aus der sog. Dritten Welt personifizierten Folgen mittels verschärfter Asylgesetze, technisch perfektionierter Grenzkontrollen und Abschottung der „Wohlstandsfestung" Westeuropa (vgl. hierzu: Butterwegge 1993).

4. Von der Vaterlandsverteidigung zur Sicherung des Wirtschaftsstandortes: Entwicklungstendenzen und Erscheinungsformen des Nationalismus

Handelt es sich beim Rassismus um ein Ausschließungsverhältnis zwischen Individuen bzw. Gruppen von Menschen, so begründet der Nationalismus einen Wettbewerb zwischen Staaten bzw. politischen Gemeinschaften. Während der Rassismus verschiedene „Menschenrassen" konstruiert und soziale Gegebenheiten „naturalisiert", konstituiert der Nationalismus unterschiedliche Nationen, wodurch die Herausbildung von Territorialstaaten als „gottgewollt" legitimiert wird, obwohl sie ohne ihn gar nicht denkbar wären. Ursache und Wirkung darf man allerdings nicht miteinander verwechseln: „Es ist der Nationalismus, der die Nationen hervorbringt, und nicht umgekehrt." (Gellner 1991:87; ganz ähnlich Hobsbawm 1991:21) Ethnonationalismus bestimmt bis heute die informelle Hierarchie der Nationen wie der Nationalstaaten untereinander, aber auch militärische Konflikte, Kriege und Bürgerkriege, weshalb die Friedens- und Konfliktforschung hier ansetzen muß (vgl. Scherrer 1996).

Wie die „Rasse", so ist auch die „Nation" eine soziale Konstruktion. Letztere bildet jedoch eine ausschließlich politische Kategorie, die sich auf einen souveränen Staat und sein Gewaltmonopol bezieht (vgl. Richter 1996:98f). Nationalismus unterscheidet sich vom Rassismus durch seine Ambivalenz: „Im Gegensatz zu anderen Quellen politischer Legitimität verfügt der Nationalismus weder über einen notwendigen institutionellen Inhalt noch eine feste ideologische Richtung; er ist eine politische Unbekannte, die von Revolutionären und Reaktionären, von Sozialisten und Konservativen, Republikanern und Monarchisten gleicherweise ausgespielt werden kann." (Sheehan 1996:38) Peter Alter (1985:10) betont, daß der Nationalismus nicht per se negativ einzuschätzen ist: „Nationalismus kann verbunden sein mit Bestrebungen der politischen, sozialen, wirtschaftlichen und kulturellen Emanzipation wie solchen der Unterdrükkung." Die Geschichte der Nation und des modernen Nationalstaates ist eine Geschichte sowohl der bürgerlich-demokratischen Revolution wie der Repression, der kriegerischen Expansion und Destruktion. War der bürgerliche Nationalstaat gegenüber dem feudalen Ständestaat in doppelter Hinsicht ein gewaltiger Fortschritt – sowohl als demokratische Alternative wie als Triebkraft der Produktivkraftentwicklung (Industrialisierung) bzw. des wissenschaftlich-technischen Fortschritts (vgl. Ludwig 1993:94), so trug der Nationalismus in seiner Frühzeit entscheidend dazu bei, daß Untertanen zu Staatsbürgern wurden. Eine Analyse, die nicht zwischen einem Nationalismus „von unten" und einem Nationalismus „von oben" differenziert, kann seinen schillernden Charakter nicht erklären.

Den modernen Nationalismus kennzeichnet eine Doppelstruktur: Er kann unterdrückten Völkern oder Volksgruppen das zu ihrer Befreiung von kolonialer Ausbeutung und Unterdrückung nötige Selbstbewußtsein vermitteln, aber auch als Herrschaftsinstrument, zur Weckung von Haßgefühlen, zur Massenmobilisierung im Krieg oder zur Legitimation der Eroberung und Besetzung fremder Länder benutzt werden. Die Ungleichzeitigkeit der Entwicklung verschiedener Nationalismen bewirkt ein buntes Erscheinungsbild: Sie alle über einen Kamm zu scheren hieße, gravierende politisch-ideologische Unterschiede zu ignorieren.

In Frankreich bildete der Nationalismus ein Mittel zur politischen Emanzipation des Bürgertums gegenüber dem Adel und begründete 1789 eine demokratische Revolution. Auch in Deutschland war er zunächst keine konservative, sondern eine radikaldemokratische Ideologie vor allem aufgeklärter Intellektueller: Als liberale Oppositionsbewegung richtete er sich gegen die Fürstenhäuser, deren feudalabsolutistisch regierte Kleinstaaten in einen Nationalstaat überführt werden sollten, und gegen Adelsprivilegien, die der Gleichberechtigung aller Staatsbürger weichen sollten (vgl. Wehler 1994:78). Hans-Ulrich Wehler (1994:79) betont, daß der Nationalismus als „durchaus zeitgemäße, moderne Antwort auf eine konkrete Krisensituation" zu begreifen sei, die jedoch „von Anfang an mit Fremdenhaß, mit Feindseligkeit gegenüber vermeintlichen nationalen Gegnern außerhalb des Landes, später immer mehr auch im Innern" einherging.

Gleichwohl betonte der Nationalismus nicht nur die Ungleichheit der Völker, sondern hob auch die sozialen Schranken im Landesinnern dadurch auf, daß statt der trennenden Klassengegensätze die Herausbildung einer fiktiven „Volksgemeinschaft" bzw. die emotionale Identifikation damit gefördert wurde: „Das große Versprechen des Nationalismus lautete: Gleichheit durch Einheit." (Jeismann 1993:22). Erst der Sieg des nationalen Prinzips schuf den Sozialstaat (mit seinen höchst rigiden Ausschließungsregeln für Menschen ohne bzw. ohne die „richtige" Staatsbürgerschaft), führte aber auch zu Kriegen, Verfolgung und Vertreibung im Weltmaßstab. Das Schicksal vieler Millionen Flüchtlinge hängt gleichfalls weitgehend von „nationalen Interessen" ab, die in ständigem Kampf miteinander liegen, was Gérard Noiriel (1994) im Hinblick auf die Geschichte des Asylrechts in Europa von einer „Tyrannei des Nationalen" sprechen läßt.

Über der Frage, was eine Nation ist und welche Faktoren (z.B. die Abstammung, die gemeinsame Sprache oder die Existenz „natürlicher" Grenzen) ihr zugrunde liegen, sind bereits Ströme von Tinte vergossen worden (vgl. Estel 1994:24). Es gibt zwei verschiedene, ja gegensätzliche Begriffe der Nation. Das republikanisch-demokratische Nationsverständnis differenziert zwischen „Nation" und „Volk": Demnach ist „Volk" eine ethnologische, „Nation" hingegen eine politische Kategorie. Ganz anders bestimmt das völkisch-nationalistische Lager dieses Verhältnis: Hier fallen „Volk" und „Nation" zusammen, weil man sie als biologische Konstanten begreift. Die letztgenannte Sichtweise widerspricht der historischen Logik und der gesellschaftlichen Realität, wie schon ein Blick auf die Landkarte zeigt: „Es gibt Völker (Ethnien), die keine eigene Nationsbildung durchmachen, und es gibt Nationen, die mehrere Völker oder Volksgruppen umfassen (in Europa z.B. die Schweiz oder Belgien). Im Unterschied zu Nationen, die unter bestimmten Bedingungen entstehen und auch wieder zerfallen können, haben Völker eine wesentlich längere Lebensdauer." (Dann 1993:13).

„Nation" zielt – wie „Rasse" auch – auf eine fiktive Gemeinschaftlichkeit: „Sie ist eine vorgestellte politische Gemeinschaft – vorgestellt als begrenzt und souverän." (Anderson 1988:15) Die neuzeitliche Nation stellt das Produkt eines Modernisierungsprozesses auf der Basis industrieller Produktion, territorialer Expansion, sozialer Interaktion und sprachlicher Kommunikation einer größeren Gruppe von Menschen mit gemeinsamem Erfahrungshintergrund dar. Die Identifikation einer Population mit der eigenen Nation ergibt sich weder „von selbst", noch ist sie *nur* das Resultat einer Manipulation von oben, also beispielsweise durch eine Regierung (vgl. Gellner 1991:87; Hobsbawm 1991:111). Damit der Nationalismus die Massen ergreift, bedarf es einer mentalen Prädisposition, d.h. der gemeinsamen Tradition, Religion und/oder historischen Mission, die ein dauerhaftes Zusammengehörigkeitsgefühl begründet, wie auch einer ökonomischen Krisen- bzw. politischen Umbruchsituation, die davon (potentiell) Betroffene schließlich veranlaßt, sich als „Volksgemeinschaft" zu etablieren, Staatsbürgerrechte einzuklagen oder Privilegien durch kollektive Organisation zu verteidigen.

Unter dem völkischen bzw. Ethnonationalismus verstehen wir eine Ideologie, welche die Völker als Subjekte der Geschichte begreift und die Volksnation zum Kristallisationskern ihres Nationsbegriffs macht. Intellektuell hält der Nationalismus mit anderen politischen Denksystemen, wie etwa dem Liberalismus, dem Konservatismus oder dem Kommunismus, nicht Schritt. Paradox mutet an, daß die theoretische Schwäche des Nationalismus geradezu seine praktische Stärke auszumachen scheint. „Die Prätention des Nationalen, nichts anderes als etwas seit jeher Existierendes zu sein, verleiht der Nation den Schein vorgesellschaftlicher Natur, des Primordialen." (Schoch 1996:63).

In welchem Verhältnis zueinander der Nationalismus und der Rassismus stehen, ist unter Experten sehr umstritten. Für Freerk Huisken (1993) beispielsweise bildet der Nationalismus die Grundlage des Rassismus. Demgegenüber betont Wolfgang Kowalsky (1992:126), daß der Antisemitismus – ein histori-

scher Spezialfall bzw. eine Sonderform des Rassismus – älter ist als die Nationalstaaten und der Nationalismus. Nationalismus und Rassismus sind trotz der
genannten Unterschiede in gewisser Weise bloß zwei Seiten einer Medaille. Sie
dienen einerseits politischen Machthabern dazu, ihre Suprematie zu erhalten,
und andererseits Ohnmächtigen, sich in der eigenen Gesellschaft zu positionie-
ren, sich die bestehenden Eigentums- und Herrschaftsverhältnisse zu erklären
und sich gleichzeitig über andere Menschen zu erheben. So geht Etienne Balibar
(1990:68) zufolge der Rassismus ständig aus dem Nationalismus und dieser
wiederum aus dem Rassismus hervor.

Nationalismus und Rassismus sind nicht nur Ideologien sozialer Ungleichheit, sondern auch einander wechselseitig bedingende und ergänzende Aus-
schließungs- bzw. Diskriminierungspraktiken. Gerd Wiegel (1995:120) vertritt
eine Konvergenzthese, wonach der Rassismus und der Nationalismus seit dem
Ende der Ost-West-Konfrontation 1989/91 enger als früher zusammenwirken:
„Dies vor allem, da die nationale Homogenität – die ‚vorgestellte Gemeinschaft‘ – durch die Auflösung des alten Blocksystems und die zunehmende Internationalisierung, verbunden mit einer Anonymisierung und Undurchschau-
barkeit politischer Entscheidungsvorgänge, immer weiter schwindet. Solange
jedoch entgegen dieser Entwicklung die nationalistische Ideologie nicht verschwindet, sondern im Gegenteil eine Renaissance erlebt, wird die rassistische
Abgrenzung und Ausschließung immer wichtiger, um an der Vorstellung der
nationalen Gemeinschaft festhalten zu können."

4.1 Osteuropa: Rückfall in alten Nationalismus
oder neuer Nationalismus der Zurückgebliebenen?

In Osteuropa, wo der Nationalismus gegenwärtig eine überraschende Renaissance erfährt, speist sich dieser vornehmlich aus politischen Ohnmachtsgefüh-
len, sozialer Deprivation, Mutlosigkeit angesichts der (markt)wirtschaftlichen
Misere und davon genährten Minderwertigkeitskomplexen. Es scheint, als bilde
der Nationalismus in einer Welt des Zerfalls und Zusammenbruchs einen Ret-
tungsanker für die „zu kurz Gekommenen" und besonders Verzweifelten. Mit
dem Zerfall der Sowjetunion und dem Bankrott des Marxismus-Leninismus entstand nicht nur ein *politisches* Vakuum, das die russische Rechte – bisher vergeblich – zu füllen sucht (vgl. Laqueur 1993:361; ergänzend: Koenen/Hielscher
1991), sondern auch eine große *ideologische* Leere. Die widersprüchliche Be-
wußtseinslage in den osteuropäischen Übergangsgesellschaften ist das Resultat
einer doppelten Enttäuschung: über die sozialistische Planökonomie und Staats-
bürokratie wie über die kapitalistische Marktwirtschaft, von der sich Millionen
Menschen einen raschen Wirtschaftsaufschwung und ausreichenden Wohlstand
für alle Gesellschaftsschichten, nicht nur für eine „neue Bourgeoisie", verspro-
chen hatten: „Da liegt es nahe, im Gedanken an einen eigenen Weg, an eine
‚völkische Wiedergeburt‘, an eine soziale Ordnung jenseits von Kommunismus
und Kapitalismus Zuflucht zu suchen oder gebrochenes Selbstbewußtsein durch

nationale und ethnische Selbstüberhöhung zu kompensieren." (Klönne 1993: 56).

Dies gilt um so mehr, als der Staatssozialismus die Wurzeln des Nationalismus nicht ausgerottet, sondern seinerseits nationale Gefühle rekultiviert hat, um sich genug Massenloyalität zu verschaffen. Beispiel DDR: Dort lebten Traditionen des preußisch-deutschen Militarismus fort, angefangen beim Stechschritt der Nationalen Volksarmee über die positive Würdigung einzelner Monarchen bis zur „Wehrkunde" in der Schule. Da die Nazis als „nichtdeutsch" kritisiert wurden, erfolgte kein wirklicher Bruch mit dem Deutschnationalismus (vgl. Ortmeyer 1991:148ff).

Adolf Kimmel (1992:104) spricht vom Kommunismus als einer Kühltruhe, die den Nationalismus in Osteuropa „gewissermaßen tiefgefroren" und damit bis zu dem Moment konserviert habe, als sich die Völker der Sowjetunion und ihrer Satellitenstaaten befreiten. Rainer Bauböck (1992:170/172) weist die Auffassung, der osteuropäische Nationalismus sei ein Phänomen der Vergangenheit, allerdings mit der Begründung zurück, daß die Nationalismen an Forderungen nach Autonomie im Stalinismus anknüpften, „genuin neu" seien und sich nur in traditionelle Gewänder kleideten.

Erscheinungsformen und Wirkungsweisen des Nationalismus in den ostmitteleuropäischen Staaten sind unterschiedlich, gemeinsam ist ihnen nur der Ausgangspunkt eines gescheiterten Realsozialismus und eines Regimes, das die Privilegien für seine Funktionäre auf dem Rücken der von ihm hofierten Proletarier schuf. Der Nationalismus „erwachte" also nicht von einem Tag auf den anderen, wurde vielmehr zum größten Teil bereits vor der „Wende" gezielt eingesetzt, um (potentielle) Dissidenten, Kritiker/innen und Oppositionelle – besonders aus den Reihen der Intelligenz – trotz wachsender Versorgungsprobleme und zunehmender geistiger Enge zu (re)integrieren: „Quellen und Ziele der geistigen und institutionellen Erneuerung zeichneten sich also schon deutlich ab, als man in den ‚realsozialistischen' Systemen offiziell noch dem Internationalismus und einer verschwommenen ‚sozialistischen Demokratie' huldigte." (Mommsen 1992:13).

Nationalismus in Osteuropa ist gleichzeitig ideologisches Zerfallsprodukt, Krisensymptom und Randerscheinung der sozioökonomischen Umbruchsituation, aber kein organisch gewachsener, sondern ein künstlich erzeugter und seitens nationaler Machteliten gezielt zur Ablenkung von den (un)sozialen Folgen der Transformationskrise eingesetztes Manipulationsinstrument, beispielsweise in Rußland: „Nationalismus kann immer noch ein wirksames Mittel sein, die Unzufriedenen, die Benachteiligten und darüber hinaus all jene zu mobilisieren, deren patriotische Gefühle verletzt wurden und die glauben, daß zur Rettung des Vaterlands radikale oder gar gewaltsame Maßnahmen vonnöten seien." (Laqueur 1993:11).

Was sich überall in Südost- und Ostmitteleuropa regt, teilweise skurrile Formen annimmt und bis zu bürgerkriegsähnlichen Wirren führt, ist im Grunde genommen gar kein Nationalismus, sondern ein bornierter Regionalismus und Tribalismus, der selbst kleinste Volkssplitter veranlaßt, sich vom Nationalstaat abzuspalten und eine Separatstaatsgründung zu betreiben. Es handelt sich dabei um „rückwärtsgewandtes Stammesdenken", das sich mit Antisemitismus verbindet und für die Zukunft zwar noch mehr blutige Fehden, Bürgerkriege und Pogrome erwarten läßt (siehe Minc 1992:48), aber weder stabil noch zukunftsbestimmend ist. Denn mittlerweile drängt die forcierte ökonomisch-technologische Entwicklung längst über den Nationalstaat hinaus: „Das gesellschaftliche Geflecht der Völker ist zu dicht geworden, als daß es sich im Nationalen allein unterbringen ließe." (In der Maur 1989:124).

4.2 Wiedervereinigung, (west)europäische Integration und Wohlstandschauvinismus – die „deutsche Identität" im Wandel

Nach dem hier vorgeschlagenen Erklärungsansatz stützt sich der Rechtsextremismus nicht nur in Deutschland auf zwei Kernideologien, den Nationalismus und den Rassismus. Hauptdeterminanten ihrer Entstehung und Entwicklung stellen die Konkurrenzökonomie und die politische Kultur dar. War der Rassismus ein Kind der europäischen Moderne, dessen Pate die Kolonisation bildete (vgl. Terkessidis 1998: 84ff), so wurde der auf die Staatsmacht orientierte (Deutsch-)Nationalismus erst im Gefolge des Industrialisierungsprozesses und bürgerlicher Machtentfaltung zu einem integralen Bestandteil der politischen Kultur.

Rassismus läßt sich zwar in letzter Konsequenz auf die Konkurrenz zurückführen, aber nicht darauf reduzieren, denn Brutalität gegenüber (ethnischen) Minderheiten erzeugt die ökonomische Rivalität nur, wenn ein geistiger Nährboden dafür existiert. Folglich bildet die Konkurrenz eine notwendige, jedoch keineswegs hinreichende Bedingung für die Existenz rassistischer Gewalt. Hier liegt auch der Grund dafür, daß Rassismus in Wirtschaftskrisen besonders gedeiht, ohne sich immer durchzusetzen, wenn der Gesellschaft ein konjunktureller Abschwung oder historischer Niedergang droht. Vielmehr bedarf es politisch-kultureller Traditionen, die dafür sorgen, daß keine anderen, also zum Beispiel demokratisch-sozialistische Deutungsmuster, dominant werden, damit eine Umbruchsituation mittels rassistischer Kategorien erklärt bzw. kollektiv „verarbeitet" wird. Verteilungskämpfe werden nur zu Abwehrgefechten der Einheimischen gegen „Fremde" und interkulturellen Konflikten hochstilisiert, sofern ausgrenzend-aggressive Momente in der politischen Kultur eines Landes überwiegen. Letztere spielt für die Entstehung und Entwicklung organisatorischer Zusammenschlüsse (Parteien, Gruppen bzw. „Kameradschaften"), aber auch bei der Überwindung individueller Hemmschwellen eine Rolle als Katalysator: „Einerseits kann der kulturelle Kontext die Herausbildung von Fremdenfeindlichkeit und rechtsextremen Handlungsformen direkt beeinflussen. Andererseits kann er einen vermittelnden Einfluß ausüben. Als Verstärker kann er zur Aktivierung einer schlummernden Fremdenfeindlichkeit führen, die Legitimation senken und somit die Auftrittswahrscheinlichkeit rechtsextremer Handlungsformen erhöhen." (Winkler 1996:43).

Thomas A. Herz (1996:487) bemängelt, die meisten Rechtsextremismusforscher hätten kulturelle Vorgänge vernachlässigt: „Wenn aber Rechtsradikalismus in Deutschland erklärt werden soll, dann muß man auf die politische Kultur eingehen. Dann muß man den Bezugsrahmen herauspräparieren, auf den sich die Akteure beziehen." Unter der „politischen Kultur" sind hier geistige Traditionslinien, Mentalitätsbestände sowie Haltungen der Bürger/innen gegenüber den staatlichen Institutionen und Machtstrukturen, also die subjektive Dimension des Politischen, zu verstehen. Für die Entwicklung der politischen (Un-) Kultur in Deutschland verdient der Nationalismus besondere Aufmerksamkeit. Während der Rassismus ein gesamteuropäisches Phänomen, wenn nicht gar ein „globales Problem" (siehe Jäggi 1992) ist, erhält der Rechtsextremismus sein Gesicht und relativ hohes Gewicht durch jene Eigenheiten der politischen Kultur, die Ursachen und Begleiterscheinungen des „deutschen Sonderweges" waren.

Die hegemonialen Traditionen der politischen Kultur in Deutschland, ein ausgeprägtes Freund-Feind-Denken, eine Fixierung auf Staat (Etatismus) und Obrigkeit (Untertanenmentalität), Konformismus und Harmoniesucht, Autoritarismus und Antipluralismus, Antiintellektualismus und Irrationalismus, ein Hang zum rechtlichen Formalismus sowie die preußische Ordnungsliebe und eine Schwäche für militärische Disziplin (vgl. dazu: Sontheimer 1991; Bergem 1993; Greiffenhagen/Greiffenhagen 1993), gipfeln in einem Nationalismus, der von der Reichsgründung 1871 bis zur Niederlage 1945 besonders aggressiv war, weil Deutschland als „verspätete Nation" (siehe Plessner 1992), von der Ungleichzeitigkeit zwischen Industrialisierung und Demokratisierung geprägt, unter Rückgriff auf Waffengewalt versuchte, einen „Platz an der Sonne" – will sagen: Weltmachtstatus – zu erlangen. Fragt man, woher jener militante Charakter des *Deutsch*nationalismus rührt, der sich in kriegerischer Aggression entlud, stößt man auf eine historische Schlüsselerfahrung: die völlige Zerstörung des Landes durch marodierende Banden im Dreißigjährigen Krieg, seine politische Zersplitterung, die im Westfälischen Frieden von 1648 sanktioniert wurde, sowie den daraus erwachsenden Wunsch nach Einheit und Schutz durch einen „starken Staat".

Das sog. Dritte Reich fußte weniger auf Sympathien der Bevölkerung mit dem Nationalsozialismus als auf ihrer Identifikation mit dem Nationalismus: „Jede Binnenordnung schien akzeptabel, solange sie behaupten konnte, nationale Ziele zu verwirklichen. Die vermeintliche Stärkung deutscher Einheit und Weltgeltung wurde so zu einem Kriterium der politischen Kultur, aus dem sich autoritäre Regime nach innen und expansionistische und imperialistische Politik nach außen rechtfertigen konnten." (Lepsius 1993:235). Das NS-Regime hat den Nationalismus nicht pervertiert, d.h. für seine Kriegsverbrechen und Völkermord mißbraucht (so aber etwa Hefty 1990), vielmehr auf die Spitze getrieben. Obwohl bedingungslose Kapitulation und Okkupation durch die alliierten Siegermächte nicht nur bedeuteten, daß der Nationalsozialismus gescheitert, sondern auch, daß der Nationalismus seiner Legitimationsbasis beraubt war, blieb er – genauso wie der Antisemitismus – im „kollektiven Gedächtnis" jener

Deutschen haften, welche die NS-Vergangenheit weder kritisch aufgearbeitet noch wirklich bewältigt haben (vgl. Butterwegge 1997).

Zwar stellte die Nation in der Altbundesrepublik trotz einer von Regierung und Opposition benutzten Wiedervereinigungsrhetorik keinen zentralen Bezugspunkt der kollektiven Identitätsbildung mehr dar (vgl. Haferkamp 1993:19), das Bewußtsein, ein besonders tüchtiges, fleißiges und begnadetes Volk zu sein, blieb davon allerdings unberührt. Für die Zeit nach 1945 wurde – durch Umfragedaten immer wieder bestätigt – ein mangelndes, verdrängtes bzw. negatives Nationalgefühl der (West-)Deutschen konstatiert, das die Gefahr eines neuerlichen Sonderweges in sich berge und sich leicht ins Gegenteil verkehren könne. Klaus von Beyme (1997:97) nennt die Debatte um den Finanzierungsanteil der Bundesrepublik am EU-Haushalt als Indiz für einen durch allzu große Abstinenz im Nationalgefühl drohenden Stimmungsumschlag, welcher sich um so schlimmer auswirken würde, als „neben dem schwachen Nationalbewußtsein die starke Bundesbank steht, die den europäischen Nachbarn heute kaum weniger Ängste einflößt als einst die deutsche Wehrmacht." Walter Grab (1993:27) spitzt diesen Gedanken dahingehend zu, daß die Ökonomie für den Nationalismus heute die Fortsetzung des Krieges mit anderen Mitteln sei.

Gegenwärtig hat der Nationalismus fast überall in Europa wieder Hochkonjunktur, obwohl er weder die Konfliktfelder der Gegenwart befriedet noch Antwort auf die zentralen Zukunftsfragen gibt (vgl. dazu: Gessenharter 1997). Hierzulande setzte sein Höhenflug nicht erst mit der DDR-„Wende" und der Wiedervereinigung, sondern bereits nach dem Regierungswechsel 1982 ein. Damals proklamierte die CDU/CSU/FDP-Koalition eine „geistig-moralische Erneuerung", wandte sich der sog. Deutschen Frage zu und erklärte diese in „Berichten zur Lage der Nation" wieder für „offen". Gleichzeitig hielt das Deutschlandlied verstärkt Einzug in Klassenräume, Fußballstadien sowie Rundfunkanstalten. Besonders das Postulat einer Neukonturierung der „nationalen Identität" (vgl. dazu: Weidenfeld 1983; Bundeszentrale 1985), die beschädigt, wenn nicht zerstört sei, erwies sich als geistige Brücke zwischen der „liberalkonservativen Mitte" und der extremen Rechten. Die unverfänglich wirkende Kategorie der „nationalen Identität" unterstellt eine quasinatürliche Qualität und nimmt den Anschein für bare Münze (vgl. Schoch 1996:55f). Sie lenkt von der Existenz antagonistischer Interessen, ungerechter Eigentums-, Macht- bzw. Herrschaftsverhältnisse wie gravierender Unterschiede im Lebensstandard zwischen Ländern und Kontinenten ab.

Resonanz, Brisanz und Militanz des Nationalismus in Deutschland sind nicht etwa Produkte einer durch die Schuld an zwei Weltkriegen und am Holocaust ausgelösten Krise der „nationalen Identität" oder eines „negativen Nationalgefühls", wie häufig unterstellt wird, sondern viel eher Folgen des Widerspruchs zwischen den feierlichen Bekenntnissen der Bundesregierung zur Nation und ihrer (vermeintlichen) Untätigkeit beim Einlösen des Versprechens nationaler Größe. Vergleichbares gilt übrigens für die DDR, wo das SED-Regime die Wurzeln des Nationalsozialismus nicht – wie in der Verfassung von 1974 behauptet – ausgerottet, sondern seinerseits nationale Stimmungen hat.

Die grenzrevisionistischen bzw. revanchistischen Bestrebungen innerhalb der Vertriebenenverbände wurden von der Bundesregierung mehr oder weniger offen unterstützt. 1984/85 kam es zum Eklat, als die Landsmannschaft Schlesien ankündigte, daß der damalige Bundeskanzler Kohl auf ihrem bevorstehenden Deutschlandtreffen unter dem Motto „40 Jahre Vertreibung – Schlesien bleibt unser" sprechen werde. Zwar wurde diese Losung leicht abgewandelt („40 Jahre Vertreibung – Schlesien bleibt unsere Zukunft im Europa freier Völker"), an der Stoßrichtung dieser Veranstaltung und der Teilnahme hochrangiger Unionspolitiker änderte sich aber nichts mehr. Als Helmut Kohl am 8. Mai 1985 gemeinsam mit US-Präsident Ronald Reagan den Soldatenfriedhof in Bitburg besuchte, wo sich auch zahlreiche Gräber von Angehörigen der Waffen-SS befinden, wurden die NS-Täter durch einen symbolischen Akt rehabilitiert. Micha Brumlik (1989:264) sah in diesem „obszönen Ritual" seinerzeit ein klares Signal zur „Rechtsverschiebung des bürgerlichen Lagers" durch die CDU/CSU: „Im Jahre 1985, vierzig Jahre nach dem Ende des Zweiten Weltkrieges, der Befreiung Deutschlands vom Nationalsozialismus, leitete die große konservative Volkspartei den ideologischen Rechtsruck ein." 1986/87 wurde im sog. Historikerstreit versucht, die Liberalisierung der politischen Kultur, meist mit dem Höhepunkt der Schüler- und Studentenbewegung im Jahr 1968 assoziiert, durch Relativierung des Holocaust und Rehabilitierung der NS-Täter rückgängig zu machen. Langsam verschob sich das politische Koordinatensystem der Bundesrepublik nach rechts.

Die deutsche Vereinigung hat den Nationalismus wieder zu einer relevanten Größe gemacht. Nun bekamen Kräfte spürbar Auftrieb, denen „das Nationale" immer schon mehr als „das Soziale" am Herzen gelegen hatte. Zwar konnten REPublikaner, DVU und NPD von dem „Jahrhundertereignis" nicht profitieren, sondern eher die Unionsparteien, als eigentliche Sieger fühlten sich aber jene, die nach „Mitteldeutschland" nun auch die ehemaligen Ostgebiete des sog. Dritten bzw. Großdeutschen Reiches „heimholen" wollten.

Ulrike Liebert (1991:82) konnte weder in Ost- noch in Westdeutschland eine Tendenz zur Reideologisierung der nationalen Frage feststellen, sondern einen „pragmatischeren Typus von Nationalbewußtsein als je zuvor in der deutschen Vergangenheit". Annette Treibel (1993:342) betont demgegenüber, daß die „gesellschaftliche Enttabuisierung ausländerfeindlicher Äußerungen und Handlungen" auf eine Renaissance des Nationalismus hinweist: „Allerdings richtet sich dieser Nationalismus nicht nach außen – hierfür ist die Machtbalance innerhalb Europas viel zu empfindlich –, sondern nach innen." Obwohl es nach der DDR-„Wende" im Herbst 1989 keinen die Tage der symbolträchtigen Maueröffnung überdauernden „Nationalrausch" (Herles 1990) gab, hat eine Renationalisierung der Politik und der politischen Kultur stattgefunden (vgl. dazu: Mathiopoulos 1993; Noll 1993; Pflüger 1994). Die am 20. Juni 1991 getroffene Berlin-Entscheidung des Bundestages wurde vielfach als Distanzierung von der „Bonner Republik", als endgültige Abkehr von der Westorientierung und als Rückbesinnung auf die Nation interpretiert. Seit nicht mehr zwei – miteinander verfeindete – Teilstaaten existieren, erscheint Deutschland wieder als ein politisches Kollektivsubjekt, das „selbstbewußt" handeln soll und seinen Bürger(inne)n auch mehr Leistungs- bzw. Leidensfähigkeit abverlangen muß (vgl. Baring 1991; Schwilk/Schacht 1994; Baring 1997 und 1999).

Die 1991/93 kampagnenartig zugespitzte Asyldebatte hat nicht nur dem Grundrecht selbst geschadet, sondern auch die Verfassung und die demokratische Kultur der Bundesrepublik lädiert (vgl. dazu: Prantl 1994; Söllner 1995). Günter Grass (1992:22) sprach mit Blick auf die Asylhysterie von einem „Niedergang der politischen Kultur im geeinten Deutschland" und einem „Rechtsrutsch", welcher als „bundesweite Verlagerung der politischen Mitte" begriffen werden müsse. Obwohl im Rahmen des Asylkompromisses wie der Koalitionsvereinbarung zwischen CDU/CSU und FDP 1994 avisiert, blieb die Reform des Staatsbürgerschaftsrechts, das sich bis zum Frühjahr 1999 auf die völkische Abstammungslehre des „deutschen Blutes" stützte, aus und beschränkte sich auch nach dem Kanzlerwechsel Kohl/Schröder auf den „Doppelpaß" für hierzulande geborene Kindern von Migrant(inn)en, wofür die erfolgreiche Unterschriftenaktion der Union verantwortlich war: „Trotz aller in der Bundesrepublik erfolgten Angleichung an die westliche politische Kultur scheint eine zentrale Kategorie noch nicht heimisch geworden: die der republikanischen Staatsbürgernation." (Schoch 1996:53).

Von der Asyldiskussion führte ein gerader Weg zur Standortdebatte, die das Einfallstor für eine ganz neue Spielart des Nationalismus bildete. Das weitverbreitete Bewußtsein, auf den internationalen Märkten einer „Welt von Feinden" gegenüberzustehen und die wirtschaftsimperiale Überlegenheit des eigenen Volkes durch Erfindungsgeist, größeren Fleiß und Opferbereitschaft unter Beweis stellen zu müssen, nenne ich „Standortnationalismus" (siehe hierzu: Butterwegge 1998). Oft korrespondiert mit der „ungleichzeitigen Denationalisierung", von welcher Michael Zürn (1998:304) spricht, eine Renationalisierung, die sich in unterschiedlichen Formen manifestiert.

Mit der Diskussion über „Globalisierung" und die angebliche Gefährdung des „Industriestandortes Deutschland" bemühten sich Unternehmer(verbände), marktradikale Politiker und liberalkonservative Publizisten, den „Kampf aller gegen alle" populär zu machen: Wirtschaftlicher Wettbewerb wurde zum „Krieg" hochgeredet (vgl. Scherer 1993:31). Wenn statt einer konsequenten Bekämpfung der Massenarbeitslosigkeit und -armut die Sicherung des Standortes im Mittelpunkt der Wirtschafts- und Sozialpolitik steht, ist Konkurrenzfähigkeit der strategische Dreh- und Angelpunkt, was nicht ohne Folgen für das soziale Klima bleibt: „Die Betonung des ökonomischen Nutzenkalküls sieht nicht nur von schlichten mitmenschlichen Verpflichtungen ab, sie grenzt auch all jene aus, die uns tatsächlich oder vermeintlich nur zur Last fallen." (Schäfer 1993:88).

Bei der neudeutschen Ideologie, die fast alle Gesellschaftsbereiche durchdringt, handelt es sich nicht um jenen „klassischen" Deutschnationalismus, der schon im Kaiserreich und der Weimarer Republik parteiförmig organisiert war und auch von einflußreichen Kräften neben den Parteien, wie etwa dem Deutschen Flottenverein (vgl. dazu Eley 1991:144ff), propagiert wurde, oder um einen aufgeklärten Wilhelminismus, vielmehr um eine modernisierte Variante des völkischen Bewußtseins, die sich als Reaktion auf eine verschärfte Weltmarktkonkurrenz präsentiert. Die Identifikation mit der Nation ist wieder ausdrücklich erwünscht, geht es doch darum, alle Kräfte im Dauerwettkampf mit anderen „Wirtschaftsstandorten" zu mobilisieren. Bis zu den Sportnachrichten dominiert die Botschaft, daß man auf Leistungen *deutscher* Mitbürger/innen, handle es sich nun um Tenniscracks, Boxchampions oder Rennfahrer, stolz sein und ihnen auf dem eigenen Tätigkeitsfeld nacheifern soll. „Privatinitiative", Leistungswillen und Verzicht der Bürger/innen auf ihre Besitzstände sind nun einmal notwendig, um auf den Weltmärkten bestehen zu können.

Thematisiert der Neorassismus die kulturelle Differenz, so verabsolutiert der Standortnationalismus die Konkurrenzfähigkeit und postuliert einen parteienübergreifenden Konsens im Wirtschafts- und Sozialbereich, der Konflikte mit (gewerkschaftlichen) Verbandsinteressen bzw. Gruppenegoismen nicht ausschließt. In einer Krisen- und Umbruchsituation wie der gegenwärtigen ertönt nicht nur der Ruf rechtsextremer Randalierer nach einem „starken Mann". Auch prominenten Repräsentanten der Wirtschaft, etwa BDI-Präsident Hans-Olaf Henkel (1997:89), dauern die Willensbildungs- und Entscheidungsprozesse einer föderalen Demokratie zu lange, weshalb sie eine Verfassungsrevision befürworten. Hier zeigt sich die enge Affinität zwischen Neoliberalismus, Marktradikalismus und Rechtspopulismus.

Wolfgang Schäuble, Vorsitzender der CDU/CSU-Bundestagsfraktion, ist mehr der Vergangenheit als der Zukunft zugewandt, knüpft er doch an die traditionelle Vorstellung der Nation als einer „Schutz- und Schicksalsgemeinschaft" an. Schäuble reformuliert die Ziele deutscher Außenpolitik im machtstaatlichen Sinne und begreift internationale Handlungsfähigkeit als Grundvoraussetzung der Verwirklichung nationaler Interessen. Gleichzeitig tritt das Soziale hinter dem Nationalen zurück, und Appelle an die nationale Opferbereitschaft paaren sich mit der Klage über „Vollkaskomentalität" und soziale Nivellierung: „Man muß sich fragen, ob wir, um unsere gegenwärtigen Probleme in den Griff zu bekommen, nicht wieder zu einer weniger ‚durch-egalisierten' Gesellschaft finden müssen. Gezielt Eliten zu fördern oder überhaupt erst wieder zu ermöglichen, erscheint mir heute dringlicher denn je." (Schäuble 1994:26).

Je mehr soziale Ungleichheit die Regierungspolitik unter Berufung auf Zwänge des ökonomischen Globalisierungsprozesses durch „Sparoperationen" wie das „Programm für mehr Wachstum und Beschäftigung" 1996 einerseits und systematische Begünstigung von Kapitaleigentümern (Abschaffung der Vermögens- und Gewerbekapitalsteuer; mehrfache Senkung der Körperschaftssteuer) andererseits produzierte, um so eher griffen Ideologien der Ungleichheit um sich. Durch die Verbindung von (Kultur-)Rassismus und (Standort-)Nationalismus entstand ein hochexplosives Gemisch, das fast zwangsläufig Übergriffe auf Zuwanderer nach sich zog. „In einer Situation, in der das ‚ganze Volk' angehalten wird, ‚den Gürtel enger zu schnallen', liegt es auf den Stammtischen, daß ‚Fremde', seien es Arbeitsmigranten, Asylbewerber oder Flüchtlinge, nicht auch noch von den ohnehin knappen Mitteln bedient werden können.

,Deutsch sein' heißt unter den Bedingungen des modernen Wohlfahrtsstaates, den eigenen Wohlstand zu verteidigen und Ansprüche anderer Gruppen zu delegitimieren und abzuwehren." (Radtke 1996:14).

Dadurch eröffneten sich dem organisierten Rechtsextremismus ideologische Anknüpfungspunkte. Was bereits in der Ablehnung „deutschstämmiger" Aussiedler durch Anhänger und Gliederungen der REPublikaner zum Ausdruck kam, bestätigte sich: Nicht mehr der mythisch-völkische, sondern ein modernisierter, neoliberal und marktradikal orientierter Nationalismus beherrscht mittlerweile die ultrarechte Szene. Vermittelt über solche Brückenorganisationen wie die „Deutschland-Bewegung" von Alfred Mechtersheimer oder den Bund Freier Bürger – Die Offensive (BFB) unter Manfred Brunner und Heiner Kappel, rücken Nationalkonservative, Neoliberale und Rechtsextreme enger zusammen. Ohne diese Strömungen gleichzusetzen, kann man feststellen, daß sich bestehende Unterschiede zumindest teilweise verwischen (vgl. Schui u.a. 1997). Aufgrund seiner Adaption neoliberaler Ideologeme verfügt der Rechtsextremismus heute zum ersten Mal nach 1945 über eine Programmatik, die nicht nur dem gesellschaftlichen „Mainstream" entspricht, sondern auch mit den Interessen einflußreicher Gruppen bzw. den Strategiekonzepten von politischen, Wirtschafts- und Verwaltungseliten übereinstimmt. Obwohl ihr weiterhin das Image der „Hinterwäldler" anhaftet, versucht die extreme Rechte, sich an die Spitze des Entwicklungsprozesses zu setzen, was ihr um so leichter fällt, als sie die unsozialen Konsequenzen von Marktradikalität und Wettbewerbswahn – im Unterschied zur etablierten Politik – nicht scheut.

5. Rückwirkungen des Rechtsextremismus auf die politische Kultur: Ethnisierung der Gesellschaft – „Kulturalisierung" der Politik – Entpolitisierung sozialer Konflikte

Rechtsextremismus, Rassismus und Nationalismus sind eine Bedrohung für die demokratische Kultur, nicht nur, weil sie in Gegenwart und Geschichte das direkte Gegenteil dessen verkörpern, was eine humane Gesellschaft ausmacht, sondern auch, weil sie deren Entwicklung negativ beeinflussen. Dabei geht die Hauptgefahr weder von neonazistischen Kleinstgruppen noch von rechtsextremen bzw. -populistischen Parteien, vielmehr von Intellektuellen aus, die sich in „Denkfabriken", Stiftungen und dubiosen Diskussionszirkeln als sog. Neue Rechte formieren (vgl. Mantino 1992; Kellershohn 1994; Junge u.a. 1997; Gessenharter/Fröchling 1998; Butterwegge 1999). Über lose organisierte Netzwerke, Zeitschriftenprojekte, Leserkreise, Herrenrunden sowie Zitier- und Rezensionskartelle verbreiten sie Konzepte, die bei einem Teil der nationalen Führungskräfte auf Sympathie stoßen und – in popularisierter Form – praktisch die ganze Bevölkerung erreichen.

Ende der 80er/Anfang der 90er Jahre gewann die Ethnizität spürbar an Bedeutung, nicht nur in den Ländern der sog. Dritten Welt und den ostmitteleuropäischen Transformationsstaaten, sondern auch in westeuropäischen Gesellschaften. Der zu Hochzeiten des Kalten Krieges verbreiteten Angst vor einer „Unterwanderung" durch Kommunisten folgte die Angst vor (einer „Überfremdung" durch) „Asylanten" und Arbeitsmigranten. Wolf-Dietrich Bukow (1990: 425) begreift die Ethnisierung als gesellschaftlich inszenierten Vorgang: „Es handelt sich um eine (...) soziogenerative Strategie zur Bereitstellung von gesellschaftlich-praktischen wie politisch-symbolischen Verfügungspotentialen." Vordergründig geht es bei der Ethnisierung um die „kulturelle Identität"; dahinter stecken aber meist Konflikte um knappe gesellschaftliche Ressourcen. So falsch es wäre, die Funktion der Ethnisierung (vgl. Bukow 1996) zu ignorieren, so verkürzt wäre es, die Konstruktion von Minderheiten als intentionale Handlung zu interpretieren. Zwar werden ethnische/nationale Identitätsmuster zwecks Sicherung von Rechten, Interessen oder Macht eingesetzt (vgl. Nassehi 1990:261), sie können aber auch eine Rückzugsposition und Reaktion auf die Globalisierung des Handels wie der Finanzmärkte sein.

Jeder Ethnisierungsprozeß hat zwei Seiten: Zunächst erfolgt eine Stigmatisierung „der Anderen"; mit der Konstituierung/Konturierung einer nationalen bzw. „Volksgemeinschaft" sind aber politische und ökonomische Ziele verbunden, die weiter reichen. Auf diese Weise gehen der Neorassismus und der Standortnationalismus eine Symbiose ein. Mit der Ethnisierung sozialer Beziehungen korrespondiert eine „Kulturalisierung" der Politik, die nicht mehr auf materielle Interessen zurückgeführt, sondern auf die Wahrung kollektiver Identitäten reduziert wird, was zu einer Entpolitisierung der Konflikte beiträgt. „Die konkurrierenden ‚Standortgemeinschaften' machen das Ethnische zur Grundlage einer vorgeblichen ‚Solidarität', und die ‚Herausgefallenen' werden mittels ethnisch-kultureller Stigmata ausgeschlossen." (Terkessidis 1995:286).

Ein „nationaler Wettbewerbsstaat", der kein herkömmlicher Wohlfahrtsstaat mehr sein möchte (siehe Hirsch 1995), verschärft durch seine marktradikale Wirtschaftspolitik die soziale Ungleichheit und bereitet damit den Resonanzboden für weitere Ausgrenzungs- und Ethnisierungsprozesse. Rückt die Konkurrenz in den Mittelpunkt zwischenstaatlicher und zwischenmenschlicher Beziehungen, so läßt sich die ethnische bzw. Kulturdifferenz relativ leicht politisch aufladen. Wenn international renommierte Wissenschaftler von einem „Kampf der Kulturen" (siehe Huntington 1996a) oder einem „Krieg der Zivilisationen" (siehe Tibi 1995) sprechen, wundert es nicht, daß deutsche Jugendliche zur Gewalt gegenüber Fremden greifen, die sie als Konkurrenten um Arbeitsplätze, Lehrstellen, Wohnungen und Sexualpartnerinnen empfinden.

Je enger die Verteilungsspielräume einer Gesellschaft werden, um so mehr wächst die Versuchung, ganze Bevölkerungsgruppen von materiellen und geistigen Ressourcen auszuschließen. Ethnisierung ist ein dafür geeigneter Exklusionsmechanismus, der Minderheiten konstruiert, diese negativ (zum Beispiel als „Sozialschmarotzer") etikettiert und damit eigene Privilegien zementiert. Arno Klönne (1997:140) bemerkt, daß sich „Erste" und sog. Dritte Welt im Zuge der Globalisierung verschränken, die peripheren Armutszonen auf hochentwickelte Länder übergreifen und auch die Bundesrepublik Deutschland auf Dauer keine „Wohlstandsinsel" bleiben wird: „Immer härtere Konkurrenzen um

Anteile am Weltmarkt, um die Nutzung von Ressourcen und billiger Arbeitskraft, womöglich auch um ‚Umweltvorteile‘, können sich in die Verschärfung von Methoden der Konfliktaustragung umsetzen. Der Problemdruck wachsender sozialer Ungleichheit in der eigenen Gesellschaft kann auch dazu führen, daß Nationalismus als Integrationsideologie wieder an Beliebtheit gewinnt."

Benno Hafeneger (1998:16) weist auf die eine Rechtsentwicklung perspektivisch begünstigenden Rahmenbedingungen hin: „Es besteht die aktuelle Gefahr, daß vor dem Hintergrund eines sich ungezügelt globalisierenden Kapitalismus und der Auflösung des Integrationsmodus ‚Erwerbsarbeit, Wohlstand und Demokratie‘ (der zur integrativen Schlüsselerfahrung im Nachkriegsdeutschland wurde) immer mehr Menschen in einen Abstiegsstrudel mit ausgrenzenden Folgen geraten; sie können ihm bei noch soviel Anstrengungen nicht entgehen." Die für das künftige Schicksal unseres Landes, des organisierten Rechtsextremismus und der politischen Kultur entscheidende Frage lautet allerdings: Was passiert in der nächsten Wirtschaftskrise? Wie reagiert die Bevölkerung auf eine Arbeitslosigkeit, die ähnliche Dimensionen wie 1932/33 erreichen könnte, auf Massenarmut bis in den Mittelstand hinein und auf die berufliche Perspektivlosigkeit der Jugend, wenn sich gleichzeitig der Eindruck festigt, daß die parlamentarische Demokratie und ihre Parteien einander blockieren, also zu keiner Lösung der drängenden Probleme fähig sind?

6. Die multikulturelle Demokratie, offene Republik und soziale Bürgergesellschaft als Gegenmodelle zu (Neo-)Rassismus und (Standort-)Nationalismus

Wenn unsere Erklärung für die Entstehung und Entwicklung des Rechtsextremismus zutrifft, dürften sich rassistische Aggression und Ausgrenzung im Zeichen der Globalisierung verstärken. Da sich die Wirkungsmechanismen der Konkurrenzökonomie wegen einer prekären Einnahmesituation fast aller öffentlichen Haushalte nicht oder nur geringfügig durch sozialpolitische Intervention abfedern lassen, ist die demokratische Kultur herausgefordert, einer Generaloffensive von rechts zu begegnen, wobei politischer Jugendbildung die Hauptverantwortung zufällt. Maßnahmen der Bildungsarbeit müssen sich vorrangig gegen Kulturrassismus („Ethnopluralismus") und Standortnationalismus, die beiden für Sozialstaat und Demokratie bedrohlichsten Ideologievarianten des Rechtsextremismus, richten. Stichwortartig vorgestellt seien hier die Modelle des Multikulturalismus, der „offenen Republik" und der „sozialen Bürgergesellschaft".

„Multikulturelle Gesellschaft bedeutet die Bereitschaft, mit Menschen aus anderen Ländern und Kulturen zusammenzuleben, ihre Eigenart zu respektieren, ohne sie germanisieren und assimilieren zu wollen. Das heißt auf der anderen Seite, ihnen, wenn sie es wollen, ihre kulturelle Identität zu lassen, aber gleichzeitig von ihnen zu verlangen, daß sie die universellen Menschenrechte und die Grundwerte der Republik, z.B. die Gleichberechtigung der Frau und die Glaubens- und die Gewissensfreiheit, achten und zweitens die deutsche Sprache beherrschen." (Geißler 1990:193). Nur wenn man diese Kategorie nicht als bloße Zustandsbeschreibung, sondern als Zielbestimmung der Gesellschaftsentwicklung verwendet, kann die „multikulturelle Demokratie" ein Konzept zur Gestaltung des Zusammenlebens von Einwanderern und Einheimischen (vgl. Schulte 1997) sein. Versteht man unter „multikultureller Gesellschaft" eine *neue Form* des Zusammenlebens mehrerer Volksgruppen/Religionsgemeinschaften, so gilt es, Gleichberechtigung und Rechtsgleichheit zwischen ihnen herzustellen. Denn zwischen Herrschern und Beherrschten, Unterdrückern und Unterdrückten, bevorzugten und benachteiligten Volksgruppen gibt es kein partnerschaftliches Verhältnis, das die Voraussetzung für eine *Wechsel*beziehung ist.

Zahlreiche militärische Zusammenstöße zwischen Volksgruppen der früheren Sowjetunion und die jugoslawischen (Bürger-)Kriege seit 1991 scheinen das Konzept des Multikulturalismus in der Praxis zu widerlegen. Auf dem Balkan gelang es den verschiedenen Ethnien und Religionsgemeinschaften nicht, auf Dauer friedlich zusammenzuleben. Wer so argumentiert, verwechselt aber Ursache und Wirkung: Schließlich brachte der Nationalismus die ethnischen bzw. Nationalitätenkonflikte hervor – und nicht umgekehrt. Die jugoslawische Tragödie zeigte, daß Europa keineswegs in Sarajevo endet, vielmehr von neuem beginnen muß: „Der Krieg in Bosnien ist nicht der Beweis für das notwendige Scheitern supranationaler Regime, wie im jugoslawischen Fall, sondern Beleg der fatalen Wirkungen, die eine Renationalisierung für Europa hat, wenn sich der Wahn völkischer Homogenität als Grundlage politischer Identität durchsetzt." (Leggewie 1994:32) Das Projekt der europäischen Integration setzt die Überwindung des alten und die Verhinderung eines neuen Nationalismus voraus, was Dieter Oberndörfer (1993:89) veranlaßt, die Konzeption einer offenen, föderal strukturierten Republik zu favorisieren: „Die politische Einigung Europas darf nicht zur Bildung eines neuen, sich nach außen abschließenden Nationalstaates führen. Europa muß als offene Republik gestaltet werden." Mißverständnisse provoziert diese Kategorie jedoch insofern, als sie von unterschiedlichen Interessen abstrahiert und ihre materiellen Grundlagen ungeklärt sind.

Nationalismus halten viele Autoren zwar für ein geistiges Gift, das aber – in einer homöopathischen Dosierung als „Patriotismus" verabreicht oder zur „nationalen Identität" deklariert – heilsam wirken soll (vgl. z.B. Hefty 1990). Wer der Politischen Bildung die Aufgabe einer „Rückbesinnung auf die positiven Traditionen der Nation und des Nationalstaates" (Rüther 1993:11) stellt, übersieht oder unterschlägt jedoch nicht nur die negative Wirkungsmacht des Nationalismus in einem Land, das auf der Basis dieser Ideologie zwei Weltkriege vom Zaun gebrochen hat. Gerade weil sich Millionen Menschen wieder primär als Deutsche begreifen, sollte man sich davor hüten, nationale Mythen und Emotionen wachzurufen, die eine Lösung globaler Probleme verhindern oder erschweren würden.

Frank-Olaf Radtke (1992) warnt davor, interkulturelle Erziehung als Form der politischen Bildung zu etablieren, weil sie – gegen ihre eigene Intention –

ethnische Differenzen durch deren (dauernde) Thematisierung zu perpetuieren drohe. Die solcherart überakzentuierten Unterschiede zwischen den „Kulturkreisen" könnten als Ressourcen in der Auseinandersetzung/Konkurrenz zwischen Schülern mißbraucht werden. Tatsächlich sollte man vermeiden, „das Eigene" und „das Fremde" diametral gegenüberzustellen oder die Konflikte zwischen Einheimischen und Migrant(inn)en auf *kulturelle* Probleme zu reduzieren. Vielmehr darf interkulturelles Lernen gerade nicht entlang „nationaler Identitäten", Kulturen und Staatlichkeit organisiert werden: „Interkulturelle Lernprozesse, d.h. aber auch allgemeiner: Kultur, Politik, das Verständnis politischen Handelns, seines räumlichen Bezugs und seiner legitimatorischen Begründung, sind zu entnationalisieren; dagegen wären transnationale Identitäten hervorzuheben und zu fördern, transnational wirkende lokale, regionale und sektorale Aktivitäten zu entfalten und quer zu den nationalen Grenzen verlaufende Kommunikationsstränge zu stärken." (Brähler/Dudek 1992:15).

Mit der „nationalen Identität" würde der Innen-außen-Gegensatz thematisiert und der Oben-unten-Gegensatz tabuisiert, so daß ein Paradigmawechsel der politischen Bildung geboten erscheint: Statt das prekäre Verhältnis von Einheimischen und Zuwanderern in den Mittelpunkt ihrer Bemühungen zu rücken, sollte sie stärker über die Macht und Einfluß sichernde Funktion der Ausgrenzung von (ethnischen) Minderheiten aufklären, den wachsenden Leistungsdruck sowie die Ungleichverteilung von Macht und Herrschaft, (Kapital-)Einkommen und Vermögen, Arbeit und Freizeit im Zeitalter der Globalisierung problematisieren.

Auf diese Weise könnte politische Bildung jenes republikanisch-egalitäre Verständnis des Begriffs „Volk" (im Sinne von Demos statt Ethnos) rekonstruieren, das im Herbst 1989 die DDR-„Wende" einleitete: Die revolutionäre Parole „Wir sind *das* Volk" war weit zukunftsträchtiger als die Devise „Wir sind *ein* Volk", woran sich seither auf beiden Seiten der Elbe viele Enttäuschungen knüpfen. Freilich erscheint den Menschen die „nationale Identität" besonders wichtig, wenn sie die soziale Realität enttäuscht. Entscheidend im Kampf gegen Rechtsextremismus bleibt deshalb die Beseitigung von Massenelend, wenngleich er nicht dadurch wieder verschwindet, daß man Arbeitsplätze und preiswerte Mietwohnungen schafft.

Statt – wie es Rechtsextremisten häufig tun – die soziale und die nationale Frage in demagogischer Absicht miteinander zu verbinden, muß politische Bildung die soziale und die demokratische Frage verkoppeln: Nur in einer sozialen Bürger(innen)gesellschaft, nicht aber durch Ausgrenzung bzw. Gewalt, lassen sich Freiheit, Gerechtigkeit und Wohlstand für alle verwirklichen. Obwohl erst ein „nationalstaatlich gefaßtes Konglomerat von Kulturen" (Lepsius 1997:955) existiert, bildet die Europäische Union einen geeigneten Fixpunkt. Eine gerechte(re) Weltwirtschaftsordnung könnte die „Hackordnung" zwischen den Völkern und die materielle Grundlage für das rassistische Vorurteil beseitigen helfen, die Ethnien der sog. Dritten Welt seien den Bewohnern nordamerikanischer und europäischer Länder genetisch oder kulturell unterlegen.

Polizei und Gewalt

Norbert Pütter

Polizei und Staat sind unauflöslich miteinander verbunden. Die Polizei als ein nach innen gerichteter Teil öffentlicher Verwaltung stellt das Pendant zur nach außen orientierten militärischen Macht dar. Während das Militär das staatliche Herrschaftsgebiet territorial sichern (oder es ausweiten) soll, steht die Polizei gegen alle Gefahren, die dem staatlichen Herrschaftsanspruch im Innern drohen. Die Unterscheidung zwischen inneren und äußeren Sicherheitsaufgaben ist ein Ergebnis moderner Staatsbildung und -konsolidierung: Statt militärisch soll auf innere Konflikte „polizeilich" reagiert werden – durch eine Institution, die anders organisiert sein soll, anders handeln und anderen Zielen folgen soll als das Militär. Historisch ist die Differenzierung zwischen äußerer und innerer Sicherheitswahrung ein nicht abgeschlossener und durchaus labiler Prozeß: Auch bei modernen Polizeien ist das militärische Erbe nicht ganz verschwunden; und je nach gesellschaftlicher Situation kann das Militär polizeilich, d.h. im Innern, eingesetzt werden.

Für den Zusammenhang von „Polizei und Gewalt" ergibt sich aus den verschiedenen Ausrichtungen von Militär und Polizei ein wichtiger Unterschied: Das Gegenüber des Militärs ist der äußere Feind. Jenseits der häufig erwünschten inneren Stabilisierung mittels Feinderklärungen, hat der Feind keinen (positiven) Anteil an der staatlichen Herrschaft. Er gefährdet sie (angeblich oder tatsächlich), und weil er sie gefährdet, muß ihm militärisch begegnet werden. Die dem militärischen Modell der Konfliktlösung inhärente Gewalt impliziert die physische Vernichtung des Feindes. Statt fremden Staaten oder fremden Armeen gilt die polizeiliche Aufmerksamkeit den Angehörigen des eigenen Staates, den Untertanen oder Staatsbürgern/innen. Das Gegenüber ist kein äußerer „Feind", sondern es sind Personen oder Gruppen, die mit Rechten und Freiheiten ausgestattet sind, welche gerade durch den modernen Staat gewährleistet werden sollen, dem sie angehören. Polizeiliche Gewalt unterliegt deshalb anderen Kriterien und Funktionsbedingungen als die des Militärs. Weil Polizei nicht zerstören darf, was sie schützen soll, bleibt polizeiliche Gewaltausübung ambivalent. Polizei hat, indem sie Freiheiten einschränkt, Freiheiten zu sichern. Das Ausmaß polizeilicher Gewalt, die Art und Weise und gegen wen sie ausgeübt wird, ist deshalb ein Gradmesser für die politische Integration einer Gesellschaft wie für deren innere Gewalthaftigkeit.

Um das Verhältnis von Polizei und Gewalt genauer zu bestimmen, wird im folgenden in einem ersten Schritt die Rolle der Polizei in modernen Gesellschaften näher betrachtet. Diese Skizze bezieht sich auf die fortgeschrittenen westlich-kapitalistischen Gesellschaften, deren politisches System als demokratisch-pluralistisch umschrieben werden kann. Am Beispiel der Bundesrepublik

Deutschland werden im zweiten Schritt legale und illegale Formen polizeilicher Gewaltanwendung erörtert. Aus der im dritten Abschnitt folgenden Diskussion der Ursachen polizeilicher Gewalt ergeben sich Hinweise nicht nur auf die Entstehungsbedingungen polizeilicher Gewalt, sondern auch auf deren Bedeutung für eine Gesellschaftsform, die Gewalt als Mittel der Konfliktlösung institutionalisiert hat.

1. Polizeigewalt und Gewaltmonopol

Der moderne Staat ist nach der Definition Max Webers jener „politische Anstaltsbetrieb", dessen „Verwaltungsstab erfolgreich das Monopol legitimen physischen Zwanges für die Durchführung der Ordnung in Anspruch nimmt" (Weber 1980:29). Die Polizei ist exekutiver Ausdruck des Gewaltmonopols; sie ist „legitimer Gewaltmonopolist" (Kniesel 1996:67). Daß beim Staat, bei jener „Polizei" genannten Einrichtung das Recht zur Anwendung physischen Zwanges monopolisiert ist, berührt den zentralen Legitimationsgrund moderner Staatlichkeit: Die entstehenden Staaten der Neuzeit versprechen Sicherheit, d.h. Schutz gegen Angriffe von außen und Schutz vor Gefahren im Innern. Der besondere Wert des modernen Staates wird darin gesehen, daß allein das staatliche Gewaltmonopol Zufriedenheit, körperliche Integrität und ökonomischen Wohlstand sichern könne. Nur, so hat Hobbes die bis in die Gegenwart gültige Legitimation des Gewaltmonopols beschrieben, wenn die Einzelnen darauf verzichten, zur Durchsetzung ihrer Interessen selbst Gewalt anzuwenden, erst wenn alle Gewalt der einzelnen in einer Institution gebündelt ist, nur dann können die Menschen sich in sicheren Verhältnissen wähnen (Hobbes 1984:131-135).

Der Rückgriff auf einen politischen Philosophen des 17. Jahrhunderts verweist erneut auf die Ambivalenz staatlicher Gewaltanwendung. Denn seit der Aufklärung fußt das Ideal bürgerlicher Gesellschaften auf der Vorstellung vernünftiger Individuen, die Konflikte durch die Überzeugungskraft von Argumenten lösen. Verständigung, gesellschaftliche Integration kommt in diesen Gesellschaftsentwürfen durch Freiwilligkeit und Einsicht zustande. Die Anwendung von Gewalt widerspricht diesem Modell, weil sie Übereinstimmung nicht durch Diskussionen, sondern durch den Einsatz physischer Gewalt herstellen will (Waddington 1991:258). Aus dieser Perspektive erscheint die Existenz des staatlichen Gewaltmonopols, das Gewalt als Mittel der Vergesellschaftung keineswegs zum Verschwinden bringt, sondern nur bündelt, (zumindest) als pragmatischer Tribut an die Realität von Gesellschaften, die offenkundig nicht ohne Gewalt funktionieren. Aus dem Widerspruch zwischen liberaler Theorie und staatlicher Realität wird regelmäßig nur ein Ausweg beschritten, der den Widerspruch nicht auflöst, aber mindern soll: Die Anwendung von Gewalt wird institutionell und normativ begrenzt (Bittner 1976:40). Sie soll nicht den Normalfall gesellschaftlicher Konfliktlösung bestimmen, sondern die im Staat monopolisierte Gewalt soll als „Reserve des Rechtsstaats" (Kniesel 1996:67) nur dann eingesetzt werden, wenn andere Mechanismen versagt haben.

Die Polizei ist jene Einrichtung, mit der Staaten „die hierfür notwendige Macht, auch unter Einschluß physischer Gewaltanwendung in rechtlich geregelter Form (das ist: ‚unmittelbarer Zwang') in Reserve halten und gegebenenfalls einsetzen" (Denninger 1992:211). Mit dieser vorläufigen Umschreibung der Polizei wird auch deutlich, was mit „Gewalt" im Zusammenhang mit Polizei gemeint ist. Sofern die Polizei als Ausdruck des staatlichen Gewaltmonopols betrachtet wird, muß „Gewalt" zunächst als körperliche, physische Gewalt verstanden werden. Denn moderne Staaten liberaler Prägung streben nicht danach, psychische oder ökonomische Gewalt zu monopolisieren; das Recht zur Beleidigung oder zur materiellen Ausbeutung ist nicht dem Staat vorbehalten (Neidhardt 1986:135). Monopolisiert beim Staat soll lediglich physische Gewalt sein; die Polizei ist institutioneller Ausdruck dieses Modells.

„Monopol legitimen physischen Zwanges" bedeutet allerdings nicht, daß in modernen Gesellschaften legale physische Gewalt ausschließlich vom Staat oder ausschließlich von der Polizei ausgeübt werden darf. Das Gewaltmonopol ist vielfach durchlöchert. Das Recht zur Notwehr und zur Nothilfe ist nicht durch das Gewaltmonopol begrenzt: Wer angegriffen wird oder einem Angegriffenen hilft, darf legal körperliche Gewalt anwenden. Körperliche Gewalt ist zulässig in einer Reihe gesellschaftlicher Sonderverhältnisse: etwa in Gefängnissen, psychiatrischen Anstalten, Krankenhäusern, in unterschiedlicher Ausprägung auch in der elterlichen Erziehung gegenüber Kindern. Von jenen Formen nicht staatlich monopolisierter Gewalt unterscheidet sich die Polizei jedoch durch ihren allgemeinen Auftrag. Während erlaubte Gewalt jenseits der Polizei auf spezifische Situationen oder auf den unmittelbaren Kontext bestimmter Einrichtungen bezogen bleibt, sind die Einsatzfelder polizeilicher Gewalt prinzipiell unbegrenzt (Bittner 1978:33).

Die Polizei als „Gewaltspezialist" zu bezeichnen, ist dem naheliegenden Einwand ausgesetzt, daß Polizeien viele Aufgabenbereiche in unterschiedlichen Formen wahrnehmen, in denen der Einsatz physischer Gewalt keine Rolle spielt; empirisch scheint „Polizei" nicht zureichend erfaßt werden zu können, wenn sie auf das Merkmal „Gewalt" reduziert wird. Drei Beobachtungen schränken jedoch die Überzeugungskraft diese Argumentes ein. Erstens liegt der Diskussion um die sogenannten „polizeifremden Aufgaben" ein bestimmtes Verständnis über solche Tätigkeiten zugrunde, die die „eigentlich" polizeilichen sein sollen. Regelmäßig, etwa in der Frage der Verkehrsüberwachung, wird man feststellen, daß genau jene Tätigkeiten als polizeifremd betrachtet werden, die des Einsatzes physischer Zwangsmittel nicht bedürfen. Zweitens erscheint vieles, was Polizeien tun, als unmittelbare Folge von oder als Hilfe für andere polizeiliche Zuständigkeiten: Vorbeugende Beratungen resultieren aus den polizeilichen Kenntnissen über den Modus operandi; die Kriminalstatistik dient der eigenen Effizienzmessung und Legitimierung etc. Drittens ist nicht die manifeste, ausgeübte physische Gewalt ausschlaggebend für die gesellschaftliche Funktionsbestimmung der Polizei, sondern die *legale Gewaltdrohung*, die institutionell vorhandene Fähigkeit, gegebenenfalls mit Gewalt einzuschreiten (Bittner 1978:36). Das latente Gewaltpotential der Polizei stellt die unmittelbare Verbindung zum staatlichen Gewaltmonopol her. Hier liegt auch der Kern jener Erwartungen, die die Bürgerinnen und Bürger an die Polizei richten: Sie wird dann gerufen, wenn Konflikten offenkundig nicht mehr anders begegnet werden kann als durch die glaubhafte Drohung mit legitimierter physischer Gewalt (Bittner 1978:34).

Das Recht, Gewalt zu gebrauchen oder mit ihrem Einsatz zu drohen, ist zentral für die Rolle der Polizei in modernen Gesellschaften (Skolnick/Fyfe 1993:94). Es hat unmittelbare Bedeutung für den „gesellschaftlichen Ort" der Polizei und die Art und Weise, in der polizeiliche Gewalt manifest wird. Aus dieser mit der Autorität des gesamten staatlichen Sanktionsrepertoirs ausgestatteten Funktion, in konflikthaften Situationen einzuschreiten, resultiert die Distanz zwischen Bürger/-innen und Polizei. Einerseits erscheint sie als Voraussetzung der Legitimität polizeilichen Handelns, denn nur wenn die Polizei nicht selbst Konfliktpartei, sondern „neutral" eingreift, wird sie dauerhaft ihre Position behaupten. Anderseits begegnen die Bürger/-innen der Polizei mit Ambivalenz, weil sie heute zur Durchsetzung eigener Interessen erwünscht wird, die in ihr versammelten Gewaltmittel aber schon morgen gegen einen selbst eingesetzt werden können (Waddington 1991:271).

Kennzeichnend für die Rolle der Polizei als „Gewaltreserve" ist im herkömmlichen Modell deren reaktiver und situativ begrenzter Einsatz: Die Polizei wird gerufen, weil eine bestimmte Situation nach polizeilichem Einschreiten zu verlangen scheint. Dabei handelt es sich in der Regel um Verhaltensweisen, die die öffentliche Sicherheit beeinträchtigen oder zu beeinträchtigen drohen, oder um Konflikte zwischen Personen, die eskaliert sind. Die typische polizeiliche Einsatzform ist mithin durch zwei Merkmale gekennzeichnet. Sie ist gebunden an eine unmittelbar nicht anders zu lösende *Situation*, d.h. polizeiliches Handeln wird als dringend empfunden. Da offenkundig die polizeiliche Gewaltdrohung als erforderlich zur Bewältigung der Situation angesehen wird, wird die Polizei *nicht freiwillig* von den Konfliktparteien (oder zumindest einer Konfliktpartei) herbeigerufen (siehe Fyfe 1989:469f).[1] Bittner (1978:40) hat die Rolle der Polizei in modernen Gesellschaften deshalb genauer bestimmt als einen „Mechanismus zur Verteilung nichtverhandelbarer Zwangsgewalt, die in Übereinstimmung mit den Geboten situativer Notlagen eingesetzt wird."

Die in der Polizei institutionalisierte Gewaltoption, die funktional notwendigen Distanz zu ihrer potentiellen Klientel sowie die situative Dringlichkeit ihres Handels und die unfreiwillige Natur des Einsatzes schaffen insgesamt ein hohes Gewaltpotential in Polizei-Bürger(innen)-Kontakten (Fyfe 1989:473).

---

1 Das dritte von Fyfe genannte Merkmal, daß Polizeieinsätze unter den Augen der Öffentlichkeit erfolgten, trifft m.E. nur zum Teil zu. Siehe unten 2.2.

2. Formen polizeilicher Gewalt

Körperliche Gewalt, ausgeübt oder angedroht, ist der Polizei inhärent; erst durch dieses Recht wird eine Institution zur Polizei. Im allgemeinen kann polizeiliche Gewalt definiert werden als ein physisches Eingreifen der Polizei, durch das ein Verdächtiger festgenommen, ein bereits Verhafteter festgehalten oder ein Mitglied der Öffentlichkeit eingeschüchtert werden soll (Ross 1994:2).

Polizeiliche Zwangsanwendung kann auf unterschiedliche Weise geschehen, sie kann als direkte körperliche Gewalt ausgeübt werden, sie kann durch Hilfsmittel in ihrer Wirkung verstärkt und sie kann durch Waffeneinsatz unterstützt werden (Jäger 1988:2). Das Spektrum polizeilicher Gewaltanwendung ist erheblich. Nach Ansicht einiger Autoren zeigt sich polizeiliche Gewalthaftigkeit bereits in der Sprache, die Polizisten gegenüber ihrer Klientel benutzen (Knox/ Laske/Doocy 1991:2). Mittelbar oder unmittelbar wird Gewalt eingesetzt, wenn Personen von der Polizei

- aufgefordert werden, einen bestimmten Ort zu verlassen,
- auf der Straße angehalten, befragt oder durchsucht werden,
- Zwang angedroht wird, wenn sie den polizeilichen Anweisungen nicht folgen,
- mit einem Schlagstock oder einer Pistole bedroht werden, oder
- wenn die Polizei körperlichen Zwang oder Gewalt anwendet (Reiss 1976:334).

Diese Gewaltanwendung kann reichen von der Beschränkung der Bewegungsfreiheit (Fesselung, Festnahme) über gesundheitliche Verletzungen bis zur Tötung des polizeilichen Gegenübers (Ross 1994:2).

Angesichts der Konzentration legaler physischer Gewaltanwendung im Staat müssen die Bürgerinnen und Bürger ein fundamentales Interesse daran haben, diese Gewaltausübung auf das unbedingt erforderliche Minimum zu reduzieren. Sowohl im nationalen Recht, aber auch in internationalen Übereinkünften sind bestimmte Formen der Gewaltanwendung auch für Polizeibedienstete grundsätzlich verboten. So bindet etwa der „Verhaltenskodex der Vereinten Nationen für Polizeivollzugsbeamte" Polizeigewalt nicht nur an den Verhältnismäßgigkeitsgrundsatz (Artikel 3), sondern er postuliert auch, daß „kein Polizeivollzugsbeamter ... eine Person foltern, unmenschlich oder in erniedrigender Weise behandeln oder bestrafen" darf (Artikel 5) (zitiert nach Jäger 1988:422).

Jenseits dieser allgemeinen und konkretisierungsbedürftigen Bestimmungen, werden zur „Domestizierung dieses Zwangsmittels" (gemeint ist die Institution Polizei, N.P.) (Neidhardt 1986:135) drei Wege beschritten. Erstens können die Mittel der Gewaltausübung begrenzt werden. Derart wird festgelegt, welche Form der Gewalt die Polizei anwenden *kann*. Zweitens legen die normativen (rechtlichen) Vorgaben fest, wann sie Gewalt anwenden *darf*. Und drittens soll polizeiliche Gewaltanwendung durch eine professionellere Polizeiarbeit reduziert werden: Eine verbesserte Ausbildung, spezialisiertes Personal und situationsangemessene Einsatzkonzepte sollen dazu beitragen, daß möglichst wenig polizeiliche Gewalt mit möglichst geringen (Neben-)Folgen eingesetzt wird.

Ob diese Ziele (und von welchen Polizeien) erreicht werden, läßt sich insgesamt nicht beantworten. Zum einen fehlen empirische Angaben darüber, wie oft Polizeien welche Art von körperlicher Gewalt anwenden. Nur vereinzelt werden derartige Zahlen veröffentlicht. Die Polizei des Bundeslandes Hessen hat z.B. im Jahr 1994 in rund 17.000 Fällen Diensthunde, Wasserwerfer, Handfesseln und andere Hilfsmittel der Gewaltausübung eingesetzt. Bei 118 Einsätzen waren Schlagstöcke zum Einsatz gekommen (Krämer 1995:4). Derartige Zahlen verdeutlichen zwar, daß körperliche Gewalt im Polizeialltag präsent ist, sie lassen aber keine Aussage darüber zu, ob hier vorschnell oder unangemessen gehandelt wurde. Denn zum anderen setzt eine Bewertung polizeilichen Handelns weniger quantitative als qualitative Daten voraus. Daten darüber, in welchen Situationen Polizeien Gewalt anwenden, in wie vielen vergleichbaren Situationen es zu keiner Gewaltanwendung kommt, wodurch die Gewalt ausgelöst wurde, welche alternativen Verhaltensoptionen für die Beteiligten zur Verfügung standen etc. Derartige Untersuchungen liegen jedoch nur in Ansätzen und nur für einige Aspekte polizeilicher Gewalt vor.

Die unterschiedlichen Erscheinungsformen polizeilicher Gewalt können entweder unter rechtlichen oder unter normativen Gesichtspunkten betrachtet werden. Rechtlich handelt es sich entweder um legale oder um illegale Polizeigewalt; unter normativen Gesichtspunkten handelt es sich um angemessenes Polizeiverhalten oder um polizeiliche Übergriffe (Ross 1994:2). In den herrschenden Legitimationsmustern polizeilicher Gewalt fallen beide Kategorien zusammen: Rechtlich zulässig ist nur das, was auch angemessen und unvermeidbar ist. Ob polizeiliches Verhalten diesem Modell empirisch entspricht ist damit keineswegs beantwortet. Denn die rechtliche Zulässigkeit hängt von der Güte der Rechtsnormen und den Chancen der gerichtlichen und öffentlichen Kontrolle ab. Auch kann nicht davon ausgegangen werden, daß Einigkeit bei allen Beteiligten darüber besteht, ob die Polizei situativ angemessen vorging.

Ob und inwiefern die demokratische „Domestizierung" polizeilicher Gewalt gelingt, ob und inwiefern es gelungen ist, physische Gewaltsamkeit nicht nur in einer staatlichen Instanz zu monopolisieren, sondern dafür Sorge zu tragen, daß sie möglichst selten, möglichst schonend und situativ angemessen eingesetzt wird, wird im folgenden an zwei Beispielen exemplarisch untersucht: dem polizeilichen Schußwaffengebrauch als eine Variante legaler polizeilicher „Standardmaßnahmen" und den als Übergriffen zu klassifizierenden körperlichen Mißhandlungen durch Polizeiangehörige.

2.1 Der Schußwaffengebrauch

Der polizeiliche Gebrauch von Schußwaffen, zumal wenn gezielt auf Menschen geschossen wird, stellt die extremste Form von Polizeigewalt dar, denn er ist mit dem Risiko verbunden, das polizeiliche Gegenüber ernsthaft zu verletzen, dauerhaft zu schädigen oder gar zu töten. Im Unterschied zu vergleichbaren

Ländern[2] werden Angaben über den polizeilichen Schußwaffengebrauch in der Bundesrepublik Deutschland seit mehr als 20 Jahren veröffentlicht. Deshalb beschränke ich mich im folgenden zunächst auf die deutsche Entwicklung.

Die Bundesrepublik Deutschland gilt als einer der Staaten, deren „Polizeiverfassung" durch einen hohen Grad an Verrechtlichung gekennzeichnet ist.[3] Stärker als etwa in den angelsächsischen Ländern wird in Deutschland großer Wert auf positivrechtliche Normen gelegt, die Polizeihandeln rechtlich fundieren. Im deutschen Recht ist die Ausübung unmittelbaren Zwanges durch die Polizei an den Grundsatz der Verhältnismäßigkeit gebunden. Das bedeutet im Einzelnen:

- der Zwang muß geeignet sein, den gewünschten Zweck zu erreichen,
- unter mehreren möglichen Zwangsmaßnahmen sind diejenigen zu wählen, „die den einzelnen oder die Allgemeinheit am wenigsten beeinträchtigen", und
- der durch die Zwangsausübung zu erwartende „Schaden darf nicht erkennbar außer Verhältnis zu dem beabsichtigten Erfolg stehen" (Unmittelbarer Zwang 1993: § 4).[4]

Jenseits dieser Bestimmungen wird die unmittelbare Zwangsanwendung nur durch die erlaubten Hilfsmittel und Waffen genauer beschrieben. Dabei sind die „Hilfsmittel der körperlichen Gewalt" regelmäßig nicht begrenzt. Fesseln, Wasserwerfer und Diensthunde etc. werden nur exemplarisch genannt für alle jene Mittel, die geeignet sind, Polizeigewalt zu unterstützen. Die polizeilich erlaubten Waffen sind in den Polizeigesetzen abschließend aufgezählt: Schlagstock, Pistole, Revolver, Gewehr und Maschinenpistole (Polizeigesetz NRW 1990: § 58 IV) sowie für manche Polizeieinheiten Maschinengewehr und Handgranate (Musterentwurf 1990: § 36 IV, Polizeigesetz NRW 1990: § 58 V).[5] Nur zwei Formen polizeilichen Zwangs werden gesetzlich genauer geregelt: die Fesselung von Personen und der Gebrauch von Schußwaffen und Explosivmitteln (Musterentwurf 1990: §§ 40ff.; Polizeigesetz NRW 1990: §§ 62ff.).

Allgemein gilt, daß die Polizei nur schießen darf, wenn alle andere Formen unmittelbaren Zwangs nicht zum Erfolg führen. Die Bedingungen für das Schießen auf Menschen sind noch enger gefaßt: Immer dann darf die Polizei schießen, wenn „der Schußwaffengebrauch das einzige Mittel zur Abwehr einer gegenwärtigen Lebensgefahr" ist (Musterentwurf 1990: §§ 41 IV und 43 I). Nur in diesen Fällen ist auch das Schießen auf Personen in einer Menschenmenge

---

2 USA: Blumberg 1989:453; Frankreich: Jobard 1998.

3 Zur rechtlichen Regulierung tödlicher Gewalt durch die Polizei siehe Blumberg 1989:445.

4 Die hier für die Bundesbehörden zitierte Regelung gilt in ähnlicher Form auch für die Länderpolizeien.

5 Das Polizeirecht fällt in Deutschland in die Zuständigkeit der Länder. Die Bestimmungen der einzelnen Bundesländer variieren in Einzelregelungen und Formulierungen; sie orientieren sich im allgemeinen jedoch an dem von der Innenministerkonferenz beschlossenen „Musterentwurf eines einheitlichen Polizeigesetzes des Bundes und der Länder", der zuletzt 1986 überarbeitet wurde; siehe Musterentwurf 1999.

und gegen Kinder zulässig. Darüber hinaus ist der Schußwaffengebrauch gegen Personen rechtlich erlaubt, um

- eine gegenwärtige Gefahr für Leib oder Leben abzuwehren,
- die Fortführung eines Verbrechens oder eines Vergehens, bei dem Schußwaffen oder Explosivmittel mitgeführt werden (sog. „gleichgestellte Vergehen"), zu verhindern,
- die eines Verbrechens oder gleichgestellten Vergehens verdächtigen Personen festzuhalten, sofern sie sich der Identitätsüberprüfung entziehen wollen,
- die Flucht oder die gewaltsame Befreiung von Gefangenen zu verhindern (ebd.: § 41).

Nach den Bestimmungen der Polizeigesetze darf auf Personen nur geschossen werden, um diese „angriffs- oder fluchtunfähig zu machen" (ebd.: § 41 II). Daß Menschen durch Polizeischüsse sterben, ist nach diesen Bestimmungen nicht vorgesehen. Vielmehr soll gerade dies vermieden werden. Eine parteipolitisch nach wir vor umstrittene und in den deutschen Polizeigesetzen unterschiedlich geregelte Bestimmung betrifft den sogenannten „finalen Rettungsschuß", d.h. die Abgabe eines Schusses, „der mit an Sicherheit grenzender Wahrscheinlichkeit tödlich wirken wird" (ebd.: § 41 II). Nach den Bestimmungen des Musterentwurfs ist ein solcher Schuß nur zulässig, „wenn er das einzige Mittel zur Abwehr einer gegenwärtigen Lebensgefahr oder der gegenwärtigen Gefahr einer schwerwiegenden Verletzung der körperlichen Unversehrtheit ist" (ebd.).

Wird die Praxis polizeilichen Schußwaffeneinsatzes an diesen rechtlichen Vorgaben gemessen, so zeigt sich folgendes Bild: Nach den Zahlen der Innenministerkonferenz schossen deutsche Polizistinnen und Polizisten in den letzten zehn Jahren (1988-1997) 1.593 mal gezielt auf Personen oder Sachen.[6] Nur zwei dieser Schüsse galten Personen, die sich in einer Menschenmenge aufhielten. In zwei Fällen wurde eine Gefangenenbefreiung und 24 Mal wurde ein Fluchtversuch von Gefangenen durch den Schußwaffengebrauch zu verhindern gesucht. 175 Schußabgaben dienten der Verhinderung von Verbrechen oder „gleichgestellter Vergehen" und in 584 Fällen (36,7 %) sollte die Flucht im Zusammenhang mit einem Verbrechen oder „gleichgestellten Vergehen" durch Polizeischüsse verhindert werden. Insgesamt wurde nur in knapp der Hälfte aller Fälle aufgrund der polizeilichen Spezialermächtigungen geschossen. Die übrigen 806 Schüsse (50,7 %; davon 537 gezielt auf Menschen) wurden mit den allgemeinen Bestimmungen über Notwehr und Nothilfe rechtlich begründet. Die entsprechenden Bestimmungen des deutschen Strafgesetzbuches erlauben zur Abwehr von „Gefahren für Leib, Leben oder Freiheit, Ehre, Eigentum oder ein anderes Rechtsgut" auch die Anwendung unmittelbaren Zwangs durch jede Person, sofern andere Mittel versagen, der Zwang geeignet ist und seine Folgen in einem angemessenen Verhältnis zum geschützten Gut stehen (Strafgesetzbuch 1993: § 34). An dieser juristischen Zuordnung zeigt sich, daß der Schußwaffengebrauch als extremste Form polizeilicher Gewaltausübung zwar durch

---

6 Alle Zahlenangaben zum polizeilichen Schußwaffengebrauch in Deutschland nach Pütter 1999.

polizeiliche Spezialrechte reguliert, aber keinesfalls begrenzt wird. Der rechtliche Unterschied zwischen Handlungen, die durch das Polizeirecht erlaubt sind, und solchen, die das Strafgesetzbuch von Strafe freistellt, machen für die Polizeipraxis keinen Unterschied. Die allgemeinen Bestimmungen, so hat es den Anschein, stellen eine Art Auffangstatbestand zur rechtlichen Legitimation polizeilichen Schußwaffeneinsatzes dar.

Daß polizeiliches Schießen sich nicht auf die in den rechtlichen Bestimmungen zum Ausdruck kommenden besonderen Situationen beschränkt, wird durch die Analyse polizeilicher Todesschüsse bestätigt. Zwischen 1988 und 1997 wurden in der Bundesrepublik 118 Menschen durch Polizisten oder Polizistinnen erschossen. Von diesen sind 114 Fälle dokumentiert, die sich folgendermaßen verteilen: Vierzehnmal kam es bei einer vorbereiteten Festnahme zu einem tödlichen Schuß. In zehn Fällen wurden Personen bei Geiselnahmen von der Polizei erschossen. In fünf Fällen handelte es sich dabei um einen „finalen Rettungsschuß". Zehn tödliche Schüsse sollten einen Fluchtversuch verhindern; siebenmal fielen die Schüsse im Rahmen einer gezielten Festnahme- oder Kontrollaktion, und in 27 Fällen dienten die Schüsse der Vereitelung einer Straftat. Sieben der 118 tödlichen Schüsse fielen im Zusammenhang mit routinemäßigen Verkehrskontrollen; bei weiteren 16 Todesschüssen war die Polizei gerufen worden, weil Menschen in ihrer Wohnung bedroht wurden oder weil jemand randalierte. 39 der getöteten Menschen waren nicht bewaffnet gewesen; weitere 15 hatten lediglich Hieb- oder Stichwaffen mit sich geführt.

Ohne die genaueren Umstände zu kennen, lassen sich nur vorsichtige Schlußfolgerungen aus diesen Zahlen ziehen. In jedem Fall bleibt polizeiliches Schießen empirisch nicht auf jene Konstellationen beschränkt, die den polizeirechtlichen Ermächtigungen entsprechen: Denn neben den 19 unbeabsichtigten sind wohl auch jene Schüsse auf Unbewaffnete oder solche im Zusammenhang mit allgemeinen Verkehrskontrollen oder auf randalierende Personen besonders erklärungsbedürftig. Glaubt man den polizeilichen Bewertungen, dann starben nur drei der 118 Menschen durch rechtlich unzulässige Schüsse.[7] Wichtiger als die rechtliche Würdigung ist für die Frage nach der „Domestizierung" polizeilicher Gewalt der Umstand, daß offenkundig die Mehrzahl der tödlichen Schüsse in Situationen fiel, in denen der Schußwaffeneinsatz für die Polizei im voraus nicht absehbar war: etwa bei allgemeinen Verkehrskontrollen, bei Randalierern, aber auch bei der Vereitelung von Straftaten.

Welche Umstände oder Faktoren Polizeischüsse auslösen, ist für Deutschland bislang nicht untersucht worden. Von offizieller Seite werden nur statistische Zahlen veröffentlicht. Selbst für die polizeilichen Schüsse mit tödlichen Folgen werden naheliegende Daten wie das Geschlecht von Opfern und schießenden Polizisten, Nationalität der Toten, Uhrzeit des Schießens, genauere Angaben zur Örtlichkeit und zum Tathergang nicht genannt. Die Berichterstattung

---

7 Eine Analyse der justitiellen Bewertung von 63 polizeilichen Todesschüssen in den Jahren 1980 bis 1984 ergab, daß es in lediglich zehn Fällen zu einer gerichtlichen Verurteilung der Polizeischützen kam (Walter/Werkentin 1987:10).

in der Presse ist lückenhaft, so daß die externe Rekonstruktion der Vorgänge kaum oder nur sehr aufwendig möglich ist. Wegen fehlender Daten, vermutlich aber auch wegen der geringen Fallzahlen lassen sich keine typisierenden Aussagen für Deutschland machen.[8]

Für die Vermutung, daß der polizeiliche Schußwaffengebrauch nicht auf besonders gefährliche oder bedrohliche Einsatzlagen beschränkt ist, sondern er ein zwar sehr seltenes,[9] aber situativ polizei-alltägliches Ereignis ist, spricht jedoch ein weiterer Umstand: Seit Mitte der 1970er Jahre wurden in den Polizeien der Bundesrepublik besondere Polizeieinheiten gebildet, die in gefährlichen Situationen eingesetzt werden sollten (s. Busch u.a. 1985:112). Damit wurde parallel zum rechtlichen Weg der Versuch gemacht, durch Spezialisierung und Professionalisierung polizeiliches Handeln zu effektivieren. Von 1976 bis 1997 wurden in der Bundesrepublik insgesamt 266 Menschen von der Polizei erschossen; 246 diese Fälle sind dokumentiert. Soweit bekannt gehörten lediglich 38 Schützen einer jener polizeilichen Sondereinheiten an, die zur Bewältigung besonders gefährlicher Situationen eingerichtet sind. Auch diese geringe Zahl der tödlichen Schüsse durch Spezialpolizeien spricht dafür, daß polizeilicher Schußwaffengebrauch nicht auf bestimmte Situationen begrenzt ist, sondern als alltägliche Option latent verfügbar ist.

Einzelne Landespolizeien haben aus diesen Beobachtungen bereits seit Jahren Konsequenzen für die Aus- und Fortbildung der Polizistinnen und Polizisten gezogen. Durch entsprechende Schulung sollen die situativen Kompetenzen verbessert und der Schußwaffeneinsatz reduziert werden (zur Ausbildung in Nordrhein-Westfalen: Hohmann 1998). Ob die gewünschten Wirkungen erreicht werden, ist unbekannt; zumindest für die polizeilichen Todesschüsse lassen sich statistisch keine positiven Effekte nachweisen.

Für den Zusammenhang von Polizei und Gewalt ergeben sich aus dem Dargestellten einige Schlußfolgerungen.

1. Die gesellschaftliche Sonderstellung der Polizei, die darin besteht, daß sie physische Gewalt anwenden darf, schlägt sich in besonderen gesetzlichen Ermächtigungen nieder. Diese Ermächtigungen legalisieren Polizeigewalt nur dann, wenn bestimmte Ziele nicht anders erreicht werden können. Auch polizeiliche Gewalt soll minimiert werden. Je ernster die möglichen

---

8 Für die USA hingegen konnte ein typisches Muster polizeilichen Schußwaffengebrauchs nachgewiesen werden. Demzufolge ist „die häufigste Art von Zwischenfall, in dem es zum Schußwechsel mit der Polizei kommt dadurch gekennzeichnet, daß ein im Dienst befindlicher, weißer, uniformierter männlicher Polizist und ein bewaffneter, schwarzer Mann im Alter zwischen 17 und 30 Jahren nachts, an einem öffentlichen Ort, in einem stark kriminalitätsbelasteten Bezirk im Zusammenhang mit einem vermuteten bewaffneten Raub zusammentreffen" (Geller, zit. n.: Alpert 1989:489). Im Jahr 1979 wurden nach den „Vital Statistics" 412 Menschen in den USA durch Polizeischüsse getötet; Blumberg (1989:453) vermutet jedoch, daß nur die Hälfte der Fälle erfaßt wurden.

9 Für die USA hat Blumberg (1989:454) berechnet, daß ein Polizist statistisch 42 Jahre seinen Dienst verrichten muß, bevor er eine Person durch Schüsse verletzt oder tötet.

Konsequenzen polizeilicher Gewaltanwendung sind, d.h. je stärker die Polizei in die Persönlichkeitsrechte der Bürgerinnen und Bürger eingreifen darf, desto restriktiver sind Bestimmungen formuliert.

2. Am Beispiel Todesschüsse zeigt sich, daß polizeiliche Gewalthaftigkeit empirisch nicht auf das gewünschte Minimum beschränkt bleibt. Der polizeiliche Schußwaffengebrauch mit tödlichen Folgen findet nicht nur da statt, wo er spezialgesetzlich erlaubt ist, Polizisten schießen auch in alltäglichen – und nicht brisanten – Situationen, und geschossen wird nicht allein von Angehörigen jener Spezialeinheiten, die auf die Bewältigung gefährlicher Einsatzlagen spezialisiert sind.

3. Das öffentliche Wissen über den polizeilichen Gebrauch von Schußwaffen ist gering. Im internationalen Vergleich stellen die Statistiken, die die deutschen Innenministerien veröffentlichen, eine positive Ausnahme dar. Aber auch hier bleiben die publizierten Daten rudimentär. Obwohl zentrale Rechtsgüter verletzt werden und obwohl der grundrechtlich verbürgte Schutz außer Kraft gesetzt wird, gibt es einen allgemeinen Mangel an grundlegenden Informationen. Insofern gibt es auch ein eklatantes Defizit an öffentlicher Kontrolle und Kontrollmöglichkeiten. Legitimationsprobleme werden nur phasenweise manifest; meist entzünden sie sich an besonders spektakulären Einzelfällen.[10]

2.2 Mißhandlungen

Das Recht zur Anwendung unmittelbaren Zwangs unterscheidet die Polizei von anderen Institutionen. Die Polizei ist legitimiert, in bestimmten Situationen unter bestimmten Bedingungen physische Gewalt anzuwenden. Rechtlich ist polizeiliche Gewaltausübung dabei regelmäßig als letzte Option vorgesehen, die erst angewendet werden darf, wenn alle anderen Maßnahmen, die weniger in die Rechte der Bürgerinnen und Bürger eingreifen, nicht zum Ziel führen (werden). Ob und inwiefern polizeiliches Verhalten empirisch diesem Modell folgt, ist umstritten. Da Polizisten durchaus legal Gewalt anwenden dürfen, kommt es auf die Umstände der Gewaltausübung an und darauf, wie diese bewertet werden.

Das Ausmaß, in dem es zum Mißbrauch physischer Zwangsmittel, d.h. zu polizeilichen Übergriffen kommt, ist weitgehend unbekannt. Im Unterschied zum Schußwaffengebrauch gibt es kein objektives Datum. Wissenschaftliche Untersuchungen über das Ausmaß und die Formen illegaler polizeilicher Gewaltanwendung in der Bundesrepublik Deutschland existieren nicht. Folgt man der öffentlichen, regelmäßig aus der Perspektive der Opfer initiierten Berichterstattung, dann läßt sich folgendes Muster polizeilicher Übergriffe erkennen:

– Die Opfer unangemessener (und damit auch rechtlich unzulässiger) polizeilicher Gewaltanwendung gehören entweder gesellschaftlichen Minderheiten

---

10 Zuletzt der Fall des 16jährigen Halim Dener (Gössner/Neß 1995:164-173).

oder Randgruppen an oder es handelt sich um Personen, die sich gegenüber der Polizei besonders exponieren (Diederichs 1995).[11] Zur zweiten Gruppe sind insbesondere Demonstranten und Journalisten zu rechnen; von beiden Gruppen werden regelmäßig Vorwürfe unzulässiger Polizeigewalt erhoben. Die erste Gruppe umfaßt einerseits solche randständigen Gruppen, die im öffentlichen Raum sichtbar sind – wie Obdachlose, Prostituiere und Drogenabhängige – sowie andererseits Ausländer. Insbesondere die polizeiliche Gewalt gegen Personen nichtdeutscher Herkunft hat in den letzten Jahren die Diskussion über Polizei und Gewalt in der Bundesrepublik dominiert (s. Bürgerrechte & Polizei/CILIP/ Diederichs 1995).[12]

–   Die Opfer polizeilicher Gewalt stehen vor einem mehrfachen Beweisproblem. Zunächst handelt es sich häufig um Angehörige solcher Gruppen, die eine geringe Beschwerdemacht besitzen, sich keinen Rechtsbeistand leisten können und die öffentliche Auseinandersetzung scheuen, weil sie zusätzliche Probleme befürchten. Auch geschieht polizeiliche Gewaltanwendung in der Regel nicht unter den Augen der Öffentlichkeit. Daß körperliche Gewalt gegenüber Bürgern öffentlich geschieht, sie sogar filmisch dokumentiert werden kann,[13] ist die Zufällen zu verdankende Ausnahme. Als unzulässig empfundene Polizeigewalt wird vorzugsweise auf Polizeiwachen, an abgelegenen Orten oder des Nachts ausgeübt. Unmittelbare Zeugen sind entweder nicht vorhanden, oder es handelt sich um Angehörige der Polizei. In seiner frühen Untersuchung zur polizeilichen Gewalt in den USA konnte Reiss (1976:337, 341) feststellen, daß rund ein Drittel der Übergriffe auf Polizeiwachen geschah und bei der Hälfte dieser Fälle die übrigen anwesenden Polizisten „einfach dabeistanden und zusahen, wie Gewalt angewandt wurde". Sofern es zu staatsanwaltschaftlichen oder gerichtlichen Untersuchungen kommt, taucht das Problem der Glaubwürdigkeit verschärft auf. Der auf „Körperverletzung im Amt" Klagende läuft Gefahr, vom beschuldigten Polizisten wegen „Widerstands gegen Vollstreckungsbeamte" angezeigt zu werden. Angesichts der objektiven Beweislage, der geringen Beschwerdemacht des Opfers und seines geringen sozialen Status wird ihm vermutlich weniger geglaubt werden als einem Polizisten, der in der Ausübung seines Dienstes handelte und der ggf. in der Hitze des Einsatzes nicht in Lage war, dessen Ziele mit weniger Gewalt zu erreichen. Diese Konstellation erklärt die gravierenden Unterschiede zwischen den Bewertungen der Opfer und der anschließenden rechtlichen Würdigung. So wurden z.B. in Hamburg in

---

11 Obgleich nicht ausgeschlossen werden kann, daß sich nur die Aufmerksamkeiten verändern, hat es den Anschein, daß die jeweils im Vordergrund stehenden Opfergruppen Ausdruck gewandelter gesellschaftlicher Problemlagen sind. Für die 60er Jahre in den USA hatte Reiss (1976:340) die Gruppe der männlichen Unterschichtsangehörigen als wahrscheinlichste Opfergruppe identifiziert. Inwiefern die Hautfarbe der Opfer eine (eigenständige) Rolle spielt, ist für die USA umstritten (Knox/Laske/Doocy 1991:3).

12 Vor allem die Berichte von Amnesty International (1995, 1996, 1997).

13 Etwa der Fall Rodney King in Los Angeles (vgl. Skolnick/Fyfe 1993: Kapitel 1) oder der Fall des Journalisten Oliver Neß in Hamburg (siehe Gössner/Neß 1996:32-47(.

den Jahren 1989-1994 3.828 Ermittlungsverfahren gegen Polizeibeamte wegen dienstlicher Verfehlungen eingeleitet; von den 3.815 Verfahren, die bis 1996 abgeschlossen waren, endeten nur zehn mit einem rechtskräftigen Strafbefehl und zwölf durch Verurteilungen. Alle anderen Verfahren blieben ohne juristische Konsequenzen (Bericht 1996:42).

3. Polizeigewalt: Erklärungen und Konsequenzen

Daß Polizisten die ihnen übertragenen Rechte mißbrauchen können und tatsächlich mißbrauchen, wird von niemandem bestritten. Gerade weil es sich um Gewaltspezialisten handelt, ist der Schritt vom Ge- zum Mißbrauch sehr klein. Keine Einigkeit besteht hingegen über das Ausmaß polizeilichen Gewaltmißbrauchs und über dessen Ursachen (Kavanagh 1994:326).

Insgesamt lassen sich drei Erklärungsmodelle für polizeiliche Gewalt ausmachen, die entweder die Personen, die Situation oder die Institution in ihr Zentrum stellen (Boyle 1993:18). Der erste Erklärungsansatz sieht den Grund für polizeiliche Gewalt in den handelnden Personen. Polizeilicher Gewaltmißbrauch wird auf „rein individuelle Defekte einzelner Beamter" zurückgeführt (kritisch: Ahlf 1997:175 sowie Fyfe 1989:466). Übergriffe werden in diesem Modell nicht bestritten, aber als Ausnahme von der Regel betrachtet. Es handele sich um „nur sehr wenige ‚schwarze Schafe'", die polizeiliche Einsätze „ausnutzen, um sich ‚abzureagieren'" (Kniesel/Behrendes 1996:346). Zwar seien Polizisten „nicht weniger und nicht mehr aggressiv als jeder andere Bürger auch", aber die öffentliche Kritik an polizeilichen Einsätzen werde häufig als „Identitätsverlust" empfunden, den Polizisten „im Einzelfall durch Überschreitung ihrer Befugnisse auszugleichen" versuchten (Wieben 1989:303). Die „Schwarze-Schafe-Theorie" wird weniger in der Wissenschaft als in der politischen Auseinandersetzung vertreten. Nach dieser Erklärung läßt sich unzulässige Polizeigewalt durch die strenge Bestrafung der „Schwarzen Schafe" verhindern.

Der zweite Ansatz führt polizeiliche Gewalt auf die besonderen Merkmale der Situationen zurück, in denen Polizisten tätig werden. Polizisten fühlten sich häufig nicht den Anforderungen ihres Einsatzes gewachsen. Insbesondere wenn die Autorität der Polizisten in Frage gestellt werde, komme es zum Einsatz von (ungerechtfertigter) Gewalt (Reiss 1976:341; Skolnick/Fyfe 1993:102f). Polizeiliche Gewaltanwendung stehe häufig am Ende derartiger „Polizei/Bürger-Konflikte mit Aufschaukelungscharakter". „Weniger Gewaltanwendung" könne deshalb durch „mehr Einsatzsicherheit" erzielt werden (Bernt 1989:221). Insbesondere durch „Streßbewältigungstraining" könne „ein(em) vernünftige(n) Umgang mit Gewalt als letztem Mittel einer Auseinandersetzung Vorrang" eingeräumt werden (Wieben 1989:304).

Für den dritten Ansatz, der die institutionellen Entstehungsfaktoren polizeilicher Gewalt in den Vordergrund stellt, können vier Argumentationsstränge unterschieden werden:

1. Unter dem Stichwort „Gewalt als Beruf" (Werkentin 1990:9) wird auf die Sozialisationsbedingungen von Polizisten und Polizistinnen hingewiesen. In der Ausbildung werde besonderer Wert auf körperliche Fitneß, die Beherrschung von Kampftechniken und Waffen gelegt. Dem Nachwuchs werde ein Selbstbild vermittelt, demzufolge Polizisten Konflikte durch entschiedenes „Durchgreifen" lösten (ebd.:9f.). Jenseits aller Belehrungen über die Zulässigkeit und die rechtlichen Begrenzungen polizeilicher Gewalt verweise die Ausbildung die jungen Polizisten dauerhaft auf den Umstand, daß die Anwendung unmittelbaren Zwangs ein zentrales Element des Polizeiberufes sei (Skolnick/Fyfe 1993:95).

2. Das in der Ausbildung gelegte Fundament werde durch die spezifische „Polizei-Kultur" gefestigt (Reiss 1976:341). Durch den täglichen Polizeidienst entstehe eine relativ geschlossene Gemeinschaft von Personen, die dasselbe Weltbild entwickelten (Skolnick/Fyfe 1993:92). Polizisten sei eine durch die berufliche Sozialisation erworbene klare Unterscheidung zwischen Gut und Böse, „uns" und „den anderen" eigen. Aus polizeilicher Sicht befinde sich die Gesellschaft in einer Art Belagerungszustand durch das Verbrechen (ebd.:111, 106). Die Polizisten fühlten sich als Soldaten, die die bestehende Ordnung gegen das Verbrechen verteidigen müssen. Nach innen komme diese Gemeinsamkeit in einer starken gegenseitigen Solidarität zum Ausdruck; nach außen führe sie dazu, daß bestimmte Minderheiten, politisch abweichende oder als störend empfundene Gruppen als „als legitime Ziele ihrer (polizeilicher, N.P.) Feindseligkeit" betrachtet werden (Stark 1972 nach Kavanagh 1994:320). Rechtlichen Begrenzungen polizeilichen Handelns würde mit Unverständnis begegnet, da sie die Fähigkeit beeinträchtigten, den „Feind im Innern" effektiv zu bekämpfen (Skolnick/Fyfe 1993:114). Ihre eigene Tätigkeit werde oft als „eine Form der Erziehung" verstanden, in der dem Gegenüber „eine Lektion erteilt wird, die er so schnell nicht mehr vergessen wird" (ebd.:171).
    Um das „Polizei-Ghetto" aufzubrechen und das Verhältnis zwischen Polizisten und Randgruppen zu verbessern, werden eine Reihe von Vorschlägen diskutiert. Sie reichen von der Integration der Polizeiausbildung in die allgemeine öffentliche Verwaltung (Diederichs/Narr 1993), über die gezielte Rekrutierung von Minderheiten (und von Frauen) für die Polizeien (Blumberg 1989:452; Skolnick/Fyfe 1993:137) bis zu gezielten Fortbildungsmaßnahmen „interkulturellen Trainings" (Franzke/Lazai 1992).

3. Ein dritter Erklärungsansatz sieht die Ursache polizeilicher Gewalt in der Art und dem Umfang polizeilicher Aufgaben. Polizeiliche Gewaltausübung sei Ausdruck „struktureller Belastungen" der Institution Polizei (Eckert/Bornewasser/Willems 1996:161). Einerseits würden „manche Beamte" durch „die Kumulation von Belastungen in Ballungszentren mit hoher illegaler Einwanderung und Kriminalität sowie bei Großeinsätzen gegen verbotene Demonstrationen" „überfordert" (ebd.:160). Andererseits wird darauf hingewiesen, daß der politisch forcierte „Kampf gegen das Verbre-

chen" die Polizei vor eine Aufgabe stelle, die sie nicht erfüllen könne. Polizeien könnten zwar individuelle Straftäter festnehmen und der Justiz zuführen, „das Verbrechen" könnten sie jedoch nicht ausrotten (Skolnick/Fyfe 1993:131). Auf der individuellen Ebene werde die Unzulänglichkeit der Institution als Frustration erfahren; polizeilicher Mißbrauch von Gewalt sei deren „illegaler Ausdruck" (Eckert/Bornewasser/Willems 1996:160; s.a. Skolnick/Fyfe 1993:132). Aus dem „Überlastungsargument" ergeben sich zwei Auswege, um unzulässigen polizeilichen Gewalteinsatz zu verhindern: Die Polizeien müßten vor allem in personeller und materieller Hinsicht in die Lage versetzt werden, auch den Anforderungen an sozialen Brennpunkten gerecht zu werden (so Eckert/ Bornewasser/ Willems 1996) und/oder „unrealistische Erwartungen an die Polizei" müßten abgebaut werden (Fyfe 1989:466f).

4. Schließlich werden die mangelnde Kontrolle und Kontrollierbarkeit der Polizei als Erklärung polizeilicher Gewalt angeführt. Die strafrechtliche Milde gegenüber gewalttätigen Polizisten (Knox/Laske/Doocy 1991:6), der „code of silence" innerhalb der Polizeien (Skolnick/Fyfe 1993:112) sowie die Vertrauensbekundungen der politischen Führung seien nicht geeignet, polizeiliche Gewaltanwendung auf das rechtlich zulässige Minimum zu begrenzen. Um polizeiliches Fehlverhalten und damit auch illegale Polizeigewalt zu reduzieren müßte deshalb „die Demokratisierung im Innern der Polizei" vorangetrieben werden. Bürokratisch-hierarchischer Strukturen seien abzubauen, da weniger Polizeigewalt nicht „ohne weniger Gewalt innerhalb des Polizeiapparates" zu erreichen sei. Außerdem müßten neue und effektivere Kontrollmöglichkeiten geschaffen werden (Maibach 1996: 194f).

4. Gewaltmonopol und Polizeigewalt im Wandel

Zusammenfassende Bewertungen zum Verhältnis von „Polizei und Gewalt" stehen unter großen empirischen Vorbehalten, da nur wenige Daten über polizeiliche Gewaltanwendung erhoben bzw. veröffentlicht werden. Die Vermutung, die innere Gewaltfreiheit versprechende Legitimation des Gewaltmonopols werde dazu führen, daß moderne Gesellschaften eine besondere Sensibilität gegenüber staatlicher Gewaltanwendung entwickeln, hat sich nicht bestätigt. Obgleich physische Gewalt für den Polizeialltag prägend ist, wird ihr nur geringe politische Aufmerksamkeit geschenkt. Dies gilt gleichermaßen für die legalen wie für die als illegal bewerteten Formen polizeilicher Gewalt.

Sowohl die Darstellung des polizeilichen Schußwaffengebrauchs als auch die polizeilicher Übergriffe hat gezeigt, daß es empirisch nur unzureichend gelungen ist, polizeiliche Gewaltanwendung auf ein unvermeidlich erscheinendes Minimum zurückzuführen. Weder durch rechtliche Vorgaben und ihre justitielle Überprüfung, noch durch die Professionalisierung der Einsatzkonzepte und des Personals wird ein zureichender Schutz vor polizeilicher Gewalt gewährleistet.

Daß dies nicht durch den Hinweis auf unglückliche Umstände oder das Versagen einzelner Polizisten erklärt werden kann, geht deutlich aus den Gründen hervor, die polizeiliche Übergriffe erklären sollen. Insofern ist die „Domestizierung" polizeilicher Gewalt nur unzureichend gelungen.

Die diskutierten Ursachen verweisen darauf, daß polizeiliche Gewalthaftigkeit nur im jeweiligen gesellschaftlichen Kontext verstanden werden kann. Der Blick auf den einzelnen Polizisten oder auf die Eigenheiten des Polizeiapparates ist zwar geeignet, einzelne Elemente aufzuzeigen, die zu polizeilicher Gewalt führen. Aus diesen Elementen ergibt sich eine Art latente Gewaltdisposition. Sie wird offenkundig vermehrt dann manifest, wenn Übereinstimmung mit dominierenden politischen oder gesellschaftlichen Tendenzen besteht. Polizeiliche Gewalt gegenüber Randgruppen wird begünstigt durch die vorgängigen sozialen Ausschließungsprozesse. Polizeiübergriffe auf Ausländer müssen im Zusammenhang mit der politischen Thematisierung der Migration als „Ausländerproblem" diskutiert werden. Und Polizeigewalt im Umfeld von Demonstrationen entsteht häufig erst dann, wenn der Anlaß des Protests einen politisch stark polarisierten Konflikt betrifft. Insofern ist polizeiliche Gewaltanwendung Ausdruck dessen, daß eine Gesellschaft es nicht vermocht hat, Konflikte auf gewaltfreiem demokratischen Weg zu lösen. Polizeigewalt ist deshalb gleichzeitig ein Problem der Polizei und ein Problem der friedlichen bzw. unfriedlichen gesellschaftlichen Auseinandersetzung.

Aus dieser Perspektive birgt das polizeiliche Gewaltpotential noch eine weitere Gefahr. Ob es sich um nicht konsensfähige politische Entscheidungen handelt, die durchgesetzt werden sollen, oder ob in privaten Konflikten die Polizei zur Wahrung der eigenen Interessen zu Hilfe gerufen wird: Die Institution Polizei sichert Gewalt als Mittel der Konfliktlösung. Statt Gewalt abzuschaffen, bleibt sie als ein Angebot des Staates präsent, das je nach sozialer und politischer Macht unterschiedlich eingesetzt wird.

Gewalt und Medien

Helmut Lukesch

1. Gewaltqualitäten in den Medien

Nach der etymologischen Herleitung kann mit dem Wort *Gewalt* dreierlei gemeint sein: (1) zum einen die „Anwendung von Zwang" (z.b. in Form der „rohen" Gewalt oder als unrechtmäßiges „gewalttätiges" Vorgehen), (2) dann eine neutrale Bedeutung im Sinn von „Kraft", „Stärke", „Wucht" (z.b. Redegewalt), und schließlich (3) auch im Sinne von „Macht" oder „Herrschaftsbefugnis" (z.b. Vollmacht, elterliche Gewalt, Staatsgewalt) (Brockhaus 1969, 1970; Krey et al. 1986). Allen drei Bedeutungen scheint die Durchsetzung eines fremden Willens gegenüber dem Wollen des Objektes der Gewalthandlung gemeinsam (Eibl-Eibesfeld 1990). Im ersten Fall wird diese Durchsetzung als illegitim, im dritten als legitim angesehen (ohne daß im gegebenen Kontext die Legitimationsbasis für diese Durchsetzung diskutiert werden soll).

Diese Gewaltbegriffe unterscheiden sich von dem Alltagsverständnis von Gewalt. So hat Scheungrab (1993) z.b. im Rahmen mehrerer Interviewstudien zu eruieren versucht, was Jugendliche unter *Gewalt im Film* verstehen. Das dabei zum Ausdruck kommende alltagspsychologische Gewaltverständnis ist vorwiegend auf den *Einsatz körperlicher Gewaltmittel* bezogen (typische Antworten sind: „Jemand wird blutig geschlagen oder ihm wird der Kopf abgehauen." „Wenn jetzt auf grausame Art und Weise z.b. ein Mensch zerstückelt wird oder so ..."). Dabei wird bisweilen auf das *Extreme dieser Handlung* abgestellt, d.h. wenn die Handlungen nicht so brutal wären, würden sie nicht als Gewalt interpretiert. („Also eine richtige Bluttat ... wenn vom Regisseur gezeigt wird, wie da einer schön langsam gemartert wird." „Also eine Schlägerei nicht, eine Messerstecherei auch nicht, das sind normale (!) Auseinandersetzungen.") In Einzelfällen wird auch auf *psychische Gewaltmittel* abgestellt (z.b. „Muß nicht körperlich sein, kann auch seelisch grausam sein, ... einsperren, jemand quälen finde ich echt brutal." „Das kann auch schon Gewalt sein, wenn man einem nur die Pistole an den Kopf hält und so."). *Gewalt gegen Sachen* wird z.T. explizit aus dem Gewaltverständnis herausgenommen (z.b. „Wenn's eigentlich immer um Menschen geht, nicht um die Zerstörung von Sachen"). Dabei wird offensichtlich vergessen, daß Sachen im Besitz von Menschen bzw. der Allgemeinheit stehen und eine Sachbeschädigung (Vandalismus) eben auch eine Verletzung der Rechte anderer Personen bedeutet. Bei einigen wenigen Befragten zeigt sich eine gewisse Sensibilität gegenüber Gewalthandlungen, indem der *Stellenwert der Tat für den Handlungsfortgang des Filmes* gewertet wird („Also, Gewalt beginnt für mich dort, wo halt in einem Film die Handlung in den Hintergrund gedrängt wird ... und dann nur noch geschossen und gemordet und einfach nur noch geschlagen wird.") Der Bereich der *strukturellen Gewalt* (z.B. im Sinn von Ungerechtigkeit der Verhältnisse, ungerechte Verteilung von Lebenschancen, Beeinträchtigung von Interessen anderer, etwa durch Luft- und Gewässerverschmutzung) wird nie spontan angesprochen.

Daß dasselbe Ereignis von unterschiedlichen Rezipienten subjektiv auch als unterschiedlich violent eingestuft werden kann, hat Früh (1995:178) nachgewiesen. Nach seinen, auf der Beurteilung von Filmsequenzen beruhenden, Auswertungen ist zu schließen, daß bildlich dargestellte Gewalt als gewalthaltiger erfahren wird als verbal berichtete Gewalt, daß physische Gewalt als gewalthaltiger interpretiert wird als Akte psychischer Gewalt, daß reale Gewalt als höher gewalthaltig gesehen wird als fiktive Gewalt und daß Gewalt gegen Personen höher als Gewalt gegen Sachen eingestuft wird. Auch Gewalt in einem humoresken Kontext (Slapstick, Komödie, Klamotte, ebenso in Zeichentrickfilmen) wird als solche empfunden. Strukturelle Gewalt (z.B. Umweltverschmutzung) wird wiederum als relativ wenig gewalthaltig beurteilt. Ältere und Frauen sahen allgemein höhere Gewaltintensitäten in den Filmszenen, Bildung erwies sich hingegen nicht als differenzierendes Kriterium.

Abbildung 1: Differenzierungen der Präsentation medialer Gewalt (nach Kepplinger/Dahlem 1990:384[1] sowie Krüger 1994:72).

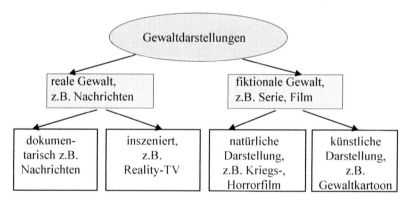

Im Grunde wird nach diesem Alltagsverständnis der Gewaltbegriff weitgehend mit dem Aggressionsbegriff gleichgesetzt, und zwar in dem Sinn, daß jegliches intendierte schädigende Verhalten oder doch zumindest jedes auf Schädigung gerichtete Verhalten (Selg et al. 1988), so es einen gewissen Schwellenwert überschreitet, als Gewalt verstanden wird. Eine solche Begriffsverwendung hat

---

1   Auf die zusätzlich eingeführte Differenzierung in einfache und gewaltlegitimierende Darstellungen wird hier verzichtet, weil dies keine grundlegende Kategorie, sondern ein zusätzlicher, quantitativ variierender Aspekt ist, der in unterschiedlichem Ausmaß allen Gewaltdarstellungen zugeordnet werden kann. Ebenso können hier nicht alle gewaltstrukturell sinnvollen Unterscheidungen (Groebel/Gleich 1993:44) angesprochen werden.

für den gegebenen Kontext den Vorteil, daß darunter sowohl (1) alle durch das Strafgesetz pönalisierten Rechtsverstöße gegen Personen oder Sachen subsumiert werden können, wie (2) auch Verhaltensweisen, die als beeinträchtigend, belastend, bedrohlich, angsterregend etc. erlebt werden, selbst wenn sie unterhalb der Schwelle der Strafandrohung durch ein Gesetz liegen. (3) Im Kontext der Medien wird dieser Begriff noch erweitert, und zwar in der Weise, daß auch nicht-personal verursachte Gewalteinwirkungen (durch Unfälle oder Katastrophen) als Gewaltformen hinzukommen (Krüger 1994:72).

Die Gewaltqualitäten beziehen sich in den medialen Darstellungen (vgl. Abbildung 1) zum einen auf reale Vorgänge in der Welt,[2] zum anderen sind sie literarische Fiktionen.

Hierbei sollte nicht übersehen werden, daß auch in die Dokumentation realer Gewalt gestalterische Momente eingehen. Die Darstellung realer Gewalt ist nicht bloßes Abbild einer sozialen Wirklichkeit, sondern immer gestaltetes Abbild eines realen sozialen Prozesses – abgesehen von „Zeitungsenten" und bewußten Gewaltinszenierungen, wie sie aber als Futter für die Medien durchaus üblich sind.[3] Sehr deutlich wird diese Inszenierung in nachgestellten Berichten über reale Ereignisse (Reality-TV[4]). Aber auch bei dokumentarischen Beiträgen kann durch optische Kommentierung (Ereignisauswahl, Kamerawinkel, Schnittfolge, Zeitlupe) und verbale Kommentierung (Verwendung negativ oder positiv besetzter Begriffe zur Qualifizierung gewalthaltiger Ereignisse) auf die Rezeption eines Ereignisses Einfluß genommen werden (Kepplinger 1987; Kepplinger/Giesselmann 1993). Durch den Einbezug von Unterhaltungselementen in den Nachrichtenkontext (Infotainment) und die Verwendung (fast) realer Ereignisse zu Unterhaltungszwecken (Entermation) wird dabei für den Zweck einer kurzfristigen Maximierung von Zuschauerzahlen eine eventuell weitreichende Veränderung beider Bereiche in Kauf genommen. Zudem sind auch Nachrichten keine unverbundenen Ereignisse, sondern es wird über ein Ereignis über

---

2 Schwierig zu bewerten ist die Frage, ob es grundgesetzliche Grenzen der Darstellung realer Gewalt geben sollte. Nach Rödding (1994) scheint klar, daß jeder in Medien gezeigte Gewalttakt ein Verstoß gegen GG Art. 1 darstellt („Die Würde des Menschen ist unantastbar"). Andererseits ist die Welt nicht gewaltfrei; zur Freiheit der Berichterstattung gehört daher auch die Information über Gewaltanwendungen. Grenzen werden von ihm dann gesehen, wenn Menschen zum Objekt gemacht werden und lange Szenen des Folterns zur Befriedigung von Sensationsgier dargestellt werden. Aber wer bestimmt, wann dies der Fall ist? Im Bereich des Fiktionalen werden hingegen keine subjektiven Grundrechte verletzt, es geht hier daher nicht um die Freiheit der Berichterstattung, sondern um die Freiheit der Meinungsäußerung bzw. um die Kunstfreiheit.

3 Das wohl bekannteste Beispiel ist die Fälschung der Hitlertagebücher durch Konrad Kujau, auf die der Stern hereingefallen ist. Aber auch die Fälschungen von Fernsehberichten durch den Journalisten Born, die u.a. an stern-tv verkauft wurden, sollen nicht unerwähnt bleiben. Selbst die Produktion von fiktiven Videos über das Privatleben Prominenter ist Realität, man denke an den der Sun untergeschobenen Fall von Prinzessin Diana. Aber wie immer, im Dunkeln bleibt das „Dunkelfeld". Mit leistungsstarken Graphikprogrammen kann man heute beliebige Personen in einen Videofilm hineinschneiden und somit neue, scheinbar reale Bilder produzieren.

4 Eine inhaltsanalytische Feinanalyse dieser Programmkategorie wurde von Jonas und Neuberger (1996) vorgelegt.

längere Zeit berichtet. Dies kann zu einem Handlungsstrang mit entsprechenden Wirkmöglichkeiten führen, der dem eines Dramas nicht unähnlich ist.[5]
Fiktionale Medienprodukte mit violenten oder anderen Inhalten stellen (fast) immer künstlich erzeugte, virtuelle Wirklichkeiten dar, die von der Realität der vorgefundenen, natürlichen Welt beliebig abweichen können. Bis heute hat sich diese Vielfalt der medialen Produktionsmittel, vom Bild- und Printbereich ausgehend, über die auditiven Medien und die audio-visuellen Informationsträger bis zu dem Grenzbereich der interaktiven Computerspiele und den durch Handlungen des ganzen Körpers relativ realitätsnahen Erfahrungsformen von Cyber-Space erweitert (Lukesch 1997:9); jedes dieser Medien kann mit seinem eigenen Code die Gewaltthematik an Rezipienten transportieren. Auch hier wieder sind Hybridprodukte möglich, man denke an die vielen Filmfolgen der „Gesichter des Todes", in denen reale Tötungen, mißlungene Stunts mit schwersten Folgen, Unfälle bei Autorennen etc. zu Filmlänge zusammengeschnitten und mit dümmlichen Kommentaren zur Unterhaltung angeboten werden. Ebenso ist nicht für jeden Zuschauer ersichtlich, daß die TV-Sendung „Wrestling" keinen Bericht über reale Wettkämpfe darstellt, sondern in den Bereich der gestellten, der fiktionalen Gewalt gehört.

Bei der Behandlung des Gewaltthemas in den Medien können u.a. folgende Fragen gestellt werden:

1. In welchem Ausmaß sind Gewaltangebote in den Medien verbreitet? Diese Frage kann mit Hilfe von Inhaltsanalysen relativ genau für den Bereich des Fernsehens (Groebel/Gleich 1993; Krüger 1994; Wilson et al. 1997) beantwortet werden. Früh (1995:173) problematisiert allerdings die bei Inhaltsanalysen notwendige „normative" (verstanden im Sinne von begriffsanalytisch) Festlegungen von Gewalt, da die Möglichkeit besteht, daß nicht als violent konzipierte Akte als durchaus gewalthaltig vom Rezipienten erfahren werden könnten bzw. umgekehrt eine Gewalthandlung subjektiv als harmlos erlebt werden kann; solche Unschärfen sind aber u.E. nicht problematisch, da es nicht um die Rekonstruktion subjektiver Gewalttheorien geht.

2. Die nächste Frage richtet sich auf die Rezeption des Gewaltangebotes durch unterschiedliche Nutzergruppen. Angebot und Nutzung eines Angebotes in den verschiedenen Rezipientengruppen sind naheliegenderweise nicht identisch, wohl aber aufeinander bezogen, da die Medien ihre Produkte gewinnbringend vermarkten wollen und deshalb Rezipientenwünsche berücksichtigen bzw. hervorrufen müssen.

---

5 Im Jahr 1991 wurde von uns mit der Bogardus-Skala eine Pilotstudie über die soziale Nähe zu verschiedenen Nationen unter Einbezug des Geschlechts (d.h. also die soziale Nähe zu einem Holländer / einer Holländerin, einem Juden / einer Jüdin etc.) durchgeführt. Wie nicht anders zu erwarten, war im Kontext des Bürgerkrieges in Bosnien die soziale Distanz zu einem Serben am höchsten.

3. Hieran schließt sich zwingend die Frage an, ob die Art der Nutzung dieses Angebotssektors auch zu vorhersehbaren Wirkungen bei den Rezipienten führt.[6] Wie Groebel und Gleich (1993:13) bemerken, stellen die Angebote das „Potential dar, aus dem sich mögliche Wirkungen ergeben können". Inhaltsanalysen können potentielle Wirkvermutungen nur insofern begründen (im Sinne der Erklärung oder Vorhersage individueller Ereignisse; Lukesch 1997:35f), wenn sie im Rahmen des Hempel-Oppenheimschen Erklärungsschemas (Stegmüller 1969) die Rand- oder Antezedensbedingungen spezifizieren, unter denen die gesetzesartigen Aussagen einer Theorie Geltung beanspruchen. Problematisch scheint die Meinung, „was das Publikum nicht als gewalthaltiges Medienangebot erkennt, kann auch nicht als gewalthaltiges Medienangebot wirken" (Früh 1995:173). Diese Aussage ignoriert die Möglichkeit latenten Lernens bzw. des Lernens von Handlungsmöglichkeiten, ohne daß diese auch semantisch kodiert sein müßten.

2. Reale und fiktionale Gewaltangebote im Fernsehen

2.1 Fiktionale mediale Gewaltangebote und ihre Nutzungen

Es ist eine filmspezifische Eigenheit, daß Gewalthandlungen (im Unterschied zu prosozialen Thematiken) leicht in Bilder umgesetzt werden können und daß mit ihnen Spannung erzeugt werden kann; Spannungssuche und Spannungsmanagement sind wiederum wesentliche Motive für die Medienzuwendung (Hassanein 1995:56; Brosius/Schmitt 1994). Bedingt durch die Nachfrage nach ökonomisch produzierbaren Sendungen für das Fernsehen haben deshalb Filme mit einem hohen Gewaltanteil große Verbreitung gefunden. In den USA führte dies schon früh zu Klagen, das Fernsehen stelle zu viele Verbrechen dar. Mit inhaltsanalytischer Methodik wurde deshalb seit den 50er Jahren der Gewaltanteil an den Fernsehprogrammen objektiviert (Logan 1950; Gerbner/Gross 1973).

In einer aktuellen Analyse fand Hickey (1992; zitiert nach Groebel/Gleich 1993:40) in dem Angebot von zehn US-Sendern an einem Tag 1.846 aggressive Akte, in 175 Szenen endete die Gewaltanwendung mit dem Tod eines Kontrahenten, 389 Szenen zeigten schwere Angriffe, in 362 Szenen kamen Schießereien vor und 673 Szenen zeigten Schlagen, Prügeln und starke Bedrohung. In neuen Programmformen (Musikvideos, Filmtrailers und Reality-TV) waren die Gewaltszenen deutlich erhöht. Pro Stunde wurden von jedem Sender zehn Gewaltakte gezeigt, wobei ein Drittel davon lebensbedrohende Angriffe ausmachten. Bis in die neueste Zeit sind im internationalen Vergleich in den USA, ge-

---

6 Auf die weiterführenden Fragen, ob sich aus Erkenntnissen der Medienwirkungsforschung Konsequenzen in bezug auf die Prävention von Gewaltdispositionen ziehen lassen oder ob ausgehend von anderen Bereichen des technologischen Veränderungswissens (Patry/Perrez 1982) solche Empfehlungen ausgesprochen werden können, soll in diesem Kontext nur verwiesen werden.

folgt von Japan, die gewalthaltigsten Programme verbreitet (Huesmann/Eron 1986:21; Iwao et al. 1981:31).

Die neueste „National Television Violence Study" (Wilson et al. 1997:5) enthält zudem folgende Schlußfolgerungen: „(1) the context in which most violence is presented on television poses risks for viewers; (2) the negative consequences of violence are not often portrayed in violent programming; (3) perpetrators go unpunished in most scenes of violence; (4) violent programs rarely employ an antiviolent theme; and (5) on the positive side, television violence is usually not explicit or graphic."

Während für den US-amerikanischen Bereich Inhaltsanalysen der Fernsehprogramme eine lange Tradition haben, sind für die deutsche Fernsehlandschaft systematische Analysen erst in den letzten Jahren vorgelegt worden. Nach diesen Untersuchungen sind aber auch im deutschen Fernsehen die Gewaltanteile nicht unbeträchtlich.

Tabelle 1: Aggressive Handlungen im deutschen Fernsehen

Sender	Anteil an Gewaltszenen im Programm[*] (in %)	Anteil an Aggressions- szenen im Vor- abendprogramm (in %)	Häufigkeit von Mordszenen je Woche
ARD	6.7	7.9	40
ZDF	7.2	5.5	48
ARD/ZDF (vorm.)	2.1	--	13
SAT 1	7.3	3.9	62
RTL +	10.7	22.8	93
TELE 5	11.7	7.9	93
Pro 7	12.7	52.0	132

Nach: Groebel/Gleich (1993:68, 72, 81).
*) bezogen auf die gesamte Programmzeit

Die Studie der wichtigsten Programme von Groebel/Gleich (1993; vgl. Tabelle 1) für das Jahr 1991 macht deutlich, daß in der Hälfte aller Sendungen zumindest milde Formen von Gewalt vorkommen, z.B. Bedrohungen, Schlagen, Schreien, heftige aggressive Gesten; anders gewendet, pro Stunde werden fünf aggressive Handlungen gezeigt; auch schwerste Gewalttätigkeiten sind in der Form von 481 pro Woche gezeigten Morden hinreichend oft vertreten. Die Verfasser stellen fest, „die Tötung von Menschen ist zum Teil zu einem selbstverständlichen Programmelement geworden" (ebd.:73). Daß in den Programmen der Privatanbieter der Gewaltanteil besonders hoch ist, ist damit zu erklären, daß diese aus Kostengründen viele US-Importe vermarkten und durch diese Art der Spannungserzeugung die für die Werbeetats wichtigen Einschaltquoten erhöhen wollen.

Zusätzlich seien einige Befunde aus der qualitativen Analyse der Gewaltakte erwähnt, die für die Wirkpotenz von Fernsehgewalt bedeutsam sein könnte
(ebd.:83f): Gewaltakte bestehen zumeist in körperlichen Aggressionen (32 %),
begleitet von Schußwaffengebrauch (20,9 %). Bei zwei Dritteln aller Akte sind
die Motive aus dem Kontext nicht unmittelbar zu erkennen und die „Aggression
erscheint besonders häufig als eine Möglichkeit, bestimmte Ziele zu erreichen
oder Konflikte zu lösen" (ebd.:89). Zumeist (74,7 %) hat die Aggression für den
Angreifer keine Konsequenz, er erlebt häufiger dabei Befriedigung (10,4 %) als
Strafe (6,6 %) oder anderweitige Konsequenzen (4,3 %). Auch „eine Einfühlung in das Leiden und die Gefühle der Opfer wird häufig nicht nahegelegt"
(ebd.:93).

Mediengewalt ist eine weltweite Realität, wobei vor allem die belohnenden
Aspekte der dargestellten Gewaltausübungen zur Entwicklung einer „global aggressive culture" (Groebel 1998:217) beitragen.

Eine ähnliche Studie hat Krüger (1996) für Kinder vorgelegt. Danach sind
3,7 % der Zeit vom Gesamtprogramm aller untersuchten Sender mit Gewaltakten besetzt, diese werden vorwiegend von den Sendern Pro 7 (33,2 %), RTL 2
(19,0 %), RTL (15,2 %) und Sat 1 (12,9 %) gesendet; ARD (10,4 %) und ZDF
(9,4 %) nehmen vergleichbare Gewaltanteile von dieser Gesamtmenge ein. Je
schärfer die Gewaltdefinition vollzogen wird (vgl. Fußnote 9), desto höher fällt
der Anteil von Pro 7 aus. Begrenzt man die analysierten Sendungen auf solche
mit einer Einschaltquote > 4 % in der Zielgruppe der Kinder, so steigen in diesen häufiger genutzten Sendungen die Gewaltsequenzen auf 5,6 % der Sendezeit. D.h. Gewalt scheint für Kinder attraktiv und führt zu selektiver Zuwendung. Über 90 % der von Kindern gesehenen Gewaltdarstellungen entfallen auf
die privaten Fernsehanbieter (an erster Stelle liegt wieder Pro 7 mit einem Anteil von 44,5 %). Da sich Kinder den Informationsangeboten weitgehend entziehen, erfahren sie Gewalt überwiegend aus dem Fiction-Bereich; eine Ausnahme
tritt in bezug auf RTL auf; hier werden Reality-TV und Boulevardsendungen
von Kindern noch relativ häufig genutzt, so daß sich bei diesem Sender 27,2 %
der Gewaltrezeption auf Informationssendungen (mit einem Schwerpunkt bei
Reality-TV) beziehen. Realistische Gewalt von extremer Intensität („hard violence") wird aber von Kindern eher vermieden.

1998 wurden die ersten Ergebnisse der in 23 Ländern durchgeführten
UNESCO-Studie über Mediengewalt und Kinder vorgelegt (Groebel 1998). In
dieser Studie wurde länderübergreifend bestätigt, daß das Fernsehen das am
häufigsten genutzte Medium darstellt. Weltweit kennen 88 % der Kinder Arnold
Schwarzenegger in seiner Rolle als „Terminator". In Ländern mit einer hochaggressiven Umgebung wollen 51 % aller befragten Kinder so wie Schwarzenegger sein, in Ländern mit weniger gewalthaltigen Umgebungen immerhin noch
35 %.

Über die verschiedenen Kanäle gelangen noch zahlreiche weitere Gewaltangebote an Rezipienten, besonders an Kinder und Jugendliche.[7] Dabei ist Video das Distributionsmedium, das seit langem mit besonderer Sorge begleitet wird, befindet sich doch in den mehr als 16.000 ausleihbaren Videofilmen ein beträchtlicher Bestand an als jugendgefährdend[8] eingeschätzten Produkten. (Im JMS-Report vom Juni 1998 sind 2.686 indizierte Videofilme und 369 Computerspiele aufgeführt; aufgrund ihrer menschenverachtenden Gewaltdarstellungen wurden in Deutschland 138 Informationsträger und wegen harter Pornographie 157 Medienprodukte beschlagnahmt).

Das Angebot schafft sich trotz der mit einer Indizierung gepaarten Vetriebsbeschränkungen seinen Markt, d.h. die Nutzung von Gewaltfilmen floriert weiterhin. Nach repräsentativen Daten von Weiß (1993) hat der Anteil an Schülern der 8./9. Klassen, die als Extremseher von Gewalt zu qualifizieren sind (das sind nach der verwendeten Definition solche, die mehr als 50 Horror- und Gewaltfilme gesehen haben), zwischen 1989 und 1992 von 6,8 % auf 10 % zugenommen, das Segment der Vielseher (Kinder, die 11 bis 50 solcher Filme kennen) hat sich von 10 % auf 12 % gesteigert. Besonders an Haupt- und Realschulen war die Zunahme deutlich. Zudem hat sich das Einstiegsalter in den Konsum von Gewaltfilmen zusehends in den Grundschulbereich verlagert: Fast jeder zweite Schüler hat seinen ersten Horror- bzw. Gewaltfilm vor dem zehnten Lebensjahr gesehen. Spätere Exzessivseher haben auch früher mit dieser Art des Filmkonsums begonnen. Über die gesamte Stichprobe hinweg war jeder dritte Einstiegsfilm indiziert, d.h. für diese Filme war von der Bundesprüfstelle für jugendgefährdende Schriften (BPS) ein Verbreitungsverbot für Kinder und Jugendliche ausgesprochen worden, 15 % waren beschlagnahmt (sollten also auf dem Markt gar nicht mehr erhältlich sein).

Nach unseren Trenddaten (Lukesch et al. 1989b:73; 1989a:132) sind es ca. ein Drittel aller unter 18jährigen, die indizierte Videos spontan bei freier Nennung unter ihren Lieblingsvideos aufzählen. Betrachtet man ausgelesene Stichproben, so erhöht sich dieser Anteil noch wesentlich, z.B. bei männlichen Berufsschülern auf 57 % (Scheungrab 1989:263) oder auf 62 % bei Kindern/Jugendlichen, die in Heimen aufwachsen (Froschhammer 1992). In den neuen Bundesländern ist der Stand der alten bereits erreicht bzw. übertroffen (ca. 45 %

---

7 Da Erwachsene bei ihrem Konsum von Mediengewalt (mit Ausnahme der als sozialethisch desorientierend eingeschätzten Produkte wie harte Pornographie [u.a. auch Kinderpornographie], menschenverachtende Gewalt, Verherrlichung des Nationalsozialismus, oder bei einem Verstoß gegen den Schutz der persönlichen Ehre) in der Bundesrepublik Deutschland keiner Kontrolle unterliegen (vgl. das Zensurverbot im Art. 5 des Grundgesetzes) fehlt es an der Motivation, entsprechende Nutzerstudien bei Erwachsenen durchzuführen. Es wäre andererseits völlig verfehlt, nur in Kindern potentielle Risikogruppen für den Einfluß von Mediengewalt sehen zu wollen (Huesmann et al. 1997:189), vielmehr ist keine Altersgruppe gegen diese Einflüsse gefeit.

8 Die Tatbestände einer Jugendgefährdung betreffen (1) massive mediale Gewaltdarstellungen (z.B. Selbstjustiz), (2) Verherrlichung der NS-Ideologie, (3) Aufstachelung zum Rassenhaß, (4) Kriegsverherrlichung, (5) Frauendiskriminierung und (6) Pornographie, wobei zu bedenken ist, daß bereits die „einfache" Pornographie als schwer jugendgefährdend eingeschätzt wird und deshalb automatisch als indiziert gilt.

Nutzer indizierter Videos, 10 % Nutzer beschlagnahmter Videos; Lukesch 1992). Aber auch Kinofilme mit künstlerischem Anspruch vermarkten immer deutlicher Gewalttaten (z.B. „Pulp Fiction", „Robocop", „Die Hard", „Natural born Killers", „Das Schweigen der Lämmer"). Van der Voort/Beentjes (1997:88) sprechen hierbei von ultraviolenten Filmen; auch dafür mögen viele Rationalisierungen gefunden werden (rationalisierende Stichworte sind dabei „Ästhetik der Gewalt", exzessive Gewaltdarstellungen als Form der „Medienkritik" oder als „Ironisierung der Medienwirklichkeit").

Wie die Nutzungsdaten aus Deutschland belegen, können gesetzliche Maßnahmen allein nur eine beschränkte Wirkung entfalten. Sie sind allerdings auch nicht nutzlos, wie bisweilen zu suggerieren versucht wird (man vergleiche hierzu die These, daß gerade das Verbotene zu seiner Verwendung anreizt); ein Gesetz, das Handlungen mit Strafen belegt, kann niemals Garant dafür sein, daß diese Taten nicht mehr begangen werden (es wäre aber unsinnig zu behaupten, daß z.B. Geschwindigkeitsübertretungen nur deswegen begangen werden, weil es geschwindigkeitsbegrenzende Maßnahmen gibt). Eine gesetzliche Regelung hat zumindest Signalwirkung für gesetzesloyale Bürger.

2.2 Mediale Angebote realer Gewalt und ihre Nutzungen

Auch für die Präsentation realer Gewalt im Fernsehen ist die Studie von Groebel/Gleich (1993:74f) aussagekräftig (vgl. Tabelle 2). Nach den analysierten Sendungskategorien über das Informationsangebot im Fernsehen schwankt die Darstellung realer Gewalt wieder sehr stark nach dem jeweiligen Sender. Die höchsten Gewaltanteile innerhalb des Nachrichtenangebots weist RTL auf, z.T. sind diese Anteile (Darstellung körperlicher Gewalt) siebenfach höher als bei ARD und ZDF.

Tabelle 2: Gewaltanteile in Nachrichten- und Informationssendungen

Sender	Gewalt allgemein (in %)		Körperliche Gewalt (in %)	
	Nachrichten	Info/Dok	Nachrichten	Info/Dok
ARD	8.1	5.8	1.4	0.5
ZDF	11.3	4.1	0.7	1.3
SAT 1	12.3	3.8	2.5	2.7
RTL	15.4	2.0	7.6	1.9
TELE 5	9.4	2.8	0.3	1.4
Pro 7	10.2	13.5	2.6	--

Nach: Groebel/Gleich (1993:76);
Prozentangaben in bezug auf die Gesamtzeit pro Sender und Genre

Quantitative Unterschiede in den Gewaltanteilen bestehen im Vergleich zu den fiktionalen Angeboten (Filme, Serien), wobei die Gewaltanteile in diesen Genres die der Informationsgenres deutlich überwiegen; auf den Nachrichtenbereich entfallen nur 10 % aller im Programm gezeigten Gewaltakte, unter Einschluß von Dokumentationen und Reportagen steigt dieser Anteil auf knapp 15 %. Diese Unterschiede sind auch in Studien anderer Länder nachweisbar, wobei wiederum die Gewalthaltigkeit von Sendungen im Fiction- und im Nonfiction-Bereich nach Ländern variiert (besonders hohe Gewaltanteile in den US-Produktionen; vgl. auch Dorfman et al. 1997; Mustonen 1997).

Im Nachrichtenbereich beziehen sich dargestellte Gewaltakte vor allem auf Kriege (24,3 %), Rassen- und Minoritätenkonflikte (29,8 %), Kriminalitäts- und Verbrechensdarstellung (18,3 %), politische Auseinandersetzungen (16,6 %), Terrorismus (6,4 %) sowie eine Restkategorie (4,7 %). Oft fehlt bei Gewaltdarstellungen (z.B. bei Verbrechen) der Bezug auf einen erklärenden Kontext, z.B. in der Weise, daß kriminelle Gewalttaten kein Zufallsprodukt sind, sondern nach ausgewählten sozialen Mustern erfolgen (Dorfman et al. 1997). Deutliche Unterschiede in der Qualität der Gewaltpräsentation sind im Vergleich zu den fiktionalen Genres gegeben; es bleiben zwar auch hier 55,3% aller Gewalttaten ohne Konsequenz für den Aggressor, aber immerhin wird in 39,5% der Akte Strafe sichtbar und in 5,3 % wird sogar Reue der Täter gezeigt. Zu kurz kommt auch im Nachrichtenbereich die Perspektive des Opfers. Werden Nachrichten wie schnelle Action-Video-Clips geschnitten, so fällt es schwer, das dargestellte Leid (durch Krieg, Hunger oder Katastrophen) wirklich zu erfahren; Opfer sollten hingegen, um Empathieleistungen zu ermöglichen, als Menschen in ihrem Schmerz erkennbar werden. Allerdings wären auch hier sensible Grenzen zu beachten.

Eine etwas anders gelagerte Studie wurde bezogen auf das Jahr 1993 von Krüger (1994) vorgelegt. Erfaßt wurden dabei die Genres Information (Nachrichten, politische und nichtpolitische Informationssendungen) sowie Reality-TV und vier Stufen sich steigernder Gewaltpräsentation.[9] Nach den ermittelten Gewaltraten (zeitlicher Anteil von Gewaltdarstellungen an dem Genre Information/Reality-TV) beziehen sich – in fast völliger Übereinstimmung mit der Schätzung von Groebel/Gleich (1993, s.o.) – 9 % des Angebotes aus dem Bereich Information/Reality-TV auf Gewaltdarstellungen, allerdings erfüllen nur 0,9 % der analysierten Akte das Kriterium der „hard violence". RTL liegt in seinem Gewaltanteil mit 17,6 % weit über den Sendern ARD (6,8 %), ZDF (6,2 %) und Sat.1 (9,3 %), diese Rangreihe bleibt auch bei Fokussierung auf einzelne Gewaltstufen bestehen. Der relativ hohe Anteil an Gewalt in den Informationssendungen der privaten Anbieter läßt sich auf die extrem hohen Gewaltanteile in der Unterkategorie des Reality-TVs (ein Sendungsformat, das in den öffentlich-rechtlichen Rundfunkanstalten so gut wie nicht präsent ist, sieht man von der Serie „Aktenzeichen XY ..." einmal ab) zurückführen. „Hard vio-

---

9 Folgende Varianten werden unterschieden: (1) alle Gewaltdarstellungen mit mindestens einem sichtbaren Gewaltelement (Täter, Tat/Ereignis, Opfer/Betroffener, Schaden), (2) Gewaltdarstellungen mit Opfern/Betroffenen, (3) Gewaltdarstellungen mit sichtbarer Tat/Ereignis, (4) Gewaltdarstellung vom Typ „hard violence", d.h. Tat/Ereignis sichtbar gezeigt, Töten/Zerstören oder Tote/Verletzte sichtbar gezeigt, die Intensität der Gewaltausprägung, des Schadens oder der Grausamkeit ist stark ausgeprägt.

lence" in den öffentlich-rechtlichen Anstalten ist vorwiegend auf politische Information „mit real-authentischer Darstellungsweise und aufklärender Absicht" bezogen; im Reality-TV überwiegen hingegen inszenierte und emotional aufgeladene Darstellungen, die „primär auf emotionale Erregung und Aufmerksamkeit" hin orientiert sind (ebd.:80).

Es ist aufschlußreich, daß ähnliche Ergebnistrends auch für das US-amerikanische Fernsehen gelten (Whitney et al. 1997): Von den realitätsbezogenen Programmkategorien enthalten „nur" 38 % visuelle Gewaltdarstellungen, zusätzlich wird in 18 % der Sendungen über Gewalt gesprochen; die öffentlichen Fernsehkanäle senden weniger Gewalt als die privaten, und die Autoren empfehlen eine zusätzliche Nutzung von Beratungsmaßnahmen und die Verschiebung von Gewalt auf spätere Sendezeiten.

3. Wirkungen der Nutzung medialer Gewaltangebote

3.1 Allgemeine Wirkannahmen

Es ist Alltagsüberzeugung (Remschmidt et al. 1990:198), daß eine Gewöhnung an Gewalt und die Einschätzung von Gewalt als normales Mittel zur Konfliktlösung durch die vielfältigen Formen erlaubter und gutgeheißener Gewalt in der Gesellschaft (Gewalt in der Familie, z.B. durch mißhandelnde Mütter, in der Schule oder eben auch in den Massenmedien) eintritt:

> „Dramatische, besonders spektakuläre Gewaltdarstellung ermutigt, stimuliert und rechtfertigt Gewaltanwendung. Selbst wenn die dargestellte Gewalt nicht unmittelbar nachgeahmt wird, führt die ständige Überschwemmung des Bewußtseins mit Gewaltreizen zur Trivialisierung der Gewalt, die als alltägliches Ereignis weder als ungewöhnlich eingestuft noch vermieden wird. In ihren Konfliktlösungsmodellen wird der gerechtfertigte vorschnelle, sogar präventive Gebrauch von Gewalt ermutigt. ... Ständige Gewaltdarstellung reizt zu erhöhtem Gewaltkonsum." (ebd.:203).

Die vielfältigen Wirkannahmen in bezug auf gewalthaltige Medien sind zum einen in mehr oder minder beliebigen und unverbundenen Wirkthesen formuliert worden (vgl. Abb. 2). Hierbei sind mit Willkür und ohne auf eine integrative Rahmentheorie zu achten aus Einzelbeobachtungen und -untersuchungen Thesen aufgestellt worden, aus denen sich die an dieser Diskussion Interessierten beliebige Standpunkte aussuchen können; Selg (1987) hat schon früh darauf verwiesen, daß damit einer verharmlosenden und den Interessen der Medienanstalten dienenden Interpretation der Ergebnisse zur Gewaltwirkungsforschung Vorschub geleistet wird.

1. *Katharsisthese:*[10] Hier wird im Verweis auf die aristotelische „Theorie" der antiken Tragödie auf die reinigende Wirkung der Beobachtung von Gewalt

---

10 Der Katharsisbegriff wird im übrigen unterschiedlich verwendet. Diese begriffliche Vielfalt kann den Laien wieder zu der Auffassung führen, daß an der Katharsisthese (z.B. Abreagieren emotionaler Spannungen durch körperliche Aktionen) doch etwas dran sein könnte, und möglicherweise

verwiesen; Zuschauer medial dargestellter Gewalt sollten durch die stell-vertretende Abreaktion negativer Tendenzen von ihren dunklen Emotionen befreit werden. Medial dargebotene Gewalt führt jedoch in der Regel zu keinem kathartischen Effekt (Charlton 1972:165; Andison 1977). Die Hypothese der stellvertretenden Aggressionskatharsis (Feshbach 1961) gilt selbst unter spezifischen Vorbedingungen (z.b. vorhergehende Verärgerung und keine Möglichkeit, sich an dem Frustrator zu rächen) in ihrer Pauschalität als eine der best widerlegten Behauptungen in der Medienforschung (Lukesch/Schauf 1990).

2. *Inhibitionsthese:* Diese auf Berkowitz/Rawlings (1963) zurückgehende Beobachtung thematisiert die Erfahrung, daß einige Menschen durch das Betrachten von Gewalt abgeschreckt werden (vgl. hierzu auch den von Brosius (1987) gefundenen differentiellen Effekt, daß ältere Rezipienten durch das Betrachten eines Horrorfilms zu einer Abnahme ihrer Bereitschaft, Gewalt zu legitimieren, neigen, bei jüngeren ist dies allerdings nicht der Fall). Berkowitz und Rawlings (ebd.) führten dies auf eine Zunahme von Aggressionsangst zurück (ein Befund, der im übrigen phänomenologisch nicht von einem kathartischen Effekt zu unterscheiden wäre).

3. *Stimulationsthese:* In der einfachsten Form wird hier ein Ansteigen eigener Gewalttätigkeit oder der Bereitschaft hierzu durch das Beobachten von Gewalt nach dem Motto, „aus Gleichem resultiert Gleiches", angenommen. Bei dieser oft auch in der Gestalt der Nachahmungsthese kolportierten Wirkannahme wird das ganze vielfältige Wissen über differentielle Medienwirkungen außer acht gelassen. In ihrer Schlichtheit ist diese These denn auch leicht zu widerlegen – vielleicht ist dies auch der Grund, warum sie immer wieder thematisiert wird.

4. *Habitualisierungs- oder Gewöhnungsthese:* Hierbei wird an die Gewöhnungseffekte von Gewalt angespielt; die Beobachtung von Gewalt bewirke einen Abstumpfungseffekt gegenüber den erschreckenden medial gezeigten Gewalttaten, Gewalt werde damit veralltäglicht. Auch hier finden sich Autoren, die diesem Effekt einen positiven Aspekt abgewinnen wollen – Gewaltbilder würden also nicht mehr die emotionalisierenden und den Rezipienten bedrückenden Wirkungen auslösen können.

5. *Imitationsthese:* Diese in der Frühzeit der Psychologie verankerte These psychoanalytischen Ursprungs, wonach durch Imitations- oder auch Identifikationsprozesse Handlungen eines attraktiven Protagonisten nachvollzogen würden (auf die Unterschiede von anaklytischer und aggressiver Identifikation sei am Rande verwiesen), scheint auch deshalb immer wieder angesprochen zu werden, weil sie so augenfällig widerlegbar erscheint (das übliche Argument ist, trotz zehntausend in den Medien beobachteter Morde haben fast alle Konsumenten von Mediengewalt selbst nur äußerst selten eine solche Tat begangen). Allerdings lassen sich auch Einzelfälle belegen,

---

wird diese Überzeugung fälschlicherweise dann wieder auf den Katharsiseffekt durch die Betrachtung violenter Medieninhalte übertragen.

in denen direkte Imitationstaten annehmbar sind (man denke an die Tötung eines Kleinkindes durch zwei Zehnjährige in Liverpool).

6. *These der Wirkungslosigkeit von Mediengewalt:* Aus der Vielfalt der vorfindbaren Behauptungen wird gerne gefolgert, daß über Medienwirkungen gar keine Aussagen gemacht werden können. Dieser Standpunkt kommt den Medienvertretern sehr entgegen, da sie dann auch keine Verantwortung für ihre Produkte übernehmen müssen (eine im Medienbereich drohende Produkthaftung wäre eine Art Medien-GAU).

Diese unverbundenen Einzelthesen können in dem Rahmen der „sozial-kognitiven Theorie der Massenkommunikation" (Bandura 1989) integriert werden; dabei lassen sich auch alle differentiellen Effekte unterbringen – z.B. die Behauptung der „double-dose-Theorie", wonach Massenmedien nur als zusätzliche Verstärker real erfahrener Lernbedingungen eine Wirkung entfalten könnten oder der Einbezug von Wertorientierungen, die für die Einschätzung vorgeführten Modellverhaltens wichtig sein können, z.B. die Tatsache, daß Mitleid mit den Opfern einer Gewalttat Aggression hemmen kann); allerdings ist auch klar, daß diese komplexe Theorie nicht insgesamt testbar ist, sondern nur in Teilbereichen geprüft werden kann (zu weiteren aggressionstheoretischen Analysen vgl. Kleiter 1997).

Abbildung 2: Von den Einzelthesen über die Wirkungen medialer Gewaltdarstellungen zur sozial-kognitiven Theorie der Massenkommunikation

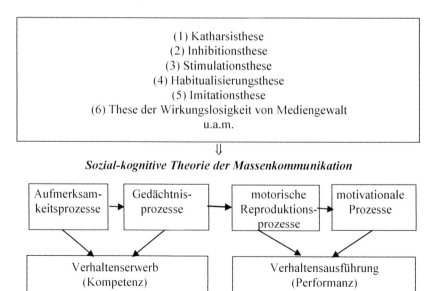

(1) Katharsisthese
(2) Inhibitionsthese
(3) Stimulationsthese
(4) Habitualisierungsthese
(5) Imitationsthese
(6) These der Wirkungslosigkeit von Mediengewalt
u.a.m.

⇓

Sozial-kognitive Theorie der Massenkommunikation

| Aufmerksam-keitsprozesse | Gedächtnis-prozesse | motorische Reproduktions-prozesse | motivationale Prozesse |

| Verhaltenserwerb (Kompetenz) | Verhaltensausführung (Performanz) |

In der sozial-kognitiven Theorie der Massenkommunikation wird davon ausgegangen, daß zwischen einem modellhaften Ereignis (sei dies die Handlung einer realen Person oder auch nur einer fiktiven, die durch einen Text oder Film an einen Rezipienten herangetragen wird) und einer möglichen Modellierungsleistung vier Bedingungskomplexe vermitteln (vgl. Abbildung 2). Je nachdem, wie diese Prozesse verlaufen, wird die Kompetenz zu einem bestimmten Verhalten erworben, oder es werden auch Nachbildungsleistungen auf der Verhaltensebene angeregt oder aber es findet kein Lernprozeß statt (wenn z.B. die modellierte Handlung bereits im Repertoire einer Person verankert ist und die für die Verhaltensausführung bedeutsamen Bedingungen ungünstig ausgefallen sind).

Ein potentielles Modell muß als notwendige Lernvoraussetzung zuerst *Aufmerksamkeit* auf sich ziehen. Hierfür sind (a) eine Vielzahl von Bedingungen der Modellperson wichtig (z.B. wird Personen mit hohem sozialen Status mehr Aufmerksamkeit zuteil als weniger statushohen Modellen; ein Verhalten, das sich von dem anderer Personen im Sinne des Figur-Hintergrund-Prinzips deutlich unterscheidet, ist ebenfalls besser wahrnehmbar; Attraktivität, und zwar im Sinne des Verfügens über wesentliche vom Beobachter gewünschte Eigenschaften, erhöht ebenfalls die Aufmerksamkeitszuwendung); (b) nicht jeder Beobachter (d.h. Zuseher, Leser, Hörer einer Medienbotschaft) sieht und hört die gleiche Botschaft (z.B. wird eine ängstliche Person zur Stimulusselektion neigen; ein Rezipient mit höherer kognitiver Komplexität kann aufgrund von besserem Vorwissen differenzierter wahrnehmen; motivationale Dispositionen und aktuelle Motivationen leiten Selektions- und Interferenzprozesse ein); (c) die Struktur sozialer Interaktion ist ebenfalls bedeutsam (welche Verhaltenstypen kommen in einer sozialen Gruppe oder einem Massenmedium am häufigsten vor).

Was anläßlich dieser Beobachtungsgelegenheiten langzeitlich im Gedächtnis verbleibt, ist von *Behaltens- und Informationsverarbeitungsprozessen* abhängig. Manche der vorgeführten Handlungen werden symbolisch kodiert (z.B. indem sie benannt werden) und in mehr oder minder leicht erinnerbare kognitive Schemata transformiert. Dabei muß das modellierte Ereignis in breits bestehende kognitive Strukturen eingeordnet werden. Dem Beobachter bzw. den in seinem Kopf bestehenden Gedächtnisstrukturen kommt hier eine höchst aktive Rolle zu. Gerade durch elaborierende Wiederholungen (Anreicherung mit Bedeutungen, z.B. auch durch Tagträume) können ursprünglich vorhandene Inhalte auch verändert werden. Modellierte Handlungsschemata, die auf einer motorischen Ebene wiederholt werden können, werden dadurch besonders vergessensresistent.

Durch Aufmerksamkeits- und Gedächtnisprozesse kann die Kompetenz zu einem bestimmten Handlungsmuster erworben werden (man weiß beispielsweise nach dem Anschauen des Films „California", wie man einen Tankwart massakrieren kann); dies aber bedeutet noch lange nicht, daß entsprechendes Wissen auch in Verhalten umgesetzt wird. Verhalten muß in Form *motorischer Reproduktionsprozesse* erst eingeübt werden (wobei dies auch auf einer kognitiven Ebene erfolgen kann, vgl. hierzu die Methode des mentalen Trainings und anderer Formen der Phantasietätigkeit). Förderlich sind hierbei die entsprechenden körperlichen Fähigkeiten, die Verfügbarkeit der für einen Handlungsvollzug notwendigen Teilreaktionen und differenzierte Rückmeldungsbedingungen (Selbstwahrnehmungsfähigkeit bzw. externe Rückmeldung über die Genauigkeit einer Nachbildungsleistung).

Letztendlich entscheidend für die offene Ausführung erlernter Handlungen sind *Verstärkungs- bzw. motivationale Prozesse.* Üblicherweise ist hier zuerst auf den Einfluß (a) stellvertretender Verstärkung hinzuweisen (z.b. ist das Modell für sein Verhalten verstärkt worden, hat es wichtige Ziele erreichen können).[11] Dann sind mögliche (b) Selbstbelohnungs- bzw. Selbstbestrafungsmechanismen (sog. intrinsische Anreize) zu berücksichtigen: Da Menschen im Einklang mit ihrem Wertsystem (oder ihren individuellen Standards) leben wollen, kann aufgrund unterschiedlicher Wertungen das gleiche modellierte Verhalten eine völlig andere persönliche Valenz besitzen. Menschen können sich in Abhängigkeit von der Erfüllung oder Nichterfüllung solcher Standards selbst belohnen (z.B. in Form einer positiven Selbstbewertung) oder auch selbst bestrafen (z.B. in Form von Selbstkritik). Schließlich ist bei der Verhaltensausführung auch noch an (c) externale Verstärkungsprozesse durch real vorhandene Dritte zu denken. Alle diese Bedingungen können auch kognitiv vorweggenommen werden, da man annimmt, daß zwischen einer Person und ihrem Verhalten *Effizienzerwartungen* vermitteln (bin ich in der Lage, das Verhalten auszuführen) und für eine Handlung und seinem möglichen Ergebnis noch *Ergebniserwartungen* (führt eine Handlung auch zu dem beabsichtigten Resultat) wesentlich sind.

Ob eine Nachbildungsleistung letztendlich zustandekommt, ist nach dieser Theorienskizze ein hoch komplexer Prozeß. – Dieser Prozeß kann nicht hinreichend mit den (aus der Psychoanalyse stammenden) Begriffen von Imitation oder Identifikation wiedergegeben werden.[12] Auch mit vielen anderen Begriffen wurde versucht, die hier skizzierten Prozesse zu erfassen. Dies hängt u.a. mit Begriffstraditionen unterschiedlicher Disziplinen zusammen. Z.B. spricht Phil-

---

11 Stellvertretende Verstärkung hat vor allem eine informative Funktion und dient der Umweltdiskrimination: Man kann beispielsweise unterscheiden, in welchen Situationen eine Aktivität auf soziale Zustimmung oder auf Mißbilligung stößt. Von ihr gehen aber auch Anspormeffekte für den Beobachter aus (Antizipation von Belohnung bei gleichem Verhalten). Auch stellvertretende Konditionierungen nach dem klassischen oder dem operanten Paradigma können dadurch eintreten (z.B. können stellvertretend Angstauslöser erworben werden). Die stellvertretenden Verstärkungen bewirken u.U. eine Modifikation des Ansehens des Modells (erfahrene Strafen reduzieren sein Prestige, Belohnungen erhöhen seinen Status). Schließlich bleiben stellvertretende Verstärkungen auch für den Verstärkeragent nicht folgenlos: Je nach Einschätzung der Legitimität oder Illegitimität vorgenommener Verstärkungen durch den Beobachter wird derjenige, der die Verstärkungen ausführt, verändert bewertet.

12 Unter „Imitation" wird die Nachbildung einzelner Verhaltensweisen verstanden, die durch extrinsische Belohnung aufrecht erhalten wird, die Anwesenheit der Modellperson ist dabei wichtig. Der Begriff der „Identifikation" bezieht sich auf die Übernahme von Verhaltensmustern, wobei dieser Prozeß durch intrinsische Bedingungen aufrecht erhalten wird (das Modell ist sozusagen eine charismatische Person, der man ähnlich sein will), durch Identifikation veranlaßtes Handeln findet demgemäß auch in Abwesenheit der Modellperson statt.

lips (1983) aus soziologischer Sicht von einem Suggestionsprozeß, oder im Bereich der Werbewirkungsforschung wird bisweilen von Phänomenen des Imagetransfers ausgegangen. Im Grunde wird mit diesen Begrifflichkeiten die Differenziertheit der in der sozial-kognitiven Theorie der Massenkommunikation angesprochenen Prozesse nicht erreicht, allenfalls werden damit Teilkomponenten des Modellernens angesprochen.

3.2 Wirkungen der Nutzung fiktionaler medialer Gewaltangebote

In Abhängigkeit von Vorerfahrungen und Prädispositionen der Rezipienten sind zwei große Wirkrichtungen der Rezeption medialer Gewalt nachweisbar:

(1) Bei Rezipienten mit wenig Gewalterfahrung (dies sind in der Regel eher Mädchen als Jungen, eher jüngere als ältere Kinder oder Personen mit einem Wertsystem, das Gewalttaten nicht legitimiert), d.h. insgesamt bei Rezipienten, bei denen noch kein Habitualisierungsprozeß an Gewalt stattgefunden hat, führt massiver Gewaltkonsum zu erhöhter Angst und Depressivität (Cantor 1991). Diese Wirkung ist seit der klassischen Studie von Himmelweit et al. (1958) an Kindern nachgewiesen, sie findet ihre Fortsetzung in einer Reihe weiterer Ergebnisse von Befragungsstudien (Brosius/Hartmann 1988; Rieseberg /Martin-Neve 1988; Melchers/Seifert 1984) und in kontrollierten experimentellen Untersuchungen (Gruber 1993; Mezger-Brewka 1993; zusammenfassend vgl. Cantor 1996).

Angst und Aggressivität sind aber – wie bereits ethologische Konzeptionen zeigen – miteinander verbundene Reaktionskreise. Diese Erfahrung wurde auch auf den Medienbereich übertragen, u. zwar in der Weise, daß vermutet wurde, daß hinter medieninduzierten Aggressionssymptomen massive Ängste stehen können (Luca-Krüger 1988). Diese zuerst an Einzelbeobachtungen aufgestellte Vermutung konnte denn auch mit einer pfadanalytischen Auswertungsmethode durch Hopf und Weiß (1996) belegt werden; diese zeigten, daß aggressive Persönlichkeitsdispositionen zwar ganz wesentlich durch das Ausmaß an Horror- und Gewaltkonsum determiniert sind, daß aber auch hohe Angstwerte (vor allem Schuldangst) zu einer Steigerung eigener Aggressivität beitragen.

Zudem kann durch wiederholte Aussetzung gegenüber erschreckenden Bildern ein Habituierungsprozeß eingeleitet werden, der auch zu einer Gewöhnung gegenüber Gewalt im Alltagsleben führen kann (Drabman/Thomas 1974).

(2) Über die aggressionssteigernde Wirkung fiktionaler Gewaltdarstellungen liegt eine Unzahl von (a) Feldstudien, (b) experimentellen Untersuchungen und (c) zusammenfassenden Metaanalysen vor.

(2a) Bereits die ersten Studien aus der Zeit der Einführung des Fernsehens, als noch durch Vorher-Nachher-Designs Medieneffekte überprüft werden konnten, legen aggressivitätssteigernde Effekte medialer Gewaltdarstellungen nahe. So fanden Himmelweit, Oppenheim und Vince (1958), daß bei emotional gestörten Kindern Gewaltdarstellungen zu aggressivem Verhalten führen, bei anderen

Kindern aber Angstgefühle auslösen. Neben den nur für einen kleinen Teil der Kinder geltenden unmittelbar aggressionsauslösenden Effekten meinen die Autoren, durch die Rezeption von Gewaltdarstellungen entstehe langfristig bei Kindern und Jugendlichen die Einstellung, Gewalt sei im Alltag ein normales (und insbesondere männliches) Mittlnstrument der Konfliktlösung. Zu ähnlichen Ergebnissen kamen in den USA Schramm, Lyle und Parker (1961) und Furu (1971) in Japan. Die wohl letzte Studie, die sich dieser Methodik bedienen konnte, stammt aus Kanada; dabei wiesen Joy et al. (1986) im Rahmen der No-tel-, Unitel- und Multitel-Studie (Williams 1986) den aggressionssteigernden Effekt der Einführung des Fernsehens in einem Feldexperiment nach, wobei dieser Steigerungseffekt unabhängig vom ursprünglichen Aggressivitätsniveau oder dem Geschlecht der Kinder auftrat. Dabei vermuten auch sie in der generellen Akzeptanz von Gewalttätigkeit und Aggression durch die entsprechenden Programme den wichtigsten Kausalmechanismus.

Eine weitere Möglichkeit, Effekte gewalthaltigen Medienkonsums zu prüfen, besteht in der längsschnittlichen Erhebung von Medien- und Aggressionsindikatoren und deren kausalanalytischer Auswertung mit Hilfe zeitverschobener Kreuzkorrelationen oder mit Strukturgleichungsmodellen. Eine klassische Studie mit dieser Methodik stammt von Eron et al. (1972), dabei wurde herausgestellt, daß die Präferenz für gewalthaltige Sendungen im dritten Schuljahr der beste Prädiktor für aggressives Verhalten zehn Jahre später war. Viemerö (1996) hat in einer Längsschnittstudie den signifikanten Anteil der Nutzung violenter TV-Programme (als separierbaren Bestandteil einer aggressiven Sozialisationsatmosphäre) auf spätere Kriminalität nachgewiesen. Andere Feldstudien beschränken sich auf querschnittliche Datenerhebungen (Lamnek 1995), versuchen aber neuerdings durch die Prüfung der Anpassung an Modellvorstellungen eine kausale Interpretation von korrelativen Ergebnissen (Lukesch 1990) bzw. schalten den Einfluß ebenfalls möglicher Dritteinflüsse (z.B. Sozialschicht, Geschlecht ...) mittels verschiedener statistischer Techniken aus (Lukesch 1988).

Eine bedeutsame Studie über den Langzeiteinfluß von Fernsehgewalt auf männliche Jugendliche wurde von Belson (1978) in London durchgeführt. Seine Ergebnisse stützen die Hypothese, wonach hoher Fernsehgewaltkonsum zu vermehrten Gewaltakten ernsterer Art führt. Interpretativ führt Belson (ebd.) sein Ergebnis auf einen Prozeß des Abbaues der durch die Sozialisation erworbenen Hemmungen zurück, wobei dieser Prozeß nicht auf einer bewußtseinsfähigen Ebene, sondern unterschwellig abläuft.[13] Dabei haben sich bestimmte Gewaltformen als besonders stimulierend erwiesen, z.B.

---

13 Dies ist ein forschungsmethodisch wichtiger Aspekt: Persönlichkeitsbeeinträchtigende Effekte (z.B. im Bereich der Angststimulation durch Medien) sind bewußtseinsnah, man fühlt sich durch sie gestört und eingeengt; lustvoll erlebte persönlichkeitsstärkende Effekte (z.B. das Gefühl der Stärke durch die Identifikation mit einem gerechtfertigten Gewalttäter), die in der Konsequenz aggressivitätssteigernd sind, fallen dem Rezipienten nicht unmittelbar auf, sind also durch Befragungstechniken nicht zu objektivieren, sondern müssen durch andere empirische Untersuchungsanordnungen sichtbar gemacht werden.

- die moralisch gerechtferigte Gewalt (d.h. die Gewalt für einen guten Zweck; Berkowitz/Rawlings 1963; Berkowitz et al. 1963),[14]
- der sympathische Aggressor,
- die Darstellung der Opfer als feige und hinterlistig,
- Gewalt im Kontext enger Sozialbeziehungen,
- die Belohnung von Gewalthandlungen,
- Gewalt ohne engen Bezug zur Erzählstruktur eines Films,
- Western mit exzessiven Gewaltdarstellungen,
- die sehr realistische Darstellung von Gewalt in einer erdachten Handlung,
- das Fehlen positiver gewaltloser Gegenmodelle oder
- die Herstellung von großer Ähnlichkeit zwischen der Siutation des aggressiven Modells und dem Zuschauer und ebenso die Ähnlichkeit des filmisch dargestellten Gewaltopfers mit einem real existierenden Menschen (Berkowitz/Geen 1966).

Von Lukesch et al. (1989:329) wurden in gleicher Tradition des methodischen Vorgehens verschiedene Maße erhoben, die für das zurückliegende Ausmaß an Gewaltrezeption über Fernsehen, Kino und Video indikativ waren, und mit Aggressivitätsindikatoren in Beziehung gesetzt. Es fällt auf, daß die Gewaltindikatoren für Video und Kino eine stärkere Varianzaufklärung in den abhängigen Maßen mit sich bringen als der Gewaltkonsum über Fernsehen. Eigentümlichkeiten des Angebots und die Rezeptionssituation in einer Gewalttätigkeiten schätzenden Peergruppe können für diese differentiellen Medieneffekte verantwortlich gemacht werden. Lebensweltliche Gegebenheiten (Sozialschicht, Alter, Geschlecht) reduzieren zwar die Enge der gefundenen Zusammenhänge, bringen sie aber nicht zum Verschwinden. Die Korrelationen erlauben (nach Überprüfung bidirektionaler Beziehungen über die Anwendung von Two-stage-least-square-Verfahren) auch eine kausale Interpretation in dem Sinn, daß diese Qualität des Videokonsums eine ursächliche Bedeutung für die Aggressivität der Probanden habe. Andere längerfristige Effekte speziell des Videogewaltkonsums können in einer „Unterentwicklung sozialer und menschlicher Fähigkeiten" (Rieseberg/Martin-Newe 1988:78) sowie einer dauerhaften Persönlichkeitsveränderung im Sinne der Zunahme von Erregbarkeit, von aggressiver Ichdurchsetzung und von spontaner Aggressivität (Weiß 1990) gesehen werden. Ähnlich sind die multivariat angelegten Studien von Kleiter (1994) zu werten.[15]

---

14 Gewalt wird im übrigen in einem rechtfertigenden Kontext als weniger ernst eingeschätzt als in einem nicht-rechtfertigenden (Moore/Cockerton 1996).

15 „Man kann also nicht sagen: ‚Film-Gewalt macht unsere Kinder aggressiv', sehr wohl aber: ‚Film-Gewalt fördert bei ganz bestimmten Kindern die Bereitschaft zu aggressivem Verhalten' – und dies bei bestimmten Konstellationen zusätzlicher Moderatorgrößen bzw. im Rahmen bestimmter Typen, und zwar ziemlich deutlich. Daraus folgt aber nicht umgekehrt, daß für die entsprechenden Untergruppen das Konsumieren von Film-Aggression nur eine unabhängige Zutat oder ein Katalysator oder lediglich ein Bahner für bereits vorher vorhandene Aggressivität ohne Wirkfunktion sei. Der Film ist nicht ‚unschuldig'. Vielmehr wirkt die gesehene Film-Aggression auf eine Schwellenverschiebung von immer mehr tolerierter Aggression im Sinne einer aufschau-

(2b) Die experimentelle Analyse der Effekte von Gewaltfilmen ist mit den Arbeiten der Forschergruppe um Bandura verknüpft. In einer Vielzahl von Experimenten wurden aggressionsimitierende Effekte von Gewaltmodellen überprüft. Befunde, die holzschnittartig zu einer Stimulationsthese zusammengefaßt und im Rahmen der sozial-kognitiven Lerntheorie interpretiert werden können (Bandura 1989), liegen für Kinder (Bandura et al. 1961; Bandura/Houston 1961) wie für Erwachsene (Walters/Thomas 1962; 1963) vor.

> „Das paradigmatische Forschungsdesign für Kinder sieht dabei so aus, daß nach einer Baselineerhebung eine Modellperson gegenüber einer Puppe für die Kinder neuartige aggressive Handlungen vorführt. Dann werden die Kinder leicht frustriert und in einem Spielraum allein gelassen und beobachtet. Kinder, die einem aggressiven Modell zuschauen konnten, reagieren in dieser Spielphase generell mit mehr Aggressionen als Kinder der Kontrollgruppe. Die Effekte treten nicht nur unmittelbar im Kontext des Experimentes auf, sie sind vielmehr – zumindest was deren gedächtnismäßige Repräsentation betrifft – langfristiger Art." (Hicks 1968).

Die experimentellen Bedingungen sind vielfach variiert und zu einem Prozeßmodell des Erwerbs und der Ausführung modellierter Verhaltensweisen ausformuliert worden (Bandura 1989; vgl. Abb. 2). Mussen und Rutherford (1961) stellten z.B. fest, daß bereits die Wahrnehmung von Gewalttätigkeiten auf Bildern das aggressive Verhalten von Erstkläßlern in permissiven Situationen erhöht. Bei Kindergartenkindern wurde die aggressionsstimulierende Wirkung kurzer gewalthaltiger Geschichten, die über ein Tonband dargeboten wurden, von Pass (1983) belegt. Von Charlton (1972) sowie Charlton et al. (1974) wurden mit dem Material einer Westernserie („Rauchende Colts") verschiedene Modellbedingungen überprüft. Es ließ sich eine Zunahme der Aggressionsbereitschaft nach Vorführung unbestrafter aggressiver Verhaltensmodelle demonstrieren; auch ein Wechselwirkungseffekt mit dem häuslichen Milieu trat auf, und zwar in der Weise, daß bei ungünstigen häuslichen Bedingungen selbst bei vorgeführter Bestrafung aggressiven Verhaltens eine wenn auch geringere Zunahme der Aggressionsbereitschaft auftritt. Dieser Befund kann wieder im Sinne der *Double-Dose-Theorie* interpretiert werden, wonach der Effekt gewalthaltigen Medienkonsums besonders bei Kindern, die mit realen Gewaltmodellen konfrontiert sind, zum Tragen kommt (Gerbner et al. 1980; Heath, Kruttschnitt/Ward 1986).

Eine speziell auf das Medium Video ausgerichtete Wirkungsstudie wurde von Brosius (1987) veröffentlicht. Die Untersuchung war so angelegt, daß man die Effekte des Konsums eines realitätsfernen Horrorfilmes und eines realitätsnahen grausamen Filmes untersuchen wollte. Gefragt wurde, ob sich nach einem solchen Filmkonsum die „Legitimation von Gewalt" als eine bedeutsame Vorbedingung für eigenes aggressives Verhalten verändert. Als Ergebnis ist festzuhalten: Bei dem realitätsfernen Horrorfilm steigt nach dem Filmkonsum die Bereitschaft an, Gewalt zu akzeptieren. Der Effekt bleibt über längere Zeit

---

kelnden Teufelsspirale zurück und kann über Nachahmungsprozesse auch allein zu einem Mehr an aggressivem Verhalten führen" (Kleiter 1994:53).

erhalten. Die Darstellung realitätsnaher Gewalt besitzt kurzfristig keinen Effekt, längerfristig bewirkt sie sogar eine Abnahme der Gewaltakzeptanz. Dies ist aber in Zusammenhang mit dem Alter der Probanden zu sehen: Bei jüngeren Zuschauern erfolgt nämlich in allen Fällen eine Aktivation in Richtung höherer Gewaltakzeptanz. Nur bei älteren Zuschauern ist bei realitätsnahen Gewaltdarstellungen die Gewaltakzeptanz nach der Filmvorführung geringer. Die Zunahme an legitimierter Gewalt bei dem realitätsfernen Zombie-Film kann in dieser Gruppe auf Verärgerung zurückgeführt werden, die Abnahme nach dem realitätsnahen Film auf Betroffenheit.

Punktuell sei auch noch auf Zusammenhänge zwischen Medienkonsum und Delinquenz verwiesen (zusammenfassend Lukesch/Scheungrab 1995): Unter Einbezug wichtiger kriminologischer Variablen wurde von Scheungrab (1990) der Zusammenhang zwischen Medienkonsum und Delinquenz bei männlichen Berufsschülern ausdifferenziert. Wie zu vermuten, bestanden enge negative Beziehungen zwischen der Akzeptanz illegitimer Mittel und der Präferenz für Gewalt via Fernsehen oder via Video bzw. der Anzahl der konsumierten indizierten Videos. Umgekehrte Relationen konnten hinsichtlich der Akzeptanz gesellschaftlicher Normen aufgewiesen werden. Zudem schätzten Befragte mit hoher Präferenz für Videogewalt die Wahrscheinlichkeit, bei Straftaten erwischt zu werden (subjektives Delinquenzrisiko), geringer ein als solche mit geringer Gewaltpräferenz. Auch die negative Valenz sanktionierender Maßnahmen wird von Befragten mit hoher Gewaltpräferenz als unbedeutender eingeschätzt als von solchen mit geringer. In einem Kausalmodell konnte unter Berücksichtigung von Familienklima und -strukturmerkmalen sowie Aspekten der Kommunikation über die Medienerfahrungen der im Vergleich zu anderen Medien (Fernsehen, Comics, Bücher) hohe Stellenwert des Videokonsums, vor allem in seiner gewalthaltigen Variante, für delinquenzbegünstigende Merkmale herausgestellt werden.

Letztlich sei noch auf die unmittelbar tatauslösende Wirkung von Gewalt-, Horror- und Pornovideos für Gewalt- und Sexualdelikte verwiesen (Klosinski 1987; Groebel 1989). In Einzelfällen kann von einer direkten Umsetzung beobachteter delinquenter Taten in eigenes Verhalten ausgegangen werden (Glogauer 1991). Auch wenn solche unmittelbaren Umsetzungen filmisch gezeigter Vorbilder nur sehr selten und nur bei bestimmten Jugendlichen oder Erwachsenen offenkundig werden, liegt es in der Natur eines Massenmediums, daß solche Vorfälle nicht singulär bleiben. Erklärungsmöglichkeiten hierfür bieten sich durch die Identifikation mit normverletzenden filmischen Modellen, den von diesen in Filmen angebotenen Neutralisierungstechniken (Sykes/Matza 1974), den mit den Filmen bewirkten Abbau von Delinquenzrisiken, der Darstellung geringer Bedeutsamkeit sanktionierender Maßnahmen und der Akzeptanz illegitimer Mittel (Scheungrab 1990).[16]

---

16 Auch das alltagspsychologisch scheinbar überzeugende Argument, „ich habe auch solche Filme gesehen und bin nicht gewalttätig geworden", ist zu einfach. Für die Ausführung einer Gewalttat müssen naheliegenderweise eine Reihe situationaler Umstände (ein aktueller Konflikt, ein poten-

(2c) Die erwähnten Arbeiten sind nur illustrative Beispiele. Es ist klar, daß bei der Unzahl vorliegender Studien auch Untersuchungen ohne einen solchen Effektnachweis vorhanden sind. Dies resultiert allein aus der Prüflogik, die – solange der Prozentsatz hypothesenkonträrer Befunde nicht die 5 %-Marke übersteigt – von einer Hypothesenbestätigung ausgeht.[17] Ergänzend zu diesen Einzelstudien sind daher die entsprechenden Übersichtsarbeiten und Metaanalysen heranzuziehen.

So haben Selg (‚Risikothese‘ 1993; 1990), Roberts und Bachen (1981), Comstock et al. (1978) ebenso wie Andison (1977) in bezug auf das Medium Fernsehen den insgesamt aggressivitätsstimulierenden Effekt von Gewaltdarstellungen bei Kindern und Jugendlichen herausgearbeitet. Huesmann et al. (1997) schließen in ihre Analyse noch violente Videospiele sowie Musikvideos ein, wobei von letzteren Medien weniger starke Effekte belegt sein sollen als von Gewaltdramen. Die dabei angesprochenen Mechanismen beziehen sich ihrer Analyse gemäß auf (1) Beobachtungslernen von Verhalten und (2) von Denkmustern, (3) kognitive Rechtfertigungsprozesse, (4) kognitive Primingprozesse (z.B. Anregung aggressiver Gedanken), (5) emotionale und kognitive Desensibilisierung gegenüber Gewalt und (6) Erregungsentstehung und -transfer.

Neben diesen narrativen Zusammenfassungen ist vor allem die Meta-Analyse von Hearold (1986) zu erwähnen. Sie bestätigte einen bedeutsamen Effekt antisozialer Medieninhalte auf antisoziales Verhalten der Rezipienten, wobei die Wirkungen bei Jungen ab dem 7. bis 9. Lebensjahr wesentlich stärker waren als bei den Mädchen und Effekte im Sinne einer Generalisierung auf viele und nicht nur spezifische abhängige Maße festzustellen waren (weitere

---

tielles Opfer, begünstigende Umstände, z.B. eine gewalttätige Gruppe oder die Enthemmung durch Alkohol) zu den entsprechenden medial mitbeeinflußten Persönlichkeitsdispositionen hinzukommen (vgl. hierzu die Forschungsresultate zu delinquenzbegünstigenden Persönlichkeitsstrukturen; s.o. sowie Lamnek 1979; Lösel 1975).

17 Diese einfache Tatsache wird von denjenigen, welche den Medien jegliche soziale Verantwortung abnehmen wollen, immer wieder vergessen. Ein illustratives Beispiel hierfür liefert Kunczik (1995), indem er zwei Studien, die keine aggressionsfördernden Effekte nachweisen konnten, als „ausgesprochen sorgfältig durchgeführte Panele-Studien" (ebd.:86) lobt und daraus die Schlußfolgerung einer „verworrenen Forschungslage" zu ziehen versucht. Bemerkenswert ist zudem sein Argument, daß es zu bestimmten Problemen nur eine einzige Studie und keine Anschlußuntersuchungen, Replikationen oder Falsifikationsversuche gebe, wobei er gleichzeitig die Öde der Forschung, die angeblich immer im Labor kurzfristige Wirkungen untersuche, beklagt (ebd.:106). Auch dieses Argument verkennt die Sachlage (Wood et al. 1991), denn es gibt hinreichend viele Studien, in denen in nichtstringierten sozialen Situationen das aggressionssteigernde Potential violenter Filme in der Interaktion mit Kameraden, Erwachsenen etc. nachgewiesen wird. Zudem findet sich in dieser Publikation ein irrationaler Angriff gegen Inhaltsanalysen, die wider besseren Wissens als „Leichenzählerei" abgetan werden. Obwohl der Untertitel seines Beitrages „Zum aktuellen Stand der Diskussion" lautet, finden sich hier die aktuellen Studien, vor allem die einschlägigen Metaanalysen, nicht.

Metaanalysen mit ähnlichen Resultaten stammen von Andison (1977), Paik/ Comstock (1994) oder Wood et al. (1991)).[18]

Faßt man diese Befunde nochmals zusammen, so sind zwei Wirkdimensionen medialer Gewaltdarbietungen zu unterscheiden: einmal die Steigerung der Gewaltbereitschaft und zum anderen die Auslösung von Ängsten sowie deren Perpetuierung i.S. einer bedrohlichen Umweltwahrnehmung. Zu diskutieren bleibt, unter welchen Bedingungen die erste oder die zweite Wirkdimension im Vordergrund steht. Der Schlüssel zur Beantwortung dieser Frage liegt u.a. in der individuellen Lerngeschichte: Waren frühzeitige und optimal dosierte Habituationsbedingungen in bezug auf gewalthaltigen Filmkonsum gegeben, wurde nie die Schwelle überschritten, ab der ein lustvoll erregendes Medienereignis in ein traumatisierend-bedrückendes umschlägt[19], und kamen aus dem Umfeld des Rezipienten keine gegensteuernden, auf Empathiestimulierung und moralische Entwicklung abstellenden Anregungen, dann kann eine fortschreitende Gewöhnung an Gewaltbilder erfolgen. Eine solche Entwicklung wird durch das frühzeitige Aussetzen gegenüber harmloseren Gewaltformen, wie sie etwa im Fernsehen gezeigt werden, unterstützt. Sie wird ferner von einer Lebenswelt gefördert, die befürwortend auf audio-visuelle Gewalt reagiert und solche Umgangsformen auch selbst als Teil ihrer Kultur enthält (z.B. männliche Peer-Groups). Liegen solche Bedingungen, vor allem die der gering dosierten und gestuften Gewöhnung, nicht vor, wird also der Medienkonsument überfordert, so schlägt die Wirkung in Richtung der zweiten Dimension um. Daß dies für Formen der Sozialisation von Mädchen häufiger der Fall ist, entspricht vorhandenen Geschlechtsstereotypen. Dies wird überlicherweise einen Meidungseffekt zur Folge haben, d.h. die Angstprovokation wird kurzfristig behebbar sein. Hingegen werden Erlebnisse oberhalb einer nicht genau bestimmbaren Schwelle aufgrund der eintretenden Traumatisierung längerfristige Anpassungsleistungen erfordern.

---

18 „Our results demonstrate that media violence enhances children's and adolescents' aggression in interactions with strangers, classmates, and friends. Our findings cannot be dismissed as representing artificial experimental constructions because the studies included in our review evaluated media exposure on aggression as it naturally emerged in unconstrained social interaction" (Wood et al. 1991:380).

19 Hier ist auch auf die auf Balint (1959) zurückgehende Angst-Lust-These zu verweisen. Bekanntlich ist es für Kinder, aber auch für Erwachsene besonders aufregend, einer Gefahrensituation ausgesetzt zu sein, andererseits aber zu wissen, daß einem nichts passieren kann. Gerade Bildmedien können diese Art von Nervenkitzel sehr gut herbeiführen, da man keiner realen Gefahr ausgesetzt ist und sogar gegenüber den Bildern immer noch die Augen schließen oder das Kino verlassen kann. Nur wenn diese Gratwanderung mißlingt (d.h. für den Medienbereich, wenn man von Bildern überfordert wird), kann ein psychisch traumatisierender Absturz die Folge sein.

3.3 Wirkungen der Nutzung realer medialer Gewaltangebote

3.3.1 Zur Bad-News-Orientierung der Medien

Für den Informationsbereich muß betont werden, daß Bilder Warencharakter besitzen. Sie haben dann einen hohen Wert, wenn sie das das Alltägliche Übersteigende dokumentieren, zumindest aber illustrieren.[20] Für Journalisten (und die weiteren Medienverantwortlichen) ist dabei der Informationswert realer Gewaltszenen oder -berichte (bei Demonstrationen, Sportereignissen oder Verbrechen) besonders hoch. Dies kommt auch den Rezipienten entgegen, denn bei ihnen sind Aufmerksamkeit und nachfolgende Informationsverarbeitungsprozesse bei negativen Nachrichtenfilmen besonders intensiv ausgebildet (Lang et al. 1996). Die Medien bedienen sich zusätzlich auch einer Sprache, in der Gewaltausdrücke durchaus geläufig sind. In der Sportberichterstattung wird z.b. von „Revanchekampf", „Fußballschlacht" etc. gesprochen (Kerner et al. 1990:546); geht es um Asylanten, werden Wendungen wie „Ansturm", „Invasion", „Wüste des Chaos" gebraucht (Brosius/Esser 1995:215). Die Medien werden somit selbst Teil der Gewalt(un)kultur.

Bei einem Bericht über eine Demonstration haben z.B. die 99 % friedlicher Demonstranten eine viel geringere Chance, in die Medien zu kommen, als das übrige eine Prozent Gewalttäter. Lösel et al. (1990:39) meinen, daß aufgrund dieser pressespezischen Eigenheit eine Gewalteskalation bei Demonstrationen gleichsam als normal und unvermeidlich erscheint, „darüber hinaus können friedliche Demonstranten wegen des durch die Mediendarstellung geförderten Stereotyps gewalttätiger Verläufe im sozialen Umfeld stigmatisiert und in Richtung militanter Subkulturen ausgegrenzt werden".

Besonders bedenklich ist es, wenn z.B. im Rahmen der sowieso überzogenen Berichterstattung über Verbrechen bestimmte Minderheitengruppen (Ausländer, Asylsuchende, Muslime) als besonders gefährlich und belastet dargestellt werden. Diese Art der Dämonisierung ist aber wieder eine Voraussetzung für die Gewaltanwendung gegen diese Minoritäten (vgl. hierzu die für den fiktionalen Bereich einer möglichen Tat vorauslaufenden Neutralisierungstechniken). Die spätere Tat benötigt also eine Absolution erteilende Rechtfertigung, und diese wird durch die Medienberichterstattung beigebracht.

Diese aus Gewinnstreben (Einschaltquote, kaufträchtige Schlagzeile in der Zeitung) motivierte journalistische Grundhaltung kann zu einer medienveranlaßten Eskalation von Gewalt führen (Brosius/Esser 1995), der sich weder der

---

20 Winterhoff-Spurk (1994:58) referiert aufgrund der US-amerikanischen Fernsehforschung folgende „Nachrichtenwert-Faktoren": „(1) Die Story muß personalisiert oder personalisierbar sein. (2) Die Story muß dramatisch, konflikthaltig und am besten gewalttätig sein. (3) Die Story muß ‚Action'-Elemente oder wenigstens beobachtbare Ereignisse enthalten. (4) Die Story muß neu und/ oder abweichend vom Gewohnten sein. (5) Die Story muß an einige fast archetypische Dauerthemen anknüpfen. ... Unter den Zwängen des ‚News-business' liegt die Versuchung nahe, solche Ereignisse, wenn sie nicht von selbst passieren wollen, zu erfinden – oder schlimmer – zu inszenieren."

normale Bürger, noch die Politiker entziehen können. Auch letztere sind durch die Konstruktion der sozialen Wirklichkeit durch die mediale Darstellung betroffen, da sie sich auf die journalistische Information verlassen müssen und aus der vorweggenommen Reaktion ihrer Wählerschaft zu Handlungen (z.B. stärkere Einbeziehung von Polizei, Anstoß zu Gesetzesvorhaben) gedrängt fühlen können, auch wenn bei distanter Betrachtung dazu kein Anlaß vorliegt.

3.3.2 Instrumentalisierung der Medien durch gewaltbereite Gruppierungen

Durch die starke Zentrierung der Medien auf Gewaltereignisse läuft die mediale Berichterstattung Gefahr, von politiknahen Protestgruppen (Hausbesetzerszene, Kastortransporte, Rechtsradikale, Skins), kriminellen Gangs (ein Beispiel aus Neuseeland berichtet Schneider 1990:305) oder gewaltbereiten Fangruppen (Hooligans; vgl. Weis et al. 1990) als Bühne mißbraucht zu werden. Es können dabei von diesen entweder selbst gezielte Gewaltaktionen angezettelt werden, oder es kann im politischen Kontext eine Provokationsstrategie gegenüber der Polizei inszeniert werden, mit der diese zu Gewaltanwendungen gezwungen wird. Im politischen Bereich sind solche Methoden vorwiegend bei Gruppierungen zu finden, von denen vermutet wird, daß sie keine institutionalisierten Partizipationsmöglichkeiten zur Durchsetzung ihrer Anliegen sehen (Eckert et al. 1990:345).

Gewaltinszenierungen im Sinne von Pseudoereignissen, d. h. von vor allem und nur zum Zwecke der Berichterstattung kreierten Ereignissen, eignen sich vorzüglich dafür, die gesamtgesellschaftliche Aufmerksamkeit zu niedrigen Kosten und mit hoher Vorhersagesicherheit auch für Gruppen und Themen zu sichern, die sich vom „normalen" politischen Vermittlungsprozeß ausgeschlossen fühlen. (ebd.:377).

Ähnliches gilt für Fangruppen, die sich ihrer Bedeutung für eine reißerische Berichterstattung wohl bewußt sind und den Kameras denn auch das liefern, was diese von ihnen erwarten.[21]

Letztlich lassen sich die Medien bei politisch motivierten Gewalttaten aber auch bei außergewöhnlichen Verbrechen (z.B. Kindestötung mit sexuellem Hintergrund) gerne von den Anwälten der Beschuldigten bedienen, da es scheinbar besonders interessant ist, die Ordnungsmacht zu dämonisieren (Wassermann et al. 1990:775) oder ihr Unfähigkeit zu attestieren. Das Zusammenspiel von Journalisten und Anwälten kann in vorweggenommenen Beweiswürdigungen und parteiischen Mutmaßungen über den Prozeßausgang zum Ausdruck kommen und so über eine hergestellte Öffentlichkeit Einfluß auf Prozeßverläufe nehmen.

---

21 Diese Inszenierungen sind aber nicht nur auf den politischen Bereich beschränkt. Im Unterhaltungssektor gibt es ebenfalls genügend Ereignisse, die nur wegen der gerade laufenden Kamera stattfinden oder durch die Hoffnung motiviert sind, selbst einmal im Fernsehen zu erscheinen (z.B. die Mutter wirft das spinatverschmierte Baby mit dem Stuhl um und der Vater wartet auf die Szene mit der aufnahmebereiten Kamera, um den Streifen dann bei „Pleiten, Pech und Pannen" unterzubringen).

3.3.3 Scary-World-Hypothese

Bei den Rezipienten, so wurde gemutmaßt, kann die pressespezifische Eigenheit der Zentrierung auf negative Ereignisse nach dem Motto „only bad news are good news" zu einem negativen Weltbild führen; diese als „scary-world"-Hypothese von Gerbner und Gross (1981) aufgestellte und empirisch fundierte Abhängigkeit zwischen einem sehr intensiven Fernsehkonsum und der Entwicklung einer niederträchtigen Weltsicht hat immer wieder das Forschungsinteresse auf sich gezogen; (in einer relativ aktuellen Erhebung wurden von Cheung und Chan (1996) derartige Kultivationseffekte des Fernsehens in bezug auf materialistische Einstellungen und einer Trivialisierung moralischer Werte gefunden).

Zu beachten ist allerdings eine Differenzierung, auf die Winterhoff-Spurk (1989) hingewiesen hat: Der Rezipient scheint prinzipiell trennen zu können zwischen verschiedenen Erfahrungsbereichen, die dann sinnbildlich in einem personal-realen, einem medial-realen und einem medial-fiktionalen Speicher abgelegt sind. Diese Speichermetapher führt allerdings in die Irre, wollte man annehmen, es handele sich um drei nicht miteinander kommunizierende Gefäße; im Gegenteil, auch wenn in der Regel unterschieden werden kann zwischen dem Bedrohungsgehalt der Nahumgebung (= personal-reale Erfahrungen) und den Bedrohungen in der weiten Welt (z.B. Gefährung in einem Kriegsgebiet oder durch Verbrechen = medial-reale Erfarungsübermittlung), so können hier doch auch Zusammenhänge belegt werden zwischen Medienkonsum (z.B. der Nutzungshäufigkeit von Informationssendungen des Fernsehens) und subjektiv erlebter allgemeiner Ängstlichkeit bzw. Viktimisierungsangst, der Befürwortung von Sicherheitsmaßnahmen und dem Ruf nach mehr Law/Order (Taschler-Pollacek/Lukesch 1990). Ebenso sind Übertragungen, Realitätsverwechslungen und Wechselwirkungen zwischen medial-fiktionalen und personal-realen Erfahrungen denkbar.

3.3.4 Differentielle Wirkungen der Medienbotschaften bei den Rezipienten

Berichte über gewalttätige Ereignisse wirken nicht bei allen Rezipienten in gleicher Weise; dies ist allgemein bekannt. Naheliegenderweise unterscheiden sich Personen nach vielfältigen Merkmalen (z.B. nach Alter, Geschlecht, Sozialisationsgeschichte, Entwicklungsstand, Intelligenz, Werthaltungen, momentaner Befindlichkeit), die wiederum die Aufnahme und Verarbeitung einer Medienbotschaft moderieren. Sehr nachdrücklich und wiederholt wurde auf diese Tatsache von Herta Sturm (1989) hingewiesen, wobei sie in dem von ihr formulierten sog. *rezipientenorientierten Ansatz der Medienforschung* vor allem von Interaktionseffekten mit formalen Gestaltungsmerkmalen der Medien ausgeht. Damit sind die individuellen Wirk*möglichkeiten* medialer Botschaften zumindest angedeutet. Welche Möglichkeiten in welcher Weise realisiert werden, hängt sowohl von Merkmalen der Botschaft, der sozialen Situation wie auch von den Aktivitäten des Rezipienten ab. Diese Zusammenhänge wurden sowohl in der älteren Persuasionsforschung als auch in der neuen sozial-kognitiven Theorie der Massenmedien dargestellt und geprüft (zusammenfassend vgl. Lukesch 1997).

Kepplinger/Giesselmann (1993) zeigen – in ungewollter Übereinstimmung mit der sozial-kognitiven Lerntheorie massenmedialer Wirkungen (Bandura 1989) – in einer experimentellen Studie, daß die Voreinstellungen der Rezipienten auf die Bewertung von Handlungen einen deutlichen Effekt besitzen: Sympatisanten von Demonstranten bewerten Polizisten besonders negativ, wenn Demonstranten als Opfer von Polizeigewalt gezeigt werden, umgekehrt ist dies bei Anhängern der staatlichen Gewalt. Dokumentationen wirken hier im Sinne der Verfestigung bereits vorhandener Feindbilder und tragen möglicherweise so zu einer Konfliktverschärfung bei. Vergleichbare Attributionsmuster gegenüber gewalthaltigen Nachrichten ließen sich in den USA in Abhängigkeit von Rasse (black vs. white) und Geschlecht finden (Johnson et al. 1997).

Diese differentielle Wirkpotenz läßt sich auch an anderen Beispielen wiederfinden: So besitzen Gewaltfilme auch eine Affinität zu den in jugendlichen Subkulturen vorfindbaren Leitbildern, Wertungen oder Zielsetzungen. Von Lukesch und Habereder (1989:138; ähnlich Weiß 1994:266; Weiß 1997) wurde u.a. eine enge Korrelation zwischen der Konsumhäufigkeit von Videos und speziell indizierter Videos und der Befürwortung nationalistischer Orientierungen gefunden. Genauso gibt es Jugendkulturen, die aufgrund ihrer Wertsetzungen einen signifikant verminderten Gewaltkonsum aufweisen (hier z.B. für Anhänger der Ökobewegung oder von Initiativgruppen nachgewiesen; vgl. auch Lukesch et al. 1989b:191f). Angesichts dieser Resultate ist davon auszugehen, daß die in Gewaltfilmen transportierten Ideen dazu passende vorfindbare Ideologien verstärken und ausgestalten. Positiv gewendet bedeutet dies auch, daß bestimmte Wertorientierungen mit dieser Freizeitbeschäftigung nicht im Einklang stehen können und auch gegen die Botschaften von Gewaltfilmen zu immunisieren in der Lage sind.

Auch eine differentielle Beziehung zwischen Gewaltinhalten in den Fernsehnachrichten und Angstreaktionen (bei Kindern) läßt sich substantiieren (Cantor/Nathanson 1996): Etwa ein Drittel aller Kinder wird durch solche Inhalte (vor allem durch Gewalt zwischen Fremden, auswärtige Kriegsberichte, Hungersnöte und Naturkatastrophen) durcheinander gebracht, wobei gegenläufige Alterstrends (Zunahme von Angstreaktionen bei Gewalt unter Fremden, Abnahme von Furchtreaktionen bei Berichten über Naturkatastrophen) nachweisbar sind.

3.3.5 Nachahmungstaten

Bereits bei der Erläuterung zur sozial-kognitiven Theorie massenmedialer Wirkungen wurde auf eine Vielzahl moderierender Bedingungen zwischen der Präsentation einer Handlung durch ein Modell und einer entsprechenden Handlung eines Beobachters verwiesen. Dennoch sei auf einige Beispiele verwiesen, in denen ein Konnex zwischen Modellereignis und Tat vorhanden ist, ohne daß dabei geklärt werden muß, welche vermittelnden Prozesse im Einzelfall mitgewirkt haben. Philipps (1983) konnte eine Verbindung zwischen der Fernsehübertragung von Schwergewichtskämpfen und Tötungsdelikten belegen (Gipfel der Tötungsraten am dritten Tag nach einem Titelkampf). Je größer die Reichweite einer Übertragung war, desto deutlicher fiel die Steigerung aus. Die Ergebnisse der sozial-kognitiven Lerntheorie finden dabei auch eine partielle Bestätigung: So besteht eine Ähnlichkeit zwischen dem Verlierer im Kampf und den in der Realität Getöteten (war dies ein Schwarzer, so steigt die Tötung Schwarzer an, und war dies ein Weißer, so sind Weiße vermehrt Opfer). Zudem sind Boxkämpfe ideale Auslöser für Gewalt, da sie diese rechtfertigen, ja sogar belohnen und nicht kritisieren. Genauso konnte von Philipps und Henshley (1984) gezeigt werden, daß die Bestrafung von Aggression (durch reale Hinrichtungen und Schuldsprüche in Mordprozessen) einen Abschreckungseffekt für solche Taten nach sich zieht (vgl. ebenso Stack 1987). Bei all diesen Nachweisen wird nicht behauptet, daß andere Einflüsse für eine Tat nicht wichtig wären; wie immer handelt es sich um multikausal determinierte Prozesse, die nur aus dem Zusammenwirken von Person- und Situationsmerkmalen zu erklären sind.

Einen weiteren, gut untersuchten Bereich stellen Flugzeugentführungen dar. Nach Holden (1986) werden durch jede erfolgreiche Entführung in den nachfolgenden eineinhalb Monaten ca. zwei Nachahmungstaten ausgelöst. Wichtig ist das Kriterium „erfolgreich", d.h. es muß den Entführern gelungen sein, ihre finanziellen oder politischen Forderungen durch die Entführung durchzusetzen.

In ähnlicher Weise konnten mittels einer zeitreihenanalytischen Auswertungsmethodik Auslöseeffekte durch Medienberichterstattung über terroristische Taten nachgewiesen werden (Brosius/Weimann 1991). Auch diese Beziehung scheint empirisch vielfältig gesichert (ebd.).

Das Zusammenwirken von Berichterstattung und ausländerfeindlichen Gewalttaten haben Brosius/Esser (1995) analysiert. Danach ist eine auffallende Häufung fremdenfeindlicher Straftaten in den zwei Monaten nach herausragenden Straftaten (Hoyerswerda, Rostock, Mölln, Solingen) auszumachen; naheliegenderweise beziehen sich Schwerpunkte der Berichterstattung (in Tageszeitungen und Fernsehnachrichten) auf diese Taten. Diese Parallelität bedeutet aber noch nicht, daß die Medien eine Eskalation der Gewalttätigkeit durch ihre Berichterstattung bewirkt hätten. Aber unter Beachtung allgemeiner gesellschaftlicher Entwicklungen (Zunahme der Einwandererzahlen, Änderung des Meinungsklimas gegenüber den Zuwanderern, ansteigende Gewaltbereitschaft in gesellschaftlichen Problemgruppen) konnte gezeigt werden, daß bereits gewaltbereite Personen die Berichterstattung zum Anlaß nahmen, ebenfalls fremdenfeindliche Straftaten zu begehen:

„Die Täter wurden vermutlich durch mindestens drei Aspekte motiviert. Zum einen hat die hohe Medienaufmerksamkeit ... den Gewalttätern als Ansporn gedient, selbst Straftaten zu begehen. ... Zumindest in ihrer Bezugsgruppe waren ihnen „Ruhm und Ehre" gewiß. Zum zweiten hat die Art der Berichterstattung im Sinne der sozialen Lerntheorie mögliche Hemmschwellen abgebaut. ... Zum dritten führen die ausländerfeindlichen Aktionen in den Augen der Täter zum Erfolg, nämlich zur Verlegung der Asylbewerber (Hoyerswerda, Rostock)". (Brosius/Esser 1995:193).

Die Autoren schreiben den strukturellen Eigenschaften des Mediensystems (massive und konsonante Berichterstattung), einigen signifikanten Tatumständen (Belohnung der Täter durch die gezeigte Zustimmung der Zuschauer, der Ohnmacht der Polizei, aufgrund nicht geahndeter Straftaten und dem instrumentellen Erfolg durch die Verlegung der Asylbewerber) sowie der Verarbeitung der Primärberichterstatung in bereits fremdenfeindlichen Gruppen einen gewalteskalierenden Effekt zu.

3.3.6 Die Rolle der „Meinungsmacher"

In dem Prozeß der Informationsbearbeitung und -weitergabe ist nicht nur an Journalisten zu denken, die ihrem Produkt durch einen gesteigerten Gewaltanteil einen höheren Nachrichtenwert verleihen wollen, sondern auch an Verbände, Parteien, Bürgerbewegungen, sog. „pressure groups" etc., die auf die öffentliche Meinung Einfluß nehmen wollen. Aber auch größere Organisationen bis hin zu Regierungen wollen sich der Medien bedienen, um die ihnen wichtigen Botschaften publik zu machen. Gerade Machtträger sehen in dem Massenkommunikationssystem ein „hervorragendes instrumentelles Potential" (Langenbucher 1979:9). Wer es versteht, auf dem Instrumentarium der Presse zu spielen, d.h. attraktive Angebote zu machen, hat wesentlich bessere Karten in einer Mediendemokratie als andere Gruppierungen.[22]

In Deutschland hat sich die Bundesregierung mit dem unmittelbar dem Bundeskanzleramt unterstehenden Bundespresseamt (BPA) ein eigenes Instrumentarium zur Analyse der veröffentlichten Meinung und auch zur Imagepflege geschaffen (Böckelmann/Nahr 1979). Daß dabei die Grenze zwischen Information und tendenziöser Schönung verwischt werden kann, liegt in der Natur der Sache. Massiv manipulativ können solche Versuche der Einflußnahme im Rahmen von staatlich initiierten Public-Relations-Maßnahmen (Koschwik 1988; Kunczik 1990) oder der sog. „psychologischen Kriegsführung" werden.

Ein besonderes Beispiel hierfür war die Berichterstattung während des Golfkrieges. Dabei wurde von seiten des amerikanischen Militärs kein Bild dem Zufall überlassen („chirurgische Schnitte" durch zielgenau treffende Marschflugkörper). Allerdings waren die Gegenmaßnahmen Saddam Husseins absehbar, der Bilder der durch die Kriegshandlungen malträtierten Bevölkerung – wie immer Kinder, weinende Frauen und verzweifelte Alte – veröffentlichte (Buhl 1991). In den westlichen Medien wurden als *Maßnahme der psychologischen Kriegsführung* auch unwahre Filmberichte über die angebliche Tötung von Neugeborenen in den Inkubatoren der Krankenhäuser durch die irakischen Sol-

---

22 Dagobert Lindlau, ein langgedienter Chefredakteur des Bayerischen Rundfunks, schrieb einmal, das Fernsehen sei „zum Handlanger wirklichkeitsfremder Wahnsysteme" geworden; „das öffentliche Leben ist zu einer Marathon-Public-Relations-Veranstaltung denaturiert. Die Reklame ist überall salonfähig und mit ihr die läßliche und die faustdicke Lüge" (zitiert nach Langenbucher 1979:16).

daten lanciert; wie sich später herausstellte, war die berichtende Person keineswegs eine Krankenschwester, sondern ein Mitglied des kuweitischen Königshauses.

In extremer Form wird diese Art Einfluß auf die öffentliche Meinung durch Geheimdienste zu praktizieren versucht. Die dabei üblichen *Desinformationspraktiken* und die dabei angestrebte „Dämonisierung des Gegeners" sind schwer zu durchschauen, und es dauert oft Jahre, bis diese Art des Informationsmißbrauchs aufgedeckt wird.

Ein illustratives Beispiel hierfür war das Gerücht, der AIDS-Virus sei von einem US-amerikanischen Forschungslabor entwickelt und freigesetzt worden. Die Behauptung wurde 1983 über einen anonymen Leserbrief an eine Moskau-orientierte indische Zeitung plaziert und löste in der Sowjetunion eine Kettenreaktion sich gegenseitig hochstilisierender Meldungen aus (die Details variierten je nach Phantasie der Redakteure); diese Meldungen wurden auch von der Presse anderer Länder (besonders häufig in Afrika) übernommen. Von wissenschaftlicher Seite wurde jedoch auch in der Sowjetunion klar erkannt, daß es ausgeschlossen ist, das AIDS-Virus künstlich herzustellen (NZZ, 6.11.1987).

Es gibt eine Vielzahl weiterer Beispiele der Instrumentalisierung der Medien, vor allem im politischen Bereich, die nicht erschöpfend angesprochen werden können (im US-amerikanischen Wahlkampf ist es z.B. üblich, delikate Details aus dem Privatleben prominenter Politiker kurz vor wichtigen Auftritten der Kandidaten an die Öffentlichkeit zu zerren bzw. die Existenz dieser nach dem Motto „aliquid semper haeret" auch nur zu behaupten). Diese Art von Meinungsmacher wissen sehr gut über den Unterhaltungswert einer Nachricht Bescheid und können wegen des Warencharakters von Nachrichten sicher sein, daß diese durch die Medien an die Öffentlichkeit weitergegeben werden.

4. Änderungs- und Einflußmöglichkeiten

Medien wird ein hoher grundrechtlicher Schutz gewährt (vgl. deutsches GG, Art 5 (1)). Unter diesem Schutzschild hat sich ein Eigenleben der Medien entwickelt, das weniger an Kriterien eines verantwortungsvollen Journalismus oder an künstlerischen Standards als an Prinzipien der Gewinnerzielung und -maximierung orientiert ist. Wie an vielen Beispielen dargelegt, erhöht die Zentrierung auf Gewalt den Öffentlichkeitswert einer Nachricht oder im fiktionalen Bereich wird damit der Erregungswert einer Handlung mit einfachen Mitteln optimiert. Aus schieren Überlebensgründen werden Medien auf diese Gestaltungsmittel nicht verzichten wollen. Medien sind deshalb zu einem Teil der gesellschaftlichen Gewalt„kultur" geworden, auch wenn die Medienverantwortlichen dies nicht so sehen wollen und für ihre Produkte vielfältige Rationalisierungen anbieten.

Ein Weg könnte darin bestehen, in den diversen gesellschaftlichen Institutionen nach Interventionsmöglichkeiten zu suchen, um Abhilfe zu schaffen. Und im Grunde ist auch eine Vielzahl von Maßnahmen denkbar, mit denen auf das gewalthaltige Medienangebot und den gewalthaltigen Medienkonsum (speziell im fiktionalen Bereich) Einfluß genommen werden kann (vgl. Abbildung 3). Grundlegende Überlegung ist hierbei, daß alle Wirkbedingungen mit zu bedenken sind und daß keine der angesprochenen Institutionen aus der Verantwortung entlassen werden sollte; man sollte auch einsehen, daß gegenseitige Schuldzuschreibungen mögliche Problemlösungen verhindern. Solche sind allerdings sehr entlastend, denn je nachdem, mit wem man spricht, sollen die „anderen" das Problem bewältigen.

Abbildung 3: Einflußmöglichkeiten auf den Medienkonsum
(speziell von Kindern und Jugendlichen)

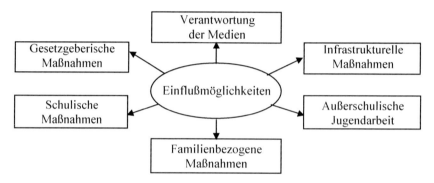

1. *Verantwortung des Gesetzgebers:* Viele der angeführten Ergebnistendenzen zu Effekten des fiktionalen Gewaltkonsums konnten und können präventives Handeln des Gesetzgebers motivieren. Die Wirkungsforschung über mediale Gewaltdarstellungen ist sogar eher in diesem Rahmen umzusetzen als im Rahmen pädagogischer Maßnahmen, da das Wissen, wie etwas zustandegekommen ist, nicht von selbst zu Wissen, wie man etwas verändern kann, führt. Es ist auch davon auszugehen, daß mit jeder neuen technologischen Entwicklung auch „Mißbrauch" getrieben wird (vgl. BTX, Internet). Es scheint für Produzenten oder Anbieter immer wieder verlockend, die Grenzen des von einer Gesellschaft noch Akzeptierten auszutesten bzw. diese Grenzen hinauszuschieben. Von Remschmidt et al. (1990:266) wird deshalb eine drastische Reduktion der Gewaltdarstellungen in den Medien gefordert; so lange Gewalt in geradezu selbstverständlicher Weise zur Attraktivitätssteigerung des Programms gebraucht wird. Das Problem besitzt auch eine europäische bzw. internationale Dimension (man denke z.B. an die länderübergreifend empfangbaren Satellitenprogramme), d.h. es erfordert internationale Kooperationen.

2. *Verantwortung der Medien:* Die Richtschnur des Handelns für Medienverantwortliche sollte nicht sein, allein offenkundige Gesetzesverstöße zu vermeiden. Obwohl es im Medienbereich noch keine Produkthaftung gibt, kön-

nen Selbstverpflichtungsstandards entwickelt werden, aufgrund deren nicht alles, was zu produzieren möglich ist, auch tatsächlich produziert und auf den Markt gebracht wird. Die üblichen Ehrenkodices der Presse stehen dabei immer in Gefahr, wegen eines Verkaufserfolges mißachtet zu werden. Da die Massenmedien auch positiv zu bewertendes Sozialverhalten fördern können (Hearold 1986), sollte auch diese Chance genutzt werden. Auf die Wechselwirkung zwischen Filmförderungspolitik und der Medienproduktion ist dabei zu verweisen. Dies hätte u.a. zur Folge, daß man nicht einfach die Billigangebote aus den USA übernehmen kann. Zudem sollte eine systematische Programmbeobachtung etabliert werden, wobei von unabhängiger Seite und nach sozialwissenschaftlichen Kriterien eine inhaltsanalytische Herausarbeitung wichtiger in den Programmen zur Darstellung kommender Aspekte offengelegt werden kann (damit ist nicht die „Freiwillige Selbstkontrolle Fernsehen – FSF" gemeint).

3. *Infrastrukturelle Maßnahmen:* Unreflektierter Medienkonsum ist auch dadurch bedingt, daß andere Freizeitmöglichkeiten nicht zur Verfügung stehen (man denke an die Wohn- und Verkehrssituation in städtischen Ballungsgebieten). Bekannt ist, daß der Anregungsreichtum der ökologischen Umgebung eine reduzierende Wirkung gegen übermäßiges Fernsehen ausübt (Schneewind et al. 1983). Unter diesem Gesichtspunkt haben Stadtplanung und -entwicklung auch einen Einfluß auf Mediennutzungen. Dies zieht sich hin bis zur Gestaltung von Wohnungsgrundrissen (z.B. ist es durch die offene Gestaltung von Wohn- und Eßbereich möglich geworden, daß man neben dem Fernsehen essen kann; Lukesch et al. 1989b).

4. *Schulische Maßnahmen:* Im schulischen Bereich sind die vielfältigen medienpädagogischen Arbeitsrichtungen häufig herausgestellt worden. Hell (1988:8 und 117f.) unterscheidet dabei vier medienpädagogische Handlungsrichtungen, und zwar (a) Medienanalyse (Gestaltungs-, Wirkungs- und Aussagekriterien von Medien), (b) Medienproduktion, (c) Medienreflexion (Reflexion der Medienrezeption und des Medienkonsums unter Berücksichtigung alternativer Freizeitbetätigungen) und (d) Elternarbeit. Die Möglichkeiten sind allerdings begrenzt, so lange es dafür keine eigenständigen Schulfächer, kein koordiniertes Zusammenwirken bereits existierender Schulfächer und keine fachbezogene Ausbildungen für LehrerInnen gibt. LehrerInnen lehnen es außerdem zunehmend ab, auf die Verbesserung von Zuständen verpflichtet zu werden, die andere zu verantworten haben.

5. *Außerschulische Maßnahmen:* In Jugendgruppen etc. kann ebenfalls (a) rezeptive Medienarbeit betrieben werden; es können (b) als Einzelmaßnahmen Projekte durchgeführt werden (z.B. Einrichtung eines Kinderkinos mit entsprechendem Film- und Verarbeitungsangebot, Kinderfilmwoche ...) und es kann (c) aktive Medienarbeit angeboten werden (z.B. im Rahmen von Jugendtreffs etc. Möglichkeiten zum Drehen von Videos anbieten, von Hör-

funkfeatures etc.). Voraussetzung sind Kompetenzen und entsprechende Interessen der Mitarbeiter.

6. *Elternarbeit:* Der Umgang mit Medien wird in der Primärgruppe der Familie eingeübt. Manche Eltern betreiben intuitiv, andere gezielt Medienerziehung, bei vielen kann aber von einer „Laissez-faire"-Haltung ausgegangen werden. Hier könnten von institutioneller Seite (z.B. Schule, Kindergärten, aber auch den Medien selbst, einschließlich der weit verbreiteten Programmzeitschriften) Maßnahmen der Elternarbeit eingeleitet werden.

Solange die Medien nur halbherzig zur Anerkennung von Verantwortung bereit sind (man vergleiche hierzu den langwierigen Prozeß der Anerkennung und Durchsetzung ökologischer Standards), wird die Propagierung solcher Maßnahmen aber nur eine Feigenblattfunktion erfüllen.

Teil 3

Krieg und Politik

Gewalt und Politik

Ekkart Zimmermann

Einleitung

„Gewalt und Politik" stellt eines der klassischen Themen der Politikwissenschaft bzw. Politischen Soziologie dar, von Politischer Philosophie und anderen Disziplinen nicht zu reden. Hier ist der Schwerpunkt auf den *Makrovergleich* zwischen verschiedenen politischen Systemen gerichtet, auf die Handlungsspielräume, die durch den Einsatz von Gewalt geschaffen oder zerstört werden, und auf das Zusammenspiel zahlreicher anderer Variablen, wenn einige der Bestimmungsgründe für Gewalt und ihre Stellung im Politischen erörtert werden. Dabei seien hier unter *Gewalt* die beabsichtigte Schädigung eines Objektes und unter *politischer* Gewalt insbesondere die davon ausgehende Reaktionsweise und Wirkung verstanden. *Ceteris paribus* wird ein nur gewaltsamer Akt zu einem politischen Akt, je mehr das staatliche Gewaltmonopol durch eine bestimmte ideologische Zielsetzung herausgefordert ist, je mehr Personen daran beteiligt sind und je stärker die Reaktion der Öffentlichkeit ist. Der Terrorismus setzt zwar auf nur wenige Akteure, sucht aber auch eine maximale Anzahl von Betroffenen zu erreichen.[1]

Einige Kernfragen
in den Wechselbeziehungen zwischen Gewalt und Politik

Mit Weber (1964:1043) kann in der „Gewaltsamkeit" nicht das einzige Mittel des Staates, sondern nur „das ihm spezifische" gesehen werden. Das Monopol der staatlichen Gewaltsamkeit oder geläufiger: das staatliche Gewaltmonopol kann *ex definitione* bestenfalls nach innen gelten. Nach außen findet es seine Grenzen an den Ansprüchen anderer Staaten, die in der dominanten Sicht des

---

1 Für zahlreiche weitere definitorische Fragen siehe Zimmermann 1977:5-16.

Realismus letztlich nur ihre eigenen Interessen und dann auch den Gebrauch von Gewalt zur Durchsetzung derselben kennen.

Damit stellt sich im Bereich der Außenpolitik die Frage nach den Grundlagen des Staates, der Handlungsweise seiner führenden Akteure und der dabei verfolgten Ziele und eingesetzten Mittel. Diese Fragen der internationalen Beziehungen, insbesondere der in immer neuen Varianten fortgeführte Streit zwischen einer realistischen Sichtweise (der Staat verfolgt letztlich ausschließlich seine eigenen Interessen und muß dies zu seiner Bestandssicherung auch tun und einer institutionalistischen Perspektive (internationale Abmachungen und Institutionen schränken den Handlungsraum der Staaten ein, diese beugen sich im eigenen Interesse solchen Regelungen) seien hier aber zugunsten anderer Fragen ausgeklammert.

Immerhin ergeben sich zahlreiche Parallelen und Verbindungen zwischen den Dimensionen und Feldern der Außen- und Innenpolitik. *Erstens* ist das aus der Spieltheorie geläufige *Gefangenendilemma* (oder die Überwindung desselben) Grundlage nicht nur der friedfertigen, mit Gewalt drohenden oder offen gewalttätigen Beziehungen im internationalen Bereich. Auch im Binnenbereich von Staaten stellt sich immer wieder die Frage, ob die mitmenschlichen Beziehungen, vor allem die Konkurrenz um (vermeintlich) knappe Ressourcen, von Mißtrauen oder letztlich von Vertrauen mit wechselseitigen Vorteilen geprägt ist. Entscheidend für eine fruchtbare Kausalerklärung ist dabei weniger ein Anfangs- oder Endzustand als solcher als vielmehr die jeweilige Abfolge von Vertrauens- oder Mißtrauensschritten.

Aus einer Vielzahl von Gründen unterstellt das gegenwärtig dominante Paradigma vom *demokratischen Frieden* (vgl. Ray 1995 und Schlichte in diesem Band) Zeitverläufe und Interaktionssequenzen, die durchgängig von Vertrauen geprägt seien. Dazu trügen u.a. folgende Faktoren bei: Normen und positive Erfahrungen mit den regulativen Prinzipien demokratischer Herrschaft im Innern, eine breite pluralistische Öffentlichkeit, das rationale Abwägen von Kosten und Vorteilen durch die Massen und politischen Führer sowie schließlich die große Wehrhaftigkeit von Demokratien, wenn sie angegriffen sind (Lake 1992). Kritiker verweisen jedoch auf einige „abweichende" Fälle für die These vom demokratischen Frieden. Allerdings werden diese Einstufungen von anderen Autoren mit einsichtigen historischen Gründen kritisiert (s. z.B. die Definitionskriterien bei Ray 1995:131-157; 1998:33). Auch gilt die These vom demokratischen Frieden *ex definitione* bereits nicht, wenn Demokratien angegriffen sind, und ebenfalls weit weniger, wenn Bündnisbeziehungen auf der internationalen Ebene berücksichtigt werden, die Analyseebene sich also von der dyadischen (zwischen zwei Demokratien) auf die systemische (Auseinandersetzungen unter Beteiligung von Demokratien und anderen Regimen) verschiebt.

Zweitens ist z.B. der Ansatz des *Machtgleichgewichts* in beiden Forschungsfeldern gleichermaßen angewandt worden (vgl. Benson/Kugler 1998). So hat Gurr (1970:342) bereits inneren Krieg dann vorhergesagt, wenn die Machtressourcen der Regierungs- und der Rebellenseite in etwa gleich seien. Für die vergleichende Kriegsursachenforschung haben Kugler/Lemke (1996) ebenfalls die Bedingungen eines Nahezu-Machtgleichgewichts als entscheidend hervorgehoben. Andere Autoren wie Doran (1983), Organski (1968) oder Gilpin (1981) rücken dagegen den Abstieg ehemals führender Mächte, deren Entfernung vom Machtgleichgewicht bzw. das Aufholen durch neue Mächte und die dadurch erzeugte Verschiebung des Machtgleichgewichtes, in den Vordergrund ihrer prozeßorientierten Erklärung.

Drittens schließlich finden sich zahlreiche Verknüpfungen zwischen internen und externen Konflikt- und Gewaltszenarien. Mindestens fünf Fälle sind hierbei zu unterscheiden: (1) Ablenkung nach außen; (2) Anlockung von außen; (3) Vorliegen/Nichtvorliegen von *Irredenta* („unerlöste" Gebiete in einem Nachbarstaat); (4) als Revolution, gegen die internationale Staatenordnung gerichtet (Walt 1996, Huntington 1968), und (5) als externe militärische Intervention zur Wahrung eigener sicherheitspolitischer, ideologischer oder wirtschaftlicher Interessen (vgl. Yoon 1997 für die USA, die Macht, die nach dem Zweiten Weltkrieg mit am häufigsten – meist aus sicherheitspolitischen Gründen – interveniert hat). Dabei können sich die Anlässe oder Gründe für die Intervention zumeist eines Nachbarstaates oder wie im Falle der USA durch eine entferntere Supermacht sehr wohl überschneiden. Gleiches gilt für andere der hier genannten Variationsformen der Vermittlung und Vermengung von internen und externen Konfliktkonstellationen.

Die häufigste Verknüpfung interner und externer Gewaltszenarien geht auf die *Ablenkungshypothese* zurück: Externe Spannungen dienen zur Ablenkung von internen Konflikten oder werden gerade deswegen heraufbeschworen. Intern sollen durch eine externe Bedrohung Einigkeit erzielt und die Position der Eliten bekräftigt werden. Wenngleich sich für eine solche Bekräftigung häufig genug illustrative Daten finden (für die USA steigt regelmäßig die Popularität des Präsidenten bei perzipierten außenpolitischen Bedrohungen), ist diese geläufigste theoretische Verknüpfung über den externen Sündenbockmechanismus (vgl. Simmel 1908) empirisch *nicht* konsistent abgesichert (Stohl 1980, Levy 1989b). Zu viele interne Konflikte finden unabhängig von externen Auseinandersetzungen statt und umgekehrt, oder die Verknüpfung zwischen beiden Bereichen erfolgt über andere kausale Zwischenglieder als in dieser Hypothese angedeutet.

Die zweite These, daß interne gewaltsame Konflikte *externe Konfliktteilnehmer anlocken* können, sei es mit dem Ziel der Hilfestellung für eine Konfliktpartei, zur eigenen unmittelbaren Vorteilsnahme oder nur als Schiedsrichter, kehrt den bisherigen Kausalzusammenhang um. Auch hierfür lassen sich in den jeweiligen Varianten zahlreiche historische Beispiele anführen (vgl. nur den Dreißigjährigen europäischen Krieg auf deutschem Territorium sowie aktuell den Krieg im Kongo). Eine dominante Verknüpfung zwischen internen und externen Konfliktszenarien stellt diese Hypothese aber ebenfalls nicht dar.

Ein ähnliches Fazit gilt für den dritten Fall der *Irredenta*. Hier wird die Gemengelage – zwischen interner gewaltsamer Opposition (die durch das Bestreben nach kultureller und ethnischer Autonomie oft besonders nachhaltig wird), der Existenz von Volksteilen in einem (z.B. Irland/Nordirland) oder mehreren

Nachbarstaaten (Kurden) und terroristischen Angriffen bis hin zu internationalem Terrorismus – noch komplizierter. Auch hat die internationale Staatenwelt nicht nur im Falle der unmittelbaren Nachbarn wie z.b. der der Kurden, sondern auch der (ehemaligen) Supermächte häufig ein großes Interesse, solche übergreifenden territorialen und kulturellen Integrationsansprüche zurückzuweisen. In der Charta der Organisation Afrikanischer Staaten z.b. ist dies ausdrücklich festgehalten, da viele afrikanische Staaten als Opfer willkürlicher kolonialer Grenzziehungen um ihre eigene Existenz fürchten müssen, wenn der Irredenta-Gedanke nachhaltige Unterstützung erfahren sollte. Er wird in Afrika, ebenso im Nahen Osten (Irak und Kuwait, Kurdistan, Palästina) und seitens der UN mit vielfältigen internationalen politischen Tabus belegt, ohne damit aber seine politische Virulenz unterbinden zu können.

Empirisch erheblich seltener sind *politische* und *soziale Revolutionen*, etwas häufiger dagegen *revolutionäre Situationen*. Wie Huntington (1968) und Walt (1996) betonen, sind Revolutionen zumeist auch gegen das internationale Staatensystem gerichtet; sie werden deshalb von manchen Staaten als externe Bedrohung wahrgenommen. Die plakative These vom *clash of civilizations* von Huntington (1996b) „beschwört" derartige politische Gemengelagen vielleicht erst mit herauf. Varianten des islamisch-fundamentalistischen internationalen Terrors wie im Sommer 1998 durch die Gruppe um bin Laden (Attentate in Kenia und in Tansania gegen amerikanische Botschaften) illustrieren diese Mechanismen eines sich wechselseitig aufschaukelnden Prozesses von wahrgenommenen Bedrohungen, provokativen Gegenaktionen und weiteren Strafgerichten. Dabei entbehrt es nicht der Pikanterie, daß es sich bei bin Laden um einen ehemaligen Schützling der USA in der Auseinandersetzung mit der Sowjetunion in Afghanistan handelt. Die (taktischen) Elemente einer internationalen Sicherheitspolitik wie auch die ideologischen Versatzstücke können offensichtlich auf seiten sowohl der Supermacht USA wie der ehemals nützlichen Kombattanten schnell wechseln. Zumindest dieser Aspekt widerspräche – neben vielen anderen Einwänden (wie etwa der Mißdeutungen des Konfuzianismus) – der Hypothese Huntingtons vom globalen Zusammenstoß der Kulturen.

Der fünfte Fall einer *externen militärischen Einflußnahme* schließlich tritt empirisch vermutlich ebenso häufig, wenn nicht häufiger, als der erste Fall der externen Ablenkung von internen Spannungen auf. So naheliegend der Ablenkungsmechanismus erscheinen mag, so bleibt doch zumindest für entwickeltere Demokratien zu bedenken, daß sich in Zeiten wirtschaftlichen Niedergangs oder bevorstehender Wahlen auch der Druck durch interne politische Rivalen verschärft. Somit ist der Anreiz zur Ablenkung für bisherige Amtsinhaber vielleicht stärker, die Möglichkeiten, eine solche Strategie zu wählen und die Bedingungen ihres Erfolges zu kontrollieren, schwinden allerdings zugleich drastisch (Leeds/Davis 1997).

Bestimmungsgründe politischer Gewalt

Andere theoretische Überlegungen und empirische Befunde über die Auswirkungen sozio-ökonomischer Entwicklung und Ungleicheit, ethno-kultureller Vielfalt und staatlicher Repression auf Gewalt seitens oppositioneller Gruppen seien hier ausgespart (Zimmermann 1997). Gut belegt sind folgende theoretische Aussagen: Ein höheres Maß an *sozio-ökonomischer Entwicklung* verringert die gewaltsameren Formen politischen Konfliktes in einer Gesellschaft, unterbindet verbreiteten, aber relativ gewaltfreien kollektiven Protest jedoch keineswegs. Nicht nur die Teilhabe an wirtschaftlichen und sozialen Gütern, sondern auch die relativ geringe *sozio-ökonomische Ungleicheit* in diesen OECD-Staaten hilft diese Beziehung erklären. Sozio-ökonomische Ungleicheit allein korreliert aber keineswegs unmittelbar mit starken gewaltsamen Konflikten. Andernfalls müßte es in solchen Ländern erheblich spannungsreicher zugehen, selbst bei Berücksichtigung der starken staatlichen Repression wie z.B. in China.

Das kastengeprägte Indien liefert einen Beleg für eine andere Gruppe äußerst ungleicher Staaten mit relativer sozialer Ruhe.

Drei Faktoren unterbinden bzw. vermitteln eine eventuelle direkte Auswirkung von Ungleicheit auf oppositionelle Gewalt: Der stärkste Faktor liegt in ideologisch-religiösen Glaubenssystemen, die Ungleicheit etwa in Form von Kasten rechtfertigen und zementieren. Die Karte starker staatlicher Repression – der zweite Faktor – muß dann noch nicht einmal ausgespielt werden (vgl. dazu nachfolgend). Schließlich bleibt mit Hirschman (1973) zu bedenken, daß die Menschen offensichtlich ein nennenswertes Ausmaß an Ungleicheit zu tolerieren bereit sind, wenn sich ihre eigene Lage nur (marginal) verbessert. *Relative Benachteiligung* ist somit zwar einerseits der vermutlich entscheidende Antriebsfaktor für politisch dissidente Gewalt, wie Gurr (1970) mit Recht betont. Doch stellt relative Benachteiligung bestenfalls einen notwendigen Erklärungsfaktor, keinesfalls aber ein hinreichendes Moment für das Auftreten starker gewaltsamer oppositioneller Strömungen dar.

Der Erfolg einer politischen Herrschaftsordnung bestimmt sich aber nicht nur nach der Versorgung der Bürger mit wirtschaftlichen Gütern. Mindestens ebenso wichtig ist die Handhabung der repressiven Karte. Auch diese Beziehungen sind relativ gut analysiert worden (vgl. zusammenfassend Zimmermann 1980). Summarisch läßt sich dabei festhalten:

1. Der Einsatz repressiver, vor allem gewaltsamer, staatlicher Mittel verursacht immer erhebliche politische und wirtschaftliche Kosten. (Dies gilt gleicherweise für repressive Gewalt oppositioneller Gruppen – siehe die allgemeine theoretische Analyse des Zusammenhanges zwischen Gewalt, Zwang, Macht und Herrschaft bei Zimmermann 1977:12-14).
2. In Demokratien ist dieser Einsatz besonders prekär, weil die Bürger über besondere Rechte verfügen, weil sich der politischen Ideologie nach dieser Einsatz auf ein Mindestmaß staatlicher Existenzgefährdung beschränken

sollte, harmlosere Situationen aber anders gehandhabt werden sollten. Kurzum, besonders entwickelte Spielregeln sind an die Handhabung der staatlichen Repressionsmittel geknüpft. Die Polizei und die internen Sicherheitskräfte sind auch in Demokratien hochgradig bewaffnet, dürfen für erfolgreiche Legitimationsgewinnung diese Waffen aber praktisch nicht einsetzen oder nur in stark gedämpfter Dosis.

3. Bewaffnen sich die Dissidenten allerdings in organisierter Form und reagiert der Staat mit einer Eskalation der Gewalt, so wird aus Kollektivem Protest Innerer Krieg (Hibbs 1973, Lichbach/Gurr 1981; Benson/Kugler 1998). Kollektiver Protest und Innerer Krieg stehen in freiheitlichen Demokratien tendenziell in einer substitutiven Beziehung. Ersterer untergräbt letzteres. In Autokratien dagegen ist dieser Zusammenhang nicht derartig stark ausgeprägt. Vielmehr lassen sich eher Belege für ein gemeinsames Auftreten beider Varianten finden (Hibbs 1973; Gurr/Lichbach 1986). – Sowohl in der Reaktion auf kollektiven Protest wie auch auf Inneren Krieg liegt die entscheidende Karte beim Staat. Zwar muß er u.U auf eine Eskalation der Gewalt hin zum Inneren Krieg seitens der Dissidenten antworten. Eine übermäßige Reaktion löst aber die bekannte Gewalt-Gegengewalt-Spirale aus.

4. Die hier angeschnittene Logik und die Wirkungsmechanismen werden ebenfalls deutlich, wenn man sich die drei entscheidenden Momente in der Analyse des politischen Terrorismus vergegenwärtigt (Zimmermann 1987:121). Erstens ist Terrorismus die Waffe der Schwachen. Weder der deutsche Industriellenverband noch der Papst üben Terrorismus aus. Zweitens handelt es sich dabei um eine indirekte Strategie (Fromkin 1975). Entscheidend bleibt die Reaktion des stärkeren Partners, des Staates und der Öffentlichkeit. Überreaktionen vor allem sind zu vermeiden, aber auch Unterreaktionen. Drittens wird aus den beiden bisherigen Bedingungen auch unmittelbar zwingend verständlich, warum es sich beim Terrorismus damit letztlich um einen „Zustand des Bewußtseins" handelt, einen Zustand der Verschreckung jenseits realer Gefahren. Die Chance, in der Bundesrepublik Deutschland Opfer einer terroristischen Attacke zu werden, ist nur unwesentlich größer als diejenige, von einem Kugelblitz überrollt zu werden. (Eine Ausnahme stellen die immer besonders zu schützenden einflußreichsten Positionsinhaber dar.) Auch liegt der Fall anders beim ethnisch geprägten Terrorismus, vor allem, wenn Irredenta mit ins Spiel kommen.

5. Der Einsatz harter Repression ist nur in einem durchgängig autoritären oder totalitären System erfolgversprechend. Schon die inkonsistente Verwendung der repressiven Mittel gefährdet ein solches Staatsgebilde. Die Machtverschiebung von einem Apartheid-Regime zu einer multikulturellen Demokratie in Südafrika belegt diesen Befund ebenso wie der noch schlagendere Beweis der Maueröffnung in Berlin am 9. November 1989. Hätte Schabowski Tocqueville gelesen und beherzigt, so wäre die historische Entwicklung mit Sicherheit anders verlaufen. So aber liest sich Toqueville wie eine besonders weitsichtige Deutung des Scheiterns der DDR: „Sehr

oft geschieht es, daß ein Volk, das die drückendsten Gesetze ohne Klage und gleichsam, als fühlte es sie nicht, ertragen hat, diese gewaltsam beseitigt, sobald sich ihre Last vermindert. Die Regierung, die durch eine Revolution vernichtet wird, ist fast stets besser als die unmittelbar voraufgegangene, und die Erfahrung lehrt, daß der gefährlichste Augenblick für eine schlechte Regierung der ist, wo sie sich zu reformieren beginnt" (Tocqueville 1969:153; Hervorhebung EZ). Allerdings ging die Auflösung der DDR ohne Gewalt vonstatten.

Die jüngsten Fälle der *Regime- und Systemtransformation* (vor allem in Osteuropa) liefern weiteres Anschauungsmaterial für die heikle Rolle der Repression und der Notwendigkeit ihrer zentralen Einbindung. Am besten analysiert ist dabei der spanische Modellfall einer kontrollierten Öffnung von einer Autokratie zur Demokratie hin. Konservative Reformeliten müssen ein Bündnis mit den oppositionellen Reformkräften schmieden unter Ausschaltung bzw. Kontrolle der jeweils radikaleren Partner, nämlich der absolut reformunwilligen bisherigen Machthaber und der revolutionären Umstürzler. Auch muß all dies unter Ausschaltung einer großen Mobilisierung der Massen, also ohne deren direkte Einwirkung, erfolgen (Colomer 1991). Allerdings kommen andere Faktoren im spanischen Musterfall hinzu: die Nähe zu Westeuropa und zur EG, die langjährige Erfahrung mit der Marktschaft und vielleicht am bedeutsamsten – mit Linz/Stepan (1996) – die Unterschiede zwischen einem autoritären System mit eigenständigen „nicht-politischen" Eliten und einem totalitären oder posttotalitären Regime, in dem sich ein solches Elitenreservoir nicht bilden kann. Doch nicht nur der Zusammenbruch der alten Ordnung ist entscheidend mitgeprägt durch die fälschliche Nutzung der repressiven Karte (DDR und CSSR im Vergleich zu Ungarn und Polen, siehe Linz/Stepan 1996), Generell scheint der Weg zur Demokratisierung einer Gesellschaft von Konflikten begleitet zu sein (wie auch der ihres Scheiterns). Mansfield/Snyder (1995) machen dabei u.a. auf folgende Faktoren aufmerksam: inkompatible Interessen der alten und neuen Eliten, ideologische Mobilisierung der Massen bei geringer Kanalisierungsmöglichkeit der Forderungen, die dann in außenpolitische Aggressivität umgemünzt würden. Allerdings sind sowohl ihre historische Analyse wie auch der theoretische Erklärungsrahmen auf Kritik gestoßen (Oneal/Russett 1997; zusammenfassend Zimmermann 1999). Schon Huntington (1968:53-4) hat darauf aufmerksam gemacht, daß nicht die Armut einer Gesellschaft Probleme bereite, sondern die Überwindung der Armut, und daß der Weg zur Modernität mit Instabilität gepflastert sei. Aus einer solchen Sicht relativiert sich auch die im deutschen Fall so beliebte Sonderwegsthese zur Modernität (vgl. auch Moore 1966 und Collins 1995 zu einem Teilaspekt).

Die Handhabung staatlicher Repression erweist sich also sowohl beim Niedergang und schließlichen Zusammenbruch einer Gesellschaftsordnung bzw. politischen Ordnung als mitentscheidend wie auch in den Phasen des Entstehens einer neuen politischen Ordnung. Zu diesem Zeitpunkt stellt die Konzentration solcher Mittel beim Staat den eigentlichen Erklärungsgegenstand dar (vgl. z.B.

Tilly 1990 zu den Wechselbeziehungen zwischen stehenden Heeren, zentraler Steuereintreibung und staatlicher Konsolidierung).

Zentrale Dimensionen der Politik: Zur Differentialdiagnose verschiedener Konfliktformen

Die bislang angeschnittenen Formen meist gewaltsamer Herausforderungen der Regierung, der Staatsgrenzen und z.T. auch der Gesellschaftsordnung lassen sich heuristisch in einer Tabelle anhand dreier Gefährdungskriterien zusammenfassen.

Tabelle 1: Konfliktformen

		STAATLICHES GEWALTMONOPOL		
		gefährdet		nicht gefährdet	
		STAATSGRENZEN		STAATSGRENZEN	
		gefährdet	nicht gefährdet	gefährdet	nicht gefährdet
GESELLSCHAFTS-ORDNUNG	gefährdet	Internationale revolutionäre Bewegung	Innerer Krieg	„Universalistische" Befreiungsideologien	Ideologischer Extremismus
	nicht gefährdet	Irredenta	Militärischer Coup	Bewegungen zugunsten eines überstaatlichen Zusammenschlusses	Protest, Demonstration

Das erste und zunächst wichtigste Kriterium ist die Herausforderung des *staatlichen Gewaltmonopols*, also der Ordnung im Innern. Als zweites wird die Ordnung von außen, an den *Staatsgrenzen* in Frage gestellt. Das dritte Moment schließlich beinhaltet den möglichen *Umsturz der gesellschaftlichen Organisationsform*. Im einzelnen lassen sich die verschiedenen Konfliktformen wie folgt zuordnen: Grundsätzlich sind die Fälle, in denen das staatliche Gewaltmonopol gefährdet ist, also diejenigen auf der linken Seite in der Tabelle, *ex definitione* als stärkere Herausforderungen anzusehen. Das staatliche Gewaltmonopol wird bei einer Gefährdung der Gesellschaftsordnung ebenfalls in Mitleidenschaft gezogen und ist im übrigen an den Staatsgrenzen nach außen ebenfalls sicherzustellen.

Bei einem Vergleich z.B. *Inneren Krieges* mit bloßem *ideologischen Extremismus* wird somit deutlich, daß letzterer „lediglich" die Gesellschaftsordnung gefährdet, Innerer Krieg dagegen auch das staatliche Gewaltmonopol. „Universalistische" Befreiungsideologien mögen zur Aufhebung der eigenen Staatsgrenzen aufrufen. Das Gewaltmonopol gefährden sie als reine Ideologien nicht, wohl aber die Gesellschaftsordnung. Natürlich kann sich in dynamischer Perspektive in vielen Fällen eine Eskalation zur Gefährdung auch der jeweils anderen Dimensionen ergeben.

Der *antistaatliche links- wie rechtsextremistische Terrorismus* gefährdet sowohl das staatliche Gewaltmonopol wie die Gesellschaftsordnung, nicht aber die Staatsgrenzen, wohingegen beim gewöhnlichen *militärischen Staatsstreich* die Gesellschaftsordnung nicht gefährdet ist.

Einen weiteren, betrachtenswerten Fall stellen *freiweillige überstaatliche Zusammenschlüsse* dar, gewissermaßen eine eher mehrheitsgetragene Bewegung, die die eigenen Staatsgrenzen infragestellt.

Selbstverständlich verbleiben bei einer derartigen Grobeinstufung zahlreiche Ambiguitäten: So ist etwa in autoritären Staaten je nach Handhabung der repressiven Kräfte das Gewaltmonopol in der Reaktion auf *Protest* und *Demonstrationen* gefährdet. Im Falle der Auseinandersetzungen um *Irredenta* ist die Gesellschaftsordnung, also vor allem die Organisationsform der Produktion, im allgemeinen weniger gefährdet als (schon *ex definitione*) die Staatsgrenzen. Innerer Krieg geht meist auch mit einer Gefährdung der Gesellschaftsordnung einher, insofern als solche Auseinandersetzungen häufig gesellschaftspolitisch und kulturell-religiös aufgeladen sind. Weniger vorrangig ist die Gefährdung der Staatsgrenzen. Kommt es allerdings zusätzlich zu einer Herausforderung der Gesellschaftsordnung, so ist von einer *revolutionären Situation* und beim Sturz der Gesellschaftsordnung und weitergehenden Veränderungen u.U. von Revolution zu sprechen. *Revolutionäre Bewegungen mit internationaler Zielsetzung* (linkes oberes Feld in Tabelle 1) stellen dabei oft auch die eigenen Staatsgrenzen in Frage.

Wie angedeutet sind hier vielfältige Überschneidungen der Formen möglich, insbesondere im zeitlichen Verlauf. So wäre etwa der *internationale Terrorismus* zwischen dem ersten und zweiten Kästchen in der ersten Zeile einzuordnen und zugleich mit der *Gefährdung der internationalen Ordnung* sogar eine weitere vierte grundlegende Dimension zu benennen. Es geht weniger um eine vollständige Klassifikation dieser jeweiligen Herausforderungen als vielmehr darum, die analytische Nützlichkeit der genannten drei zentralen Kriterien zu erweisen (vgl. auch die Typologie bei Zimmermann 1981:149, wo in diesem Zusammenhang stärker auf Massen und Eliten abgehoben wird).

Zusammenfassung

Gewalt und Politik sind hier vorrangig aus der Sicht vergleichender makropolitischer Analyse behandelt worden. Selbstverständlich kann und muß zur Ergänzung des Themas auch die Gruppen- und Individualebene erfaßt werden. Gruppen und Organisationen sind in der Regel die Träger gewaltsamen dissidenten Protests. Auch ergeben sich erst durch die Zusammenfassung der Daten der staatlichen Einzelreaktionen auf einzelne Gruppen die gesamtstaatlichen Profile und Befunde, die hier im Vordergrund der Analyse standen. An den grundsätzlichen Überlegungen, die hier angedeutet sind, ändert sich allerdings wenig. Dies gilt auch, wenn man sich in die Lage rationaler Akteure und in deren Kalkulation im einzelnen versetzt. Die Nutzung gewaltsamer Konfliktmittel stellt immer einen suboptimalen Fall dar, selbst bei erfolgreichem Einsatz. Die – wie auch immer umstrittene – Definition von Herrschaft durch Weber macht dies deutlich: Herrschaft sei die „Chance, für einen Befehl bestimmten Inhalts bei angebbaren Personen Gehorsam zu finden" (Weber 1964:38). Beim Gewalteinsatz muß im Unterschied zur etablierten Herrschaft Widerstand erst einmal überwunden werden.

Aus dieser Suboptimalitätslogik folgen die beiden anderen entscheidenden Gesichtspunkte. Zum einen ist die Aufrechterhaltung des staatlichen Gewaltmonopols mit friedlichen Mitteln eine Gleichgewichtslösung mit wechselseitigen Vorteilen: Die Bürger verzichten untereinander und dem Staat gegenüber auf die eigene Bewaffnung. Im Idealfall gereicht ihnen dies im Umgang untereinander wie mit staatlichen Autoritätsträgern zum Schutz. Kommt es zur Erosion des Gewaltmonopols durch Mißtrauen der Bürger, durch mangelnden Schutz durch den Staat oder durch staatliche Übergriffe, ist dieses Gleichgewicht hin und die Eskalation der Gewaltspirale droht.

Die andere grundlegende Einsicht ergibt sich im zwischenstaatlichen Bereich. Weil hier kein internationales Gewaltmonopol existiert, weil das Sicherheitsbestreben eines Landes Unsicherheit anderer Staaten auslöst oder auslösen kann (Sicherheitsdilemma), weil ungelöste Grenzfragen und historische Erinnerungen an gewaltsame Auseinandersetzungen und entsprechende (Revanche-) Forderungen fortbestehen können, ist hier von einem Gleichgewicht, das dem des internen Gewaltmonopols angenähert wäre, nicht im entferntesten die Rede. Bestenfalls hieße dies eine *Pax Romana* oder *Pax Americana*. Dies bedeutet für die diesem Frieden mehr oder weniger unfreiwillig Unterworfenen auf jeden Fall ein Zweitbestes, aber immerhin noch den Schutz vor Gewalt bei gleichzeitiger Aufgabe eigener politischer Autonomie. Hegemone müssen aber immer ihren eigenen Abstieg und/oder zugleich den Aufstieg von Rivalen fürchten. Der Realismus oder Neo-Realismus (vgl. z.B. Waltz 1959) wird deshalb als fundamentale Sichtweise in der internationalen Politik auch nicht abgelöst werden (können).

In beiden Fällen, dem der Beziehung zwischen Gewalt und Politik im Innern wie in den Außenverhältnissen wie auch in der Wechselwirkung zwischen beiden bleibt die *Hobbessche Kernfrage* zu lösen. Wie können die Kosten der Kooperation zwischen den Menschen gesenkt werden, wie kann Vertrauen an die Stelle biologisch-evolutorisch angezeigten Mißtrauens treten? Erfolgreiche Lösungen im Innern lassen sich in den Staaten feststellen, deren Bürger nicht nur die ökonomischen und sozialen Früchte des Wohlstandes, sondern auch diejenigen des funktionierenden staatlichen Gewaltmonopols genießen können. Die These vom *demokratischen Frieden* (vgl. z.B. Oneal/Russell 1997) setzt Hoffnungen auf das Analogon im internationalen Bereich. Die hier an vielen Beispielen beiläufig angedeutete historische Erfahrung lehrt allerdings, den Grundsatz *si vis pacem, para bellum* nicht ohne weiteres auf die Seite zu legen. Die Abschreckungslogik hat sehr wohl erfolgreich deutlich gemacht, daß Gewalteinsatz durch Drohen eines größeren Schadens unterbunden werden kann (obgleich ihre Gültigkeit in strengem Sinne glücklicherweise nicht hat demonstriert werden können). Daß daneben die Logik internationaler Kooperation unter den Zeichen der Globalisierung an Bedeutung gewinnt, bürgt für spannende weitere Entwicklungen.

Kriegsverläufe und Kriegsursachen –
Formwandel kriegerischer Konflikte nach 1945

Klaus Schlichte

Welche Ursachen Kriege haben und welche Gemeinsamkeiten sie in ihrem Verlauf und in den Arten ihrer Beendigung zeigen, ist in mehreren sozialwissenschaftlichen Diszplinen ein zentrales Thema. Die politikwissenschaftliche Subdisziplin der Internationalen Beziehungen, die Soziologie, aber auch die Sozialpsychologie und die Ethnologie beschäftigen sich mit den unterschiedlichsten Aspekten der kausalen Zusammenhänge von organisierter Gewalt. Im Rahmen dieses Textes ist es nicht möglich, einen auch nur annähernd vollständigen Überblick über die Übereinstimmungen und Divergenzen dieser Forschungsbemühungen zum Thema Krieg zu präsentieren.[1] Statt dessen beschränkt sich dieser Beitrag auf eine kurze zusammenfassende Darstellung zentraler Forschungsergebnisse über die Kriegsentwicklung seit 1945 (I) und einen in der deutschen Sozialwissenschaft prominenten Ansatz zur Erklärung der Verursachung der über 190 Kriege nach dem Zweiten Weltkrieg (II). Dem eigendynamischen kausalen Charakter des in dieser Periode dominierenden innerstaatlichen Krieges wird gesondert Rechnung getragen (III). Ein abschließender Abschnitt ist den jüngeren Entwicklungstendenzen bewaffneter Konflikte gewidmet (IV).

I. Haupttendenzen der Kriegsentwicklung
nach dem Zweiten Weltkrieg[2]

Neben zahlreichen Einzelbefunden über die regionale Kriegsentwicklung, über die Verteilung unterschiedlicher Kriegstypen und die Häufigkeit von Konfliktgegenständen lassen sich fünf Haupttendenzen aus der Betrachtung des Kriegsgeschehens nach 1945 ablesen (vgl. Gantzel/Schwinghammer 1995):

– Das auffälligste und vermutlich bekannteste Ergebnis der langfristigen Kriegsbeobachtung ist der seit 1945 zu verzeichnende Anstieg der Zahl

---

1 Überblicke über die Forschung zum Thema bieten Levy (1989), Mendler/Schwegler-Rohmeis (1989), Gantzel (1988), Jung (1995:13-24) und Schlichte (1996:12-24).

2 Alle Zahlen entstammen der Datenbank der „Arbeitsgemeinschaft Kriegsursachenforschung" (AKUF) der Universität Hamburg. Diese wie zahlreiche der regionalspezifischen Aussagen beruhen nicht auf der alleinigen Arbeit der Verfasser, sondern entstammen dem kollektiven Diskussionszusammenhang der AKUF.

kriegerischer Konflikte.[3] Seit einem halben Jahrhundert steigt die Zahl der pro Jahr geführten Kriege dramatisch an, und zwar durchschnittlich um einen Krieg pro Jahr. Wurden in den fünfziger Jahren ca. zehn Kriege pro Jahr geführt, so waren es im Zeitraum von 1990 bis 1995 durchschnittlich 46.

– Auffällig ist auch die geographische Verteilung der Kriege: Nach dem 19. Jahrhundert hat sich das Kriegsgeschehen mehr und mehr aus den Zentren bürgerlich-kapitalistischer Vergesellschaftung in die Peripherien verlagert. Über 90 Prozent der Kriege nach 1945 fanden in Regionen der sogenannten Dritten Welt statt. In den Ländern hingegen, in denen der Kapitalismus sich zu einer alle Lebensbereiche strukturierenden Totalität ausgeformt hat, fand kein einziger Krieg statt.

Abbildung 1: Kriege weltweit 1945 bis 1997

Kriege weltweit (1945 bis 1997)

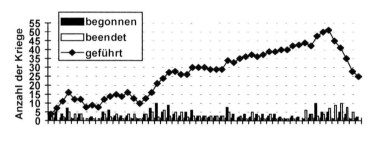

– Der dritte Befund betrifft die typologische Unterscheidung von Kriegen. Seit 1945 zeigt sich ein deutlicher Trend zur Dominanz innerstaatlicher Kriege. Der Anteil zwischenstaatlicher Kriege nimmt nach dem Zweiten Weltkrieg zwar nicht linear, aber doch stetig ab. Dieser Typ ist in den vergangenen Jahren fast ganz ausgestorben: Die bisher letzten dominant zwi-

---

3 Hier wird die Kriegsdefinition der Hamburger AKUF zugrundegelegt. Demzufolge ist Krieg eine bewaffneter Massenkonflikt, der die folgenden drei Merkmale aufweist: a) bei mindestens einer der in die bewaffneten Auseinandersetzungen verwickelten Gruppen handelt es sich um Regierungsstreitkräfte, b) die Kriegsparteien zeigen ein Minium an Organisation der Kampfhandlungen, auch wenn dies nicht mehr meint als strategisch geplante Überfälle; c) die bewaffneten Auseinandersetzungen zeigen ein gewisses Maß an Kontinuität und sind nicht bloß gelegentliche Konfrontationen, das heißt, beide Seiten agieren nach einer erkennbaren Strategie (vgl. Gantzel/Schwinghammer 1995:31ff).

schenstaatlichen Kriege fanden 1994/95 zwischen Kroatien und Serbien sowie zwischen Peru und Ecuador statt. Zum Jahresende 1997 hatte lediglich der Krieg im Libanon eine eindeutige zwischenstaatliche Dimension (vgl. Rabehl/AKUF 1998). Der nach 1945 vorherrschende Kriegstyp ist also der innerstaatliche Krieg in einem Dritte-Welt-Land, in dem es um die innere politische Ordnung oder Innehabung der Regierungsgewalt geht.

- Der vierte Befund betrifft die inzwischen weit verbreitete These vom „demokratischen Frieden". Für die Zeit nach 1945 gilt: Entwickelte bürgerlich-kapitalistische Staaten führen keinen Krieg gegeneinander, auch findet in ihrem Innern kein Krieg statt.[4] Dagegen zeigen sie gegenüber anderen Systemen ein weitaus weniger friedliches Verhalten. Das leitet über zum fünften Befund:

- Der fünfte Befund betrifft die Häufigkeit der Kriegsbeteiligungen: Einerseits gibt es siebzig Staaten, die nach 1945 überhaupt keinen Krieg geführt haben (Gantzel/Schwinghammer 1995:113), andererseits entfallen auf eine Kerngruppe von 26 Staaten mehr als die Hälfte aller Kriegsbeteiligungen. Auf die ersten sieben Staaten dieser Gruppe entfallen ein Viertel aller Kriegsbeteiligungen. Diese sieben Staaten sind die Führungsmächte Großbritannien, USA und Frankreich sowie die Regionalmächte Syrien, Irak, Indien und China (ebd.:108).

In den neunziger Jahren hat sich an diesen großen Entwicklungstendenzen nichts wesentliches verändert. Die Hauptbefunde über die Entwicklung des Kriegsgeschehens treffen auf die neunziger Jahre genauso zu wie auf die vorigen Jahrzehnte. Betrachtet man die Kriegskurve für den Zeitraum nach 1990, so sind der zunächst dramatische Anstieg und der nach 1992 einsetzende, ebenso deutliche Rückgang der Kurve auffällig. Ihren Höhepunkt erreichte die Kriegskurve 1992 mit 51 Kriegen.

Was hierin zum Ausdruck kommt, ist auf allgemein bekannte, welthistorische Ereignisse zurückzuführen. Im Gefolge des Zusammenbruchs und Zerfalls des staatssozialistischen Entwicklungsmodells und der Desintegration namentlich der früheren Sowjetunion sind zwölf neue Kriege entstanden, von denen zum Jahresbeginn 1998 nur noch der Konflikt in Tadschikistan als Krieg zu gelten hatte.

Aus dieser Beobachtung leitet sich die zweite ab: Die Kriegsentwicklung in den neunziger Jahren widerlegt offenbar die beiden gängigsten Thesen, die über den Ost-West-Konflikt und die Kriegsentwicklung diskutiert wurden: Einerseits bedeutet das auch nach dem Ende des Ost-West-Konflikts hohe Kriegsniveau, daß die Mehrheit der Kriege offenbar keine „Stellvertreterkriege" waren. Der Ost-West-Konflikt hat sich vielmehr an bestehende Konflikte in den Peripherien angelagert und in einigen Fällen zu ihrer Verschärfung beigetragen. Nur in einigen dieser Fälle, etwa in Äthiopien, Mosambik, Südafrika und Namibia, haben

---

4   Eine Ausnahme bildet hier der Konflikt in Nordirland.

sich daher mit dem Ende des Ost-West-Konflikts Chancen zur Kriegsbeendigung ergeben.

Aus der Betrachtung der Kriegskurve und den obigen Feststellungen ergeben sich aber auch Konsequenzen für die konkurrierende These, daß nämlich nach dem Fortfall des Ost-West-Konflikts als Ordnungsfaktor der Weltpolitik ein dauerhafter Anstieg der Kriegsanfälligkeit zu beobachten sei. Auch diese These ist in ihrer Einseitigkeit nicht zu halten, denn die Kriegsentwicklung zeigt nach 1992 einen deutlichen Rückgang. Der generalisierend feststellbare Anstieg der Kriegsbelastung – auch die neunziger Jahre werden in der durchschnittlichen Zahl der Kriege pro Jahr über dem Durchschnitt der Vordekade liegen – entspricht jedoch dem insgesamt nach 1945 zu beobachtenden Anstieg der Kriegskurve.

Plausibler ist es daher davon auszugehen, daß der Ost-West-Konflikt eine widersprüchliche Wirkung auf das Kriegsgeschehen nach 1945 hatte, indem er nämlich einerseits kriegsverschärfend und damit kriegsverlängernd wirkte, auf der anderen Seite aber offenbar auch eine disziplinierende Wirkung ausübte. Die eigentlichen Ursachen für die Kriege nach 1945 müssen jedoch an anderer Stelle gesucht werden.

II. Kriege erklären:
Ursachen und Verläufe der Kriege nach 1945

Einen allgemeinen Erklärungsrahmen für das Kriegsgeschehen nach 1945 gewinnt man, wenn die Vielheit der einzelnen Erscheinungsformen von Krieg, die Verschiedenheit der beteiligten Akteure und die Diversität der Konfliktgegenstände in Beziehung setzt zu den großen säkularen Prozessen dieses Zeitraums. Dem „Hamburger Ansatz" der Kriegsursachenforschung zufolge bilden der Prozeß der Auflösung traditionaler Vergesellschaftungsformen und der Prozeß der nachholenden Konsolidierung der Staaten in der sogenannten Dritten Welt den wichtigsten allgemeinen kausalen Zusammenhang des Kriegsgeschehens nach 1945.[5]

Demgegenüber sind gängigerweise als Kriegsursachen benannte Faktoren – wie die Machtkonkurrenz zwischen Staaten, die Struktur des internationalen Systems, die Konkurrenz um gesellschaftliche Ressourcen oder Konflikte um kulturelle Identitäten – kausal nachgeordnete Bestimmungsgründe der Kriege nach 1945.[6] Sie beeinflussen zwar die spezische Gestalt einzelner Kriege, die Orientierungen und Motive von Akteuren sowie die internationale Bedeutung gewaltsam ausgetragener Konflikte. Eine zusammenhängende, theoretisch geleitete Erklärung des Kriegsgeschehens nach dem Zweiten Weltkrieg läßt sich aus diesen Faktoren jedoch nicht synthetisieren.

---

5 Zum „Hamburger Ansatz" vgl. Siegelberg (1994), Jung (1995), Schlichte (1996) sowie die umfassende Darstellung und Analyse des Datenmaterials in Gantzel/Schwinghammer (1995).

6 Zu den Mängeln dieser gängigen Erklärungen vgl. den Überblick bei Mendler/Schwegler-Rohmeis (1989) und Levy (1989).

Die Auflösung traditionaler Vergesellschaftungsformen und die Monopolisierung physischer Gewaltsamkeit durch den modernen Staat sind konfliktive Prozesse, die das Entstehen von Kriegen wahrscheinlich machen. Sie führen aber, wie in der europäischen Geschichte, nicht mit Notwendigkeit zum gewaltsamen Austrag der damit verbundenen Konflikte.

Damit die durch sozialen Wandel auftretenden gesellschaftlichen Widersprüche zu Kriegen eskalieren, müssen sich Prozesse „verdichten". Konfliktparteien müssen diese Widersprüche wahrnehmen, sie müssen sich organisieren und schließlich Gewalt als Mittel des Konfliktaustrags wählen. Die einzelnen Vermittlungsschritte dieser Wege zum Krieg sind komplex und nur teilweise übergreifenden Verallgemeinerungen zugänglich. Gleichwohl läßt sich das Kriegsgeschehen vor der Folie des säkularen Wandels im betrachteten Zeitraum in einzelne größere Komplexe sortieren. Neben den Dekolonisationskriegen, die das Kriegsgeschehen in den ersten Dekaden nach 1945 dominierten, sind dies Kriege um die Konsolidierung von Staaten, die bewaffneten Eskalationen von Auseinandersetzungen um die gesellschaftliche Neuordnung und die in jüngerer Zeit vermehrt bedeutsamen Kriege um die Erlangung von Eigenstaatlichkeit.

Tabelle: Kriegsverteilung nach Regionen, 1945-1996

Europa	14
Lateinamerika	31
Naher und Mitlerer Osten	43
Afrika	51
Asien	52
Gesamt	193

Quelle: AKUF-Datenbank, Universität Hamburg

Wie aus der Tabelle ersichtlich wird, lag die Hauptlast kriegerischen Konfliktaustrags seit dem Zweiten Weltkrieg auf den Regionen der sogenannten Dritten Welt. Diese Tendenz hat sich in den vergangenen fünfzig Jahren deutlich verstärkt: Während in der ersten Dekade nach 1945 noch mehrere kriegerische Auseinandersetzungen in der europäischen Peripherie stattfanden, hat sich seit der Mitte der neunziger Jahre das Kriegsgeschehen nahezu ausschließlich nach Asien, Afrika, in den Nahen und Mittleren Osten und nach Lateinamerika verlagert. Doch die dortigen Kriege sind weder in ihren Verläufen noch in ihren Ursachen einem einheitlichen Muster zuzuordnen. Wie in den vorangehenden Dekaden lassen sich daher auch in den neunziger Jahren regional unterschiedliche Tendenzen ausmachen.

Kriege in *Lateinamerika* sind fast durchweg innerstaatliche Kriege gewesen. Während der ersten Jahrzehnte nach dem Zweiten Weltkrieg wurden diese Konflikte vor allem unter dem Banner sozialistischer Emanzipation bzw. des demokratischen Kapitalismus ausgetragen. In zahlreichen Fällen hat dies das Engagement auswärtiger Mächte hervorgerufen, besonders der USA, die Lateinamerika traditionell als ihre Einflußregion auffassen. Die Kriege in El Salvador und Nicaragua sind dafür Musterbeispiele.

Inzwischen hat die organisierte physische Gewalt in Lateinamerika ihre früheren ideologischen Konnotationen offenbar weitgehend verloren. Bewaffnete Gruppen wie der „Sendero Luminoso" in Peru können nicht mehr glaubwürdig behaupten, im Namen der „unterdrückten Massen" zu kämpfen. Gegenwärtig ist der Kampf um die Kontrolle von Drogenproduktion und -handel eher im Zentrum organisierter physischer Gewalt als das Bemühen um gesellschaftlichen Wandel. Gleichwohl bilden große sozial-ökonomische Unterschiede, hervorgerufen durch rapide und ungesteuerte Modernisierung, nach wie vor den eigentlichen kausalen Hintergrund der gewaltförmigen Konflikte in Lateinamerika (vgl. Kurtenbach 1995).

In *Afrika* ist die Dominanz innerstaatlicher Kriege noch offensichtlicher. Abgesehen von jenen Subregionen, in denen die Ost-West-Rivalität als überlagernde Konfliktlinie eine besondere Rolle spielte, nämlich am Horn und im südlichen Afrika, hat es auf dem afrikanischen Kontinent bis 1998 nur zwei rein zwischenstaatliche Kriege gegeben, nämlich 1978/79 zwischen Uganda und Tansania sowie 1985 zwischen Mali und Burkina Faso.

Dennoch haben zahlreiche Kriege in Afrika eine regionale Dimension. Angrenzende Staaten dienen als Basen für Rebellengruppen, in manchen Fällen unterstützen sie sogar offen bewaffnete Gruppen. Aber das Bild des Krieges in Afrika ist vor allem von innergesellschaftlichen Ursachen bestimmt. Nach der Ära der Dekolonisation waren Konflikte um die Innehabung der Staatsgewalt am häufigsten Gegenstand kriegerischer Auseinandersetzungen. Sezessionskriege waren demgegenüber selten (vgl. Schlichte 1996). Diese Tatsache steht in besonders frappantem Kontrast zu dem von journalistischer und teilweise auch wissenschaftlicher Publizistik vermittelten Bild vom „Krieg zwischen Stämmen" oder vom „ethnischen Konflikt". Denn der Pfad der Modernisierung afrikanischer Gesellschaft vor, während und nach der Kolonialzeit hat aus dem Staat die wichtigste Institution zur Verteilung gesellschaftlicher Ressourcen werden lassen, so daß die Innehabung der Staatsgewalt immer im Zentrum politischer Konflikte stand.

Im nachkolonialen Afrika sind Staaten durchweg neopatrimonial strukturiert. Die Logik der sie durchziehenden klientelistischen Netzwerke bestimmt über Grenzen und Reichweite politischer Integration. In dem Maße, in dem die Herauslösung der nachwachsenden Generation aus traditionalen Zusammenhängen und die ökonomische Randstellung Afrikas eine wachsende Masse sozial Marginalisierter produziert, verlieren die klientelistischen Netzwerke an Integrationskraft. Der Rückgriff auf Gewalt als Mittel des Austrags politischer Konflikte wird damit in immer mehr Staaten wahrscheinlicher (vgl. Schlichte 1998).

In *Asien* bietet das Kriegsgeschehen nach 1945 ein weitaus weniger homogenes Bild: Während Ostasien seit den fünfziger Jahren von Kriegen verschont blieb, folgten andere Teile Asiens auch später dem Muster zunehmender Kriegshäufigkeit. Die hohe Bedeutung Süd- und Südostasiens als Kriegszone beruht auf der Tatsache, daß Kriege dort weitaus länger andauern als im globalen Durchschnitt. Außerdem konzentriert sich das Kriegsgeschehen in Zentren wie Indonesien, „Indochina" und den Philippinen (vgl. Jung 1997a). Schließlich stehen zahlreiche Konflikte in enger Beziehung zu den Prozessen der Staatsteilung und -konsolidierung auf dem indischen Subkontinent (vgl. Wilke 1997).

In den vergangenen Jahren hat die Intensität zahlreicher bewaffneter Konflikte in Asien deutlich nachgelassen. In der gesamten Region ist zwischen 1990 und 1998 kein neuer Krieg begonnen worden. Doch diese Beobachtungen sollten nicht zu der Folgerung verleiten, daß Asiens Zukunft notwendig friedlich sein wird. Der konfliktive Prozeß der Staatskonsolidierung ist in vielen Fällen bei weitem nicht abgeschlossen, und die in vielen Teilen Asiens rapide fortschreitende Modernisierung wird zu weiteren, auch gewaltsam ausgetragenen Konflikten führen.

Im *Nahen und Mittleren Osten* sind ebenfalls innerstaatliche Kriege der dominante Kriegstypus gewesen, auch wenn in dieser Region zwischenstaatliche Konflikte eine deutlich größere Bedeutung haben. Die mit der Kurdenfrage zusammenhängenden Kriege in Irak, Iran und in der Türkei sowie die verschiedenen Kriege um die staatliche Organisation des Jemen stehen für die auch in dieser Region „typische" Form, deren militärische Erscheinungen von terroristischen Attacken bis zum großflächigen Guerillakrieg und dem Einsatz von „counterinsurgency"-Methoden reichen (vgl. Jung 1997b).

Gleichwohl gibt es auch in dieser Region Besonderheiten: Der direkte Import eines europäischen Nationalstaats, die Staatsgründung Israels und die damit geschaffene Palästina-Frage stehen in engem Zusammenhang mit der hohen Zahl zwischenstaatlicher Kriege in dieser Region. Außerdem finden sich hier einige der am häufigsten in Kriege verwickelten Staaten wie Irak und Syrien.

Nicht erst nach dem Ende des Ost-West-Konflikts erlebte *Europa* die Rückkehr gewaltsam ausgetragener Massenkonflikte. Die Kriege in Nordirland oder im spanischen Baskenland begannen weit früher. Doch diese Kriege in der europäischen Peripherie sind, in der langfristigen Betrachtung, Ausnahmeerscheinungen, denn sie stehen in deutlichem Kontrast zur allgemeinen regionalen Verteilung der Kriege nach dem Zweiten Weltkrieg. Sie erinnern ebenso wie die Ereignisse im ehemaligen jugoslawischen Staatsverband daran, daß es keine notwendige, unaufhaltsame historische Tendenz zur Befriedung von Gesellschaften gibt, sondern daß selbst Staaten und Gesellschaften, die konsolidiert und „fortgeschritten" erscheinen mögen, in Zustände zurückfallen können, in denen die Logik organisierter Gewalt dominiert.

Die Verläufe der insgesamt über 190 Kriege seit 1945 sind höchst verschieden, weil sie von vielen unterschiedlichen Konstellationen und Kräfteverhältnissen abhängen. Selbst welche Faktoren diese Konstellationen bestimmen, ist je nach Kontext verschieden. Im folgenden soll deshalb nicht der Versuch unternommen werden, aus der Vielzahl der komplexen Verläufe Generalisierungen abzuleiten. Statt dessen wird auf einige der Bestimmungsgründe der Dyamik innerstaatlicher Kriege eingegangen, die in den vergangenen Jahren vermehrt diskutiert werden.

III. Die Eigendynamik innerstaatlicher Kriege

Trotz der schon länger offensichtlichen Dominanz innerstaatlicher Auseinandersetzungen im Kriegsgeschehen nach dem Zweiten Weltkrieg hat sich erst in jüngerer Zeit eine vermehrte wissenschaftliche Beschäftigung mit diesen Konflikten ergeben. Bis zum Ende des Ost-West-Gegensatzes wurden die gewaltsam ausgetragenen Konflikte in der Weltgesellschaft von der Wissenschaft vor allem durch die Raster seiner Begrifflichkeiten interpretiert. Die mit dem Zerfall der Sowjetunion und des jugoslawischen Staatsverbandes zunächst aufkommende kulturalistische Interpretation bewaffneter Konflikte (vgl. Huntington 1993), wie sie etwa in der Terminologie vom „ethnischen Konflikt" zum Ausdruck kommt, ist mittlerweile einer nüchterneren, rationalistischen Interpretation gewichen, die vor allem auf die interne Dynamik innerstaatlicher Kriege abstellt.[7]

In dieser Diskussion zeichnet sich die Tendenz ab, Kriege als „eigendynamische" Prozesse zu betrachten, in deren Verlauf andere als die ursprüngliche Ursachenkonstellation bedeutsam werden. Die ubiquitäre Gewalt wird „zum Motor des Krieges" (Siegelberg 1994:192). Innerstaatliche Kriege haben die Tendenz, sich von ihren ursprünglichen Ursachen zu verselbständigen, weil in ihrem Verlauf neue Handlungsbedingungen entstehen, die eine Fortdauer des Krieges wahrscheinlich machen. Innerstaatliche Kriege werden „eigendynamisch".

Die Soziologinnen Renate Mayntz und Brigitte Nedelmann sehen das Kennzeichen eigendynamischer Prozesse darin, daß „sie sich – einmal in Gang gekommen oder ausgelöst – aus sich selbst heraus und ohne weitere externe Einwirkung weiterbewegen und dadurch ein für sie charakteristisches Muster produzieren und reproduzieren" (1997:87). Eigendynamische Prozesse erzeugen Wirkungen, die zu Bestandteilen ihrer eigenen Verursachung werden; oder aus der Perspektive der sie tragenden Akteure formuliert, sie reproduzieren aus sich heraus die sie antreibenden Motivationen. Will man die spezielle Eigendynamik von Bürgerkriegen verstehen, muß man folglich analysieren, wie der Krieg die von ihm betroffenen Akteure veranlaßt, seine Fortführung aktiv zu betreiben

---

7 Vgl. z.B. Duffield (1998), Genschel/Schlichte (1997), Jean/Rufin (1996), King (1997), Waldmann (1995, 1997).

oder doch zumindest zu dulden. Dieser kausale Zirkel soll hier aus drei verschiedenen Perspektiven beleuchtet werden, einer zeitlichen, einer lerntheoretischen und einer verteilungspolitischen Perspektive.

Die ökonomische Struktur innerstaatlicher Kriege

Innerstaatliche Kriege haben eine eigene Zeitstruktur, die durch die Dominanz kurzfristiger Imperative gekennzeichnet ist. Weil im Kriege das Überleben permanent bedroht ist, stehen Menschen und Organisationen unter dem dauernden Druck, ihre Aufmerksamkeit auf das Überleben des nächsten Augenblicks zu konzentrieren. Der Planungshorizont wird radikal verkürzt. Gelassenheit und Geduld gehen verloren, und die Menschen sind bereit, Dinge zu tun, die sie unter geringerem Zeitdurck möglicherweise nicht tun würden.

In den Berichten vom Bürgerkrieg in Bosnien und Ruanda wird das drastisch deutlich. Angesichts der universalen Bedrohung haben sich hier Menschen gegenseitig hingemetzelt, die sich im Grunde nahegestanden haben mögen: Nachbarn, Arbeitskollegen und sogar Familienangehörige: „Die Angst, selbst Opfer von Gewalt zu werden, führt zu Präventivschlägen, die die Berechtigung dieser Angst bestätigen und weiter Prävententivschläge provozieren" (Elwert 1995:131). Bisher neutrale Zivilisten schlagen sich auf die Seite der Bürgerkriegsparteien, um nicht zwischen die Fronten zu geraten, und verstärken dadurch den Krieg, vor dem sie sich doch eigentlich fürchten. Die Antizipation fremder Gewalt schafft Gewaltbereitschaft auch da, wo sie bisher gar nicht vorhanden war.

Die Vordringlichkeit des Kurzfristigen schlägt sich nicht nur in reflexartiger Gewaltbereitschaft nieder, sie macht sich folgenreicher noch in den ökonomischen Strukturen bemerkbar, die sich im Bürgerkrieg entwickeln. Im Frieden wie im Krieg sind die Akteure auf einen kontinuierlichen Ressourcenzufluß angewiesen, um ihr Überleben und ihre Handlungsfähigkeit zu sichern. Im Unterschied zum Frieden werden im Kriege aber ungleich höhere Prämien auf die unmittelbare Verfügbarkeit der Ressourcen gefordert und gezahlt, z.B. auf Treibstoff, Fahrzeuge und Nahrungsmittel. Denn es nutzt nichts, morgen dem Gegner materiell überlegen zu sein, wenn man heute mit begrenzten Mitteln geschlagen werden kann.

In Kriegsökonomien liegt deshalb das Schwergewicht auf der Mobilisierung unmittelbar verfügbarer Ressourcen, nicht, wie in Friedensökonomien, auf der Sicherung künftiger Ressourcen. Statt in die Zukunft zu investieren, wird die Gegenwart ausgebeutet. Die industrielle Infrastruktur wird demontiert. Die Einrichtungen der internationalen Hilfsorganisationen werden ausgeraubt, Bodenschätze und andere Ressourcen ausgeplündert. Bürgerkriegsparteien versetzen Edelhölzer weit unter den Weltmarktpreisen und bieten Kunstschätze zu Spottpreisen an. Soldaten, die nicht besoldet werden, eignen sich marodierend die Rücklagen und Vorräte der Bevölkerung an. Ökonomisch ist das ruinös: Die Produktion stagniert und bricht schließlich ganz zusammen. Dafür blühen Schwarzhandel und andere informelle Institutionen. Die Kriegsökonomie ist eine Ökonomie des Ausbeutens, Wegnehmens und Verschiebens und nicht des Investierens, Kooperierens und Vermehrens.

Daß die verschiedenen Techniken des Wegnehmens und Ausbeutens auf Gewalt oder der Androhung von Gewalt beruhen, ist evident. Sie zielen ausschließlich auf die verzugslose Akquisition eines möglichst großen Anteils an der begrenzten Ressourcenmenge. Die Befriedigung unvereinbarer Ansprüche kann nicht auf einen späteren Zeitpunkt verschoben und durch imaginiertes Wachstum gelöst (Luhmann 1996:327), sondern muß im Hier und Jetzt ausgefochten werden. Der kooperationsfördernde „Schatten der Zukunft" (Axelrod 1984) schrumpft auf Null. Die Ressourcenbewirtschaftung wird zum Nullsummenspiel. Der unverhohlen aggressive Charakter solcher Spiele ist bekannt.

Die Tragik dieser extraktiven Kriegsökonomie liegt darin, daß sie laufend den Zeitdruck verschärft, der ihre ursprüngliche Ursache war. Je effektiver dieser Zeitdruck den Kriegsparteien die Ausbeutung der verfügbaren Ressourcen aufdrängt, desto geringer wird die Wahrscheinlichkeit, daß auch in Zukunft noch Ressourcen übrig sind. Dieser selbst produzierte Mangel kann nie dazu führen, daß von Ausbeutung auf Investition umgestellt würde, er erhöht im Gegenteil den Zwang zur weiteren Ausbeutung. Vordringlicher ist nur das Überleben. Neue Konflikte werden fingiert, um den Krieg auf zusätzliche Landstriche und weitere Bevölkerungsschichten ausdehnen und damit auf neue, noch nicht ausgeraubte Ressourcen zugreifen zu können. Ausbeutung und Raubbau führen zu mehr Ausbeutung und Raubbau. Die Ökonomie gerät in eine sich selbst vorantreibende Desinvestitionsspirale.

Wenn überhaupt noch investiert wird, dann nicht im Kriegsgebiet, sondern im friedlichen Ausland. Investitionen im Kriegsgebiet lohnen sich selten, denn erstens wird hier jede nicht unmittelbar konsumierbare Ressource zum potentiellen Beuteobjekt, das gegen fremden Zugriff verteidigt werden muß. Zweitens fehlt die Kaufkraft, die notwendig wäre, damit Investitionen sich amortisieren. Solange niemand investiert, hat niemand ein Interesse an langfristiger Stabilität. Die Zukunft geht verloren. Die Akteure halten an der Gegenwart, und das heißt: an den Krieg.

Der Verlust friedlicher Kompetenzen

Die Eigendynamik des Krieges läßt sich auch als Lernpathologie betrachten. Der Bürgerkrieg bewirkt, daß Kompetenzen „verlernt" werden, die für das Leben in einer friedlichen Gesellschaft notwendig sind, und je weiter dieser zivile Kompetenzverlust voranschreitet, desto schwieriger wird es, vom Krieg wieder auf Frieden umzulernen.

Lernen ist gekoppelt an Erfahrung. Menschen entwickeln ihre Kompetenzen im Umgang mit Problemen, die ihnen oft begegnen. Zum Zeitpunkt des Ausbruchs ist der Bürgerkrieg für die meisten Menschen ein völliges Novum. Der Krieg wird als absoluter Ausnahmezustand empfunden, auf seine Bewältigung ist man nicht oder kaum vorbereitet. Kompetenzen, die im zivilen Alltag hilfreich oder unerläßlich waren, sind plötzlich wertlos und irrelevant. Fähigkeiten

wie Takt und Toleranz, die Beherrschung von Zivilisationstechniken, Kenntnisse von Rechts- und Verwaltungsvorschriften, kulturelles Kapital oder hand-
werkliches Geschick sind nur noch begrenzt verwendungsfähig. Der „friedliche
Sektor" der Gesellschaft schrumpft, die Erwerbschancen in zivilen Wirtschafts-
zweigen gehen zurück:

> „Gewerbe, Industrieproduktion, friedlicher Handel und Landwirtschaft geraten in
> Krisen und brechen dann, wenn sie auf kontinuierliche Lieferung von Inputs von au-
> ßen her angewiesen sind, vollständig zusammen. Die Löhne und Einkommen in die-
> sen Sektoren sinken. ... Für das Fußvolk des Wirtschaftssystems, die Lohnabhän-
> gigen und kleinen Selbständigen, wird es sinnvoll und oft sogar die einzige Überle-
> bensoption, zu Söldnern und/ oder Marodeuren zu konvertieren. Die Unternehmer
> sind gut beraten, wenn sie ihr flüssiges Kapital in den Aufbau einer Truppe und den
> Kauf von Waffen investieren" (Elwert 1995:133).

Wohl oder übel sind die Menschen gezwungen, vom Frieden auf Krieg umzulernen. Die zivilen Fähigkeiten verfallen, sie werden von neuen „kriegstaugli-
chen" Fähigkeiten verdrängt, die vorher nur in gesellschaftlichen Nischen anzutreffen waren. Vor die Wahl zwischen Flucht, Tod oder aktiver Teilnahme am
Kriegsgeschehen gestellt, wird das Erlernen von Techniken der Gewalt, des
Sichdurchschlagens und der Skrupellosigkeit zur Überlebensfrage. Nicht bei
allen geht dieser Lernprozeß reibungslos und effektiv vonstatten. Viele Menschen sind durch ihr friedliches Vorleben kognitiv, normativ und oft auch rein
physisch stark „vorbelastet". Andere dagegen empfinden den Krieg als Chance
des sozialen Aufstiegs oder der Befriedigung diffuser Aktionslüste, sie lernen
entsprechend bereitwillig und schnell. Besonders Kindern und Jugendlichen, die
ohne „biographischen Ballast" direkt in den Krieg hineinsozialisiert werden,
gelingt die Spezialisierung auf das Kriegshandwerk oft spielerisch leicht. Waffen sind verfügbar, die Karrierechancen und Distinktionsvorteile des geschick-
ten Umgangs mit ihnen offensichtlich, die „institutionelle Förderung" durch die
Kriegsparteien ist leicht zu haben, und andere soziale Bande, die die Gewaltbereitschaft noch hemmen könnten, sind durch den Krieg oft schon zerrissen.

Das „Umlernen auf Krieg" bleibt nicht auf die individuelle Ebene beschränkt, sondern erfaßt mit nachhaltigen Folgen auch die gesellschaftlichen
Organisationen. Organisationen, deren Kompetenzprofil auf die Bedürfnisse einer Friedensökonomie zugeschnitten sind – Schulen, Kirchen, Verwaltungen,
Industriebetriebe, Gewerkschaften, Interessenverbände – gehen im Krieg entweder kaputt oder passen sich den neuen Bedingungen durch die Entwicklung
eigener Gewaltapparate an. Gleichzeitig entstehen neue Organisationen, die
speziell kriegstauglich und kriegsdienlich sind. Großhändler kaufen Waffen und
Söldner, sie werden zu Kriegsunternehmern, die von Schiebereien oder vom
Geschäft des Begleitschutzes für internationale Hilfsorganisationen oder multinationale Unternehmen leben. Lokale Honoratioren schwingen sich zu Kriegsherrn auf, die der Bevölkerung Schutz versprechen und dafür Tributzahlungen
erzwingen. Hasardeure wie der Liberianer Charles Taylor bauen Milizen auf,
unter deren „Schutz" Zwangsarbeiter Rohstoffe abbauen, die, auf dem Welt-

markt versilbert, wiederum die Waffen und den Sold der durch Belohnungen und Zwang zusammengehaltenen Milizen finanzieren. In sozialrevolutionäres Pathos gehüllte peruanische und kolumbianische Guerillas spezialisieren sich auf das Drogengeschäft und finanzieren dadurch ihre militärischen und politischen Ambitionen.

Die Chance, die Lernpathologie noch zu korrigieren, ist deshalb so gering, weil ein erneutes Umlernen von Krieg auf Frieden mit erheblichen Übergangskosten belastet ist. Wie das Beispiel Mosambik zeigt, das seit 1993 nach dreißigjährigem Krieg den Übergang zum Frieden probt, ist die Umstrukturierung einer Bürgerkriegsökonomie teuer und aufwendig. Die für den erfolgreichen Betrieb einer friedlichen Gesellschaft notwendige Infrastruktur mit den dazugehörigen individuellen und organisatorischen Kompetenzen muß neu aufgebaut werden. Bis sie verfügbar sind und eine Friedensdividende abwerfen, vergeht Zeit, und während dieser Zeit ist der Friedensprozeß nicht selbsttragend. Das wird nicht zuletzt daran deutlich, daß Mosambiks Staatshaushalt zu mehr als fünfzig Prozent aus internationalen Hilfen finanziert werden muß, weil das Steueraufkommen aus der zerstörten Wirtschaft zu gering ist, um den Wiederaufbauprozeß selbst zu finanzieren. Ohne auswärtige Hilfe wären die Übergangskosten zum Frieden zu hoch. Der Krieg ginge weiter – aus Mangel an wirtschaftlichen Alternativen.

Krieg als Verteilungsproblem:
Die Entwicklung von „vested interests" in Unfrieden

In Bürgerkriegen gewinnen Menschen und Organisationen besonders viel Macht, die an einer Beendigung der Kampfhandlungen besonders wenig interessiert sind. Deshalb läßt sich die Eigendynamik von Bürgerkriegen auch als Interessenproblem verstehen, als dem rationalen Kalkül der Beteiligten unterworfener Verteilungskonflikt.

Bürgerkriege ziehen sozialstrukturelle Folgen nach sich. Bestimmte Schichten steigen ab – politische Eliten, Besitz- und Bildungsbürger, Staatsbedienstete, Angestellte, Industriearbeiter, Handwerker und Bauern. Andere Schichten erleben ihren Aufstieg, insbesondere militärisches Führungspersonal, ökonomische Gelegenheitsprofiteure, Schmuggler, Schieber und Waffenhändler, dazu gesellschaftliche Randgruppen, die Beschäftigung als Söldner und Milizionäre finden: städtische Arbeitslose, Flüchtlinge, bindungslose Jugendliche.

Die Absteiger haben ein offensichtliches Interesse an der Beendigung des Krieges. Solange sie ihre im Krieg gewonnen Vorteile wahren können, haben möglicherweise auch die Aufsteiger nichts gegen ein Kriegsende einzuwenden. Bei Kriegsgewinnern ist das oft der Fall. Zeljko „Arkan" Raznatovic, der den Treibstoffnachschub nach Serbien während des internationalen Embargos organisierte und dadurch vom Kriminellen zum Großunternehmer aufstieg, mußte nicht befürchten, mit dem Ende des Krieges sein Vermögen zu verlieren und hatte folglich auch keinen Grund, den Friedensprozeß zu boykottieren. Zum Hindernis der Kriegsbeendigung werden dagegen jene, die auf den Krieg angewiesen sind, um ihre Stellung zu behaupten. Sie haben „vested interests" am Bürgerkrieg und verfügen über Gewaltmittel, um diese auch durchzusetzen. Zu der letzteren Kategorie gehören die militärischen Führer des Krieges und ihre Milizen. Die einen müssen fürchten, Macht an das politische Führungspersonal zu verlieren, die anderen, in Arbeitslosigkeit, Armut und Untätigkeit zurückzufallen. Beide Gruppen sind nur dann bereit, den Krieg zu beenden und sich entwaffnen zu lassen, wenn sie dafür z.b. durch lukrative Posten in der Armee oder Staatsverwaltung entschädigt werden. Meistens sind aber in den ausgebluteten Bürgerkriegsländern nicht genug Ressourcen verfügbar, um die Ansprüche aller Kämpfer zu befriedigen. Wo die Entschädigung zu gering ausfällt, erscheint es den abstiegsbedrohten Warlords und Milizionären lohnender, die Waffen zu behalten und den Krieg weiterzuführen (vgl. King 1997:31ff).

Selbst wo es gelingt, mit materiellen Entschädigungen einen vorläufigen Gewaltverzicht zu erkaufen, entsteht eine Hypothek für den Friedensprozeß. Das „Auskaufen" dieser Interessen bindet Ressourcen, die für den Wiederaufbau der Wirtschaft und die Wiedereingliederung von Flüchtlingen gebraucht würden, und reduziert dadurch die Chance, den Übergang zum Frieden ökonomisch zu meistern. Die Wahrscheinlichkeit steigt, daß das Land in den Krieg zurückfällt.

Bürgerkriege entwickeln, wie gezeigt, aus drei Gründen eine Tendenz zur Selbst-Perpetuierung: erstens, weil sie den kooperationsfördernden „Schatten der Zukunft" radikal verkürzen, zweitens, weil sie zu einer Verdrängung von „Friedenskompetenzen" führen und drittens, weil sie systematisch die Akteure mächtig machen, die an der Beendigung der Kriegshandlungen am wenigsten interessiert sind. Aus dieser Tendenz zur Selbst-Verewigung folgt freilich nicht, daß Bürgerkriege tatsächlich auch immer ewig dauern.[8]

In der Realität legt sich um die kausalen Zusammenhänge der Eigendynamik von innerstaatlichen Kriegen ein Kranz von weiteren Bedingungen und Einflüssen, die die Eigendynamik entweder verstärken oder hemmen. Waffenlieferungen, offene oder verdeckte Unterstützungsleistungen, Embargos und Interventionen verändern die Randbedingungen der Eigendynamik in unterschiedlicher Weise. Gerade wenn es den Kriegsparteien nicht gelingt, eine dauerhafte Kriegsökonomie aufzubauen, und wenn die äußeren Bedingungen das Fortlaufen der Eigendynamik entscheidend behindern, wird eine Beendigung des Krieges wahrscheinlich.

Die Übergänge zwischen Krieg und Frieden, und auch die zwischen Frieden und Krieg, sind jedoch nicht so eindeutig wahrnehmbar, wie dies der Sprachgebrauch nahelegt. Gerade in innerstaatlichen Kriegen verwischen sich diese Zeitgrenzen, weil nur in wenigen Fällen auf einen vereinbarten Waffenstillstand der

---

8 Eigendynamische Prozesse laufen nicht unbegrenzt weiter, sondern sie können früher oder später beendet werden, wenn die sie tragende Verursachungsstruktur aufgebrochen wird. (Mayntz/ Nedelmann 1997:103). Irgendwann hört auch jeder Bürgerkrieg auf. Wie und wann das geschieht, läßt sich anhand von vier idealtypischen Stopmechanismen diskutieren, nämlich Auszehrung, Sieg, Verhandlungserfolg und auswärtige Intervention (vgl. Genschel/Schlichte 1997:508-514).

Abschluß eines Friedensabkommens folgt, dessen Umsetzung ohne Gewalt in eine friedliche Zukunft führt.

In zahlreichen Gesellschaften ist die Gewalt sowohl vor wie nach dem Krieg ein Mittel, politische und ökonomische Macht zu akkumulieren. Gerade in jüngerer Zeit scheint sich nach dem Ende eines Krieges ein Erbe politischer Gewalt zu erhalten, wenn auch weit unterhalb des Intensitätsgrades eines Krieges. Zugleich werden immer größere Teile der Verwaltung der Gewalt öffentlicher Kontrolle entzogen. Sicherheit wird zum privatwirtschaftlichen Gut. Unter den Stichworten „Diffusion" und „Privatisierung der Gewalt" sollen diese Erscheinungen abschließend diskutiert werden.

IV. Die Tendenzen der neunziger Jahre

Betrachtet man die im Rahmen internationaler oder auch nur nationaler Friedensbemühungen beendeten Kriege der letzten Jahre, dann ist zu bemerken, daß es kaum Fälle gibt, in denen die Beseitigung der zentralen Kriegsursachen zum Ende politischer Gewalt geführt hat. Als ein Beispiel mag Südafrika dienen, wo mit dem Ende des Apartheidsystems die wohl zentrale Ursache des Krieges entfallen ist. Das hat jedoch nicht zu einem Ende der Gewalt geführt, im Gegenteil: In Südafrika gab es allein 1994 über 17.000 Ermordete, das sind deutlich mehr Opfer, als der ganze Krieg zwischen 1976 und 1993 gefordert hat. Auch andere Regionen sind von der Diffusion politischer Gewalt, also der Ausbreitung politisch motivierter Gewalttaten vor, während und nach einem Krieg betroffen.

Kriege lassen offenbar immer eine alltagsweltliche Legitimität der Gewalt entstehen, die nur schwer wieder einzuhegen ist. Die Abhaltung von freien Wahlen, nach westlichen Vorstellungen zentraler Regelungsmechanismus einer Nachkriegsordnung, ist dafür jedenfalls nicht hinreichend. Die Entwicklung in Angola, Kambodscha, in Jemen und Ägypten zeigen, daß soziale Gegensätze, aus denen sich die Konflikte speisen, durch formale politische Reglements nicht einfach überbrückt werden können. Solange an ihrer Überwindung nicht glaubhaft und wirkungsvoll politisch gearbeitet wird, bleibt der Rekurs auf Gewalt ein akzeptiertes Artikulationsmittel.

Dem Rückgang der Zahl der pro Jahr geführten Kriege seit 1992 (vgl. Abbildung 1) steht daher eine offensichtlich ansteigende Zahl von bewaffneten Konflikten gegenüber. Diese Konflikte erreichen nicht mehr die Intensität und den Organisationsgrad eines Krieges. In zahlreichen Fällen „diffundiert" die Gewalt: Die Konfliktparteien sind nur lose organisiert, eine politische Strategie ist nicht mehr erkennbar, und entsprechend wenig Aufmerksamkeit erregen diese Ereignisse in Wissenschaft und Publizistik.

Was als Krieg definiert seinen Niederschlag in Kurven und Statistiken findet, zeigt deshalb nur die Spitze eines Kontinuums politischer Gewalt, das gleichsam als „Bodensatz" jeden Friedensschluß überdauert, das aber von krimineller Gewalt in vielen Fällen nur schwer zu trennen ist. Das gilt für die

Nachkriegsentwicklung in Georgien genauso wie in El Salvador, für Niger ebenso wie für Laos.

Privatisierung der Gewalt

In diesen Nachkriegsgesellschaften, in denen die Zeit nach dem Krieg noch nicht den innerstaatlichen Frieden bedeutet, wird der Gewaltgebrauch „privatisiert". Der Einsatz von physischer Gewalt für ökonomische und politische Zwecke wird zur Alltagserscheinung. Dabei muß es sich nicht um den öffentlichen Einsatz der staatlichen Repressionsorgane handeln. Polizei und Militär werden häufig nicht zur Wahrung der öffentlichen Ordnung und Sicherheit eingesetzt, sondern in zahlreichen politischen Systemen partikularen Interessen untergeordnet. Ob es um den Erhalt bzw. Erwerb von Landbesitz in Kenia oder Brasilien, um die Kontrolle des Drogenhandels in Mexiko oder Pakistan geht, die Einmischung oder Involvierung staatlicher Instanzen in gängigerweise als „kriminell" charakterisierte Bereiche unter Einsatz von Gewalt ist offenbar eine transregionale Erscheinung geworden.

Diese Tendenz der Privatisierung von Sicherheit beschränkt sich allerdings nicht auf öffentliche Sicherheitsdienste. Besonders auf dem afrikanischen Kontinent lassen sich neue Konstellationen zwischen politischen Machthabern, von im Ausland verankerten Sicherheitsdienstleistungsfirmen und ökonomischem Kapital beobachten (vgl. Reno 1997). Der Einsatz von physischer Gewalt ist der öffentlichen Kontrolle nicht nur entzogen, sondern wurde von staatlichen Agenturen explizit auf privatwirtschaftliche Institutionen übertragen (vgl. Lock 1998).

In einigen Fällen sind solche Strukturen das Erbe von Kriegen, die in der Logik des „warlordism" ausgefochten wurden. In anderen aber kündigen sich neue Antworten der politischen Klassen auf die Herausforderungen an, die dem in die Krise geratenen Modell neo-patrimonialer Herrschaft von innen drohen. Die „Kriminalisierung des Staates" (Bayart u.a. 1997) ist nur ein Versuch, bei wachsendem Innen- und Außendruck das politische Amt zu sichern, das gleichzeitig ökonomische Chance ist. Der Einsatz von physischer Gewalt ist unter diesen Bedingungen nicht länger dem Staat als potentiellem Garanten der „öffentlichen Ordnung" untergeordnet, sondern wird zum Mittel der in Konkurrenz zueinander stehenden Interessen einzelner Fraktionen, die sich an der Grenzlinie von Politik und Verbrechen bewegen.

Die säkularen sozialen Wandlungsprozesse in den Regionen der sogenannten Dritten Welt werden auch in Zukunft zu erheblichen Umwälzungen führen, deren soziale Bewältigung immer dann gewaltsame Massenkonflikte mit sich führen wird, wenn es nicht gelingt, diese Konflikte institutionell zu verregeln. Welche Institutionen dazu in der Lage sein werden, erscheint zunehmend ungewiß. Denn die unter den Stichworten „Diffusion" und „Privatisierung der Gewalt" zusammengefaßten Tendenzen deuten auf eine fortschreitende Erosion des staatlichen Gewaltmonopols in weiten Teilen der Welt hin. Für die nähere Zukunft ist mit einer Fortdauer dieser Tendenz der Freisetzung von Gewalt zu rechnen, jedenfalls solange, wie die Bemühungen, den Staat als Ort politischer Regulierung in seiner Bedeutung zu vermindern, anhalten werden, ohne daß die dadurch auftretenden Lücken durch Institutionalisierungen auf anderer Ebene geschlossen werden können.[9]

---

9 Die in noch diffusen Konzepten politischer Netzwerke wie „global governance" propagierten Programme jedenfalls scheinen entweder nicht geeignet, dem drängenden Problem der Diffusion Einhalt zu gebieten, oder es mangelt ihnen an der notwendigen politischen Unterstützung (vgl. zum Beispiel Commission 1995).

Gewalt, Katastrophen und Prävention – Konzeptionelle Überlegungen

Sven Chojnacki, Wolf-Dieter Eberwein

Einleitung

Das wohl zentrale Interesse sozialwissenschaftlicher Forschung im allgemeinen und der Konflikt- und Kriegsursachenforschung im besonderen richtet sich auf das Auftreten und die Eskalation kollektiver Gewaltanwendung, innerstaatlich wie zwischenstaatlich. Damit stellt sich die Anschlußfrage, wie derartige Ereignisse präventiv verhindert, zumindest aber eingedämmt werden können, wobei Prävention zugleich eine normative Zielvorgabe impliziert. Dies setzt aber voraus, daß die Prozesse, Strukturen sowie einzelne Typen kollektiver Gewaltanwendung bekannt sind. Geht man von der heutigen Situation aus, dann lassen sich drei verschiedene Typen von gewaltsamen Konflikten unterscheiden: Erstens, *zwischenstaatliche Konflikte*, im Sinne klassischer militärischer Konflikte, die zwar derzeit an Bedeutung verloren haben, aber nach wie vor virulent sind; zweitens traditionelle *innerstaatliche Konflikte und Kriege*, d.h. Proteste, Revolutionen und Bürgerkriege; sowie drittens *neue Konflikte und Kriege*, die man in Anlehnung an Holsti (1996) als *wars of the third kind* oder aber als *complex emergencies* charakterisieren kann. Auch wenn generell Konsens zu bestehen scheint, daß zwischenstaatliche Konflikte an Relevanz verloren haben, so trifft dies nur bedingt zu. Das belegen die Daten über die militärischen Konflikte des Correlates of War Projektes: Viele Konflikte eskalieren zwar nicht zu großen internationalen Kriegen, was gleichermaßen für das gesamte 19. und 20. Jahrhundert gilt, doch die Anwendung militärischer Gewalt ist nach wie vor ein Problem internationaler Politik (vgl. Jones et al. 1996; Chojnacki 1999). Im innerstaatlichen Bereich treten Bürgerkriege heute vergleichsweise häufig auf. Sie zeichnen sich dadurch aus, daß die Gewalt von organisierten Gruppen ausgeübt wird, deren Ziel es ist, die Macht über den Staatsapparat zu verteidigen bzw. zu erobern (vgl. etwa Tilly 1995; Zimmermann, in diesem Band). Abgrenzen läßt sich dieser innerstaatliche Konflikttyp von einem dritten Typ, der eine Mischung von, vereinfacht gesprochen, Sezessions- und Clan-Kriegen widerspiegelt. Diese „neuen" Konflikte und Kriege sind dadurch charakterisiert, daß staatliche Organisation nur noch rudimentär oder gar nicht mehr gegeben ist. Dabei läßt sich dann sowohl ein geringer Grad der Institutionalisierung der Kriegführung als auch ein geringer Organisationsgrad der Konfliktparteien feststellen; verbunden ist damit die Schwierigkeit, daß es keine hinreichend klare Unterscheidung der Konfliktparteien gibt (vgl. u.a. Matthies 1994a; Holsti, 1996). Außerdem ergibt sich das Problem der Differenzierung zwischen Zivilisten und Kombattanten, wobei die Zivilbevölkerung immer häufiger das Opfer der Kampfhandlungen und teilweise sogar das bevorzugte Ziel derartiger Kämpfe ist, wie dies die komplexen Konflikte in Sierra Leone, Ruanda und jüngst im Kosovo belegen. Dabei sind derartige gewalthaltige Auseinandersetzungen oder, wie wir sie nennen, *menschliche Katastrophen* keine zufälligen Ereignisse, sondern sie resultieren sowohl aus den Strukturbedingungen als auch aus der Dynamik kollektiven Verhaltens innerhalb wie zwischen den Gesellschaften. In der systematischen theoretischen wie empirischen Erfassung dieser Struktur- und Prozeßbedingungen liegen zugleich eine wesentliche Schwierigkeit, aber auch die eigentliche wissenschaftliche Herausforderung.

Allgemein-theoretisch ist jede Form innerstaatlicher und zwischenstaatlicher Gewalt, so unsere Annahme, eine spezifische Form des Konfliktverhaltens, das auf bewußten Entscheidungen der Konfliktakteure beruht. Gewaltanwendung gegenüber anderen gesellschaftlichen Gruppen oder zwischen Staaten kann bewußt als Strategie der Konfliktbearbeitung ins Kalkül gezogen werden, muß aber nicht a priori intendiert sein. Strukturellen Bedingungen im geographischen, politischen und/oder sozio-ökonomischen Umfeld der Akteure können dabei das Konfliktverhalten und die Gewaltdisposition positiv oder negativ beeinflussen (vgl. Bremer 1996). Die Hypothese kann als weitgehend verifiziert gelten, daß strukturelle Bedingungen einen wesentlichen Anteil an der Wahrscheinlichkeit des Ausbruchs der Gewalt haben. Die Forschung hat zumindest für den zwischenstaatlichen Bereich eine ganze Reihe von derartigen Faktoren identifiziert (Regime, Regimewechsel,[1] Machtstatus, Machtgefälle, Allianzen usw.). Die Faktoren, die innerstaatliche Gewalt begünstigen und primär für den zweiten und dritten Typ von Konflikt von Bedeutung sind, lassen sich unter dem allgemeinen Begriff der Vulnerabilität von Gesellschaften zusammenfassen. Vulnerabilität bezieht sich dabei auf mehrere Dimensionen, die im politischen, gesellschaftlichen oder auch im ökologischen Bereich angesiedelt werden können. Politisch verweist dies auf den herrschaftlichen Charakter eines Staates, wofür auch der Begriff der „schwachen" oder „gescheiterten Staaten" verwendet werden kann (vgl. Buzan 1991; Holsti 1996; Zartmann 1995). Die gesellschaftliche Dimension bezieht sich auf die ideologischen, ethnischen, kulturellen oder sonstigen Trennungslinien innerhalb einer Gesellschaft, die als Fragmentierung bezeichnet werden können (vgl. Ropers 1995). Das heißt, es gibt klar erkennbare Bruchstellen innerhalb eines formal als Staatsgebiet bezeichneten Raumes. Schließlich bezieht sich Vulnerabilität auch auf die ökologische Dimension, die an dieser Stelle vorläufig mit der Knappheit bzw. Verknappung erneuerbarer Ressourcen einhergeht. Daß es sich dabei zum Teil um Verteilungsprobleme, ökologische Marginalisierung oder „resource capture" (Homer-Dixon 1993) handelt, zum Teil aber auch um „konstruierte Konfliktlinien", ist evident (vgl. Eberwein 1998).

---

1 Häufig wird übersehen, daß der Übergang zur Demokratie ein erhebliches Gewaltrisiko mit sich bringt (vgl. etwa Eberwein 1993; Chojnacki 1999)

Abhängig sind das Auftreten, vor allem aber die Eskalation von gewaltsamen Konflikten jedoch nur bedingt von den Strukturbedingungen. Die erklärungsrelevanten Probleme liegen vielmehr auch in der Verhaltensdynamik der Akteure selbst und in der Möglichkeit wie Bereitschaft, sich durchzusetzen bzw. die Konfliktbearbeitung über den Modus der Gewalt herbeizuführen oder eskalieren zu lassen (vgl. etwa Most/Starr 1989). Wie wir inzwischen sowohl aus theoretischen Arbeiten (vgl. etwa Kuran 1989; Eberwein/Saurel 1995), aber auch aus empirischen Analysen wissen (vgl. Bremer 1996b; Chojnacki 1999) ist die Eskalation im Sinne der Intensivierung und räumlichen Ausbreitung von Gewalt primär aus der Interaktionsdynamik selbst zu erklären. Folgerichtig muß die Eskalation militärischer Konflikte bis hin zum Krieg als ein mehrstufiger, interdependenter Vorgang reflektiert werden, bei dem die strukturellen Kontextbedingungen auf der einen Seite sowie Sequenzen von Ereignissen und Handlungsmöglichkeiten auf der anderen Seite eine kritische Rolle spielen, d.h., militärischer Konflikt und Krieg werden als Prozeß reflektiert, „in which the final outcome is not foreordained but rather dependent upon the sequence of actions that occur as the conflict unfolds" (Bremer 1993b:11).

Forschungsprojekte, die sich mit der Problematik der Anwendung und Ausweitung kollektiver Gewalt innerhalb und zwischen den Gesellschaften theoretisch wie empirisch befassen, gibt es einige. Das wohl einschlägigste quantitativ-empirische Forschungsprogramm hinsichtlich zwischenstaatlicher Konfrontationen und deren Eskalation zum Krieg ist immer noch das *Correlates of War-Project* (COW), das seit über dreißig Jahren vor allem Informationen über internationale Gewaltprozesse und ihrer Korrelate nicht nur kumulativ zusammenträgt, sondern auch wesentlich zur integrativen Forschung beigetragen hat (vgl. Bremer/Cusack 1996; Geller/Singer 1998). Mit den sogenannten „Militarized Interstate Disputes" (MIDs) werden vom COW-Projekt auch unterschiedliche Intensitätsgrade militärischer Gewalt unterhalb der Kriegsschwelle erfaßt, deren Konzeptualisierung eine zentrale Voraussetzung für die Klärung der Dynamik bzw. Eskalation gewaltsamer Konflikte ist (vgl. Jones et al. 1996).

Im deutschsprachigen Raum verfolgen nennenswerte Projekte vor allem die Hamburger *Arbeitsgemeinschaft Kriegsursachenforschung* (AKUF) und das *Heidelberger Institut für Internationale Konfliktforschung* (HIIK). Beide sind jedoch aufgrund ihrer stark qualitativen Ausrichtung und/oder ihrer nur impliziten Definitionskriterien der abhängigen Variablen mit methodologischen Problemen verbunden, weil sie sich – ob gewollt oder ungewollt – der intersubjektiven Reproduzierbarkeit entziehen.

Die abweichenden operationalen Definitionskriterien führen zudem dazu, daß der Grad der Standardisierung im Bereich der Konflikt- und Kriegsursachenforschung gering ist. Dies bleibt dann nicht ohne Folgen für die wissenschaftliche Kontroverse einerseits und die praxeologischen Schlußfolgerungen andererseits. Es ist doch logisch, daß unterschiedliche Operationalisierungskriterien zum Teil erhebliche empirische Abweichungen in der Häufigkeitsverteilung produzieren, was dann nicht zuletzt die Praxis über die abgeleiteten Konsequenzen entscheidend beeinflußt. Es macht einen Unterschied für Fragen der

Sicherheitspolitik (aber auch für die Entwicklungspolitik), ob man auf der Grundlage der Datenbasis das Ende zwischenstaatlicher Gewalt postuliert, wie dies etwa die AKUF macht, oder ob man Konfrontationen zwischen souveränen Staaten weiterhin für wahrscheinlich und potentiell eskalationsanfällig hält (vgl. etwa Jones et al. 1996; Bremer/Cusack 1996; Chojnacki 1999). Trifft unsere These zu, daß die Eskalation zum Krieg nicht ausschließlich ein exklusiv rational kalkulierter Prozeß ist, sondern teilweise durch die Interaktionsdynamik selbst bedingt ist, dann besteht nach wie vor ein Restrisiko, daß auch zukünftig internationale Konflikte zu Kriegen eskalieren können.

Die genannten empirischen Forschungsprogramme – und mit ihnen ihr je spezifischer theoretisch-konzeptioneller Fokus – sind zweifellos von Bedeutung, wenn es um die Systematisierung des Auftretens und der Korrelate von Gewaltereignissen im herkömmlichen Sinne geht, seien sie innerstaatlicher oder zwischenstaatlicher Natur. Sie erfassen jedoch, und dies sind die beiden entscheidenden Probleme, die wir hier theoretisch angehen wollen, erstens nicht alle strukturellen Ursachen und Prozeßbedingungen potentiell zu Gewalt eskalierender Konflikte. Und zweitens sind derartige, menschlich verursachte, Katastrophen nach unserem Vorverständnis bei weitem nicht die einzigen Extremereignisse mit katastrophalen Folgewirkungen.

Neben der Frage der Prozeß- und Strukturbedingungen von Gewaltereignissen im herkömmlichen Verständnis stellt sich die Problematik von Katastrophenereignissen im weiteren Sinne. So kann zunächst aus allgemeiner empirischer Sicht für den Zeitraum seit dem Zweiten Weltkrieg eine drastische Zunahme verschiedener natürlicher und menschlicher Katastrophentypen festgestellt werden, wie eine erste systematische Analyse von Eberwein/Chojnacki (1998) deutlich zeigt. Die empirische Untersuchung basiert auf einer umfangreichen Daten-Sammlung, die rund 10.000 natürliche wie menschliche Katastrophenereignisse für den Zeitraum von 1946-1997 erfaßt und vom *Centre for the Research of the Epidemiology of Disasters* (CRED) auf jährlicher Basis zusammengestellt wird (Sapir/Misson 1991). Genutzt werden die Katastrophendaten u.a. von der *International Federation of Red Cross* (IFRC), das jährlich den *World Disaster Report* herausgibt (IFRC 1998). Die vorliegenden Katastrophendaten weisen darauf hin, daß sich spätestens seit Beginn der 80er Jahre global eine Entwicklung abzeichnete, die Mitte der 90er Jahre ihren vorläufigen Höhepunkt erreichte. Dabei spielen vor allem sogenannte „complex emergencies" eine wichtige Rolle, die aus einem komplexen Wechselspiel langfristiger natürlicher Katastrophen – wie etwa Dürren – auf der einen Seite und menschlich verursachten Katastrophen auf der anderen Seite bestehen. Zu den menschlichen Katastrophen zählen neben internen und innerstaatlichen Gewaltereignissen auch bewußt einkalkulierte oder herbeigeführte Hungersnöte. Dabei ist vor allem die Zahl der Opfer, nicht zuletzt durch die längere Dauer der komplexen Notsituationen, dramatisch angestiegen.

Über die bisherigen Ansätze der Konflikt- und Ursachenforschung hinaus, die allein zwischenstaatliche Konflikte und Kriege oder innerstaatliche Gewalt zum Bezugspunkt nehmen, postulieren wir vor diesem Hintergrund ein Forschungsprogramm, das neben den klassischen und neuen Gewaltereignissen auch andere Katastrophen und deren Wechselwirkung berücksichtigt sowie das damit verbundene Risiko der Zerstörung der menschlichen und natürlichen Umwelt. Das heißt, wir verfolgen eine Forschungsintention, die gleich mehrere zentrale Dimensionen verknüpft. Erstens fällt darunter eine bestimmte Klasse von natürlichen und menschlich verursachten Ereignissen, die wir als Katastrophen bezeichnen. Weil aber zweitens Katastrophen nicht nur punktuell auftretende Ereignisse sind, sondern zum Teil aus einer zeitlichen Abfolge von Ereignissen bestehen, müssen diese mit der Prozeßdynamik selbst verknüpft werden. Drittens schließlich treten Katastrophen in einem gegebenen politischen und gesellschaftlichen Umfeld auf, die unter Umständen vertikal wie horizontal eskalieren können und im Extremfall zu komplexen Notsituationen führen. Eine Zwangsläufigkeit besteht aber aus theoretischer Sicht nicht.

Dabei tritt zudem das Problem auf, daß die ansonsten analytisch sinnvolle Differenzierung von innerstaatlicher und zwischenstaatlicher Gewalt sukzessive verschwimmt und insbesondere in solchen Regionen kaum noch als analytischer Rahmen geeignet ist, in denen gleich mehrere geographisch benachbarte Staaten bzw. Gesellschaften vom Zusammenbruch staatlicher Herrschaftsstrukturen betroffen sind, und die besonders anfällig gegenüber natürlichen und menschlichen Katastrophen sind. Gerade gewaltsame Auseinandersetzungen in institutionell nur schwach verregelten und herrschaftlich instabilen Staaten sind dann theoretisch und praxeologisch von besonderer Bedeutung. Forschungsprogramme, die dies berücksichtigen und auf die besonderen Aspekte der gesellschaftlichen Verwundbarkeit und des Scheiterns von Staaten zielen, sind beispielsweise das *Minority at Risk*-Projekt, das spezifische Probleme wie ethnische Konfliktlagen und gefährdete Minderheiten konzeptualisiert (Harff/Gurr 1996; 1998) oder das *State-Failure*-Projekt, bei dem die Ursachen des Scheiterns von Staaten problematisiert werden (Esty et al. 1995).

Diese Projekte sind zweifellos notwendig und sinnvoll, aber bei weitem nicht ausreichend, wenn es darum gehen soll, die Prozesse und Strukturbedingungen humanitärer Katastrophen in der Gegenwart zu erfassen und für die Zukunft zu prognostizieren. Gerade in schwachen Staaten oder verwundbaren Gesellschaften können nämlich auch natürliche Katastrophen menschlich verursachte Katastrophen auslösen und umgekehrt. Die Interdependenz zwischen der natürlichen und menschlichen Umwelt führt dabei zu Extremereignissen, deren Sprengkraft voll zum Tragen kommt, wenn der politische und gesellschaftliche Kontext, d.h. die Verwundbarkeitsdisposition einer Gesellschaft, berücksichtigt wird.

Darüber hinaus stellt sich jedoch eine weitere fundamentale Problematik und Herausforderung, nämlich die Frage der Fähigkeiten und der Bereitschaft der Akteure, in Kenntnis der Prozesse und Strukturen verschiedenster humanitärer Katastrophenereignisse auch tatsächlich präventiv zu handeln. Es muß also zusätzlich problematisiert werden, inwieweit Konzepte und Strategien der Prävention theoretisch sinnvoll und politisch-praktisch machbar sind. Mit der beobachtbaren Veränderung der Katastrophen wie ihrer Folgen zeigt sich, daß neue Instrumente präventiver Politik notwendig sind, damit vor allem Bürgerkriege und *complex emergencies* verhindert oder überwunden werden können. Das setzt jedoch eine genauere Kenntnis voraus, wie derartige Ereignisse überhaupt zustandekommen, wie die Dynamik derartiger Prozesse strukturiert ist und wie letztere in der Vergangenheit bearbeitet oder eben nicht bewältigt wurden. Forschungslogisch muß ein theoretisches Präventionskonzept zunächst am Gegenstand der Prävention ansetzen, nicht an der Tätigkeit präventiven Handelns. Bislang fehlt aber die theoretische wie empirische Problematisierung von insbesondere langfristigen Katastrophen wie deren Verknüpfung mit dem Problem der Prävention.

Die Intention dieses Beitrags besteht nun darin, einen theoretisch-konzeptionellen Analyseansatz für unterschiedliche Arten von Katastrophen wie auch für ihr Eintritts- und Ausweitungsrisiko zu entwerfen und zu problematisieren und die Bedingungen von Prävention in ersten Teilschritten zu skizzieren. Ein solcher Analyseansatz beinhaltet die Verknüpfung sowohl von Strukturbedingungen und Prozeßdimensionen der verschiedenen natürlichen und menschlichen Katastrophen mit ihrem jeweiligen nationalen, regionalen oder internationalen Umfeld als auch mit der Fähigkeit und Bereitschaft zur Prävention. Er ist damit sowohl für die Theorie internationaler Politik im allgemeinen als auch für die Konflikt- und Kriegsursachen im besonderen von unmittelbarer Bedeutung.

Typologie von Katastrophen

Wie bereits hervorgehoben wurde, wird von uns weniger eine spezifische Ereignisklasse – wie etwa zwischenstaatliche Gewalt – zum zentralen Bezugspunkt der theoretischen Überlegungen gemacht, als vielmehr die umfassendere Ereignisklasse der Katastrophe. Mit ihr weichen wir von herkömmlichen Erklärungsansätzen ab. Unter Katastrophen verstehen wir *Ereignisse, die in einem gegebenen geographischen Raum mit hoher Wahrscheinlichkeit humanitäre Folgen im Sinne von Opfern bewirken und/oder materielle Schäden hervorrufen* (vgl. Eberwein/Chojnacki 1998:9-10).[2] Hiermit ist der allgemeinste Nenner bestimmt, der auch die politisch besonders relevanten Probleme der Gewalt erfaßt und in einen größeren Kontext integriert.

Nun gibt es zweifelsohne unterschiedliche Katastrophentypen. Zwei Dimensionen werden für eine Unterscheidung in verschiedene Klassen von Katastrophen herangezogen: zum einen der unmittelbare Auslöser, der in der Natur oder

---

2 Unsere Definition ist enger als beispielsweise diejenige des UN Department of Humanitarian Affairs, die Katastrophen definiert als „a serious disruption of the functioning of society, causing widespread human, material, or environmental losses which exceed the ability of affected societies to cope using only its own resources" (DHA, 19923). Allerdings werden im Rahmen dieser Definition Aspekte verbunden, die zunächst konzeptionell unterschieden werden sollten – namentlich das Auftreten und die Folgen von Katastrophen einerseits, die Verwundbarkeitsdisposition von Gesellschaften andererseits.

im menschlichen Verhalten verortet werden kann. Zum anderen spielt die Zeit eine wesentliche Rolle, was zur Konsequenz hat, daß wir die Dichotomie kurzfristig und langfristig verwenden.[3] Aus diesen beiden Merkmalspaaren – natürlich vs. menschlich und kurzfristig vs. langfristig – läßt sich eine Typologie von Katastrophen bilden. Die Zuordnung der einzelnen Katastrophentypen zu den Merkmalspaaren ist aus Abbildung 1 abzulesen.

Abbildung 1: Typologie von Katastrophen

Kurzfristige natürliche Katastrophen	Kurzfristig menschlich verursachte Katastrophen
Geologischer Ursprung *Erdbeben, Erdrutsche, Vulkanausbrüche, Lawinen, Tsunami*	*Unfälle* *(technische Katastrophen)*
Hydro-meteorologischer Ursprung *Extremwetter* *(Hitze- und Kältewellen)* *Stürme (Hurrikan, Zyklon etc.)* *Überschwemmungen,* *Feuersbrünste*	*Chemische Unfälle* *Nukleare Unfälle*
Langfristige natürliche Katastrophen	Langfristig menschlich verursachte Katastrophen
Epidemien *Insektenplagen* *Dürren*	*Hungersnöte* *Zwischenstaatliche Kriege* *Bürgerkriege* *Komplexe Notsituationen*

Unter die kurzfristigen natürlichen Ereignisse fallen ganz offensichtlich u.a. Erdbeben, Vulkanausbrüche oder Wirbelstürme. Unproblematisch und einsichtig sind auch technische, chemische und nukleare Unfälle als plötzlich auftretende menschliche Katastrophen. Auf der Seite der langfristigen Katastrophen klassifizieren wir schleichende Entwicklungen – wie Dürren – als eher natürliche Ereignisse. Dagegen sind Hungersnöte, die meist aus einer politisch gesteuerten Verknappung resultieren, sowie Prozesse innerstaatlicher und zwischenstaatlicher Gewalt eindeutig langfristig angelegte menschlich verursachte Katastrophen. Was die systematische Analyse wie die humanitäre Bewältigung

---

3 Die operationalen Kriterien müßten dann katastrophenspezifisch bestimmt werden (Opferzahlen, Schadensausmaß, Dauer). Für Krieg etwa bietet sich die quantitative Schwelle des COW-Projektes von 1.000 gefallenen Soldaten an (vgl. Jones et al. 1996), die jedoch gerade hinsichtlich der „neuen" innerstaatlichen Kriege spezifiziert werden müßte.

und Überwindung betrifft, sind diese langfristigen Katastrophentypen eindeutig die problematischeren.

Trotz ihrer scheinbaren Stimmigkeit wirft eine solche Typologie – wie jede andere auch – Probleme auf, weil sie suggeriert, es gäbe eine saubere Trennung in natürliche und menschliche Ursachen. Das ist jedoch nicht immer der Fall, weil die Ursachen einzelner Katastrophen selbst keineswegs eindeutig sind. So werden natürliche Katastrophen beispielsweise vielfach durch menschliches Verhalten ausgelöst. Auch trägt der fortschreitende Prozeß der Zerstörung der natürlichen Umwelt durch menschliche Eingriffe, sei es durch Abholzung oder – indirekt – durch den globalen Klimawandel, zum Auftreten natürlicher Katastrophen bei. Ob es dabei einen direkten Zusammenhang zwischen Umweltzerstörung und Konflikt gibt, bleibt zunächst offen. Plausibel erscheint immerhin die Annahme, daß die Verknappung erneuerbarer Ressourcen in Staaten mit schwach ausgeprägten Institutionen und ethnischen oder sozialen Spannungen zu manifesten Konflikten führen kann, wenn die entsprechenden politischen Verteilungsmechanismen zur Verschärfung der bestehenden Konfliktlinien beitragen (vgl. Eberwein 1997; Carius/Lietzmann 1998). Natürliche Katastrophen können ihrerseits kurzfristig zur Eskalation bestehender Konflikte beitragen, wie auch menschliche Katastrophen als unmittelbarer Ausdruck derartiger Spannungen interpretiert werden können, die ab einem bestimmten Punkt beabsichtigt oder unbeabsichtigt eskalieren. Die zunehmende Wasserknappheit wird heute völlig zu Recht als eine potentielle Quelle zukünftiger kriegerischer Auseinandersetzungen angesehen, etwa im Nahen Osten (Jordan, Euphrat, Tigris) oder in Asien (Indien, Pakistan). Graduelle Veränderungen werden dabei begleitet von entwicklungspolitischen Fehlentwicklungen wie Landflucht, Verarmung, einem ungebremsten Bevölkerungswachstum und dem Anwachsen sozialer Spannungen.

Die beobachtbare Zunahme von Katastrophen und die hiermit verbundenen Begleiterscheinungen in verwundbaren Gesellschaften legen die Vermutung nahe, daß innerstaatliche Gewalt über Verteilungskonflikte forciert wird und sich grenzübergreifend fortsetzen kann. Wenn dabei noch regional wie global die Zahl verwundbarer Staaten, d.h. solcher Gesellschaften, die allein nicht in der Lage sind, die Folgen von Katastrophen zu bearbeiten, zunimmt, dann können wir weiterhin annehmen, daß Katastrophenereignisse sowohl für das unmittelbare regionale Umfeld wie auch für das internationale System insgesamt weiter an Relevanz gewinnen. In gleichem Maße gewinnen dann auch die Querbezüge zwischen innerstaatlicher und zwischenstaatlicher Gewalt forschungspraktisch an Bedeutung.

In der Katastrophentypologie noch nicht berücksichtigt sind die Kontextbedingungen von Katastrophenereignissen und die Folgen. Gemäß der Unterscheidung in menschliche und natürliche Ursachen von Katastrophen kann der Kontext in einen menschlichen und in einen natürlichen Merkmalskomplex begrifflich differenziert werden. Die zugrundeliegende theoretische Annahme ist, daß die Auswirkungen und/oder die Folgewirkungen von Katastrophen kontextabhängig sind. Dieser Kontext bestimmt den Grad der Verwundbarkeit einer

Gesellschaft bzw. eines politischen Systems. Hier kann gelten: Je größer die Verwundbarkeit einer Gesellschaft, desto größer ist das Risiko bezüglich der zu erwartenden Schäden wie der Folgewirkungen. Zu den sogenannten menschlichen Kontextbedingungen rechnen wir:

1. Regimecharakteristika im engeren Sinne, d.h. strukturell verfestigte Merkmale einer Gesellschaft, die einerseits die Legitimität von Regimen erfassen und damit, wenn man so will, den Grad ihrer Stabilität widerspiegeln, und die sich andererseits auf den Grad der institutionalisierten Problemverarbeitung beziehen, der Regime und/oder die Gesellschaft in die Lage versetzt, Katastrophen zu bewältigen.

2. Regimecharakteristika im weiteren Sinne, die sich auf systematische Menschenrechtsverletzungen und/oder die Unterdrückung gesellschaftlicher Gruppen (Minderheiten) beziehen, d.h. spezifische Verhaltensausprägungen in einer Gesellschaft.

3. Klassische sozio-ökonomische und demographische Faktoren, d.h. die sozialen und ökonomischen Bedingungen, die potentiell durch menschliche wie natürliche Katastrophen gefährdet sind.

Zu den natürlichen Kontextbedingungen, die neben den menschlichen und politischen Strukturbedingungen von Bedeutung sind, zählen wir:

4. den Grad der Ausstattung einer Gesellschaft mit erneuerbaren bzw. nicht-erneuerbaren Ressourcen;

5. die Verteilung der Ausstattung der Gesellschaft mit derartigen Ressourcen, die jedoch über die sogenannten menschlichen Kontextbedingungen mitvermittelt wird und ein je spezifisches Risiko für Verteilungskonflikte impliziert;

6. das Ausmaß der ökologischen Gefährdung durch lokale, regionale oder internationale Einflüsse.

In dem Maße, wie es gelingt, sowohl die strukturellen Determinanten als auch die verhaltensspezifischen Attribute zu identifizieren, kann geklärt werden, ob durch konkrete Eingriffe, d.h. politisches, resp. präventives Handeln, das Auftreten eines Ereignisses und/oder dessen Folgen verhindert werden können. Dahinter verbirgt sich dann logisch das Problem der zeitlichen und inhaltlichen Dimension von Präventionsmaßnahmen, auf die weiter unten eingegangen wird. Bevor wir aber zur Präventionsproblematik im eigentlichen Sinne kommen, sollen zuvor die Grundlagen bezüglich einer systematischen Risikoanalyse gelegt sowie die Dimensionen der Prozeßebene geklärt werden.

Systematische Risikoanalyse

Präventionsforschung ist aus unserer Sicht nur dann sinnvoll, wenn sie Bestandteil systematischer Risikoanalyse ist. Ziel einer Risikoanalyse ist es, so die Ausgangsüberlegung, mit wissenschaftlich fundierten Methoden die Eintrittswahrscheinlichkeiten von konkreten Ereignissen sowie das Schadensausmaß und die erwartbaren Folgen auf der Basis von Beobachtung, Modellierung und Szenariobildung qualitativ und/oder quantitativ zu bestimmen (vgl. Renn/Klinke 1998).[4] Risikoanalyse umfaßt demnach sowohl systematische Ursachenforschung als auch Folgenermittlung und geht explizit davon aus, daß das Auftreten bestimmter Ereignisse mit bestimmten Wahrscheinlichkeiten belegt ist oder aber, daß selbst dann, wenn die Eintrittswahrscheinlichkeit bestimmter Ereignisse nicht bekannt ist, die Wahrscheinlichkeit der Folgewirkungen ermittelt werden kann.

So wie die quantitative, empirische Kriegsursachenforschung – etwa im Rahmen des COW-Projektes – die Risikoträchtigkeit zwischenstaatlicher Gewalt vor dem Hintergrund spezifizierbarer Kontextbedingungen zu ermitteln und probabilistische Aussagen über das Auftreten militärischer Konflikte und Kriege zu treffen sucht (vgl. Bremer/Cusack 1996; Geller/Singer 1998), sollte es grundsätzlich möglich sein, auch das Auftreten humanitärer Katastrophen und deren Konsequenzen unter einer Risikoevaluierungsperspektive zu betrachten. Dabei ist Risikoanalyse zunächst bereichsunabhängig. Sie kann im Prinzip auf jeden erfahrungs- oder naturwissenschaftlichen Gegenstandsbereich angewendet werden. Wenn wir davon ausgehen, daß Katastrophen aus komplexen Ursachen- und Wirkungsbeziehungen bestehen und Folgeereignisse produzieren können, dann muß von konditionalen Wahrscheinlichkeiten ausgegangen werden. Da alle Katastrophenarten erst in gesellschaftlichen bzw. humanitären Räumen ihre katastrophalen Wirkungen entfalten, müssen die mittelbaren Ursachen und die erwartbaren Folgen zu dem Kontext, das heißt zu den aktuellen natürlichen, gesellschaftlichen und politischen Rahmenbedingungen, bestimmt werden. Systematische Risikoanalyse muß deshalb die Wahrscheinlichkeit des Auftretens von Katastrophen relativ zu den menschlichen wie natürlichen Begleitumständen in Beziehung setzen. Diese Begleitumstände von Risiken sind dann von besonderer Relevanz, wenn nur wenig über die Ursachen- und Wirkungsbeziehungen von Ereignissen und ihren Folgen bekannt ist (vgl. Renn/ Klinke 1998). Zu den Begleitumständen oder Kontextfaktoren von Katastrophen gehören in unserem Fall die oben angeführten Merkmalskomplexe menschlicher und natürlicher Faktoren. Um die Risiken systematisch zu erfassen, unterscheiden wir fünf Risikoklassen:

– *Risiko 1:* Das *Auftreten* einer natürlichen oder menschlichen Katastrophe in einem gegebenen geographischen Umfeld.

– *Risiko 2:* Die *Wahrscheinlichkeit,* daß infolge *von* natürlichen und/oder menschlichen Katastrophen humanitäre und/oder materielle *Schäden* auftreten.

– *Risiko 3:* Das Risiko der *Ausweitung* von Katastrophen im Sinne der Zunahme von Schädigungen über Zeit oder der vertikalen/horizontalen Eskalation von Konflikten. Genaugenommen handelt es sich um eine Reihe von

---

4   Renn/Klinke (1998) präsentieren eine erste Analyse, in der der Zusammenhang von Risiko und Katastrophenart systematisch erörtert wird.

Übergangswahrscheinlichkeiten in einem Prozess, der aus mehreren Eskalationsstufen besteht.

– *Risiko 4:* Das Problem des *Über- oder Ineinandergreifens* von Katastrophen, also das Risiko, daß bestimmte Katastrophen Folgenereignisse hervorrufen oder begünstigen, die sich in der Konsequenz zu komplexen humanitären Katastrophen ausweiten und Auswirkungen auf die innere oder äußere Sicherheit haben können.

– *Risiko 5:* Die *Effekte oder Rückwirkungen*, die insbesondere gewaltsame menschliche Katastrophen und komplexe Katastrophen auf die regionale Stabilität und/oder die internationale Ordnungsstruktur insgesamt haben.

Wir gehen von der Annahme aus, daß das Risiko mit dem Grad der Verwundbarkeit einer Gesellschaft ansteigt. Je verwundbarer eine Gesellschaft gegenüber Katastrophen ist, d.h. je weniger sie sich vor ihren Auswirkungen selbst zu schützen vermag, desto größer ist die Wahrscheinlichkeit, daß in der Folgezeit weitere humanitäre Katastrophen entstehen werden.[5] Verwundbarkeit ist dabei ein relativer Begriff, der auf die Fähigkeit der Be- bzw. Verarbeitung von Katastrophenereignissen zielt. Katastrophen können sowohl die Verwundbarkeit von Gesellschaft verstärken als auch unmittelbarer Ausdruck mangelnder sozialer Kohäsion sein, wie dies vor allem bei menschlich verursachten Katastrophen der Fall ist. Wenn Katastrophen, insbesondere Gewaltereignisse, in instabilen bzw. schwachen Staaten oder gar in gescheiterten Staaten auftreten, dann besteht zudem die Gefahr, daß sich daraus Folgewirkungen für das internationale System insgesamt ergeben. Hier ergibt sich die besondere Bedeutung von Risiko 5. Bei ihm müssen wir davon ausgehen, daß nicht jedes Ereignis in gleichem Maße sicherheits- bzw. ordnungspolitisch relevant ist. Unter welchen Bedingungen ein Ereignis oder eine Ereigniskette tatsächlich sicherheitspolitisch im weiteren Sinne von Bedeutung ist, ergibt sich aus den strategischen Interessen der Akteure im internationalen System einerseits und aus der ordnungspolitischen Konfiguration andererseits. Dabei stellt sich die Frage, welche Konsequenzen sich daraus für die Normierung im internationalen System ergeben, insbesondere in den Bereichen des Schutzes vor Not, der Durchsetzung von Menschenrechten und der Einmischung in die inneren Angelegenheiten der Staaten. Unter das Konzept der Ordnungsstruktur des internationalen Systems gehört generell die Institutionalisierung von Mechanismen, Normen und Regeln, die nicht nur Verhaltensvorschriften beinhalten (wie etwa das humanitäre Völkerrecht), sondern auch bestimmte Pflichten, die bestehenden Normen und Regeln durchzusetzen, wenn Einzelstaaten dagegen verstoßen. Klären lassen sich die Risiken der Effekte oder Rückwirkungen, ebenso wie die anderen Risiken vom Auftreten bis zur Eskalation, jedoch nur, wenn die Prozeßdimension berücksichtigt wird.

---

5 Zum Begriff der Verwundbarkeit von Gesellschaften siehe Buzan (1991); zum Begriff und Konzept schwacher Staaten vgl. u.a. Holsti (1996).

Problematisierung der Prozeßdimension

Neben der Risikoanalyse ist die Entwicklung eines Prozeßmodells, das die Dynamik von politisch relevanten Ereignissen erfaßt, insbesondere bezüglich komplexer humanitärer Katastrophen aber auch hinsichtlich der Eskalation bzw. Deeskalation innerstaatlicher wie zwischenstaatlicher Konflikte, der zweite Grundpfeiler einer systematischen Präventionsforschung. Die Prozeßdynamik kann zwar theoretisch durch definierbare Strukturbedingungen befördert werden, wird aber letztlich, so unsere Annahme, durch die Eigenarten der Interaktionsprozesse zwischen den beteiligten Akteuren selbst bestimmt. D.h., die Ausweitung und das Übergreifen von Katastrophen im Sinne der Risikotypen 3 und 4 ist durch die strukturellen, gesellschaftlichen Randbedingungen einerseits sowie durch die Möglichkeit und Bereitschaft der Akteure zur Eskalation andererseits vermittelt (vgl. Most/Starr 1989). Das Zwillingspaar Möglichkeit und Bereitschaft bezeichnet dann zugleich die internationale Bewältigung von Katastrophen bzw. den politischen Willen zur Prävention. Sowohl komplexe humanitäre Katastrophen als auch innerstaatliche und zwischenstaatliche Konflikte werden dementsprechend als dynamische Prozesse verstanden, in denen unterschiedliche Stufen der Eskalation wie auch geeignete Möglichkeiten zur Prävention identifiziert werden können (vgl. Bremer 1996a). Die Eigenarten dieser Interaktionsprozesse auf der Ebene der jeweiligen Prozeßstufen und nicht die Strukturbedingungen per se sind der entscheidende analytische Fokus des Prozeßmodells.

Man kann, wie dies in Abbildung 2 dargestellt ist, zunächst von einem abstrakten Prozeßmodell ausgehen, das die verschiedenen Stufen und Zusammenhänge darstellt. Dabei wird auf die weiter oben diskutierten Risikotypen Bezug genommen, die mit zu spezifizierenden Übergangswahrscheinlichkeiten belegt sind. Bislang liegt unseres Wissen nur ein geeignetes Prozeßmodell für zwischenstaatliche Konflikte und deren Eskalation zum Krieg vor, das Stuart Bremer (1996) entwickelt hat. Daran anlehnend gehen wir von einem spezifischen Set menschlicher und natürlicher Kontextbedingungen aus, die das Auftreten von Katastrophen und mögliche Schädigungen sowie die Ausweitung von Katastrophen und ein mögliches Ineinandergreifen im Sinne der zuvor identifizierten Risikotypen systematisch beeinflussen. Dabei ist der angedeutete Verlauf nur idealtypisch zu verstehen. Tatsächlich müssen gerade im Bereich der Rückwirkungen oder Effekte (Risiko 5) schon in früheren Stadien des Modells Feedbacks angedacht werden, die auf die menschlichen und/oder natürlichen Kontextbedingungen zurückwirken.

Theoretisch steht hinter der Prozeßmodellierung die Annahme, daß gerade langanhaltende, menschlich verursachte Katastrophen und komplexe Katastrophen unterschiedliche Prozeßstadien durchmachen und schrittweise eskalieren, was dann in der Konsequenz zu prozeßtheoretisch reflektierten Präventionsstrategien führen muß. Dabei können die komplexen humanitären Katastrophen ihrerseits durch kurz- oder langfristige natürliche Katastrophen ausgelöst oder beeinflußt werden. Das zeigt sich speziell bei dem Zusammenhang von Dürre-

und Hungerkatastrophen oder bei dem Problem von Flucht und Gewalt (vgl. Macrae/Zwi 1994; UNHCR 1997).

Was gerade die langandauernden Katastrophen betrifft, so ist es nur prozeßanalytisch möglich, zwischen den strukturellen Hintergrundbedingungen im weiteren Sinne, die beispielsweise mit dem Auftreten und der Eskalation von Gewalt verknüpft sein können, und den Faktoren im engeren Sinne, die den Übergang zur humanitären Katastrophe bzw. zur Gewaltanwendung und deren Eskalation oder Deeskalation verursachen, zu unterscheiden. Letztere sind Folge der Verhaltensdynamik der beteiligten Akteure.

Abbildung 2: Einfaches Prozeßmodell für Katastrophen und Risiko

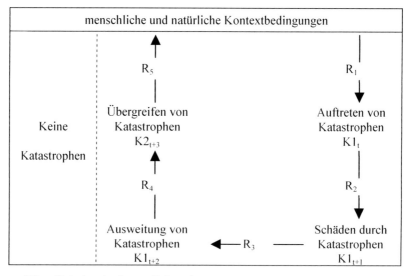

$K1_t$ = Katastrophe 1 zum Zeitpunkt t
R_1 = Risiko 1
$K2_{t+3}$ = Katastrophe 2 zum Zeitpunkt t+3

Mit dem theoretischen Fokus auf das Prozeßmodell kann auch eine zentrale Wissenslücke der Konfliktforschung geschlossen werden, namentlich die nicht zuletzt aus sicherheitspolitischer Perspektive relevante Forschungslücke der Eskalationsdynamik von Konflikten zur Gewaltanwendung – innerstaatlich wie zwischenstaatlich. Gleichzeitig lassen sich in einem derartigen Forschungsrahmen auch die bis heute weitgehend unberücksichtigten Probleme der empirischen Erschließung von Deeskalationsprozessen aufgreifen sowie die vernachlässigte Problematik der Verknüpfung von innerstaatlicher und zwischenstaatlicher Gewalt theoretisch erfassen. Erst wenn die Wirkungsprozesse bzw. die Ablaufdynamik von Gewalt und anderen Katastrophenereignissen hinreichend geklärt sind, können die Fragen beantwortet werden, wann und wie präventiv eingegriffen werden soll.

Die Präventionsproblematik

Die Konzeptualisierung von katastrophalen Ereignissen wie auch ihrer Folgen bleibt politikwissenschaftlich solange unzureichend, solange nicht auch die Möglichkeiten und Grenzen der politischen Steuerbarkeit bzw. der Bewältigung derartiger Ereignisse problematisiert werden. Konkret geht es um die Problematik, wie einzelne oder ein Komplex von Katastrophen präventiv bearbeitet werden können, um entweder das Ereignis als solches zu verhindern oder aber zumindest die schlimmsten humanitären Folgen einzudämmen.[6]

Der Begriff der Prävention hat spätestens seit der Veröffentlichung der *Agenda for Peace* (1992) durch den damaligen Generalsekretär der Vereinten Nationen, Boutros Boutros-Ghali, eine atemberaubende Karriere gemacht. Zu verfolgen ist die Karriere des Präventionsbegriffs nicht nur in der politikwissenschaftlichen Forschung, insbesondere in der eher weitgefaßten Friedens- und Konfliktforschung sowie in den spezielleren Forschungsfeldern Sicherheit, Entwicklung und Umwelt, sondern auch in der Rhetorik außenpolitischer Eliten (vgl. Stedman 1995) und anderer internationaler Akteure wie internationale Organisationen und Nichtregierungsorganisationen (NROs).[7]

Verknüpft ist das gesteigerte Interesse an der Präventionsproblematik zunächst mit der Auflösung der Sowjetunion, die für die KSZE bzw. die OSZE eine große Herausforderung ihrer Intention der gewaltfreien Konfliktregelung innerhalb und zwischen den neuen Staaten der GUS darstellte. Verstärkt wurde diese Beschäftigung mit der Möglichkeit und Notwendigkeit einer präventiven Politik infolge des Auftretens so verheerender humanitärer Katastrophen, insbesondere *complex emergencies*, in Somalia und Ruanda – nicht zuletzt durch die Kriege und „ethnischen Säuberungen" im ehemaligen Jugoslawien, jüngst im Kosovo, unmittelbar vor der Haustür der europäischen Staatengemeinschaft.

Nicht alleine das Auftreten von Katastrophen und Gewalt bzw. deren komplexes Wechselverhältnis hat die Notwendigkeit der Prävention ins Bewußtsein gerückt. Zusätzlich hat sich die veränderte Opportunitätsstruktur für kollektives Handeln in der internationalen Politik, die sich mit der Auflösung der bipolaren Systemstruktur 1989/90 herauszubilden schien, verändert. Dies ist im Zusammenhang mit dem „demokratischen Gestaltungsoptimismus" des Westens zu

---

6 Eine hilfreiche Einführung hinsichtlich der Dimensionen von Prävention bietet der neue Friedensbericht 1999 des ÖSFK. Eine Systematisierung von Methoden und Modellen des *Risk Assessment* und der Frühwarnung findet sich im Sammelband von Davies und Gurr (1998).

7 Inzwischen dürfte es kaum noch eine, im weiten Feld von Sicherheitspolitik operierende, internationale Organisation geben, die Prävention nicht ausdrücklich zu ihren Aufgaben und politischen Zielen zählt. Einen ersten Überblick in die verschiedenen Organisationen und Institutionen, die sich dem Präventionsgedanken auf die eine oder andere Weise annähern, bietet das Nachschlagewerk „Prevention and Management of Violent Conflicts" der European Platform for Conflict Prevention and Transformation (1998).

erklären, der sich nach 1989 ausbreitete. Die Diskussion über das Konzept der erweiterten Sicherheit (u.a. Buzan 1991; Åsberg/Wallensteen 1998) hat in der Erörterung der Möglichkeit und Notwendigkeit der Prävention ihren Niederschlag gefunden. Sie kann auch in einem inneren Zusammenhang mit der Einsicht in konzeptionelle Anpassungszwänge nationaler Sicherheitspolitik und internationaler Institutionen (primär UNO, NATO, EU, WEU und OSZE) gesehen werden, die sich zwangsläufig nach dem Zusammenbruch der bipolaren Konfrontation aufdrängten. Man kann Prävention aber durchaus auch im Zusammenhang mit dem erhöhten Legitimationsbedarf der außenpolitischen Eliten gegenüber einer zunehmend kritischeren Öffentlichkeit sehen, die nachhaltig beweisen müssen, daß die von ihnen geschaffenen Institutionen in der Lage sind, sowohl die deklaratorische Politik gegen Menschenrechtsverletzungen in wirksames Handeln umzusetzen, als auch den vielfältigen beschworenen neuen Risiken und Bedrohungen in dem sich dramatisch wandelnden internationalen Umfeld effektiv vorbeugen zu können.

Daß die klassische reaktive Politik und die traditionell eingeübten diplomatischen Mechanismen der Konfliktvorbeugung oder -eindämmung nicht mehr greifen, hat der Prozeß des gewaltsamen Zerfalls Jugoslawiens auf geradezu paradigmatische Art und Weise deutlich gemacht. Dieser Prozeß hat den Präventionsgedanken und seine inhaltliche Ausgestaltung zweifellos begünstigt und verstärkt. Zugleich sind in den neunziger Jahren Möglichkeiten und Grenzen von Prävention deutlicher geworden. Das zeigt schon die umfangreiche Literatur, die innerhalb weniger Jahre zum Begriff der humanitären Intervention veröffentlicht worden ist (vgl. Harriss 1995). War Prävention in der Phase des Ost-West-Konflikts in Gestalt „präventiver Diplomatie" vorrangig ein Synonym für die zwischenstaatliche Konfliktbearbeitung im Kontext der Blockkonfrontation, für die Trennung von Konfliktparteien durch das Zwischenschalten von Blauhelmen außerhalb der Blöcke im Einverständnis der beteiligten Staaten selbst sowie für die Vermittlungstätigkeit, die sog. Guten Dienste, durch den UN-Generalsekretär gewesen, so ist dieses Konzept wesentlich weiter ausdifferenziert worden. Das eng gefaßte Konzept der präventiven Diplomatie orientiert sich an den klassischen Strukturmerkmalen einer staatszentrierten Konzeption. Insofern handelt es sich durchaus um eine klassische Institution der Staatenwelt.

Im Gegensatz zu diesen eher kurzfristigen und primär reaktiv ausgerichteten Strategien des militärischen Konfliktmanagements bzw. der zwischenstaatlichen Kriegsvermeidung reflektiert Boutros-Ghali in der *Agenda for Peace* den Prozeß- und Strukturcharakter gewaltsamer Konflikte, was auch komplexe Katastrophen einschließt. Aus seiner Sicht sollte eine umfassende Präventionspolitik zur zentralen Aufgabe des UN-Systems (vgl. Boutros-Ghali 1993) werden.[8] Prävention wird in der UN-Agenda als umfassendes Konzept verstanden, das

---

8 Die Debatte über die Präventionsproblematik im Bereich des UN-Systems ist mittlerweile recht umfangreich und gut dokumentiert. Einen Überblick zum Anforderungswandel der Vereinten Nationen im Bereich präventiver Maßnahmen bieten Czempiel 1994, Eliasson 1996, Boutros-Ghali 1996a, Annan 1996 und Cockell 1998b.

von der Konfliktverhütung über Frühwarnung bis hin zur Friedenserzwingung reicht und überdies um das Element der „post-conflict-reconstruction" erweitert wurde (vgl. Ghali 1996; Annan 1996; Cockell 1998b). Dazu werden vorbeugende Maßnahmen, ein Frühwarnsystem, erweiterte Tatsachenermittlung und vorbeugende Friedenssicherungsmaßnahmen zu einer neuen Dimension präventiver UN-Maßnahmen verbunden, mit der die traditionelle Friedenssicherung in Kapitel VI und VII der UN-Charta ergänzt werden sollen. Explizit problematisiert wird die innerstaatliche Dimension der Gewaltentwicklung bzw. deren Prävention, die praktisch eine frühzeitige und wirksame Einmischung in die inneren Angelegenheiten voraussetzt. Damit wird das sakrosankte Prinzip der Nichteinmischung in Frage gestellt. Dessen Relativierung deutet einen fundamentalen normativen Wandel im internationalen System an.

Drei wesentliche Elemente müssen an dieser Stelle festgehalten werden: erstens die veränderte Opportunitätsstruktur im internationalen System, die präventives kollektives Handeln überhaupt ermöglicht, zweitens die Ausweitung des Handlungsfeldes für präventive Politik und drittens, schließlich, die konzeptionelle Veränderung im Denken. Mit dem Wegfall der Blockstruktur ist grundsätzlich jede Region oder jeder Staat potentielles Ziel präventiver Politik. Darüber hinaus rücken neben den Prozessen der klassischen zwischenstaatlichen Konflikte auch solche Konfrontationen ins Blickfeld, die sich innerhalb eines Staatsgebietes abspielen, die sich aber von den traditionellen Bürgerkriegen dahingehend unterscheiden, daß das Gewaltmonopol teilweise oder völlig zusammengebrochen ist. Verbunden ist damit das Problem der Zunahme spezifischer Katastrophentypen (u.a. Flucht, Hungersnöte), die sich zu komplexen humanitären Notsituationen entwickeln können und damit eine besondere Herausforderung für die internationale Gemeinschaft darstellen. Und schließlich wird Prävention als Mittel der Konfliktverhütung, der Verhinderung der Konflikteskalation wie auch der „post-conflict-reconstruction" mitgedacht (vgl. Väyrynen 1997; Cockell 1998b). Mit anderen Worten, die Phasen vom Auftreten bis hin zur horizontalen und/oder vertikalen Eskalation gewaltsamer Konflikte werden konzeptionell um die Phase der Nachbehandlung ergänzt.

Inwieweit dieser Ansatz tatsächlich auf einer veränderten und umfassenden sicherheitspolitischen Konzeption beruht, ist theoretisch offen. Tatsache ist aber, daß das Konzept der Prävention inzwischen eine erhebliche Ausweitung erfahren hat, die zunächst nur semantisch einen gemeinsamen Nenner suggeriert, ohne daß ein der Präventionsproblematik zugrundeliegendes einheitliches systematisches Konzept erkennbar wäre. Unbestritten ist die Einsicht in die Notwendigkeit der Problematisierung komplexer Wirkungszusammenhänge zwischen sogenannten natürlichen Katastrophen, Umweltdegradation, der Entwicklungspolitik im Sinne von wirtschaftlichem und gesellschaftlichem Wandel und der politischen Entwicklung innerhalb und zwischen Staaten (vgl. Gleditsch 1997). Wie diese dem Präventionskonzept letztendlich systematisch zugeordnet werden können oder müssen, ist noch ungeklärt. Denn dabei stellt sich Prävention in ihrem zeitlichen Horizont wie auch in der Zielsetzung unter der sicherheitspolitischen Perspektive ganz anders dar als etwa im Hinblick auf die Bereiche Umwelt oder Entwicklung.

Im umweltpolitischen Bereich etwa signalisiert die Debatte über Umwelt und Sicherheit (vgl. Eberwein 1997b; Gleditsch 1997; Carius/Lietzmann 1998) einen neuen Operations- und Legitimationsbereich der Sicherheitspolitik mit eindeutig langfristig angelegten Strukturbedingungen. In diesem Falle spielt militärische Gewalt zunächst keine Rolle. Der Kern der Problematik liegt, wie Eberwein (1998) zu zeigen versuchte, im wesentlichen in den durch Umweltdegradation hervorgerufenen Problemen der Verteilung bzw. Umverteilung knapper werdender Ressourcen. Das Bindeglied zur Gewalt besteht darin, daß über politische und gesellschaftliche Strukturen die Folgen der durch Umweltschädigung entstehenden Ressourcenknappheit durch Gewalt gelöst werden sollen.

In diesem Zusammenhang ist der allgemeine wie auch der auf die Umweltproblematik bezogene Diskurs kritischer Friedensforscher zum Sicherheitsbegriff von Bedeutung, der sich insbesondere mit den zivilen Potentialen in der Frühphase von Konflikten beschäftigt und die Rolle von Nichtregierungsorganisationen (NROs) als Mediatoren im Konfliktprozeß thematisiert. Während mancher Optimist eine qualitativ gewandelte, allumfassende Präventionspolitik im Sinne eines Paradigmenwechsels vom eher reaktiven, militärischen Interventionismus hin zu präventiven, zivilen Mechanismen anmahnt (vgl. Erler 1996), warnen Skeptiker vor einer vorschnellen konzeptionellen Ausweitung des Präventionsbegriffs und vor den praxeologischen Problemen im Bereich politischen Handelns (Stedman 1995). Dieser konfrontative Diskurs löst allerdings das Problem nicht, weil nicht ausgeschlossen werden kann, daß unter Prävention gleichermaßen zivile wie militärische Instrumente der Konfliktbearbeitung fallen.

Neben den Politikfeldern der Sicherheit und Umwelt berührt die Präventionsproblematik auch den Bereich der Entwicklungspolitik bzw. der Entwicklungshilfe. Hier richtete sich das Interesse lange Zeit primär auf eine langfristig angelegte Verbesserung der sozio-ökonomischen Rahmenbedingungen vor allem in den Ländern der sogenannten Dritten Welt. Mit dem Ende der Bipolarität und ihren internationalen Strukturbedingungen hat auch in diesem Politikfeld ein Umdenken eingesetzt, das mit den katastrophalen Erfahrungen von Somalia und Ruanda zusammenhängt und zu einer systematischen Diskussion über Einsatz und Wirkung entwicklungspolitischer Strategien in schwachen Staaten und bei komplexen humanitären Katastrophen führte (vgl. Schmieg 1997). Konzeptionell beeinflußt wurde die entwicklungspolitische Auseinandersetzung über adäquate Präventionsstrategien auch durch den seit 1990 erscheinenden *Human Development Report* des UNDP, der die Orientierung staatlicher Entwicklungszusammenarbeit von der eher langfristig angelegten Förderung technischer und infrastruktureller Rahmenbedingungen auf die Kategorien der „menschlichen Entwicklung" und der „menschlichen Sicherheit" umlenkte (vgl. UNDP 1994). Es wird also ein systematischer Zusammenhang zwischen Katastrophen und Entwicklung hergestellt, der a priori Prävention von Katastrophen zur Folge hat, in der Folge aber versucht, Katastrophenhilfe systematisch mit längerfristiger Entwicklungshilfe zu verknüpfen. Dahinter steckt die implizite These der Prävention vor der Katastrophe wie der Prävention der Vermeidung von Folgeschäden von Katastrophen. Skeptiker im entwicklungspolitischen Diskurs warnen jedoch nicht zu Unrecht vor den Gefahren eines „Machbarkeitswahns", der von der Annahme der Überwindung jeglicher Gewalteskalation ausgehe (Spelten 1996).

Schließlich wird Prävention auch in den Politikbereichen der humanitären Hilfe und der Katastrophenhilfe selbst große Bedeutung zugesprochen. Während humanitäre Hilfe in erster Linie eine *reaktive* Tätigkeit ist (vgl. Eberwein 1997), die jedoch zweifellos Folgen abmildern und damit möglicherweise präventiv Eskalationsschritte unterbinden kann, ist im Bereich der Katastrophen die *International Decade for Natural Disaster Reduction* (IDNDR) der Vereinten Nationen, die im diesem Jahr auslaufen wird, unmittelbar mit der Problematik der Prävention beschäftigt. Die Einsetzung dieser Internationalen Dekade zur Reduzierung von natürlichen Extremereignissen und ihren Folgen durch die UN-Resolution 44/236 von 1989 hat ohne Zweifel die wissenschaftliche Auseinandersetzung mit dem Auftreten und den Konsequenzen von Katastrophen befördert (vgl. DFG 1993). Die ursprünglich zugrundeliegende Präventionskonzeption grenzte die Problematik zum einen auf sogenannte natürliche Katastrophen ein, insbesondere auf die Bereiche ihrer Gefährdungsabschätzung, der Frühwarnung und der Entwicklung lokaler, regionaler oder globaler Warnsysteme. Zum zweiten wurde Prävention vornehmlich im Hinblick auf technische Lösungen, etwa der Schadensminimierung durch veränderte Bauweisen oder Ansiedlungen in von Erdbeben gefährdeten Gebieten (DFG 1993 Kap. 1), konzipiert.[9] Damit werden jedoch nur technische Teilaspekte von Katastrophen erfaßt, die Verbindung aber mit menschlichen Katastrophen, gleichzeitig oder konsekutiv, wird ebenso vernachlässigt wie deren politische Dimension. Beide Arten von Katastrophen (natürlich und menschlich verursacht) können sicherheitspolitisch von Bedeutung sein, weil sie unter Umständen die regionale oder internationale Stabilität gefährden können. Sie können auch fatale Folgen für die Entwicklungspolitik bzw. die innere Kohäsion der betroffenen Staaten haben (vgl. etwa Köhler 1996).

Aus den bisherigen Ausführungen wird deutlich, daß Prävention sowohl mit veränderten Inhalten konfrontiert als auch mit neuen Schwerpunkten besetzt wird, die gleichermaßen aus den Anforderungen komplexer Notsituationen und den politikfeldspezifischen Bedürfnissen in einem sich wandelnden internationalen System resultieren. Keine Einigkeit gibt es in der Verwendung des Präventionsbegriffs und im Hinblick auf die mögliche konzeptionelle Ausgestaltung von Präventionsstrategien, was schon deswegen nicht verwundern kann, weil weder die Querbezüge zwischen den unterschiedlichen Politikfeldern noch

---

9 Naturkatastrophen, auch wenn die Sprache etwas anderes suggeriert, sind, wie bereits oben angedeutet, keineswegs ausschließlich natürliche Ereignisse. Sie werden zumindest zum Teil durch menschliche Eingriffe in die Natur verursacht – dies wird auch in der INDNR-Konzeption berücksichtigt. Der globale Klimawandel ist in diesem Zusammenhang nur ein relevanter Aspekt. Zu den Auswirkungen gehören gleichermaßen die Ausbreitung von Dürreregionen wie das Ansteigen der Meeresflächen und damit die Vernichtung von Lebensräumen.

die ihnen zugrundeliegenden Zielsetzungen geklärt sind.[10] Begriffe wie präventive Diplomatie, Konfliktprävention, Krisenprävention, präventive Konfliktbearbeitung oder Gewaltprävention werden häufig synonym verwendet und dienen als Schlagworte oder Legitimationsbasis einer weitgehend unstrukturierten Debatte. Unmittelbar notwendig ist daher eine Präzisierung des Präventionsbegriffs, der den Erfordernissen der aufgezeigten Problematik Rechnung trägt und somit theoretisch angemessen ist.

Konzeptualisierung von Präventionsstrategien

Vor dem Hintergrund von Katastrophenereignissen im allgemeinen und kollektiver Gewalt im besonderen kann Prävention sinnvoll definiert werden *als die systematische, vorausschauende Verhütung von Katastrophen, die sowohl im natürlichen wie auch im menschlichen Bereich verursacht werden können.* Darunter fallen gleichermaßen natürliche Katastrophen wie Dürren oder Erdbeben als auch menschlich verursachte Katastrophen wie innerstaatliche und zwischenstaatliche Gewaltanwendung.

Unter Berücksichtigung der zweiten Dimension muß diese Definition durch den Zusatz ergänzt werden, daß *Prävention,* ist die generelle Verhütung nicht möglich wie etwa bei einigen natürlichen Katastrophen oder im Falle der Anwendung kollektiver Gewalt, *auch die Vermeidung katastrophaler Folgen bzw. die Vermeidung weiterer Eskalation umfaßt, die in Abhängigkeit zu gesellschaftlichen oder politischen Kontextbedingungen konzeptualisiert werden muß.*

Damit ist implizit der zeitliche Rahmen von Prävention festgelegt. Wird er zu weit gefaßt, wäre per definitionem sämtliches politisches Handeln als Prävention interpretierbar (etwa Entwicklungs- oder Umweltpolitik), wird die Reichweite von Prävention zu eng gefaßt, handelte es sich um nicht viel mehr als das übliche *crisis management.*

Ausgehend von der vorgeschlagenen Definition von Prävention läßt sich in einem weiteren Schritt ein Präventionskonzept systematisch entwickeln, dessen wesentliche Elemente wir hier nur in Grundzügen skizzieren können. Dabei gehen wir von folgenden Prämissen aus:

1. Prävention ist eine Risikovermeidungsstrategie.
2. Prävention bedeutet nicht nur die Vermeidung eines punktuell auftretenden Ereignisses, sondern auch eine Vermeidungstrategie von Folgeereignissen.
3. Die auftretenden Risiken, die die Grundlagen für Präventionsstrategien schaffen, sind abhängig von der Art der Katastrophe.

---

10 Aus theoretischer Perspektive erstaunlich ist in diesem Zusammenhang der Umstand, daß die Präventionsdebatte weitaus mehr um die sogenannte „warning-response"-Problematik kreist (vgl. etwa Matthies 1996; Gurr 1996; George/Holl 1997; Cockell 1998a; Lund 1998; Schrodt /Gerner 1998), d.h., um die beobachtbare Lücke zwischen Frühwarnung und rechtzeitigem Handeln, als um die Genese und Dynamik sozialer Konflikte oder um die Wirkungszusammenhänge komplexer humanitärer Katastrophen.

4. Die auftretenden Risiken sind auch von dem natürlichen und menschlichen, d.h. dem gesellschaftlichen und politischen, Kontext, in dem Katastrophen auftreten, abhängig.

Prävention in diesem Verständnis setzt die Beeinflussung, wenn nicht sogar die Steuerung der Prozesse voraus, die zur Gewalt und/oder zur Gewalteskalation bzw. zu humanitären Katastrophen führen. In diesem Sinne bedeutet (und verspricht man sich von) Prävention die Wahrung der Gestaltungs- und Steuerungsfähigkeit der Politik innerhalb wie zwischen Gesellschaften und Staaten im internationalen System. Konsequenterweise kann Prävention als Risikovermeidungsstrategie definiert werden. Ihr Erfolg hängt zum einen von der Art der Gewalt und dem Kontext ab, in dem Gewalt auftritt, zum anderen hängt er von der Bereitschaft und Fähigkeit der Beteiligten ab, die Träger und Adressaten der Präventionspolitik sind. Wie bereits mehrfach postuliert, setzt Prävention dabei Kenntnisse über die Prozeßdynamik sowie eine Risikoabschätzung voraus, die sowohl an den Ursachen als auch an den Folgen anknüpft. Sind die Risiken ermittelbar, können weiterführende Überlegungen angestellt werden, was Prävention in welcher Form bewirken könnte. Eine derartige Erweiterung des Präventionsbegriffs um die Dimensionen von Katastrophen und die mit ihnen verknüpften Risiken der Ausweitung und der Auslösung von Folgekatastrophen erscheint uns nicht nur sinnvoll, sondern auch notwendig. Damit wird erstens der *humanitäre Imperativ* berücksichtigt, der die von Katastrophen betroffenen Individuen mit einbezieht. Diesem humanitären Imperativ, wie wir es nennen, kann sich heute kaum noch ein Akteur im internationalen System entziehen. Zweitens werden damit die notwendige politische Dimension und der gesellschaftliche Kontext von Katastrophen erfaßt, weil gleichermaßen auf die relevanten politischen und gesellschaftlichen Akteure Bezug genommen wird, insbesondere hinsichtlich der Folgewirkungen von Katastrophen – sei es im Hinblick auf die schnelle Überwindung punktuell auftretender Ereignisse, sei es bezüglich der Verhinderung der Ausweitung von Katastrophen. Letzterer Aspekt ist besonders in den sogenannten verwundbaren Staaten von Relevanz, da diese – wie hier mehrfach hervorgehoben wurde – gleichermaßen ein sicherheitspolitisches wie entwicklungspolitisches Risiko darstellen. Sofern es gelingt, die Risikofaktoren zu identifizieren, und die Möglichkeit besteht, diese Faktoren zu beeinflussen, kann dies drittens zu einem empirisch fundierten Präventionskonzept führen. Damit wird aus sozialwissenschaftlicher Sicht eine Antwort auf die Frage gesucht, ob bzw. wie Prävention machbar ist und welche fachwissenschaftlichen Kenntnisse (bei Epidemien etwa die Medizin) dafür vorhanden sind. Schließlich wird damit eine wesentliche Unterscheidung eingeführt, die für Prävention zentral ist. Neben der Einsicht in Wirkungszusammenhänge und Bedingungen, die für Risiken konstitutiv sind, geht es auch darum, ob bzw. wie solche Einsichten politisch in eine präventive Politik umgesetzt werden.

Sind die Risiken bzw. die Strukturen und Prozesse von Katastrophen bekannt, dann können wirksame Präventionsstrategien konzeptualisiert werden, die in der Konsequenz zur Entwicklung von Instrumenten bzw. Maßnahmen auf internationaler Ebene (etwa Monitoring, institutionelle Koordination, Katastrophenmanagement, humanitäre Hilfe, Peace-Building) und auf staatlicher oder substaatlicher/gesellschaftlicher Ebene (u.a. Capacity-Building, symmetrische Ressourcenverteilung, Eindämmung von Schäden) führen müssen. Abhängig ist präventives Handeln, so eine weitere zentrale Annahme, von der Fähigkeit und Bereitschaft zur Prävention, die beeinflußt wird von der Art und dem Stadium der Katastrophe einerseits, dem Grad der internationalen Normierung und der Opportunitätsstruktur des internationalen Systems andererseits.

Was die Frage der Konzeptualisierung von Präventionsstrategien betrifft, wird in der politikwissenschaftlichen Forschung unterschieden zwischen früher/langfristiger und später/kurzfristiger Prävention (vgl. Matthies 1996; Czempiel 1994). Diese Unterscheidung entspricht den konzeptionellen Ausgangsüberlegungen der *Carnegie Commission on Preventing Deadly Conflict,* die zwischen einer eher allgemeinen und langfristig orientierten strukturellen Prävention und einer speziellen, ereignisorientierten operativen Prävention differenziert (CCPDC 1997; vgl. auch Wallensteen 1998b). Das Konzept der frühen/strukturellen Prävention setzt bei allgemeinen und systematischen Kenntnissen über die Ursachen und Prozesse menschlicher Katastrophen an und postuliert eine frühzeitige politische Einflußnahme bzw. eine generelle politische Umsteuerung. Konsequenterweise spricht man in diesem Zusammenhang auch von einer „ursachen- oder strukturorientierten Prävention" (Matthies 1996). Einordnen lassen sich hier etwa Ansätze der Entwicklungspolitik (vgl. Spelten 1996), die auf Überwindung von Armut und strukturell bedingte sozioökonomische Asymmetrien zielen, oder aber langfristige Optionen wie Demokratisierung, die Durchsetzung von Menschenrechten und nachhaltige Entwicklung, die etwa Czempiel (1994) für den zentralen Inhalt angemessener Präventionspolitik hält. Auch die theoretisch-abstraktere Zivilisierungsthese von Dieter Senghaas und die Dimensionen seines zivilisatorischen Hexagons lassen sich als langfristig angelegte Präventionsperspektiven interpretieren (Senghaas 1994).

Diese langfristige Orientierung ist allerdings aus systematischer Sicht höchst problematisch. Sie setzt nämlich voraus, daß das Präventionsziel, Demokratisierung etwa oder nachhaltige Entwicklung, verwirklicht werden kann, ohne aber angeben zu können, wie es tatsächlich umgesetzt werden sollte. Demokratisierung oder nachhaltige Entwicklung basieren auf der bewußten Gestaltung gesellschaftlicher, politischer, ökologischer und ökonomischer Rahmenbedingungen. Sofern Prävention in diesem Zusammenhang begrifflich nicht zur Unkenntlichkeit degenerieren soll, würde sie nur dann Sinn machen, wenn für eine solche Zielsetzung die Verhinderung oder Risikominderung von Katastrophen zum Bezugspunkt gemacht würde. Heute ist der Nexus von Demokratie und Abwesenheit gewaltsamer Konfliktlösungen bekannt und als empirisches Gesetz unbestritten (vgl. Russett 1993; Ray 1995). Gleichzeitig zeigt sich aber auch, daß Demokratisierung durchaus mit einer vergleichsweise hohen Gewaltneigung einhergeht (vgl. Eberwein 1993). Prävention müßte also sinnvollerweise verkoppelt werden mit dem Problem, wie die Verwirklichung des Zieles der

Demokratie präventiv so gestaltet werden kann, daß gewaltsame Auseinandersetzungen auf dem Wege dorthin unterbleiben, zumindest aber reduziert werden.

Allgemein können wir bei der Problematisierung von Präventionsstrategien von der Annahme ausgehen, daß unterschiedliche Katastrophenarten (natürlich vs. menschlich; kurzfristig vs. langfristig) und unterschiedliche Eskalationsprozesse (innerstaatlich vs. zwischenstaatlich; horizontal vs. vertikal) auch unterschiedliche wissenschaftlich fundierte Strategien und politisch motivierte Instrumente der Prävention bedingen. Gleichzeitig variieren aber auch, so die weitere Annahme, Wissen und Bereitschaft, präventiv zu handeln, je nach Katastrophenart. Das Wissen über das Risiko des Auftretens und die Schäden ist vergleichsweise hoch bei den kurzfristigen natürlichen und wohl auch menschlichen Katastrophen. Dieses Wissen ist primär naturwissenschaftlich-technisch fundiert. Diese Katastrophen sind aus politischer Sicht auch vergleichsweise unproblematisch, weil sie „technisch" bewältigt werden können. Wir können davon ausgehen, daß präventiv ausgerichtete Schadensbegrenzung insbesondere in stabilen Gesellschaften hoch ist, gering dagegen in weniger entwickelten oder instabilen Gesellschaften. Offen ist, inwieweit sich hier jedoch Veränderungen der Risiken über die Zeit ergeben. Mit Sicherheit ist eine vergleichsweise hohe Kontextabhängigkeit gegeben.

Extrem problematisch sind offensichtlich die langfristigen Katastrophen. Zum einen ist mit Sicherheit eine starke Kontextabhängigkeit gegeben. Zum anderen ist sowohl das Wissen über die verschiedenen Risiken ihrer jeweiligen Ausweitung und Eskalation gering. Darüber hinaus vermuten wir, daß auch die Bereitschaft, präventiv zu handeln, nicht besonders ausgeprägt ist – bei Hungersnöten möglicherweise noch größer als bei lang anhaltenden Bürgerkriegen. Doch gerade letztere sind mit einem höheren Risiko verbunden, sich auszubreiten und auf die internationale Umwelt überzugreifen.

Ausblick

Diese hier in ersten Umrissen skizzierte Präventionskonzeption von Gewalt und anderen Katastrophen basiert auf dem Prinzip der wissenschaftlich fundierten Einsicht in Wirkungszusammenhänge, die politisch „manipulierbar" sind. Sind sie es nicht und sind sie nicht kurzfristig veränderbar bzw. in ihrer Wirkung kontrollierbar, ist Prävention zwar denkbar, nicht aber machbar. Sind sie „manipulierbar" und wird diese Möglichkeit politisch ignoriert, ist Prävention zwar machbar, aber unterbleibt. Diese Problematik ist gerade für die Theorie internationaler Politik wichtig, im Hinblick auf die Frage der Steuerbarkeit internationaler Prozesse im allgemeinen, in bezug auf das bei der Katastrophenbewältigung grundsätzlich auftauchende Problem der Einmischung in die innerstaatlichen Angelegenheiten souveräner Staaten im besonderen.

Eine weitere Schwierigkeit besteht darin, daß die Akteure, die Gewalt zumindest begrenzt einsetzen, zugleich die Adressaten präventiver Politik sind, die an solchen Formen des Konfliktverhaltens gehindert werden sollen. Das hat wiederum Konsequenzen für die Formulierung von Handlungsstrategien, mit denen „manipulativ" Gewalt verhindert oder eingeschränkt werden kann und müßte. Schließlich muß die Frage beantwortet werden, die insbesondere im Bereich der Konfliktvermittlung, aber auch im Vorfeld des Ausbruchs von Gewalt wie nach deren Beendigung bisher zu wenig Beachtung gefunden hat. Die Frage richtet sich zum einen auf die Art von Akteuren, die Prävention betreiben (internationale Organisationen, Einzelstaaten bzw. von ihnen beauftragte Personen oder nichtstaatliche Organisationen). Zum anderen richtet sie sich auf die verfügbaren Instrumente der jeweiligen Akteure und deren Wirksamkeit zusammen sowie auf die Konsequenzen, die ihr Einwirken auf spezifische Adressaten hat. So könnte man sich durchaus vorstellen, daß eine lokale *capacity-building-Strategie* zur friedlichen Konfliktlösung in einem „schwachen" oder „gescheiterten" Staat eher konfliktfördernd sein könnte und zur weiteren nationalen Desintegration beiträgt. Aus diesen vorläufigen Überlegungen folgt, daß eine Präzisierung des Präventionskonzepts notwendig ist. Daraus ergibt sich auch, daß ein Konfliktmodell in den Mittelpunkt gestellt werden muß, das Konfliktprozesse als Serie diskreter Ereignisse konzeptualisiert, und an Hand dessen gezeigt werden kann, wo mit welcher Wahrscheinlichkeit manipulative Eingriffe möglich sind.

Ziel der Politikwissenschaft müßte es sein, ein theoretisch angeleitetes empirisches Forschungsprogramm auf den Weg zu bringen, das den gegenwärtigen und zukünftigen Herausforderungen verheerender Katastrophenereignisse gerecht wird und gleichzeitig an den zeitlichen und inhaltlichen Dimensionen von Prävention konzeptionell anknüpft. Angesiedelt wäre es im Politikfeld der Sicherheit im weiteren Sinne, da es erstens mittel- und langfristig um die Überlebensfähigkeit und die Schutzfunktion der Staaten geht und weil zweitens die Frage der internationalen Ordnungsstruktur, ihrer normativen Fundierung, insbesondere aber ihres Wandels, betroffen ist.

Aus dieser sicherheits- wie auch friedenspolitischen Perspektive heraus geht es darum, die bestehenden Wissenslücken über die Problematik der Eskalationsdynamik von Konflikten zur Gewalt und der Wechselwirkung mit anderen Katastrophentypen (etwa Flucht, Vertreibung, Hungersnöte) einschließlich der vernachlässigten Verknüpfung von innerstaatlicher und zwischenstaatlicher Gewalt einerseits und von Eskalations- und Deeskalationsprozessen andererseits zu schließen. Nur so ist das normative Ziel gewaltarmer Konfliktbearbeitung und präventiver Politik wissenschaftlich zu fundieren.

Politik und Krieg –
Die Zivilmacht Europa und ihr Verhältnis zum Krieg

Christoph Rohloff, Hardi Schindler[1]

Einleitung

Die Kriegshandlungen im Kosovo, allen voran die systematische Verfolgung und Vertreibung der Kosovo-Albaner, der Krieg zwischen serbischen Einheiten und der UCK sowie der Luftkrieg der NATO gegen Jugoslawien bedeuten – ungeachtet ihres Fort- und Ausgangs – eine historische Zäsur mit noch nicht absehbaren Folgen für Europas zukünftige Entwicklung als Zivilmacht.

Bis zum 24. März 1999, dem Tag, an dem die NATO-Luftangriffe gegen Serbien begannen, bestand die europäische Identität – neben den ökonomischen Klammern – in dem Selbstverständnis, eine „Zivilmacht Europa" zu sein, die nach 1945 den Krieg als Instrument politischer Konfliktaustragung hinter sich gelassen hat und seither mit sich selbst im Demokratischen Frieden lebt. Diese „Zivilmacht Europa" versuchte zwar in den neunziger Jahren, durch den mit dem Ende des Ost-West-Konflikts vergrößerten außenpolitischen Handlungsspielraum als ein eigenständiger Akteur in der internationalen Staatenpolitik stärkeres Gewicht zu erlangen. In dieser Phase der Neuorientierung ist sich Europa jedoch u.a. durch die Erfahrungen mit dem Bosnien-Krieg klar darüber geworden, daß sein sicherheitspolitisches Handlungspotential eindeutig auf der zivilen und nicht auf der militärischen Konfliktbearbeitung beruht. Für einen eventuellen Ernstfall konnten und wollten sich die europäischen Staaten hauptsächlich auf die militärische Schlagkraft der NATO stützen. Die europäischen Sicherheitspolitiker sprachen daher in der Zeit *vor* der NATO-Intervention im Kosovo im März 1999 nur unter vorgehaltener Hand von einer verstärkten militärischen Eigenständigkeit der EU durch eine Aktivierung der faktisch nur auf dem Papier bestehenden WEU; sie verfolgten in erster Linie die Stärkung zivilgesellschaftlicher Mechanismen und Strukturen im Sinne einer langfristigen, umfassenden und transformatorischen, präventiven Konfliktbearbeitung auf der politischen, ökonomischen und gesellschaftlichen Ebene krisengefährdeter Staaten oder Gesellschaften. Die Debatten *nach* der militärischen Kosovo-Intervention hingegen sind davon geprägt, solche Strukturen und Mechanismen auszubilden, die es Europa ermöglichen sollen, selbständig und ohne die Führung der USA auf Krisen und Konflikte im europäischen und daran angrenzenden Raum reagieren zu können. Zwar wird in diesem Zusammenhang betont, daß keine Parallelstrukturen zur NATO ausgebildet werden sollen, doch wird

---

1 Für wertvolle Hinweise danken wir Sven Chojnacki, Wolf-Dieter Eberwein, Wilhelm Nolte und Wolfgang R. Vogt.

die Zivilmacht Europa demnächst für ihre nationalen Waffenkammern auch einen gemeinsamen Koordinations- und Planungsstab haben. In einem ersten konkreten Schritt hat die EU auf ihrem Kölner Gipfel am 3. Juni 1999 ein Konzept verabschiedet, das die Stärkung der WEU in der EU vorsieht. Zudem konnte sie die Dynamik der Verhandlungsdiplomatie zur Kriegsbeendigung im Kosovo nutzen und sich auf einen gemeinsamen außen- und verteidigungspolitischen Sprecher, den ehemaligen NATO-Generalsekretär Solana, einigen.

Wir wollen im folgenden untersuchen, welche konzeptionellen Leitbilder und konkreten Handlungsoptionen die „Zivilmacht Europa" im Rahmen der Debatte um die konzeptionelle und institutionelle Ausgestaltung der Gemeinsamen Europäischen Außen- und Sicherheitspolitik (GASP) heute, das heißt *nach* der militärischen Intervention in den Kosovo-Krieg, verfolgt bzw. verfolgen sollte und welche theoretischen Ansätze ihr zu einem adäquaten Handeln in bezug auf die weiterhin stattfindenden Kriege in der Welt verhelfen können. Welche sicherheitspolitischen Parameter der Zivilmacht Europa gelten ungeachtet der militärischen Intervention in den Kosovo-Krieg weiter, und welche Parameter haben sich verschoben und weisen auf eine neue sicherheitspolitische Ausgestaltung der Zivilmacht Europa hin?

Ausgangspunkt der Debatten um die zukünftige Ausgestaltung der GASP ist die Feststellung, daß sich Europa in einem Spannungsverhältnis befindet zwischen einerseits eigenem demokratischen Frieden und andererseits einer in vielen Regionen kriegerischen Welt. Die zentrale Frage ist hier, ob sich in der Zukunft die europäischen Staaten im Rahmen ihrer gemeinsamen außen- und sicherheitspolitischen Selbstgestaltung zwischen zwei gegensätzlichen Positionen entscheiden sollen: Soll sich Europa am Vorbild der Führungsmacht USA orientieren und je nach UNO-Mandat oder auch in eigenem Namen selbständig in gewaltsame Konflikte in der Welt intervenieren? Oder, die andere Position, soll es Europa beim Stand der Dinge belassen, als internationaler Akteur eine Nebenrolle zu den USA spielen und die GASP auf humanitäre Nothilfe oder symbolische Politik beschränken – wie geschehen im Kosovo-Konflikt mit halbherzigen Wirtschaftssanktionen oder Flugverboten gegen die Bundesrepublik Jugoslawien? Darf sich die Begründung europäischer Außen- und Sicherheitspolitik mit dem Hinweis auf „drohende Flüchtlingskatastrophen" begnügen? Wie soll mit diesen Schwierigkeiten konstruktiv umgegangen werden ohne, auf der einen Seite, die europäischen zivilisatorischen Errungenschaften über den Krieg zu relativieren, und ohne, auf der anderen Seite, gegenüber den Kriegen in der Welt in Passivität zu verharren? Welche Lehren können diesbezüglich aus der Intervention in den Kosovo-Krieg gezogen werden?

Im Folgenden sollen zur Beantwortung dieser Fragen verschiedene theoretische Erklärungsansätze für außenpolitisches Verhalten mit dem Ziel hinterfragt werden, ungenutzte Handlungsspielräume für eine gestalterische Außenpolitik einer „Zivilmacht Europa" offenzulegen. Wir suchen unsere Antworten in diesem Beitrag zwischen den beiden Positionen, daß einerseits eine gemeinsame europäische Außen- und Sicherheitspolitik unbefriedigend bleibt, solange sie sich auf humanitäre Hilfe und gute Ratschläge beschränkt, und daß andererseits ein militarisiertes „Bollwerk EU" ebensowenig wünschenswert ist.

Aspekte einer gemeinsamen europäischen Außenpolitik

Demokratiefrieden

„Zivilmacht Europa" – der Titel des hier weiter vorangetriebenen Forschungsprogramms – soll für eine gemeinsame europäische Identität und ein gemeinsames europäisches Selbstverständnis stehen: Europa hat aus der Geschichte gelernt und militärische Gewalt als Mittel der Politik unterhalb von Notwehr und Nothilfe hinter sich gelassen! Tatsächlich haben sich all diejenigen Staaten, die im westlichen Sinne demokratisch verfaßt sind, in diesem Jahrhundert gegenseitig nicht mehr mit Krieg bedroht noch gegeneinander Krieg geführt. Im Gegenteil, diese Demokratien nähern sich in vielen Bereichen wie Politik, Militär, Wirtschaft und Kultur über nationale Grenzen hinweg einander zunehmend an. Sie streben – trotz einhergehender Souveränitätsbeschränkungen – nach der Verwirklichung von Integrationsvorteilen bei stetig steigender Interdependenz. Die europäischen Staaten spielen in diesem weltweiten Integrations- und Regionalisierungsprozeß eine Vorreiterrolle durch die Bildung einer über das Wirtschaftliche weit hinausgehenden politischen Union. In der Literatur (Senghaas 1997a, Maull 1996, Czempiel 1996, Debiel 1995, Risse-Kappen 1994) wird das Phänomen, daß Demokratien keine Kriege gegeneinander führen, hauptsächlich mit dem Kantschen Theorem des Demokratischen Friedens erklärt, demzufolge sich diejenigen Staaten, in denen die Bürger am politischen Entscheidungsprozeß, also auch an der Entscheidung über Krieg und Frieden, beteiligt sind, nicht zum Krieg neigen und sie dieses Verhalten auch von anderen Demokratien erwarten. Einschränkende Bedingungen für die Wirkung des Kantschen Theorems sind nach Czempiel (1996:89) jedoch,

> „daß die Gesellschaft [...] durchweg wohlhabend, am unteren Ende der Einkommensskala noch immer gut situiert (eine Mittelstandsgesellschaft) sein [muß]. Sie muß durch die Parteien, die Exekutive und die Medien adäquat informiert werden. Sie muß ein demokratisches Herrschaftssystem besitzen, das die Anforderungen dieser Gesellschaft ausführt und ihr eine zureichend große Kontrollmöglichkeit einräumt. Diese Anforderungen dürfen auf ihrem Weg durch den außenpolitischen Entscheidungsprozeß nicht substantiell verändert und schon gar nicht durch die Intervention von Interessengruppen, die den Prozeß umgehen, verzerrt werden."

Mit diesen gravierenden Einschränkungen wird der Verwendung des Begriffs vom „Demokratischen Frieden" als einem in Demokratien eingebauten „Friedensautomatismus" vorgebeugt, denn sie implizieren, daß sich auch die europäischen Demokratien lediglich auf dem *Weg* eines mehr oder weniger weit fortgeschrittenen Demokratisierungsprozesses befinden und jederzeit und an vielen Orten von Regreß bedroht sind (vgl. Senghaas 1995:42).

Eine kriegerische Welt

Ganz anders steht es um die innerstaatlichen und zwischenstaatlichen Beziehungen der nicht-demokratischen Länder. Außerhalb der OECD-Welt stieg die Zahl der Gewaltkonflikte seit 1945 bis etwa 1985 im statistischen Mittel um bis zu fünf neue Gewaltkonflikte pro Jahr an. Diese Steigerungsrate fällt regional unterschiedlich aus. So liegt zum Beispiel Südamerika jeweils unter dem Durchschnitt der zu erwartenden internen und internationalen Gewaltkonflikte im Vergleich zur Anzahl der Staaten. Die Zahl der Gewaltkonflikte in Afrika befindet sich hingegen weiter im Steigen. 1998 war Afrika noch vor dem Vorderen und Mittleren Orient die konfliktträchtigste Region mit elf Gewaltkonflikten. Die durchschnittliche Steigerungsrate erfuhr zwischen 1985 und 1993 eine weitere Beschleunigung, so daß 1993 ein Höhepunkt mit knapp über sechzig laufenden Gewaltkonflikten weltweit zu beobachten war. Gleichzeitig konnten in diesem Zeitraum einige Gewaltkonflikte – wie in Mosambik, Angola, Nicaragua, El Salvador und in Guatemala – mit dem Ende des Ost-West-Konflikts leichter oder überhaupt befriedet werden. Seit 1993 ist insgesamt ein deutlicher Rückgang der Gewaltkonflikte zu beobachten; seit 1997 pendelt sich ihre Zahl – je nach Konfliktdefinition – auf einem Niveau von etwa dreißig beobachtbaren Gewaltkonflikten pro Jahr ein (HIIK 1998). Abbildung 1 soll diese Entwicklung verdeutlichen und dabei zusätzlich die gegenläufige Entwicklung von internationalen und internen Gewaltkonflikten aufzeigen. Spätestens seit den siebziger Jahren kann von einem langfristigen *Konfliktsockel* bei den internen Gewaltkonflikten gesprochen werden. Dieser Konfliktsockel konnte auch in den neunziger Jahre, also nach dem Ende des Ost-West-Konflikts, nicht substantiell reduziert werden. Ein guter Teil derjenigen Gewaltkonflikte, die 1985 beobachtet wurden, wurden auch 1995 noch gewaltsam ausgetragen. Das Ende des Ost-West-Konflikts hat zudem zusätzliche Gewaltkonflikte verursacht beziehungsweise ihre Eskalation begünstigt. Hierzu zählen insbesondere der Zweite Golfkrieg sowie die Kriege im ehemaligen Jugoslawien, in Georgien, in Tadschikistan, in Tschetschenien, zwischen Armenien und Aserbaidschan um die Enklave Berg-Karabach und im Jemen. Viele dieser mit dem Ende des Ost-West Konflikts zusammenhängenden Konflikte konnten bis Mitte der neunziger Jahre einer stabilen Waffenruhe oder einer vorläufigen Beilegung bzw. einem *modus vivendi* zugeführt werden. Trotzdem konnte die Zahl der bereits vor der Zeitenwende 1989–1990 laufenden Gewaltkonflikte, der *„protracted conflicts"* (Zartman 1985), der „vergessenen Kriege" (Hofmeier/Matthies 1992) beziehungsweise der „Kriege an der Peripherie" (Gantzel 1995:107), die überwiegend in und zwischen Entwicklungsländern ablaufen, nicht substantiell reduziert werden. Zu dieser Gruppe von Gewaltkonflikten zählen unter anderem die Auseinandersetzungen im Nahen Osten, Sudan, Angola, Afghanistan, Kolumbien, Sri Lanka, zwischen Indien und Pakistan, zahlreiche Minderheitenkonflikte in Myanmar, auf den Philippinen und in Indonesien. Bis in die 90er Jahre hinein waren auch Mosambik, Äthiopien und Eritrea, Uganda, Libanon, Guatemala,

Nicaragua und El Salvador von Kriegsgewalt betroffen (vgl. die Beiträge von Schlichte und Chojnacki/Eberwein).

Schaubild 1:
Interne und internationale Gewaltkonflikte 1945-1995 (Quelle: HIIK)

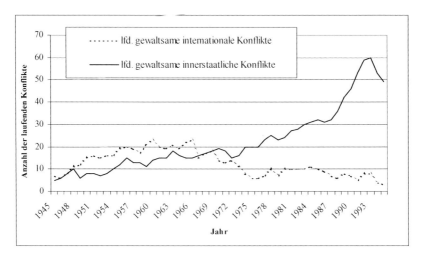

Wir stellen also auf der empirischen Beobachtungsebene zunächst zwei *gegenläufige* Entwicklungen fest:

1. Die weitgehende Befriedung der inner- und zwischenstaatlichen Beziehungen innerhalb der OECD-Staatenwelt und andererseits
2. die hohe Zahl nach wie vor laufender Gewaltkonflikte und das Bestehen eines hartnäckigen Konfliktsockels außerhalb der OECD-Welt.

Gerüstete Demokratien – wofür?

Der Gegensatz der genannten Tendenzen verstärkt sich dadurch, daß einerseits die europäischen Staaten im Rahmen ihrer NATO-Mitgliedschaft das militärische Potential besitzen um in Gewaltkonflikte militärisch intervenieren zu können; sie machen jedoch andererseits von diesem Potential ohne die Führungsmacht USA keinen außenpolitischen Gebrauch. Das jüngste Beispiel ist die ausgebliebene Eigeninitiative europäischer Staaten im Kosovo-Konflikt selbständig, also als EU bzw. WEU, zu intervenieren – diplomatische Initiativen hin oder her. Statt dessen unterstützte man lieber eine völkerrechtlich höchst umstrittene NATO-Intervention unter Führung der USA. Die zunächst naheliegende Erklärung für diese militärpolitische Zurückhaltung ist die, daß die „Zivilmacht Europa" ohne die USA, die bei der Intervention im Kosovo etwa 80 % des Personals und des Materials stellten, dazu militärtechnisch gar nicht in der

243

Lage war. Die Zivilität in Konflikten zu wahren und auf Gewaltanwendung als politisches Mittel zu verzichten kann aber nicht auf technische Mängel reduziert werden; sie ist auch keine tagespolitische Laune Europas, sondern Ausdruck und Ergebnis der dauerhaft prägenden Erfahrungen aus den zwei Weltkriegen, die die Grundlage des heutigen europäischen Selbstverständnisses und den Kern seiner zivilen Identität bilden. Der Unterschied zwischen Europa und den USA, die ebenfalls demokratisch verfaßt sind und ihre Identität in der zivilen Konfliktlösung sehen, jedoch regelmäßig militärische Interventionen durchführen, läge so gesehen darin, daß Europa nicht die Rolle einer Supermacht beansprucht, während die USA diese Rolle mit dem Konsens der Bevölkerung und als Teil ihrer eigenen Identität oder „Rolle" (Maull 1996:289) wahrnehmen. Eine europäische Sicherheits- und Verteidigungsidentität (ESVI), wie sie in der Debatte um die Ausgestaltung der GASP gesucht wird, kann also nur als ein Aspekt der viel grundlegenderen zivilen Identität Europas gefunden werden.

Sensible Demokratien?

Diese mit dem Ende des Zweiten Weltkriegs beginnende und seither steigende Diskrepanz zwischen europäischem Frieden und Kriegen in der Welt vergrösserte sich nochmals mit den friedlichen Revolutionen in Mittel- und Osteuropa 1989 und 1990. Zum einen geschah dies durch die Ausweitung des europäischen Friedensraums, zum anderen aber auch durch eine weitere Sensibilisierung bei der *Wahrnehmung* von politischer Gewalt und Krieg (siehe Beiträge von Weber und Kizilhan). Zwar haben europäische Staaten, insbesondere Frankreich, Großbritannien, die Niederlande, Belgien und Portugal, auch nach 1945 noch militärische Gewalt in ihren ehemaligen Kolonien eingesetzt, doch militärische Gewalt als mögliches Mittel staatlicher Politik innerhalb Europas blieb ausgeschlossen – mit den Ausnahmen der kommunistischen Machtübernahmen in Osteuropa zwischen 1945 und 1949 sowie den gewaltsamen Auseinandersetzungen in Berlin 1953, Ungarn 1956, CSSR 1968 und Polen 1980. In Ost- und in Westeuropa besaß staatliche militärische Gewalt zwischen 1945 und 1989 nur noch eine einzige Legitimationsgrundlage, nämlich zur Abwehr des als aggressiv interpretierten Kommunismus bzw. des westlichen „Imperialismus". Seit 1989/90 ist unter dem Eindruck des friedlichen Systemwandels in Osteuropa diese letzte Legitimations*nische* für militärische Gewalt in Europa verschwunden (vgl. Hondrich 1994:53). Die hieraus resultierende Friedensdividende der neunziger Jahre besteht daher nicht nur aus materiellen Komponenten. Die friedlichen Revolutionen brachten auch eine weitere Sensibilisierung der europäischen Öffentlichkeit gegen Gewalt und Krieg, eine weitere „Demobilisierung in den Köpfen" mit sich. Gewalt und Krieg werden nach dem Ende des Ost-West-Konflikts aus europäischer Sicht vermehrt als dysfunktionale, irrationale und letztlich unbegründbare Ausfall- oder Fehlleistungen einzelner Akteure oder als das Ergebnis einer instrumentalisierten, fehlgeleiteten Masse wahrgenommen und in den Medien entsprechend inszeniert.

Hier bewirkten die Interventionen in den Kosovo-Krieg zunächst einen Wandel: In allen westlichen Staaten, mit Ausnahme Griechenlands, wurde die militärische Intervention der NATO von einer Mehrheit der Bevölkerung nolens volens akzeptiert. Die NATO begründete die Intervention vor allem mit *moralischen* und weniger mit völkerrechtlichen Pflichten geschweige denn mit nationalen Interessen. Das Vorhaben eine humanitäre Katastrophe im Kosovo zu verhindern, schuf für die Zivilmacht Europa eine *neue* Legitimationsgrundlage für die Anwendung militärischer Gewalt: die Durchsetzung der Menschenrechte – zumindest in Europa. Dafür wurde sogar der Bruch des Völkerrechts und die Beschädigung des Gewaltmonopols bei den Vereinten Nationen in Kauf genommen. Diese Zäsur in der europäischen Nachkriegsgeschichte, die sich vor dem Hintergrund der fortschreitenden Aufweichung des Interventionsverbots entwickelt hat, stellte das bislang angenommene Selbstverständnis der Zivilmacht Europa zunächst in Frage.[2] Andererseits könnte die militärische Intervention im Kosovo im Nachhinein auch identitäts- und integrationsstiftend wirken: Der *gesamte* Balkan ist nun unwiderruflich integraler Bestandteil Europas geworden. Oder mit anderen Worten: Die Zukunft Europas ist natürlich nicht ohne Rußland, aber auch nur mit Serbien denkbar.

Erklärungsmodelle

Seit dem Ende des Ost-West Konflikts und der Erweiterung des europäischen außenpolitischen Handlungsspielraums sind in den Gremien des Europarats, der OSZE, der GASP, der WEU, der NATO sowie auf nationaler Ebene in den Mitgliedsstaaten der EU und in den Staaten Mittel- und Osteuropas verschiedenste Konzepte neuer Außenpolitiken diskutiert worden, mit denen auf eine mit dem Ende des Ost-West-Konflikts veränderte Welt adäquat reagieren werden sollte (Kevenhörster/Woyke 1995, Forndran/Lemke 1995, Ehrhart/Gießmann/Lutz/ Müller 1994, Dewitt/Haglund/Kirton 1993). Maull (1997:71) z.B. entwickelte Thesen für eine neue Außenpolitik einer „Zivilmacht Deutschland", die sich angesichts der Veränderungen in der internationalen Politik bei Zwangsmaßnahmen auf die Beteiligung an UNO-Mandaten und ansonsten lediglich auf Wirtschaftssanktionen und Entwicklungshilfe beschränken sollte. Wenn man das Verhältnis von „Politik" und „Krieg" für die „Zivilmacht Europa" nun *systematisch* untersuchen will und dabei nach Antworten sucht, wie sich die „Zivilmacht Europa" angesichts der Kriege in der Welt verhalten kann und soll, muß man die Möglichkeiten und Ergebnisse verschiedener Forschungsansätze mit einbeziehen und, wo notwendig, auch vor dem Hintergrund der Kosovo-Intervention bewerten. Somit wäre das Forschungsfeld grundsätzlich über den engen politikwissenschaftlichen Rahmen hinaus um soziologische, sozialpsy-

---

2   Der ehemalige UN-Generalsekretär Perez de Cuellar forderte bereits 1987, daß die Ahndung systematischer Menschenrechtsverletzungen nicht durch die Souveränitätsschranke behindert werden dürfe. Die „Agenda für den Frieden" von Boutros Boutros-Ghali von 1992 sieht die Chance für den Weltfrieden in der Einhaltung von Völkerrecht *und* Menschenrechten.

chologische, ökologische und ökonomische Faktoren zu erweitern (Vogt 1997:29). Im Rahmen dieses Beitrags werden wir uns jedoch auf Denkansätze aus dem politikwissenschaftlichen Teilbereich der Internationalen Beziehungen beschränken.

Transformationsansatz: Zivilisierung der Gewaltpotentiale

Der Transformationsansatz hatte zumindest bis zur Kosovo-Intervention die größten Chancen gehabt, die theoretische Grundlage für eine zukünftige gemeinsame europäische Außen- und Sicherheitspolitik zu werden. Er zielt als umfassender und gesellschaftsorientierter Beziehungsansatz darauf ab, daß, kurz gefaßt, „nicht die Konflikte, sondern die Kriege beendet werden müssen" (Paffenholz 1995). Konflikte werden grundsätzlich als positives Element in modernen und sich modernisierenden, dynamischen Gesellschaften betrachtet (Dahrendorf 1972). Theoretisch beinhaltet jeder Interessenkonflikt das Potential, gewaltsam zu eskalieren. Überall dort, wo dies wahrscheinlich erscheint, sollten, so fordern es die Agenda für den Frieden (Boutros-Ghali 1992), die Internationalen Organisationen und die Nichtregierungsorganisationen (NGOs), präventive und flankierende friedenserhaltende Maßnahmen ergriffen werden. Diese sollen insbesondere auf der gesellschaftlichen Ebene das Gewaltpotential an den Konfliktlinien in zivilisierte Beziehungen transformieren (Ropers 1997, Debiel/Ropers 1995).

Als bereits existierende transformationsorientierte Institutionen, die eben keine militärische Option in der Hinterhand bereit halten und die deshalb auch von „Falken" bisweilen als „zahnlose Tiger" belächelt werden, sind für Europa die Organisation für Sicherheit und Zusammenarbeit in Europa (OSZE) und der Europarat zu nennen. Beide Institutionen entsprechen in ihrer theoretischen Konzeption konstruktiver Konfliktbearbeitung dem Transformationsansatz, und beide können seit dem Ende des Ost-West-Konflikts auf eine zunehmende Professionalisierung ihrer präventiven und friedenskonsolidierenden Instrumente verweisen (Meyer 1998:42). Ihr Selbstverständnis schließt die aktive Teilnahme an sogenannten friedenserzwingenden Maßnahmen unter Kapitel VII der UN Charta kategorisch aus. Ihre Instrumente sind nicht interventionistisch, sondern auf die Veränderung der Beziehungen der Konfliktparteien gerichtet. Im Mittelpunkt stehen also vertrauensbildende, langfristige Missionen. Selbst im gewaltsamen Kosovo-Konflikt spielte die OSZE-Beobachtermission bis zuletzt eine entscheidende sicherheitspolitische Rolle. So wird die These vertreten, daß nicht so sehr die NATO-Bomben die Gewalteskalation im Kosovo und die Vertreibungen beschleunigt hätten, sondern vielmehr der Abzug der OSZE-Beobachter (Rohloff/Schindler 1999). Eine Alternative zur NATO-Strategie wäre in diesem Sinne zum Beispiel anstelle des Abzugs die Verzehnfachung der Zahl der OSZE-Beobachter im Kosovo gewesen.

Das Konflikt- und Gesellschaftsverständnis des Transformationsansatzes beruht letztlich auf der Zivilisierungsthese (Vogt 1997:11). Diese besagt, daß sich „die europäischen Gesellschaften im Laufe ihres historischen Modernisierungsprozesses durch vielfältige individuelle, gesellschaftliche und staatliche Entwicklungsprozesse den exponential gewachsenen Konstellationen von möglichen Interessenskonflikten *erfolgreich* angepaßt haben" – zumindest seit 1945 (Senghaas 1995:42; eigene Hervorhebung). In der Annahme, daß sich moderne Gesellschaften in einem ständig vom Rückfall bedrohten Zivilisierungsprozeß befinden, werden die Zusammenhänge von Politik, Gewalt und friedlicher Konfliktbearbeitung zunächst historisch begründet. Insbesondere Senghaas (1995, 1998) versucht zu erklären, wie sich im historischen Verlauf innerhalb der europäischen Gesellschaften solche soziopolitischen, rechtlichen, wirtschaftlichen und emotionalen Strukturen herausgebildet haben, die es den heutigen Gesellschaften Europas ermöglichen, überwiegend ohne Gewaltanwendung der Verwirklichung ihrer vielfältigen Partikularinteressen nachzugehen. Die Zivilisierungsthese impliziert, daß sich trotz der Brüchigkeit jedes Friedensprozesses, trotz aller Rückschläge und Gefahrenpotentiale die sich modernisierenden und modernen Gesellschaften letztlich hin zu einer Welt ohne Kriege bewegen (Senghaas 1997a:574).

Gegen die Gültigkeit der Zivilisierungsthese, auf der der Transformationsansatz beruht, und gegen die Gültigkeit der These vom Demokratischen Frieden, die eng mit ihr verknüpft ist, wird auf empirischer Ebene die Janusköpfigkeit der Außenpolitiken von Demokratien angeführt (Risse-Kappen 1994, Debiel 1995, Czempiel 1996). Im Außenverhalten, das heißt im Verhalten dieser Demokratien gegenüber Fassadendemokratien und autoritären Regimen, beobachtet die empirische Konfliktforschung nicht nur gewaltfreie, zivile Strategien, sondern auch den gezielten Einsatz von militärischer Gewalt. Diese außenpolitische Gewalt – unabhängig von ihrem defensiven oder offensiven Charakter und unabhängig vom Initiator des Konflikts – beschränkt sich jedoch seit 1945 vor allem auf die USA als Supermacht und eingeschränkt auf die ehemaligen Kolonialmächte, vor allem Frankreich und Großbritannien. Alle drei beanspruchen eine historisch gewachsene Verantwortung in bestimmten Teilen der Welt. Die USA beanspruchen diese Verantwortung global, Frankreich und Großbritannien für die Nachfolgestaaten ihrer ehemaligen Kolonien. Sie fühlen sich in diesem Rollenverständnis als Siegermächte des Zweiten Weltkriegs bestätigt und haben diese Position als ständige Mitglieder im Sicherheitsrat der Vereinten Nation institutionalisiert. Mit anderen Worten, diejenigen Staaten Europas, die entweder nicht am Kolonialismus beteiligt waren, bzw. die sich mit dem Ende des Kolonialismus vollständig von der Weltpolitik zurückgezogen haben, wie etwa Portugal oder die Niederlande, haben seither keine außenpolitische Gewalt mehr ausgeübt. Der oben genannte Einwand der „Janusköpfigkeit" von Demokratien – friedlich zueinander und gewaltsam nach außen – beschränkt sich also auf erklärbare Sonderfälle, die der Stimmigkeit der Grundthese vom Demokratiefrieden, die auch dem Zivilisierungs- und Transformationsansatz zugrundeliegt, so nicht grundsätzlich widersprechen

Ein weiterer handlungsrelevanter Aspekt des Transformationsansatzes ist die inhärente Verknüpfung von konstruktiver Konfliktbearbeitung mit der Gewährung von Menschen- und Bürgerrechten – denn die offene partizipatorische und pluralistische Gesellschaft bildet das Fundament, auf dem der Demokratiefrieden ruht: Nach Kant, aber auch nach Ansicht der zeitgenössischen Demokratietheoretiker, führen, wie gesagt, diejenigen Republiken keine Kriege mehr gegeneinander, in denen die Bürger selbst über Krieg oder Frieden entscheiden (vgl. auch Kapitel 2.1: „Demokratiefrieden" in diesem Beitrag). In den außenpolitischen Programmen der europäischen Staaten findet sich dieser Friedenswille in zahlreichen Konventionen und Übereinkünften wieder. Es handelt sich also um mehr als eine strategische Übereinstimmung von nationalen Interessen, sondern um ein integratives Programm, das die Grundsätze des Völkerrechts und die Menschen- und Bürgerrechte miteinander verwebt.

In Staaten jedoch, in denen dies – unabhängig von der Mitgliedschaft in internationalen Vertragsregimes – *faktisch* nicht der Fall ist, liegt die Schwelle zur Gewaltandrohung und zum Krieg im Vergleich zu Demokratien viel niedriger. Dort ist der Legitimationsdruck, dem die Regierungen durch das Volk ausgesetzt sind, schwächer und die Möglichkeit einer Lenkung und Instrumentalisierung der Bevölkerung durch die Regierung oder die Machthaber ist ungleich größer. Die Tatsache, daß Gewaltandrohung und Krieg – je nach politischem System, je nach umstrittenem Konfliktgegenstand und in Abhängigkeit von den zu erwartenden internationalen Reaktionen – für Regierungen und Herrscher nach wie vor angemessene und in vielen Fällen Erfolg versprechende Mittel sind, steht in der Ursachenanalyse der Zivilisierungsthese und des Transformationsansatzes nicht im Mittelpunkt. Er bietet hier eher psychologisierende, systemische und strukturelle Erklärungsversuche an. Zugespitzt ließe sich hier der Vorwurf einer „Schönwettertheorie" konstruktiver Konfliktbearbeitung formulieren, deren Erfolg allzu sehr vom guten Willen aller Parteien abhängt. Dieser mögliche Vorwurf berührt jedoch nicht die Aufforderung, die sich aus dem Transformationsansatz sowohl moralisch als auch konkret handlungspolitisch ergibt, Demokratisierung aufgrund der zu erwartenden pazifizierenden Wirkung weltweit zu fördern.

Die zivilisierungstheoretische Herangehensweise gründet auf dem spezifisch europäischen Geschichtsverlauf und erschwert somit die Verallgemeinerung und die Übertragbarkeit von Erfahrungen und Lernergebnissen auf andere, außereuropäische Gesellschaften. Die Frage, wie sich demokratische Friedensräume ausweiten, ob in *clusters* oder konzentrisch, durch Kriege, wie im europäischen Geschichtsverlauf, oder durch konsensuale Vereinbarungen, bleibt weiter offen und drückt eher eine vage Hoffnung aus als eine im Einzelfall plausible Annahme. Viele Entwicklungsländer stehen zudem europäischen Werten und Lösungsmodellen skeptisch bis ablehnend gegenüber, wie die Debatten um die Universalität der Menschen- und Bürgerrechte, die Abwehr westlicher Konsumkultur durch politisch-religiösen Fundamentalismus oder Verteilungskonflikte in der internationalen Umweltpolitik zeigen (Nuscheler/Hamm 1996). Die Lehren aus dem europäischen Zivilisierungsprozeß, nämlich wie Europa gelernt hat, mit seinen eigenen spezifischen Konfliktlagen friedlich umzugehen, gelten eben zunächst nur für Europa, und sie können nur beschränkt Aufschluß darüber geben, wie sich die „Zivilmacht Europa" nach außen, in einer Welt der

Kriege, verhalten soll. Die praktischen Konsequenzen aus der außenpolitischen Bilanz der „Zivilmacht Europa" seit 1990 müssen sich daher aus zivilisationstheoretischer Sicht zunächst auf moralische Appelle und solidarisches Einfordern von friedlichem Engagement beschränken. Darüberhinaus bleiben die wirtschaftspolitischen Instrumente und der Versuch, die jeweiligen zivilgesellschaftlichen oder oppositionellen Kräfte in der betroffenen Region zu unterstützen bzw. konfliktfähig zu machen („*empowerment*"). Wer sich in diesem Sinne gegen militärische Interventionen ausspricht muß entweder „wegschauen" oder die Kraft haben, die innere Zerrissenheit zwischen fremder Gewalt und eigener Hilflosigkeit auszuhalten.

„Zivilmacht Europa" im Rollenansatz

Kirste und Maull (1996) entwickeln einen auf Staaten bezogenen Begriff von „Zivilmacht" im Rahmen einer von ihnen für die vergleichende Außenpolitikanalyse entwickelten Rollentheorie. Die Rollentheorie beruht wie der Transformationsansatz auf zivilisierungstheoretischen Prämissen und soll über die Realismus-Idealismus-Theoriedebatte hinaus im Kontext der reflexiven Theorien eine erklärungskräftige, vergleichende Außenpolitikforschung ermöglichen. In bezug auf unser Interesse, die Handlungsoptionen für eine europäische gemeinsame Außen- und Sicherheitspolitik aufzuzeigen, bietet es sich an, die Rollentheorie zu benutzen, um herauszufinden, welche an Interessensdurchsetzung interessierte, aber von Normen und Werten einer Zivilmacht geleitete europäische Außenpolitik den *geringsten* Widerspruch zwischen eigener Zivilität und außenpolitischer Konfrontation mit Gewaltkonflikten produzieren würde. Wir haben bereits bei der Diskussion des Transformationsansatzes als Fazit festgehalten, daß dieser Widerspruch schmerzlich groß sein kann.

Das jeweilige Rollenkonzept eines Akteurs wird als „Ergebnis historischer Lern- und Adaptionsprozesse" gesehen. (Kirste/Maull 1996:308). Eigen- und Fremdwahrnehmung von bestimmten Rollen in bestimmten Kontexten beeinflussen demnach entscheidend die außenpolitischen Handlungen von staatlichen Entscheidungsträgern. Erst der rollentheoretische Ansatz, so der Anspruch, ermögliche Aussagen darüber, warum sich eine Regierung in bestimmten Situationen abweichend von den Prämissen der realistischen Schule oder von institutionalistischen Paradigmen verhält. Der Begriff Zivilmacht wird bei Kirste/Maull als ein mögliches Rollenkonzept unter anderen denkbaren Rollen verstanden. Mit dem rollentheoretischen *Zivilmacht*-Ansatz kann demnach „das Phänomen Kooperation über reine Nutzenkalküle der Akteure hinaus mit den Variablen Werte, Ziele, Prinzipien und Ideale erklärt werden. Die Rollentheorie ergänzt somit die Erklärungskategorien des Neorealismus (Macht, Sicherheit) und des Neoinstitutionalismus (Wohlfahrt, Nutzen) um die Analysevariablen Normen, Werte, Moral" (Kirste/Maull 1996:308).

Kirste/Maull zählen die „Zähmung und Einhegung einzelstaatlich organisierter Gewaltanwendung bei der Austragung nationaler und transnationaler Konflikte" ebenso zu den Grundprinzipien einer Zivilmacht wie die Förderung der Verrechtlichung internationaler Beziehungen, die Förderung von Freiheit, Demokratie und Marktwirtschaft sowie die Förderung sozialer Ausgewogenheit auf globaler Ebene (1996:300). Durch die direkte Verknüpfung der Normen und Prinzipien von Zivilmächten mit den Individuen und Bürgern einer Gesellschaft und nur indirekt mit den Vertretern ihres jeweiligen Herrschaftssystems „schließen Zivilmächte [...] die Einmischung in innere Belange anderer Staaten keinesfalls aus" (1996:302). Dabei käme dem „Streben nach wirtschaftlicher, sozialer und ökologischer Ausgewogenheit von Entwicklungsprozessen im Weltmaßstab als Analysekategorie zivilmachtorientierten Handelns eine besondere Bedeutung zu" (ebd.). Dieser ökonomische Aspekt, der sowohl fairen Handel als auch nachhaltige Entwicklung umfaßt, wird uns noch beim Konfliktgüteransatz (3.4.) beschäftigen. Als Instrumente, die solchermaßen idealtypischen Zivilmächten zur Verfügung stehen, kommt Gewaltanwendung nur als *ultima ratio* im Kontext kollektiver Sicherheit vor. Zivilmächte sind also auf Kooperation ausgerichtete und auf Kooperation angewiesene Systeme, die im gegenseitigen Austausch ihre eigenen Normen und Werte aufs Neue legitimieren.

Unter Verwendung des Rollenansatzes ließe sich zum Beispiel der Widerspruch einigermaßen plausibel erklären, daß die Zivilmacht Europa nach über einem halben Jahrhundert Frieden einen (Interventions-)Krieg – und zwar im Namen der Menschenrechte – im Kosovo begonnen hat. Es ist das eigene Rollenbild, als Zivilmacht die Menschenrechte in ganz Europa glaubhaft schützen zu müssen, daß die Zivilmacht Europa in die für sie aus realistischer, idealistischer und institutionalistischer Sicht unwahrscheinliche Position gedrängt hat, an einem *Krieg* für Menschenrechte aktiv teilzunehmen. Zwar sollte der Rollenansatz ursprünglich erklären, weshalb wiedererstarkte Mittelmächte, wie Deutschland seit 1990, *unterhalb* ihrer realpolitischen Machtausschöpfung blieben. Der gleiche Rollenansatz kann aber auch zeigen, warum ein bislang uneiniges und sicherheitspolitisch unterentwickeltes Europa in Krisenzeiten über seine zu erwartende Rolle hinauswachsen kann. Die Eigenwahrnehmung als Zivilmacht kann allerdings leicht als Deckmantel zur Durchsetzung eigener Interessen mißbraucht oder von Dritten dazu instrumentalisiert werden. Sie dient eben nicht automatisch als eine kritische Instanz, ob die normativen Werte im außenpolitischen Handeln noch gewahrt sind. Hierzu bedarf es der Einbeziehung der staatlichen Interessen. Dies leisten zu können, verspricht der Realismusansatz (Morgenthau 1948, I. Kap.).

Realismusansatz

Vertreter der realistischen Schule innerhalb der Theorien der Internationalen Beziehungen würden die tatsächlichen und möglichen Reaktionen Europas auf die Kriege in der Welt ganz anders als die Zivilisationstheoretiker wahrnehmen und bewerten. Die Kernthese des politischen Realismus besagt bekanntermaßen, daß Staaten relativ unabhängig von ihrem politischen System und ihren historischen Erfahrungen ihre nationalen macht- und sicherheitsbezogenen Interessen verfolgen (Morgenthau 1960). In der Weiterentwicklung des klassischen politischen Realismus, der seinerzeit als Denkschrift gegen die Appeasement-Politik der dreißiger Jahre formuliert wurde, anerkennt die neorealistische Version zwar die zunehmende Interdependenz von Staaten und das Auftreten neuer internationaler Akteure in der Form internationaler und transnationaler Organisationen und stuft das Kooperationsgebot als Maxime rationalen staatlichen Handelns vergleichsweise höher (Keohane/Nye 1977). Dennoch konzentriere sich staatliches Handeln unter den Prämissen des politischen Realismus weiterhin primär auf die Sicherung der nationalen Interessen. Mit neorealistischen Argumenten und einem rationalen Akteursverständnis wären das friedliche Verhalten der „Zivilmacht Europa" nach innen und die bewußt passiven oder ohnmächtigen Reaktionen nach außen damit zu erklären, daß sich die nationalen Interessen von demokratisch verfaßten Industriestaaten besser durch Kooperation als durch Rivalität, geschweige denn Gewalt verwirklichen lassen. Kooperation bedeutet in diesem Zusammenhang die Zusage, Konflikte auf friedlichem Wege durch Verhandlungen anzugehen und auf Gewaltandrohung zu verzichten. Sie erklärt sich demnach nicht durch die Einhaltung ethischer Prinzipien oder durch zivilisatorische Fortschritte, sondern durch ein nachvollziehbares Kosten-Nutzen-Kalkül. Wenn man die Thesen des politischen Realismus also auf die Handlungsebene überträgt, wägen die europäischen Regierungen in der Reaktion auf einen externen Gewaltkonflikt nach rationalen Kriterien ab, ob der innenpolitische Schaden, der durch Nichthandeln oder Nichtintervention zustandekommt – zum Beispiel ein Verlust an Glaubwürdigkeit oder die Kosten für die Aufnahme von Flüchtlingen – kleiner ist als der Schaden, der bei einer militärischen Intervention durch die möglichen materiellen und personellen Verluste und die Belastungen einer langfristigen Bindung verursacht wird.

Institutionell ist ein außen- und sicherheitspolitisches Konzept in Europa, das sich an nationalen Interessen orientiert und militärische Optionen einschließt, am weitesten in der Gemeinsamen Außen- und Sicherheitspolitik, GASP, gediehen, die seit dem Vertrag von Amsterdam 1992 einen der drei Pfeiler der Europäischen Union bildet. Daneben erfährt die Westeuropäische Union WEU nach ihrem ersten Scheitern 1954 eine Renaissance in der Form einer Übereinkunft einiger Mitgliedsländer der EU, nationale Truppen im Bedarfsfall einem europäischen Oberbefehl zu unterstellen. Die Rolle der WEU im Verhältnis zu nationalen Truppen, zu NATO-Truppen und zu Truppen, die im Rahmen des Kapitel VII der UNO-Charta aufgestellt werden können, bleibt jedoch umstritten. Klarer ist hier schon die Aufgabe der GASP als übergeordnetes und dauerhaftes Entscheidungsgremium für alle außen- und sicherheitspolitischen Fragen der EU – auch wenn die Teilnehmerländer erst durch die katalytische Wirkung des Kosovo-Kriegs in der Lage waren, sich auf einen Vorsitzenden zu einigen.

Die Verregelungsverdichtung und die institutionelle Ausgestaltung Europas im Bereich der gemeinsamen Sicherheits- und Außenpolitik untergräbt zunehmend die Prämissen des politischen Realismus. Im europäischen Einigungsprozeß hat diese nach innen gerichtete Verregelungs- und Beziehungsdichte mitt-

lerweile eine Dimension erreicht, bei dem man in Einzelfällen schon von Ko-
operationszwang divergierender Mitgliedsstaaten sprechen kann. Für den Fall
der EU und unter den Prämissen des politischen Realismus beschränkt sich auf
diese Weise die Möglichkeit zu nationalen Alleingängen letztlich auf die zeitliche Verzögerung und weniger auf die inhaltliche Ablehnung von EU-
Beschlüssen. Aber auch die internationale Handelsorganisation WTO und die
Finanzinstitutionen Weltbank und der International Monetary Fund (IMF) haben ihren weltweiten Einfluß auf die Berechenbarkeit und die Konformität
staatlicher Finanz- und Wirtschaftspolitiken vergrößert. So reagierte Indonesi-
ens ehemaliger Präsident Suharto mit seinem Rücktritt nicht nur auf den wachsenden innenpolitischen Druck, sondern auch auf das Drängen der Beamten aus
den Washingtoner Finanzinstitutionen. Die finanzpolitischen Krisen in Ost- und
Südostasien und in Rußland seit dem Sommer 1998 verdeutlichen, daß nationales Mißmanagement und Unsicherheiten im internationalen Finanzsystem
immer schnellere und immer weiter reichende Folgen haben (Dieter 1998); diese Krisen verdeutlichen indes auch, daß die Völkergemeinschaft entschlossen
scheint, solche mißwirtschaftenden Systeme zu reformieren und zu stabilisieren.
Mit der zunehmenden Verregelung und Verrechtlichung der internationalen Beziehungen wird somit eines der zentralen Axiome des politischen Realismus
weitgehend aufgehoben, nämlich das der herrschenden internationalen Anarchie. In der Folge haben auch die Risiken des klassischen Sicherheitsdilemmas
an Bedrohlichkeit und an Eskalationsträchtigkeit verloren. Zu klassischen zwischenstaatlichen Konflikten, in denen das Sicherheitsdilemma zum Tragen
kommt, zählen nur noch wenige Konfliktformationen, zum Beispiel zwischen
Indien und Pakistan, zwischen Israel und Syrien und zwischen Irak und Iran.

Die genannten Kooperationszwänge werden in den neunziger Jahren über
die wirtschaftlichen und finanzpolitischen Bereiche hinaus umfassender verstanden: Globale Herausforderungen wie Klimawandel, Überbevölkerung, nukleare Proliferation oder grenzüberschreitende Flüchtlings- und Migrationsbe-
wegungen berühren die nationalen Interessen aller Staaten in elementarer Form.
Entsprechend hat sich die Theoriebildung zum Kooperationsverhalten von
Staaten unter Beibehaltung ihrer *raison d'être* im Rahmen der Internationalen
Regime-Theorie (Young/Zürn 1995) und unter dem Motto „Global Governance" (Rosenau/Czempiel 1992; Messner/Nuscheler 1996) sowie durch die
Renaissance des Institutionalismus (Keck 1991) fortentwickelt. Dabei wurde die
Reduzierung der Wirklichkeit auf den Realismus-Idealismus-Dualismus end-
gültig überwunden.

Zusammengefaßt läßt sich festhalten: Handlungsanleitungen für die Zivilmacht Europa angesichts einer Welt der Kriege, wie sie sich aus dem Transformationsansatz im Sinne einer konstruktiven Konfliktbearbeitung ergeben, sind
im realistischen Denken demnach nur *ex negativo* ableitbar: eine militärisch gestützte, von den USA weitgehend autonome Außen- und Sicherheitspolitik als
Konsequenz aus der Wahrnehmung der Welt als eine unerschöpfliche Risiko-
quelle für die eigene Sicherheit. Eine gemeinsame europäische Außen- und Sicherheitspolitik auf Grundlage realistischer Prämissen würde also dem „Boll-

werk EU" den Weg bereiten, während es die gestalterischen, konstruktiven Spielräume einer auf Nachhaltigkeit und *umfassender* Sicherheit ausgerichteten Zivilmachtspolitik unterbelichtet lassen würde.

Konfliktgüteransatz

Neben den bisher aufgezeigten Handlungsoptionen, die aus der Diskussion des Transformationsansatzes, der Rollentheorie und des politischen Realismus für die „Zivilmacht Europa" in einer Welt der Kriege abgeleitet wurden, sollen nun durch die Untersuchung der Gegenstände, Güter und Werte, um die Gewaltkonflikte ausgetragen werden, weitere Handlungsoptionen aufgezeigt werden.

Die Untersuchung der Konfliktgüter ist ein vernachlässigter Bereich in der Konfliktforschung (Vasquez 1995, Rohloff 1998). Prominente Datenbanken, wie das Correlates of War-Projekt von Small/Singer (1982) haben Konfliktgüter nur unzureichend kodiert, die Hamburger Arbeitsgemeinschaft Kriegsursachenforschung differenziert zwar allgemeine „Konfliktarten" (Gantzel/Schwinghammer 1995:156), doch definiert sie keine konkreten Konfliktgegenstände. Die Ende der 90er Jahre aufkommende Umweltkonfliktforschung und die hier notwendige Differenzierung von Konfliktgegenständen auf verschiedenen Eskalationsniveaus von komplexen, umweltinduzierten Gewaltkonflikten trägt jedoch indirekt und ungewollt zu einer stärkeren Rückbesinnung auf den Kern von Konflikten, den Streitgegenstand, bei (Carius/Imbusch 1998:8).

Unsere These lautet, daß Konfliktgüter nicht nur die Eskalationsträchtigkeit von Konflikten beeinflussen, sondern auch auf die Bearbeitungsmöglichkeiten durch externe Akteure wirken. Eine effektive europäische Außen- und Sicherheitspolitik muß sich demnach auch daran orientieren, welcher Art die Konflikte in der Welt sind, welche Typen von Konflikten besonders eskalativ oder besonders schwer bearbeitbar sind. Sicherheitspolitik kann sich also nicht nur am Wünschenswerten (Zivilisationsansatz) oder am Eigennutz (Realismusansatz) orientieren, sondern sie muß auch die objektiv gegebene Konfliktlage mit in Betracht ziehen.

Der Konfliktgüteransatz, wie er in diesem Zusammenhang skizziert werden soll, beruht auf einer akteursorientierten Herangehensweise. Politische Konflikte werden zunächst als Interessengegensätze oder Positionsdifferenzen um den Erhalt oder die Veränderung von Strukturvariablen in oder zwischen Staaten verstanden (Pfetsch/Billing 1994:15). Ein Ausgangspunkt ist die Frage, um welches Gut, um welchen Gegenstand oder um welchen Wert die Konfliktparteien streiten bzw. kämpfen. Konflikte können also anhand ihrer Konfliktgegenstände bestimmten Konflikttypen zugeordnet werden. Eine derartige Typologisierung deckt Unterschiede zwischen den vermuteten bzw. empirisch beobachteten Risiken und Wahrscheinlichkeiten von Konflikteskalationen auf. Das Ausmaß einer Konflikteskalation bzw. die Intensität der Austragung sowie die Lösungsmöglichkeiten – so die zentrale These – sind also durch die Konfliktgegenstände wesentlich mitbestimmt.

Der Güteransatz impliziert nicht notwendigerweise ein rationales Kosten-Nutzen-Kalkül der entscheidenden Akteure, das dem politischen Realismusansatz zu Grunde liegt. Ein zweckrationales Kalkül unterstellt immer echte Alternativen, die aber meist nicht gegeben sind. Die Annahme von Rationalität schränkt die Wahrnehmung und die Einschätzung eines Konfliktpotentials ein, denn Rationalität ist kulturell bedingt und durch Normen geprägt. Auch der bereits diskutierte Rollenansatz weist darauf hin. Die Eskalationsfähigkeit der Konfliktgüter ist vielmehr oft an objektive Problemlagen (Wirtschaftskrise, Benachteiligung bestimmter Gruppen, politische Unterdrückung) gebunden. Um, zum Beispiel, Anhänger für eine Massenbasis zu gewinnen, müssen eine Krise von einer oppositionellen Elite gegen die Definitionsmacht der Herrschenden artikuliert, die Interessen benachteiligter Gruppen gebündelt und ein alternatives Lösungsmuster angeboten werden. Ethnizität und Religion sind in diesem Fall die objektiven Bindungselemente bzw. die umstrittenen „Güter", die sich zur Bildung von Gruppenidentität mit der Möglichkeit eindeutiger Schuldzuweisungen durch die Jahrhunderte hindurch am ehesten haben nutzen lassen.

Mit dem Güteransatz lassen sich die seit 1945 beobachtbare Verlagerung des Konfliktgeschehens in die südliche Hemisphäre und die regional unterschiedliche Gewaltsamkeit von politischen Konflikten nachzeichnen. Schon 1974 hat Arbaiza diese Entwicklung mit „*Mars moves South*" umschrieben. Die empirische Beobachtung ergibt, daß in bestimmten Zeitabschnitten und in bestimmten Regionen bestimmte Konfliktgüter dominieren, um deren Realisierung vorwiegend gestritten wird und die in einer späteren Zeitperiode als Konfliktgegenstände ausscheiden. Wie haben sich dann die Konfliktgüter im Verlauf der letzten fünfzig Jahre konkret verlagert?

Die Schaubilder 2 bis 8 (Quelle: HIIK) zeichnen auf der Basis der KOSI-MO-Daten die Vorkommenshäufigkeit und die Eskalationsträchtigkeit von sieben verschiedenen Konfliktgütern für den Zeitraum von 1945 bis 1995 nach und unterscheiden sie nach internationalen und internen Konflikttypen. In ähnlicher Weise unterscheidet das Heidelberger Institut für Internationale Konfliktforschung HIIK lediglich sieben allgemeine Konfliktgegenstände, Konflikte um Territorien und Grenzen, Dekolonialisierung und nationale Unabhängigkeit, ethnische, religiöse und kulturelle Autonomie, Ideologie, interne Macht, internationale und geostrategische Macht sowie Konflikte um Ressourcen.

Internationale *Konflikttypen:*

Schaubild 2: Konflikte um Territorium, Grenzen und Seegrenzen

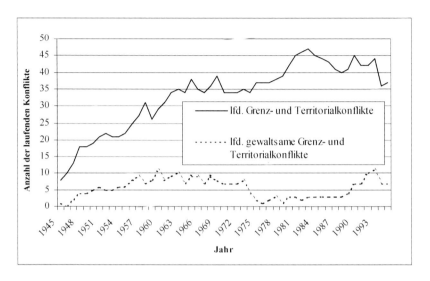

Schaubild 3: Konflikte um Dekolonialisierung und nationale Unabhängigkeit

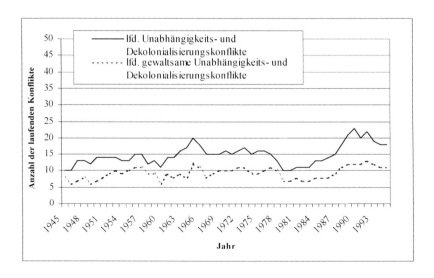

Schaubild 4: Internationale Machtkonflikte und geostrategische Position

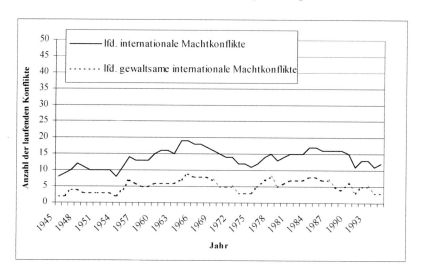

Schaubild 5: Konflikte um Ressourcen

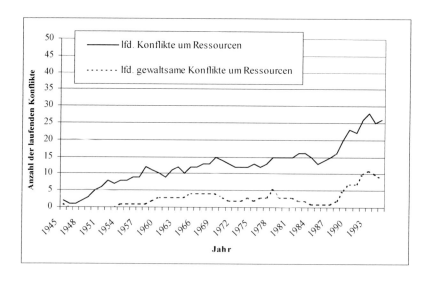

Interne Konflikttypen:

Schaubild 6: Ideologie- und Systemkonflikte

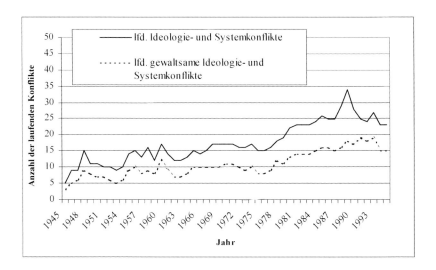

Schaubild 7: Konflikte um ethnische, religiöse und regionale Autonomie und Sezession

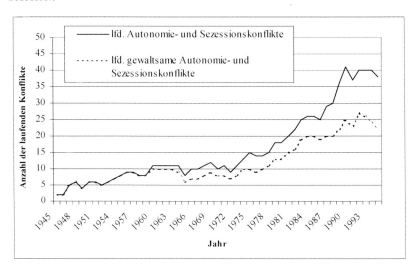

Christoph Rohloff, Hardi Schindler

Schaubild 8: Innerstaatliche Machtkonflikte

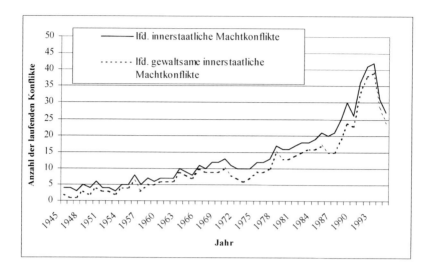

Der eskalationsträchtigste Typ sind interne Macht- und Ideologiekonflikte (Schaubild 8). Diese Konflikte sind wertbezogene Konflikte, die konsensuale und interessensbezogene Verhandlungslösungen erschweren. Durch die hohe Zahl der Betroffenen stehen scheinbar oder tatsächlich die Zukunft der Gesellschaft sowie die des Individuums zur Disposition. Mit diesen Gütern werden Ziele verfolgt, die den größten Einsatz lohnen bzw. einfordern. Mit politischen und ideologischen Überhöhungen wie die Beseitigung einer Diktatur und die Erkämpfung einer freien Gesellschaft beziehungsweise die Verwirklichung einer klassenlosen Ordnung werden die Kosten der Gewalt gerechtfertigt. Matthies (1988:150) weist in diesem Zusammenhang auf die funktionalen, konstruktiven und legitimen Aspekte von kriegerischer Gewalt hin. In Macht- und Ideologiekonflikten sind die umfassendsten Veränderungen erreichbar, sie implizieren die größten Chancen und Risiken. Macht- und Ideologiekonflikte haben nicht nur die höchste Eskalationsträchtigkeit, sondern auch die höchste Mobilisierungsfähigkeit: die psychologisch zu begründende Bereitschaft, fürs Vaterland, die Freiheit oder für die Revolution zu sterben, ist im allgemeinen wesentlich größer, als sich um umstrittene Inseln zu schlagen. Gewaltsame interne Machtkonflikte legen die fehlende Legitimität eines politischen Systems bei breiten Bevölkerungsgruppen offen. Zwar fördert die fehlende Legitimität die Gewaltbereitschaft, dennoch ist ein diktatorisches System keine notwendige und auch keine hinreichende Bedingung für gewaltsame Opposition. Andererseits darf man sich nicht von „Friedhofsruhe" über das Bestehen von unterdrückten Konflikten täuschen lassen. So begannen bis auf zwei Ausnahmen die gewaltsamen Konflikte in südamerikanischen Ländern nach 1945 unter demokratischer Herrschaft und endeten in Militärdiktaturen (Schindler 1998:188). Entscheidend für eine gewaltsame Eskalation scheint die innere Schwäche eines Regimes zu sein (Holsti 1996). Auch ein fehlender Grundkonsens der maßgeblichen Machtgruppen über die Form des politischen Systems begünstigt die Eskalation zur Gewalt. In vielen Regionen Afrikas, Asiens und Lateinamerikas betrifft dies die Rolle der Streitkräfte, die Struktur und Funktion der Parteien, die Dominanz oligarchischer Machtgruppen und die ethnischen Beziehungen. Sind einvernehmliche Grundsatzentscheidungen über das politische System nicht möglich, bedingt dies die Fortführung von Auseinandersetzungen. In diesem Sinn erlauben Machtfragen unabhängig vom politischen Regimetyp keinen Kompromiß.

Interne Konflikte um Sezession oder ethnische, religiöse und regionale Autonomie sind identitätsbezogene Güter (Schaubild 7). Sie haben oft auch den Ausschließlichkeitscharakter von Nullsummenspielen, das heißt der Gewinn des einen ist der Verlust des anderen (Rapoport 1974). Forderungen nach Machtteilung, Sezession und Autonomie bedeuten immer Machtverlust oder -einbussen. Sie führen zu Polarisierung und begünstigen eine „Wir-Identifikation", die eindeutige Schuldzuweisungen ermöglicht (Ropers 1997). Durch Bindungselemente wie Ethnizität und Religion wird die Gruppenidentifikation ebenso oberflächlich wie eindeutig. In identitätsbezogenen Konflikten haben die Betroffenen scheinbar keine Wahl. Die Teilhabe der Individuen an ihrer Gruppe geschieht ohne Entscheidungsmöglichkeit. Die Eskalationswahrscheinlichkeit steigt, wenn die Konfliktgüter „aufgeladen" werden. Die Eskalationsträchtigkeit von Autonomiekonflikten zeigt sich nicht nur außerhalb der OECD-Welt, sondern auch bei gewaltsamen Autonomiekonflikten in Europa.

Territorial- und Ressourcenkonflikte zeigen eine geringe Eskalationsträchtigkeit (Schaubilder 2 und 5). Bei diesem Typus handelt es sich um materielle Güter, die für Staaten und Betroffene weder existenz- noch sicherheitsgefährdend sind. Die vorwiegend ökonomisch motivierten Ressourcenkonflikte zeigen dabei die geringste Eskalationsträchtigkeit. Da es Verteilungsmasse für beide Seiten gibt, ist ein gemeinsames Interesse an einer Lösung naheliegend. Die Kompromißmöglichkeiten liegen, zum Beispiel, in der gemeinsamen Nutzung eines umstrittenen Gebietes. Auch Territorialkonflikte, bei denen Ressourcen eine Rolle spielen können, sind nur wenig eskalationsfähig, es sei denn, weitere Faktoren treten hinzu, wie im teilweise gewaltsamen Konflikt zwischen Ecuador und Peru, der durch historische und innenpolitische Faktoren verschärft wurde. Während im 19. und beginnenden 20. Jahrhundert zwischenstaatliche Kriege um substantielle Gebietsansprüche geführt und Grenzen mit Gewalt verändert wurden, wirken einige dieser Konflikte zwar bis heute nach, haben aber ihre Virulenz verloren. Meist handelt es sich nur noch um umstrittene Restbestände der alten, mittlerweile aufgegebenen Maximalforderungen. Diese marginalen Territorialfragen, deren Nichtrealisierung für keinen der Akteure einen Problemdruck erzeugt, zwingen nicht unmittelbar zum Handeln, aber sie werden bisweilen innenpolitisch instrumentalisiert. Der über fünfzig Jahre währende Streit zwischen Rußland und Japan um die Zugehörigkeit einiger Inseln der

Kurilen ist hierfür exemplarisch. Der geforderte Akteur kann mit der regelmässigen Zurückweisung den Einsatz zur Wahrung der nationalen Integrität bezeugen. Dennoch haben die Kontrahenten den Status quo stillschweigend akzeptiert. Die Verrechtlichung der internationalen Beziehungen, die zunehmende Verflechtung und Abhängigkeit sowie die Sanktionsmacht der Großmächte tragen weiter zur geringen Eskalationsträchtigkeit bei und haben nach 1945 verhindert, daß Grenzen gewaltsam verändert wurden. Wo dies doch geschah, im Nahost-Konflikt (seit 1967), im Tibet-Konflikt (seit 1950) und im Ost-Timor-Konflikt (seit 1976), wird die gewaltsame Besetzung von fremdem Staatsgebiet von der internationalen Gemeinschaft mit unterschiedlicher Deutlichkeit angemahnt und nicht als endgültige Konfliktlösung akzeptiert.

Die internationalen Konfliktgegenstände schließlich, wie Dekolonialisierung und hegemoniale Machtkonflikte um geostrategische Positionen, scheinen am Ende des zwanzigsten Jahrhunderts weltweit weitgehend „abgearbeitet" (Schaubild 3).

Welches Potential besitzt der Konfliktgüteransatz, um der „Zivilmacht Europa" Handlungsoptionen aufzuzeigen, wie sie adäquat auf die Konflikte in der Welt reagieren kann und soll? Zunächst einmal sind Konfliktursachen erkennbar und benennbar. Gewaltkonflikte sind weder systembedingt determiniert noch unabwendbar. Sie entstehen auch nicht durch irrationale Taten von Verrückten oder durch außer Kontrolle geratene Massen, sondern sie beruhen auf einer relativ gut absehbaren und nachvollziehbaren Entwicklung im Streit um bestimmte Güter, Werte und Interessen. Bei der Überlegung, wie eine Zivilmacht adäquat auf einen Gewaltkonflikt reagieren soll, und zwar sowohl im präventiven Vorfeld als auch bei der Frage einer militärischen Intervention, ist es daher entscheidend, die Konfliktgüter mit ihrer spezifischen Eskalationsträchtigkeit zu berücksichtigen. Ein anschauliches Beispiel ist der Konflikt im Kosovo. Hier sind die zwei eskalationsträchtigsten Güter – ethnische und religiös motivierte Autonomie- und Sezessionsbestrebungen sowie die Infragestellung des politischen Systems – über Jahrzehnte hindurch deutlich erkennbar gewesen, ohne daß ihnen im erforderlichen Aufwand präventiv begegnet worden wäre.

Die Abarbeitung internationaler Güter (vgl. Schaubilder 2 bis 5) hat dazu geführt, daß wir heute fast ausschließlich innerstaatliche Macht- und Autonomiekonflikte beobachten. Während die OECD Staaten wirtschaftliche Prosperität, stabile demokratische Systeme und mehr oder weniger gelungene Nationenbildungsprozesse vorweisen können, und dadurch die Voraussetzungen für den Demokratischen Frieden erfüllen, fehlen diese Bedingungen in vielen Entwicklungsländern. Dort werden heute Macht- und Autonomieforderungen in gewaltsamen innerstaatlichen Konflikten verfolgt: In Lateinamerika und im arabisch-asiatischen Raum wird vorwiegend um die Legitimität des politischen Systems und die sozial-ökonomische Diskriminierung bestimmter Gruppen gestritten. In Afrika häufen sich darüber hinaus soziale und regionale Verteilungskonflikte, die durch Umweltdegradation, Überbevölkerung und Politisierung in gewaltsame, lokale Bürgerkriege eskalieren können[3] (Bächler u.a. 1996). Einzelstudien zu Gewaltkonflikten in Entwicklungsländern zeigen, daß der politischen Gewalt auf der strukturellen Ebene vor allen Dingen ökonomische Probleme und nur zweitrangig demokratische Systemdefizite zugrunde liegen. Es wird um den Zugang zu bzw. die Verteilung von Subsistenzressourcen gestritten, während die durch Korruption und Überschuldung geschwächten Staaten ihre Sicherheits- und Wohlfahrtsfunktionen nicht mehr erfüllen können. Fehlende Binnenmärkte und negative Außenhandelsbilanzen durch Agrarimporte sind weitere strukturelle Gegebenheiten, auf denen, wie oben angedeutet, soziale und politische Spannungen als Gewaltursachen aufbauen (Brock 1997:407).

Die „Zivilmacht Europa" sollte daher im präventiven Bereich versuchen, die sozio-ökonomischen Strukturen in gewaltgefährdeten Entwicklungsländern zu beeinflussen. Während Demokratisierung und die Gewähr von Menschen- und Bürgerrechten keine Importartikel, sondern Ergebnisse eines jeweils eigenen, schwierigen, innergesellschaftlichen Modernisierungsprozesses sind, kann die „Zivilmacht Europa" dennoch konkret dazu beitragen, daß, zum Beispiel, der Zugang zu ihren Märkten für die Entwicklungsländer geöffnet wird. Unabhängig vom politischen und religiösen System einer Gesellschaft bedarf sie ökonomischer Voraussetzungen für ihre Existenz und der Ausbildung zivilisatorischer Merkmale; diese können jedoch nicht dauerhaft durch Entwicklungshilfe ersetzt werden, sondern müssen sich unter *echten* Weltmarktbedingungen entwickeln. Die langfristige Öffnung der EU-Agrarmärkte und die Integration der afrikanischen, lateinamerikanischen und zentralasiatischen Märkte in den Weltmarkt wären eine tragfähige politische Konzeption, die sowohl den strukturellen Konfliktursachen der Mehrzahl der heutigen und zukünftigen Gewaltkonflikte als auch den Anspruch Europas auch außenpolitisch als eine Zivilmacht zu handeln, gerecht würde. Dieser Vorschlag geht über das konfrontative Konzept einer neuen Weltwirtschaftsordnung oder die Umverteilungsplanungen aus den 70er Jahren, die im ideologisch aufgeladenen Nord-Süd-Konflikt diskutiert wurden, hinaus. Auch geht es um mehr als bloß „fairen Handel". Die sogenannte „verlorene Dekade der Entwicklung" in den 80er Jahren, die Schuldenkrise sowie die Globalisierung haben die Abkoppelung der Entwicklungsländer vom industrialisierten Norden eher beschleunigt. Der innenpolitische Preis für diese Option ist hoch, käme aber dem Anspruch Europas eine „Zivilmacht" zu sein, unter den hier betrachteten Optionen und im Sinne dieses Buches vielleicht am nächsten.

---

3 Noch deutet jedoch wenig darauf hin, daß in naher Zukunft internationale Kriege direkt um den Zugang zu und die Verteilung von Subsistenzressourcen wie Nutz- oder Trinkwasser und Ackerboden geführt werden (Biermann/Petschel-Held/Rohloff 1998).

Fazit

Unser Ausgangspunkt war die Frage, wie die „Zivilmacht Europa" künftig auf die Kriege in der Welt reagieren kann und soll. Haben sich durch die militärische Intervention in den Kosovo-Krieg grundlegende Parameter verschoben? Muß sich Europa nun zwischen den Alternativen entscheiden, bei Gewaltkonflikten entweder dem Vorbild USA zu folgen und gar eigene Streitkräfte für die militärische Erfüllung von friedenserzwingenden UNO-Mandaten aufstellen oder weiterhin bewußt passiv oder weitgehend ohnmächtig zu verharren und bestenfalls humanitäre Nothilfe zu leisten?

Orientierungshinweise auf die Frage, wie Europa als Zivilmacht auf die Kriege in der Welt reagieren kann und soll, gibt zunächst der Transformationsansatz. Die zivilisationstheoretische Herangehensweise ermöglicht es, in den Konflikt transformierende und deeskalierende Elemente einzubringen, insbesondere durch die Gewähr von Menschenrechten, effektiven Minderheitenschutz und eine partizipatorische und pluralistische Gesellschaftsordnung. Politische Interessenkonflikte sollen somit in den betreffenden Gesellschaften nicht aufgelöst oder vermieden, sondern konstruktiv bearbeitbar werden. Die Schwäche dieses Ansatzes in bezug auf unsere Fragestellung besteht jedoch darin, daß er zumindest eine stabile Waffenruhe und keine immanente Eskalationsgefahr voraussetzt. Es ist eine langfristige, friedenskonsolidierende Strategie auf der zwischenmenschlichen und gesellschaftlichen Beziehungsebene, die nur in starker Abhängigkeit vom politischen System und mit der Perspektive einer wirtschaftlichen Entwicklung fruchten kann. Ein latenter Eurozentrismus erschwert zudem die Übertragung europäischer Vorstellungen ziviler Konfliktbearbeitung auf nicht-europäische Gesellschaften.

Die Rollentheorie als Instrument der vergleichenden Außenpolitikanalyse argumentiert in ähnlicher zivilisationstheoretischer Herangehensweise, daß neben Wohlfahrt (Institutionalismus) sowie Sicherheit und Macht (politischer Realismus) auch Normen und Werte als Maßgaben auf die Außenpolitikformulierung einwirken. Die Rollentheorie bietet im Vergleich zu reinem Macht- und Sicherheitsstreben eine Erweiterung der außenpolitischen Handlungsoptionen an, nämlich normativ geleitetes, wertorientiertes außenpolitisches Handeln in der Rolle einer „Zivilmacht Europa". Eine gemeinsame europäische Außen- und Sicherheitspolitik wäre demnach aufgefordert, sich aktiv um die Eindämmung von potentiellen und laufenden Gewaltkonflikten in der Welt zu bemühen, und zwar nicht vornehmlich aus sicherheitspolitischen Interessen, sondern auch, um seinen eigenen Normen gerecht zu werden. Ob dieses Engagement prinzipiell bis zu einem Krieg für die Einhaltung der Menschenrechte gehen soll, bleibt fraglich.

Die Analyse der Konfliktgüter und Streitgegenstände im Güteransatz kann für die präventive Bearbeitung von Konflikten das jeweilige Konfliktpotential und seine Eskalationsträchtigkeit offenlegen. Der Konfliktgüteransatz hilft damit bei der Entscheidung, wie auf einen *konkreten* Konflikt reagiert werden soll. Dies ist um so wichtiger, als die Zivilmacht Europa militärische Gewalt auch nach der Kosovo-Intervention nur als *ultima ratio* einsetzen sollte. Die Frage bleibt jedoch bestehen, wann dieser Fall gegeben ist, bzw. wo Handlungsbedarf besteht, um diesen Fall nicht eintreten zu lassen. Das Dilemma der *Zivilmacht* Europa zwischen eigenem Zivilitätsanspruch und militärischer Intervention, wenn die Gewalt, wie in Bosnien 1992 oder im Kosovo 1998, schon ausgebrochen ist, läßt sich weder durch die sich aus dem Güteransatz ableitbaren präventiven Handlungsoptionen auflösen noch durch die Annahmen im Realismusansatz, also durch abwehrende Selbstschutz-Politik. Die Frage, wann ein Konflikt soweit eskaliert ist, daß er die internationale Sicherheit und den Weltfrieden bedroht, also die Interventionskriterien der UNO erfüllt, und militärische Gewalt zu seiner Beendigung eingesetzt werden soll, bleibt immer eine politische Einzelfall-Entscheidung. Hierbei können die hier diskutierten Ansätze nur notwendige Hilfestellungen, nicht aber hinreichende Entscheidungsgrundlage sein. Unabhängig davon, daß von den jeweiligen Aggressoren, Betroffenen und Intervenierenden militärische Gewaltanwendung immer mit ideellen, höheren Zielen legitimiert werden wird, dürften letztlich die *geographische Nähe* eines Konflikts zu Europa bzw. die Risiken für die eigene Sicherheit für oder gegen eine militärische Drohgebärde oder eine Intervention ausschlaggebend bleiben, und weniger die Intensität des Konflikts, das Vorhandensein eigener Interessen oder die eigenen Normen und Wertvorstellungen über ein zivilisiertes Miteinander.

Gewalt und „Friedenserzwingung"

Berthold Meyer

> „Was ... ist das Völkerrecht wert,
> wenn es Völkermord nicht zu verhindern erlaubt?"
> Hans-Richard Reuter (1996:283)

Einleitung

„Der Krieg im ehemaligen Jugoslawien ist wie jeder andere Krieg eine heikle Herausforderung für Friedensforschung und Friedensbewegung. Die raison d'être beider ist der Abbau von Gewalt. Hier aber geht es um den organisierten täglichen Mord und die tägliche Verstümmelung von Menschen, und bei der Erörterung von Gegenmaßnahmen kann die Frage der Gewalt wieder nicht umgangen werden." (Krell 1993:12). „Alte Überzeugungen sind unsicher geworden, alte Gegensätze sind ins Wanken geraten. Die bosnische Tragödie bewegte ehedem friedensbewegte Frauen zu flammenden Plädoyers für Militäreinsätze; ehemalige Generäle sprachen wie Pazifisten." (Reuter 1996:276).

Diese beiden Beobachtungen angesichts der Schrecken des Krieges in Bosnien-Herzegowina und der Rat- und Hilflosigkeit der internationalen Umwelt bei der Suche nach dauerhaften Auswegen aus der Gewalt, mit der sich die drei Volksgruppen dieses Landes bekämpften, sind nach wie vor aktuell. Denn ist es nicht Bosnien, so ist es der Kosovo, ist es nicht Somalia, so ist es Ruanda, ist es nicht Georgien, so ist es Tschetschenien – die ganze Welt scheint mit Ausnahme einiger Friedensinseln vom Netz der Grenzlinien, das sie zwischen 1945 und 1990 zusammenhielt, nicht mehr getragen werden zu können oder zu wollen, und der Sicherheitsrat im Glashaus am East River produziert Papiere ...

Die nachfolgenden Überlegungen zu den Möglichkeiten und Grenzen der Friedenserzwingung durch internationale Organisationen gehen von den grundsätzlichen Dilemmata aus, denen sich der Einsatz von Gewalt gegen Gewalt gegenübersieht (Abschnitt 1), um dann die völkerrechtlichen Bedingungen und die praktischen Probleme an einigen Einsätzen (Abschnitt 2) aufzuzeigen. Vor deren Hintergrund soll abschließend (Abschnitt 3) danach gefragt werden, welche Chancen die Verwirklichung eines bescheideneren kollektiven Sicherheitssystems mit dem Kern einer internationalen Bereitschafts-Polizei hätte.

1. Mit Gewalt zum Frieden – die grundsätzlichen Dilemmata

In der friedenswissenschaftlichen Literatur zur Gewaltproblematik herrscht in einem Punkt weitestgehend Einigkeit: Gewalt im zwischenstaatlichen Verkehr wie auch in den innerstaatlichen und innergesellschaftlichen Beziehungen ist ein Übel, das überwunden werden muß. Ob und unter welchen Bedingungen zu diesem Zweck in zwischenstaatlichen oder Bürgerkriegen notfalls auch Waffengewalt angedroht oder gar eingesetzt werden darf, ist hingegen umstritten. Bei der solche Einsätze ablehnenden Argumentation des „unbedingten Pazifismus" unterscheidet der Theologe und Friedensethiker Hans-Richard Reuter drei Dimensionen, eine prinzipiell moralische, eine folgenorientierte und eine politische:

1. „Gewalt ist nicht nur ein sittliches Übel, sondern darüber hinaus ein in sich verwerfliches Mittel, denn die direkte Tötung von Menschen ist, da sie personales Leben unwiderruflich vernichtet, immer eine Handlung, die die Grenze dessen übersteigt, was von Menschen als relativ besseres Handeln gerechtfertigt werden kann."
2. „Wer Gewalt mit Gewalt bekämpft, treibt die Gewaltspirale hoch, anstatt aus ihr auszusteigen."
3. „Jedes öffentliche Nachdenken über die normative Begrenzung von Gewaltmitteln, das die Gewalt nicht konsequent verwirft, trägt dazu bei, daß sie weiterexistieren; es wirkt, ob es will oder nicht, als Legitimation." (Reuter 1996:278f).

Ähnlich faßt der sich von der Politikwissenschaft her dem Thema widmende Friedensforscher Gert Krell die „radikalpazifistische Argumentation" zusammen, die zwar Einmischung von außen verlange, eine militärische Intervention jedoch „vorrangig aus prinzipiellen, nicht aus kasuistischen Erwägungen" ablehne (Krell 1993:15). Ihr hält er entgegen:

(ad 1): Es gebe „auch in den internationalen Beziehungen extreme Dilemma-Situationen, in denen der Verzicht auf Gegengewalt oder deren Androhung nicht nur die Hinnahme, sondern sogar einen weiteren Anstieg der Gewalt bedeuten" könne. Dies seien insbesondere ein aggessives, expansionistisches Gewaltregime, chronischer und massenhafter Staatsterror mit der Tendenz zum Völkermord sowie militarisiertes Chaos. So sei es z.B. notwendig, „zwischen der Gewalt der nationalsozialistischen Angriffs- und Vernichtungsmaschinerie und der Gewalt derjenigen, die sich dagegen zur Wehr gesetzt haben, moralisch und politisch" zu unterscheiden (ebd.:17).

(ad 2): Es gebe zumindest in der jüngsten Geschichte Beispiele, in denen militärische Interventionen extreme Formen staatlichen Terrors erfolgreich beendet haben, auch wenn sie nicht oder jedenfalls nicht primär humanitär motiviert waren, nämlich die vietnamesische Militärintervention im von Pol Pot regierten Kambodscha und die tansanische im Uganda des Idi Amin. Zwar seien dauerhafte politische Lösungen mit Militärinterventionen nicht zu erzielen, aber es gehe darum, Situationen zu schaffen, „in denen überhaupt die Möglichkeit einer Perspektive für politische Lösungen wiederhergestellt" (ebd.:17) werden kann.

(ad 3): Krell weist das Legitimationsargument nicht zurück, hält aber ein Erfordernis der „Legitimation des Einsatzes von Waffengewalt im Rahmen

kollektiver Sicherheit, etwa durch die Vereinten Nationen ... in jedem Fall (für) eine Hürde gegen Machtmißbrauch, auch wenn angesichts der realen und der rechtlichen Machtasymmetrien eine Stärkung der Führungs-, Aufsichts- und Kontrollfunktion der internationalen Organisation gegenüber den mächtigen Einzelstaaten angezeigt wäre." Krell sieht zwar beim Konzept der kollektiven Sicherheit in der praktischen Umsetzung unter ethischen wie politischen Gesichtspunkten die Frage auftauchen, „unter welchen Bedingungen ein Staat oder die UNO Menschen auffordern oder gar zwingen darf, das eigene Leben für die Durchsetzung des Völkerrechts aufs Spiel zu setzen". Doch glaubt er, durch Freiwilligkeit und demokratische Entscheidungsverfahren diese Problematik reduzieren zu können(ebd.:20). Alles in allem erscheint Krell der „Prozeß der Internationalisierung von Zwangs- und Gewaltmitteln" als „eine Möglichkeit, den Widerspruch zwischen dem langfristigen Ziel einer Welt ohne Krieg, Rüstung und Militär ... und der nicht zu übersehenden Realität solcher Notsituationen auf dem Wege zu dieser Welt ... zu überbrücken." (ebd.:21).

Bevor Reuter sich der Frage nach der Rechtfertigung humanitärer Interventionen und kollektiver Zwangsmaßnahmen zuwendet, stellt er einen Katalog allgemeiner moralischer „Kriterien für die Ausübung von Gewalt gegen Menschen" auf:

- Gewalt ist nur als Gegengewalt erlaubt, und zwar „bei schwersten, menschliches Leben und gemeinsames Recht bedrohenden Übergriffen eines Gewalttäters".
- Sie darf aber nicht „um ihrer selbst willen gewollt werden, sondern muß auf das Ziel bezogen und beschränkt sein, die Bedingungen gewaltfreien Zusammenlebens (wieder-)herzustellen."
- Zu ihr „darf nur greifen, wer beanspruchen kann, im Namen verallgemeinerungsfähiger Interessen aller potentiell Betroffenen zu handeln. Deshalb kommt es darauf an, den Gewaltgebrauch umgehend an die Rechtsregel zu binden und ihn unter die Kontrolle einer anerkannten Autorität zu stellen ..."
- „Der Schutz von Personen, die am Konflikt nicht direkt beteiligt sind, ist unbedingt zu beachten." (Reuter 1996:281).
- „Der allgemeine Grundsatz der Verhältnismäßigkeit ist zu berücksichtigen. ... Das Mittel der Gewalt muß geeignet, d.h. erfolgversprechend sein, um eine Beendigung des Konflikts zu bewirken. ... alle wirksamen milderen Mittel sind zuvor auszuschöpfen." (ebd.:282).

Trotz dieser strengen Kriterien bleibe „die Härte des auch dann noch bestehenden ethischen Konflikts unaufhebbar". Deshalb helfe auch „keine Güterabwägung", von der Krell (1993:16) in diesem Zusammenhang spricht, sondern die Verantwortung verlange eine Abwägung der *Schuld*, „und das heißt letztlich das freie Wagnis der Schuldübernahme. Es ist zwar richtig, daß Unterlassen ebensowenig eine Garantie für Schuldlosigkeit bedeutet wie Handeln; doch dürfte Nichtstun nur in den seltensten Fällen die einzige Alternative zum direkten Töten sein." (Reuter 1996:282).

Dies alles vorangestellt, wendet sich Reuter der Frage zu, „ob und inwieweit es ethisch vertretbar sein kann, Verletzungen des Völkerrechts und der Menschenrechte im Sinn der *Nothilfe* für die Opfer äußerstenfalls auch mit (konventionellen) militärischen Mitteln entgegenzutreten" (ebd.:283). Seine Antworten entsprechen der bis dahin geübten Strenge: Eine Ausnahme vom Prinzip der Nicht-Intervention komme erst dann in Frage, „wenn mit der systematischen Verletzung des elementaren Menschenrechts (worunter die Gewährleistung des Rechts auf Leben und des Rechts auf Rechte zu verstehen ist, B.M.) die Minimalbedingungen für die moralische Anerkennungsfähigkeit jeder staatlichen Herrschaftsordnung außer Kraft gesetzt werden" (ebd.:289). Und selbst dann, wenn dieses moralisch gerechtfertigt sei, wie im Falle ethnischer Vertreibung verbunden mit Genozid, müsse gefragt werden, „ob eine militärische Intervention *geeignet* ist, ihr Ziel zu erreichen. Verfeindete Konfliktparteien können nicht mit Waffengewalt zur Koexistenz gezwungen werden" (ebd.:290f).

Auf die Frage, wer in diesem Sinne zu einer „humanitären Intervention" berechtigt sein könne, lautet Reuters Antwort bündig: „nur die organisierte Völkergemeinschaft selbst" (291). Er begründet dies allerdings sowohl politikwissenschaftlich als auch völkerrechtlich: „Ein humanitäres Interventionsrecht in der Hand einzelner Staaten würde den Rückfall in die komplette Anarchie des internationalen Systems einleiten; ein unilaterales Interventionsrecht ist völkerrechtlich verboten, und dabei muß es bleiben." (ebd.:291).

Hier nun beginnen die Probleme der realen Welt: Denn Krell und Reuter wie auch andere Autoren, die Kriterien für humanitäre Interventionen oder für Fälle „internationaler Zwangsmaßnahmen zur Sicherung von menschenrechtlichen und demokratischen Mindeststandards" (Kühne 1993:37) entwickeln (vgl. u.a. Menk 1992; Schmidt 1996; Jaberg 1998) können zwar an den Normen der Charta der Vereinten Nationen anknüpfen, vermögen aber auch nicht mehr, als zu fordern, daß diese von ihren Mitgliedern auch eingehalten werden. Und schon dies ist fragwürdig, weil das dort enthaltene Normensystem keineswegs spannungsfrei ist, ganz abgesehen davon, daß die Welt der Jahrtausendwende nicht mehr die des Jahres 1945 ist.

2. Die Vereinten Nationen als institutioneller Rahmen für Maßnahmen der Friedenserzwingung

Der Anspruch der Charta

Die Vereinten Nationen sollten nach dem Willen ihrer Gründungsmitglieder „den Weltfrieden und die internationale Sicherheit ... wahren und zu diesem Zweck wirksame Kollektivmaßnahmen ... treffen, um Bedrohungen des Friedens zu verhüten und zu beseitigen, Angriffshandlungen und andere Friedensbrüche zu unterdrücken und internationale Streitigkeiten oder Situationen, die zu einem Friedensbruch führen könnten, durch friedliche Mittel nach den Grundsätzen der Gerechtigkeit und des Völkerrechts zu bereinigen oder beizulegen" (Art. 1, 1 UN-Charta). Obwohl der Halbsatz „Situationen, die zu einem Friedensbruch führen könnten" Auseinandersetzungen im *Inneren* eines Staates nicht ausschließt, dachten die Gründer der UN bei der Formulierung des Anspruchs, ein globales System Kollektiver Sicherheit zu schaffen, nur an *zwischen*staatliches Verhalten, wie aus zwei Absätzen des Artikels 2 hervorgeht: „4. Alle Mitglieder unterlassen in ihren internationalen Beziehungen jede gegen die territoriale Unversehrtheit oder die politische Unabhängigkeit eines Staates gerichtete ... Androhung oder Anwendung von Gewalt." „7. Aus dieser Charta kann eine Befugnis der Vereinten Nationen zum Eingreifen in Angelegenheiten, die ihrem Wesen nach zur inneren Zuständigkeit eines Staates gehören, oder eine Verpflichtung der Mitglieder, solche Angelegenheiten einer Regelung auf Grund dieser Charta zu unterwerfen, nicht abgeleitet werden; die Anwendung von Zwangsmaßnahmen nach Kapitel VII wird durch diesen Grundsatz nicht berührt." Der in diesen beiden Absätzen geäußerte Verzicht auf einzelstaatliche Gewalt wie auf Einmischung in die inneren Angelegenheiten stellen zugleich zwei wichtige Grenzen für das zu schaffende Sicherheitssystem dar, auf die noch zurückzukommen ist.

In den beiden Kapiteln der Charta, die auf Situationen zugeschnitten sind, die den Handlungsrahmen der Weltorganisation für die Wahrung des Weltfriedens und der internationalen Sicherheit bestimmen, wird danach unterschieden, ob diese nur *gefährdet* sind (Kapitel VI), so daß Maßnahmen zur friedlichen Beilegung von Streitigkeiten ausreichen, oder ob der Frieden *bedroht* oder gar *gebrochen* ist (Kapitel VII). Auch dann hat der *Sicherheitsrat* als das Organ mit der „Hauptverantwortung für die Wahrung des Weltfriedens und der internationalen Sicherheit" (Art. 24,1) noch die Wahl, bloß „Empfehlungen" auszusprechen (Art. 39) oder Maßnahmen auf Grund der Artikel 41 und 42 zu beschließen. Dabei beschränkt sich Artikel 41 auf Zwangsmaßnahmen „unter Ausschluß von Waffengewalt", während Artikel 42 dem Sicherheitsrat – und nur ihm – erlaubt, „mit Luft-, See- oder Landstreitkräften die ... erforderlichen Maßnahmen durch(zu)führen", wenn er zur Auffassung gelangt, „daß die in Artikel 41 vorgesehenen Maßnahmen unzulänglich sein würden oder sich als unzulänglich erwiesen haben". Diese völkerrechtliche Kompetenzzuschreibung ist in Verbindung mit dem Gewaltverbot im zwischenstaatlichen Verhalten nach Artikel 2.4 konstitutiv für das Selbstverständnis der Vereinten Nationen als System kollektiver Sicherheit.

Allerdings müßte der Sicherheitsrat, um solche Maßnahmen auch wirklich ergreifen zu können, über Streitkräfte verfügen, die ihm entweder ständig zugeordnet sind oder auf Abruf bei den entsendenden Nationen bereitstehen. In Artikel 43 „*verpflichten*" sich zwar folgerichtig „*alle* Mitglieder" zu Sonderabkommen mit dem Sicherheitsrat, in denen sie ihm „auf sein Ersuchen Streitkräfte zur Verfügung stellen". Jedoch klaffen an dieser entscheidenden Stelle der Text der Charta und die Realität weit auseinander. Nicht ein Mitgliedsstaat ist seit 1945 dieser Verpflichtung nachgekommen. Insofern stand der Sicherheitsrat, wann immer es angebracht gewesen wäre, eine Maßnahme nach Artikel 42 zu beschließen, vor der Frage, woher er denn die Battaillone nehmen sollte, die er benötigte.

Nicht realisiert: Das System Kollektiver Sicherheit

Dieser Mißstand, der die Rede vom „Gewaltmonopol" der Vereinten Nationen geradezu lächerlich erscheinen läßt, trug mit dazu bei, daß die in Art. 42 genannten Instrumente von der Weltorganisation in ihrer über fünfzigjährigen Geschichte nicht angewandt wurden (vgl. Menk 1992:151), obwohl es immer wieder und fast überall zu Friedensbrüchen kam. Insofern wurden die Vereinten Nationen faktisch nicht zu dem System gegenseitiger kollektiver Sicherheit, das sie von ihrer Satzung her sein sollten. Ein noch stärkeres Hindernis stellte freilich bis zum Ende des Ost-West-Konfliktes 1989 die gängige Praxis der Ständigen Mitglieder dar, von ihrem Vetorecht Gebrauch zu machen und damit Entscheidungen im Sicherheitsrat zu blockieren, wenn Konflikte angesprochen wurden, in die sie selbst oder wichtige Verbündete (z.B. Israel aus der Sicht der USA) involviert waren.[1]

Ausgerechnet in einer Situation, in der es keine wechselseitigen Blockaden im Sicherheitsrat gab, lebte 1990 jedoch mit der Ermächtigung einer von den USA geführten Allianz, alle Vorbereitungen für eine militärische Befreiungsaktion des vom Irak besetzten Kuwaits zu treffen, ein Verhalten des Sicherheitsrates wieder auf, das es 40 Jahre zuvor schon einmal gegeben hatte.[2] Diese neue Tendenz der Instrumentalisierung der UN durch die fünf Vetomächte des Sicherheitsrates veranlaßt einige Wissenschaftler, von einem „privaten (Gewalt-) Monopol" zu sprechen. Es bestehe darin, Zwangsmaßnahmen an Allianzen oder an Hegemonialmächte zu delegieren, die weniger als Sachwalter des Weltfriedens denn aus eigenem Interesse bereit sind, diese zu exekutieren. Zu derartigen pauschalen Ermächtigungen kam es nach dem Zweiten Golfkrieg noch mehrfach, so für Rußland in Georgien, für Frankreich in Ruanda, für die NATO zur Durchsetzung des Friedensabkommens für Bosnien und Herzegovina und für die USA in Somalia und in Haiti (vgl. Rittberger et al. 1997:25ff).

---

1 Hiervon abgesehen ist ohnehin zweifelhaft, ob ein System kollektiver Sicherheit, in dem Rechts- und Friedensbrecher von allen anderen Mitgliedsstaaten bekämpft werden sollen, dann funktionieren kann, wenn der Friedensbrecher über Nuklearwaffen verfügt. Da seit dem Wechsel des Ständigen Sitzes von Taiwan zur Volksrepublik China alle fünf Ständigen Mitglieder Atommächte sind, wäre jedes von ihnen auch ohne Vetomacht nur dann in ein solches System zu integrieren, wenn es bereit wäre, auch eine konventionelle Aggression einer anderen Atommacht mit einem Atomschlag zu beantworten. Dagegen steht jedoch die Selbstabschreckung.

2 Einen vergleichbaren Einsatz gab es nach der bewaffneten Überschreitung des 38. Breitengrades durch die Nordkoreaner am 25.6.1950. Damals traf der Sicherheitsrat ohne die Stimme der Sowjetunion, deren Delegierter monatelang das UN-Organ boykottierte, eine Entscheidung zugunsten eines militärischen „Kreuzzugs der UNO" (Cartier 1971:388ff) unter amerikanischer Führung, der nicht als Maßnahme nach Artikel 42 interpretiert werden kann, sondern nur als Aktion nach Artikel 51 bewertet werden kann (vgl. Menk 1992:153). An dem Einsatz beteiligten sich das Vereinigte Königreich, Kanada, Australien, Neuseeland, die Niederlande und Taiwan (das damals noch China im Sicherheitsrat vertrat).

Zwar lassen sich solche Aufgabenübertragungen vor dem Hintergrund der niemals eingelösten Selbstverpflichtungen nach Artikel 43 aus der daraus resultierenden militärischen Handlungsunfähigkeit des Sicherheitsrates erklären. Kapitel VIII der UN-Charta, das regionalen Abmachungen gewidmet ist, verschafft der Kooperation mit Regionalorganisationen überdies eine Rechtsgrundlage (hierzu: Berdal 1993: 67ff; Gioia 1997: 193ff), wobei Artikel 53, 1, Satz 1 von der Inanspruchnahme einer regionalen Abmachung oder Einrichung „zur Durchführung von Zwangsmaßnahmen" unter der Autorität des Sicherheitsrates spricht, aber eben nicht von Einzelstaaten oder „coalitions of the willing".[3]

Die Rechtsgrundlage für das Handeln der Golfkriegsallianz stellt daher Artikel 51 dar, der „im Falle eines bewaffneten Angriffs gegen ein Mitglied ... das naturgegebene Recht zur individuellen oder kollektiven Selbstverteidigung" legitimiert, „*bis der Sicherheitsrat die zur Wahrung des Weltfriedens und der internationalen Sicherheit erforderlichen Maßnahmen getroffen hat*". Aufgrund dieser Einschränkung verbleibt jedoch ein bitterer Nachgeschmack sowohl auf diesen Fall bezogen wie darüber hinaus: Gerade hier hätte während der Vorbereitungsphase auf den militärischen Einsatz zur Befreiung Kuwaits genügend Zeit bestanden, um die Truppenkontingente der Mächte, die sich zu der Anti-Saddam-Hussein-Koalition zusammenfanden, über Sonderabkommen nach Artikel 43 dem Sicherheitsrat zu unterstellen (vgl. Rittberger et al. 1997:29). Doch auch in anderen Fällen sind insbesondere die Vereinigten Staaten nicht willens, ihre Truppen einem nichtamerikanischen Oberbefehlshaber anzuvertrauen. Deshalb greifen sie zum Ausweg nach Artikel 51, obwohl sie vom Sicherheitsrat geführte Einsätze, wenn sie ihnen nicht genehm wären, auch mit ihrem Veto stoppen könnten. Insofern kann der Vermutung, die Anwender des Artikels 51 griffen „gleichsam als eine Art Sachwalter des Sicherheitssystems des VII. Kapitels" „treuhänderisch" ein (Menk 1992:73), nur bedingt gefolgt werden. Vielmehr entsteht durch die fortwährende Anwendungspraxis dieses Artikels, der als eine Interimsregelung gedacht war, die Gefahr, das auf die Einzelstaaten gemünzte Gewaltverbot zu unterhöhlen und und damit der kollektiven Selbstverteidigung in der Praxis den Platz zukommen zu lassen, den die UN-Charta der gegenseitigen kollektiven Sicherheit einräumen wollte.

Von der einvernehmlichen Friedenserhaltung zur „humanitären Intervention" und zum „robusten Peace-keeping"

Obschon der Sicherheitsrat in Fragen der Friedenserzwingung während des Ost-West-Konfliktes blockiert war, verständigte er sich seit 1948 (UNTSO in Palä-

---

3 Umgekehrt läßt sich das in Satz 2 folgende Verbot „Ohne Ermächtigung des Sicherheitsrats dürfen Zwangsmaßnahmen auf Grund regionaler Abmachungen oder seitens regionaler Einrichtungen nicht ergriffen werden", (das im Kontext der gegen die Weltkriegs-II-Gegner Deutschland und Japan gerichteten Feindstaatenklausel formuliert wurde), als eine Schranke gegen eigenmächtige Zwangsmaßnahmen, wie sie die NATO zur Beendigung des Kosovo-Konflikts im Oktober 1998 plante, interpretieren.

stina) in einer Reihe von Fällen auf friedenserhaltende Operationen, für die sich der Begriff der Blauhelm-Missionen eingebürgert hat. Sie haben, ohne daß es für sie in der Charta eine Grundlage gäbe, in den ersten vier Jahrzehnten der Weltorganisation durch ihr im großen und ganzen gewaltverhinderndes oder wenigstens -minderndes Auftreten als

– reine Friedenstruppen zur Absicherung eines Waffenstillstandes,
– militärische Beobachtermissionen und
– nicht-militärische Beobachtermissionen eine weithin unwidersprochene Legitimation erfahren (vgl. Wolf 1994:60), so daß sie 1988 unter allgemeinem Beifall mit dem Friedensnobelpreis geehrt wurden.

Seither hat sich das Bild der UN-Einsätze stark verändert. Bis dahin galt für Peacekeeping-Truppen, daß sie nach einem stabilen Waffenstillstand sowie mit der Zustimmung durch die Konfliktparteien aufgestellt wurden. Insofern waren für sie Neutralität, offenes Auftreten und höchstens eine leichte Bewaffnung zur Selbstverteidigung selbstverständlich (vgl. Ehrhart/Klingenburg 1994:52). Anfang der 1990er Jahre erhöhte sich jedoch nicht nur die Zahl der Einsätze und der beteiligten Soldaten dramatisch bis zu einem Höchststand von 77.783 Personen im Dezember 1994 (Boutros-Ghali 1996b:4), was allerlei organisatorische Probleme mit sich brachte (vgl. Eisele 1998), sondern es wurden auch die Einsatzvoraussetzungen verändert. Dadurch gerieten die Blauhelm-Einheiten nicht nur in die Schußlinien der Konfliktparteien, sondern auch in die der öffentlichen Kritik.

Ursache hierfür war vor allem, daß der UN-Sicherheitsrat insbesondere im ehemaligen Jugoslawien und in Somalia von seinen bewährten Einsatzprinzipien abgerückt war und Blauhelme auch in Gebiete entsandt hatte, in denen keine Waffenruhe herrschte und ihr offenes Auftreten aufgrund der zu leichten Bewaffnung für die Soldaten höchst gefährlich wurde. Das partielle Scheitern dieser Missionen ist allerdings nicht zuletzt dem Umstand zuzurechnen, daß nicht immer Klarheit über den Auftrag herrschte, sondern eine „diffuse Aufgabenzuweisung" (Braun/Topan 1998:9).

Marie-Janine Calic zufolge hing im ehemaligen Jugoslawien der anfängliche Verzicht der Vereinten Nationen auf militärische Gewaltanwendung damit zusammen, daß der dort geführte Krieg vom Sicherheitsrat „in erster Linie als humanitäres Problem begriffen wurde". So sollten die 1992 entsandten Friedenstruppen nach Kroatien und nach Bosnien-Herzegovina „zunächst nur bei der Verteilung humanitärer Hilfe assistieren ... Da die Kämpfe seit Frühsommer 1992 jedoch eskalierten, wurde der Auftrag der Peacekeeper mehr und mehr ausgeweitet. Zuletzt umfaßte er so unterschiedliche Aufgaben wie den Schutz von Konvois des UN-Flüchtlingshilfswerks (UNHCR), die Abschreckung von Angriffen auf ‚Schutzzonen', die Implementierung militärischer Ausschlußzonen und die Vermittlung und Überwachung von Waffenstillständen." Von den mehr als 200 Resolutionen, die der Sicherheitsrat zwischen 1991 und dem Dayton-Abkommen von 1995 faßte, blieben viele „unklar und widersprüchlich.

Das galt vor allem für die Frage, in welchen Situationen die Blauhelm-Soldaten militärische Gewalt anwenden durften." (Calic 1998:225).

In Somalia war die UNOSOM-I-Mission „durch Inkonsequenz, Ungeschicklichkeit und Halbherzigkeit des Vorgehens gekennzeichnet" gewesen (Eikenberg 1993:199). Die darauffolgende UNOSOM-II-Mission unter Beteiligung schwerbewaffneter Kampftruppen wurde zum Debakel. Nachdem am 5. Juni 1993 bei Angriffen auf die UNOSOM II-Mission 23 pakistanische Soldaten ums Leben gekommen waren, fixierten sich die Vereinten Nationen auf einen der Warlords, General Aidid, der schon 1991 als „Haupthindernis für Fortschritte" bezeichnet worden war, und die USA begannen damit, ihn mit einer Serie von Luftangriffen auf Gebäude, in denen seine Waffenlager und sein Hauptquartier vermutet wurde, zu jagen und sogar ein Kopfgeld auf ihn auszusetzen. Damit trat UNOSOM faktisch „in den nur suspendierten, nicht beendeten Bürgerkrieg als Konfliktpartei ein, mit dem kurzfristigen Ziel, einen nicht kooperationswilligen Militärführer auszuschalten." (ebd.:200) „Der der Lage absolut unangemessene, überzogen massive Waffeneinsatz nach den Maßstäben traditoneller Kriegsführung schweißte die oppositionellen Kräfte nur umso enger zusammen und provozierte ein Ausmaß von Gegengewalt, vor dem man schließlich zurückwich, da man den Preis für die Korrektur der eigenen Fehler nicht zahlen wollte: Man säte Wind und erntete Sturm." (Müller 1998:5).

In einer „turbulenten Welt", die weniger durch grenzüberschreitende Aggressionen einzelner Staaten als durch gewalthaltige Zerfallsprozesse multiethnischer Staaten und die Einhaltung der Menschenrechte mißachtende Versuche gekennzeichnet ist, ethnisch homogene Staatsgebilde zu schaffen, kommen auf die Vereinten Nationen andere Aufgaben bei der Friedensbewahrung und Friedensschaffung zu, als sie in der Charta 1945 vorherzusehen waren. Allerdings gibt es schon dort einige wenige Anhaltspunkte dafür, sich den neuen Herausforderungen zu stellen: So wird in Artikel 1.2 und Artikel 55 vom Grundsatz der Selbstbestimmung der Völker gesprochen und in Artikel 55 außerdem erklärt, die Vereinten Nationen förderten die „allgemeine Achtung und Verwirklichung der Menschenrechte". Außerdem sind von den Vereinten Nationen seit dieser Zeit verschiedene Menschenrechtspakte verabschiedet worden.

Um in Fällen grober Menschenrechtsverletzungen bis hin zum Völkermord „humanitäre Interventionen" zu erlauben, mußte der Sicherheitsrat einen Weg finden, wie er das aus der Souveränität der Mitgliedstaaten abgeleitete Interventionsverbot umgehen konnte. Als Weichenstellung hierfür gilt die Resolution 688/1991 zur Situation der im Nordirak vertriebenen Kurden. In ihr eröffnete der Sicherheitsrat mit der Feststellung, die dortigen Menschenrechtsverletzungen führten zu einem starken Flüchtlingsstrom in Richtung auf internationale Grenzen und über diese hinweg und bedrohten damit den internationalen Frieden, die Möglichkeit zu Zwangsmaßnahmen nach Artikel 42 (Heintze/Worku 1992:17; Paech 1992:15).

Sowohl die mißlungenen Einsätze im ehemaligen Jugoslawien und in Somalia wie die Diskussion über „humanitäre Interventionen" (hierzu näher

Brock/Elliesen 1993, Empell 1999) legen es nahe, nach Möglichkeiten für effektivere humanitäre Hilfeleistungen in unbefriedeten Situationen zu suchen. Hierfür wurden Begriffe wie „robustes" oder „erweitertes" Peace-keeping oder „peace-keeping with teeth and muscles" (Kühne 1993:55) eingeführt.

Die verschiedenen Vorschläge zielen darauf, solche Einsätze so zu mandatieren, daß sie als Maßnahmen im Rahmen des Kapitels VII und nicht nur des Kapitels VI der UN-Charta auf den Weg gebracht und mit Mitteln zu ihrer bewaffneten Durchsetzung ausgestattet werden. Derartige Blauhelm-Einheiten sollen also nicht nur ihr eigenes Leben gegen Waffengewalt verteidigen, sondern auch die Erfüllung ihres humanitären Auftrages durchsetzen können, ohne dabei Kriegspartei zu werden. Die Vereinten Nationen versuchen also „trotz eventueller Kampfhandlungen im Prinzip in der Rolle des *neutralen Dritten* und *Vermittlers* zwischen den Konfliktparteien" (Kühne 1993:55) zu bleiben. Der „selektiv eventuell notwendige Einsatz militärischer Gewalt darf nicht mit Kampfeinsätzen im Rahmen traditioneller Kriegführung gleichgesetzt werden, weder was die Einsatzform noch was ihre Dynamik betrifft! Nicht Sieg ist ihr Ziel, sondern die Aufrechterhaltung des Friedens- und Verhandlungsprozesses und der dafür notwendigen Voraussetzungen." (ebd.:56). „Zweifellos verlangt der Verzicht auf Sieg und Vernichtung eine beträchtliche mentale Umstellung der üblicherweise auf diese Ziele ausgebildeten Offiziere und Soldaten. Diese Umstellung gelang bei den traditionellen Blauhelmeinsätzen. Sie sollte auch im Hinblick auf das robuste Peace-keeping möglich sein." (ebd.:57).

Winrich Kühne weist in seinem Plädoyer für solche Einsätze zu Recht darauf hin, daß es bei der Umstellung in der Praxis immense Schwierigkeiten gibt. So wird die Effektivität der UN als Vermittler, für die bisher Unparteilichkeit ein ehernes Prinzip war, von den Betroffenen infragegestellt (Beispiel Somalia). Darüber hinaus verändern sich die militärischen Einsatzbedingungen: Die Truppenkontingente müssen größer und stärker bewaffnet sein als die traditionellen Blauhelmeinheiten. Sie sind demzufolge viel mehr der Gefahr ausgesetzt, selbst angegriffen oder als Geiseln genommen zu werden. Damit besteht die Gefahr der Eskalation und für die entsendenden Nationen erwächst die Notwendigkeit, Truppen zum Nachschieben bereitzuhalten. Eine Chance, diese Risiken einzugrenzen, sieht Kühne darin, daß der Sicherheitsrat ein „klar formuliertes Mandat" erteilt. „Das ist sowohl für die Truppe notwendig, als auch um die negativen Auswirkungen auf den Verhandlungsprozeß und die Vermittlerrolle der UN zu begrenzen. Der hier zu erwartende Schaden dürfte umso geringer sein, je klarer und inhaltlich überzeugender das Mandat in seiner völkerrechtlichen Verankerung, seinem politischen Auftrag sowie seinem militärischen Durchführungsmodus abgefaßt ist." (ebd.:58).

Der Vorschlag des ehemaligen stellvertretenden UN-Generalsekretärs Brian Urquhart vom Sommer 1993, beim UN-Generalsekretär eine Freiwilligenarmee von 5.000 Mann einzurichten, die Waffenstillstandsvereinbarungen durchsetzen und schon mit ihrer bloßen Existenz Friedensbrecher abschrecken sollte, mag bis auf weiteres unrealistisch sein. Er hat sich jedoch als Anstoß für einige Initiativen erwiesen, die darauf zielen, die Einsatzfähigkeit der Vereinten Na-

tionen zu erhöhen. Zum einen wurde, auch als Reaktion auf die „Agenda für
den Frieden" des damaligen UN-Generalsekretärs Boutros Boutros-Ghali, 1994
ein Stand-by-System eingerichtet, eine Datensammlung mit detaillierten Informationen über verbindliche Zusagen von Mitgliedsstaaten, die bereit sind, sich
mit bestimmten militärischen Ressourcen innerhalb einer festgelegten Zeit an
Peacekeeping-Operationen zu beteiligen. „Inzwischen sind 67 Länder in dieses
Stand-by-System aufgenommen und mehr als 88.000 Soldaten für einen Einsatz
in UN-Operationen bestimmt worden. Die UN haben dieses System bereits bei
der Planung von Einsätzen in Angola, Haiti, Ostslawonien und der West-Sahara
genutzt." (Voorhoeve 1998:45). Zum anderen konkretisiert sich eine dänische
Initiative, eine multinationale Brigade aufzubauen, die für Friedensoperationen
nach Kapitel VI der UN-Charta innerhalb von 15 bis 30 Tagen einsatzbereit sein
soll. An dieser Initiative beteiligen sich unter dänischer Führung bisher Österreich, Kanada, die Niederlande, Norwegen und Schweden. Argentinien und
Polen stehen kurz davor. Weitere Staaten sind interessiert. Und schließlich ist
ein kanadischer Vorschlag zu erwähnen, einen Führungsstab für schnelle Einsätze einzurichten, die auf dem sogenannten „Vorhut"-Konzept beruhen. Durch
ihn könnten die Vereinten Nationen „innerhalb von Tagen ein eng verzahntes
Team von unverzichtbarem Zivil- und Militärpersonal zum Einsatz bringen, das
dazu beiträgt, daß die Anfangsphase einer Operation gut durchgeführt wird."
(ebd.:45) Allerdings wurde dieser Stab nicht zuletzt aufgrund der notorisch
schlechten Haushaltslage der UN bisher noch nicht eingerichtet.

3. Die Not zur Tugend machen durch die Schaffung einer internationalen Bereitschafts-Polizei

Vor dem Hintergrund ethischer Bedenken und rechtlicher Einwände gegen den
Einsatz militärischer Gewalt zur Unterdrückung von Angriffshandlungen und
anderen Friedensbrüchen einerseits und der Unfähigkeit der Vereinten Nationen, eine Eingreiftruppe für Zwangsmaßnahmen nach Artikel 42 aufzustellen,
wird in Politik und Wissenschaft seit einiger Zeit über eine Alternative diskutiert, die aus dieser doppelten Not eine Tugend machen könnte, die Schaffung
internationaler Polizeikräfte. Dieter Senghaas sieht darin „mehr als eine Umeti-
kettierung" militärischer Kräfte und begründet dies insbesondere damit, daß
„Polizei ... keine originäre Kampffunktion, sondern eine Schutz- und Ordnungs-
funktion" hat. Ferner sei ihr Einsatz „weniger provozierend als der einer Militä-
reinheit; sie kann von betroffenen Regierungen und Bevölkerungen leichter als
Helfer bei der Konfliktlösung akzeptiert werden, als dies militärischen Truppen
möglich ist. Noch entscheidender aber dürfte sein, daß solche Einheiten von
vornherein gezielt und systematischer für ihre Aufgabe vorbereitet und ausgebildet werden können." (Senghaas 1993:441).
    Erwin Müller ergänzt diese Argumente in seinem 1998 vorgelegten Konzept
einer internationalen Polizei wie folgt: Bei Polizeieinsätzen diene die Anwendung von Waffengewalt „zur *Rechtsdurchsetzung* und zum *Schutz* von Rechts-

gütern Dritter", beschränke sich also nicht „auf Selbstverteidigung im Rahmen des ,peacekeeping'-Ansatzes". Polizeiliche Waffeneinsätze seien zugleich „den äußerst restriktiven Maßstäben des polizeirechtlichen Verhältnismäßigkeitsprinzips unter möglichster Schonung von Menschenleben" unterworfen, das sich fundamental von den wesentlich weiter gefaßten Regeln für Militäreinsätze im Kriegsvölkerrecht unterscheide. Gerade vom Verhältnismäßigkeitsprinzip, das sich an den Kriterien der Geeignetheit, der Erforderlichkeit und der Proportionalität ausrichte, erwartet Müller, „daß polizeitypische Kräfte trotz ihrer im Vergleich zum Militär mit seinem massierten Waffeneinsatz geringeren *Effektivität* bei der Zielbekämpfung eine weitaus höhere *Effizienz* erzielen könnten, da sie bei ihrer ,Klientel', d.h. den Objekten ihrer Aktionen im *Aufnahmestaat* wie vor allem deren Umfeld, eine ungleich größere *Akzeptanz* finden könnten." (Müller 1998:5). Dadurch würde die Aussicht auf „kooperatives Verhalten samt dem Verzicht auf bewaffneten Widerstand" zunehmen, was sich als Chance auswirken könnte, „auch in den *Entsendestaaten* ungleich größere politische und ethische Akzeptanz zu erreichen." Eine Polizeitruppe könne überdies „die Vorzüge der Prävention voll ausschöpfen, indem sie bereits im Frühstadium eines Gewaltkonflikts durch (zunächst) reine Präsenz vor Ort beruhigend auf die Parteien" einwirke, zumal die Anwesenheit von Polizei nicht derselben Rechtfertigung wie die einer militärischen Intervention bedürfe (ebd.:6).

Müller schlägt vor, das Spektrum der Polizeikräfte mit der Befugnis zur Ausübung von Zwangsgewalt zugunsten der klassischen Ziele von „Frieden und Recht" denkbar breit anzulegen (vom Streifendienst nach dem Vorbild der Schutzpolizei bis zu paramilitärischen Verbänden und sogar militärischen Verbänden, die dann allerdings nach Polizeiprinzipien tätig werden müßten). Dabei sollte auf die Erfahrungen mit Polizeieinsätzen im Rahmen der Vereinten Nationen (UNCIVPOL) zurückgegriffen werden. Von diesen fallweise im Zusammenhang mit Peacekeeping-Einsätzen (z.B. in Namibia und Haiti) und somit nur vorübergehend zustandegekommenen Einheiten unterscheidet sich das Konzept jedoch insofern, als Müller an ständig verfügbare Kräfte denkt. Hinsichtlich der Organisationsform sieht er dabei drei Optionen: einmal von Staaten bereitgestellte Kontingente, zum anderen organisationseigene Kräfte, für die die Vereinten Nationen selbst Einzelpersonen rekrutieren, und schließlich ein Mischsystem, „das nationale bzw. regionale Kontingente mit einer einheitlichen Polizeimacht einer globalen internationalen Organisation unter deren Kommando legiert. Der dann entsprechend weniger umfangreiche zentrale Polizeiverband sollte den Charakter von ständig einsatzbereiten hochmobilen Verfügungskräften als im doppelten Sinne des Wortes *Bereitschafts*-Polizei' aufweisen, um als ,Vorauskommando' schon vor Ort sein und eingreifen zu können, bevor die anderen Kontingente zu seiner Verstärkung eintreffen." (Müller 1998:10f).

Angenommen, der ständig präsente Kern der internationalen Polizeitruppe, die Bereitschafts-Polizei umfasse etwa 5000 Bedienstete, so dürften die Chancen, diese Kerntruppe aufzubauen, erheblich günstiger sein als die Aussichten, die erwähnte Freiwilligenarmee der Vereinten Nationen gleicher Größe ins Leben zu rufen. Die Polizeitruppe wäre in ihrer Bereitschaftsposition nicht an einem zentralen Ort stationiert, sondern vernünftigerweise an fünf bis zehn Standorten auf verschiedenen Kontinenten. Sie könnte dort leichter mit nationalen und regionalen Polizeieinheiten für gemeinsame Einsätze üben und gegebenenfalls allein oder je nach Bedarf als „Vorhut" einer aus nationalen Polizeiverbänden zusammengesetzten Schutzmacht tätig werden. Mit einer solchen Struktur ließen sich die Voraussetzungen dafür schaffen, dort, wo regionale Abmachungen der Vereinten Nationen wie OSZE, OAS und OAU bestehen und funktionieren, die Verantwortung für die praktische Durchführung eines Einsatzes von den Vereinten Nationen auf die regionale Ebene zu übertragen. Dies wäre im Interesse kürzerer Kommandowege auch sinnvoller und ist, da es sich nicht um Militäreinsätze handelt, die vom Sicherheitsrat geführt werden müssen, auch rechtlich zulässig.

Hätte es eine solche Bereitschafts-Polizei schon 1998 gegeben, so wäre es möglicherweise nicht zu dem als „humanitäre Intervention" deklarierten NATO-Luftkrieg gegen die Bundesrepublik Jugoslawien gekommen. Da zwischen der Belgrader Regierung und Rußland einerseits und den NATO-Mitgliedern des Sicherheitsrates andererseits schon im Vorfeld der Resolution 1199 (1998) vom 23. September 1998 der Hauptstreitpunkt die NATO-Führung einer Friedenstruppe für das Kosovo war, hätte es für die Entsendung einer zur Selbstverteidigung fähigen UNO-Polizeitruppe im Herbst 1998 einen Konsens im Sicherheitsrat geben können. Vor allem wenn für die Region Europa eine Polizeitruppe bereit gestanden hätte, wäre diese erheblich schneller als die OSZE-Verifikationsmission einsatzbereit gewesen. Da sie zur Selbstverteidigung fähig gewesen wäre, hätte sie ab Dezember 1998 – anders als die OSZE-Mission – ernsthaft und mit gewissen Erfolgsaussichten versuchen können, die Konfliktparteien von neuerlichen Gewaltakten abzuhalten.

Schon dieses ex post entworfene Alternativszenario läßt erkennen, wie nützlich eine solche Polizeitruppe sein könnte. Die fehlende Unterstützung der UNO-Präsenz bei und nach der Volksabstimmung in Ost-Timor Ende August 1999 durch internationale Polizeieinheiten ist ein anderer Fall, an dem aufgezeigt werden kann, wie notwendig es wäre, ein derartiges Machtmittel zur Friedenserzwingung aufzubauen und zur Verfügung zu halten.

Teil 4

Kriegsgewalt

Frauen im Krieg

Annette Weber

Frauen im Krieg. Meint das die US-amerikanischen F16-Pilotinnen (Zimmermann 1995; Muir 1992), die für ihren persönlichen Fronteinsatz kämpfen, meint es gedemütigte, vergewaltigte Frauen, aus Bosnien (Nokilic-Ristanovic 1996; Rejali 1996; Peterson 1996)? Sind Frauen im Krieg die verschleierten Afghaninnen, die gezwungen werden, die Burkha zu tragen – als sichtbares Symbol der Unsichtbarkeit? Ist es die 16jährige, die für die ugandischen Rebellen der Lord Resistance Army kämpft? Sind die minderjährigen Prostituierten in Liberia Frauen im Krieg, die minderjährigen Prostituierten auf philippinischen US-Militär-Stützpunkten (Enloe 1990) aber nicht? Ist die Ehefrau eines Waffenhändlers eine Frau im Krieg, oder muß man sich unter Frauen im Krieg die verhungernden, seit 14 Jahren fliehenden Südsudanesinnen vorstellen? Sind IRA-„Terroristinnen" Frauen im Krieg, ebenso wie die Algerierinnen, von denen man nunmehr nur noch das Bild einer Verzweifelten, Trauernden hat? Was ist mit den ‚Cholas'[1] und schwarzen Gang Girls der US-amerikanischen Innenstädte? Immerhin sterben bei den Bandenkriegen der Kinder jährlich in den USA allein 12.000 Minderjährige.

So unterschiedlich die Realitäten von Menschen sind, so divers sind auch die Rollen von Frauen im Krieg.

Neben der Feststellung der Unterschiede gibt es selbstverständlich auch Gemeinsamkeiten und Ähnlichkeiten, die sich allerdings weniger aus dem Tun der Frauen ergeben, sondern vielmehr aus dem Tun der Männer, auf das die Frauen zu reagieren gezwungen sind. So kann beispielsweise festgestellt werden, daß nahezu alle Entscheidungen über einen Krieg von Männern getroffen werden, daß mehr als 90 % der Schußwaffen – ob zu anscheinend zivilen Verteidigungszwecken oder potentiellen kriegsrelevanten Einsätzen – von Männern gekauft werden und ihnen gehören. Der Großteil an regulären Armeen und Guerilla-Verbänden rekrutiert sich überwiegend aus Männern. Wenn Frauen aktiv an Kriegen teilnehmen, dann nicht auf Kommandoposten, sie sind keine Befehlsgeberinnen und – mit Ausnahme der Guerilla – sie sind auch selten an vor-

---

1 Chicana: Begriff für weibliche Gangmitglieder.

derster Front. Es werden nahezu ausschließlich Frauen von Männern vergewaltigt, ebenso wie Gewaltanwendung im privaten Raum eindeutig von Männern ausgeht und sich auf Frauen richtet – und nicht umgekehrt. Es mag zwar militärisch befehlende Königinnen gegeben haben – von Militärstrateginnen oder Feldherrinnen ist bislang wenig bekannt.

Die Realitäten sind eindeutig: Die Opfer von Kriegen – egal ob in postmodernen Simulationskriegen der verbliebenen Supermacht oder in endlosen Stellungskriegen im Südsudan – sind weiterhin Frauen, Kinder und ältere Menschen. Es sind eben nicht die heroischen Soldaten und Kämpfer, die ‚just warriors‘,[2] die für ein „hehres" Ziel ihr Leben lassen, sondern die, die nicht gefragt wurden, die selten vom Krieg profitieren und kein Mitspracherecht haben.

Die Fakten sind deutlich, nur die Analysen verschieden. Wenn man annehmen kann, daß Krieg kein götterhafter Schicksalsschlag, sondern von Menschen vorbereitet, erwogen und durchgeführt wird, dann muß man auch davon ausgehen, daß die geschlechtsspezifischen Strukturen, die das Leben der zivilen Bevölkerung bestimmen, großen Einfluß auf Kriegsvorbereitung, Legitimierung und Handlung haben. Darum soll es auf den folgenden Seiten gehen.

Vorauszuschicken ist dabei noch, daß ebenso wie Krieg kein Schicksal und Macht keine Substanz, sondern ein interpersoneller Vorgang ist, soziale Kategorien in den verschiedenen Gesellschaften konstruiert und nicht gegeben sind.[3] Es sind Konstruktionen einer Dominanzkultur (Rommelspacher 1995) und nicht genetische Triebmuster. Aber ebenso, wie es richtig ist, zu sagen, daß es Rasse oder Geschlecht oder Klasse nicht als essentialistisches Geburtsmerkmal mit der uns bekannten Wertung gibt, sondern diese Zuschreibungen erst durch den Diskurs geschaffen werden – und diese binären Dichotomien Teilen und Herrschen vereinfachen, kann auch konstatiert werden, daß es in der alltäglichen Lebenswelt tatsächlich Rassismus gibt, daß es eine Klassengesellschaft und daß es Männer und Frauen gibt. Für politische Handlungen ist diese Kategorie weiterhin brauchbar, allerdings auch permanent zu hinterfragen und zu kontextualisieren. Als deskriptive Möglichkeit zur Erfassung der Lebenswelt bestehen diese, gesellschaftliche Wirklichkeit gewordenen, Konstrukte weiterhin. Es muß nur gefragt werden, ob für eine analytische Nachfrage Essentialismen denn tatsächlich eine sinnvolle Grundlage darstellen, oder ob sie nicht so weit redundant und trivial kausalisierend sind, daß sie auch als Beschreibung nicht sehr ergiebig sind. Vor allem wenn davon ausgegangen werden kann, daß soziale Realitäten nicht auf endgültigen Wahrheiten basieren, sondern dynamisch prozessual ver-

---

2 Nach Jean Bethke Elshtain: Just Warriors and Beautiful Souls.
3 Der verwendete Konstruktionsbegriff geht auf ein dynamisches, nicht statisches Verständnis von Macht und Herrschaft zurück. Dabei beziehe ich mich in der Machtdefinition auf Michel Foucault und Deleuze/Guattari. Der verwendete Konstruktionsbegriff ist als deskriptive Erweiterung, nicht als Relativierung zu verstehen. Die Konstruktion sozialer Kategorien bezieht sich hier auf die Diskussion um die Unhaltbarkeit essentialistischer Muster. Nach Judith Butler (1990) wird im weiteren angenommen, daß es keine prädiskursiven sozialen Zuschreibungen gibt, keine Kategorisierung a priori außerhalb des gesellschaftlichen Diskurses.

laufen. Frauen können dennoch als Kategorie – obgleich eigentlich als solche nicht existent – ganz real in ihrem geschlechtsspezifischen Bezug zu Krieg analysiert werden.

In diesem Beitrag interessieren dabei weniger die Hintergründe, die eine Konstruktion wie Geschlecht entstehen lassen und wirklich, greifbar, real werden lassen – ohnehin keine verschwörungstheoretische, von oben gesteuerte Macht, die da wirkt, sondern eine Foucaultsche, dislozierte, mit multiplen Vektoren.

Gerade aber bei einem Thema wie „Frauen im Krieg" wird die Konstruiertheit dieser Zuordnungsanweisungen – wie etwa männlich/weiblich – überaus deutlich und läßt nicht nur den Schluß zu, daß diese Zuordnungen gelebt, sondern auch, daß diese Zuordnungen unterschiedlich gewichtet und gewertet werden.

Am Stereotyp, das einige feministische Pazifistinnen genauso zur Grundlage gemacht haben wie nationalistische Militaristen den Mythos der genuin ‚friedfertigen Frau', wird in diesem Beitrag gerüttelt werden. Allerdings nicht, wie das in liberalen, postfeministischen Studien geschieht, um strukturelle und kulturelle Gewalt[4] als veraltete Opfermacherinnen abzuschreiben und dem anscheinend befreiten und sich schon wieder in Auflösung befindlichen Subjekt die volle Kontrolle über jegliches Handeln zuzuschreiben – und so auch die volle Verantwortung von den gesellschaftlichen und politischen Interessen auf die individuelle Verantwortlichkeit zu schieben.

Aus dieser, wie mir scheint, notwendigen Mischung aus postmoderner Dekonstruktion und feministischem Stellung-Beziehen ergeben sich konfliktlösungsorientierte Handlungsmuster, die sich im gleichen Spannungsfeld bewegen. Allerdings wird hierbei deutlich mehr Augenmerk auf die vielschichtigen Ebenen der prä-kriegerischen Dominanzstrukturen gelegt, als auf die unmittelbare Konfliktbearbeitung in einem Krieg. Das hat mehrere Gründe; einer lautet, daß es in einem manifesten Konflikt Sinn machen kann, auf geschlechtsspezifische Stereotype, etwa das der friedfertigen, erdverbundenen, vernetzt denkenden Frau als Mutter zurückzugreifen,[5] welche in einer tieferen Analyse, auch in der gesellschaftlichen Einübung von militarisierter Überzeugung und hierarchischer Logik, genau den Kern des Problems darstellt.[6]

Kurz, wer sich in die Falle von dichotomen Zuschreibungsformeln begibt und Frauen als Kategorie zu genuinen Opfern macht, die aus ihrer erlernten Demütigkeit dann ausgerechnet zu pazifistischen Anführerinnen werden sollen, schreibt die Geschichte von Zentrum und Peripherie fest. Diese entkontextualisierte Festlegung von Mann/Frau-Verhaltensmustern ist eine weitere Legitimation in der biologistischen Propaganda von der Notwendigkeit der aggres-

---

4 Hier verstanden im Sinne der einschlägigen Definition Galtungs.

5 Ökofeministinnen wie Mies/Shiva (1994) oder radikale Feministinnen wie Mary Daly, Carol Gilligan gehen von diesem Essentialismus aus.

6 Zu dieser Thematik findet sich bei Kaplan (1994) ausführliches Material, das grundlegend an der Frage der Mutterschaft als genuine Friedfertigkeit arbeitet.

siven männlichen Triebabfuhr und der weiblichen Begrenzungserfüllung und Hege- und Pflegeaufgabe.

Wie schon zu Beginn geschildert, ist die Wirklichkeit von Frauen im Krieg vielschichtig, und dennoch scheint es ein Element zu geben, welches zumindest für einen Großteil von kriegsbetroffenen Frauen vergleichbare Lebensrealitäten vorgibt, die sie gerade aufgrund ihrer sozialen Zuschreibung von Geschlechterkategorien erleben.

Das aktuelle Dilemma, nämlich die wichtige Infragestellung der ‚grand narratives‘, der absoluten Denkmodelle großer Erzählungen (oder auch Entwürfe) wie etwa der Aufklärung – nicht aber deren Entsorgung – und gleichzeitig die politische Notwendigkeit, Standpunkte zu beziehen, die auf einer deutlich essentialistischen sozialen Kategorie, wie etwa der der Klasse, des Geschlechts oder der Rasse basieren, die andererseits als Dominanzkonstruktion dekonstruiert und bezweifelt werden, bleibt hier bestehen.

Die notwendige Crux findet sich in der Gleichzeitigkeit des Denkens von antiessentialistischen Ideen und den Idealen von Gerechtigkeit, Solidarität oder Gleichheit.

Das Thema Frauen im Krieg muß weiter spezifiziert werden, da ansonsten eine unzulässige Universalisierung und gleichzeitige Beschränkung dieser Thematik eintritt. Die Diversifizierung der Einbeziehung von Frauen in den Krieg ist in diesem Zusammenhang ebenso von Bedeutung wie ihr – doch weiterhin reales – Opfer-Werden durch den Krieg.

Mit derartiger Einbeziehung möchte ich hier nicht nur diejenigen Frauen beschreiben, die aktiv am Krieg teilnehmen, Waffen tragen, beschützen, versorgen und rauben. Ich meine damit auch die anfeuernden, Märtyrer fordernden Frauen, die Feindbildkonstrukteurinnen und Wir-Gruppenerzeugerinnen. Ebenso wie für Männer ist es letztendlich nicht nur die eigene Bereitschaft, eine Waffe zu nehmen und zu töten, sondern auch eine Entscheidung, Feindbilder zu konstruieren und zu fördern oder auch militärische Lösungen von Konfliktlagen einzufordern. Dabei macht es in der realen Gewalttätigkeit wenig Unterschied, ob die Legitimationsstränge aus Milieu-, Patriarchats- oder Propagandasträngen gebastelt werden.[7] Ziel ist dabei nicht, eine Ähnlichkeit oder gar Gleichheit von Gewaltanwendung durch Männer und Frauen zu konstruieren, vielmehr geht es um eine kritische Betrachtung geschlechtsspezifischer Belegungen. Daß real Männer Gewalt gegen Frauen ausüben, läßt bei der Frage nach den Handlungsmustern wenig erkenntniserweiternde Schlüsse zu. Wenn auf der Handlungsebene von geschlechtsspezifischen Täter-Opfer-Mustern gesprochen werden kann, muß doch gerade auf der Motivationsebene gefragt werden, wie das möglich sein sollte, wenn es denn so etwas wie den friedlichen Charakter von Frau-

---

7 Mit Daniel Goldhagen (1998) gehe ich davon aus, daß es letztendlich immer auch eine Entscheidung der einzelnen Person gibt, sich als strukturell oder manifest gewalttätig zu gerieren. Es kann nicht grundsätzlich davon ausgegangen werden, daß es Entschuldigungsmuster gibt, die dem/der Handelnden eine eigene Entscheidungsfähigkeit absprechen und jegliches Tun auf Verblendung, Propaganda, Milieu zurückführen, wie es etwa in der Legitimierung „rechter" Gewalt in Deutschland zur Standardentschuldigung gehört.

en gäbe. Es muß auch gefragt werden, wie genuin friedlich ein exklusivistisches Modell von Mutterschaft ist, das nicht nur die eigenen Kinder allen andern Kindern vorzieht, sondern in dieser Wertung auch Gewalt zum vermeintlichen Schutz propagiert – und dabei nicht davor zurückschreckt, die eigenen Kinder den Mythos des Soldaten als Beschützer nachspielen und Soldat sterben zu lassen (Kaplan 1994).

Zu kurz kommen die komplexen Ebenen der verschiedenen Wirklichkeiten von Krieg und dessen Begrenzung.

Da Krieg im Südsudan anders funktioniert, Frauen anders einbindet als etwa im Kosovo, sind eine Auseinandersetzung mit möglichen analytischen Eingrenzungen und die Darlegung methodischer Vorbedingungen zwingend.

Schon allein der Universalismus ‚Frauen' im Titel spiegelt eine homogene Gruppe vor, die so tatsächlich nirgends anzutreffen ist. Frauen im Krieg sind sowohl Täterinnen als auch Opfer, sind Kämpferinnen und Bekämpfte, Mitmacherinnen (Thürmer-Rohr 1989a; 1989b) wie auch Widerständige. Frauen ist kein Begriff, der sich prädiskursiv füllen ließe, und so ist es vielleicht sinnvoll festzulegen, in welcher Form von einer geschlechtsspezifischen Erfahrungswelt gesprochen werden kann, oder inwieweit dies eine simplifizierende und deswegen unbrauchbare Kategorisierung ist.

Grundsätzlich kann als Betrachtungseinheit bestimmt werden, daß die alltägliche Realität von Millionen von Frauen direkt oder mittelbar mit Krieg, seinen Vorbereitungen oder Auswirkungen zu tun hat. In welcher Form jedoch Frauen anders von Krieg betroffen sind oder sein könnten, muß sich in der jeweiligen Fallbetrachtung herausstellen. Allerdings gilt, daß die meisten Opfer, die im direkten Krieg mit ihrem Leben bezahlen, ZivilistInnen sind. Nach den Analysen der feministischen Theorie der Internationalen Beziehungen, wie sie Anne Tickner, Christine Sylvester oder Spike Peterson vortragen, wird hier an einer Genealogie von geschlechtsspezifisch konnotierten Dualismen angeknüpft, die Bürger/Soldat/Kämpfer auf der einen und Frauen/Kinder/Alte/Kranke/Zivilisten auf der anderen Seite beschreibt. Dabei kennzeichnen diese historischen Lineages, die von Plato über Hobbes, Rousseau bis Morgenthau weitergeführt wurden, nicht nur die möglichen Gewinner und Verlierer in einem Krieg, sondern sie zeigen auch auf, daß der Ausschluß von Frauen sowohl zwingend für Kriegsführung als auch für die Konstruktion vom Bürger bleibt (Sylvester 1992a; 1992b; 1993; Tickner 1995a; 1995b).

Allerdings kann tatsächlich, mehr aus einer geschlechtsspezifischen Dominanzanalyse als aufgrund von verallgemeinernden Aussagen, festgestellt werden, daß Männlichkeit gegenüber Weiblichkeit in ihrer Wertigkeit, ihrer Wirkung und in ihrem Handeln im Krieg als sehr verschiedene Größen gesehen und dargestellt werden können.

Ganz sicher läßt sich sagen, daß in den meisten Kriegen im Bezugssystem von Opfer und Täter, von Handelnden und ‚Behandelten', die Zuschreibungen gelten, die Frauen beziehungsweise Männern zugedacht werden. Daß sich allerdings gerade geschlechtsspezifisch konnotierte Attribuierungen wie Stärke, Ag-

281

gression, öffentlich versus privat, Kultur versus Natur, Beschützer versus Be-
schützte längst und vor allem angesichts von Krieg selbst karikiert oder gänzlich entmystifiziert haben, ist Teil der Auseinandersetzung.

Krieg an sich existiert nicht. Es sind die Granaten, die Fliegergeräusche, das
Pfeifen von Gewehrkugeln, die eine vollkommen absurde Realität bilden und
die ohne die Menschen, die sie auslösen, und die, die getroffen werden, vollkommen unverständlich bleiben. Ohne gesellschaftlich legitimierten und mili-
tarisierten Diskurs ist Krieg weder als Abstraktum noch als Realität denkbar. Die
Akzeptanz der Kriegslogik in einer Gesellschaft ist Voraussetzung, um Krieg
als Mittel der Politik zu begreifen und einzusetzen, wider besseres Wissen. Das
genau macht Krieg aber auch so schwer faßbar, weil die Personen, die die Granaten feuern, und die, die getroffen werden sollen, nicht zu verzerrten Mutanten
werden, sondern äußerlich nahezu dieselben bleiben. Diese beiden Menschen
auf je unterschiedlichen Seiten in je unterschiedlichen Rollen könnten sich nach
getaner Arbeit (dem Krieg-Machen bzw. Krieg-Erleiden) zusammensetzen,
oder, nach gemeinsamer Arbeit (Lohnarbeit) gegeneinander kämpfen. Auf anderer Ebene, in den Rängen der defense intellectuals, der nuklearen Kriegsmittel-
entwickler, hat Carol Cohen in ihren Beobachtungen sehr eindrucksvoll geschildert, wie vollkommen die Abspaltung der Tätigkeit von der Wirkung funktioniert. In Cohens Beschreibungen (1993) sind das nicht nur freundliche Männer, fürsorgliche Familienväter, die hier Kill-Kapazitäten ihrer smart weapons
errechnen, sondern auch Männer, die eine deutliche Benennung der Konsequenzen ihres Tuns mit einer Effeminierung verbinden, die sie in eine ihnen selbst
unerträgliche Position der Schwäche zwingt.

Krieg findet zunächst in den Köpfen statt. Und damit das so reibungslos
funktioniert, wie es zu tun scheint, muß in diesen Köpfen und im Leben der
Menschen auch schon vor dem Krieg eine Bereitschaft vorhanden sein, sich auf
Hierarchien einzulassen, Gewalt ungefragt zu akzeptieren und Kontrolle, Korrektur, Bestrafung, Zurechtweisung, Auslöschung, Verletzung und Ermordung
als legitime Mittel des Zusammenlebens zu verstehen.[8]

Das gilt für die Computerexpertin für nukleare Strategieplanung im Penta-
gon genauso wie für die Guerillera in Eritrea, für die verhungernde Südsudane-
sin wie für die nationalistische Soldatenmutter. Nur die Teilhabe an der Logik,
an der Macht und an der Ohnmacht, ist für die genannten Frauen verschieden.
Hier ist zugleich bemerkenswert, daß die Mehrheit der Frauen im Krieg nicht an
den Hebeln der Macht sitzt, weder der direkten Ausführung noch der Propagan-
damaschinen. Frauen sind, trotz sonstiger Festlegung auf den privaten – nicht
kriegerischen – Bereich, allerdings auch ohne Definitionsmacht, was die Strukturierung der Gesellschaft, die Bezugnahme auf Tradition oder die Interessen-
vertretung und Repräsentationsansprüche angeht – ganz gleich, ob Frauen als
Gruppe durch die kriegsbedingte Abwesenheit einer Männermehrheit diese Ent-

---

8 Hierzu lassen sich die zahlreichen Untersuchungen zur geschlechtsspezifischen Gewaltanwendung und Kriegserfahrung heranziehen. Als Beispiele dienen hier Cooke/Woollacott 1993,
   Howes/Stevenson 1993, Isaksson 1988.

scheidungsträgerinnenfunktionen längst, tatsächlich und dauerhaft einnehmen. Vielmehr erleben Frauen im Krieg ähnliche Ohnmachtsstrukturen, die sie auch aus einem unkriegerischen Alltag kennen und deren Mechanismen sie zu einem Spagat zwischen fehlender Entscheidungskompetenz und voller Nachbereitungsverantwortung zwingen. Sie geben selten den Einsatzbefehl, versorgen aber die Verwundeten, sie planen nicht die strategischen Züge, schicken und zwingen aber ihre männliche Umwelt in den Krieg, ob als Soldatenmütter, als Kämpferfrauen, als Nationalistinnen und Paradefähnchenschwingerinnen. Und am Ende sind sie es, die von den Kriegsbemühungen der Gegenseite – oder dem Profitstreben der eigenen Seite – als Hauptbetroffene erscheinen müssen.

Wenn auf das Leiden von Frauen im Krieg verwiesen wird, auf die statistische Textur, die Frauen darstellen, deren massenhafte Vergewaltigung allein der Kommunikation der Täter zu dienen scheint, Verhandlung und Markierung zwischen Besitzenden (des Territoriums Frau) darstellt, dann ist es immer schon viel zu spät.[9] Dann gibt es auch bei denen, die sich über die Brutalität der kriegerischen Taten entsetzen, schon ein Verständnis für Logik und Funktion dieses Verhaltens. Das ist den Entsetzten nicht vorzuwerfen, macht aber deutlich, wie tief und breit die militärische und militaristische Logik von Markieren, Vermessen und Messen in unserem Bewußtsein verwurzelt ist.

Auch wenn wirkliches Entsetzen und Grausamkeiten-nicht-nachvollziehen-können echt sind, so bleibt immerhin verstehbar und im kulturellen Kontext lesbar, wenn Massenvergewaltigungen von bosnischen Frauen auf Video aufgezeichnet werden, um die Entschiedenheit und Endgültigkeit von virtueller Inbesitznahme zu erklären. Virtuell deswegen, weil den Vergewaltigern nicht an den wirklichen Personen, sehr wohl aber an deren Funktion als Symbol oder Trägerin einer ethnischen, nationalen oder territorialen Funktion gelegen ist. Es geht nicht darum, Frau X, Y, Z zu vergewaltigen, sondern darum, sichtbar ‚eine von denen‘ zu stigmatisieren. Wie überhaupt in keinem Krieg es darum geht, persönlich Bezeichnete – außer aus direkter Rache – zu ermorden, sondern Menschen, die für die mobilisierte Wir-Gruppe als VertreterInnen der ‚anderen‘ gelten.

Das Verhalten der vergewaltigenden Männer ruft zwar Entsetzen hervor, und es stellt sich die Frage nach einer kollektiven Destruktion von Zivilisation. Dennoch konnte das Verhalten als kriegsimmanente Taktik verstanden, wenn auch abgelehnt werden. Eine Umkehrung der Machtpositionen hingegen (hier etwa die Vorstellung von vergewaltigenden, kriegführenden, gewalttätigen Frauen) würde nicht nur die Kriegstaktik verwerfen, vielmehr wäre das gesamte Bild sozialer Muster nachhaltig gestört. Die normative Festlegung des handelnden Subjekts bleibt in der Logik des Krieges unangetastet – und oft auch in der Logik derjenigen, die den Krieg ablehnen.

---

9   Hierzu sei auf die verschiedenen Bezugnahmen zum Thema Vergewaltigung im Krieg in Jugoslawien in der Peace Review Vol. 8; No 3 1996 hingewiesen. Auch Zalewskis Bearbeitung der unterschiedlichen Wahrnehmung von Gewalt ist in diesem Zusammenhang wichtig (Zalewski 1995).

Diese Vorstellung von Dominanz, am Geschlecht der jeweiligen Person festgemacht, funktioniert, wie auch die Vorstellung von Rasse, nur in eine Richtung. Weiterhin bleiben „männlich" und „westlich" normativ und müssen nicht eigens angeführt werden. Ganz im Gegensatz zu „weiblich" und „Schwarz", was durch das Benannt-werden-können schon die Abweichung impliziert.

Es reicht nicht aus, festzustellen, daß Männer häufiger gewalttätig sind, und es reicht auch nicht aus, sie darauf hinzuweisen, diese scheinbar geschlechtsspezifische soziale Äußerung etwas zu reduzieren. Ebensowenig reicht es aus, Frauen als Betroffene oder Reagierende dieser Männergewalt zu beschreiben. Vielmehr müßte es darum gehen, Männlichkeit und die zugeschriebenen Rollenverhalten weniger als gegeben denn als sozial konstruiert zu begreifen und sie somit zu verhandelbaren, nicht aber zu unverrückbaren, verfestigten Strukturen zu machen.

Identitätsfallen

Eine grundlegende Basis für den Aufbau und das Verständnis der existierenden Gesellschaften und deren soziale Stratifizierungen ist sicherlich die Idee der Identität und einer Logik, die eine festgeschriebene Identifikation als gesellschaftlichen Stabilisierungsfaktor anerkennt – und eben nicht als Abgrenzungsmechanismus und permanenten Krisengenerator.

Vielleicht ist man über Bekannte verwundert, die ganz plötzlich vom Weltbürger zum mythischen Tribalisten werden, deren Identität sich von einer nomadisierenden, wechselnden zu einer festen, statischen wandelt, wo nicht mehr Beziehungen, Beruf oder Interesse, sondern ethnische oder nationale Festlegung wichtig werden – vom Journalisten zum Kroaten etwa – und wo die Erklärung, daß Krieg nichts Gottgegebenes, Schicksalhaftes ist, sondern man-made, nicht mehr gehört wird. Offensichtlich bedarf es für die Kriegsmacher gar nicht vieler Überredungskünste, um das Rattern der Maschine in Gang zu setzen, um andere auf ‚ihren Platz' zu verweisen, ganz ohne vorhergehende Einübung der Platzverteilung im Krisenfall. Auf einmal werden mythische Absurditäten wie Ehre, Blut, Boden und Stolz oder Nation, Rasse, Familie, Volk gepredigt – und alle machen mit, weil das Private und das Öffentliche so ineinander fließen, daß ein Auseinanderhalten nahezu unmöglich wird, so unmöglich, daß selbst Leute, die von der Konstruiertheit einer Identitätsvorlage wissen könnten, sich doch lieber an diese Vorlage halten, wohl wissend, daß diese Konflikte nicht beendet, sondern ausschließlich perpetuiert werden. Die Wir-Gruppen-Erschaffung, die Identitätsfalle schnappt zu, und auch wer keine Waffe trägt, muß sich fragen, inwieweit er oder sie sich nicht schon vorher am Erschaffen und Schmücken der Wir-Gruppen-Identität beteiligt hat, einer Identität, die nicht darauf basiert, Unterschiede und Vielfalt anzuerkennen, sondern sich auf eine hierarchische Besser-als-die-andern-Vorstellung beruft.

Loyalitätsprobleme

Bei einem mehrmonatigen Aufenthalt im Südsudan hatte ich die Möglichkeit, etliche Frauen zu ihrem eigenen Kriegsbezug zu befragen. Verwundert stellte ich fest, daß zwar ein klares Bewußtsein über die Zerstörung und Fragmentierung, die Infragestellung und Auslöschung jeglicher bekannter Strukturen, Traditionen und Überzeugungen als Kriegsursache herrschte, daß aber trotz der fundamentalen Verschiebungen Orientierungen wie Loyalität ungebrochen funktionierten. Obgleich keine der Befragten Kenntnis über den Verbleib aller Angehörigen hatte, obwohl lokal die verantwortlichen Rebellenführer, neben der Regierung in Khartoum, für die Verwüstung und den Tod verantwortlich gemacht wurden, galt dennoch die dominante Logik der Identifikation mit dem ‚tribe‘, respektive der ethnischen Gruppe. Obgleich die meisten Frauen seit Jahren auf der Flucht waren und sich weder territorial noch traditionell in ihren gewohnten Gemeinschaften aufhielten, sondern meist in extrem heterogenen Zusammenhängen lebten, sahen sie die Bindung an den Hauptrebellenführer der jeweiligen ethnischen Gruppe als zwingend und unabdingbar an. Dieser Loyalitätszwang wurde demnach auch nicht als Hindernis, als Zwang oder Druck erklärt. Für die Frauen schienen ihre eigene Feindbildkonstruktion und die Mobilisierung gegen die andere Ethnie nicht im Zusammenhang mit der völligen Verwüstung durch die interfraktionellen Kämpfe zu stehen. Diese wurden politisch kritisiert, sozial aber als traditionelle Weidegebietskämpfe legitimiert. Erst bei einem Workshop, der von einer sudanesischen Frauenmediationsgruppe veranstaltet wurde und zu dem Frauen aus unterschiedlichen ethnischen Gruppen gehörten, ist dies als paradoxe Kriegsverlängerung zur Sprache gekommen. Allerdings erst, nachdem die Frauen sich tagelang geweigert hatten, mit den Frauen der ‚Feindgruppe‘ zu kommunizieren. Erst nach einigen Tagen gemeinsamen Workshops fanden sie zu der Erkenntnis, daß die verschiedenen Frauen mehr Gemeinsamkeiten als Unterschiede aufwiesen, daß der Krieg die Kinder aller Seiten gleichermaßen hinwegrafft, das Leben all dieser Frauen gleichermaßen nahezu unlebbar macht, und daß das ‚Wir gegen die anderen‘ keiner Seite eine Verbesserung bringt. Und auch, daß die anscheinend so unhinterfragbare Loyalität für die jeweiligen ethnischen Rebellenführer eine Logik des Krieges ist, aber nicht zwingend zu einer besseren Situation der Frauen führt, sondern vielmehr dazu dient, den Krieg gar nicht erst als endlichen zu denken. Diese Logik zu brechen, die den Krieg als den Krieg von jemand anderem erscheinen läßt, sondern sich diesen Krieg zum eigenen und damit auch zu einem Krieg zu machen, gegen den man ganz persönlich ‚Nein‘ sagen kann, war einer der wichtigsten Lernschritte in diesem Workshop.

Überhaupt war festzustellen, daß trotz eklatanter Veränderungen der vorkriegerischen Verhältnisse, die nunmehr zum gelebten Alltag gehören, wie etwa die Auflösung der gesellschaftlichen Entscheidungsträgerfunktionen oder von geschlechtsspezifischen Nahrungs- und Arbeitsstabus, die vorkriegerische Gesellschaft als Normalität, der Kriegszustand als Ausnahmezustand gewertet wurde. Im Unterschied zu den eritreischen Frauen, die bis zu 30 % der kämpfenden Einheiten der Eritrean People's Liberation Front (EPLF) ausgemacht hatten und von ihrem Emanzipationsanspruch, den sie während des Krieges schon verwirklicht sahen, nun in der Nachkriegsgesellschaft Abstand nehmen müssen, ist es für die Frauen im Sudan die umgekehrte Situation. Sie entschuldigen Ungerechtigkeiten mit dem Krieg und legen sich darauf fest, daß nach dem Krieg kein Mann mehr über eine Frau zu entscheiden habe, nachdem jetzt alle die Möglichkeit hatten, zu erfahren, wie effizient Frauen eigenständig Entscheidungen treffen konnten.

Das Dilemma, das sich hier stellt, ist der Gleichklang, den die essentialistischen Geschlechterrollenbilder schreiben.

Festgehalten am dualistischen Bild von Mann-Frau, einer Dichotomie, deren Festschreibung an sich schon Legitimation von hierarchisierenden Vergleichen ist, erscheinen bei feministischen Konfliktforscherinnen, pazifistischen Frauen und nationalistischen Männern gleichermaßen die Chimären der friedfertigen Frau. Allerdings geht es hier nicht um die Frau per se, sondern um die Frau als Mutter. Es geht um Furcht und Sorge, die essentielle und existentielle Verkörperung des Prinzips der Selbstaufgabe. Dabei können Furcht und Sorge als Grundprinzip durchaus gegen Liebe gewechselt werden. Es ist die Frau, die für das gemeinsame Weinen, das Tränenabwischen, das Mutmachen oder Zurückhalten, später das Trauern und Wehklagen zuständig ist. Es sind auch die Frauen, von denen grenzenlose Liebe erwartet wird, deren kritisches Nachfragen mit mangelnder Liebe gleichgesetzt wird. Sie muß auch am Ende, nach dem Krieg, noch da sein, die Normalität gerettet und das nachkriegerische Leben gemütlich eingerichtet haben.

Zwischendurch wird sie – ohne als ewige Besorgnis in ein weinendes, sehnendes Herz eingeschrieben worden zu sein – als Zivilistin getötet (und das sind immerhin in den Kriegen seit 1945 über 80 % der Kriegstoten) oder als Symbol für Machterhalt, sei dies Nation, Rasse, Volk, Religion, Gedankengut oder Geschichte, installiert werden. Hinzukommt die unmißverständliche Maßgabe, daß bei Zuwiderhandlung gegen die Traditionsdefinition der Herrschenden – wiederum im neu definierten Traditionskanon festgelegtes Verhalten – eine harte Strafe zu erwarten sei. Man muß nicht nach Afghanistan fahren, um solcherart Begrenzungen und Einschränkungen zu begegnen.

So sind die endlosen Flüchtlingsströme dieser Welt, die trauernden Mütter, auch immer ein Zeichen von sichtbarer Normalität. Vor allem, weil sie die ohnmächtigen Opfer bleiben: Es ändert sich nichts in der Konstellation der Geschlechter. Selbst, wenn sich real alles verändert. So sind zum Beispiel die Frauen im Südsudan, aber auch im guatemaltekischen Quiche, seit dem Weggang ihrer Männer alleinige Entscheidungstreffende. Sie sind diejenigen, die Geschichte aus ihrer Sicht darstellen und Tradition überdenken. Sie verheiraten ihre Töchter und Söhne, und sie säen und ernten, auch wenn all dies vorher mit einem absoluten Tabu für Frauen belegt war. Sie mußten die Alltagsverantwortung übernehmen, und damit wurden nicht nur die Trennung zwischen Privat und Öffentlich aufgehoben, sondern auch die ansonsten als natürliche Tradition definierte Rollenzuweisung. Dennoch bleibt trotz veränderter Realität die Macht bei den Männern, selbst wenn diese nur in Abwesenheit existent sind. Es wird einer Nachkriegsregierung oder den nachwachsenden Söhnen nicht schwerfallen, die alten Konstellationen als Normalität einzufordern und als Befreiung vom schrecklichen Ausnahmezustand zu feiern.

Konkrete Beispiele von Frauen im Krieg, zumal, wie in diesem Fall aus Südsudan und Eritrea, werden häufig als exotische Ausnahme gesehen. Um diesem Mißverständnis vorzubeugen, liegt mir daran, eine weiter greifende Umschau nach der geschlechtsspezifischen Form von legitimierter Gewaltanwendung zu geben.

Seitenwechsel

Dabei soll es im konkreten Fall weniger um die geschlechtsspezifischen Formen und Anwendungen von Alltagsgewalt gehen, sondern vielmehr um die Annahme, daß Frauen vor allem dann Teilhabe an der Macht für sich beanspruchen konnten, wenn sie deutlich sichtbar oder verschwiegen und geheim die Seiten gewechselt hatten. Unter deutlich sichtbar sind hier die Frauen zu verstehen, denen öffentlich die maskulinistisch konnotierten Machtattribute zugesprochen wurden, die Königinnen, Kaiserinnen, Herrscherinnen (vgl. Ehrenreich 1997), die nicht nur Entscheidungen im öffentlichen Raum treffen konnten, sondern auch Befehlshaberinnen von Streitkräften waren. Unter den Frauen, die im Geheimen die Seite wechselten, verstehe ich hier die Beispiele der Crossdresserinnen (vgl. Feinberg 1996), der Frauen, die sich äußerlich als Männer gaben, um an deren tatsächlichen oder vermeintlichen heroischen Handlungen teilzunehmen. Dabei beschränkt sich mein Interesse nicht nur auf Frauen, die sich als Männer verkleideten oder tatsächlich begriffen und in den Krieg zogen. Es geht auch um Frauen, die sich einen Teilzeitmännerstatus gaben und geben, weil ihnen klar war/ist, daß anders eine Teilhabe an der öffentlichen Macht, am entscheidenden kriegerischen und politischen Diskurs nicht möglich war/ist.[10] Den Teilzeitmännerstatus müssen sich, meiner Ansicht nach, nahezu alle Frauen zulegen, die sich freiwillig kämpfenden Einheiten anschließen. Sowohl in der US-Armee als auch in der eritreischen EPLF oder der UCK beschreiben sich die Soldatinnen, respektive Kämpferinnen, mit klar maskulinistischen Zuschreibungen. Wie mir nahezu alle ehemaligen EPLF-Kämpferinnen, die ich in Eritrea interviewt hatte, sagten: *„Wir haben es nie zugelassen, daß sie uns als Frauen behandeln. Wir waren alle gleich – Kameraden an der Front, keine Frauen."*[11]

---

10 Dies läßt auch die Debatte um eine mögliche Pazifizierung durch Feminisierung des Militärs in meinen Augen als Paradox erscheinen, da die Grundvorgabe für Männer und Frauen im Militär eine eindeutig maskulin besetzte ist, deren größtmögliche Annäherung von allen Soldaten und Soldatinnen gleichermaßen gefordert wird. Die Strukturierungsgewalt liegt hier bei der immanenten militärischen Logik und nicht bei der Sozialisation von Frauen und Männern.

11 Nicht veröffentlichte Interviewsammlung. Bestandteil meiner Dissertation über das Selbstverständnis von Frauen im Krieg in Südsudan und Eritrea. Veröffentlichung in Vorbereitung.

Nun mag die Unterteilung zwischen Privat und Öffentlich ein weiterer Aus-schlußfaktor im Machterhalt sein, in seiner Konsequenz ergeben sich minde-stens zwei Alternativen, die im feministischen Diskurs wie auch in der Kon-fliktforschung diskutiert werden.

Wenn der öffentliche Raum als machtorientiert, ausschlaggebend und loya-litätsunabhängig gesehen werden kann[12] – im manifesten Krieg wie auch in nicht-kriegerischen Zeiten – steht die Entscheidung an, an dieser Macht teilzu-haben oder aber andere Machtzentren zu stärken. Ganz klassisch, im Diskurs um Demokratie, seit Plato bis zu den, durch das ständige Fliehen erzwungen temporären Dorfgemeinschaften im Südsudan. Auch hier ist der Zwiespalt zwi-schen aktueller Realität und angestrebtem Ideal groß. Denn selbst wenn, wie bei einigen radikalen Feministinnen, das „Regieren aus den ‚Küchen‘"[13] als ideale Lösung gilt, so gibt es dennoch unter der bisherigen und derzeitigen Vorstellung und Wirklichkeit von Gesellschaft, Bürger und Macht keine Möglichkeit, durch die Höherbewertung der ‚Küche‘ als dem klassischen Machtbereich der Frauen diesem auch tatsächlich mehr Macht zuzuschreiben.[14] Es muß also um die kriti-sche Hinterfragung der Macht des Dorfplatzes gehen und darum, wer dort unter welchen Vorgaben und in wessen Namen Entscheidungen fällt.

Hier kommt neben der Frage der Identität auch die Frage der Repräsentanz ins Spiel, und diese beiden Bereiche scheinen tatsächlich fundamental für jegli-che Gesellschaft, also auch für jede mögliche Vorbereitung, Legitimation und Mobilisierung von und zu Kriegen zu sein.

Welche Voraussetzungen erfüllt werden müssen, um sowohl als Bürger als auch als Krieger zu existieren und anerkannt zu sein, wird an diesen beiden Pa-rametern bemessen. Und so nimmt es nicht wunder, daß sich in der Geschichte einige Frauen an die zentralen Machtschaltstellen begeben. Um dort sowohl als Bürgerin wie auch als Soldatin bestehen zu können, galt es – und gilt es in wei-ten Teilen immer noch, sich mit maskulinen Attributen zu versehen, und wenn dies nicht reicht, sich als Teilzeitmann zu darzutun.

Allerdings sollte in dieser Vereinfachung nicht übersehen werden, daß we-der die ‚Küchenmacht‘, also die Macht, die eine Frau durch ihre Stellung als Ehefrau, Mutter, Geliebte oder Tochter hatte, völlig zu vernachlässigen wäre, noch, daß die Vorstellung der Machtausübung im öffentlichen Raum als unab-hängig gelten könnte. Sicherlich ist die Einflußnahme von Frauen an Entschei-

---

12 Hier folge ich dem Polis-Modell Hannah Arendts.
13 Hier als Synonym für die private Sphäre.
14 Hierbei darf nicht die Frage außer acht gelassen werden, um welche Teilhabe an welcher Macht es denn gehe. Konsequenterweise muß eine Teilhabe von Frauen an der ‚Marktplatzmacht‘ als genuin patriarchal veranlagt abgelehnt werden. Die Aufwertung der ‚Küchenmacht‘ hingegen wä-re in der Logik eine stringentere Aussage, da damit eine andere Gültigkeit, eine andere Vorstel-lung von Macht, respektive die Macht der caring, connected thinking mother gemeint wäre. In meinem Verständnis sind beide Festschreibungen einseitig und reduktionistisch. Weder sollte es um die geschlechtsspezifische Festlegung auf eine Art von Macht als authentischer gehen, noch denke ich, daß die Teilung zwischen destruktiver, patriarchaler Marktplatzmacht und friedlicher, kümmernder Küchenmacht eine sinnvolle Denk- und Handlungsgrundlage darstellt.

dungen in dieser Beschreibung nahezu ausschließlich an ihren Status in bezug auf Männer zu begreifen. Aber es sollte nicht der Fehler gemacht werden, dies als absolut gegen eine Vorstellung zu setzen, die entscheidungstragende männliche Bürger als unabhängige Individuen zeichnen würde. Auch im öffentlichen Raum gibt es Loyalitäten, Abhängigkeiten und das Interesse an einer Beratung, die die Entscheidung der Machtträger nicht vollkommen setzt. Der maßgebliche Unterschied ist, daß in der Verteilung die Rolle, die Frauen in diesem System haben, biologistisch und zwingend konstruiert ist,[15] die Rollen, die Männern – und hier auch nur bestimmten – zugeschrieben werden, sind hingegen mehr auf eine individuelle Entscheidung gegründet und performativer. Im Notfall muß sich der Entscheidungsträger an keinen Rat halten.

Ich erwähne diesen Unterschied, weil genau diese Diskussion sowohl bei den nicht kämpfenden, kriegsbetroffenen Frauen im Südsudan als auch bei den ehemaligen Kämpferinnen in Eritrea diskutiert wurde. Wie schaffen es Frauen, sich als Teil einer politischen Interessengruppe, als Gruppe der Frauen, aber auch als Individuen in einem öffentlichen Raum die Macht der Entscheidung einzufordern und zu nehmen. Und, wie kann es angehen, daß die Vorstellung der Repräsentation, sei es durch die Guerilla oder die Regierung, von der Bevölkerung akzeptiert wird und nahezu unkritisierbar erscheint, obwohl deutlich ist, daß sie in deren Repräsentationsvorstellung gar nicht vorkommen.

Hier kann man sich fragen, ob es angesichts der tatsächlichen Überlebensfragen, denen sich Frauen im Krieg auch und teilweise ausschließlich stellen müssen, nicht angebracht wäre, weniger mit theoretischen oder politischen Partizipationsmodellen zu hantieren, als zu benennen und zu bezeichnen, was Frauen im Krieg machen und was den Alltag von Frauen im Krieg anders macht als den der Männer. Da aber Krieg tatsächlich beides ist, die Weiterschreibung der Gesellschaft und gleichzeitig deren totale Auflösung, kann diese Kriegsrealität nicht abgekoppelt werden.

Solange nicht die gesellschaftlichen Modelle permanenter Kritik und Veränderung ausgesetzt werden, muß man sich nicht über die Weiterschreibung dieser geschlechtsspezifischen Machtverteilungen in Kriegszeiten wundern. Und solange bewaffnete Befreiungskriege weiterhin unter dem Diktat der militärischen Logik bleiben, muß auch da nicht verwundern, daß sich weibliche Kämpferinnen als geschlechtsneutral (beziehungsweise als normativ = männlich) betrachten und diese Zuschreibung mit dem militärischen Sieg oder der Niederlage ablegen (müssen) und auf das zurückgreifen, was zuvor vertraut war. Solange nicht die Gesellschaft hinterfragt wird, aus der heraus sich Krieg, Konflikt oder Gewalt entwickelt, ist auch die Auseinandersetzung mit Krieg nur Makulatur. Wenn diese Gesellschaft das Bezugssystem bleibt, auf das sich Menschen im Krieg beziehen, wenn sie an die Zeit der Normalisierung danach

---

15 Vgl. Simone de Beauvoir: Das andere Geschlecht (1948). Frauen als biologisches Geschlecht, gebunden an den Lebenszirkel, und Männer, die über das biologische Geschlecht als politische, öffentliche Subjekte in Erscheinung treten können.

denken, wird sich auch die Auseinandersetzung mit einem Thema wie ‚Frauen und Krieg' nicht von einer Opferbeschreibung unterscheiden.

So können Soldatenmütter in ihrer Funktion als Mobilisiererinnen, als Kriegstreiberinnen, nicht aber als Kriegserscheinungen gesehen werden, in konsequenter Fortschreibung eines Rollenbildes von Frauen, die spezifisch maskulin konnotierte Stereotype für richtig und wichtig halten und auch ohne Krieg von ihren Söhnen verlangen, stark, furchtlos, durchsetzungsfähig und beschützend zu sein, und die ihren Töchtern die Bewunderung dieser ‚Tugenden' an Männern beibringen. Dabei mag es im Ernstfall sogar gleichgültig sein, ob es ein Sohn oder eine Tochter ist, der/die als MärtyrerIn in den Kampf geschickt wird. Männlichkeit läßt sich im Notfall auch auf Frauen projizieren, und auch diese lassen sich glorifizieren. Weiblichkeit hingegen ist zwar kriegsnotwenig als Hege, Pflege und Kriegsursachenlegitimation, aber nicht ausreichend, um als Heldinnentugend bewundert zu werden. Das sollte nicht als Forderung nach größerer Anerkennung ‚weiblicher Tugenden' verstanden werden, sondern vielmehr als Kritik an den gültigen Dichotomien und ihren geschlechtsspezifischen Dominanzattributen.

Aber nicht nur SoldatInnenmütter entschuldigen mit ihrem grenzenlosen Beistand jegliches Tun ihrer Kinder, sie sind in ihrer aggressiven Friedfertigkeit auch integraler Bestandteil der Kriegslogik.

Nicht nur wird in ihrem Namen etwas verteidigt, sie sind auch die Demarkationslinie zwischen bestialischem Feind (‚der Serbe (sic!) liebt seine Mutter nicht', konnte man während des Krieges unzählige Male in kroatischen Frauenzusammenkünften hören) und dem schützenden, zu beschützenden ‚Eigenen'. Mütter werden nationales oder ethnisches Symbol, sind verpflichtet, die Kriegsmaschine mit Menschenmaterial zu versorgen und das kollektive Gedächtnis der Wir-Gruppe zu bewahren. Sie sind bei Bedarf von der Straße fernzuhalten, um zu verdeutlichen, daß denjenigen die Macht, die Sprache und die Tradition gehört, denen auch die Straße gehört. Oder sie sind auf die Straße zu schicken, um dem Außen zu zeigen, daß in der Wir-Gruppe diejenigen, die die Macht der Straße haben, auch die Macht über das Private haben und die Bewohnerinnen der Innenräume nach Belieben für sich funktionalisieren können.

Allein die Bilder der Fernsehberichte der letzten Zeit scheinen genau diese Geschichte zu erzählen. Frauen im Kongo, die von Offensiven getrieben durch ihr Land flüchten, Kosovo-Albanerinnen, die nach militärischer Unterstützung gegen die Serben schreien, Südsudanesinnen, die mit ihren Kindern verhungern. Auf der anderen Seite Männer, die kultur-, religions-, ethnien- und nationenübergreifend in einer absurden Feier ihrer Männlichkeit befangen scheinen – zeitlos und unabhängig von zivilisatorischem Kontext, Waffengattung oder Bekleidung. Von den afghanischen Taliban zu den serbischen Milosevic-Kämpfern, von den verschiedenen Rebellen und Regierungskämpfern im Kongo bis zu den freiwilligen Rekruten auf beiden Seiten des eritreisch-äthiopischen Konflikts. Überall ist das Bild gleich: Es zeigt Männer, die in ihren Männerbünden und, ausgestattet mit den Insignien ihrer Stärke, ihren potenten Machtmitteln – ob RBG, AK47 oder Uzi – nie glücklicher gewesen zu sein scheinen. Hier im

Krieg scheinen sie eine Berechtigung zu haben, hier zählen sie, sind sie mächtig, tun sie etwas, beweisen etwas. Nur daß es vor allem Frauen und Kinder, ZivilistInnen sind, die sie mit ihren absurden Kriegstaten zerstören, scheint ihrem Verbrüderungsrausch keinen Schaden zuzufügen. Hier sind sie uneingeschränkte Herren der Straße, ihnen gehört das öffentliche Wort, auch wenn sie sich wie unselbständige Marionetten den abstrusesten Befehlen irgendwelcher nur noch als Namen bekannter Befehlshaber andienen. Die Ausführung dieser Befehle liegt in ihrer Hand: In wessen Namen auch immer, sie töten und marodieren. Dabei sind diese Namen Rechtfertigungsrückzugsgebiete. Die Handlung des Tötens und Zerstörens führen diese Männer selbst aus, und es ist ihnen egal, in wessen Namen, solange sie sich in ihrer Herrlichkeit in dieser Feindbildkonstruktion erhöht sehen.[16]

Verfolgt man die Fernsehbilder, dann ist tatsächlich fast nie eine Frau unter den Kriegern der Welt zu sehen.

Das kann so festgestellt werden, es darf aber nicht dazu führen, aus dieser Tatsache männliche Aggressivität und weibliche Friedfertigkeit herleiten zu wollen. Allerdings kann man sich wundern, warum nahezu ausschließlich Männer rekrutiert werden und warum Frauen im Krieg meist paralysierte Opfer sind. Hierfür muß man nicht erst nach Afghanistan oder in den Südsudan fahren. Man kann sich zudem fragen, wie es in einem Land wie den Vereinigten Staaten möglich ist, daß keine Öffentlichkeit Sturm läuft, wenn in ihrem Namen andere Länder bombardiert werden, warum eine Außenpolitik, die sich auf Männlichkeitsbeweise, Härte und Konflikteskalation zu stützen scheint, keine großartigen Entrüstungen bei denen hervorbringt, in deren Namen diese militärischen Schläge eingesetzt werden. Wer mag sich da noch verwundert fragen, warum denn die Menschen in Bahr el Ghazal angesichts ihres tausendfachen Hungertodes nicht endlich ihre Verantwortlichen zur Verantwortung ziehen, wenn das nicht einmal einer gut genährten, friedlichen, demokratischen Bevölkerung in den Vereinigten Staaten gelingt?

---

16 Entschuldigend kann hier argumentiert werden, daß die einzelnen Kämpfer oder Soldaten kein Interesse am Töten haben, daß aber die Medien Krieg als Inszenierung mit Heldenpathos choreographieren.

Kinder im Krieg – Soziale und psychologische Einwirkung des Krieges auf Kinder

Ilhan Kizilhan

Einleitung

Die Bilder von kurdischen Kinderflüchtlingen während des Golfkrieges 1992, die in den Wintertagen über die Berge in die Türkei oder in den Iran flohen, sind eindringlich im Gedächtnis vieler Menschen geblieben: Augen, in denen sich der Terror widerspiegelt, Explosionen und Bomben noch gegenwärtig, der Kampf ums Überleben in den Bergen oder in den Flüchtlingslagern, verlassen und verwirrt, manchmal ohne Verwandte und Eltern. Die Erfahrungen des Krieges machen nicht nur die kurdischen Kinder. Heute passieren in vielen Ländern der Welt einige der schlimmsten Menschenrechtsverletzungen an Kindern bei bewaffneten Auseinandersetzungen, innerstaatlichen Konflikten oder zivilen Unruhen. In Afghanistan, Angola, Algerien, Aserbaidschan, Burundi, Kolumbien, Guatemala, im Libanon, in Libyen, im Irak, in der Türkei, in Ruanda, Sierra Leone, Somalia, im früheren Jugoslawien und in Zaire haben bewaffnete Konflikte in den letzten Jahren Millionen von Menschen zur Flucht getrieben, da in den meisten Fällen die Angriffe gegen die Zivilbevölkerung, einschließlich Kindern, gerichtet wurden.

Kinder werden systematisch durch Militäraktionen getötet, die darauf abzielen, Zivilisten zu beseitigen, die wegen ihrer ethnischen, religiösen oder nationalen Zugehörigkeit oder schlicht aufgrund ihres Wohnortes verdächtigt werden, die gegnerischen Streitkräfte zu unterstützen. Häuser werden absichtlich zerstört, um überlebende Opfer von Terrorakten einzuschüchtern und zur Flucht zu zwingen oder dazu die Kontrolle und Herrschaft der Machthaber vollkommen zu akzeptieren.

In diesem Beitrag möchte ich mich mit der sozialen und psychologischen Einwirkung des Krieges auf Kinder beschäftigen, die nicht die Möglichkeit haben, Orte der Bedrohung und Gewalt zu verlassen.

Zum Thema „Auswirkung von Krieg bzw. Kinder im Krieg" liegt eine Reihe von Untersuchungen vor, die allerdings unterschiedliche Ergebnisse verzeichnen. Im Mittelpunkt dieser Arbeiten stehen die Kriegserlebnisse und ihre Folgen für die Kinder. Eine Durchsicht der zu diesem Thema erschienenen Publikationen ergibt, daß sich die Auswirkung von Krieg auf die kindliche Persönlichkeit in den emotionalen, sozialen und kognitiven Bereich untergliedern lassen. Im folgenden Abschnitt sollen die für die vorliegende Arbeit relevanten Untersuchungen zusammenfassend aufgeführt werden.

Krieg als die extremste Form einer Auseinandersetzung

Krieg ist zweifellos die extremste Form einer Auseinandersetzung und jener Streßauslöser, der bei jeder Person, die damit konfrontiert wird, verschiedenste traumatische Reaktionen hervorruft. Um welche Art von Reaktion es sich dabei handelt, wie stark diese ist, wie lange sie andauert und ob es Spätfolgen geben wird, hängt von zahlreichen Faktoren ab. Einige Bevölkerungsgruppen haben mehr als andere unter den Auswirkungen des Krieges zu leiden und sind somit in ganz besonderem Maß gefährdet. Zu diesen Bevölkerungsgruppen zählen Menschen, die aufgrund ihres Entwicklungsstands, aufgrund von Krankheit oder anderer Gründe besonders auf die Hilfe anderer angewiesen sind. Zu solchen gefährdeten Gruppen gehören auch Kinder, da sie in besonders hohem Maß von ihrer Umgebung und ihrer Familie abhängig sind. Die Familie sowie das Beziehungsgefüge innerhalb der Familie sind für die physische und psychische Entwicklung des Kindes von größter Bedeutung. In einem Krieg aber werden Familien physisch wie psychisch zerrissen und können ihren Kindern nicht länger jene Geborgenheit bieten, die sie brauchen.

Wenn das Kind noch in friedlichen Zeiten geboren war, dann erlebt es im Krieg Situationen, mit denen es noch nie zuvor konfrontiert war, die es nicht versteht und für die ihm keiner in seiner Umgebung, die sich verändert hat, eine plausible Erklärung geben kann. Da sich das Kind noch in der Entwicklung befindet, ist es im Gegensatz zu Erwachsenen nicht in der Lage, Kompensationsmechanismen zur Bewältigung auf emotionaler, kognitiver und sozialer Ebene einzusetzen. Letztlich verliert das Kind im Krieg vieles und manchmal alles, was für seine Entwicklung wichtig ist: eine friedliche Umgebung, die Eltern, Freunde, Verwandte, seine Spielzeuge, sein Haustier, sein Bett, sein Heim und vieles mehr.

In einer Untersuchung über Kinder im Krieg am Beispiel Kroatien unterteilt Dubravka Kocijan-Hercigonja (1997) die Kinder bzw. später dann die Jugendlichen in vier Kategorien und beschreibt die häufigsten Reaktionen im Rahmen der verschiedenen Belastungen im Krieg, die die Kinder zeigen.

Nach Kocijan-Hercigonja reagieren Kinder bis zum dritten Lebensjahr mit einer Veränderung der bereits angenommenen Gewohnheiten und Verhaltensmuster, mit einer Regression in frühere Entwicklungsphasen, häufigem Weinen, das von der Umgebung nicht verstanden wird, Schlaf- und Eßstörungen, kommunikativen Veränderungen und Störungen im verbalen wie im nonverbalen Bereich.

Kinder zwischen drei und acht Jahren reagieren allgemein sehr ängstlich und leiden an verschiedenen Phobien. Sie haben Angst, daß sich das traumatische Erlebnis wiederholen könnte, und verstehen nicht, warum Menschen sterben müssen; sie sprechen nur wenig, spielen traumatische Erlebnisse nach, leiden unter Schlafstörungen und Alpträumen, haben Probleme, mit ihrer Umgebung zu kommunizieren, und zeigen regressives Verhalten wie erneutes Bettnässen und Daumenlutschen. Dazu bemerkt die Mutter des neunjährigen Agit aus Diyarbakir/Türkei-Kurdistan:

„Erst als die Soldaten unser Dorf angriffen und viele Häuser zerstörten, veränderte sich Agit. Er war ein lebhaftes Kind. Schon mit drei Jahren machte er sich nicht mehr in die Hosen. Plötzlich hat er wieder damit angefangen und schämt sich jedes Mal ... Ich muß mehrere Male am Tag Agit dazu bewegen, seine Daumen und Zeigefinger aus dem Mund zu nehmen .... Diese ganzen Sachen passierten erst, als die Soldaten regelmäßig in unser Dorf kamen und uns schlugen oder manchmal Agits Vater für mehrere Tage mitnahmen ...." (Kizilhan 1995).

Kinder zwischen neun und 14 Jahren haben generell Angst vor Reizen, die an ein bedrohliches Erlebnis erinnern, haben Konzentrations- und Lernschwierig- keiten sowie Gedächtnisstörungen und spielen – oft zwanghaft – Spiele, die mit dem erlebten Ereignis zusammenhängen. Immer wieder kommen in ihnen Ge- danken und Bilder hoch, die sie an das bedrohliche Erlebnis erinnern. Körper- liche Symptome wie Bauch- und Kopfschmerzen sowie Herzklopfen treten auf. Diese Kinder haben übertriebene Angst um andere, beobachten die Reaktionen der Eltern und anderer Personen aus der unmittelbaren Umgebung und versu- chen, die Eltern nicht mehr mit ihren eigenen Problemen zu belasten. Sie zeigen Verhaltensänderungen wie Aggression und Passivität sowie Eß- und Schlafstö- rungen.

Aus den Interviews mit den Kindern, die ich in Kurdistan und in den Groß- städten der Türkei durchgeführt habe, zeigen beide Gruppen, also in den Kriegsgebieten und in den Orten ohne direkte Bedrohung, zu 96 % Angst vor Soldaten und der Polizei. Auf die Frage „Wovor habt ihr am meisten Angst?" antworten 89 % der befragten Kinder mit dem gleichen Satz: „Als erstes vor Gott, dann vor den Soldaten und der Polizei."

In der Gruppe der Jugendlichen in dem Alter zwischen 14 und 18 Jahren sind schwerwiegende Verhaltensänderungen zu beobachten. Die Jugendlichen sind häufig niedergeschlagen und gereizt, zeigen antisoziales Verhalten, ihre Lebenseinstellung und ihre Wertvorstellungen in bezug auf zwischenmensch- liche Beziehungen verändern sich, und sie ziehen sich zurück oder unterstützen als Ausdruck der Reaktion gegen die brutale Gewalt des Militärs die Guerilla, Milizen, Kuriere, in halb-illegalen Organisationen oder nehmen direkt als Gue- rilla am bewaffneten Kampf teil.

Bei unserer Untersuchung sympathisieren 87 % der befragten Kinder im Alter zwischen neun und 14 Jahren in den Kriegsgebieten oder in Gebieten mit kriegsähnlichen Bedingungen mit der Guerilla und identifizieren sich mit ihr. Etwa gleichviele (82 %) wollen später selbst zur Guerilla.

Im Folgenden will ich mich mit einigen Aspekten von Beeinträchtigungen speziell beschäftigen, die einen enormen Einfluß auf das Leben des Kindes im Krieg haben.

Emotionale Beeinträchtigung

Die meisten Untersuchungen über die emotionalen Folgen von Krieg auf Kinder wurden im Bereich der Ängste vorgenommen. Dabei kam es zu widersprüchlichen Befunden. Eine Reihe dieser Untersuchungen belegt erhöhte Ängste bei den unter Kriegsbedingungen aufwachsenden Kindern. In der viel zitierten Studie von Freud/Burlingham (1944) wurden Kinder, die die Luftbombardements von London während des Zweiten Weltkrieges überlebten, und Kinder, die in dieser Zeit evakuiert wurden, untersucht. Die aufgrund psychoanalytischer Beobachtungen festgestellten Ergebnisse zeigen, daß erstere starke Ängste vor Manifestationen der Luftbombardements, z.B. Sirenen o.ä., entwickelten. Gleichwohl hinterließen diese gravierenden Erfahrungen keine chronischen psychischen Störungen. Viele der emotionalen Störungen hingen nach Ansicht der Autoren vom Verhalten der Mütter ab. Kinder, deren Mütter beispielsweise hysterische Ängste zeigten, reagierten bei harmlosen Reizen häufig mit übersteigertem emotionalen Verhalten, wie Zittern.

Ebenso führt die überwiegende Zahl von anderen psychologischen Studien aus dem Zweiten Weltkrieg die Dämpfung des Stresses und die deshalb geringe Beeinträchtigung der Kinder zu einem großen Teil auf die Reaktionen der Mütter zurück. Emotionale Stabilität der Kinder und das Verhalten der Mütter zeigten sich als Hauptmediatoren zwischen dem psychologisch fundierten Befinden der Mutter und den traumatischen Erfahrungen der Kinder (Bender/Fross 1942; Despert 1942; Freud/Burlingham 1942; 1943). Fraser (1977) unterstreicht die Rolle der Mütter und ihres psychologischen Zustandes als bedeutenden Einfluß auf das Wohlbefinden der unter Kriegszuständen lebenden Kinder. In seiner Studie über psychiatrische Effekte des politischen Konflikts in Nordirland auf Kinder stellte er fest, daß bei den Müttern der unter mentalen Problemen leidenden Kinder ähnliche Beeinträchtigungen vorlagen.

Baider/Rosenfeld (1974) stellen in ihren Beobachtungen aus der therapeutischen Arbeit mit den Kindern, die den Yom-Kippur-Krieg gemeinsam mit ihren Eltern im Luftschutzkeller verbrachten, fest, daß eine Zunahme der Angst von Kindern stets von dem jeweiligen Verhalten der Eltern abhängig war. Mütterliche Angstreaktionen in Gefahrensituationen (z.B. der schreckhafte Versuch, die Kinder zu schützen) hatten eine stark negative Auswirkung auf das Kind.

Auch Zuckeman-Bareli (1979) weist auf die Übertragbarkeit der Ängste von Eltern auf ihre Kinder hin. In ihrer Untersuchung wurde ein positiver Zusammenhang festgestellt zwischen den Ängsten der Eltern, die in Abhängigkeit von ihrer kuluturellen Herkunft unterschiedliche Ausprägung zeigten, und den Ängsten ihrer Kinder. Bryce/Walker (1986) fanden heraus, daß die Hauptdeterminante zur Beeinträchtigung und Hospitalisation von libanesischen Kindern nicht in der Anzahl der traumatischen Ereignisse einer Familie bestand, sondern in der dadurch entstandenen Depressivität der Mütter. Die Eltern sind für das Kind das Spiegelbild von Umweltereignissen, mit deren Hilfe es die Bedeutung der Geschehnisse einzuschätzen lernt (Yates 1983). So bieten die Eltern, die ihren Streß in bedrohlichen Situationen unter Kontrolle halten, ein günstiges Lernmodell für ihre Kinder (Benjamini 1972).

Punamaki (1987) untersuchte die psychologischen Reaktionen von palästinensischen Kindern in Abhängigkeit vom Verhalten ihrer Mütter. Sie stellte fest, daß traumatische Erfahrungen die mentale Beeinträchtigung sowohl der

Mütter als auch der Kinder erhöhen. Für die Autorin beeinflussen die historischen und politischen Bedingungen die Kind-Mutter-Beziehung. Die Mütter, die häufig bedrohlichen Ereignissen ausgesetzt waren, zeigten häufiger Depressionen und Feindseligkeiten. Ihre Kinder, die der israelischen Besatzungsmacht permanent ausgesetzt waren, wiesen stärkere Nervosität, größere Ängste, häufigeres Einnässen auf als Kinder, die seltener derartigen Bedrohungen ausgesetzt waren. Punamaki stimmt der Annahme zu, daß die Beeinträchtigung des Kindes z.T. vom Verhalten der Mutter während der bedrohlichen Ereignisse abhängig ist. Blendet man jedoch die Reaktionen der Mütter aus, so werden die emotionalen Beeinträchtigungen des Kindes ebenso durch die Häufigkeit der traumatischen Erfahrungen aufgeklärt. Die Autorin errechnete einen positiven Zusammenhang zwischen der psychologischen Beeinträchtigung von palästinensischen Kindern, die unter der israelischen Besatzung leben einerseits, und andererseits der Anzahl bzw. der Belastungsintensität der Ereignisse, denen sie ausgesetzt waren. Die traumatisierten Kinder entwickelten Symptome wie Enuresis, Phobien und Ängste.

Starker/Moosa (1988) zeigen, daß Kinder nach wiederholter Konfrontation mit traumatischen Ereignissen wie Verhaftung, Folter o.ä. Symptome posttraumatischer Belastungsstörungen aufwiesen, wie sich ständig aufdrängende Erinnerungen an das Ereignis, wiederholte stark belastende Träume und übertriebene Schreckreaktionen etc.

Nashef (1993) analysierte die Träume von palästinensischen Kindern auf der Westbank während des nationalen Volksaufstandes „Intifada" und verglich sie mit Träumen anderer Kinder aus der Zeit vor dem Einsetzen der Intifada. Die Träume aus der Zeit nach dem Beginn der Intifada waren vom nationalen Selbstverständnis und von der militärischen Auseinandersetzung mit Soldaten geprägt. Darüber hinaus bemerkt der Autor, daß in den Träumen der Kinder das Thema Angst überwog. Eine Abnahme von Freude wurde beobachtet.

Auch Fraser (1977) beobachtete, daß die psychische Beeinträchtigung bei irischen Kindern, die für längere Zeit in einem Gewaltklima lebten, deutlich zunahm. Die unmittelbaren Reaktionen auf die traumatischen Erlebnisse durch Gewalt waren Hysterie (sie hörten nicht auf zu weinen), Nervosität, Bettnässen, emotionale Labilität. Fortbestehende Störungen, wie Phobien (verließen ihr Heim nicht) oder Zwangneurosen (zwanghafte Gedanken, sie würden erschossen), waren jedoch die Ausnahme.

In unserer Untersuchung (Kizilhan 1997) gaben kurdische Kinder an, daß sie am meisten Angst um Familie und Heim hätten. Äußerungen wie „Ich habe Angst, daß sie meinen Vater oder älteren Bruder verhaften", „Ich fürchte mich davor, daß unser Haus zerstört wird", „Ich habe, Angst verhaftet zu werden, weil sie foltern" etc. bringen die Realängste vor den am häufigsten eingesetzten Repressionsmaßnahmen des militärischen Besatzungsapparates zur Unterdrückung der Bevölkerung zum Ausdruck.

Zu ähnlichen Ergebnissen kommen auch Freud/Burlingham (1944). Sie berichten, daß die Kinder mehr Ängste um ihre Familien als um sich selbst zeigten.

Eine Reihe von Untersuchungen über das emotionale Befinden der in einem Gewaltklima aufwachsenden Kinder betonen nicht nur die Bedeutung der Familien als verantwortliche und unterstützende Gruppe. Es wird vielmehr die Rolle der gesamten Gesellschaft bzw. Kommune im Unterstützungsprozeß hervorgehoben (vgl. Lifschitz et al. 1977; Milgram 1978; Ziv et al. 1974).

Klingman/Wiesner (1983) schreiben der Größe der Grenzsiedlung als Beispiel für bedrohliche Umgebung eine wesentliche Rolle als intervenierende Variable in der Angstbewältigung der Kinder zu. Die Autoren beobachten, daß Kinder aus kleineren Siedlungen größere Ängstlichkeit zeigten als Kinder aus größeren Siedlungen. Die Größe der Bevölkerungsgruppe bestimmt den Grad der Isolation bzw. Einbindung des Menschen, von dem die Ängstlichkeit in bedrohlichen Situationen stark abhängig ist.

Nach Kaffman (1977) spielen die Kohäsivität und die Solidarität innerhalb der Gruppe eine besondere Rolle in der Streßbewältigung. Die Kibbuzbewohner, sowohl Kinder als auch Erwachsene, so der Autor, zeigten während des arabisch-israelischen Yom-Kippur-Krieges eine geringe psychische Beeinträchtigung. Erzieher und Betreuer bemerkten, daß Kinder, die den Krieg in Luftschutzkellern verbracht hatten, eine Reduzierung ihrer Ängste zeigten. Dies führt Kaffman auf die Gruppengeschlossenheit, Kooperation und die organisierte Rollenverteilung innerhalb der Kommune zurück.

Milgram/Milgram (1976) untersuchten israelische Kinder der 5. und 6. Klasse vor und nach dem Yom-Kippur-Krieg (1973). Die Autoren stellten fest, daß nach dem Krieg die generalisierten Ängste bei den Kindern, die vor dem Krieg die niedrigsten Ängste verzeichnet hatten, nun um das Doppelte gestiegen waren. Weiterhin meinen die Autoren, keine Abhängigkeit zwischen Persönlichkeitseigenschaften und der Erhöhung der Ängste festgestellt zu haben. Die Autoren erklären diese Ergebnisse mit der von Spielberger (1972) postulierten theoretischen und operationalen Unterscheidung zwischen Angst als Veranlagung, bei der das Individuum generell und andauernd Angst empfindet, und Angst als Zustand, bei dem Angst in besonderen Situationen empfunden wird. Die vor dem Krieg gemessenen Angstniveaus könnten in erster Linie als Ausdruck von Angst als Veranlagung gelten. Das Maß der Angst während eines Krieges jedoch reflektiert eher die Angst als Zustand. Die Kinder, die in der „Friedenszeit" ihre Umwelt als relativ angsterzeugend wahrgenommen hatten, reagierten, im Vergleich zu den Kindern, die ihre Umwelt gewöhnlich als nicht bedrohlich erlebt hatten, mit weniger Ängsten.

Ziv/Israel (1973) verglichen Kinder, die ein Alter von zehn Jahren hatten, aus Kibbuzim an der Grenze zu Jordanien (Experimentalgruppe) mit Kindern aus dem Landesinnern. Entgegen der Erwartung zeigten die Kinder der Experimentalgruppe keine höheren Angstwerte als die Kinder aus dem Landesinnern. Für diese Ergebnisse sehen die Autoren mehrere Erklärungen als möglich an. In Anlehnung an die Theorie des Adaptionsniveaus von Helson (1964) meinen sie, daß die andauernde Bedrohungsintensität zu einem Teil des „way of life" dieser Kinder geworden ist. Das Niveau der Adaption wird nach Helson durch die Häufigkeit von Reizdarbietung bestimmt. Die so erzeugte emotionale Belastung und die Relevanz für das Individuum, den Reiz zu ertragen, werden durch das Adaptionsniveau gesteuert. Darüber hinaus könnten der starke Kohäsivitätsrahmen und die soziale Unterstützung zur Milderung der Beeinträchtigung bei den Kibbuzkindern geführt haben.

Saigh (1985) untersuchte Ängste bei libanesischen Jugendlichen, deren Durchschnittsalter fünfzehn Jahre war, 27 Tage vor der israelischen Invasion in Libanon im Jahre 1982. Sechs Monate nach dem Teilabzug der israelischen Armee aus Beirut wurden von diesen Befragten 16 Jugendliche, die während der Invasion in West-Beirut geblieben waren, und 46 Probanden, die in der Zeit evakuiert worden waren, erneut befragt. Saigh kommt zu dem Schluß, daß weder vor noch nach der Invasion Angstwerte niedriger waren (vgl. Saigh 1984). Diese Ergebnisse werden vom Autor mit Hilfe von Banduras Theorie der „Selbststeuerung" („self-efficacy") erklärt. „Selbststeuerung" und Angstgrad sind danach Ergebnis einer Interaktion zwischen dem Erkennen der Fähigkeit, eine Aktion auszuführen, und den antizipierten Konsequenzen. Das permanente Überprüfen der eigenen Fähigkeit führt im günstigen Fall zur Reduzierung der Ängste und zur Steuerung von Antizipationen. Diese Erklärung wird auch von Rachman (1983) unterstützt, der in seiner Befragung von in Nordirland tätigen „Bombenentschärfen" eine Reduzierung ihrer Ängste feststellte, die er auf das oben beschriebene Prinzip (Überprüfung und Bestätigung) zurückführt.

Der Zusammenhang zwischen sozioökonomischer Schichtenzugehörigkeit und Angstniveau bei Kindern wurde in fast allen Arbeiten mit ähnlichen Ergebnissen untersucht (u.a. Anelino et al. 1956; Croake 1967; Vassiliou et al. 1967). Danach weisen Kinder aus der sozioökonomischen Unterschicht ein höheres Angstniveau auf als Kinder der Oberschicht. Ziv/Luz (1973) zeigen darüber hinaus, daß die Mädchen aus der sozioökonomischen Oberschicht immer noch geringere Angstwerte aufweisen als die Jungen der Unterschicht. Eine Erklärung dieses Ergebnisse sehen Ziv/Luz, in Anlehnung an die Befunde von Bayley/Schafner (1960), Dickens/Hobart (1956) und Lipset (1959), in den unterschiedlichen Mustern der Kindererziehung beider sozioökonomischer Schichten. Mütter aus mittleren und oberen sozioökonomischen Schichten zeigen einen deutlich nachgiebigeren Erziehungsstil als Mütter der Unterschicht, die strenger in ihrer Sauberkeits- und Sexualerziehung bzw. ihrem Eigenständigkeitstraining sind. So könnten die erhöhten Ängste der Kinder aus unteren Schichten möglicherweise eher eine Folge der strengen Erziehung als der Kriegsbedingungen sein.

Soziale Probleme und Verhaltensauffälligkeiten

Eine weitere Reihe von Untersuchungen an Kindern, die unter Kriegsbedingungen leben, beschäftigt sich mit den sozialen Problem bzw. sozialen Auffälligkeiten dieser Kinder im Bereich des sozialen Verhaltens. Ein zentraler Aspekt dieser Untersuchungen ist die kindliche Aggressivität und die damit zusammenhängende sozial-kognitive Attitüde. Die zu diesem Thema durchgeführten Untersuchungen gingen der Frage nach, inwiefern das soziale Verhalten der in einem Klima von Gewalt lebenden Kinder von ihren Umweltbedingungen beeinflußt wird.

In der Untersuchung von Bandura et al. (1963) wurde in einem Laborexperiment gezeigt, daß Kinder nach dem Anschauen eines Filmes mit aggressivem Charakter deutlich aggressiveres Verhalten als zuvor an den Tag legen. Dieses Ergebnis, das in einer Reihe anderer Untersuchungen bestätigt wurde (Rosekrans/Hartup 1967; Stein/Friedrich 1971; Obsorn/Endsley 1971), wurde so interpretiert, daß die gewalttätigen Umweltbedingungen ein Lernmodell für das aggressive Verhalten des Kindes darstellen können. Studien von Hicks (1965), Leifer/Roberts (1971) oder Stevenson (1971) haben gezeigt, daß Kinder, die wiederholt Filmen aggressiven Inhalts ausgesetzt waren, durch Nachahmung von Gewaltszenen ihr eigenes aggressives Verhalten verstärkten. In Anlehnung an diese Ergebnisse untersuchten Day/Ghandour (1984) sechs- und achtjährige Libanesen. Den Kindern wurden ein „Menschen-Film" und ein „Cartoon-Film", die aggressive Handlungen darstellten, und ein weiterer, neutraler Film vorgeführt. Darüber hinaus wurden die Kinder unmittelbar nach einer „real-life"-Aggressionszene, die die Kinder erlebt hatten, untersucht. Es handelte sich um ein Stadtviertel in der Nähe der Schule der Probanden, das einer massiven Bombardierung ausgesetzt war, bei der viele Menschen ums Leben kamen bzw. verletzt wurden. Die Untersuchung zeigt, daß das Anschauen von aggressiven Szenen aller Art, ob Filme oder „real-life"-Szenen, zu aggressivem Verhalten bei Kindern, sowohl bei Jungen als auch bei Mädchen, führte. Das Anschauen von „real-life"-Szenen löste keine stärkere Aggressivität aus als andere Beobachtungen. Bei Mädchen allerdings war die „real-life"-Szene die einzige Beobachtung, die bei ihnen aggressives Verhalten auslöste. Sie waren nach dem Anschauen emotional viel erregter als die Jungen. Insgesamt zeigten die Jungen nach dem Anschauen von Gewalttaten aggressiveres Verhalten als Mädchen.

Aus der Untersuchung von Day/Ghandour wird allerdings nicht ersichtlich, wie die Veränderung bzw. Erhöhung im aggressiven Verhalten gemessen wurde. Vielmehr läßt sich aus der Darstellung ihrer Ergebnisse entnehmen, daß sie davon ausgehen, ein aggressives Verhalten müßte unmittelbar nach der Beobachtung aggressiver Szenen auftreten, wie dies in der Untersuchung von Bandura et al. der Fall war. Der Einfluß der gewalttätigen Umwelt auf die Entwicklung und die Lernerfahrungen des Kindes bleibt offen. Hinsichtlich der Gültigkeit solcher Operationalisierungsmethoden weist McWhirter (1981) darauf hin, daß in einer Atmosphäre voller Gewalt nur schwer festzustellen ist, ob es sich gerade um einen Einfluß handelt, der aus einem Film resultiert, oder ob er Folge der aggressiven Lebensbedingungen ist, unter denen das Kind aufwächst. In seiner Untersuchung zeigt McWhirter, daß irische Kinder, die keine direkten Zeugen von „real-life"-Gewalttaten waren, kein geringeres aggressives Verhalten zeigten als Kinder, die Gewalttaten direkt erlebt hatten. Das Aufwachsen der Kinder unter gewalttätigen Umweltbedingungen insgesamt führte zur Erhöhung der Aggressivität jener Kinder.

Nach Bender/Fros (1942) tragen die persönlichen traumatischen Erlebnisse zur Erhöhung von Aggressivität insbesondere gegenüber dem Stressor bei. Beobachtungen aus dem Zweiten Weltkrieg zeigen, daß das aggressive Verhalten bei Kindern deutlich häufiger auftrat (in ihrer Sprache oder Spielen), wenn die Kinder den Streß persönlich fühlten (z.B. Sorge um die Familienmitglieder, langer Aufenthalt im Lutfschutzkeller etc.).

Ziv/Kruglanski/Schulman (1974) verglichen israelische Kinder aus Siedlungen, die Bombardierungen ausgesetzt gewesen waren, mit Kindern aus Städten, die nie bombardiert worden waren. Entgegen den Erwartungen der Autoren unterschieden sich beide Gruppen nicht hinsichtlich der veranschlagten Kriterien für „offene Aggressivität" gegenüber dem Feind. Beide Gruppen äußerten eine ausgeprägte Neigung zu Gewalt und Vergeltung am Feind. In dem projektiven Rosenzweig-Picture-Frustration-Test wurde aber stärkere „latente Aggressivität" bei den Kindern aus den „bombardierten" Siedlungen festgestellt. Nach Meinung der Autoren können diese latente Aggressivität und der Wunsch nach mutigem Verhalten als erfolgreiche Bewältigung der eigenen Ängste interpretiert werden. Darüber hinaus zeigten die Kinder, die Bombardierungen ausgesetzt gewesen waren, deutlicher lokalen Patriotismus bzw. starke Bindung an ihre Siedlung. Sie bevorzugten ihren Wohnort und empfanden seine Bewohner als mutiger und hilfsbereiter. Der ausgeprägte Lokalpatriotismus ist nach Meinung der Autoren als Ausdruck einer starken Bindung an die Eigengruppe zu verstehen. Die Dauer der Bedrohung und die damit verbundene Herausforderung zur Bewältigung von Gefahren führen zur Erhöhung der Kohäsivität innerhalb der Gruppe, da sie als ganze derselben „externalen Gefahr" ausgesetzt ist, wie Sherif (1967) dies veranschaulichen könnte. Hinsichtlich der Einstellung zum Krieg unterschieden sich beide Gruppen in der Untersuchung von Ziv et al. (1973) nicht. Sie bejahten militärische Attitüden und rechtfertigten kriegerische Auseinandersetzungen („Sieg braucht Opfer" oder „Krieg kann unsere Probleme regeln").

Baker (1990) untersuchte die Entwicklung von sozialen Interaktionen innerhalb von palästinensischen Familien unter der militärischen Besatzung. Er beobachtete, daß die langandauernde Bedrohung rasche und radikale Veränderungen erzeugte, insbesondere im Rollenverhalten der einzelnen Familienmitglieder. Kinder übernahmen Aufgaben, die fortgeschrittene Stufen an psychologischer und physiologischer Reife voraussetzen. Dies führte zu Schwierigkeiten nicht nur für das Kind, sondern bewirkte auch intrafamiliäre Probleme und Spannungen dadurch, daß z.B. die Kinder Anweisungen der Eltern nicht befolgten oder ihren Rat ablehnten. In seiner Explorationsstudie über die Auswirkungen der „Intifada", ein Jahr nach ihrem Beginn, auf die Kinder der West-Bank und im Gaza-Streifen, belegte Baker (1989) Phänomene wie „Ungehorsam gegenüber den Eltern", „Streiten mit anderen Kindern" und „Stören anderer". Er verglich diese Ergebnisse mit Daten, die er vor dem Ausbruch der „Intifada" erhoben hatte, und stellte dabei fest, daß diese Auffälligkeiten nach Beginn der Intifada wesentlich häufiger auftraten.

Auch Leiblich (1977) beobachtete aufgrund ihrer Therapiearbeiten, daß die gewalttätige Atmosphäre (Kriegszustand) in Israel die sozialen Beziehungen beeinflußt und zur Entwicklung von aggressiven Persönlichkeiten geführt hat.

Ist die Erfahrung anhaltender Gefahr mit einer politischen Ideologie gekoppelt, so kann diese Erfahrung zur Teilnahme an gewälttätigen Aktionen motivieren. Nach Fields (1977) ist dieser Prozeß stets mit einem „unterentwickelten" Moralverständnis verbunden, in dem die „Vendetta"-Mentalität (Rachsucht) vorherrscht. Er bemerkte bei den elf- bis vierzehnjährigen Kindern aus Nordirland und dem Libanon ein stärker „unterentwickeltes" Moralverständnis als bei Kindern des gleichen Alters aus Umgebungen, in denen weniger Gewalt herrschte. Nach Kevorkian (1988) lautet die Überlebensideologie für Kinder unter Kriegsbedingungen: „Wenn man nicht tötet, dann wird man getötet". Den Rückstand in der Moralentwicklung führt Garbarino (1991) auf die in einer gewalttätigen Umgebung fehlenden sozialen Interaktionen zurück, die ihrerseits kognitive Kompetenzen und die Ausbildung sozialer Werte und Prinzipien fördern. Die soziale Interaktion und die Auseinandersetzung mit den herrschenden Moralnormen, die gewöhnlich zwischen den Kindern und ihren Eltern, Lehrern oder der sie umgebenden Gesellschaft stattfinden, wird in Kriegen oder unter ähnlichen, gewalttätigen Bedingungen disfunktionalisiert.

Coles (1984) machte hinsichtlich des Moralverständnisses der Kinder gegenüber der Familie und den Angehörigen ihrer Eigengruppe eine gegenteilige Beobachtung. In einem Klima von politischer Gewalt bzw. Krieg entwickeln Kinder und Jugendliche gegenüber der Eigengruppe eine Form der Frühreife und eine wertvolle moralische Sensibilität (Fürsorge für andere, Hilfsbereitschaft etc.). Diese Befunde werden von dem Autor als Folge des gemeinsamen Schicksals gesehen, bei dessen Bewältigung alle Beteiligten auf die gegenseitige Unterstützung angewiesen sind.

Kognitive Anpassung und nationale Einstellungen

Nach Tajfel et al. (1972) beeinflußt in sozialen bzw. nationalen Konflikten die affektive Entwicklung des Kindes seine kognitive Entwicklung besonders stark. Diese Annahme wurde in einer Vergleichsstudie durch Hosin/Cairns (1984) an Neun-, Zwölf- und Fünfzehnjährigen aus Nordirland, der Republik Irland, Jordanien und Irak überprüft. In der Untersuchung wurden die Kinder aufgefordert, Aufsätze zu dem Thema „Mein Heimatland" zu schreiben. Irische Kinder, die „im Schatten des Konfliktes" lebten, zeigten stärkere nationale Loyalität und ein größeres Bewußtsein für nationale Identitäten und politische Themen als die irischen Kinder, die in den Konfliktgebieten selbst lebten. In den Ländern Jordanien und Irak unterschieden sich Kinder aus Gebieten, in denen Konflikte herrschten, diesbezüglich nicht von Kindern, die „im Schatten des Konfliktes" lebten. Nach Ansicht der Autoren zeigen diese Ergebnisse, daß der Grad des Einflusses von nationalen Konflikten auf Kinder von den kulturellen Hintergründen, in denen diese Kinder aufwachsen, abhängig ist. Hinsichtlich des aggressiven Verhaltens zeigten die Kinder zwischen 12 und 15 Jahren aus Gebieten, in denen nationale Konflikte herrschten, unabhängig von ihrer kulturellen Herkunft eine ausgeprägte Neigung zu Gewalt. Dies führen die Autoren auf die jeweiligen speziellen historisch-politischen Hintergründe und den Sozialisationsprozeß zurück, der von dem bewaffneten Kampf gegen die koloniale Besatzung geprägt wurde.

Einstellungen und Attitüden gegenüber der Fremdgruppe werden nach Horowitz (1947) in erster Linie durch den Kontakt mit den in der jeweiligen Gesellschaft vorherrschenden Einstellungen geprägt und nicht durch den direkten Kontakt mit der Fremdgruppe. Häufig sind Depersonalisierung und Dehumanisierung der „Sie-Gruppe" markante Bestandteile nationalistischer Einstellungen, auch bei Kindern (vgl. Shipler 1985; Grossman 1988). Jahoda/Harrisons (1975) nahmen sich vor, soziale Attitüden irischer Kinder (acht und zehn Jahre alt) zu untersuchen. Ziel der Untersuchung war es festzustellen, wie die Fremdgruppe in einem Klima der Gewalt wahrgenommen wird und inwiefern Denken und Verhalten der Kinder von einer gewalttätigen Umwelt beeinflußt werden. Bei der Zuordnung von positiven/negativen Eigenschaften zu Bildern (z.B. katholischer Priester, Soldat, Clown, etc.) zeigten die Kinder deutlich ethnozentrische Einstellungen und bezeichneten gewöhnliche Dinge als mögliche Ursache für Gefahren und Bedrohungen.

Rofe/Lewin (1980) untersuchten den Effekt einer kriegerischen Umwelt auf die politischen Einstellungen von israelischen Jugendlichen. Sie verglichen an den Grenzen wohnende 15-17jährige mit Gleichaltrigen aus dem Landesinneren hinsichtlich ihrer Einstellung gegenüber dem arabischen „Feind". Die Probanden aus den Grenzgebieten zeigten zwar negative Einstellungen gegenüber dem „Feind", jedoch weniger Ablehnung, sich aus den von Israel besetzten arabischen Gebieten zurückzuziehen, als die im Landesinneren Wohnenden. Die Autoren interpretieren die Ergebnisse als Entwicklung von „Repressionstraits" in der Persönlichkeit der unter Kriegsbedingungen lebenden Kinder. Da sie stärker als die Kinder aus dem Landesinneren unter dem Streß der kriegsähnlichen Zustände leiden, unterdrücken sie ihre Ängste und negativen Einstellungen und orientieren sich hauptsächlich an ihrem Wunsch, den Streß zu beenden.

Punamaki (1982) sammelte Attitüden hinsichtlich der Themen Krieg und Frieden bei israelischen und palästinensischen Kindern. In beiden Gruppen versuchten die Kinder die Notwendigkeit des Kampfes zu rechtfertigen und ihre nationalen Ziele zu verteidigen. Drei Viertel der Kinder waren der Meinung, daß in ihrem Land immer noch Krieg herrschen werde, wenn sie erwachsen sein würden. Die positive Einstellung zum Krieg (Bejahung) und die Bereitschaft, an militanten Kämpfen teilzunehmen, hängt nach Punamaki von dem Ausmaß traumatischer Erlebnisse der Kinder (Verlust von Familienmitgliedern, Verhaftung etc.) ab. Kinder, die traumatischen Erlebnissen häufig ausgesetzt waren, stehen dem Krieg eher positiv gegenüber.

Baker (1990) führte eine Untersuchung über das Selbstbild und das Bewußtsein von palästinensischen Kindern im Alter von sechs bis fünfzehn Jahren durch und stellte fest, daß diese stets an die nationale und politische Identität gekoppelt sind. Sie sehen andere Kinder in dichotomer „schwarz/weiß-Beziehung", als „Araber/Nicht-Araber", „Palästinenser/Nicht-Palästinenser" etc. und betonen die jeweilige ethnische Zugehörigkeit. Heimat ist für sie gleich dem Boden, der ihnen Sicherheit und Frieden garantiert und für den es sich zu opfern lohnt. Kinder, die Spiele und Vergnügen vermissen, zeigen Schuldgefühle, da sie, wie sie meinen, nicht genug Opfer für die nationale Sache bringen.

Punamaki (1987) versuchte, die emotional-kognitiven Veränderungen im Befinden der Kinder durch die Untersuchung ihrer Sprache, ihrer Spiele und ihrer Bilder zu erfassen. Die Autorin beobachtete, daß palästinensische Kinder konfliktbezogene Spiele wie „Demonstration", „Araber und Juden", „Verhaftung" erfanden, die deutlich Aggressionen zum Ausdruck bringen. Nach Meinung Punamakis haben diese Spiele für diese Kinder eine „Ventil-Funktion" für emotionale Belastungen und Aggressionen. Zudem bewirken sie eine Abdämpfung des vorhandenen Stresses durch alltägliche Konfrontationen mit der Besatzung.

Weitere Untersuchungen befassen sich gezielt mit Zeichnungen und Malereien von Kindern. Die kurdische Ärztin Nesmil Ghassemlou hat sich mit den Zeichnungen der kurdischen Kinder aus Südkurdistan (Nordirak) beschäftigt (Ghassemlou 1996). In Südkurdistan verwandelte Saddam Hussein mit Giftgasbomben innerhalb von Minuten die Stadt Halabja in ein Totenlager. Es starben allein in der Stadt Halabja mehr als 5.000 Menschen. Viele litten danach noch jahrelang an den Verletzungen, oft mit Todesfolge. Im Jahre 1990 entstanden in einem Flüchtlingslager auf Anregung eines Lehrers Zeichnungen von Kindern. Die Kinder stammten aus der Stadt Halabja, und als sie die Bilder malten, waren sie zwischen sechs und vierzehn Jahre alt. Ein dreizehnjähriges Mädchen hatte ein Bild mit dem Titel „Zerbrochene Heimat" gemalt. Zentral im Bild ist eine große, schwarze Bombe, die einschlägt. Das Herz ist in drei Teile gebrochen, wobei die Bruchstellen wie Wege aussehen. Wo die Bombe einschlägt, ist es blutig rot, und große Blutstropfen fallen auf ein Grab. Die Bombe und das Herz sind verbunden durch den Schriftzug „Halabja". In das Herz sind Häuser und Bäume gemalt. Das Ganze schwebt über einem Grab aus rot-braunem Stein, an dessen Kopfende links im Bild ein verdorrter Baum steht. Rechts vom Grab sind in zwei Reihen insgesamt zehn kleine Bäume zu sehen. Dahinter sind braun-rote Berge gemalt. Das Grab steht auf kräftig braunem Grund mit grünem Gras. Der blaßblaue Himmel wird beherrscht von einer gelben, flügelartigen „Wolke", hinter der eine Sonne ohne Strahlen zu sehen ist. Auffallend ist hier, bemerkt Ghassemlou, daß das Herz in der Luft hängt, was sie als Entwurzelungssymbol bezeichnen könnte. Eine kleine Tulpe wächst aus dem Grab. Die Blutstropfen scheinen das Grab zu wässern. In Auswertung des Bildes spricht Ghassemlou von der Sehnsucht nach der Heimat und von Trauer. Aber auch Zeichen von Hoffnung (Blume) sind zu erkennen. In den verschiedenen Bildern, die untersucht wurden, nennt sie die allgemeinen Folgen: Vernichtung der Werte und der sozialen Ordnung, Entwurzelung, Heimatlosigkeit, Verarmung, Verlorene Kindheit und Jugend, verlorene Schuljahre, vaterlos aufwachsen, Individualität und Verlust der Eltern. Zu den individuellen Folgen der Traumatisierung. An direkten individuellen Folgen der Erfahrung von überwältigender Gewalt zählt sie auf:

- Gefühl der Entfremdung und Nichtzugehörigkeit, da die Erfahrung des Traumatisierten außerhalb der gesellschaftlichen Normen liegt. Alles wird als unecht erlebt. Meist ist eine verbal zusammenhängende Erzählung des traumatischen Geschehens nicht möglich.
- Zerstörung von Geborgenheit und des Glaubens an eine sinnvolle Schöpfung.
- Zerstörung von Vertrauen und überwältigende Ohnmacht.
- Dies führt zu vermehrter Aggressivität bzw. Depressivität, Mißtrauen und Gefühlslabilität. Geborgenheit ist oft nur mehr im Tod vorstellbar (Selbstmordversuche oder sich in den Kampf stürzen).
- Verletzung des Selbstwerts durch Verletzung der körperlichen Integrität, der Würde und der Scham.
- Gleichgültigkeit und Passivität, Angst vor Emotionen und Konflikten.
- Rückzug aus den zwischenmenschlichen Beziehungen.
- Als Überlebender Schuldgefühle gegenüber Toten und Verletzten.
- Psychosomatische Symptome wegen chronischer Übererregung und erhöhter Wachsamkeit.

Ähnliche Untersuchungen sind auch in Südafrika durchgeführt worden. Der ISP-Verlag in Köln hat 1986 Zeichnungen von Kindern aus Südafrika gesammelt und herausgebracht. Die Bilder widerspiegeln die Gewalt, Unterdrückung und Ungerechtigkeit, namentlich Apartheid gegen die schwarze Mehrheit in Südafrika in der Zeit des Bürgerkrieges der neunziger Jahre. So wünscht sich z.B. der achtjährige Moagie aus Soweto, wenn er „alt" ist, eine Frau, zwei Kinder, ein großes Haus, „zwei Hunde und Freiheit". Die Aufstände und der Bürgerkrieg werden von den Kindern durch die Bilder verarbeitet, sie zeigen, wie Kinder Gewalt und Unterdrückung gegen sich selbst und ihre Eltern erlebten.

Nach Baker (1990) beschränken sich die Motive der Zeichnungen von palästinensischen Kindern auf „Tötungen", „Waffen", „Brennende Gummireifen" und ähnliche Gewaltszenen. Auch die Bilder, bei denen diese eindeutigen Motive zunächst fehlten, wie „Scheinende Sonne", „Blumen", oder „Häuser", hatten politischen Charakter und waren mit der nationalen Identität verbunden.

Winkler (1983) beobachtete bei israelischen Kindern, die aus Gebieten mit häufigen militärischen Gefechten stammen, eine allgemein ungünstige Entwicklung im Bereich von Kreativität und Sprachentwicklung. Dagegen zeigten diese Kinder besondere kognitive Fähigkeiten beim Erkennen und Differenzieren von Umweltgefahren.

Andere Studien beschäftigen sich mit kognitiven Veränderungen von Todeskonzepten bei Kindern, die in einem Klima der Gewalt leben. McWhirter/ Young/Majury (1983) zeigten bei 200 irischen Kindern (vier bis 16 Jahre, aus Belfast), daß diese schon im frühen Alter (vier Jahre) ein ausgeprägtes, differenziertes Bewußtsein über den Tod aufwiesen, das so in der Regel erst bei Jugendlichen (im Alter von ca. 15 Jahren) zu finden ist. Entgegen der Erwartung wurde der Tod jedoch häufiger mit „Krankheit", „Unfall", „Herzversagen" oder „Alter" assoziiert als mit „Explosion" oder „Schüsse". Die Autoren gingen von der Prämisse aus, daß das Todeskonzept in einer von Tod und Gewalt geprägten Umwelt in das Bewußtsein eingeht und so zu einem zentralen Thema der sozialen Wahrnehmung wird. Nach mehr als zwei Jahrzehnten der „Unruhe" sind Gewalt und Tod jedoch keine herausragenden Themen mehr für diese Kinder. Was „normal" ist, scheint für sie „normal" zu sein (McWhirter/Trew 1981).

Smilansky (1980) stellt fest, daß israelische Kinder, verglichen mit Kindern aus Europa und USA, schon im Vorschulalter die vom Autor aufgestellten Kategorien bzw. Stufen zur Entwicklung des Todeskonzepts erfüllen. Ihre Vorstellung vom Tod enthielt bei 60 % der israelischen Kinder alle vom Autor definierten fünf Kategorien: „Irreversibilität", „Endgültigkeit", „Ursächlichkeit", „Zwangsläufigkeit" und „Alter". Außerdem wurde der Tod eines Menschen besser begriffen (im Sinne der Vollständigkeit der Kategorien) als der Tod eines Tieres. Dementgegen verstehen die europäischen und amerikanischen Kinder den Tod eines Tieres eher als den eines Menschen. Smilansky führt diese Befunde auf die frühe und häufige Konfrontation der israelischen Kinder mit Todessituationen zurück, die ihnen eine realistischere Vorstellung über den Tod eines Menschen verleiht.

Bewältigung von kriegsbedingtem Streß bei Kindern

Freud/Burlingham (1944) sind der Meinung, daß Kinder, im Vergleich zu Erwachsenen, über bessere psychische Mechanismen, wie Aufbau von Phantasien o.ä., verfügen, mit deren Hilfe sie Streß bewältigen bzw. für einen „Rückzug des Ich" aus dem Streßzustand sorgen können. Die Tatsache, daß psychologische Abwehrmechanismen wie „Isolierung" oder „Intellektualisierung" bei ihnen noch nicht vollständig entwickelt sind, hat jedoch zur Folge, daß die Kinder den Streßsituationen ungeschützt ausgesetzt und deshalb verletzbar sind.

Lösel/Bliesener/Köferl (1989) stellten aus mehreren Studien eine Reihe allgemeiner Reaktionen von Kindern in bedrohlichen Situationen zusammen, die als Voraussetzungen ihrer prosozialen und gesunden Adaption anzusehen sind:

- aktives Abwehren von Streß, nicht bloßes Reagieren,
- kognitive Kompetenzen einer durchschnittlichen Intelligenz,
- Erfahrung und Erproben von Selbstwirksamkeit und Selbstvertrauen,
- temperamentvolle Charaktere, die aktive Abwehrmechanismen begünstigen,
- stabile emotionale Beziehungen zu Eltern oder anderen Bezugspersonen,
- ein offenes und unterstützendes Erziehungsklima und ein elterliches Verhaltensmodell, das zu einem konstruktiven Abwehrverhalten in streßerzeugenden Situationen ermutigt.

Garbarino (1991) geht davon aus, daß akute Gefahren Anpassungsprozesse erfordern. Dies geschieht durch Veränderung der Lebensbedingungen (objektive Veränderung) oder/und Veränderung in der eigenen Einstellung gegenüber den gefahrvollen Lebensereignissen (subjektive Veränderung). Akute Gefahren rufen eine situative Veränderung hervor, indem sie eine Assimilation von traumatischen Ereignissen im Leben der Kinder und dementsprechend in ihrer Interpretation von Situationen bewirken. Unter einem lang andauernden Gefahrenklima entwickeln Kinder und Jugendliche bestimmte Abwehrmechanismen entsprechend der Realität ihrer Umgebung. Die dabei vorhandene Erkenntnis über die Gewalttätigkeit der Umwelt wie auch die adaptierten Reaktionsweisen auf Gewalt werden von diesen „abnormalen", für diese Kinder jedoch „normalen" Bedingungen, auf alltägliche Bedingungen übertragen so z.B. auf gewöhnliche Streitsituationen.

Eine Reihe von Beobachtungen weist auf die auch bei Kindern wichtige Funktion ideologischer Überzeugungen bei der Aufrechterhaltung der Fähigkeit hin, extremen Streß auszuhalten. Bettelheim (1943/1989) stellt fest, daß die Personen mit den intensivsten ideologischen Bindungen (z.B. bei Religiösen oder Kommunisten) die Brutalität der Konzentrationslager am ehesten aushielten. Die ideologischen Normen stellten für diese Menschen einen Orientierungsrahmen bereit, der ihnen half, die für sie extremen Streßsituation besser zu ertragen. Meine Beobachtungen zeigen bei kurdischen Kindern, daß nationalistische, bzw. patriotische Überzeugungen in allen Phasen des Streßprozesses zu berücksichtigen sind. Die psychologischen Prozesse zur Verarbeitung traumatischer Erlebnisse bezogen die benötigte Energie aus diesen ideologischen Überzeugungen. Ideologie hebt den Unterschied hervor zwischen Erfahrung des Opferseins aufgrund eines politisch-nationalistisch gestützten, traumatischen Erlebnisses und dem Opfersein aufgrund eines kriminellen Ereignisses, auch wenn beide Erfahrungen durch „Brutalität" gekennzeichnet sind (Fields 1977; Punamaki 1987). Die nationalen Idole und Symbole spielen für die Opfer von politischer Gewalt eine bestärkende bzw. dämpfende Rolle. Coles (1986) bemerkt, daß die in nationalen Kämpfen und politischen Auseinandersetzungen aufwachsenden Kinder sich nicht nur in „Stichwörtern" äußerten, sondern über zusammenhängende „ideologische Kenntnisse" verfügten. Die Häufigkeit der Konflikte und die Härte der Auseinandersetzungen der politischen und sozialen Entwicklungen einer Gesellschaft können bedeutende Faktoren bei der Ausbildung einer ideologischen Überzeugung eines Kindes sein (vgl. Stewart/Healy 1989). Solche Ereignisse können z.B. Verhaftungen, Ausgangssperren (kollektive Strafen) oder ähnliche Repressionsmaßnahmen gegen die Bevölkerung sein.

In Ableitung aus dem Konzept des Rosenzweig-Picture-Frustration-Test entwickelte Punamaki (1988) Testbilder, die den palästinensisch-israelischen militärischen Konflikt widerspiegeln sollten. Sie untersuchte damit palästinensische Kinder (acht bis 14 Jahre) hinsichtlich ihrer Bewältigung von Streß und Ängsten, und zwar unter zwei Gesichtspunkten: erstens den individuellen Faktoren, mit deren Hilfe die Bewältigungsstrategien intentional („passiv-aktiv"), kognitiv („defensiv-entschlossen") und emotional („hilflos-mutig") erfaßt wurden, und zweitens unter der historisch-politischen Situation. Hierfür wurden drei Gruppen von palästinensischen Kindern zusammengestellt: Eine aus der besetzten West-Bank; sie wurde 1982 untersucht, vor der israelischen Invasion im Libanon. Die zweite Gruppe, ebenfalls aus der West Bank; sie wurde jedoch 1985, d.h. nach der israelischen Invasion im Libanon, befragt. Die dritte Gruppe umfaßte Kinder aus einem palästinensischen Flüchtlingslager im Libanon und wurde 1984 untersucht, nach der israelischen Invasion. Die Ergebnisse zeigen, daß sowohl der individuelle als auch der historisch-politische Aspekt einen Einfluß auf die jeweils gewählten Strategien zur Bewältigung von Streß haben. Dem politischen Elend ausgesetzt zu sein, führte bei den 1982 untersuchten Kindern aus der West Bank zur Erhöhung der „aktiven" und „mutigen" Bewältigungsstrategien. Kinder aus der West Bank, die nach der israelischen Invasion getestet wurden, reagierten auf Streß häufiger „aktiv". Im Vergleich zu der vor dem Libanon-Krieg untersuchten Gruppe (1982), ebenfalls aus der West Bank, zeigten sie jedoch häufiger „Hilflosigkeit". Die Kinder der Flüchtlingslager aus dem Libanon benutzten, verglichen mit den beiden Gruppen der West Bank, häufiger Bewältigungsstrategien, die von der Autorin als „passiv" und „hilflos" interpretiert werden (Punamaki 1988). Für die Autorin sind diese Ergebnisse klare Hinweise darauf, daß die Reaktionen der Kinder auf Streßsituationen von der politischen Entwicklung unmittelbar beeinflußt wurden. Die inhaltlichen Analysen der Daten unter Vergleich zwischen den Reaktionen der Kinder vor und nach der israelischen Invasion zeigten qualitative Veränderungen in den Verarbeitungsmechanismen (Wahrnehmung, Bewertungen, Reaktionen etc.). Nach der israelischen Invasion im Libanon und dem damit aufgetretenen Elend (den großen Massakern in den Flüchtlingslagern Sabra und Schatila; Evakuierung von unzähligen Palästinensern; Trennung Tausender von Familien u.a.) entstand ein Klima der Resignation, das in jede Familie eindrang. Diese Situation wird nach Meinung der Autorin in den Reaktionen der Beiruter Kinder reflektiert („hilflos", „passiv"). Die Erhöhung der aktiven Reaktionen der 1985 getesteten Kinder aus der West Bank interpretiert Punamaki als Antwort auf die Erhöhung der Gewalt seitens der Besatzer. Die damit einhergehende, wachsende Hilflosigkeit wird als ein Ausdruck der nach dem Libanonkrieg erfahrenen nationalen Demütigung der Eigengruppe gedeutet.

Wiederum andere Forscher sprechen von psychischem Trauma, wenn es darum geht, die Situation von Kindern in Extremsituationen und bei deren Erlebnissen zu analysieren.

Ein psychisches Trauma entsteht durch ein extremes Ereignis, das unerwartet und plötzlich eintritt, das lebensbedrohend ist oder als solches empfunden wird und die betroffene Person ganz intensiv über deren Sinneswahrnehmung trifft.

Solche Traumata können beispielsweise nach Hordvick (1997) auftreten durch sexuelle oder andere gewalttätige Übergriffe, durch Miterleben von

Mordhandlungen, Kriegssituationen, (Natur-)Katastrophen, Selbstmord und durch weitere, schwer zur verkraftende Ereignisse.

Manche Kinder sind wiederholt solchen traumatischen Erlebnissen ausgesetzt, wie eben die Kinder im Krieg. Sie sind unmittelbar mit Zerstörung und Mord konfrontiert, manche mit persönlichen Verlusten wie der Trennung von ihrer Familie, dem Verlust ihres Zuhauses und manchmal sogar ihres Landes, ihrer Sprache und ihrer Kultur – wie etwa die Kurden.

Nach solchen Erlebnissen können vielfältige Reaktionen und Emotionen auftreten. Die unmittelbaren Reaktionen können als Schockzustand charakterisiert werden: Ein Gefühl der Unwirklichkeit, emotionale Gefühllosigkeit oder Verwirrtheit sowie physische Reaktionen wie Zittern, Frieren oder Übelkeit treten auf. Zu den Langzeitfolgen zählen Angst, Verletzbarkeit, Depressionen und Pessimismus, Reizbarkeit und Wut, Schlafstörungen, extreme Müdigkeit oder Konzentrationsstörungen sowie das wiederholte und unkontrollierte Wiedererleben des Ereignisses (Hordvik 1997).

Die Intensität des Erlebnisses für die betroffenen Kinder und deren starke psychische Reaktionen werden offenbar zu wenig erkannt. Die vorherrschende Meinung zu einem kindlichen Trauma erscheint immer noch zu sein, daß „Vergessen das beste" sei (Dyegrov 1993).

In vielen Kulturen ist es nicht üblich, mit Kindern zu sprechen oder ihnen zuzuhören. Die Erwachsenen erfahren daher nicht, was die Kinder wirklich erlebt haben. In vielen Gesprächen mit den Eltern hatte ich auch den Eindruck, daß die Eltern wohl wissen oder merken, was das Kind durchmacht, es ihnen aber zu schmerzhaft ist, sich auf ein Gespräch einzulassen. Viele Eltern verfügen über keinerlei Wissen, wie man in solchen Situationen mit einem Kind umgehen soll. Wichtig ist aber auch, daß wenn die Eltern sich auf das traumatische Erlebnis mit dem Kind einlassen, sie sich selbst gegen dieses schreckliche und gefährliche Erlebnis nicht schützen können. Sie befürchten ebenfalls, die schmerzhaften Emotionen und Ängste ihrerseits zu erleben. Wer soll ihnen dann helfen oder mit ihnen sprechen? Im allgemeinen wollen Erwachsene Kinder vor schmerzhaften Erfahrungen und Emotionen schützen und möchten vermeiden, daß kleine, schuldlose Kinder zu Zeugen schrecklicher Taten werden. In Ländern wie der Türkei oder anderen Ländern, in denen Krieg gegen eine Bevölkerung durchgeführt wird, haben die Eltern außer der Flucht keine Möglichkeit, ihre Kinder zu schützen. Auch auf der Flucht oder im Exil sind diese Familien ungeschützt. Die Ohnmacht der Hilflosigkeit schafft extreme psychische Probleme in der ganzen Familie.

In den meisten Fällen unserer Probanden waren die Erwachsenen den gleichen extremen Erlebnissen ausgesetzt. Die Geschichten und Schmerzen des Kindes erinnern den Erwachsenen an seine eigenen Erlebnisse, die er eigentlich selbst verdrängen möchte.

Kinder reagieren auch häufig anders als Erwachsene. Deshalb sind sich die Erwachsenen über den Zusammenhang zwischen dramatischen Erlebnissen und dem Verhalten des Kindes nicht immer im klaren. So sind depressive Kinder häufig aktiv und ruhelos, depressive Erwachsene hingegen eher träge und in ihrem Tempo verlangsamt. Kinder leiden ferner unter enormen Stimmungsschwankungen – in einem Augenblick sind sie „zu Tode betrübt", im nächsten „himmelhoch jauchzend". Dieses Verhalten befremdet und verwirrt Erwachsene, weshalb sie vielleicht davon ausgehen, daß Kinder „leicht damit fertig werden".

Kinder erkennen sehr schnell, wenn sie besser nicht offen reden oder ihre Gefühle zeigen sollten. Sie spüren, wenn Erwachsene ihre starken Gefühle nicht ertragen können, und wollen ihre eigenen Beschützer schützen. Kinder neigen also dazu, Gedanken und Gefühle zu unterdrücken, was oft durch die Haltung der Erwachsenen noch verstärkt wird.

Klinische Erfahrungen und neuere Untersuchungen haben gezeigt, daß Zeit allein die „seelischen Wunden" der Kinder nicht heilt, so wichtig eine sichere Umgebung, ausreichende Ernährung und die medizinische Versorgung körperlicher Verletzungen auch sind (Terr 1991). Kinder mit extremen und/oder wiederholten traumatischen Erlebnissen sind besonders anfällig für die Entwicklung pathologischer Symptome. Ihre Lebensqualität kann sich vermindern, wenn ihre psychischen Traumata nicht behandelt werden. Therapeuten schlagen sofort eine Therapie vor. Aber was ist mit den Kindern im Krieg, die diese Möglichkeiten nicht haben? Wie man direkt oder indirekt Kinder im Krieg schützen und helfen kann, sind wichtige Themen, die aber den Rahmen dieses Beitrages sprengen würden. Sicherlich liegen die Lösungsansätze primär nicht im wissenschaftlichen Bereich. Vielmehr müssen in Kriegsgebieten politische Lösungen die Gewaltanwendung beenden. Hierzu sind nicht nur die Konfliktparteien aufgefordert, sondern auch die Weltgemeinschaft mit ihren Möglichkeiten. Denn bei den Kindern geht es auch um die gesunde Zukunft der jeweiligen Kriegsregion und heute mehr als je zuvor auch um die Zukunft der immer kleiner werdenden Welt des „global village".

Zum Zusammenhang von Flucht und Gewalt – Grundsätzliche Überlegungen und empirische Trends

Steffen Angenendt, Sven Chojnacki

Gewaltsame innerstaatliche und zwischenstaatliche Konflikte und daraus resultierende Fluchtbewegungen sind katastrophale Ereignisse, die eine große humanitäre Herausforderung für die internationale Gemeinschaft darstellen. Die weltweite Flüchtlingsproblematik nimmt nicht nur an Ausmaß, sondern auch an Komplexität zu. Dies gilt vor allem für jene Massenfluchtbewegungen, die von internen Konflikten und Kriegen in „schwachen" oder zerfallenden Staaten verursacht werden. Derartige menschliche Katastrophen spielen sich nicht nur in Zentral- und Ostafrika oder Südasien ab, sondern sind in den letzten Jahren auch wieder verstärkt in Europa aufgetreten. Seit dem Ende des Zweiten Weltkrieges hat es auf dem europäischen Kontinent nicht mehr so viel von Menschen verursachtes Leiden gegeben wie in den Kriegen im ehemaligen Jugoslawien.

Flucht und Vertreibung sind offensichtliche Indizien für Gewalt, für den schrittweisen Zusammenbruch der Beziehung zwischen Staat und Gesellschaft oder gar für die völlige Auflösung staatlicher Einheiten. Menschen fliehen, weil sie politisch verfolgt werden und um ihre Sicherheit fürchten müssen oder weil sie sich durch bewaffnete Konflikte unmittelbar bedroht sehen. Vertreibungen sind immer häufiger gezielt eingesetzte Mittel in innerstaatlichen Konflikten, wie die „ethnischen Säuberungen" in Ruanda, Burundi, Bosnien und im Kosovo gezeigt haben und weiterhin zeigen.

Dabei ist offensichtlich, daß es eine Wechselbeziehung zwischen Flucht und Gewalt gibt. Der vorliegende Beitrag untersucht diese Wechselwirkung und fragt einerseits, inwieweit innerstaatliche und zwischenstaatliche Gewalt zu grenzüberschreitenden Flüchtlingsbewegungen und interner Vertreibung führt, und andererseits, inwieweit Massenfluchtbewegungen bestehende Gewalt verstärken oder neue gewalthaltige Konflikte auslösen.

Im Folgenden werden zunächst die zentralen Begriffe Flucht, Migration, Vertreibung und Gewalt präzisiert. Anschließend werden die Ursachen und Wechselwirkungen von Flucht und Gewalt erörtert. Zur Illustration dieser Zusammenhänge werden einige empirische Daten angeführt, und abschließend werden die Möglichkeiten der politischen Bewältigung des Zusammenhanges von Flucht und Gewalt diskutiert.

Zur begrifflichen Abgrenzung von Flucht, Migration und Vertreibung

In der theoretischen und politischen Diskussion ist die begriffliche Abgrenzung von Migration, Flucht und Vertreibung umstritten. Die Verwendung der Begriffe hängt offensichtlich davon ab, in welchem Kontext sie diskutiert werden, also ob sie im völkerrechtlichen und normativ-legalen Sinn oder in ihrer umgangssprachlichen Bedeutung benutzt werden.

Eine erste grundsätzliche Differenzierung von Wanderungsbewegungen ist die zwischen Migranten und Flüchtlingen. Die Unterscheidung geht im wesentlichen von der Überlegung aus, daß Migranten wandern, weil sie diese Option gewählt haben, daß Flüchtlinge aber wandern, weil sie dazu gezwungen sind. Diese Unterscheidung ist zwar sprachlogisch nicht stimmig, da Flüchtlinge ebenfalls wandern, sie ist aber notwendig, weil die internationale Staatengemeinschaft hiernach völkerrechtliche Regelungen und institutionelle Zuständigkeiten gegliedert hat.

Für *Migranten* ist in den letzten Jahrzehnten ein internationales Regime entstanden, dessen wesentliche Aufgabe es ist, internationale Mindeststandards für Arbeitsmigranten durchzusetzen, wofür die Zuständigkeit bei der Internationalen Arbeitsorganisation (ILO) liegt, sowie Hilfsmaßnahmen und Wiedereingliederungshilfen für rückkehrende Migranten zu bieten, was unter anderem Aufgabe der International Organization for Migration (IOM) ist. Für Migranten ist 1990 auch die Konvention der Vereinten Nationen zum Schutz von Arbeitsmigranten und ihrer Familien erarbeitet worden, die allerdings bislang noch nicht in Kraft getreten ist, weil sie noch nicht von einer ausreichenden Zahl von Staaten ratifiziert wurde.

Migranten unterscheiden sich vor allem hinsichtlich ihres Aufenthaltsstatus, wobei die Kategorien im internationalen Vergleich aber nicht trennscharf sind. *Einwanderer* sind Migranten, denen vom aufnehmenden Staat ein Zuzug zur dauerhaften Niederlassung gestattet wird. Diese Möglichkeit bieten nur die klassischen Einwanderungsländer wie die USA, Kanada und Australien. Aber auch in diesen Ländern werden nicht primär neu zuwandernde Arbeitsmigranten, sondern vor allem Familienangehörige bereits Zugewanderter aufgenommen. Auch in Ländern, die sich nicht als Einwanderungsländer verstehen, die aber in früheren Perioden faktisch Einwanderung zuließen, wie etwa die westeuropäischen Industriestaaten, findet durch den Familiennachzug faktisch Einwanderung statt. Hier unterläuft Migration als sozialer Prozeß politische Zielsetzungen und verwandelt erklärte Nicht-Einwanderungsländer in Einwanderungsländer. Zudem gestatten einige Länder *Volkszugehörigen*, die aufgrund historischer Ereignisse außerhalb der Staatsgrenzen leben, die Einwanderung. Dies galt in einigen historischen Perioden für ehemalige Kolonialmächte, etwa Frankreich und Großbritannien, es gilt noch heute für deutsche Aussiedler. Von diesen Einwanderern sind *temporäre Zuwanderer* zu unterscheiden. Dies sind vor allem Vertragsarbeiter, denen für eine begrenzte Zeit, in der Regel gebunden an ein Arbeitsverhältnis, die Zuwanderung gestattet wird. Eine weitere Gruppe von Wanderern sind Hochqualifizierte. Diese haben weitaus geringere Zuwanderungsbarrieren als andere Migranten zu überwinden, da ihre Anwesenheit von den meisten Staaten als vorteilhaft angesehen wird. Dies gilt sowohl für Manager und Techniker internationaler Konzerne als auch für Künstler, Hochschulangehörige und Studenten. Verfolgt man die Unterscheidung von Wanderern nach rechtlichen Kategorien weiter, bleibt schließlich die Gruppe der *illegalen Zuwanderer*. Hierbei handelt es sich, unabhängig von den Wanderungsmotiven, um Zuwanderer, die ohne Erlaubnis das Land betreten haben, oder die eine Form des temporären Aufenthalts, etwa als Vertragsarbeitskraft oder als Tourist, ohne Genehmigung der Behörden verlängert haben. Sie besitzen in der Regel keine politischen und nur minimale soziale Teilnahmerechte und sind häufig der Willkür von Arbeitgebern und Behörden ausgeliefert. Allerdings wird ihre Anwesenheit in vielen Ländern toleriert, da sie einen ökonomischen Beitrag leisten, auf den aus Rentabilitätsgründen viele Arbeitgeber und aus Standorterwägungen auch viele Politiker nicht verzichten wollen. In einigen Ländern werden die illegalen Zuwanderer daher zwar in ihrem prekären Rechtsstatus belassen, es wird ihnen aber gleichzeitig eine soziale Grundversorgung zugestanden und damit dokumentiert, daß ihre Anwesenheit geduldet wird.

Unter *Flüchtlingen* werden in der politischen Diskussion generell Menschen verstanden, die ihr Herkunftsland unter Zwang verlassen. Einige Staaten erkennen nur diejenigen als Flüchtlinge an, die eine individuelle Verfolgung nachweisen können, andere Staaten aber auch diejenigen, die vor direkter oder drohender Gewaltanwendung geflohen sind. Zudem gibt es Menschen, die geflohen sind, aber nicht anerkannt werden und demzufolge in flüchtlingsähnlichen Situationen leben. Theoretisch kann Flucht eine unbeabsichtigte oder zufällige Folge von militärischen Konflikten sein. Auf der anderen Seite kann die Auslösung von Fluchtbewegungen aber auch ein bewußt eingesetzes Instrument der Konfliktaustragung sein.

Im völkerrechtlichen Sinne sind Flüchtlinge Menschen, die ihr Heimatland aus begründeter Furcht vor Verfolgung wegen ihrer Rasse, Religion, Nationalität, politischen Überzeugung oder der Zugehörigkeit zu einer sozialen Gruppe verlassen haben. Diese Definition der Genfer Flüchtlingskonvention von 1951 (GFK) und des Zusatzprotokolls von 1967 ist die Grundlage des internationalen Flüchtlingsrechts. Die Konvention enthält damit zwar eine genaue Bestimmung, was unter einem Flüchtling zu verstehen ist. Allerdings interpretieren die Unterzeichnerstaaten diese Definition unterschiedlich und gestalten dementsprechend auch ihre Asylverfahren. Grundsätzlich aber verbietet die Konvention die Zurückweisung und Abschiebung von Flüchtlingen in Gebiete, in denen ihr Leben und ihre Freiheit bedroht sind. Mit der zunehmenden Zahl von Staaten, die diese Konvention ratifiziert haben, ist ein internationales Flüchtlingsregime entstanden, dem die Annahme zugrundeliegt, daß jeder Mensch, der begründete Furcht vor Verfolgung in seinem Heimatland hat, Aufnahme in einem der Unterzeichnerstaaten finden soll. Im Vergleich zum Migrationsregime ist das Flüchtlingsregime sowohl völkerrechtlich als auch institutionell weiter entwickelt und stärker abgesichert.

Der Kerngedanke dieser Regelungen – ein Staat kann Asyl gewähren, muß es aber nicht – ist bis heute nicht geändert worden. Weder Versuche auf der internationalen Ebene, wie die 1967 von der Menschenrechtskommission der Vereinten Nationen erarbeitete Deklaration über territoriales Asyl, noch europäische Versuche wie die Erklärung des Ministerrates vom Dezember 1977 über territoriales Asyl in den Mitgliedsstaaten der Europäischen Gemeinschaft, haben substantielle Erweiterungen gebracht. Auch regionale Verträge, beispielsweise die 1969 von der Organisation für Afrikanische Einheit (OAU) verabschiedete Konvention zur Regelung der besonderen Aspekte der Flüchtlingsprobleme in Afrika und die 1984 von mittelamerikanischen Staaten ausgearbeitete Cartagena-Deklaration, haben den Flüchtlingsbegriff inhaltlich lediglich um Teilaspekte der je spezifischen regionalen Flüchtlingsproblematik ergänzt.

Im Rahmen der Vereinten Nationen ist für die Betreuung von Flüchtlingen das Amt des Hohen Flüchtlingskommissars (UNHCR) entstanden, dessen Aufgaben darin bestehen, erstens bei den einzelnen Staaten auf die Einhaltung der Rechtsstandards zu drängen, die das Völkerrecht und die nationalen Asylregelungen vorgeben, und zweitens das internationale Flüchtlingsrecht substantiell weiterzuentwickeln sowie politisch und materiell zur Lösung von Flüchtlingsproblemen und akuten Notsituationen beizutragen. Hinsichtlich der Rechtsstellung unterscheidet der UNHCR zwischen grenzübergreifenden Flüchtlingen, Binnenvertriebenen, Rückkehrern, Asylbewerbern und Staatenlosen. Um auf die Lage der Flüchtlinge aufmerksam zu machen und um Trends auf staatlicher, regionaler und globaler Ebene identifizieren zu können, sammelt und publiziert der UNHCR auf jährlicher Basis Daten zur Entwicklung von Flüchtlingsbewegungen.[1]

Will ein Flüchtling den Rechtsstatus eines *anerkannten Flüchtlings* erhalten, der eine weitgehende Gleichbehandlung mit Einheimischen garantiert, muß im Aufnahmeland ein Asylantrag gestellt werden. Wie die Form und die Dauer der Asylverfahren sowie die Lebensbedingungen des Asylbewerbers während des Verfahrens gestaltet werden, obliegt – innerhalb des weit gefaßten Rahmens der GFK – den Aufnahmeländern. Dies gilt auch für Fragen der Duldung und der Ausweisung, falls der Asylantrag abgelehnt wird. Eine weitere Möglichkeit, Schutz zu finden, ist die Aufnahme als *Kontingentflüchtling*. Dieses Instrument wird häufig angewendet, um auf aktuelle Massenflucht zu reagieren, deren Fluchtursachen offensichtlich und eindeutig sind und in denen schnell gehandelt werden muß, oder falls die Infrastruktur fehlt, um Asylverfahren durchzuführen, wie in vielen afrikanischen Staaten. In der Bundesrepublik sind solche Verfahren in den achtziger Jahren auf vietnamesische Bootsflüchtlinge und in jüngerer Zeit auf einen Teil der Flüchtlinge aus dem ehemaligen Jugoslawien infolge des Krieges in Bosnien-Herzegowina angewendet worden. Hierbei entscheidet der

---

1 Hinweise zu aktuellen Flüchtlingsbewegungen finden sich im Internet unter den Adressen: http://www.reliefweb.int und http://www.unhcr.ch.

Aufnahmestaat über Umfang, Zusammensetzung und Rechtsstatus der aufzunehmenden Gruppe.

Hinsichtlich der Unterscheidung von Migranten und Flüchtlingen ist festzustellen, daß die Differenzierung für die Frage, wer für die Betreuung dieser Menschen zuständig ist und wer dabei welches Mandat ausübt, wichtig und sinnvoll ist. Das Problem aber ist und bleibt die Praxis: Es gibt Situationen, in denen diese Unterscheidung schwierig oder gar unmöglich ist. Für die Betroffenen ist die Unterscheidung unter Umständen lebenswichtig, weil Flüchtlinge unter dem Schutz internationaler Konventionen stehen, die Politik gegenüber Migranten hingegen eine souveräne Entscheidung der Nationalstaaten ist. Sie entscheiden entsprechend ihrer jeweiligen Tradition beziehungsweise Vorstellung von nationaler Identität darüber, wer Zugang zu ihrem Territorium erhält. Angesichts dieser schwierigen begrifflichen Abgrenzung werden im folgenden alle Personen als Flüchtlinge bezeichnet, die (a) um einen Flüchtlingsstatus oder um internationalen Schutz nachsuchen, die (b) in Übereinstimmung mit dem innerstaatlichen oder internationalen Recht als Flüchtlinge anerkannt wurden, oder die (c) durch gewalthaltige Konflikte zur Flucht über eine internationale Grenze gezwungen worden sind.

Eine weitere wichtige Unterscheidung ist die zwischen grenzüberschreitender Flucht einerseits und interner *Vertreibung* andererseits. Bislang gibt es jedoch keine völkerrechtlich verbindliche Definition von Vertreibung, welche die besondere Lage von Vertriebenen in einer der Realität angemessenen Weise fassen würde. Weder in der Forschung noch in der Praxis gibt es Einigkeit darüber, welche Betroffenen unter die Kategorie der sogenannten „internally displaced persons" fallen sollen (vgl. Schmeidl/Jenkins 1998; UNHCR 1997).

Eine weitgehende Definition hat Francis M. Deng, der Beauftragte für Interne Vertriebene des UN-Generalsekretärs, im letzten Jahr der UN-Menschenrechtskommission vorgelegt (Deng 1998). Danach sollen diejenigen als Vertriebene bezeichnet werden, die als Folge von innerstaatlichen bewaffneten Auseinandersetzungen und Bürgerkriegen, Menschenrechtsverletzungen oder natürlichen und anderen menschlich verursachten Katastrophen zum Verlassen ihres gewöhnlichen Aufenthaltsortes gezwungen wurden, dabei aber keine international anerkannte Staatsgrenze überschritten haben. Es handelt sich also um Menschen, die innerhalb ihres Landes geflohen sind und die in Theorie und Praxis auch als Binnenflüchtlinge oder Binnenvertriebene bezeichnet werden.

Während grenzüberschreitende Flüchtlinge häufig Schutz vor Verfolgung finden und zumindest mit dem Lebensnotwendigen versorgt werden, erhalten Binnenvertriebene oft noch nicht einmal in Notsituationen humanitäre Hilfe. In vielen Fällen ist den Hilfsorganisationen der Zugang zu ihnen aus praktischen Gründen gar nicht möglich, und oft wird eine solche Hilfe von dem betroffenen Staat oder den jeweiligen Machthabern auch nicht zugelassen. Es kommt zudem immer wieder vor, daß die betreffenden Staaten den zur Flucht entschlossenen Menschen die Flucht erschweren oder diese sogar verwehren. Dies war beispielsweise in den Kriegen und Bürgerkriegen im ehemaligen Jugoslawien, im Sudan und in Sri Lanka zu beobachten.

Die von Deng angebotene Definition ist geeignet, die vielfältigen Formen von internen Vertreibungen zu erfassen, weil sie nicht nur die aufgezählten Fluchtgründe anerkennt, sondern auch noch für weitere offen ist. Zudem erlaubt sie durch die Betonung des Zwangscharakters der Vertreibung eine Unterscheidung zwischen Migranten und jenen Menschen, die durch eine Zerstörung ihrer wirtschaftlichen Lebensgrundlagen zum Verlassen ihrer Wohnorte gezwungen werden. Die Definition ist auch deshalb sinnvoll, weil sie – anders als die völkerrechtliche Flüchtlingsdefinition der GFK – auch Katastrophen, seien sie menschlicher oder natürlicher Art, als Ursache anerkennt. Dies schließt Fälle ein, in denen eine Regierung oder die jeweiligen Machthaber die Bekämpfung von natürlichen Katastrophen zum Vorwand nehmen, um bestimmte gesellschaftliche Gruppen zwangsweise umzusiedeln. Eingeschlossen sind auch menschlich verursachte Katastrophen, etwa durch umweltzerstörende Großprojekte, bei denen es in der Folge zu Zwangsumsiedlungen kommt. Bei internen Vertriebenen ist auch immer zu bedenken, daß sie im Gegensatz zu Flüchtlingen in der Praxis keine Chance haben, einen internationalen Schutz vor Menschenrechtsverletzungen zu finden, weil ihr Staat einen solchen Schutz nicht gewähren kann oder will.

Ein grundlegendes Problem bei internen Vertriebenen ist, daß es bislang kein völkerrechtlich abgesichertes und legitimiertes Instrument zu ihrem Schutz gibt. Die Entwicklung einer solchen Norm ist selbst unter Völkerrechtlern umstritten. So sind einige der Ansicht, daß das entscheidende Problem in der Nichtbeachtung bestehender Menschenrechtsnormen besteht, und nicht im Fehlen zusätzlicher Regelungen. Andere befürchten, daß eine spezifische Schutznorm für interne Vertriebene zu eng sei, weil sie eine in der Praxis nicht brauchbare Trennung zwischen Binnenvertriebenen und grenzübergreifender Vertreibung schaffe, und sich damit nachteilig auf den internationalen Flüchtlingsschutz im Rahmen der GFK auswirken könne. Bislang gibt es dementsprechend auch keine humanitäre Hilfsorganisation, die ein allgemeines Mandat zum Schutz oder zur Leistung von Hilfsmaßnahmen für intern Vertriebene hätte. In der Praxis leisten aber zahlreiche internationale Hilfsorganisationen entsprechende Hilfe, da viele komplexe Notsituationen gerade in Zentral- und Ostafrika zur Vermischung von Binnenflucht und grenzübergreifender Flucht führen und im Mittelpunkt der Hilfsleistung dieser Organisationen nicht der Flüchtlingsstatus, sondern das Opfer steht. In vielen Fällen betreut auch der UNHCR intern Vertriebene, wobei die Organisation immer wieder darauf hingewiesen hat, daß eine generelle Ausweitung ihrer Zuständigkeit auf diesen Personenkreis ihre Kapazitäten überschreiten würde und daß statt dessen eine entsprechende Kooperation von Vereinten Nationen und anderen humanitären Organisationen nötig sei. Zu diesen gehört u.a. das Internationale Komitee des Roten Kreuzes (IKRK), das aufgrund seiner Unabhängigkeit und Überparteilichkeit in vielen Situationen, in denen Zivilisten Leidtragende von bewaffneten Konflikten sind, die besten Chancen hat, von den jeweiligen Machthabern akzeptiert zu werden.

Zum Begriff der Gewalt

Da die internationale Gemeinschaft die Zuständigkeiten für grenzüberschreitende Wanderungen – wie bereits oben angemerkt – entsprechend der Unterscheidung zwischen politischen und nicht-politischen Wanderungsmotiven definiert, stellt sich die Frage, was als politisches Motiv gelten kann. Die allgemeinste Aussage hierzu ist, daß Gewalt, in welcher Form auch immer, stattgefunden haben muß. Prinzipiell kann Gewalt, in Anlehnung an die weithin akzeptierte Bestimmung von Galtung (1975b), als physische bzw. direkte Gewalt oder als strukturelle bzw. indirekte Gewalt auftreten. Letztere Form ist allerdings nur schwer empirisch zu messen.

Zwar können Flüchtlinge, die im Sinne der GFK anerkannt werden, durchaus auch ökonomische Gründe im Sinne struktureller Gewalt für ihre Flucht angeben: dann nämlich, wenn die Machthaber in den Herkunftsländern aus politischen Motiven die wirtschaftliche Lebensgrundlage dieser Menschen zerstört haben. Allerdings wird eine Geltendmachung dieses Fluchtmotives nur dann erfolgreich sein, wenn die Aufnahmeländer von den politischen Absichten des Regimes überzeugt sind. Praktisch zeigt sich die Schwierigkeit, ökonomische von nicht-ökonomischen Motiven zu unterscheiden, in der Debatte um „Wirtschaftsflüchtlinge", das heißt, um Flüchtlinge, denen unterstellt wird, politische Gründe für ausschließlich wirtschaftlich motivierte Wanderungen vorzugeben.

Hinsichtlich ihrer empirischen Erfassung und theoretischen Einordnung weniger problematisch sind die Fälle direkter bzw. physischer Gewaltanwendung. Einerseits kann es sich dabei um systematische Menschenrechtsverletzungen oder um die Unterdrückung gesellschaftlicher Gruppen innerhalb eines Staates handeln. Algerien, Iran und die Türkei sind hier Beispiele. Andererseits zählen hierzu die Formen kollektiver physischer Gewaltanwendung, vor allem internationale Kriege und Bürgerkriege. Gewaltsame zwischenstaatliche Auseinandersetzungen – wie die beiden Weltkriege des 20. Jahrhunderts – sind eindeutig die größten „Produzenten" von menschlichem Leid und von Massenfluchtbewegungen.

Im direkten Vergleich innerstaatlicher mit zwischenstaatlicher Gewalt zeigen die bekannten Datenquellen, daß nach 1945 gewalttätige Konflikte innerhalb von Staaten zugenommen haben.[2] Der kanadische Politikwissenschaftler Kal Holsti (1996) bezeichnet diese als „wars of the third kind", die insbesondere in „schwachen" oder „gescheiterten" Staaten auftreten. Dabei ist oftmals die Zivilbevölkerung das Hauptziel von Gewalt, sei es durch gezielte und bewußte Vertreibungen oder durch strategisch-politisch motivierte „ethnische Säuberungen". Besonders problematisch sind Situationen, bei denen die politische Ordnung völlig zusammengebrochen ist – wie etwa in Somalia – und bei denen es zur „Reprivatisierung" von Gewalt kommt, die dann ihre eigene Dynamik ent-

---

2 Ungeachtet des Umstandes, daß innerstaatlichen Konflikten heute wesentlich größere wissenschaftliche wie politische Aufmerksamkeit geschenkt wird, ist zwischenstaatliche Gewalt nach wie vor politisch relevant und ein legitimer Gegenstand der Forschung (vgl. Jones et al. 1996).

faltet. Erhöht wird damit automatisch der Grad der gesellschaftlichen Militarisierung und erschwert wird in der Konsequenz auf kurze und mittlere Sicht die Möglichkeit der konstruktiven Konfliktbearbeitung.

Ursachen und Wechselwirkungen von Flucht und Gewalt

Im folgenden werden einige der möglichen Auswirkungen von Gewalt auf Fluchtbewegungen und Vertreibungen diskutiert und die Rückwirkungen von Massenfluchtbewegungen auf bestehende oder neue Gewaltprozesse und auf die staatliche, regionale und internationale Sicherheit problematisiert. Unmittelbar damit verknüpft ist die Frage nach den Ursachen von Gewalt. Wir konzentrieren uns auf die innerstaatlichen und zwischenstaatlichen Formen der direkten physischen Gewaltanwendung, von denen wir annehmen, daß sie in besonderer Weise für die Entstehung von Flucht und Vertreibung verantwortlich sind.

Üblicherweise wird von gesellschaftlichen, wirtschaftlichen, demographischen oder ökologischen Rahmenbedingungen ausgegangen, die bestimmte Formen der Gewaltanwendung – und damit auch Fluchtentscheidungen – veranlassen oder aber verhindern (Bremer/Cusack 1996). Strukturelle Rahmenbedingungen allein können jedoch weder kollektive physische Gewalt noch große Flüchtlingsströme hinreichend plausibel erklären. In der vergleichenden, quantitativen Kriegsursachenforschung hat Stuart Bremer (1996) daher zu Recht einen impliziten Strukturdeterminismus als zentralen Mangel der bisherigen Kriegsursachenforschung ausgemacht, der nur dann überwunden werden könne, wenn die Prozeßdynamik selbst problematisiert würde. Ohne die Berücksichtigung beispielsweise der Verhaltensdynamik der beteiligten Akteure würden sowohl die Prozesse der Gewaltanwendung als auch die Frage nach dem Zeitpunkt von Fluchtbewegungen im Dunkeln bleiben.

Auch wenn wir im Rahmen dieses Beitrags kein Modell anbieten können, das sowohl die komplexe Wechselbeziehung von Flucht und Gewalt als auch deren Ablaufdynamik erfaßt, können wir doch vor dem Hintergrund des aktuellen Forschungsstandes einige allgemeine Zusammenhänge zwischen innerstaatlicher und zwischenstaatlicher Gewalt und internen wie internationalen Fluchtbewegungen benennen. Aufgabe zukünftiger Forschung bliebe es, prozeßtheoretische Annahmen zu formulieren und diese empirisch zu testen.

Was die Ursachen von Gewalt . auf der *zwischenstaatlichen Ebene* betrifft, so verfügen wir im Ergebnis der der quantitativen Kriegsursachenforschung über ein umfangreiches, systematisch aufgearbeitetes Wissen über die relevanten Strukturbedingungen, die insbesondere auf der analytischen Ebene der dyadischen Interaktion angesiedelt sind, die also die zwischenstaatliche Ebene, nicht aber allein oder exklusiv die staatliche oder die internationale Ebene betreffen (vgl. dazu den Sammelband von Bremer/Cusack 1996). Zu den Faktoren zählen Großmachtstatus, relatives Machtverhältnis, geographische Entfernung, Problembeschaffenheit sowie Regimecharakteristika. Bezüglich der Regimecharakteristika ist empirisch belegt, daß Demokratien keine Gewalt auf der

Schwelle des Krieges gegeneinander anwenden, was üblicherweise mit dem Schlagwort des „demokratischen Friedens" bezeichnet wird (vgl. Russett 1993, Ray 1995). Problematisch sind dagegen gewaltsame Regimewechsel, was Konsequenzen für die internationale Stabilität hat und dabei gerade die Fluchtproblematik virulent werden läßt.

Hinsichtlich der Konfliktgegenstände werden häufig Territorialkonflikte als die wichtigste Kriegsursache angesehen (vgl. Vasquez 1993). Historisch angelegte Analysen, wie etwa die Studie zu bewaffneten Konflikten und internationaler Ordnung über den Zeitraum 1648 bis 1989 von Kal Holsti (1991), deuten dagegen darauf hin, daß territoriale Probleme systematisch an Bedeutung verloren haben. Sollte sich der von Holsti seit 1945 beobachtete Trend fortsetzen, dann dürften auch die Fluchtbewegungen abnehmen, die aus territorial motivierten Kriegen oder den anschließenden Friedensverträgen mit eventuellen Grenzveränderungen resultieren, wie sie noch im letzten Jahrhundert und zu Beginn des 20. Jahrhunderts vielfach beobachtet werden konnten. Die Realität zeigt aber, daß territoriale Konflikte zumindest in jenen Fällen relevant bleiben, bei denen es zum Zerfall von Staaten kommt. Darüber hinaus kann auch die Problematik der Verteilung knapper Ressourcen neue zwischenstaatliche Gewalt hervorrufen, wofür die latenten Wasserkonflikte im Nahen Osten heute schon ein Beispiel bieten.

Generell besteht bei internationalen Konflikten und Kriegen ein großes Risiko für Massenfluchtbewegungen, wenn diese horizontal eskalieren, wenn es also zur regionalen Diffusion von militärischer Gewalt kommt, oder aber wenn innerstaatliche Konflikte auf die zwischenstaatliche Ebene ausgeweitet werden. Dies geschieht vor allem in ohnehin gefährdeten Regionen, wie in Zentral- und Ostafrika oder im Kaukasus.

Die Gewaltursachen auf der *innerstaatlichen Ebene* sind vielfältig und teilweise auch komplexer als auf der zwischenstaatlichen Ebene. Primär hängen die Anwendung und Eskalation innerstaatlicher Gewalt mit der Problematik der Legitimität des Gewaltmonopols und der internen Regelung von Herrschaft zusammen. Extrem risikoträchtig im Sinne militärischer Eskalation sind innerstaatliche Konflikte dann, wenn Staaten nur über ein fragiles Gewaltmonopol verfügen und grundlegende ökonomische Verteilungsleistungen nicht erbringen können, wenn die Legitimität des Regimes von sich organisierenden Konfliktparteien in Frage gestellt wird, und wenn im Extremfall eine der Konfliktparteien nach Separation oder politischer Unabhängigkeit strebt. So handelt es sich gerade bei lang andauernden Bürgerkriegen meist um „fundamental quarrels about the nature of communities and the processes and problems of state-building" (Holsti 1996:18). Betroffen sind davon vielfach eben jene post-kolonialen Quasi-Staaten, die nur über eine „negative Souveränität" verfügen, deren Existenz und Anerkennung also allein durch die Staatengemeinschaft garantiert wird (Jackson 1990: Kap. 2).[3]

Wenn es zur staatlichen Auflösung oder zur Neubildung von staatlichen Einheiten kommt, ergeben sich häufig Probleme der territorialen Abgrenzung, die wiederum Fluchtbewegungen auslösen können. Insbesondere zerbrechende oder „gescheiterte" Staaten, die eine große Vielfalt religiöser, linguistischer oder ethnischer Trennungslinien (cleavages) aufweisen, sind vom Gewalt- und Fluchtphänomen betroffen – sichtbar wird dies beispielsweise im ehemaligen Jugoslawien oder im Krieg zwischen Armenien und Aserbaidschan. Einflußfaktoren sind hierbei unter anderem der jeweilige Prozeß der Staatsbildung und die Fähigkeit des Staates, sein Gewaltmonopol durchzusetzen. Aber auch soziokulturelle Konfliktfaktoren wie mögliche Probleme zwischen Bevölkerungsmehrheit und Minderheiten können Gewalt und Flucht hervorrufen, wenn Siedlungsweisen, Wirtschaftsformen, soziale Organisation und kulturelle Praktiken der Minderheiten – gelegentlich auch der Mehrheiten, wenn diese von einer machtausübenden Minderheit unterdrückt wird – nicht respektiert werden.

Besonders problematisch ist, daß die Anwendung von Gewalt in vielen Fällen, wo es zum teilweisen oder völligen Zusammenbruch staatlicher Ordnung gekommen ist, zu einem Dauerphänomen geworden ist. Bei langanhaltenden Bürgerkriegssituationen wie in Afghanistan, Somalia oder Liberia stellt sich dann zudem das Problem von Kriegswirtschaften bzw. von „Gewaltmärkten", die ihre eigene Dynamik entfalten und die Unfähigkeit des Staates zum Schutz der eigenen Bevölkerung verstärken.[4]

Fluchtauslösende Gewalt kann zudem eine Folge institutioneller und struktureller Konflikte sein, in denen es nicht primär um die Ablösung vom Staat oder dessen Auflösung geht, sondern um eine Veränderung der Form bzw. des Charakters eines Regimes und seiner Politik. Derartige interne Konflikte können verbunden sein mit Legitimationsdefiziten traditioneller Eliten, die sich Demokratisierungstendenzen und drohenden Verlusten ihrer Privilegien widersetzen. Nicht selten greifen die gefährdeten Eliten dabei zum Mittel der Menschenrechtsverletzung, wie in einigen Staaten Mittel- und Südamerikas und Afrikas. Hier sind auch Gegensätze zwischen laizistischen und religiös-fundamentalistischen Gruppen von Bedeutung, bei denen es oft nicht nur um die bevorzugten Lebensformen geht, sondern auch um die Frage, wie Staat und Gesellschaft organisiert sein sollen. Die Flucht von laizistischen Intellektuellen vor den Morddrohungen islamischer Fundamentalisten im Iran, in Algerien und in einer Reihe weiterer Länder des „islamischen Gürtels" von Marokko bis in die zentralasiatischen Länder ist ein dramatisches Beispiel für diesen Aspekt.

---

3 Im Gegensatz zur klassischen Form *positiver Souveränität*, die aus der internationalen Anerkennung der erfolgreichen internen Durchsetzung des Gewaltmonopols innerhalb eines definierten Territoriums resultiert (vgl. Jackson 1990).

4 Gewaltmärkte werden definiert als „von Bürgerkriegen, Kriegsherrn oder Räubertum dominierte Wirtschaftsräume", in denen das Eigentum an Gütern oder Dienstleistungen nicht freiwillig getauscht, sondern durch Gewalt angeeignet wird (BMZ 1998:44).

Ob und in welchem Maße weitere Faktoren wie die demographische Entwicklung und sozio-ökonomische Ungleichheiten einen Beitrag zur Erklärung von Flucht und Gewalt leisten können, ist theoretisch wie empirisch ungeklärt. Wir gehen jedoch davon aus, daß rapides Bevölkerungswachstum und sozio-ökonomische Polarisierung nicht unmittelbar zur Gewaltanwendung und zu Fluchtbewegungen führen, sondern eher Indikatoren für eine hohe gesellschaftliche Verwundbarkeit und soziale Spannungen sind (vgl. UNHCR 1997).

Unmittelbare Anlässe von Fluchtbewegungen können hingegen natürliche oder menschlich verursachte Katastrophen sein. In einer systematisch-empirischen Analyse zur Katastrophenhäufigkeit seit dem Zweiten Weltkrieg haben Eberwein und Chojnacki (1998) eine signifikante Zunahme von derartigen Ereignissen festgestellt, insbesondere in den achtziger Jahren und zu Beginn der neunziger Jahre. Dabei unterscheiden sie zwischen kurzfristigen und langfristigen Katastrophen einerseits und natürlichen und menschlich verursachten Katastrophen andererseits. Entscheidend für die politischen, ökonomischen und gesellschaftlichen Konsequenzen von Katastrophen sind drei Faktoren: erstens der politische und gesellschaftliche Kontext, in dem sie auftreten. Stabile Gesellschaften sind eher in der Lage, Katastrophen zu bewältigen als instabile oder verwundbare Gesellschaften. Zweitens ist die Art der Katastrophe wichtig. Die Folgen eines Erdbebens sind offensichtlich leichter zu bewältigen als die eines Bürgerkrieges. Drittens ergibt sich die Bedeutung von Katastrophen aus der Häufigkeit, mit der sie eintreten.[5]

Zunehmend häufiger und von den Konsequenzen her besonders gravierend sind langfristige Katastrophen, die durch menschliches Verhalten zumindest teilweise mit verschuldet sind. Hierzu zählen die Zerstörung von Acker- und Weideland in Folge von übermäßiger Landnutzung und von Störungen des Wasserhaushaltes sowie die Häufung von Überschwemmungen durch ökologische Degradation der Böden und fehlerhafte Eingriffe in die Wasserwirtschaft. Die Schädigung der Umwelt kann aber auch politisch-strategisch herbeigeführt werden (Homer-Dixon 1993), wie wir es im Nahen Osten seit Jahren im Falle der Wasserkonflikte beobachten können. Diese können durchaus zu neuen Gewaltprozessen und Fluchtbewegungen führen, vor allem wenn die Ressourcenverknappung in schwachen Staaten bestehende politische und ethnische Konflikte zu verschärfen droht.

Zur Erklärung von Fluchtbewegungen stellt sich neben der Frage nach den Druckfaktoren, die im Herkunftsland wirken, die Frage nach den Sogfaktoren, die vom Aufnahmeland ausgehen. Maßgeblich ist vor allem, welche Möglichkeiten der Aufnahme in den Zielgebieten bestehen – bei Vertriebenen sind dies die Zufluchtmöglichkeiten in friedlichere Landesteile und bei grenzüberschrei-

---

5 Bei vielen natürlichen Katastrophen wie Überschwemmungen, Vulkanausbrüchen, Erdbeben und Wirbelstürmen bleiben die Betroffenen in der Regel in der Region oder als interne Vertriebene im Land. Abhängig sind die Folgewirkungen dieser Katastrophen von der Verwundbarkeit einer Gesellschaft, d.h. vom Grad der Fähigkeit, derartige Ereignisse selbst humanitär zu bewältigen. Die Vereinigten Staaten können die Folgen von großen Überschwemmungen und Wirbelstürmen zweifellos sehr viel besser verarbeiten als etwa Bangladesch.

tenden Flüchtlingen die Zutrittsmöglichkeiten zum Territorium des Aufnahme-
landes. Bei den grenzüberschreitenden Fluchtbewegungen ist die geographische
Nähe zwischen Herkunfts- und Aufnahmestaaten von erheblicher Bedeutung.
Auch historische Beziehungen zwischen den Staaten, sprachliche und kulturelle
Gemeinsamkeiten und die Existenz von Netzwerken erleichtern die Fluchtbewegungen. Wie die empirische Migrationsforschung zeigt, verlaufen Wanderungen in der Regel nicht chaotisch, sondern folgen bestimmten Mustern. Dies
gilt auch für Fluchtbewegungen: Diese fallen leichter, wenn die zur Flucht Entschlossenen Informationen über den Wanderungsweg und über die Situation im
Aufnahmeland haben und wenn personelle oder infrastrukturelle Anknüpfungspunkte vorhanden sind. Hinsichtlich der Bereitschaft von Staaten, Flüchtlinge
aufzunehmen, ist auch zu berücksichtigen, daß Flüchtlinge insbesondere für die
Regierungen von armen Staaten häufig eine Möglichkeit sind, um Hilfsmaßnahmen der internationalen Gemeinschaft zu erlangen, die dann nicht selten
auch zur Versorgung der eigenen Bevölkerung verwendet werden.

Im Hinblick auf die Folgen von Fluchtbewegungen ist festzustellen, daß sich
diese direkt oder indirekt auf die staatliche, regionale und internationale Sicherheit auswirken können und damit auch bestehende gewalthafte Konflikte verschärfen oder neue Probleme schaffen können. Die innere Sicherheit von Aufnahmestaaten ist dann betroffen, wenn die Gesellschaft den Herausforderungen
durch die Fluchtbewegungen ökonomisch oder politisch nicht gewachsen ist.
Bestehende sozio-ökonomische Probleme können sich durch große Flüchtlingszahlen und durch einen langen Aufenthalt der Flüchtlinge zuspitzen. Es können
neue gewalthafte Konflikte entstehen, und unter bestimmten Umständen kann
das Verhältnis von Staat und Gesellschaft destabilisiert werden. Betroffen sind
davon vor allem „schwache" Staaten, also solche, die nur eine geringe soziale
Kohäsion aufweisen. Es besteht zudem die Gefahr, daß die Flüchtlinge latente
Minderheitenkonflikte verstärken, was insbesondere dann der Fall ist, wenn
Staatsgrenzen nicht mit Siedlungsräumen übereinstimmen, wie es etwa in Zentralafrika oder in den Balkanstaaten der Fall ist.

   Es gibt darüber hinaus zahlreiche Beispiele dafür, daß Massenfluchtbewegungen, die aus außenpolitischem Kalkül ausgelöst werden, von den Aufnahmestaaten als sicherheitspolitisches Problem und als Bedrohung aufgefaßt werden und damit zwischenstaatliche Gewalt forcieren können. Bedroht wird durch
solche Massenfluchtbewegungen nicht nur die nationale Souveränität der Aufnahmestaaten, weil diese den Grenzübertritt der Flüchtlinge nicht verhindern
können und die Kontrolle über ihr Staatsgebiet verlieren. Noch schwerer können die Folgen für die lokale Wirtschaft und die Umwelt wiegen, da die Flüchtlinge ernährt und versorgt werden müssen. Das Beispiel der Massenflucht von
Ruandern nach Tansania nach dem Völkermord von 1994 hat gezeigt, welche
katastrophalen ökologischen Folgen allein der Bedarf an Brennholz für eine so
große Zahl an Hilfsbedürftigen haben kann. Trotz der groß angelegten internationalen Hilfsoperation konnte nicht verhindert werden, daß weite Gebiete ab-
geholzt und damit ökologisch verwüstet wurden und die Lebensgrundlagen für

die einheimische Bevölkerung nachhaltig beeinträchtigt wurden. Die gleichzeitige Massenflucht von Ruandern in das damalige Zaire hat aufgrund der schlechten hygienischen Verhältnisse zu Epidemien geführt, die ebenfalls die lokale Bevölkerung betroffen haben.

Auch in den Industriestaaten können große Flüchtlingszahlen, wie generell jede Massenzuwanderung, zu Gewalt führen. Fremdenfeindlichkeit, Rassismus und Gewalttaten gegen Flüchtlinge und Migranten sind – wenn auch in unterschiedlicher Intensität – in allen Industriestaaten zu beobachten (vgl. hierzu den Beitrag von Butterwegge in diesem Band). Viele Einheimische empfinden Zuwanderer als Konkurrenten um Arbeitsplätze, um Sozialleistungen oder um öffentliche Infrastrukturen und als Bedrohung ihrer kulturellen Identität. Dies wird noch verstärkt, wenn die Zuwanderer versuchen, sich von der Aufnahmegesellschaft abzuschotten und ihre eigene kulturelle Identität zu bewahren, weil sie die Hoffnung haben, in ihre Heimat zurückkehren zu können oder weil sie der Meinung sind, daß die Aufnahmegesellschaft sie ohnehin nicht integrieren will. Eine Massenzuwanderung von Flüchtlingen kann daher durchaus Konsequenzen für die innere Sicherheit der Aufnahmestaaten haben.

Folgen für die regionale und internationale Sicherheit können sich infolge der Diffusion von Gewalt oder von Fluchtbewegungen ergeben. Nicht selten sind gleich mehrere benachbarte Staaten von ineinandergreifenden und sich wechselseitig verstärkenden Gewalt- und Fluchtprozessen betroffen. Rückwirkungen hat dies dann nicht nur auf die Sicherheit der betroffenen Staaten oder Staatengruppen, sondern auch auf regionale Sicherheitsorganisationen wie die OAU oder die Organisation für Sicherheit und Zusammenarbeit in Europa (OSZE), aber auch auf die Vereinten Nationen. Alle internationalen Organisationen haben zwar entsprechende Normen und Regeln zur Bewältigung komplexer Katastrophen entwickelt, stehen aber unter strukturellen Handlungsbegrenzungen, die sie sich aus der Ordnungsstruktur des internationalen Systems ergeben, vor allem aus dem Souveränitätsgrundsatz und der Norm der Nichteinmischung in die inneren Angelegenheiten eines Staates. Inwieweit die Nichteinmischungsnorm in der Zukunft Bestand haben wird und welche Folgen eine sukzessive Aushöhlung haben könnte, beispielsweise durch humanitäre Interventionen, bleibt abzuwarten.

Empirische Trends in den neunziger Jahren

Die verfügbaren Daten zum weltweiten Flüchtlingsproblem sind nicht geeignet, ein realistisches Bild von Flucht und Vertreibung zu zeichnen. Es liegen zwar Statistiken des UNHCR und Daten des US Committee for Refugees (USCR) vor, das den jährlichen Report „World Refugee Survey" herausgibt. Diese sind aber nicht in jeder Hinsicht vergleichbar, und es werden auch nicht alle Flüchtlinge und Vertriebenen erfaßt. In vielen Fällen beruhen die Statistiken über die Wanderungssituation auf zweifelhaften Angaben der jeweiligen Regierung. Besonders problematisch ist die Datenlage in den meisten Entwicklungsländern:

Von den dortigen Behörden werden häufig überhaupt keine Daten erhoben und ausgewertet, oder sie entsprechen nicht der Realität, weil beispielsweise mit überhöhten Angaben zur Zahl von Flüchtlingen die Forderung nach umfangreicheren internationalen Hilfsleistungen begründet werden kann. Andererseits haben auch die internationalen Hilfsorganisationen nur begrenzt zu Kriegsgebieten Zugang, womit insbesondere ein großer Teil der Binnenvertriebenen nicht erfaßt werden kann. Die Hilfsorganisationen weisen daher regelmäßig darauf hin, daß ihre Statistiken mit großer Vorsicht interpretiert werden müssen.

Die unbefriedigende Datenlage erschwert nicht nur die sozialwissenschaftliche Analyse, sondern sie hat auch politische Konsequenzen: So wie beispielsweise in den Aufnahmeländern überzogene Angaben über die Zahl von Zuwanderern negative Einstellungen der einheimischen Bevölkerung provozieren und damit das politische Klima für eine sachliche Erörterung der Handlungsmöglichkeiten verschlechtern können, birgt auch eine Unterschätzung der Flüchtlingszahlen politische Probleme, weil dann die Notwendigkeit von Hilfsleistungen nicht gesehen wird.

Für die folgende Darstellung einiger Trends der neunziger Jahren nutzen wir die Daten des USCR, die hinsichtlich der grenzüberschreitenden Fluchtbewegungen im wesentlichen mit denen des UNHCR übereinstimmen, die jedoch im Bereich der Binnenflüchtlinge aussagekräftiger sind. Während der UNHCR im Rahmen seines Mandats beispielsweise 1996 weltweit für etwa fünf Millionen interne Vertriebene zuständig war (vgl. UNHCR 1997), hat das USCR etwa die vierfache Anzahl an Binnenvertriebenen erfaßt.

Was die Datenlage zu Gewaltereignissen betrifft, bestehen erhebliche Unterschiede zwischen den verschiedenen Datenquellen. Das hängt mit den zum Teil nachvollziehbaren, zum Teil nur zu ahnenden Kriterien zusammen, welche bei der Erfassung der einzelnen Ereignisse zugrunde gelegt werden. So macht es einen Unterschied, ob ein Krieg über ein quantitatives und vergleichbares Kriterium definiert wird (vgl. etwa Bremer/Cusack 1996), oder ob qualitative, intersubjektiv nur schwer überprüfbare Kriterien verwendet werden. Ohne die methodologischen Probleme der vergleichenden Kriegsursachenforschung hier abschließend klären zu können, orientieren wir uns in der vorliegenden Analyse an den Konfliktdaten von Wallensteen und Sollenberg (1998), die sowohl militärische Konflikte („minor" und „intermediate armed conflicts") als auch innerstaatliche und zwischenstaatliche Kriege mit mehr als 1.000 Toten berücksichtigen und die einen anerkannten Analyserahmen bieten.

Bezüglich der empirischen Trends läßt sich auf *globaler Ebene* zunächst feststellen, daß der Höhepunkt der grenzüberschreitenden Fluchtbewegungen mit etwa 16 Millionen Menschen zu Beginn der neunziger Jahre gelegen hat und daß die Zahl der Flüchtlinge seit Mitte der neunziger Jahre stetig zurückgegangen ist, wenn auch nur in geringem Umfang (Tabelle 1). Eine ähnliche Entwicklung ist bei den Binnenvertriebenen zu beobachten, deren Zahl 1994 einen Höchstwert von 26,4 Millionen erreicht hatte. Ihre Anzahl lag während des gesamten Untersuchungszeitraumes über derjenigen der grenzüberschreitenden Flüchtlinge. Besonders dramatisch ist der Befund, daß die Zahl der Länder mit

Binnenvertriebenen zwischen 1970 und 1996 um das Siebenfache zugenommen hat (vgl. UNHCR 1997:127) und daß die Dauer von Flucht und Vertreibung ähnlich wie die Dauer von Bürgerkriegen ansteigt (Refworld 1998). Betroffen sind davon vor allem jene Staaten, die wir als „schwach" oder „gescheitert" bezeichnet haben. Faßt man die Statistiken über beide Fluchtformen zusammen, dann sind derzeit mindestens 30 Millionen Menschen weltweit auf der Flucht (Tabelle 2). Allerdings schätzt UNHCR die tatsächliche Zahl gar auf etwa 50 Millionen intern Vertriebene und grenzüberschreitende Flüchtende (UNHCR 1997:2).

Tabelle 1: Grenzüberschreitende Flüchtlinge (Herkunft)

Region / Jahr	1990	1991	1992	1993	1994	1995	1996	1997
Afrika	5,4	5,3	5,7	5,8	5,9	5,2	3,6	2,9
Asien	7,0	7,7	5,2	4,7	4,0	3,5	3,8	3,9
Mittlerer Osten	3,6	2,8	2,9	3,0	3,8	4,0	4,4	4,4
Europa	-	0,1	2,5	2,0	1,8	1,8	1,9	1,4
Amerika/Karibik	0,2	0,1	0,1	0,1	0,1	0,1	0,1	0,1
Gesamt	16,2	16,1	16,4	15,5	15,6	14,5	13,8	12,7

Diese und die folgenden Tabellen beruhen auf zwei Datenquellen: Die Zahlen über Flüchtlinge und Vertriebene stammen vom US Committee for Refugees (USCR); sie sind auch aufgeführt im World Disaster Report von 1998. Die Konflikt- und Kriegsdaten sind der Zusammenstellung der Armed Conflicts von Wallensteen und Sollenberg (1998) entnommen, wobei die beiden Kategorien „minor armed conflict" und „intermediate conflict" hier für unsere Zwecke zu „militärischem Konflikt" zusammengefaßt worden sind (siehe Tabelle 3).

Tabelle 2: Binnenflüchtlinge

Region / Jahr	1990	1991	1992	1993	1994	1995	1996	1997
Afrika	13,5	14,2	17,4	16,9	15,7	10,2	8,8	8,2
Asien	3,4	3,4	2,5	1,5	2,4	2,7	3,5	2,6
Mittlerer Osten	1,3	1,5	0,8	2,0	3,7	3,7	3,5	1,8
Europa	1,1	1,7	1,6	2,8	3,2	3,1	2,8	2,4
Amerika /Karibik	1,1	1,2	1,4	1,4	1,4	1,3	1,2	1,6
Gesamt	20,4	22,0	23,7	24,5	26,4	20,4	19,7	16,6

Ähnlich wie bei den globalen Fluchtbewegungen läßt sich auch bei den innerstaatlichen und zwischenstaatlichen Gewaltereignissen in den letzten Jahren ein leichter Rückgang beobachten (Tabelle 3). Der Höhepunkt wurde hier 1992 mit 55 militärischen Konflikten und Kriegen erreicht. Berücksichtigt werden muß dabei, daß sich die Gewaltereignisse vor allem innerhalb der Staaten abspielen, weitaus weniger zwischen ihnen (vgl. Holsti 1996, Wallensteen/Sollenberg 1998). Allerdings zeigt etwa die Analyse von Eberwein/Chojnacki (1998), daß es keinen eindeutigen Trend beim Auftreten von Bürgerkriegen gibt, auch wenn dies immer wieder behauptet wird. Ihre Untersuchung belegt andererseits auch, daß die Dauer von Bürgerkriegen im Gegensatz zu ihrer Häufigkeit zugenommen hat und daß die Opferzahlen angestiegen sind (vgl. auch Holsti 1996), auch wenn hier ein leicht rückläufiger Trend seit etwa Mitte der neunziger Jahre festzustellen ist.

Aus *regionaler Perspektive* ergeben sich unterschiedliche Entwicklungen, die zum Teil aus den Tabellen 1 und 2 abgelesen werden können. Positive regionale Trends hinsichtlich einer Abnahme der Zahl der Flüchtlinge und Vertriebenen gibt es in Südostasien (Vietnam, Kambodscha und Laos), im südlichen Afrika (Mosambik und Südafrika) und in Lateinamerika (Nicaragua, El Salvador und Guatemala), wofür hauptsächlich erfolgreiche Repatriierungsprogramme verantwortlich waren. Allerdings ist der statistische Rückgang in einigen betroffenen Staaten, wie Äthiopien, Angola, Ruanda und der Türkei, auch auf Veränderungen in den Statistiken selbst zurückzuführen – so gibt beispielsweise die Türkei an, daß 1996 die Zahl der intern vertriebenen Kurden um 750.000 Menschen abgenommen hätte. Inwieweit dies mit der Realität übereinstimmt, läßt sich nicht überprüfen.

Negative regionale Entwicklungen bestehen darin, daß in den neunziger Jahren zusätzliche Regionen von Massenfluchtbewegungen und Gewalt betroffen wurden, wie der Kaukasus nach dem Zusammenbruch der Sowjetunion und Südosteuropa im Kontext der jugoslawischen Zerfallsprozesse. Gerade in Europa, einer Region, die sich mit Ausnahme des Zypern-Konflikts nach dem zweiten Weltkrieg nur bedingt mit den Phänomenen von Gewalt und Flucht konfrontiert sah, ist das Flüchtlings- und Vertreibungsproblem im Zuge der Kriege im ehemaligen Jugoslawien zur politischen Realität geworden. In den im Anhang angegebenen Tabellen sind noch nicht die hohen Flüchtlingszahlen berücksichtigt, die durch die Verschärfung des Kosovo-Konflikts im Jahr 1998 hervorgerufen wurden. Schon zu Beginn der NATO-Luftangriffe im März 1999 lag die Zahl der aus dem Land geflohenen oder im Land vertriebenen Kosovaren bei etwa 450.000 Menschen, also bei einem Viertel der Gesamtbevölkerung. Dabei wird sich der Krieg im Kosovo auch negativ in der Statistik über die Kriegshäufigkeit in Europa niederschlagen, die sich nach dem Ende des Bosnien-Krieges zunächst wieder positiv zu entwickeln schien (vgl. Tabelle 3).

Die Hauptkonflikt- und Kriegszonen sind jedoch in den neunziger Jahren Afrika und Asien mit 29 von 33 Gewaltereignissen im Jahr 1997. In Südasien wie auch in Zentral- und Ostafrika sind Flucht und Vertreibung nicht nur Konsequenzen innerstaatlicher und zwischenstaatlicher Gewaltprozesse, sie sind vielfach auch eindeutig die zentralen Faktoren für neue militärische Gewalt und gesellschaftliche Instabilität. Allein der zentralafrikanische Raum, bestehend aus Angola, Kongo, Zaire (heute Demokratische Republik Kongo), Burundi, Ruanda, Sambia, Tansania und Uganda, spiegelt ein komplexes Beziehungsgeflecht von Flucht und Gewalt wider, das für einen Großteil der bewaffneten Konflikte und Fluchtbewegungen in Afrika verantwortlich ist.

Tabelle 3: Verteilung bewaffneter Konflikte, 1990 – 1997

Region / Jahr	1990	1991	1992	1993	1994	1995	1996	1997
Afrika								
Militär. Konflikt	8	8	9	9	12	8	13	11
Krieg	9	9	7	3	2	2	2	4
Gesamt	17	17	16	12	14	10	15	15
Asien								
Militär. Konflikt	12	10	13	11	13	11	12	12
Krieg	6	6	7	4	2	2	2	2
Gesamt	18	16	20	15	15	13	14	14
Mittlerer Osten								
Militär. Konflikt	5	4	5	5	2	2	3	1
Krieg	1	3	1	1	2	1	1	1
Gesamt	6	7	6	6	4	3	4	2
Europa								
Militär. Konflikt	3	5	7	6	4	4	-	-
Krieg	-	1	2	4	1	1	1	-
Gesamt	3	6	9	10	5	5	1	-
Amerika/Karibik								
Militär. Konflikt	2	4	1	1	4	4	2	2
Krieg	3	1	3	2	-	-	-	-
Gesamt	5	5	4	3	4	4	2	2
Welt Gesamt	*49*	*51*	*55*	*46*	*42*	*35*	*36*	*33*

Listet man die in Hinblick auf Massenfluchtbewegungen und Gewaltbeteiligungen besonders gefährdeten Staaten auf (siehe Tabelle 4), dann wird die Vermutung bestätigt, daß es sich hierbei vor allem um „verwundbare" Staaten in Afrika und Asien handelt. Insgesamt sind die zwanzig aufgeführten „Risikostaaten" für mehr als die Hälfte der weltweiten Flüchtlinge und für vier Fünftel der Vertriebenen verantwortlich. Besonders hoch scheint die Gefährdung gegenüber Flucht und Gewalt in solchen Staaten, wo Bewohner im Kontext von Gewaltereignissen innerstaatlich oder grenzübergreifend fliehen müssen und die zudem selbst wegen Konflikten in der unmittelbaren Nachbarschaft Flüchtlinge aufnehmen müssen. Tatsächlich sind von den über 50 von Binnenflucht betroffenen Staaten nur wenige nicht mit dem Problem der zwischenstaatlichen Flucht konfrontiert (vgl. Schmeidl/Jenkins 1998). Zurückzuführen sind diese Fälle entweder auf schwächere Formen der Gewaltanwendung in den dortigen Konflikten, auf scharfe Grenzkontrollen, wie beispielsweise im Falle Syriens, oder aber auf geographische Gegebenheiten wie etwa bei Inselstaaten – Zypern ist hier ein Beispiel.

Tabelle 4: Gefährdete Staaten, 1990 – 1997

	Flucht Herkunft		Flucht Empfänger		Binnen- flüchtlinge		Konflikt Jahre	Konflikt Be- teili- gung
	Min.	Max.	Min.	Max.	Min.	Max.	N	N
Afrika								
Äthiopien	0,05	1,07	0,16	0,78	0,40	1,00	4	4
Angola	0,21	0,44	0,01	0,01	0,83	2,00	8	2
Burundi	0,18	0,78	0,01	0,17	-	0,50	6	1
Dem. Rep.Kongo	0,06	0,13	0,33	1,53	-	0,70	1	1
Eritrea	0,31	0,38	-	-	0,20	1,00		
Liberia	0,47	0,78	-	0,12	0,50	1,10	7	1
Mozambique	0,33	1,73	-	0,70	0,50	3,50	3	1
Ruanda	0,75	1,72	0,02	0,37	-	1,20	5	1
Sierra Leone	-	0,36	0,01	0,13	-	1,00	7	1
Somalia	0,40	0,86	-	0,36	0,20	2,00	7	1
Sudan	0,20	0,51	0,36	0,75	3,50	5,00	8	1
Asien								
Afghanistan	2,32	6,60	-	0,05	0,50	2,00	8	1
Indien	0,01	0,01	0,32	0,42	0,85	0,28	8	9
Irak	0,13	0,64	0,04	0,12	0,40	1,00	8	3
Myanmar	0,09	0,29			0,20	1,00	8	7
Europa								
Aserbaidjan	0,21	0,39	0,24	0,28	0,22	0,67	4	2
Bosnien- Herzegowina	0,58	1,01			0,74	1,30	4	3
Amerika								
Kolumbien	0,10	4,00	0,20	0,70	0,05	1,00	8	1
Peru			0,30	0,70	0,20	0,60	8	2
Mittlerer Osten								
Türkei	-	0,02	0,01	0,18	0,03	2,00	8	2

Die Angaben zu Minimum und Maximum der Fluchtbewegungen spiegeln die jeweils gering-sten und höchsten Angaben für grenzüberschreitende Flüchtlingsbewegungen und intern Ver-triebene des jeweiligen Staates im Untersuchungszeitraum wider. Die Konfliktjahre geben an, ob und wie lange über den Zeitraum 1990-97 militärische Konflikte bzw. Kriege stattfanden. Die Konfliktbeteiligung reflektiert die im Untersuchungszeitraum begonnenen Konflikte. (Angaben für Flüchtlinge in Millionen)

Zu den extrem betroffenen Staaten zählen Liberia, Somalia, Sudan und Afgha-nistan, bei denen Flucht und Vertreibung Indizien für den staatlichen Zusam-menbruch oder gesellschaftliche Auflösungserscheinungen sind. Dabei stellt sich für die Staatengemeinschaft und für die humanitären Hilfsorganisationen zunehmend das Problem, Zugang zu den Binnenflüchtlingen zu erhalten. Ein Schutz der Opfer ist hier oftmals nur schwer möglich. Die Auslösung von Flucht und Vertreibung als strategisches Instrument der Kriegführung war in diesem Jahrzehnt in Ruanda und Burundi, in Bosnien und im Kosovo zu beobachten. Größere grenzüberschreitende Massenfluchtbewegungen hatten in den letzten Jahren ihren Ursprung außerdem in Afghanistan, Mosambik, Burundi, Somalia und Kolumbien.

Welches komplexe Wechselverhältnis außerdem zwischen einzelnen Katastrophenereignissen bestehen kann, zeigt sich am somalischen Beispiel. Hier führten in den vergangenen Jahren drei aufeinanderfolgende Mißernten sowie durch schwere Überflutungen zerstörte Ackerflächen sowohl zu Binnenmigration als auch zu grenzüberschreitenden Fluchtbewegungen. Begleitet wurden und werden diese Prozesse von Kämpfen rivalisierender Milizen, welche die notwendigen Hilfsoperationen behindern oder für ihre eigenen Interessen zu instrumentalisieren suchten. Dies ist kein Einzelfall. Auch im Sudan verursachen militärische Gewalt, Dürren und Überschwemmungen immer wieder Hungersnöte, die eine Abhängigkeit von externer Hilfe schaffen.

In einigen Teilen der Welt besteht das Problem, daß gleich mehrere benachbarte und zugleich besonders „verwundbare" Staaten von Katastrophen einerseits und Flucht und Gewalt andererseits betroffen sind. Dazu zählen, wie sich aus der Liste der gefährdeten Staaten im Anhang ablesen läßt, insbesondere der Kaukasus, Zentralafrika, Ostafrika und Südasien.

Auch die Beispiele Ruandas und Burundis deuten darauf hin, daß die Komplexität der Fluchtbewegungen und interner Vertreibung zunimmt. Immer häufiger geraten dabei die Flüchtenden zwischen die Fronten der Bürgerkriegsparteien, wie beispielsweise in Liberia. Außerdem tritt das Problem der Mehrfachfluchten auf, wenn die Aufnahmestaaten ebenfalls in den Konflikt hineingezogen werden und die Flüchtlinge nicht aufnehmen wollen (UNHCR 1997:21f). Insbesondere wenn die Nachbarstaaten ebenfalls hochgradig „verwundbar" sind, gibt es für den Zufluchtsuchenden keine Chance, Schutz vor Verfolgung zu finden. Flüchtlinge sind darüber hinaus besonders anfällig für Folgekatastrophen, insbesondere für Epidemien in großen Flüchtlingslagern (World Disaster Report 1998:105ff). Besonders problematisch ist die Gewalt innerhalb der Lager, die als sexuelle Gewalt besonders häufig Frauen und Mädchen trifft. Zudem werden die Lager immer wieder für Zwangsrekrutierungen mißbraucht oder gar zu militärischen Ausbildungslagern und Nachschubbasen für die Kämpfe im Heimatland umfunktioniert.

Die politische Bewältigung von Flucht und Gewalt: Handlungsmöglichkeiten und Handlungsbeschränkungen

Abschließend soll nach den Möglichkeiten und Grenzen der politischen Bewältigung sowie der Prävention von Flucht und Gewalt gefragt werden. Ein klassisches Instrument, das die internationale Gemeinschaft oder einzelne Staatengruppen immer wieder einsetzen, um Regime, die durch Gewaltausübung Fluchtbewegungen auslösen, zu Verhaltensänderungen zu zwingen, sind Embargos. Die Auswirkungen solcher zeitlich begrenzter wirtschaftlicher oder militärischer Sanktionen auf das politische Verhalten des betroffenen Regimes sind schwer nachzuweisen, und bislang gibt es keine überzeugende generelle Einschätzung der Wirksamkeit dieses Instruments. Einige Kritiker betonen neben der Schwierigkeit, Embargos international durchzusetzen, und der wirtschaftlichen Probleme, die sie auch den verhängenden Staaten bereiten, vor allem das Problem, daß in der Regel die ärmsten Bevölkerungsschichten in besonderer Weise von solchen Maßnahmen betroffen würden, hingegen nicht die machtausübenden Eliten, um die es eigentlich gehe. Allerdings gibt es auch Beispiele, in denen zumindest nicht ausgeschlossen werden kann, daß Embargos eine Wirkung gehabt haben, beispielsweise das Embargo gegenüber Irak und das gegenüber der Bundesrepublik Jugoslawien während des Bosnien-Krieges.

Besser abzuschätzen, gerade hinsichtlich der Begrenztheit ihrer Wirkungen, sind die Folgen militärischer Interventionen, die durchgeführt werden, um fluchtverursachende Gewalttätigkeiten zu unterbinden. Beispiele dafür waren die Intervention der Vereinten Nationen in Bosnien, die Einrichtung von Sicherheitszonen für Kurden in Nordirak, und die Intervention der Vereinigten Staaten in Haiti. Die Grenzen solcher militärischer Operationen werden sichtbar, wenn – wie in Bosnien und in einigen afrikanischen Krisengebieten – die Intervenierenden wegen zu hoher Kosten oder Verluste nicht bereit sind, die Intervention so lange und mit dem angemessenen Nachdruck durchzuhalten, bis die Ursachen für die fluchtauslösende Gewalt beseitigt sind. Ein vorzeitiger Rückzug oder ein Hinnehmen von Gewalttaten wie in Somalia durch die amerikanischen Interventionstruppen, in Bosnien durch Teile der internationalen Schutztruppe oder in Ruanda durch die französischen Eingreiftruppen überläßt die Zivilbevölkerung möglicherweise noch größeren Grausamkeiten und höherem Vertreibungsdruck.

Ein Problem bei militärischen Interventionen kann sein, daß sie aufgrund der schwierigen internationalen Abstimmung, der komplizierten völkerrechtlichen Lage und der vielfältigen strategischen und taktischen Vorbehalte der beteiligten Staaten zu spät erfolgen, um Fluchtbewegungen verhindern zu können. Augenfällig wurde dies in Bosnien, im Kosovo und im ostafrikanischen Great Lakes District. Zudem ist der Grad der Intensität der Intervention oftmals politisch umstritten, also vor allem die Frage, ob die Intervention auf Luftangriffe reduziert bleiben kann oder ob Bodentruppen eingesetzt werden müssen. Außerdem berücksichtigen die intervenierenden Staaten oftmals nicht, daß Luftschläge Vertreibungen nicht verhindern, sondern sogar noch forcieren können. So haben die Luftangriffe der NATO im Kosovo im Frühjahr 1999 die Eskalation der Gewalt vor Ort und das Ausmaß der Vertreibung noch verstärkt.

Grundsätzlich sind militärische Interventionen auch dann äußerst problematisch, wenn sie nicht von Anfang an durch politische Initiativen zur Sicherung von humanitären Hilfeleistungen begleitet werden, etwa durch die Schaffung von humanitären Korridoren oder durch begrenzte Waffenstillstandsabkommen. Fehlen solche Bemühungen, die den Hilfsorganisationen Zugang zum betroffenen Gebiet gewährleisten, kann die Versorgung der Vertriebenen nicht sichergestellt und damit auch die Auslösung von weiteren Fluchtbewegungen nicht verhindert werden. Zur Verweigerung des Zugangs für Hilfsorganisationen kam es beispielsweise 1998 im Sudan und 1999 in Sierra Leone. Prinzipiell haben die humanitären Hilfsorganisationen wie das Internationale Rote Kreuz und Ärzte ohne Grenzen eine zentrale Funktion hinsichtlich der Versorgung der Opfer. Daß diese auch negative Folgewirkungen haben können, indem sie von den Konfliktparteien instrumentalisiert werden, wie etwa beim Problem der Nahrungsmittelvergabe, muß bis zu einem gewissen Grad in Kauf genommen werden.

Der sicherste Schutz für Flüchtlinge ist, wenn sie Zuflucht in einem Aufnahmeland finden können, das ihnen entsprechend der oben beschriebenen internationalen Standards solange Schutz vor Verfolgung und ein menschenwürdiges Leben gewährleistet, wie Gewalt und Verfolgung in ihrem Heimatland anhalten. Die Bereitschaft der meisten reicheren Staaten der Welt, Flüchtlinge aufzunehmen, hat aber in den letzten Jahren meßbar abgenommen, d.h. es gibt einen deutlichen Trend zur Abgrenzung. Das internationale Asylsystem befindet sich in einer tiefen und sich verschärfenden Krise. Diese kommt auch darin zum Ausdruck, daß viele Industriestaaten versuchen, Möglichkeiten zu finden, Flüchtlingen und Vertriebenen einen Schutz außerhalb ihres Territorium zu verschaffen. Hierzu sind Schutzzonen und „safe havens" eingerichtet worden sind. Zudem wurde versucht, die Fluchtbewegungen durch Veränderungen des Asylrechts und durch bi- und multilaterale Abkommen, mit Hilfe sogenannter Drittstaatenregelungen, in andere Länder umzuleiten.

Schutzzonen wurden beispielsweise von den Vereinten Nationen für Kurden und Schiiten in Irak und für bosnische Moslems in Bosnien gebildet. In beiden Fällen war allerdings der Schutz der Vertriebenen nicht gewährleistet, weil der Staatengemeinschaft der Wille zu einem konsequenten militärischen Schutz fehlte und sie keine ausreichende Versorgung der dorthin Geflüchteten sicherstellen konnten. Den intervenierenden Staaten fehlten zudem nicht nur langfristige, sondern auch mittelfristige Perspektiven für diese Gebiete, mit der Folge, daß sich in diesen angeblich sicheren Zonen neue Gewalttaten ereigneten, die zu weiteren Fluchtbewegungen führten.

Unter „safe havens" werden Flüchtlingslager auf dem Gebiet eines Drittstaates verstanden. In der Praxis haben diese Bemühungen aber keine große Bedeutung erlangt, weil nur wenige Staaten bereit sind, einen Teil ihres Staatsgebietes für die Errichtung solcher Lager zur Verfügung zu stellen und damit auch der Anwesenheit fremder Truppen zuzustimmen. Zu den wenigen Beispielen gehören die Lager, die von den Vereinigten Staaten in ihren Militärstützpunkten auf Kuba und in Panama eingerichtet wurden, um eine Massenflucht von Haitianern und von Kubanern in die USA zu verhindern. Die Bootsflüchtlinge wurden von der amerikanischen Marine auf See aufgebracht und in diese Lager eingewiesen, wo sie Schutz vor Verfolgung und eine einfache Versorgung finden konnten. Die Einreise in die USA wurde ihnen aber bis auf wenige Ausnahmen nicht gestattet. Die abschreckenden Lebensbedingungen in diesen Lagern und schließlich die zwangsweise oder durch Zahlungen unterstützte Rückführungen haben diese Lager meist nach einigen Monaten geleert und auch die Zahl der Bootsflüchtlinge abnehmen lassen. Generell muß die Einrichtung solcher Lager sehr skeptisch beurteilt werden, vor allem wenn dort ein längerer Aufenthalt der Flüchtlinge vorgesehen ist. Die Lebensbedingungen dort sind faktisch die einer Inhaftierung.

Ein dritter Versuch, Flüchtlingen Schutz außerhalb des eigenen Territoriums zu gewähren, beziehungsweise Fluchtbewegungen vom eigenen Territorium fernzuhalten, ist in den letzten Jahren vor allem von den EU-Staaten angewendet worden. Er findet aber zunehmend Nachahmer in anderen Weltregionen. Diese Abschottungsmaßnahme besteht darin, daß das Asylrecht in den EU-Mitgliedstaaten so verschärft wurde, daß Flüchtlinge, die vor ihrer Ankunft an einer EU-Grenze einen sogenannten sicheren Drittstaat betreten haben, an der Grenze zurückgewiesen werden und daher keinen Asylantrag mehr stellen können. Gleichzeitig wurden die Kontrollen an den Außengrenzen der EU verschärft. Alle EU-Nachbarstaaten wurden per Gesetz zu sicheren Drittstaaten erklärt, und es wurden mit diesen Staaten Rücknahmeabkommen geschlossen. In Rahmen dieser Abkommen haben sich die EU-Staaten verpflichtet, den betroffenen Staaten zum Teil erhebliche finanzielle und organisatorische Hilfe beim Aufbau ihres Asylrechts und für den Ausbau ihrer Grenzsicherung zu gewähren. Auch wenn diese Staaten mittlerweile die formalen Voraussetzungen für ein solches Asylsystem aufweisen, weil sie die Genfer Flüchtlingskonvention unterzeichnet haben, ist der tatsächliche Aufbau dieses Systems in vielen Fällen noch unzureichend und die Flüchtlinge sind sich weitgehend selbst überlassen.

Im übrigen führen die restriktiven asylrechtlichen Regelungen, die noch durch weitere Verschärfungen ergänzt wurden, dazu, daß die Zahl der Flüchtlinge in den EU-Nachbarländern zunimmt. Diese haben zum Teil wiederum versucht, sich ihrerseits durch entsprechende Rechtsänderungen, Grenzkontrollen und Rückübernahmeabkommen mit ihren Nachbarländern dieser Flüchtlingslast zu entledigen. Eine mögliche Folge dieser Entwicklung ist nach Ansicht des UNHCR, daß Flüchtlinge überhaupt keine Chance mehr finden, irgendwo Asyl beantragen zu können und aufgrund einer Kettenabschiebung wieder in ihrem Herkunftsland landen könnten.

Eine weitere Folge der strengeren Grenzkontrollen und der Verschärfungen des Asylrechts ist, daß immer mehr Flüchtlinge versuchen, illegal in die EU-Staaten einzureisen, um dann unter Verschleierung ihres Fluchtweges Asyl zu beantragen. Da dies oft nur mit Hilfe professioneller Schlepperbanden möglich ist, ist die Kriminalität in diesem Bereich deutlich angestiegen. Hierzu ist auch zu zählen, daß Eingeschleuste gelegentlich von den Schlepperorganisationen zu ungesetzlichen Handlungen gezwungen werden, um ihre Schulden bei diesen kriminellen Organisationen zu begleichen.

Prinzipiell ist auch nach Ansicht von UNHCR eine freiwillige Rückkehr der Flüchtlinge in ihre Heimatländer die beste Lösung, sowohl für die Flüchtlinge als auch für die Aufnahmeländer – allerdings nur dann, wenn im Heimatland keine Verfolgung mehr stattfindet und die Flüchtlinge dort humane Lebensbedingungen finden. In vielen Fällen bedeutet dies, daß die internationale Gemeinschaft umfangreiche und langfristige finanzielle und organisatorische Hilfe leisten muß, etwa in Hinsicht auf die Beseitigung von Minen und in Form von Aufbauhilfen für die zerrüttete Wirtschaft. Vor allem nach Bürgerkriegen sind zudem erhebliche Anstrengungen von außen nötig, um den Aufbau zivilgesellschaftlicher und politischer Institutionen zu fördern, die ein gewaltfreies Zusammenleben verfeindeter Gruppen ermöglichen könnten. Eine freiwillige Rückkehr kann unter Umständen auch durch Rückkehrhilfen gefördert werden, wobei allerdings die Erfahrungen, die beispielsweise mit den deutschen Rückkehrprogrammen für Bosnien-Flüchtlinge gemacht wurden, nicht nur positiv sind: Solche Beihilfen sind im Grunde nur dann hilfreich, wenn die politischen und sozialen Rahmenbedingungen für eine dauerhafte Niederlassung in dem Heimatland gegeben sind.

Die Bandbreite möglicher präventiver Strategien zur Bewältigung von Flucht und Gewalt ist vielfältig. Die entscheidende Frage ist letztlich, welche Fähigkeiten die internationale Gemeinschaft hat und inwieweit die Bereitschaft existiert, solche Gewalttätigkeiten zu unterbinden. Prävention setzt nämlich sowohl die Fähigkeit als auch die Bereitschaft der Akteure voraus, von Handlungsmöglichkeiten Gebrauch zu machen (vgl. Chojnacki/Eberwein in diesem Band). Einige Instrumente sind oben schon erwähnt worden, beispielsweise die militärische Intervention. Es ist zwar in der politischen Debatte umstritten, ob Militäreinsätze als generelle Präventionsmaßnahme hilfreich sind. Die Erfahrung insbesondere des Bosnien-Krieges zeigt aber, daß unter bestimmten innerstaatlichen und internationalen Bedingungen solche Militäreinsätze unverzichtbar sind. Gleichzeitig ist jedoch die eingeschränkte Wirkung dieses Instrumentes unübersehbar. In vielen Fällen könnte höchstwahrscheinlich auf den Einsatz dieses problematischen Mittels verzichtet werden, wenn rechtzeitig andere Präventivinstrumente eingesetzt würden. Diese können beispielsweise in einer frühzeitigen Vorhersage von Menschenrechtsverletzungen und ethnischen und anderen Konflikten bestehen, im konsequenten Einsatz diplomatischer, politischer und ökonomischer Druckmittel, um Konfliktparteien an den Verhandlungstisch zu zwingen, in Versuchen, das militärische Potential solcher Parteien durch Embargos oder Waffenrückkäufe zu reduzieren, schließlich in der Stationierung von internationalen Beobachtern, wie etwa derjenigen der OSZE.

Das Problem dabei ist aber offensichtlich nicht, daß diese Instrumente der internationalen Gemeinschaft nicht bekannt oder nicht verfügbar wären. Der entscheidende Punkt ist vielmehr, daß oft der Wille fehlt, frühzeitig solche Instrumente einzusetzen, weil die Regierungen in den Staaten, die eingreifen könnten, die Prävention von Gewaltprozessen einerseits und Fluchtbewegungen andererseits auch in Nachbarregionen nicht als vitales nationales Interesse auffassen oder zumindest anderen außenpolitischen Zielen unterordnen. In vielen

Fällen hat sich dieses Desinteresse aber als krasse Fehleinschätzung erwiesen, wenn nämlich die Gewalt und die Menschenrechtsverletzungen in anderen Ländern mit erheblichen finanziellen, politischen, wirtschaftlichen und sozialen Folgebelastungen im eigenen Land bezahlt werden müssen.

Um letztlich erfolgreich präventiv tätig zu werden, müßten die sozialwissenschaftlich fundierten Kenntnisse über die Prozeßdynamik von Gewalt- und Fluchtphänomenen und über die Wirksamkeit präventiver Instrumente verbessert werden. Vor allem aber muß die politische Bereitschaft der staatlichen Akteure bestehen, diese Erkenntnisse wahrzunehmen und entsprechend zu handeln.

Krieg und Medien

Heikki Luostarinen, Wilhelm Kempf

In Zusammenarbeit mit Rune Ottosen

Am 5. Oktober 1963 rief eine vietnamesische Frau verschiedene Korrespondenten in Saigon an und versprach ihnen, daß ‚auf dem Zentralmarkt heute etwas passieren wird'. Einer der Korrespondenten, die hineilten, um mitzubekommen, was es zu sehen gab, war Peter Arnett von der *Associated Press*. Zu sehen gab es einen buddhistischen Opfertod, einen Selbstmord aus Protest gegen die südvietnamesische Regierung. Die amerikanische Presse verfolgte die Selbstverbrennung aus nächster Nähe und sandte ihr Material stolz nach Hause in die USA. Peter Arnett schreibt in seinen Memoiren *Live from the Battlefield*:

> „Unsere journalistischen Bemühungen beeindruckten nicht alle unsere Leser. Ein Leitartikel in der *New York Herald Tribune* beklagte, daß das Saigoner Pressecorps falsche Prioritäten gesetzt habe, daß wir lieber das Leben des Mönchs hätten retten sollen, als ihn sterben zu lassen.
> Meine Antwort war, daß ich die Selbstverbrennung vielleicht hätte verhindern können, wenn ich zu dem Mönch gerannt wäre und den Benzinkanister weggestoßen hätte – wenn ich meine fünf Sinne beieinander gehabt hätte. Als Mensch hätte ich das gewollt; als Reporter konnte ich es nicht. Ich hätte mich direkt in die vietnamesische Politik eingemischt; meine Rolle als Reporter wäre ebenso wie meine Glaubwürdigkeit ruiniert worden" (Arnett 1995:122f).

„Als Mensch hätte ich das gewollt; als Reporter konnte ich es nicht." Worin besteht der Unterschied zwischen der grundlegenden ethischen Verantwortung als Mensch und als Journalist? Die Geschichte der Kriegsberichterstattung im 20. Jahrhundert, wie sie z.B. von Phillip Knightley in dem Buch *The First Casualty* beschrieben wurde, ist voll von ethischen, sozialen und berufsständischen Dilemmata. Das größte Problem ist möglicherweise nicht die von Arnett gezeigte distanzierte und kalte Haltung, sondern der chauvinistische Enthusiasmus, mit dem das eigene Land oder die eigene Gruppe in ihren kriegerischen Bestrebungen unterstützt wird. Die Berichterstattung über den Ersten Weltkrieg ist wegen all der Greuelmärchen und anderer Propagandamittel als der „unglaubwürdigste Abschnitt in der Geschichte des Journalismus" beschrieben worden. Nach Knightley (1982:65) „identifizierten sich" die britischen Kriegsberichterstatter „völlig mit der im Feld stehenden Armee; sie schützten das Oberkommando vor Kritik, schrieben spritzig über das Leben im Schützengraben, bewahrten ein vielsagendes Schweigen über das Gemetzel und ließen sich von der Propagandamaschinerie willig vereinnahmen".

Diese Praxis ist kein vergangener Teil der Geschichte, sondern charakteristisch für den Journalismus im 20. Jahrhundert. Seine symbiotische Verbindung mit dem Staat war nicht nur in totalitaristischen Systemen eng, sondern auch in den sogenannten westlichen Demokratien, und begeisterte Loyalitätserklärungen in Krisenzeiten sind ein wiederkehrendes Phänomen. Das bedeutet freilich nicht, daß die gesamte Geschichte der Kriegsberichterstattung eine Geschichte der Lügen, des Chauvinismus und der staatlichen Kontrolle wäre. Es gibt auch Beispiele dafür, daß Journalisten professionell, fair und mit bemerkenswerter Zivilcourage berichtet haben und trotz des auf sie ausgeübten Drucks und trotz persönlicher Risiken zu ernsthaften ethischen Beurteilungen gekommen sind.

In diesem Beitrag besteht unser Ziel darin, Probleme der Kriegsberichterstattung aus vier verschiedenen Perspektiven zu betrachten. Erstens versuchen wir, den zusammenhängenden Mechanismus des Militär-Medien-Managements zu definieren. Zweitens beschreiben wir ein Modell, mit dem wir Merkmale einer einseitigen Propaganda in der Kriegsberichterstattung erkennen und analysieren können, die auf den ersten Blick möglicherweise objektiv wirken. Drittens exemplifizieren wir die Rolle des Journalismus für die Eskalation von Konflikten am Beispiel des Golfkrieges; und viertens diskutieren wir eine Fallstudie zur Berichterstattung über den Bosnienkonflikt, um die gegenwärtigen Probleme aufzuzeigen.

1. Militär-Medien-Management und Kriegsberichterstattung

Kriegsberichterstattung hat ihre eigene Tradition und ihre eigene Gattungsgeschichte; eine Tradition, die in gewissem Maße den gesamten Journalismus im Krieg beeinflußt. Andererseits stellt jeder Konflikt eine eigene Konstellation dar, in der je spezifische Faktoren die Arbeit des Reporters leiten. Solche beeinflussenden Faktoren sind z.B. der verfassungsmäßige Status des Konflikts; die technologische Ausrüstung, die den Journalisten verfügbar ist; das politische Klima, historische Erfahrungen, der Status der professionellen Ideologie des Journalismus und die Techniken der Informationskontrolle, durch die das Militär auf den Umgang mit den Journalisten vorbereitet ist. Unser Ziel ist es, in diesem Abschnitt einige Trends in der Nachkriegsgeschichte zu illustrieren, die die Gestalt des Militär-Medien-Managements und die Kriegsberichterstattung geformt haben, und zwar besonders in der führenden westlichen Supermacht, in den Vereinigten Staaten.

Das Erbe des Kalten Krieges

Der Kalte Krieg hat das Konzept des Krieges selbst verändert. Der bis dahin existierende „klassische" Krieg mit klar unterscheidbaren Phasen (Vorbereitungen, Kampf, Entmilitarisierung) wurde durch kontinuierliches Wettrüsten und vielfältige Konfliktformen ersetzt, die in Umfang und Intensität variierten. Die Tatsache, daß in nur wenigen Stunden ein massiver Atomkrieg ausbrechen (und vorüber sein) könnte, machte die Notwendigkeit psychologischer Verteidigung zwingender als vor dem Atomzeitalter. Sowohl das Militär als auch die Zivilbevölkerung mußten für Jahrzehnte ständig in hoher militärischer Bereitschaft gehalten werden. In beiden Supermächten und, in geringerem Maße, in ihren Satellitenstaaten und in den mit ihnen verbündeten Ländern wurde eine dauernde Krisenatmosphäre geschaffen, „eine Stimmung der bevorstehenden Katastrophe", um die Menschen in Kriegsbereitschaft zu halten. Der britische Historiker Brian Harrison hat angemerkt, daß es außerhalb unserer Vorstellungskraft liegt, in welchem Ausmaß der Kalte Krieg die Institutionen und die Lebensweise unserer Zivilisation nach dem Zweiten Weltkrieg geprägt hat: „Der Kalte Krieg beeinflußte nahezu jeden Bereich ... des Lebens – von der Parteipolitik und den bürgerlichen Freiheiten bis hin zu Religion und Kultur, von Reisen nach Übersee bis hin zu den Beziehungen zwischen den Generationen und Geschlechtern" (Harrison 1997).

Es ist wichtig, darauf hinzuweisen, daß das neue und dominierende Medium der Nachkriegszeit, das Fernsehen, mitten im Kalten Krieg geboren wurde. Seine Programmgestaltung wurde politisiert, um gegen den Feind zu kämpfen. Das Fernsehen wurde ganz offen für die Zwecke der psychologischen Verteidigung benutzt. Nach MacDonald (1985) entwickelte sich die gesamte amerikanische Kultur in eine paranoide Richtung, weil das Fernsehen so extensiv für militärische Zwecke genutzt wurde. Dasselbe geschah offensichtlich in der Sowjetunion, die nach dem Zweiten Weltkrieg in weiten Bereichen eine Kriegsgesellschaft blieb: mit hierarchischer Machtstruktur, Planwirtschaft, immensen Militärausgaben, Zensur und Propaganda etc.

Im Westen integrierte die Kultur des Kalten Krieges die Medienmacher in den „Sicherheitsstaat", und die gleichen Praktiken der Nachrichtenkontrolle und -vernetzung wurden bei inneren Konflikten eingesetzt, wie z.B. bei der Terrorismusbekämpfung (vgl. Schmid/de Graaf 1982). Hocking (1992:102) drückt es so aus: „Daß die Medien vom Staat in sein nationales Sicherheitssystem integriert wurden, ist vielleicht eine Konsequenz der allgemeinen Gegenbewegung gegen den Terrorismus, die nicht vorhersehbar war".

Der Kalte Krieg stellte das militärische Informationsmanagement vor neue Herausforderungen, weil Propaganda als „der Kampf um Herzen und Hirne" des Volkes nicht nur die unmittelbar militärischen Aktionen unterstützte, sondern die Hauptform der Kriegsführung war. Das Hauptinteresse bestand nicht mehr in totaler Kriegspropaganda mit gesetzlich verankerten und moralischen Rechten auf Nachrichtenkontrolle und Propaganda – nach den zwei Weltkriegen gab es umfassende Erfahrungen damit. Eine neue „Grauzone", begrenzte und sogar geheime Konflikte sowie kleinere Entladungen des Hauptkonfliktes des Kalten Krieges erforderten neue Fähigkeiten.

Neben der „vorbereitenden Propaganda" (psychologische Verteidigung) waren die Hauptziele der nachrichtendienstlichen Aktivität der militärischen Informationsplanung jetzt:

– *Propaganda in begrenzten Konflikten.* In diesen Fällen gibt es normalerweise keine Kriegserklärung, keine Gefahr für die nationale Existenz und kein gesetzlich garantiertes Recht auf Zensur und andere Maßnahmen zur Nachrichtenkontrolle. Jedoch muß die militärische Propaganda sicherstellen, daß brauchbare Informationen nicht an den Feind weitergegeben werden, daß das Image des Militärs nicht angetastet wird und daß kein Widerstand gegen die Operation entsteht. Und

–   *Propaganda bei verdeckten Operationen,* in die das eigene Land nicht offen einbezogen ist. Beide Supermächte haben militärische Operationen in der Dritten Welt „indirekt" ausgeführt, indem sie einer Konfliktpartei militärische, nachrichtendienstliche und ökonomische Hilfe geleistet haben. In diesen Fällen besteht das Ziel der Propaganda darin, einerseits die militärische Verwicklung zu bestreiten und andererseits Unterstützung für *unseren* Favoriten im Konflikt einzuwerben.

In gewissem Maße ist die Rolle der Medien in unterschiedlichen Krisentypen verschieden. Während der vorbereitenden Propaganda in Friedenszeiten ist die Vermittlung von Akzeptanz das wichtigste: Werbung für neue Waffensysteme, Schaffung und Erhaltung von Feindbildern und Unterstützung der militärischen Weltsicht und des militärischen Wertesystems liegen im Interesse des Militärs. Begrenzte Konflikte, insbesondere militärische Interventionen in der Dritten Welt, haben sich als das Hauptproblem der Beziehungen zwischen Medien und Militär in den modernen westlichen Gesellschaften erwiesen. Vor den 60er Jahren schenkte das westliche Publikum diesen Interventionen ihrer Truppen nicht viel Aufmerksamkeit. Die Vereinigten Staaten z.B. operierten ohne große Anteilnahme der Medien militärisch in Mittel- und Südamerika. Dank des Vietnamkrieges wurden die Interventionen politisch und moralisch aufgeladen. Vietnam spaltete die Generationen und die politischen Flügel der westlichen Welt.

Propaganda kann man nicht wie eine Lampe an- oder ausknipsen. Sogar bei begrenzten Interventionen ist eine lange Zeitspanne leicht auszumachen, die sich am deutlichsten im nachhinein zeigt, in der Rekonstruktion der Informationspolitik des Militärs und der entsprechenden Medienberichterstattung über den Konflikt. Während des Kalten Krieges gab es in militärisch aktiven Ländern wie den Vereinigten Staaten verschiedene Kampagnen, die – jede auf einer anderen Stufe – gleichzeitig abliefen. Der Moment der aktuellen Operation war nur eine Phase. Die Stufen können folgendermaßen beschrieben werden:

Vorstufe
–   Das Zielland kommt in die Nachrichten.
–   Berichte über Revolution, Chaos, Armut, Diktatur, Rebellionen.
–   Pressekonferenzen („steigende Betroffenheit") etc.

Rechtfertigung
–   Hauptnachrichten werden produziert.
–   Dringlichkeit, unmittelbare Gefahr für die Nachbarn, für den Westen und die eigene Bevölkerung.
–   Drohender Genozid im Zielland.
–   Als Ziele werden gesetzt: Frieden, Freiheit, Demokratie.

Implementation
- Nachrichtenmanagement, Zugangskontrolle, Zensur etc.

Nachträgliche Legitimierung
- Spezielle Reisen für Journalisten ins Zielland, um die aktuelle Phase des Friedens, der Ordnung, des Wohlstands und der Demokratie zu unterstützen.
- Das Zielland verschwindet allmählich aus den Nachrichten.

Unter den Bedingungen des Kalten Krieges wurde die Grenze zwischen Krieg und Frieden auf viele Arten unscharf. Das gleiche gilt für die außenpolitischen Informationen, die von den Regierungen und durch die Medienberichterstattung über außenpolitische Fragen verbreitet wurden. Nachrichten, die wie unschuldige Berichte aus einem Land der Dritten Welt aussahen, konnten Desinformationen oder ein anderer Schachzug im Spiel des Kalten Krieges sein.

Lektionen nach Vietnam

Erfolgreiches Medienmanagement während begrenzter Konflikte muß das Kernproblem ausbalancieren, das darin besteht, wie viel oder wie wenig Zugang die Medien zum (Kriegs)Schauplatz haben sollten. Mit begrenztem Zugang wird das Problem der Kontrolle des Informationsflusses gelöst, aber Frustration in den Medienkonzernen erzeugt. Wenn der Zugang frei ist, sind zwar die Journalisten glücklich, das militärische Personal jedoch ist frustriert – sowohl wegen der physischen Präsenz zu vieler Journalisten als auch wegen zu geringer Kontrolle der Berichterstattung.

In dieser Hinsicht zeigen der Koreakrieg, der Vietnamkrieg, der Falkland-Konflikt, die Invasionen auf Grenada und in Panama sowie der Golfkrieg je verschiedene Szenarien. Auf unterschiedliche Arten bereiteten die Erfahrungen aus vorherigen Konflikten den Boden dafür, wie das Medienmanagement im Golfkrieg organisiert wurde. In Vietnam gab es nur eine minimale Kontrolle des Zugangs zur Front und wenig Kontrolle der Berichterstattung. Das US-Militär machte die Presse verantwortlich dafür, daß es sowohl die Propagandaschlacht als auch den Krieg selbst verloren hatte. Auf Grenada hatte das Militär die ersten 48 Stunden lang alles unter Kontrolle und betrachtete das als einen Erfolg. Aber wegen der strengen Medienkritik war das ein Pyrrhussieg. Die *Operation Just Cause* auf Panama im Dezember 1989 war in vielerlei Hinsicht ein Testfall für das Medienmanagement, der genau acht Monate vor der *Operation Wüstenschild* in Saudi-Arabien stattfand. Der Golfkrieg war ein Versuch, einen Kompromiß zwischen dem Zugang über Pools und einer Kontrolle durch Zensur zu erzielen.

Die Golfkriegserfahrung wird einen Bezugspunkt für künftige Konflikte bilden, weil sie so stark diskutiert wurde und mit so heftigen Emotionen verbunden war. Sie hat vor allem gezeigt, daß die Perspektiven verschieden sind, mitunter sogar gegensätzlich, besonders was das Problem des Zugangs und der notwendigen Mittel betrifft, um die Sicherheit der Operation zu schützen. Aber beide Parteien haben, oder sollten es zumindest, ein gemeinsames Interesse dar-

an, eine Ausgangsbasis für eine Kooperation zu finden, die die Sicherheit gewährleistet und gleichzeitig dem demokratischen Ideal dient, die Öffentlichkeit
durch die Medienberichterstattung auf dem laufenden zu halten, sogar in
Kriegszeiten. Leider wird diese demokratische Praxis zu oft vernachlässigt zugunsten kurzfristiger politischer und militärischer Gewinne.

Die technologische Entwicklung selbst schreitet so schnell voran, daß die
Medientechnologie Auswirkungen auf das Medienmanagement und die Kriegsberichterstattung hat. In dieser Hinsicht war der Golfkrieg ein Wendepunkt. Zusammen mit anderen technologischen Innovationen hat die Satellitentechnolo-
gie das Grundkonzept des Journalismus verändert. Faktoren wie e-mail, Kommunikation zwischen Computern, digitale Übertragung von Fotografien, Fax,
tragbare Satellitenübertragungssysteme; Laptops; internationale Datenübertra-
gungsnetzwerke und Computergrafik haben die Kriegsberichterstattung revolu-
tioniert und den Krieg auf völlig neue Art visualisierbar gemacht (The Media at
War, 1991:35). Eine Konsequenz besteht darin, daß die Medien selbst, bewußt
oder unbewußt, noch mehr als bisher im Krieg als Werkzeuge benutzt werden
können.

General Schwarzkopf hat in seinen Memoiren beschrieben, wie er die Medi-
en benutzt hat, um Botschaften nach Bagdad zu schicken. Am 14. September
1990 sagte er auf einer Pressekonferenz: „Wenn die Iraker dumm genug sind
anzugreifen, dann werden sie einen schrecklichen Preis bezahlen. Bereits vor
laufenden Kameras wußte ich, daß ich nicht nur zu einem wohlgesonnenen Publikum sprach, sondern daß Saddam und seine Schergen mich in ihrem Hauptquartier auf CNN beobachteten" (Schwarzkopf 1992:400).

Zusammengefaßt kann unsere Sicht in einem Modell dargestellt werden, das
die Beziehungen zwischen Medien und Militär auf Grundlage des Zusammen-
spiels von technologischen Neuerungen und historischen Erfahrungen versteht.

Historische Erfahrung
– führt zu bestimmten Plänen und Vorbereitungen, die ausgearbeitet bzw.
  ausgeführt werden, um den Erfordernissen der
gegenwärtigen Bedingungen
– Art des Konflikts
– Gesetzgebung
– soziokulturelle Situation
– Technologie
– professionelle Ideologie
zu genügen und dann angewendet werden als eine bestimmte Form von Informationskontrolle und -bereitstellung
– Grundregeln, Zugang, Zensur, Kontrolle, Zusammenarbeit, PR etc.
Später werden die Resultate analysiert im Prozeß der Evaluation
– Erfolg, Medienecho, politische Reaktionen etc.
und neue Pläne werden vorbereitet zur Gestaltung der Militär-Medien-Bezie-
hung in künftigen Konflikten.

„Professionelle Ideologie" widerspiegelt die soziokulturelle Situation in einer Gesellschaft. Auf dieser Ebene müssen wir Faktoren wie die Bedingungen für kritischen Journalismus in die Betrachtung einbeziehen. Das schließt solche gesetzlich und konstitutionell verankerten Parameter wie Druck- und Redefreiheit und andere Menschenrechte ein. In nahezu allen liberalen Demokratien mit verfassungsmäßig garantierter Pressefreiheit gibt es dabei Fragen der Staatssicherheit und militärische Angelegenheiten betreffende Einschränkungen. Im Rahmen unseres Modells können wir Probleme aufwerfen wie: In welchem Ausmaß können solche gesetzlichen Möglichkeiten als Vorwand benutzt werden, die Pressefreiheit de facto einzuschränken? Andere wichtige Fragen können solche danach sein, wie die Presseorganisationen mit Versuchen umgehen, in die physischen und kulturellen Vorbereitungen und Mobilmachungsaktivitäten für den Konflikt einbezogen zu werden. Es gibt auch solche Probleme wie Selbstzensur, wenn einzelne Reporter oder Medien sich selbst in ihrer Berichterstattung über sensible Fragen Beschränkungen auferlegen.

In eine kritische Diskussion der professionellen Ideologie beziehen wir auch ein, wie die Presseorganisationen, die Medienkonzerne und die einzelnen Reporter mit Kritik umgehen, die an ihnen geübt wird. Während des Golfkrieges und danach gab es sehr viel Kritik und Selbstkritik – auch von Reportern, die über den Golfkrieg berichtet hatten und mit ihren eigenen Erfahrungen unzufrieden waren. Ein Beispiel hierfür ist John J. Fialkas Buch *Hotel Warriors* (1991). Aber es gibt auch Beispiele dafür, daß Reporter und Medien Kritik mit Verachtung und Feindseligkeit begegnen. Das Bemühen um eine kritische Atmosphäre sollte jedoch nicht mit der „politisch korrekten" Vorstellung verwechselt werden, eine bestimmte Art von Journalismus als einzig akzeptable zu fordern. In einem Konflikt wird es immer politische Differenzen im Herangehen der Journalisten geben. Und diese Differenzen sollten sich in der Berichterstattung widerspiegeln. Deshalb warnen wir vor beidem, sowohl vor einem servilen Journalismus, der die von Staat und Militär vorgegebenen Grenzen bedingungslos akzeptiert, als auch vor einer von vornherein anti-militärisch orientierten Ausgangsposition, die sozusagen automatisch gegen alles opponiert, was aus offiziellen militärischen Quellen verlautet. Mark Pedeltys Buch *War Stories* ist eine anthropologische Studie über das internationale Pressekorps während des Konfliktes in El Salvador. In der Einleitung dazu geht er auf das große Spektrum professioneller und politischer Einstellungen unter den Pressevertretern ein:

„In dieser Geschichte werden gelegentlich empörende Beispiele für das Fehlverhalten der Presse vorkommen, aber öfter wird sie das ehrliche Bemühen seriöser und intelligenter Journalisten zeigen, deren Arbeit durch jede Menge von Traditionen, Regeln und Institutionen beeinflußt wird, die entgegengesetzten Zwecken dienen. Leute wie Joe, ein junger texanischer Exilant, der es liebt, Krieg zu spielen; Paul, ein Riese mit der Stärke, durch Tränen hindurch einen klaren Blick zu behalten; Harold, ʻein alter Brummbär', dessen wahrhaftige Fiktionen lange die Titelseiten schmückten; Pedro, ein salvadorianischer Fotograf, der seine Hand, nicht aber seine Kamera verlor; Katherine, eine preisgekrönte Journalistin, die sich weder um kleine Details noch um große Wahrheiten kümmert; George, der Romantiker; Shawn, der sich weigert, sich von so einer Kleinigkeit wie einem Schrapnell aufhalten zu lassen; Maria, die italienische Humanistin; und Alonzo, der die Seele im Leichnam sieht" (Pedelty 1995:21).

Pedelty kommt zu dem Schluß, daß die meisten Journalisten in einem Kriegsgebiet im Grunde versuchen, trotz aller Restriktionen und Beschwerlichkeiten in ihrem unmittelbaren Arbeitsumfeld ihren Job auf anständige Weise zu erledigen.

Scott Armstrong diskutiert im Spätherbst 1990 in einem Artikel im *Columbia Journalism Review* die Beziehungen zwischen Journalisten und Historikern, nachdem er auf die Ansicht gestoßen war, daß man die komplizierten und historisch verwurzelten Fragen den Historikern überlassen sollte. Armstrongs Antwort ist klar: „Die erste und wichtigste Aufgabe des Journalisten ist es, die Story richtig zu erzählen"; und um das tun zu können, fordert Armstrong, „die offizielle Rhetorik zu hinterfragen und die historischen Probleme zu betrachten, die zum Konflikt geführt haben (was investigativen Journalismus einschließt), um das Bild durchschauen zu können, das die Propaganda der beteiligten Parteien zeichnet" (Armstrong 1990:23).

Es scheint völlig klar zu sein, daß das sogenannte Gedächtnis der Organisationen, das dazu dient, historische Erfahrungen zu analysieren und aus ihnen zu lernen, im militärischen Planungssystem besser verankert ist als im Journalismus, der ein sich veränderndes und dem Wettbewerbsprinzip unterliegendes Geschäft ist. In diesem Sinne können Medienstudien für den Journalismus wertvoll sein. Medienwissenschaftler kommen auf die Dinge zurück, Jahre nachdem sie geschahen, und nutzen die Lehren der Geschichte zur Ausbildung der nächsten Journalistengenerationen.

Auswirkungen des Kräftegleichgewichts

Der Zweck des Medienmanagements besteht in restriktiven und unterstützenden Maßnahmen der Bereitstellung von Informationen und der Informationskontrolle. Der Zugang der Reporter zum Schlachtfeld ist z.B. durch das Pool-System begrenzt. Ihre Kontakte mit dem militärischen Personal werden streng überwacht, Zensur wird ausgeübt, unerwünschtes Verhalten wird bestraft; und man versucht, das Image des Krieges dadurch zu verbessern und zu glorifizieren, daß man den Journalisten vorgefertigte Nachrichten und Bilder zur Verfügung stellt. In diesem Falle können die Medien dazu benutzt werden, negative Meinungsbildungen zu verhindern, öffentliche Unterstützung für den Krieg einzuwerben und den Feind durch Desinformation irrezuführen. Eine wichtige Frage ist die, in welchem Maße das Medienmanagement, das Pool-System und die Zensur ihrerseits Gegenstände der Berichterstattung sind. Unserer Meinung nach hat die Öffentlichkeit das Recht, zu wissen, unter welchen Bedingungen Informationen produziert werden und welche Ungewißheiten und propagandistischen Effekte zur Beeinflussung der Berichterstattung sie enthalten können. Ein anderer wichtiger Faktor besteht darin, daß die Militärs nicht nur die Journalisten ihres eigenen Landes, sondern den globalen Nachrichtenfluß kontrollieren können.

Dennoch bleibt als Tatsache festzuhalten, daß das Militär keine allmächtige Kraft im Nachrichtenmanagement ist. Die Militärs haben schwere Fehler gemacht und sich manchmal ausgesprochen amateurhaft benommen. Vom Standpunkt der Militärs aus gesehen war z.B. das gemeinsame Informationsbüro im Golfkrieg ein kleiner Raum, in dem Männer 18 bis 19 Stunden am Tag arbeiteten, um die Bedürfnisse der Presse zu befriedigen; es gab keine orwellähnliche, ständig laufende Propagandamaschinerie, wie sie in einigen Büchern beschrieben wurde (vgl. Sherman 1991:59-61).

Wenn sowohl die Medien als auch die Quelle machtvoll sind, ist ihre Beziehung nach Reese (1991:325f) normalerweise entweder symbiotisch oder, im Falle gegensätzlicher Interessen, antagonistisch. Wenn die Quelle mächtiger ist, ist das wahrscheinlichste Ergebnis eine positive Berichterstattung über sie. Ist die Medienorganisation machtvoller, hat sie die Fähigkeit, die Quelle zu marginalisieren und manchmal sie und ihre öffentliche Glaubwürdigkeit zu zerstören.

Vom Standpunkt einer kritischen, engagierten und investigativen Berichterstattung aus betrachtet, besteht das Worst Case Szenario dann, wenn die Kontrollfunktion der Regierung/des Militärs mit starker politischer Akzeptanz und Zustimmung zu den Zielen und Mitteln der Operation seitens schwacher und nicht unabhängiger Medien einhergeht.

Die Bereitschaft der Presse, eine Operation zu unterstützen, stellt manchmal einen wichtigeren Faktor dar als die Effektivität der Informationskontrolle. Es besteht ein permanentes Interesse großer Organisationen, wie des Militärs, daran, ihre Machtposition gegenüber den Medienorganisationen zu stärken. Public Relations sind oft mit Lobbyismus verbunden, und die Politik zielt darauf ab, die Macht der Medien zu reduzieren und den Einfluß der Organisation selbst zu erhöhen.

Public Relations finden in einem komplexen sozialen und kulturellen Umfeld statt, in dem Beziehungen zu den Machtzentren der Gesellschaft und zu einflußreichen Verbündeten gesucht und benötigt werden. Niemand wird mit „Public Relations" Erfolg haben, wenn die Haupttrends in der Gesellschaft gegen ihn laufen.

Konservative Parteien, die Geschäftswelt und die staatliche Bürokratie sind die natürlichen Verbündeten des Militärs. Jedoch hat die Vietnam-Erfahrung das US-Militär gelehrt, daß die kulturellen Faktoren, die Popkultur und die politischen Trends in der bürgerlichen Gesellschaft nicht ignoriert werden dürfen. In der Publicity-Schlacht verbünden sich die Medien nicht automatisch mit der Machtelite.

Wenn der Journalismus nicht die erforderlichen kulturellen und fachlichen Ressourcen für eine unabhängige Berichterstattung hat, wird er mehr von den propagandistischen Bestrebungen des Militärs beeinflußt.

2. Propagandaanalyse[1]

Wie ist es möglich, in der Flut der Erzeugnisse der Massenkommunikation, insbesondere des Journalismus, die sich mit Konflikten und Kriegen beschäftigen, Merkmale auszumachen, die zugrundeliegende methodisch organisierte Bestrebungen indizieren, ein Millionenpublikum zu beeinflussen, kurz gesagt, Propaganda zu betreiben? In gegenwärtigen Konflikten ist die Kontrolle des Nachrichtenflusses in der Massenkommunikation integraler Bestandteil des strategischen und operativen Vorgehens der Armeen und Regierungen. Unsere Fähigkeit, diese Aktivität zu analysieren, kann einen Einfluß darauf haben, wie wir verschiedene Konflikte deuten und verstehen und wie wir überhaupt den Einsatz militärischer Macht als Mittel zur Lösung nationaler und internationaler Konflikte beurteilen.

Nach dem hier dargestellten Modell (Luostarinen 1986, 1994) haben Propagandatexte drei typische distinktive Merkmale: die Harmonisierung der Darstellungsebenen des Textes, die motivierende Logik des Textes und die Polarisierung der Identifikationsangebote.[2]

Die Harmonisierung der Darstellungsebenen

Für Propagandatexte ist es typisch, daß die Schilderungen der verschiedenen Darstellungsebenen des Konflikts harmonisiert worden sind. Unter Darstellungsebenen verstehen wir z.B.

a. konkrete Beschreibungen von Tagesereignissen, der täglichen militärischen Operationen, diplomatischer Maßnahmen etc.,
b. kontextuelle Darstellungen, die die Konfliktkonstellation, seine Entstehung und Entwicklung betreffen, und
c. Beschreibungen mythischer oder religiöser Ebenen des Konflikts.

Die verschiedenen Ebenen stützen einander; ein klassisches Beispiel dafür ist das in der Kriegspropaganda oft wiederkehrende Motiv von der Tötung eines Priesters oder einer Nonne (Ebene a). Auf der Ebene der Konfliktkonstellation (b) wird der konkrete Tötungsakt als ein Beispiel für die barbarische Aggressivität des Feindes interpretiert, die die eigentliche Wurzel und Ursache des Krieges ist. Auf der mythischen und religiösen Ebene (c) verleiht dieser Tötungsakt der Vorstellung Glaubwürdigkeit, daß wir für Gott kämpfen und der Feind der Anwalt des Teufels ist. Das Argument funktioniert in beiden Richtungen: Der

---

1 Der hier vertretene Ansatz ist im Schnittpunkt verschiedener Disziplinen angesiedelt: der Soziologie, der Politikwissenschaft, der Psychologie, der Massenkommunikationsforschung, der Semiotik und der Geschichtswissenschaft.

2 Das Modell wurde auf der Grundlage einer Analyse von Sekundärliteratur zu PR und Informationstätigkeit sowie einer Analyse zweier Primärkorpora entwickelt. Bei den Korpora handelt es sich (1) um eine Studie darüber, was finnische Tageszeitungen während des Zweiten Weltkrieges über die Sowjetunion geschrieben haben (Luostarinen 1986), und (2) um eine Studie über die britische Presse im Golfkrieg 1991 (Luostarinen 1994).

Feind tötet eine Nonne, deshalb ist er gottlos. Weil der Feind gottlos ist, tötet er Nonnen.

Die Harmonisierung der Darstellungsebenen führt zu Texten, die anscheinend und oberflächlich betrachtet oft heterogen sind, in ihren Strukturen aber mit hoher Frequenz die Motive wiederholen, die als zentrale Botschaft der Propaganda ausgewählt worden sind. Unter den verschiedenen konkreten Ereignissen im Krieg und in der Politik werden diejenigen für die Darstellung ausgewählt, die zu den Botschaften der Ebenen (b) und (c) passen. Eine völlig perfekte Harmonisierung ist nicht immer das Ziel, weil ein bißchen Inkohärenz dem Text eine Aura von Neutralität, Spontaneität und Glaubwürdigkeit verleihen kann.

Die Gewichtung der Darstellungsebenen scheint mit der Kriegssituation in der Weise verbunden zu sein, daß in einer siegreichen Situation die Ebene (a) betont wird, in einer Stagnationsphase Ebene (b) und, wenn die Niederlage droht, Ebene (c). Als Deutschland z.B. die *Operation Barbarossa* begann und 1941 die Sowjetunion überfiel, konzentrierte sich die deutsche Propaganda in der ersten Angriffsphase des Krieges auf die Schilderung konkreter Ereignisse an der Front. Die propagandistische Wirkung war ausreichend, solange der Angriff voranschritt. Als er zum Stehen kam und sich das Kriegsglück 1942 allmählich wendete, begann Deutschland, vorrangig die allgemeine Konstellation des Kampfes darzustellen und zu behaupten, diese sei an sich vorteilhaft; die Sowjetunion hatte so viel an Kriegsmaterial, an Soldaten und an Produktionskapazität verloren, daß sie das große Deutschland nicht mehr in die Knie zwingen konnte. Nach der Niederlage von Stalingrad und als die Front begann, gegen Deutschlands eigene Grenzen vorzurücken, wurde das Hauptaugenmerk der Propaganda darauf verlegt, Deutschland und damit die europäische Zivilisation vor den barbarischen Horden aus dem Osten retten zu müssen.

Es ist möglich, die Harmonisierung von Texten zu untersuchen, indem man z.B. verschiedene Möglichkeiten der Mythen- oder Diskursanalyse anwendet. Eine mögliche Vorgehensweise besteht darin, zuerst die offiziellen Informationen der Parteien über den Konflikt zu analysieren, um die wesentlichen Motive und Ausdrücke der Ebenen (b) und (c) zu finden. Im Falle des deutschen Überfalls erscheinen die folgenden Gegensatzpaare, die die Deutschen und den Feind charakterisieren, als solche Motive auf deutscher Seite:

- Natürlichkeit – Perversion,
- Stärke – Schwäche,
- Reinheit – Unreinheit,
- höhere Rasse – niedere Rasse,
- deutsches Volk – Juden, Slawen,
- Erfolg Deutschlands – Verschwörung gegen Deutschland,
- Nationalsozialismus – Bolschewismus,
- von der Sowjetunion geplanter Angriff – Präventivschlag Deutschlands,
- mächtige Kriegsmaschinerie Deutschlands – eine zerlumpte Rote Armee mit Fußlappen etc.

Wenn Nachrichtentexte analysiert werden, müssen die identifizierten zentralen Motive der Ebenen (b) und (c) in konkrete Erzählungen aufgelöst werden. Die Frage, die gestellt werden muß, lautet, in welcher konkreten Form die Mythen und die Krisenkonstellation erzählt werden können. Ebenso geht es darum, welche Art konkreter Nachrichten und Kommentare eine andere Richtung einschlagen, z.B. Schwäche verteidigen würde. Indem dieses Modell potentiell harmonisierter Darstellungsebenen mit den Narrationen der zu untersuchenden Texte verglichen wird, können Schlußfolgerungen hinsichtlich einer eventuellen Kohärenz gezogen werden.

Den berufsständischen und ethischen Grundsätzen des Journalismus folgend, sollten konkrete Nachrichten unabhängig sein von den kontextuellen und mythischen Interpretationen, welche die Konfliktparteien selbst dem Krieg zuschreiben. Nachrichten sollten die Ereignisse so wiedergeben, „wie es eigentlich gewesen ist". Wenn die Analyse eine Harmonisierung in den kontextuellen und mythischen Vorstellungen mancher der Parteien aufdeckt, dann läßt das entweder Propagandawirkungen oder eine enge Verbindung seitens des Journalisten mit deren Sichtweise vermuten.

Motivationslogik

Aus der Perspektive des Militärs ist Kriegspropaganda eine auf Freiwilligkeit basierende immaterielle Methode der Kriegsführung, deren Ziel darin besteht, die Kampfmoral der eigenen Truppen und der eigenen Zivilbevölkerung positiv zu beeinflussen, die Truppen und die Zivilbevölkerung des Gegners jedoch negativ und außenstehende Akteure des Konflikts – Staaten oder internationale Organisationen – in einer Weise, die sie dazu veranlaßt, die eigenen Ziele zu unterstützen.

Immaterialität meint sowohl die symbolvermittelte Kommunikation als auch die Freiheit der Propagandaempfänger, freiwillig und absichtlich den Zielen der Propaganda gemäß zu handeln. Nur in gänzlich totalitären Staaten ist es möglich, einen Krieg ohne breite politische Akzeptanz durch das Volk und ohne eine Zusammenarbeit mit ihm zu führen und ohne ein allgemein geteiltes Gefühl, daß der Krieg unvermeidlich ist und die eventuellen Opfer sozial und individuell gerechtfertigt sind.

Diese Definition muß in zweifacher Hinsicht relativiert werden. Einerseits kann auch eine Kommunikation, die das Element der Freiwilligkeit vermissen läßt, mit dem Krieg verbunden sein (z.B. ein Ukas, der bekanntgibt, daß alle mit dem Feind kollaborierenden Zivilisten erschossen werden). Andererseits hat ein Teil der Kampfhandlungen in erster Linie eine kommunikative Funktion („bewaffnete Propaganda"). Ein typisches Beispiel hierfür waren die irakischen Raketenschläge gegen Israel im Golfkrieg 1991, die keinen militärischen Zweck erfüllten, sondern dazu benutzt wurden, um der arabischen Welt die Stärke des Irak zu demonstrieren und Israel in den Krieg hineinzuziehen, wodurch sich die politische Konstellation gegenüber den arabischen Ländern mehr zugunsten des Irak gewendet hätte.

Die Intentionen der Bevölkerung und der Soldaten sind das primäre Ziel von Propaganda schlechthin. Deshalb gibt es typischerweise eine Vielfalt motivierender Argumentationen. Das Ziel hinsichtlich der eigenen Bevölkerung besteht darin, sie zum Handeln und zur Billigung der Aktionen der Militärführung zu motivieren. Was den Feind betrifft, so besteht das Ziel darin, Widerstand gegen die eigenen Führer zu ermutigen und Defätismus und Passivität zu unterstützen. Auf Seiten dritter Parteien sollen die Akzeptanz und die Unterstützung der eigenen Sicht der Dinge gesichert werden. Die anspruchsvollste Aufgabe besteht darin, die eigenen Soldaten dazu zu motivieren, ihre Freiheit und ihre Gesundheit, ja sogar ihr Leben zu opfern. Dafür ist eine gewisse Balance zwischen Bedrohung und Siegeszuversicht wichtig. Wenn der Feind als zu stark und zu gefährlich dargestellt wird, könnte das eine defätistische Reaktion hervorrufen. Wird der Feind als unwichtiger Gegner dargestellt, können im Ergebnis Passivität und Indifferenz entstehen. Wenn wir aus der Perspektive der Propagandaempfänger über die Situation nachdenken, spielen für deren Entscheidung, freiwillig für die ihnen von der Propaganda suggerierten Ziele zu handeln, mindestens drei Faktoren eine Rolle: eine Vorstellung von der Vergangenheit, eine Vorstellung von der gegenwärtigen Situation und eine Vorstellung von der Zukunft. Eigene Handlungen oder die Akzeptanz der Propagandaeinflüsterungen ergeben sich im Spannungsfeld zwischen diesen Sehweisen und den eigenen Werten. Und Propaganda versucht, genau dies zu beeinflussen. In vielen Fällen ist es keine Frage von strikten Ermahnungen oder Verpflichtungen, in einer bestimmten Weise zu handeln bzw. in einer anderen gerade nicht, sondern es wird versucht, die Interpretation der Situation in einen solchen Rahmen zu stellen, daß eine Handlung oder deren Billigung sowohl aus der Perspektive der eigenen Wertvorstellungen als auch aus der von Vernunft überhaupt wie eine rationale Entscheidung aussieht. Der Zweck dessen, die Wahlmöglichkeiten zu begrenzen, besteht darin, daß eine Person die gewünschten Entscheidungen selbst trifft und damit auch verpflichtet ist, ihnen entsprechend zu handeln.

Die von der Kriegspropaganda offerierte *Vorstellung von der Vergangenheit* ist konfliktorientiert und teilweise durchsetzt von militärischen Werten (Treue, Selbstaufopferung, Tapferkeit). Typischerweise enthält sie die folgenden Elemente: die Notwendigkeit und Rechtfertigung für den Einsatz der Streitkräfte in bestimmten historischen Situationen, den Friedenswillen und die Gutartigkeit der eigenen Handlungen im Verlaufe der Geschichte, aber auch die Entschlossenheit und die Fähigkeit, einen Angriff von außen zu erwidern; die in der Geschichte begründete Gefährlichkeit des Feindes, seine Aggressivität und Aufrüstung und – daraus folgend – die Unausweichlichkeit der Konfrontation. Zur Rekonstruktion der Geschichte kann auch die Vorstellung von einem Erzfeind gehören oder die Konstruktion eines fundamentalen und unversöhnlichen, auf Ideologien basierenden Antagonismuses, der früher oder später gelöst werden muß. Jegliche Entscheidungsfindung ist in einem bestimmten Maße determiniert von einer Vorstellung davon, worin die Lehren der Geschichte bestehen und von welcher Art von Kräften sie determiniert wird.

Für die Interpretation der *gegenwärtigen Situation* sind drei Merkmale charakteristisch:

– Es wird angestrebt, die Interpretation über starke und schlagwortartige Bezeichnungen, Begriffe und Metaphern zu steuern, die die Grundlage des Konflikts herauskristallisieren. Je schneller und deutlicher die Krise konzeptualisiert werden kann, desto besser stehen die Chancen dafür, daß die Kristallisierungspunkte eine dominierende und ihnen natürlicherweise zukommende Position erhalten, besonders im Mediendiskurs. Krude Beispiele dafür sind z.b. die Namen, die die Vereinigten Staaten ihren verschiedenen Interventionen gegeben haben, Dringende Wut in Grenada, Gerechte Sache in Panama, Wiedergegebene Hoffnung in Somalia und Entschlossene Kraft im Kosovo.
– Es wird versucht, alternative Perspektiven auf die Interpretation der Situation zu steuern, einzuschränken und zu kompromittieren. ‚Steuerung' bedeutet hier, daß einige dieser Perspektiven favorisiert werden; ‚Einschränkung' bedeutet, bestimmte Gesichtspunkte zu ignorieren; und ‚Kompromittierung' bedeutet, die für schädlich gehaltenen in einer Weise darzustellen, daß sie mit Geringschätzung und Mißbilligung konzeptualisiert werden. Sie können etwa als mit den Interessen des Feindes verbunden gezeigt werden, oder ein anderer moralischer oder kognitiver Schwachpunkt wird herausgestellt. Ein typisches Beispiel hierfür ist die Brandmarkung von Friedensbewegungen und -gruppen als seltsame Randgruppen, als ‚fünfte Kolonne' des Feindes oder als lediglich laienhaft in ihrem Wissen über militärische Angelegenheiten.
– Die Situation wird interpretiert als eine, die rasches Handeln erfordert; wenn die Dinge verzögert werden, ist der richtige Augenblick für immer verloren. Die von der Propaganda eingenommene Perspektive wird gewöhnlich einerseits durch Informationen legitimiert, die so exakt wie möglich erscheinen, und andererseits durch verschiedene Darstellungen, deren Wirklichkeitsbezug die Öffentlichkeit als direkt und natürlich gegeben zu denken gewöhnt ist. Das Material, das im Kriegsfalle am intensivsten genutzt und manipuliert wird, sind deshalb oft Statistiken und andere Behauptungen, die auf Zahlen beruhen, sowie Fotos, Filmberichte und die sogenannten harten Nachrichten.

Die *Zukunft* wird von der Propaganda typischerweise mit zwei polaren Optionen präsentiert: Unser Kampf ist eine Mauer oder eine Barriere, die unsere Werte und Traditionen, unsere Gemeinschaft, unsere Familien und unser Eigentum vor dem bedrohlichen Angriff des Feindes schützt. Unser Kampf ist außerdem eine Brücke, die uns in eine bessere Welt und damit in eine bessere Zukunft führt. Durch unseren Sieg werden wir eine neue Ordnung schaffen, in der Frieden und Gerechtigkeit herrschen.

In den offiziellen Informationen der Vereinigten Staaten vor und während des Golfkrieges 1991 z.B. wurde dieser Motivationslogik folgende Gestalt verliehen:

- Die Vergangenheit: Die Beschwichtigungspolitik gegenüber Adolf Hitler verursachte den Zweiten Weltkrieg und damit eine Katastrophe. Wenn Hitler zeitig genug gestoppt worden wäre, hätte dieser Krieg vermieden werden können. Dasselbe trifft auf Saddam Hussein zu. Wenn er jetzt nicht aufgehalten wird, nach der Invasion in Kuweit, wird er seinen Angriff auf die gesamte Golfregion ausdehnen. Die Hinweise auf frühere Grausamkeiten der irakischen Regierung sind zahllos.
- Die Gegenwart: Die Operationsbezeichnungen Wüstenschild und Wüstensturm implizierten Schutz, Macht und eine neue Blüte der Wüste nach dem Sturm. Weitgehend ignoriert wurden viele mögliche andere Interpretationsrahmen, wie die frühere Kooperation zwischen den Vereinigten Staaten und dem Irak und die ökonomischen und militärischen Interessen der Vereinigten Staaten. Es wurde gesagt, daß der Zusammenbruch des Sozialismus und der Triumph der Demokratie genau der richtige Zeitpunkt dafür seien, die Position der UNO wiederherzustellen und den Terrorregimen zu demonstrieren, daß durch Gewalt keine dauerhaften Erfolge erreicht werden können. Ökonomische Sanktionen würden zu langsam greifen. Während die Welt wartete, könnte der Irak selbst über Atomwaffen verfügen oder mit chemischen Waffen angreifen.
- Nach dem Krieg würde eine Neue Weltordnung errichtet werden, in der es nicht erlaubt wäre, die Rechte kleiner Nationen mit Füßen zu treten und in der die Regeln des internationalen Rechts respektiert würden. Das alternative Szenario bestünde in der Kontrolle der Ölreserven der Welt durch einen atomar aufgerüsteten Irak; Diktatoren überall würden dadurch ermutigt werden.

Die Motivationslogik unterscheidet sich von den idealen ethischen und berufsständischen Regeln des Journalismus, nach denen die Aufgabe des Journalisten darin besteht, die Ereignisse so unabhängig und so allseitig wie möglich zu beschreiben – und die Schlußfolgerungen dem Urteil der Öffentlichkeit zu überlassen. Es ist möglich, die Frequenz der Motivationslogik in journalistischen Texten mit verschiedenen Mitteln der Textanalyse zu prüfen. So kann man z.B. eine Karte mit alternativen und möglichen Interpretationen des Konflikts zeichnen (seine Geschichte, seine Gegenwart und seine Zukunft) und die Inhalte des Journalismus damit vergleichen. Wenn der Journalismus imperativ erscheint, eng in seinem Bild von der Geschichte und in seiner Interpretationsperspektive; wenn er Lösungsmöglichkeiten ohne jeglichen Hinweis auf möglicherweise erreichbare andere Alternativen anbietet, wenn er bedrohliche Bilder malt, viel verspricht oder Konzeptualisierungen und Schlagworte nur einer der Konfliktparteien benutzt, dann läßt das Wirkungen von Propaganda vermuten.

Die Polarisierung von Identifikationsanreizen

Für Kriegspropaganda ist es typisch, daß sie versucht, Gemeinschafts- und Solidaritätsgefühle zu benutzen, die der Konflikt hervorgebracht hat. Eine Krisensituation bietet eine Chance zum Handeln (Diskussion, Hilfe, Zur-Schau-Tragen von Symbolen etc.), das ein Gefühl von Gemeinschaft und sozialem Gebrauchtwerden erzeugt und das das Entfremdungsgefühl aufhebt (Durkheim 1968). Die kommerzielle Ausbeutung dieser Gefühle gehört in die Tradition einer bestimmten Art des Journalismus: Die britische Boulevardzeitung *Sun* z.B. veröffentlichte während des Golfkrieges auf ihrer ersten Seite den Union Jack mit dem eingeblendeten Gesicht eines Soldaten und forderte ihre Leser auf, dieses Bild an gut sichtbarer Stelle als Zeichen ihrer Unterstützung des Krieges anzubringen. Gemeinschaftsgefühle können z.B. auch durch Suggestivfragen in Meinungsumfragen gefördert werden, deren Beantwortung im Sinne einer breiten Unterstützung für die Militärführung interpretierbar ist.

Die Identität von Menschen wird oft von vielen Aspekten bestimmt (Staatsbürgerschaft, ethnische Gruppenzugehörigkeit, Sprache, Religion, Geschlecht, Klasse etc.). Die Propaganda versucht, diese Identitätsstrukturen so zu beeinflussen, daß dem die Kriegspartei charakterisierenden Aspekt die Priorität vor allen anderen gegeben wird (Staat, ethnische Gruppe und ähnliches). Typischerweise zeigt sie, daß auch jene Interessen, die mit anderen Aspekten von Identität zusammenhängen, vom militärischen Erfolg abhängen und daß der Feind sie alle bedroht. Mit den Worten eines deutschen Politikers: „Was nutzt uns die beste Sozialpolitik, wenn die Kosaken kommen". Im komplizierten Gefüge der Werte wird nach „Superwerten" gesucht, deren Erhaltung die Erfüllung aller anderen Wertvorstellungen nach sich zieht. Auch die Umformung und Kollektivierung der mit Töten und Sterben verbundenen Werte spielen eine zentrale Rolle. Dazu gehören sichtbare Belohnungen für das Töten eines Feindes ebenso wie die zeremonielle Kollektivierung des Todes eigener Soldaten (vgl. Bar-Tal, in diesem Band). Der Wert des Individuums ist verbunden mit einer sozialen Bedeutsamkeit, die den Tod transzendiert.

Weitere Mittel der Propaganda sind unter anderen die Betonung sozialer Vorstellungen vom Heiligen und vom Profanen, der extensive Gebrauch einheitsstiftender Symbole, das Benutzen von Autoritäten, eine scharfe Trennung zwischen für die Gemeinschaft funktionalen und disfunktionalen Handlungen, die Schaffung von Feindbildern und Anreize zur sozialen Identifikation mit positiven Modellen (Helden, Kriegsopfer und deren Angehörige etc.). Dabei finden eine strenge Polarisierung von Identifikationsangeboten und eine scharfe Unterscheidung zwischen Gut und Böse, nützlich und schädlich statt: zwischen dem, was akzeptabel ist, und dem, was abgelehnt werden muß. Kriegspropaganda prüft sorgfältig die Werte und Dinge, die von jeder Zielgruppe für heilig oder profan gehalten werden und versucht, alles, was heilig gehalten wird, mit den eigenen Handlungen in Verbindung zu bringen und alles Profane mit denen des Feindes. Die eigene Kriegsführung ist immer sauber und durch den höchsten aller Werte legitimiert. Das führt oft zu einem pragmatischen Eklektizismus, weil insbesondere die Menge der profanen Dinge selten eine logische Einheit bildet. Als z.B. die Vereinigten Staaten den Krieg gegen die sandinistische Regierung in Nicaragua unterstützten, klagten sie die nicaraguanische Führung an: der internen Diktatur, der Zerstörung der amerikanischen Jugend durch den

Drogenhandel, der Verbindung zum organisierten Verbrechen, der Unterstützung des Terrorismus und des Ausbrütens von Plänen, die Vereinigten Staaten
von ganz Zentralamerika aus anzugreifen. In der deutschen Propaganda im
zweiten Weltkrieg nahm die Vorstellung einen wichtigen Platz ein, daß Juden,
Kommunisten und „Plutokraten" mit ihrer Finanzkraft in einer Verschwörung
ihre Kräfte zusammengeschlossen hätten, um das deutsche Volk zu zerstören. In
beiden Fällen bestand das Ziel in erster Linie darin, den Feind mit einer großen
Vielfalt von verschiedenen Dingen in Zusammenhang zu bringen, die die Öffentlichkeit für hassenswert hielt oder zumindest als profan betrachtete. Es ist
ziemlich weit verbreitet, daß man bestrebt ist, den Feind mit den niedrigsten
Qualitäten des Profanen in Verbindung zu bringen: schmutzig sein, dreckige
Nahrung fressen, eine lächerliche oder zerlumpte Erscheinung, grobes und un-
kultiviertes Verhalten etc.

Um die Gemeinschaft zu einen, nutzt die Kriegspropaganda historische, institutionelle, totemistische und andere Symbolisierungen. Typisch dafür sind
z.B. die Fahne, die Nationalhymne, die gefallenen Helden vergangener Kriege,
bekannte nationale Gestalten und Persönlichkeiten, die symbolische Bedeutung
von Naturereignissen und Geschehnisse in der Geschichte, die Stolz wecken.
Die Ehrfurcht vor diesen Symbolen ist mit den eigenen Truppen verbunden und
ihre Verleugnung mit dem Feind (oder mit Kriegsgegnern in den eigenen Reihen).

Es wird versucht, die offizielle Interpretation der Situation durch Quellen zu
untermauern, die so viel Autorität wie möglich besitzen und deren Glaubwürdigkeit hoch ist. Weil die sozialen Werte der Menschen variieren, ist es hilfreich, sich gleichzeitig auf verschiedene Autoritäten zu berufen, die sowohl mit
den politischen als auch mit den ökonomischen, den akademischen und den moralischen Institutionen verbunden sind: auf Staatsmänner, auf Gewerkschafts-
führer und Geschäftsleute, auf Industrielle, Sportler, Wissenschaftler und Bi-
schöfe etc. Es ist wichtig, zur Unterstützung des Krieges Personen zu rekrutieren, die für unterschiedliche Geschlechter, soziale Klassen, Religionen und verschiedene ethnische oder Sprachgemeinschaften stehen.

Ganz übliche und selbstverständliche Mittel der Kriegspropaganda sind die
Dämonisierung des Feindes und die Ignorierung seiner Perspektiven und Interessen, die Heroisierung der eigenen Aktivitäten, eine deutliche Unterscheidung
zwischen für die Gemeinschaft funktionalem und disfunktionalem Verhalten
sowie die Betonung der positiven Rolle von Vorbildern (heroische Soldaten,
ihre Angehörigen etc.). Für Journalisten liefern diese Propagandamittel reizvol-
les Material, weil sie ebenso starke Kontraste und Konflikte wie Human-
Interest-Stories darbieten und aufwallende Gefühle erzeugen.

Die Dämonisierung des Feindes erfolgt normalerweise so, daß das Ziel die
Führung der feindlichen Gruppe und/oder Nation ist oder die Ideologie, die sie
vertritt. Kriege werden selten gegen eine andere Nation oder gegen die Normal-
bevölkerung oder gegen Soldaten geführt, weil dadurch eine Identifikations-
möglichkeit zwischen den Bevölkerungen geschaffen werden könnte, die sich
auf beiden Seiten selbst als „normale Leute" verstehen. Im Gegenteil, das ange-

strebte Ziel besteht oft gerade darin, die feindliche Bevölkerung aus den Fängen ihrer Führer zu retten, von denen sie unterdrückt und einer Katastrophe entgegengeführt wird.

Man kann journalistische Texte untersuchen, indem man über die Texte definierte Ingroups und Outgroups befragt: Wer sind wir, wer sind die anderen; welche Eigenschaften werden beiden Gruppen und den Beziehungen zwischen ihnen zugeschrieben? Man kann die Texte in Soziodramata auflösen, in Rollen- und Beziehungskonstellationen der Menschen, in denen Gruppen als Akteure und Handlungsobjekte fungieren. Auch die Darsteller von mit dem Konflikt verbundenen Emotionen (Kummer, Stolz etc.) können identifiziert werden. Wenn die Analyse der Texte sowohl eine klare Polarisierung zwischen Ingroups und Outgroups als auch Identifikationsvorschläge aufdeckt, in denen einige der am Krieg beteiligten Parteien anderen Parteien und Identifikationsaspekten gegenüber bevorzugt wurden, dann läßt dies ein weiteres Mal Propagandawirkungen vermuten.

Es ist von großer Wichtigkeit, diese Art von Forschung nicht nur auf die „heiße" Phase des Krieges, sondern auch auf die Prozesse von Eskalation und Deeskalation des Konflikts zu fokussieren, weil die Wirkung der Massenkommunikation dann möglicherweise maximal ist. Die Kriegspropaganda beginnt nicht „aus dem Nichts heraus", wenn der Konflikt ausbricht, sondern dem geht oft ein ziemlich langer Prozeß der kulturellen Vorbereitung voraus, der dem der materiellen Aufrüstung vergleichbar ist. Sie kann auch ein erhebliches Gegengewicht zu und ein Hindernis für Bestrebungen sein, die Krise zu entschärfen und den Zustand des Friedens wiederherzustellen.

Propaganda und Journalismus heute

Insofern man in diesem Falle überhaupt von Qualitäten sprechen kann, bestehen die Hauptqualitäten der Propaganda in ihrer Veränderungsfähigkeit und in ihrer Anpassungsfähigkeit an verschiedene kulturelle, soziale und textsortenspezifische Gegebenheiten. So ist es z.B. im Kriegsfalle notwendig, auf Wechsel und überraschende Wendungen der Ereignisse sowie auf die feindliche Propaganda vorbereitet zu sein. Die Kunst der Propaganda besteht oft darin, ein Gespür dafür zu haben, die für die eigene Seite vorteilhaften Ereignisse zu funktionalisieren und die gegenteilige Wirkung der für den Feind vorteilhaften Ereignisse schnell zu minimieren. Andererseits muß Propaganda dazu in der Lage sein, in unterschiedlichen Medien und Textsorten den Konsumgewohnheiten des Zielpublikums entsprechend zu funktionieren; in Cartoons und in Filmen, in historischen Untersuchungen, in Nachrichten und auf der Meinungsseite, in den Künsten, bei Computerspielen, in der Musik etc. Ebenso ist es wesentlich, die von den eigenen abweichenden Werte und das Wissen des Zielpublikums zu verstehen und die ausgewählten Kernbotschaften so zu präsentieren, daß sie Menschen erreichen, die zu unterschiedlichen sozialen Klassen, Geschlechtern, Altersgruppen, Religionsgemeinschaften u.ä. gehören.

Für die schwierige und je nach Situation, Textsorte und Zielgruppe zu spezifizierende Aufbereitung können z. T. Meinungsumfragen und Kleingruppenstudien genutzt werden, aber vieles bleibt auch den praktischen Fertigkeiten und der Erfahrung anheimgestellt. Ein guter Propagandist arbeitet teilweise intuitiv, indem er sich an das Denken und Fühlen seines Publikums anpaßt. In Nazideutschland gab es ein Netz von Geheimdienstmitarbeitern, die auf Zugreisen zuhörten, worüber die Leute redeten, und die beiläufig das Gespräch auf Themen brachten, die aktuell von der Propagandamaschinerie vorbereitet wurden. Die Auswertung der Reaktionen der Mitreisenden wurde dazu benutzt, die Inhalte der Propaganda auszuwählen (Simpson 1996). Reardon (1991:210) schreibt:

„So ist, wenn alles gesagt und getan ist, eine große Neugier auf die mentale und emotionale Beschaffenheit der anderen der Hauptschlüssel für eine effektive Propaganda. Das kann bedeuten, solche Dinge zu verstehen wie: Wie kommen sie zu Entscheidungen, was betrachten sie als lohnend; von welchen Regeln lassen sie ihr Verhalten leiten; welche Muster wenden sie bei der Auswertung von Erfahrungen an; welche Lebensstile können sie im Ergebnis von Kultur und Geschlecht übernommen haben, wie werden sie wahrscheinlich auf den Konflikt reagieren, wie groß ist ihr Verhandlungsgeschick. Dieses Wissen stattet den Propagandisten mit einer Brücke zwischen seinen eigenen Sichtweisen und den Sichtweisen der zu Überzeugenden aus".

Welche Arbeitsbedingungen für Propaganda bietet der moderne Journalismus der westlichen Welt, und wie muß sich die Propaganda anpassen?

In der Massenkommunikationsforschung gibt es drei (freilich nicht von allen Forschern geteilte) Annahmen, die auf der gemeinsamen Überzeugung beruhen, daß Phänomene wie Propaganda (außer unter den Bedingungen eines totalen Krieges oder eines Ausnahmezustands) für die Untersuchung des Systems von Quellen, Produktion und Rezeption der Massenkommunikation völlig uninteressant und unwichtig sind.

Diese Annahmen haben ihrerseits dazu beigetragen, die Untersuchung der Propaganda als Teilgebiet des Untersuchung des Journalismus zu marginalisieren. Es sind die folgenden:

– Westliche Demokratien sind offene Gesellschaften und gebrauchen ihre Macht dezentralisiert. Zu jeder Kraft gibt es eine Gegenkraft und zu jeder Information eine Gegeninformation, und keine einzelne Quelle kann in einer vielstimmigen und diversifizierten Gesellschaft eine solche Dominanz erlangen, daß die traditionellen Propagandamethoden nützlich sein könnten.

– Journalismus ist gewissermaßen eine unabhängige Institution zur Informationsproduktion, die von ihren eigenen berufsständischen und ethischen Prinzipien geleitet wird und die bestimmten Regeln hinsichtlich der Produktion und der Textsorten folgt. Diese Prinzipien und Regeln sind Faktoren, die mehr Einfluß haben als jegliche eventuelle Intention des Propagandasenders.

– Das Rezeptionsverhalten der Öffentlichkeit ist heterogen, unberechenbar oder skeptisch. Zudem splittet sich das Publikum in unterschiedliche Subkulturen auf und haben sich die Kanäle, über die Informationen vermittelt werden, in umwälzender Weise vervielfacht. Eine Folge davon besteht darin, daß es keine solche Entsprechung zwischen den Zielen des Propagandasenders und den Reaktionen in der öffentlichen Meinung gibt, die es sehr sinnvoll oder interessant machen würde, den Prozeß der Massenkommunikation vom Standpunkt der Intentionen des Propagandasenders aus zu untersuchen.

Alle oben erwähnten Denkansätze sind als solche relevant, aber sie schließen die Möglichkeit von Propaganda nicht aus. Aus der Perspektive von Propagandaorganisationen und Propagandisten sind die modernen westlichen Gesellschaften und ihr Massenkommunikationssystem nur ein Handlungsmilieu unter anderen. Das wichtigste ist die Praxis: Was getan werden kann, kann getan werden. Nach Page (1996:42) z.B. besteht das Problem nicht darin, daß die westlichen Regierungen keine Propaganda machen könnten, sondern darin, welche Techniken politisch akzeptabel und am effizientesten sind. Die im Ersten Weltkrieg am extensivsten genutzten Methoden der Informationsvertuschung und ausgesprochener Lügen zu verwenden, ist heute z.B. viel schwerer als damals. Diese Methoden sind nur noch in abgeschiedenen Gebieten nutzbar – wie auf den Falklandinseln (1982) – und in Situationen, in denen die Öffentlichkeit und die Medien die Krise als so gefährlich ansehen, daß sie bereit sind, außergewöhnliche Mittel als Voraussetzung und Preis für einen militärischen Erfolg zu akzeptieren. Die politischen Risiken, die Vertuschungen und Lügen in sich bergen, sind immer sehr hoch, und professionelle Propaganda braucht sie auch nicht, um erfolgreich zu sein. Wichtiger ist es, die Informationen auszuwählen, sie hervorzuheben und zu interpretieren.

Natürlich beeinflußt auch der nationale und internationale Rechtsstatus des Konflikts die Mittel, die zur Informationskontrolle anwendbar und wirksam sind. Wenn der Ausnahmezustand herrscht, stehen der Staatsführung so machtvolle Unterdrückungs- und Beschränkungsmaßnahmen wie die Zensur zur Verfügung. In begrenzten Konflikten und bei Militäroperationen, die ohne Kriegserklärung und ohne besondere gesetzliche Maßnahmen ausgeführt werden, liegt das Schwergewicht auf unterschiedlichen persuasiven Methoden. In Geheimoperationen sind ‚undichte Stellen‘ und andere Mittel der „schwarzen Propaganda" wichtig, bei denen die Quelle nicht genannt wird.

Auch muß daran erinnert werden, daß Propaganda noch nie eine homogene Öffentlichkeit als Zielgruppe hatte, die sich auf eine einzige Quelle verläßt. Lokale ethnische, religiöse, klassen- und berufsbedingte Identitäten waren bis weit ins 20. Jahrhundert hinein stark, und sie überschritten die Grenzen der Nationalstaaten oft in derselben Weise, die uns jetzt annehmen läßt, daß das Internet es möglich machen kann, globale virtuelle Gemeinschaften und Identitäten zu schaffen. Man kann behaupten, daß die westlichen Gesellschaften zur Zeit in vielen Hinsichten weitaus homogener sind als zwischen den beiden Weltkriegen. Die ideologischen Differenzen zwischen politischen Parteien sind jetzt z.B. bedeutend geringer, und politische und ökonomische Werte weitaus einheitlicher. Der multinationale kulturelle Einfluß auf Symbole, auf die man sich gemeinsam bezieht, ist stark. Das Zeitalter des Kalten Krieges hat die Ideologien globalisiert, und die schnelle Integration der Weltwirtschaft hat eine neue Art von Werteglobalisierung erzeugt, die möglicherweise extensiver ist als jemals zuvor. Die Entwicklung ist natürlich weder einheitlich verlaufen noch hat sie kulturelle Unterscheide eingeebnet, aber sie hat ein einheitliches weltweites Marketing für Verbrauchsgüter und Unterhaltung möglich gemacht. Andererseits hat die technologische Entwicklung ebenfalls die Entwicklung lokaler und regionaler Medienprodukte und deren weitere Verbreitung ermöglicht (Morley/ Robins 1995).

Es gibt auch Anlaß zu Skepsis gegenüber der Vorstellung, daß die Diversifikation der Informationsquellen automatisch die Funktionschancen der Propaganda begrenzen würde. Die Frage besteht darin, wie diversifiziert und vielseitig diese Quellen in ihren Inhalten sind und in welchem Maße den Menschen vermittelnde und interpretierende Gemeinschaften wie Kirche, Familie, Arbeitskollektiv oder Nachbarschaft zur Verfügung stehen, in denen die Bedeutung der Nachrichten ihren Ort findet und die Interpretationen diskutiert, abgelehnt und/oder so modifiziert werden, daß sie in die eigene Vorstellungswelt passen. Korrespondierend dazu kann das Fehlen von Netzwerken zu einer Situation führen, in der sich der Propagandasender mit seinem Publikum wie „unter vier Augen" befindet.

Es gibt keinen Anlaß, automatisch anzunehmen, daß die Menschen im frühen 20. Jahrhundert weniger skeptisch als wir gewesen wären und vertrauensvoller und kindlicher als Empfänger von Massenkommunikationsmitteilungen. So war die Presse zum Beispiel früher offen politisch, und ihre Nachrichten wurden möglicherweise mit viel größerer Zurückhaltung aufgenommen als heute, wo die Presse stolz darauf ist, daß ihre Erzeugnisse über das Image von Objektivität und Neutralität verfügen.

Für die moderne Public Relations-Industrie z.B. stellt die relative Unabhängigkeit des Journalismus nicht ein Problem, sondern eine lebensnotwendige Voraussetzung erfolgreicher Tätigkeit dar. Das Produktimage von Unabhängigkeit und Neutralität ist genau das, was PR-Aktivitäten benötigen. „Freie Medien" mit einem positiven journalistischen Image sind oft billiger und effektiver als bezahlte Werbung, die ein großer Teil des Publikums ohnehin mit einem gewissen Mißtrauen zur Kenntnis nimmt.

Mit ein wenig Zynismus könnte man sagen, daß es eine heimliche Symbiose zwischen der Journalismusindustrie und den Public Relations gibt. Der moderne Journalismus könnte nicht überleben ohne das Rohmaterial, das ihm zur Verfügung gestellt wird, ohne Verlautbarungen, Medienereignisse, Interviews, Hintergrundinformationen etc.; ohne Zuarbeiten also, die Oscar Gandy (1982) passend als „Informationssubventionen" bezeichnet. PR und andere Informationsaktivitäten verringern die Kosten, die die Medien dafür aufbringen müssen, Informationen zu bekommen, und im Ausgleich dafür bringen sie die PR-Botschaften an die Öffentlichkeit. Die Medien haben natürlich eine gewisse Macht und einen Spielraum, darüber zu entscheiden, wem sie Öffentlichkeit verschaffen und welche journalistische Form der Botschaft gegeben wird. Dies kann aus der Perspektive der PR-Quelle auch zu einem negativen oder unerwünschten Ergebnis führen, aber am Ende ist das nur ein Preis, der gelegentlich für die Glaubwürdigkeit des Systems gezahlt werden muß. Propaganda kann sich auch an ein offenes und heterogenes Mediensystem anpassen. Alles, was sie tun muß, besteht darin, das System der Quellen des Journalismus völlig zu verstehen ebenso wie das Kriterium für die Nachrichtenselektion und die Konventionen der Gattung. Es ist wichtig, eine Position zu erreichen, in der man schnell etwas zur Hand und somit auch verfügbar hat; eine vertrauenswürdige und verläßliche Informationsquelle zu werden, das Wesen der Interessenunterschiede der verschiedenen Medien aufgrund ihrer Produktdifferenzierung zu verstehen und die journalistische Formgebung und die Arbeitsroutinen zu beherrschen, so daß die Mitteilung das richtige Timing hat und eine ereignisreiche, visuelle, personalisierte und konzise, schlagwortartige, dramatische Form erhält. Die Unterschiedlichkeit und die immense Bandbreite journalistischer Mittel bedeuten lediglich, daß die Botschaft modifizierbar sein muß, um verschiedenen Gattungsform(at)en angepaßt werden zu können, und die Wiederholungsfrequenz muß hoch genug sein. Die Veränderungen in der Rezeption von Massenkommunikation müssen schnell erfaßt werden, am besten im voraus.

Der moderne westliche Journalismus stellt sich dar als ein diversifizierter Bereich mit vielen konkurrierenden Diskursen und Interessen. Das heißt aber nicht, daß systematische und gut organisierte PR- und Informationsaktivitäten darin keine einflußreiche und herausgehobene Position als Quelle erlangen könnten, welche die typische Fähigkeit besitzt, ihren eigenen Interpretationen der Geschichte, der gegenwärtigen Situation und der Zukunft mit hoher Frequenz Publizität zu verschaffen. Professionelle Propaganda, Werbung und Public Relations großer Organisationen arbeiten in einer Welt mit hoher Wiederholungsfrequenz und mit einem großen Publikum, in der es möglich ist, Reziprozität zwischen den Intentionen des Senders und dem Zielpublikum, dessen Einstellungen und Kauf- oder Wahlentscheidungen, herzustellen – und dies mit einem Maß an Berechenbarkeit, welches die Aktivitäten profitabel macht. Das Zeitalter der Propaganda ist nicht vorbei. Ein gutes Beispiel für die Möglichkeiten und Grenzen der Propaganda ist die globale Nachrichtenberichterstattung über den Golfkrieg 1991.

3. Journalismus in der Neuen Weltordnung

Von Medienkritikern war das Verhängnis der Golfkriegsberichterstattung zunächst darin gesehen worden, daß der Krieg in erster Linie aus dem Blickwinkel der USA konzipiert, beurteilt und wiedergegeben wurde. „Damit wurde die Beobachterperspektive journalistischer Berichterstattung – wie stark auch immer ohnehin schon eingeschränkt – verlassen und die Perspektive einer kriegführenden Macht ganz übernommen" (Ludes/Schütte 1991:6). Im Lichte inzwischen vorliegender internationaler Vergleichstudien muß diese Einschätzung jedoch dahingehend modifiziert werden, daß die Berichterstattung nicht einfach aus dem Blickwinkel der USA erfolgte.

– So waren die nationalen Mediendiskurse in Deutschland und Skandinavien nicht bloßes Abbild des amerikanischen Diskurses, sondern unterschieden sich sowohl untereinander als auch von dem amerikanischen Diskurs sehr deutlich.

– Gemeinsames Merkmal all dieser Diskurse war allerdings die nahtlose Akzeptierung der Führungsrolle der USA und ihrer Konfrontationsstrategie durch die Medien.

– Auch zur Legitimation dieser Strategie wurde nicht einfach das amerikanische Konzept einer „Neuen Weltordnung" übernommen, sondern dieses wurde in flexibler Handhabung seiner einzelnen Elemente an den jeweiligen nationalen Kontext angepaßt und damit der Handlungsweise der Alliierten vom Blickwinkel der je eigenen historischen, politischen und kulturellen Prämissen zu Plausibilität verholfen.

– Die Legitimation der Kriegspolitik unter diesen je eigenen Prämissen war auch bestimmend für die Nachrichtenselektion, wobei (zumindest) in der Bundesrepublik ein durchaus kontroverser Diskurs stattfand, in dem es einzelnen Medien wie z.B. der *Frankfurter Rundschau* gelang, eine etwas stärkere Distanz zum Golfkrieg zu wahren (vgl. Kempf 1994).

Nachdem die Medien über Jahre hinweg ein beschönigendes Bild des Irak gezeichnet hatten, avancierte Saddam Hussein nach der Annektion Kuwaits im August 1990 „gleichsam über Nacht vom hofierten Partner zum neuen Hitler" (Krell 1991:135). Während im iran-irakischen Krieg 1980-88 noch aus der sicheren Distanz der Unbeteiligten auf die Kriegsparteien geblickt wurde, war diese Distanz im Golfkrieg 1990–1991 schon nach kürzester Zeit nicht mehr gegeben (Palmbach/Kempf 1994). Die Parteinahme der Medien zugunsten der alliierten Intervention war nicht erst der mit Beginn der Luftangriffe auf Bagdad im Januar 1991 einsetzenden Medienkontrolle geschuldet, sondern schon lange im Vorfeld des Krieges fehlten in der Berichterstattung der Massenmedien weitestgehend Sachinformationen über Konfliktursachen und Konfliktgenese, die zur Besetzung Kuwaits durch den Irak geführt hatten. Nur so konnte das Bild entstehen: „Der Krieg beginnt – gleichsam aus heiterem Himmel – durch den ‚Überfall' eines ‚Irren' auf ein Nachbarland".

Andere Informationen, die von den meisten Medien bisher – d.h. solange Saddam Hussein als Verbündeter des Westens gelten konnte – „nicht dramatisiert" wurden, wie Waffenlieferungen an den Irak oder die irakischen Giftgaseinsätze gegen die kurdische Zivilbevölkerung nach Ende des iran-irakischen Krieges, wurden für die Medien jetzt zum Thema. So entstand das Bild: „Der Irre besitzt Massenvernichtungswaffen und ist bereit, diese auch einzusetzen". Und die logische Folgerung: „Er muß gestoppt werden, bevor die ganze Welt in Flammen steht".

Mit der irakischen Invasion in Kuwait hatte zunächst eine verzweifelte Suche nach möglichen Erklärungen für den Konflikt eingesetzt, die jedoch an der Oberfläche stehen blieb, die irakischen Öl- und Machtinteressen in den Vordergrund rückte und die eine tiefergreifendere Analyse der Konfliktursachen durch eine Schuldzuweisung an den Irak substituierte. Andere Wurzeln des Konfliktes, wie z.B. die eigenen Ölinteressen der Alliierten oder die historischen Ansprüche des Irak, traten erst ins Blickfeld, nachdem die Alliierte Intervention bereits ausgemachte Sache war (Kempf 1998a).

In den deutschen Medien wurden die Konfliktursachen zwar deutlich häufiger thematisiert als etwa in skandinavischen oder amerikanischen Medien, zugleich wurden sie jedoch weitgehend auf die Formel von einem „Krieg um Öl" reduziert. Eine Ausnahme stellt hier die *Süddeutsche Zeitung* dar, in der sich gelegentlich der Versuch einer umfassenden Erklärung der Konfliktursachen fand, welche verschiedene Aspekte der Golfkrise gleichzeitig in Rechnung stellte. Ein vergleichbarer Versuch zur Konfliktanalyse konnte weder in den skandinavischen noch in den amerikanischen Medien gefunden werden, wobei die amerikanischen Medien den Konfliktursachen insgesamt am wenigsten Aufmerksamkeit schenkten. Wenn sie es taten, ließen sie allerdings ein gewisses Maß an Selbstkritik erkennen. So wurde die irreführende US-Diplomatie in Amerika stärker thematisiert als in Deutschland und Skandinavien, was auch als Indiz dafür genommen werden kann, wie fraglos die amerikanische Führungsrolle in dem Konflikt von den europäischen Medien akzeptiert wurde.

Wie ein Vergleich zwischen *Washington Post* und *Süddeutscher Zeitung* (Elfner 1997) zeigt, war der Duktus der Medienberichte, in deren Kontext die Konfliktursachen thematisiert wurden, in den USA aber noch weit stärker eskalationsorientiert als in Deutschland. Während in der *Washington Post* die Grenze zwischen Berichterstattung und Propaganda bereits deutlich überschritten wurde, zeichneten sich die Artikel der *Süddeutschen Zeitung* zunächst (zwischen August und Dezember 1990) noch durch eine zwar eskalationsorientierte, aber eher deskriptive und weniger wertende Berichterstattung aus. Erst mit Kriegsbeginn schwenkte dann auch die *Süddeutsche Zeitung* stärker auf die Propagandaschiene ein.

Auf die Krise am Golf nicht vorbereitet, zeigte sich das Gros der Journalisten weder bereit noch in der Lage, die offizielle Rhetorik zu hinterfragen, sondern starrte wie gebannt auf die Ereignisse in der Konfliktarena. Unter dem Zeitdruck der Echtzeitberichterstattung wurden (vermeintliche) Nachrichten zuerst verbreitet und – falls überhaupt – erst nachträglich auf ihren Wahrheitsgehalt geprüft. Schlichte Plausibilität reichte aus, um eine Nachricht auf die Titelseiten zu bringen, und selbst dort, wo kritische Informationen vorlagen, fanden diese wenig Augenmerk, wurden in Nebensätzen versteckt oder als unglaubwürdig abgewertet. Kritischer, investigativer Journalismus blieb auf der Strecke, und die Medien machten sich zum Sprachrohr der offiziellen Rhetorik.

Zum Beispiel nahm *Die Welt* am 23.01.1991 den Bericht über die Vorführung alliierter Kriegsgefangener im irakischen Fernsehen und den in diesem Zusammenhang erhobenen Vorwurf der Gefangenenfolter zum Anlaß, um dafür zu argumentieren, daß „ein Arrangement mit Saddam Hussein, das diesen Krieg mit seinem Rückzug aus Kuwait kurzfristig beenden könnte, ausgeschlossen ist. (...) Bush will zugleich den Irak und die Welt von diesem Mann befreien. Ein Ende dieses Krieges mit einem Kompromiß steht für ihn nicht mehr auf dem Programm". Denn: „Es gibt außer den Angehörigen selbst, die das weitere Schicksal der Gefangenen zwischen Furcht und Bangen verfolgen, kaum jemand in den USA, der spontaner und zorniger auf ihren Mißbrauch durch Hussein reagierte".

Die Welt ist kein Einzelfall. Weite Teile der bundesdeutschen Presse (Kempf/Reimann 1994), aber auch viele internationale Medien wie z.b. die Londoner *Times* (Kempf/Reimann/Luostarinen 1996) funktionalisierten die alliierten Kriegsgefangenen zum Zwecke der Feindbildproduktion und machten den Foltervorwurf in der Wahrnehmung der Medienkonsumenten zur unbezweifelbaren Tatsache. Eine Fragebogenuntersuchung, welche Reimann/Kempf (1993) neun Monate nach Kriegsende durchgeführt haben, zeigte, daß zu diesem Zeitpunkt zwei Drittel der Befragten immer noch überzeugt waren, daß die Gesichtsverletzungen des im irakischen Fernsehen vorgeführten US-Piloten Jeffrey Zaun u.a. durch Folter verursacht gewesen seien. Die (den Tatsachen entsprechende) Verursachung der Verletzungen durch den Ausstieg mit dem Schleudersitz wurde dagegen nur von weniger als der Hälfte der Befragten als Mitursache in Betracht gezogen.

Dabei war der Ausstieg mit dem Schleudersitz bereits einen Tag nach den großaufgemachten Berichten über die Fernsehvorführung der Piloten als Verletzungsursache bekannt geworden. Während die *Frankfurter Rundschau* vom 23.1.1991 diesem Thema immerhin einen Fünfzeiler widmete, erwähnte *Die Welt* den Ausstieg mit dem Schleudersitz nur in dem suggestiven Kontext, daß „nur wenige glauben, daß die entstellten Gesichter der Gefangenen die Folgen des Ausstieges mit dem Schleudersitz (...) waren. Sie sind überzeugt, daß sie von den Irakern mißhandelt wurden und mit Gewalt für die Fernsehauftritte gefügig gemacht wurden."

Das Versäumnis, Nachrichten auf ihren Wahrheitsgehalt hin zu überprüfen, wenn sie nur im Kontext der offiziellen Rhetorik als plausibel erschienen, hatte die Medien bereits vor Kriegsbeginn anfällig für die unkritische Weiterverbreitung von PR-Kampagnen gemacht. Die kuwaitische Regierung zahlte der Public Relations-Firma Hill & Knowlton mehr als 10 Mio. US $, um Informationen über irakische Grausamkeiten in Kuwait fernsehgerecht aufbereitet zu bekommen. Das allermeiste, was die amerikanische Öffentlichkeit vor Beginn des Luftkrieges aus Kuwait zu sehen bekam, stammte von Hill/Knowlton. Mit den Tatsachen hatte es oft wenig zu tun. Zum Beispiel wurde das Video einer friedlichen Demonstration in Kuwait so geschnitten, daß es aussah, als hätten irakische Soldaten in die Menge geschossen (Ege 1992). Ihren spektakulärsten Erfolg hatte die Firma, als eine fünfzehnjährige Kuwaiterin unter Tränen vor einem Kongreßausschuß aussagte, sie habe gesehen, wie irakische Soldaten fünfzehn Babys aus Brutkästen gerissen hätten. Die Brutkastengeschichte hatte enorme Wirkung. Mehrere Senatoren nannten sie als Beweggrund ihrer Stimmabgabe für eine Kriegsresolution. Wie John MacArthur in der *New York Times* vom 6.1.1992 aufdeckte, war die fünfzehnjährige Zeugin, Nayirah, deren Nachname angeblich nicht bekanntgegeben worden war, „um ihre Familie zu schützen", in Wahrheit die Tochter des kuwaitischen Botschafters in den USA und ihre Geschichte so nicht richtig (vgl. MacArthur 1993). Selbst ein Bericht der internationalen Detektei Kroll Associates, die 1992 von der kuwaitischen Regierung angeheuert wurde, um Beweise für Nayirahs Geschichte zu finden, nachdem ihre Glaubwürdigkeit von mehreren Journalisten in Frage gestellt worden war, bestätigte, daß Nayirah ganz einfach nicht gesehen hatte, wofür sie sich als Augenzeugin ausgab, und die Menschenrechtsorganisation „Middle East Watch" hat Nayirahs Geschichte anhand von Interviews mit kuwaitischen Ärzten und Friedhofswärtern weitgehend widerlegt (vgl. Ege 1992).

Natürlich gab es auch während des Golfkriegs kritische Journalisten wie John MacArthur, ohne deren investigative Arbeit diese Vorfälle nicht ans Licht der Öffentlichkeit gekommen wären, doch ihre Berichte kamen häufig zu spät oder die Medien boten ihnen erst dann den angemessenen Rahmen, als der Golfkrieg bereits vorbei war. Von den ersten Reaktionen auf die irakische Invasion in Kuwait bis über das Kriegsende hinaus schwammen die westlichen Medien im Kielwasser der amerikanischen Propaganda und der von ihr verbreiteten Motivationslogik mit den drei Elementen:

– Lehren aus der Geschichte: Diktatoren wie Saddam oder Hitler muß Einhalt geboten werden;
– Der rechte Moment: Nach dem Ende des Kalten Krieges darf die Chance eines Neuanfanges nicht verpaßt werden;
– Fair Play: Nicht das Gesetz des Stärkeren, sondern internationales Recht soll die Beziehungen zwischen den Nationen bestimmen.

Als Präsident Bush dieses Konzept einer „Neuen Weltordnung" am 11. September 1990 im US-Kongreß aus der Taufe hob, sagte er wörtlich:

> „We stand today at a unique and extraordinary moment. The crisis in the Persian Gulf, as grave as it is, also offers a rare opportunity to move toward a historic period of cooperation. Out of these troubled times (...) a New World Order can emerge – a new era, freer from the threat of terror, stronger in the pursuit of justice, and more secure in the quest for peace, an era in which the nations of the world, East and West, North and South, can prosper and live in harmony." (nach Kempf/Luostarinen 1997:2).

Obwohl es sich bei der „Neuen Weltordnung" um ein genuin amerikanisches Motivationsmuster handelte (schon Woodrow Wilson hatte am 2. April 1917 die Notwendigkeit eines Kriegseintritts der USA in den Ersten Weltkrieg vor dem amerikanischen Kongreß ganz ähnlich begründet; vgl. Beham 1996:36f) und obwohl gerade die jüngste amerikanische Geschichte mit dem US-gesteuerten Contrakrieg in Nicaragua erhebliche Zweifel zuließ, wie ernst es die Vereinigten Staaten mit den ins Feld geführten Rechten kleiner Nationen tatsächlich zu nehmen bereit wären, wurde dieses Legitimationsmuster von den westlichen

Medien bereitwilligst aufgegriffen. Tatsächlich wurde die Rhetorik von einer „Neuen Weltordnung" von den europäischen Medien – insbesondere in Deutschland – sogar stärker rezipiert als in den USA (Kempf/Reimann/Luostarinen 1998). Die Überzeugungskraft, welche dieses Motivationsmuster entfaltete, beruhte auf der Flexibilität, mit der es durch unterschiedliche Gewichtung seiner drei Elemente in den historischen, politischen und kulturellen Kontext der jeweiligen nationalen Diskurse eingepaßt werden konnte. Während die Medien der NATO-Länder USA und Norwegen die „Neue Weltordnung" vornehmlich von den aus der Geschichte zu ziehenden Lehren (und der damit einhergehenden Gleichsetzung von Saddam Hussein und Adolf Hitler) und von dem historischen Augenblick eines möglichen Neuanfanges her interpretierten, waren es im bundesdeutschen Diskurs (der durch die Auseinandersetzung mit einer starken Friedensbewegung geprägt war), in Schweden (das auf eine lange Tradition politischer Neutralität und des Engagements innerhalb der Vereinten Nationen zurückblickte) und in Finnland (das gerade erst aus einer gewissen Abhängigkeit von der Sowjetunion entlassen worden war) die Versprechungen des „Fair Play" und der Wahrung der Rechte kleiner Nationen, welche in den Vordergrund gestellt wurden.

Wie wenig Distanz die Journalisten gegenüber der versprochenen „Neuen Weltordnung" einhielten, zeigt sich daran, daß sie sich die rhetorischen Muster, derer sich die politischen Führer bedienten und die im Nachrichtenteil der Zeitungen zitiert wurden, zu eigen machten und (qualitativ wie quantitativ) gänzlich unverändert in die Argumentationslinie ihrer Leitartikel übernahmen. Rund 90 % der Nachrichtenartikel und Editorials, die die neue Weltordnung zum Thema machten, unterstützten sie ohne Vorbehalt. Von den amerikanischen Medien wurde die „Neue Weltordnung"-Rhetorik sogar völlig kritiklos übernommen. Wo (in den europäischen Medien) Kritik daran aufkam, war diese vor allem gegen die Glaubwürdigkeit des „Fair Play"-Versprechens gerichtet. Aber selbst dort, wo kritische Argumente vorgebracht wurden, bedeutete dies jedoch kaum, daß sie auch Unterstützung fanden. So wird etwa in einem Leitartikel der *Süddeutschen Zeitung* vom 30.11.1991 zwar Kritik an der neuen Weltordnung rezipiert, der Autor des Leitartikels nimmt dieser Kritik jedoch jegliche Schärfe, indem er sie bloß darstellt und in einen Kontext einbettet, der die Golfkrise als Antagonismus zwischen „gut" und „böse" konstruiert und die Verantwortung für die Zuspitzung der Krise einseitig an Saddam Hussein delegiert.

Mit der ungebrochenen Übernahme der Motivationslogik des Golfkrieges verließen die Medien endgültig den Boden der berufsethischen Prinzipien des Journalismus. Anstelle einer unabhängigen und möglichst allseitigen Berichterstattung über die Golfkrise wurden Selektion und Kontextualisierung der Nachrichten den strategischen Interessen der Alliierten angepaßt, indem vornehmlich das berichtet wurde, was im Lichte der Motivationslogik des Golfkrieges als plausibel erschien und zugleich dieser Motivationslogik ihrerseits zu Plausibilität verhalf.

Als der Konflikt mit der irakischen Invasion in Kuwait begann, wurde zwei Hauptmotiven für das Engagement der Alliierten in etwa dasselbe Gewicht gegeben: der Befreiung Kuwaits und den alliierten Ölinteressen. Deutlich weniger beachtet wurde die – als drittes Motiv angeführte – Reduzierung der irakischen Machtposition (Kempf 1998a).

Im weiteren Verlauf des Konfliktes wurden jene Motive in den Vordergrund gerückt, die gerade opportun waren:

– Die Befreiung Kuwaits wurde im Laufe der weiteren Konflikteskalation und bis zum militärischen Sieg der Golfkriegsallianz immer stärker als Begründung angeführt.

– Erst als das Feindbild Irak stabil genug war, begann die Reduzierung der irakischen Macht eine vergleichbare Rolle zu spielen.

– Um die Delegitimation des Kriegs als bloßen Macht- und Hegemoniekonflikt zu vermeiden, wurde die Reduzierung der irakischen Macht während der Vorkriegsphase kaum als Motiv der Alliierten genannt. Sobald der Krieg begonnen hatte, nahm die Beachtung dieses Motivs bis zur Niederlage des Irak kontinuierlich zu, und nachdem es unmittelbar nach dem Waffenstillstand kurzfristig aus den Medien verschwunden war, wurde ihm während der alliierten Luftangriffe in 1992/93 erneut große Beachtung geschenkt.

– Um die Vereinten Nationen in eine militärische Konfrontation hineinzuziehen, war es funktional, die alliierten Ölinteressen hinter ihrem vorgeblichen Engagement für den Frieden zurücktreten zu lassen. Andererseits war das eigene Interesse der USA und ihrer Verbündeten ein wesentliches Motiv, um die Zustimmung des amerikanischen Kongresses zu erlangen.

– Während des Krieges selbst war es dagegen angezeigt, den Eindruck zu vermeiden, daß Menschen für Öl ihr Leben lassen müßten. Die alliierten Ölinteressen wurden immer seltener als Motiv genannt, bis sie mit dem Sieg der Alliierten gänzlich aus dem Mediendiskurs verschwanden.

Insbesondere die deutschen und die amerikanischen Medien schenkten der Erklärung der Motive der Alliierten große Aufmerksamkeit und neigten dazu, sie zu idealisieren, indem sie sie auf die Befreiung Kuwaits und das Engagement für den Frieden reduzierten. Es waren auch die Medien dieser beiden Länder, welche am deutlichsten zur Dämonisierung der gegnerischen Intentionen tendierten. Allerdings mit unterschiedlichen Mitteln: während die amerikanischen Medien die Notwendigkeit der Reduzierung der (Militär-)Macht des Irak herausstellten, thematisierten die deutschen Medien die Notwendigkeit der Reduzierung des islamischen Einflusses. Dieser Themenkomplex, der im deutschen Diskurs deutlich rassistische Züge trägt (vgl. Kliche et al. 1998), spielte in den amerikanischen Medien so gut wie keinerlei Rolle. Der Kampf für die eigene Machtposition wurde als Selbstverständlichkeit hingenommen, die keiner zusätzlichen Legitimierung bedurfte.

Die Berichterstattung über alternative Konfliktlösungsoptionen demonstriert, wie bewaffnete Propaganda funktioniert: Sobald vollendete Tatsachen geschaffen waren, verstummten die kritischen Stimmen und die militärische Logik gewann vollends die Oberhand (Kempf 1998a). Verhandlungslösungen spielten nur während der Vorkriegsphase eine nennenswerte Rolle, als es darauf ankam, den Krieg – aufgrund gescheiterter Friedensinitiativen – als ultima ratio erscheinen zu lassen. Die Berichterstattung über Friedensinitiativen dritter Parteien (insbesondere der Sowjetunion) wurde (im Kontext der Berichte über irakische Zivilopfer sowie im Kontext der bevorstehenden Bodenoffensive) instrumentalisiert, um mögliche Kritik an der Fortführung des Krieges abzuwehren, und diente somit eher der Eskalation des Konfliktes, als daß man sie als Chance zur Deeskalation ernstgenommen hätte. Eine detaillierte qualitative Analyse ausgewählter Nachrichten (Kempf 1998b) zeigt, daß über Friedensinitiativen dritter Parteien oft nur berichtet wurde, um den Krieg als unvermeidbar hinzustellen und/oder um für eine Ausweitung der Kriegsziele über die Befreiung Kuwait's hinaus zu plädieren.

Insbesondere in den amerikanischen Medien war die Darstellung alternativer Konfliktlösungsoptionen durch die strategischen Interessen der USA bestimmt (Kempf 1998a). Friedensinitiativen der Vereinten Nationen und/oder dritter Parteien wurde weit weniger Augenmerk geschenkt als in Deutschland und Skandinavien, die militärische Logik wurde kaum in Frage gestellt, und eine umfassende Diskussion alternativer Konfliktlösungsoptionen fehlte gänzlich.

Die deutsche Berichterstattung dagegen war mit einer starken Friedensbewegung konfrontiert. Entsprechend fand in den deutschen Medien eine äußerst kontroverse Diskussion der verschiedenen Konfliktlösungsoptionen statt. Sowohl militärische Logik als auch Kritik daran wurden signifikant häufiger vorgetragen als in den USA und Skandinavien, und friedliche Alternativen wurden umfassender diskutiert.

Ein qualitativer Vergleich deutscher, norwegischer und finnischer Medien (Kempf/Reimann 1999) zeigte jedoch, daß auch die Berichterstattung über friedliche Alternativen eine eskalationsorientierte Stoßrichtung hatte. Obwohl Vermittlungsinitiativen und Verhandlungsangebote große Medienaufmerksamkeit fanden, gab es extrem wenig kritischen Journalismus, der einer friedlichen Streitbeilegung eine Chance gegeben hätte. Die Tatsachen, derer es dazu bedurft hätte, wurden alle berichtet. Aber die Medien stellten sie in den Rahmen militärischer Logik und unterminierten damit ihre deeskalatorische Wirkung.

Besonders deutlich ausgeprägt war die Eskalationsorientierung der norwegischen Medien: Sie gaben der Berichterstattung über gewaltfreie Alternativen am wenigsten Raum, drückten ihre Unterstützung der militärischen Option am deutlichsten aus und wiesen gewaltfreie Alternativen am schärfsten zurück.

Die deutschen Medien schenkten gewaltfreien Alternativen dagegen die größte Aufmerksamkeit und stellten die militärische Logik am häufigsten in Frage. Obwohl die deutsche Berichterstattung dadurch ausgewogener erschien, war dies jedoch hauptsächlich der Anwendung diffizilerer Propagandamethoden (wie zweiseitigen Argumentationen und Doppelbindungen; vgl. Reimann 1998) geschuldet. Nicht anders als die norwegischen Medien verließen sie kaum je den Boden der militärischen Logik.

Der Relevanz der Friedensbewegung für den deutschen Mediendiskurs spiegelt sich auch darin wider, daß (mögliche) Verhandlungslösungen in den deutschen Medien größtes Augenmerk geschenkt wurde (Kempf 1998a). Sie berichteten darüber mehr als zweimal so oft wie die amerikanischen und skandinavischen Medien und schenkten Berichten über irakische Verhandlungsbereitschaft große Aufmerksamkeit.

Im Gegensatz zu den deutschen Medien folgten die amerikanischen einer strategischen Propagandalinie. Während die Zurückweisung von Verhandlungslösungen seitens der Alliierten etwa gleich häufig berichtet wurde wie in Deutschland und Skandinavien, wurden Berichte über irakische Verhandlungsbereitschaft in den amerikanischen Medien gänzlich unterdrückt. Für die amerikanische Öffentlichkeit war es offensichtlich evident, daß man mit Saddam nicht verhandelt. Irakische Verhandlungsbereitschaft war für sie kein Thema.

Eine detailliertere Untersuchung der bundesdeutschen Presseberichterstattung in der Zeit zwischen dem 17.11.1990 (Beginn der Kampagne für ein UN-Ultimatum) und dem 16.1.1991 (Kriegsbeginn) zeigt, daß die Option eines nicht-militärischen Konfliktaustrages während des gesamten Zeitraumes aber auch in den deutschen Medien wenig präsent war (Zehnle 1994). Während Argumente für oder wider einen militärischen Konfliktaustrag sich in etwa die Waage hielten, wurden Argumente für oder wider eine diplomatische Konfliktlösung kaum vorgebracht. Berichterstattung über Vermittlungsbemühungen, über Signalisierung von Verhandlungsbereitschaft oder über den Konflikt entschärfende Maßnahmen spielte in den letzten Wochen vor Beginn der Luftangriffe auf Bagdad keinerlei Rolle mehr. Thematisiert wurden konfrontative Positionen wie das Stellen von Vorbedingungen, die Zurückweisung von Verhandlungsangeboten oder konfliktverschärfende Maßnahmen. Auch die wenigen Berichte über irakische Schritte zur Entschärfung des Konfliktes nahmen mit Herannahen des Kriegsbeginns zunehmend ab. Während sie in der zweiten Novemberhälfte noch in gut 1/7 der analysierten Textpassagen enthalten waren, sind sie in den beiden Wochen vor Kriegsbeginn so gut wie nicht mehr existent.

Diese Fokussierung der Berichterstattung auf eine militärische Konfrontation mit dem Irak zeigt sich anhand der Berichterstattung über die Vereinten Nationen (Meder 1994) vielleicht sogar noch deutlicher. So wurde in der deutschen Presse über den Inhalt von Kriegsresolutionen fast immer irgendwie geschrieben – sei es umfassend, informativ und differenziert, oder selektiv, widersprüchlich und einseitig, oder sei es auch nur in einem Telegrammstil; der Inhalt von Nicht-Kriegsresolutionen wurde dagegen nicht selten gänzlich ignoriert und als nicht berichtenswert erachtet. Über Kriegsresolutionen wurde häufiger augenfällig berichtet, sie fanden nur selten keine Beachtung und wurden auch seltener als unwichtiges Thema plaziert, als dies bei Nicht-Kriegsresolutionen der Fall war.

Bis auf zwei standen alle Resolutionen im Zeichen einer Diskussion, die weitere Verschärfungen propagierte. Diese beiden waren Resolution 665 (Seeblockade) und Resolution 678 (Ultimatum). Bei beiden Resolutionen war der zum jeweiligen Zeitpunkt gegebene Spielraum für eine schärfere Gangart im Konflikt mit dem Irak bereits voll ausgereizt worden.

Hatte es zum Zeitpunkt des UN-Ultimatums in den deutschen und skandinavischen Medien noch kritische Stimmen gegeben, welche die Dominierung des

Weltsicherheitsrates durch die USA zum Gegenstand hatten, so verstummte diese Kritik umso mehr, je näher der Kriegsbeginn herannahte (Kempf 1998a). An ihre Stelle trat eine idealisierende Darstellung der Vereinten Nationen als Instrument des Friedens, auf welcher Grundlage die alliierten Kriegshandlungen und – insbesondere auch – die nach Kriegsende erfolgten Militärschläge gegen den Irak als „im Namen der Vereinten Nationen" durchgeführte Maßnahmen legitimiert wurden.

So wurde der Krieg von den deutschen Medien als ein Krieg „der Vereinten Nationen" dargestellt oder zumindest als ein Krieg, den die USA „im Auftrag der Vereinten Nationen" führten, während Äußerungen des UN-Generalsekretärs, die diese Darstellung zurückwiesen, meist ebensowenig aufgegriffen wurden wie die berechtigten Zweifel, ob die inzwischen verfolgten Kriegsziele überhaupt noch mit den UN-Resolutionen vereinbar waren (Meder 1994).

In den amerikanischen Medien wurden die Vereinten Nationen deutlich seltener zur Legitimation des Golfkrieges herangezogen – aber auch kritische Stimmen, welche das Verhältnis zwischen den USA und den Vereinten Nationen beleuchteten, gab es hier kaum (Kempf 1998a). Daß es in den europäischen Medien solche Stimmen gegeben hatte, bedeutet gleichwohl nicht, daß sie die Opposition gegen den Golfkrieg unterstützt hätten. So wurde der von der Friedensbewegung intendierte Diskurs über die Legitimation des Krieges in der deutschen Presse weitgehend vermieden, während die Bewertung der Friedensbewegung selbst durch Informationsmangel kontrolliert und für eigene Interpretationsangebote der Medien offen gehalten wurde (Liegl/Kempf 1994). Hintergrundinformationen zu den Aktionen der Friedensbewegung waren äußerst selten zu bekommen, und häufig wurde von manipulativen Strategien Gebrauch gemacht. Durch Themenverschiebungen in Richtung auf Gewalt und Strafbarkeit der Aktionen der Friedensbewegung war man offensichtlich bestrebt, die soziale Bewegung zu diskreditieren und ihre Legalität in Frage zu stellen.

Gleichzeitig wurde über die Verwendung zweiseitiger Argumentationen der Eindruck von argumentativer Fairneß erweckt, der sich jedoch als trügerisch herausstellte, wenn die gegnerischen Argumente im Sinne der Überredungsabsicht entkräftet wurden. Dazu wurden die Argumente der Friedensbewegung durch ihre Verbindung mit jenen Aspekten des Protestes abgeschwächt, welche die erhobenen Vorwürfe rechtfertigen sollten. Die Argumente für den Krieg bezogen ihre Berechtigung hauptsächlich aus den Vorwürfen, welche gegen die Friedensbewegung erhoben wurden.

Tonangebende Politiker und Publizisten nutzten den Krieg, „um die Debatte über die Neubegründung der Bundeswehr (...) und über den Krieg als Mittel der Politik in Gang zu setzen; Schulkinder, die zunächst noch massenhaft gegen den Krieg auf die Straße gingen, wurden als antiamerikanisch, antiisraelisch, antisemitisch usw. diffamiert, bis sie verstört zu Hause blieben (...). In einem besonders verlogenen Propagandafeldzug versuchte man uns einzureden, das Ausland habe kein Verständnis für deutschen Pazifismus" (Spoo 1993:604). So formulierte z.B. Gerd Appenzeller in einem Leitartikel des *Südkurier* am 19.1.1991:

„Die Deutschen werden ohnedies, wie auch immer, die Folgen des Golfkrieges noch in Punkten zu spüren bekommen, die schmerzen. Gegen die Annexion Kuwaits kämpfen inzwischen Briten, Franzosen, Niederländer, Italiener, Kanadier, Amerikaner. Deutschland steht, verfassungsbedingt korrekt, abseits. Aber wenn der Krieg (hoffentlich erfolgreich) vorbei ist, werden sich die, die ihn gegen den Aggressor gewannen, gegenseitig auf die Schultern klopfen, und auf jene herabschauen, die sich nicht engagierten".

4. „Welcome to Sarajewo"[3]

Nach Einschätzung von Phillip Knightley diente das Nachrichtenmanagement am Golf u.a. dem Ziel, die öffentliche Meinung über die Bedeutung des Krieges schlechthin zu verändern:

> „Der Golfkrieg ist schon jetzt zu einem wichtigen Krieg in der Geschichte der Zensur geworden. Er markiert den Versuch der Politiker und Militärs, die öffentliche Wahrnehmung über das Wesen des Krieges zu verändern" (zit. nach *taz* vom 23.3.1991).

Wie sehr dies tatsächlich gelungen ist, zeigt sich am Beispiel der NATO-Intervention(en) im ex-jugoslawischen Bürgerkrieg, deren Legitimation demselben Motivationsmuster folgt, das mit der „Neuen Weltordnung" vorgegeben wurde.

- *Lehren aus der Geschichte:* Den als Faschisten identifizierten Serben muß Einhalt geboten werden.
- *Der rechte Moment:* Dem Leid der Menschen in den vom Krieg betroffenen Gebieten muß durch einen militärischen Befreiungschlag ein Ende gstzt werden.
- *Fair Play:* Den als (unschuldige) Opfer identifizierten bosnischen Muslimen, später den Albanern im Kosovo, muß gegen die serbische Großmacht(politik) zu ihrem Recht verholfen werden.

Während das serbische Feindbild dabei in Österreich und Deutschland an historische Traditionen anknüpfen konnte, die bis vor den ersten Weltkrieg zurückreichen, schien eine offene Unterstützung Kroatiens mit Rücksicht auf die EU-Partner (insbesondere Frankreich und England) und die USA zunächst undenkbar. Daß sich im westlichen Diskurs die kroatische Propaganda, welche die Serben mit den Tschetniks identifizierte, gegenüber der serbischen Propaganda durchsetzen konnte, welche die Kroaten in die Traditionslinie der Ustascha stellte (vgl. Malesic 1998), ist mindestens drei Faktoren geschuldet:

1. der Fokussierung auf die bosnischen Muslime, wodurch ein Diskurs über die durch die gemeinsame faschistische Vergangenheit vorbelasteten deutsch-kroatischen Beziehungen vermieden wurde;

---

3 Titel eines Spielfilms von Michael Winterbottom.

2. dem Auftrieb, welchen die auf den Kalten Krieg zurückgehende Totalitarismustheorie, wonach zwischen Diktaturen von rechts und von links kein Unterschied zu machen ist, im Zuge der deutschen Wiedervereinigung erhalten hatte; und

3. den Aktivitäten der Public Relations-Agentur Ruder & Finn, die 1993 für ihr Engagement in Sachen Bosnien mit der Silbermedaillie der Public Relations Society of America in der Kategorie „Krisenkommunikation" ausgezeichnet wurde.

Die schwierigste Teil dieser Operation war es – nach Aussage von James Harff, der die Operation leitete, die jüdischen Kreise für sich zu gewinnen:

„Das war eine wirklich schwere Partie, und von daher war die Aufgabe auch außerordentlich gefährlich. Präsident Tudjman hatte sich in seinem Buch „Irrwege der Geschichte" als unvorsichtig gezeigt, denn man konnte ihn auf Grund dessen, was er geschrieben hatte, des Antisemitismus bezichtigen. Auch auf der bosnischen Seite waren die Dinge nicht einfacher, denn Präsident Izetbegovic hatte sich in seinen 1970 veröffentlichten „Islamischen Deklarationen" zu offen für einen fundamentalistischen islamischen Staat ausgesprochen. Außerdem war die Vergangenheit Kroatiens und Bosniens von einem realen und grausamen Antisemitismus gekennzeichnet. Mehrere zehntausend Juden sind in kroatischen Lagern liquidiert worden. Es bestanden also alle Voraussetzungen dafür, daß die jüdischen Intellektuellen und Organisationen gegenüber den Kroaten und Bosniern feindlich gesinnt sein würden. Wir standen vor der Herausforderung, diese Situation umzukehren. Das ist uns auch gelungen, und zwar meisterhaft. Zwischen dem 2. und 5. August 1992, als „New York Newsday" die Sache mit den Lagern veröffentlichte. Da haben wir im Flug zugegriffen und drei jüdische Organisationen überlistet (...) Wir haben ihnen vorgeschlagen, einen Beitrag in der „New York Times" zu veröffentlichen und eine Protestkundgebung vor dem Sitz der Vereinten Nationen zu organisieren. Das hat hervorragend funktioniert; die jüdischen Organisationen auf Seiten der Bosnier ins Spiel zu bringen war ein großartiger Bluff. In der öffentlichen Meinung konnten wir auf einen Schlag die Serben mit den Nazis gleichsetzen" (zit. nach Beham 1996:8f).

Als dann noch die britische Fernsehjournalistin Penny Marshal Bilder aus dem serbischen Lager Trnopolje präsentierte – Männer mit nacktem Oberkörper hinter Stacheldraht –, war dieses Urteil für die Weltöffentlichkeit endgültig zur Gewißheit geworden: nicht weil der amerikanische Präsident oder der deutsche Bundeskanzler sich zu einer platten Gleichsetzung von Milosevic mit Hitler verstiegen hätten, sondern weil sie mit eigenen Augen gesehen hatte, was sie sehen mußte, um sich dieses Urteil zu bilden.

Als Thomas Deichmann (1997) aufdeckte, daß diese Bilder auf einer Täuschung beruhen, daß sie nicht Menschen hinter Stacheldraht zeigen, sondern von innerhalb eines mit Stacheldraht umgebenen Grundstücks gefilmt wurden, in dem es vor dem Krieg Agrarmaterial zu kaufen gegeben hatte, wurde er von Erica Fischer (1997) deswegen im *Freitag* mit den Worten angegriffen:

„Warum tut er das? Immerhin hat das Foto die Welt wachgerüttelt".

Und weiter: „Hat Penny Marshal denn behauptet, sie wäre außerhalb gestanden? Ich weiß es nicht, und es ist mir im Grunde genommen auch egal".

Hatte der Golfkrieg durch das Auftreten von Public Relations-Agenturen einen ersten Meilenstein in der Geschichte der Privatisierung der Propaganda gesetzt, so ging diese mit dem Aufkommen des „Journalism of Attachment" im Bosnien-Krieg noch einen Schritt weiter, wurden die berufsethischen Normen des Journalismus von Journalisten selbst über Bord geworfen.

„Journalism of Attachment" – was sich in kritischer Distanzierung mit „Betroffenheitsjournalismus" übersetzen ließe – steht für einen Journalismus, der weder um neutrale Distanz noch um eine Deeskalation des Krieges bemüht ist, sondern der Partei ergreift und dem es nur darum geht, die Menschen aufzurütteln – jedoch nicht gegen den Krieg, sondern gegen jene, die man als „Feind" ausgemacht zu haben glaubt (vgl. Hume 1997).

Dieser engagierten und von moralischem Impetus getragenen Haltung ist die Wahrheit nur Rohmaterial, das sich zwecks Bestätigung vorgefaßter Überzeugungen beliebig umformen läßt. Was zählt, ist die Überzeugungskraft. Wenn es sein muß, bedient man sich aller erdenklichen Mittel, um Kritiker mundtot zu machen. So wurde Mick Hume, dem Herausgeber der kleinen linken Monatszeitschrift *LM magazine*, von dem britischen Fernsehsender ITN eine Verleumdungsklage angehängt, weil er Thomas Deichmanns Enthüllungen abgedruckt hatte.

Gemessen an der Schärfe, mit welcher der Propagandakrieg unter westlichen Journalisten geführt wurde, erscheint die Tagesberichterstattung über den Krieg in Bosnien-Herzegowina überaschend wenig tendenziös. Wie aus einer Untersuchung der überregionalen Presse in den USA und Europa (Kempf 1999) hervorgeht, haben sich die westlichen Medien nicht so eindeutig auf eine Seite geschlagen, wie das etwa im Golfkrieg der Fall gewesen ist.

Zumindest die tagesaktuelle Berichterstattung stand allen drei Kriegsparteien relativ distanziert gegenüber. Die Darstellung aller drei ethnischen Gruppen (Serben, Kroaten, Muslime) war durch die Beschreibung von konfrontativem Verhalten dominiert, welches militärischer Logik folgte. Ungeachtet dessen, um welche der drei Gruppen es sich handelte, überwogen die Bestreitung von ihnen in Anspruch genommener Rechte und/oder die Unterstellung „böser Absichten" die Anerkennung ihrer Rechte und/oder die Unterstellung „guter Absichten".

Allerdings berichtete die internationale Presse weit häufiger über serbische Akteure denn über bosnische oder kroatische. Das entspricht in etwa der Einschätzung der norwegischen Menschenrechtsexpertin Hanne-Sophie Greve (zit. nach Kempf 1998c), wonach alle Seiten, die an den Zerstörungen im ehemaligen Jugoslawien beteiligt waren, Unrecht begangen haben, jedoch die meisten Übergriffe von Serben begangen wurden.

Zu einem ähnlichen Ergebnis kommt auch Jaeger (1998). Die deutschsprachigen Tageszeitungen berichteten über die Vergewaltigungen in Bosnien-Herzegowina unterschiedlicher und differenzierter, als sie zunächst befürchtet hatte: Über die Hälfte der von ihr analysierten Textpassagen behandelten das Thema auf sachlich-nüchterne Weise und ließen Deutungen außen vor. Dem gegenüber stand jedoch auch ein bemerkenswert hoher Anteil von Textpassagen, die sich vorwiegend mit serbischer Gewalt gegen nicht-serbische Frauen befaßten. Gerade diese Textpassagen tendierten auch dazu, das Leid der verge-waltigten Frauen zu funktionalisieren, um festzustellen, welche Seite die größe-re Schuld hat. Im subjektiven Glauben, für die Rechte der vergewaltigten Opfer einzutreten, wurde deren Leid durch einen solchen Journalismus mißbraucht, um nationale und ethnische Stereotype und Feindbilder zu erzeugen bzw. zu zementieren. Die Frauen selbst wurden dadurch ein weiteres Mal mißbraucht.

Wie aus der bereits zitierten Studie von Kempf (1999) hervorgeht, waren die Unterschiede in der Darstellung der drei ethnischen Gruppen hauptsächlich den verschiedenen Rollen geschuldet, in welchen sie von den Medien portraitiert wurden.

Die positivste Rolle wurde den Muslimen zugeschrieben, deren Verhalten am seltensten als konfrontativ beschrieben wurde. Die Muslime wurden seltener in einer Angriffsposition und häufiger in einer Verteidigungsposition dargestellt als Serben und Kroaten. Und, obwohl ihre Handlungen häufiger kritisiert wur-den als die der anderen beiden Gruppen, richtete die internationale Presse die Empörung über den Krieg am häufigsten gegen ihre Feinde. Darüber hinaus präsentierte sie mehr Anreize zur sozialen Identifikation mit muslimischen Op-fern denn mit Opfern aus den Reihen der anderen Gruppen.

– In den meisten Fällen wurde der Konflikt so interpunktiert, daß die Muslime weniger deutlich in einer Angriffsposition erschienen als Serben oder Kroaten. Durch die Betonung der (militärischen) Stärke der Muslime wurde zugleich die Zuversicht geschaffen, daß sie den Krieg durchstehen würden.
– Häufig wurden die Muslime in einer klaren Verteidigungsposition darge-stellt. In diesen Fällen wurde die Stärke der Muslime sogar noch stärker betont.
– Wenn die Muslime dagegen in einer Angriffsposition erschienen, wurde ihre Gefährlichkeit heruntergespielt, indem ihre militärischen Stärke nur wenig Augenmerk fand und/oder die Bedrohung betont wurde, welcher sie auf-grund der Gefährlichkeit ihrer Gegner ausgesetzt waren.

Im Unterschied dazu wurden sowohl Serben als auch Kroaten eher als Aggres-soren dargestellt: Die Serben erschienen am seltensten in einer Verteidigungs-und die Kroaten am häufigsten in einer Angriffsposition.

Während auf serbischer Seite am wenigsten militärische Logik berichtet wurde und obwohl die internationale Presse serbische Handlungen am selten-sten explizit bewertete (weder positiv noch negativ), waren es andere Faktoren, welche ein negatives Bild der Serben entstehen ließen:

– Erstens: Über serbische Akteure wurde doppelt so oft berichtet wie über die anderen, und das Verhalten der Serben wurde am stärksten als konfrontativ dargestellt.
– Zweitens: Während einerseits die Rechte und Intentionen der Serben wenig Beachtung fanden, wurden andererseits die Möglichkeiten einer Kooperati-on zwischen Serben und ihren Gegnern akzentuiert. Das (konfrontative) Verhalten der Serben erschien dadurch nur umso mehr als ungerechtfertigt.

– Drittens: Die internationale Presse stimulierte weit seltener Empörung über die Gegner der Serben als dies im Falle der anderen beiden Gruppen der Fall war. Berichte über serbische Kriegsopfer waren selten und wurden in der Regel durch gleichzeitige Darstellung des Leides auf der gegnerischen Seite konterkariert.

– Viertens: Es wurden nicht nur extrem wenig Anreize zu sozialer Identifikation mit serbischen Opfern gegeben, die Opfer auf serbischer Seite wurden sogar mit einiger Regelmäßigkeit dehumanisiert.

Darüber hinaus tendierten die Medien dazu, die Kooperation zwischen Kroaten und Muslimen dadurch zu unterstützen, daß sie dem Preis der militärischen Konfrontation und dem Abbau von Mißtrauen zwischen den beiden Parteien einige Aufmerksamkeit schenkten. Indem sie dabei die Bedrohung der Kroaten und Muslime durch die Gefährlichkeit des gemeinsamen Gegners herausstellten, disqualifizierte dies die Serben umso mehr.

Während es kaum überrascht, daß die Muslime in einer defensiven Rolle, die Serben dagegen in der Rolle des Bösewichts portraitiert wurden, ist das vielleicht interessanteste Ergebnis der Untersuchung darin zu sehen, wie die Kroaten aus der Schußlinie der öffentlichen Kritik gebracht wurden.

– Die Berichterstattung ließ erkennen, daß die Kroaten am stärksten von allen durch militärische Logik geleitet waren und der Logik einer friedlichen Streitbeilegung am deutlichsten eine Absage erteilten. Empörung über den Krieg wurde (relativ zum Ausmaß der Berichterstattung über die jeweilige Seite) fast ebenso häufig im Zusammenhang mit kroatischen Aktionen evoziert wie im Zusammenhang mit denen der Serben.

– Zum Ausgleich dafür wurden kroatische Handlungen jedoch am häufigsten gerechtfertigt, und die Rechte und Intentionen der Kroaten fanden die größte Beachtung (sowohl positiv als auch negativ).

– Während im Zusammenhang mit kroatischen Aktionen immer wieder der mögliche Nutzen herausgestellt wurde, den die Beendigung des Krieges mit sich bringen würde, wurden Kooperationsmöglichkeiten zwischen Kroaten und ihren Gegnern häufig zurückgewiesen und/oder in Empörung über die Gegner der Kroaten umgemünzt.

Das Festhalten der kroatischen Seite an militärischer Logik erschien dadurch als gerechtfertigt und sachlich begründet.

Obwohl die internationale Presse über die drei ethnischen Gruppen sehr unterschiedlich berichtete, kann ihr doch nicht vorgeworfen werden, daß sie sich voll auf die Seite der Muslime und/oder Kroaten geschlagen und reine Schwarzweißmalerei betrieben hätte. Wie bereits erwähnt, war die Berichterstattung über jede der drei Gruppen ziemlich ambivalent. Die internationale Presse identifizierte sich mit keiner der bosnischen Kriegsparteien, sondern eher mit der internationalen Staatengemeinschaft, für welche der Krieg in Bosnien-Herzegowina ein leidiges Problem darstellte.

Dabei unterstützte sie jedoch weniger die Bemühungen um eine gewaltfreie Konfliktlösung als das Szenario einer militärischen Intervention. Je mehr die internationalen Akteure in den Konflikt hineingezogen wurden, desto mehr Sympathie brachten ihnen die Medien entgegen. Das Verhängnis der Bosnien-Berichterstattung lag somit weniger in einer Parteilichkeit für oder gegen eine der Kriegsparteien oder in einer Parteilichkeit für die Menschenrechte in der vom Krieg erschütterten Region, sondern in ihrer Verfangenheit im Teufelskreis von Krieg und militärischer Logik.

- 72 % der Berichte über neutrale Drittparteien, welche in dem Konflikt zu vermitteln versuchten, fokussierten konfrontatives Verhalten und interpretierten es mit einem deutlichen Bias in Richtung auf militärische Logik. Von diesen hatten 19 % sowohl einen starken Fokus als auch einen klaren Bias in Richtung auf militärische Logik. Weitere 53 % hatten dieselbe Art von Bias, schenkten den Drittparteien aber wenig Augenmerk.
- 12 % der Artikel kritisierten das Verhalten der Drittparteien und ordneten es irgendwo zwischen militärischer Logik und Friedenslogik ein, und lediglich 15 % der Artikel berichteten über Drittparteien in einer etwas positiveren Form: Mit starkem Fokus, aber nur geringem Bias in Richtung auf militärische Logik berichteten 7 % der Artikel über vorwiegend kooperative Schritte der Drittparteien und gaben gewisse Anreize zur sozialen Identifikation mit ihnen und 8 % der Artikel fokussierten die Logik einer friedlichen Streitbeilegung und interpretierten das Verhalten der Drittparteien eher in deren Rahmen denn im Rahmen militärischer Logik.

Führende Medienvertreter sind bis heute stolz darauf, die (insbesondere amerikanische) Öffentlichkeit überzeugt, die NATO-Intervention in Bosnien ermöglicht und damit zur Beendigung des Krieges in Bosnien-Herzegowina beigetragen zu haben. Realiter haben die Medien in Bosnien-Herzegowina bestenfalls zur Schadensbegrenzung beigetragen, nachdem sie bereits lange zuvor versagt hatten, indem sie den Druck, den sie auf die öffentliche Meinung zugunsten einer militärischen Beendigung des Krieges ausgeübt haben, vermissen ließen, als es darum gegangen wäre, mit friedlichen Mitteln die Eskalation der jugoslawischen Krise in einen blutigen Bürgerkrieg zu verhindern.

Im Dezember 1991 hatte der damalige UN-Generalsekretär Perez de Cuellar in einem Briefwechsel mit Hans-Dietrich Genscher eindringlich vor einer vorschnellen und einseitigen Anerkennung der Unabhängigkeit einzelner jugoslawischer Teilrepubliken gewarnt, bevor die Modalitäten des Zusammenlebens der verschiedenen Ethnien in den neu zu gründenden Staaten in einer Form geregelt sind, die für alle beteiligten Bevölkerungsgruppen annehmbar ist (vgl. Galtung, zit. nach Nilsen 1994). Der damalige deutsche Außenminister hat diese Bedenken beiseite gewischt und die Anerkennung Kroatiens und Sloweniens durch die Europäische Gemeinschaft durchgesetzt. Die Medien nahmen von dem Briefwechsel nicht einmal Kenntnis.

Zehn Jahre des gewaltfreien Widerstandes im Kosovo fanden keinerlei Medienecho, und als der Kosovo aus den Friedensverhandlungen von Dayton ausgeklammert blieb, fand sich kein Journalist, der Druck auf die internationale Diplomatie ausgeübt und die Menschenrechte im Kosovo eingefordert hätte. Seit dem Spätsommer 1998, als nach der amerikanischen nun auch die deutsche politische Führung offen davon zu sprechen begann, daß im Falle einer „humanitären Katastrophe" ein NATO-Einsatz im Kosovo notfalls auch ohne völkerrechtliche Legitimation durchgeführt werden könnte, wiederholt sich die Geschichte: Der Druck der Medien zugunsten einer NATO-Intervention nimmt zu, und gegebenfalls werden Menschenrechtsverbrechen als irrelevant beiseite geschoben, wenn sie nicht der serbischen Seite anzulasten sind.[4] So schreibt Thomas Schmidt am 31.8.1998 in der durchaus seriösen Ruf genießenden *Berliner Zeitung* im Zusammenhang mit der Auffindung von 22 verkohlten Leichen in dem Dorf Klecka im Kosovo:

> „Es ist (...) durchaus möglich, daß die UCK Gegner exekutiert hat. Eine Antwort auf die Anklage von Amnesty International, sie habe mindestens 138 Menschen entführt und womöglich auch ermordet, ist die albanische Guerilla bislang schuldig geblieben. Sollte die albanische Guerilla tatsächlich 22 serbische Zivilisten getötet und eingeäschert haben, ändert das nichts an dem Umstand, daß im Kosovo seit acht Jahren die Albaner weitgehend rechtlos sind, daß 250 000 Flüchtlinge Albaner sind und nicht Serben und der Aufstand der UCK ursächlich Widerstand gegen ein Besatzungsregime ist".

Es ist immer noch so, wie bereits Lasswell (1927) in seiner berühmten Untersuchung der Propagandatechniken im Ersten Weltkrieg festgestellt hatte, daß die psychologischen Widerstände gegen den Krieg in modernen Gesellschaften so groß sind, daß jedem Krieg der Anschein gegeben werden muß, ein Verteidigungskrieg gegen einen bedrohlichen und mörderischen Aggressor zu sein.

Auch der Krieg, der sich als humanitäre Intervention darstellt, braucht jemanden, gegen den er geführt wird. In einem solchen Szenario – wie im Falle der NATO-Interventionen in Bosnien und im Kosovo – spielt die Funktionalisierung der Menschenrechte (vgl. Kempf 1998c) naturgemäß eine noch größere Rolle als für die Propaganda in traditionellen Kriegen. Das Fatale daran ist, daß sie die Journalisten ebenso wie die Öffentlichkeit in ein moralisches Dilemma versetzt, aus dem es scheinbar kein Entrinnen gibt – jedenfalls so lange nicht, als es ihnen eines tiefgreifenden Verständnisses der Eskalationslogik von Konflikten ermangelt und die kritische Distanz zur eigenen politischen Elite nicht gelingt.

---

4   Herman & Chomsky (1988) sprechen von „worthy" und „unworthy victims": von Opfern staatlicher oder zwischenstaatlicher Gewalt, deren Leiden objektiv vergleichbar, im einen Fall aber nützlich, da als Waffe gegen den gerade aktuellen Feind brauchbar, und im anderen Fall unnütz, uninteressant sind, da die Verantwortung hier im eigenen (Macht-) Bereich liegt und ihre Thematisierung den eigenen Interessen eher schadet als nützt.

Teil 5

Ausblick

Die „Friedensmacht Europa" am Vorabend des dritten Millenniums

Wilhelm Kempf

In den letzten beiden Jahren, während der Arbeit an diesem Band, hat die Entwicklung Europas zur Friedensmacht einige Rückschläge hinnehmen müssen. Immer mehr wird deutlich, daß die bipolare Weltordnung des Kalten Krieges nicht nur ein Sicherheitssystem darstellte, das infolge des nuklearen Wettrüstens erhebliche Risiken für das Überleben der Menschheit in sich barg, das, gestützt auf das Vetorecht im Sicherheitsrat, die Handlungsfähigkeit der Vereinten Nationen einschränkte, und das darüber beide Supermächte in die Lage versetzte, in den jeweils ihnen zugestanden Einflußbereichen Menschenrechtsfragen hintanzustellen und so gut wie jedes Regime zu stützen, solange es sich als Garant der Blocktreue darstellte. Zumindest in den entwickelten Ländern der ersten Welt hatte die Systemkonkurrenz auch zur Folge, daß die Sozialverträglichkeit des kapitalistischen Wirtschaftssystems unter Beweis zu stellen war. Die soziale Marktwirtschaft war ein Kind des kalten Krieges, und mit dem Wegfall der Systemkonkurrenz ist das Wort „sozial" sehr rasch daraus verschwunden. An seine Stelle trat eine neoliberale Wirtschaftspolitik, die zwar einerseits der wirtschaftlichen und politischen Integration Europas wesentliche Impulse gab, um am Weltmarkt bestehen und seine Attraktivität als „Wirtschaftsstandort" ausbauen zu können, die über die Verschärfung der Konkurrenz auf allen gesellschaftlichen Ebenen aber zugleich ein Konfliktpotential in sich trägt, welches zunehmend aus dem Ruder zu geraten droht.

Zwar ist Kooperation innerhalb von Gruppen für sich allein noch kein Garant für Kooperationsfähigkeit nach außen (Deutsch 1976). Andererseits trägt die Binnenkonkurrenz jedoch die Gefahr in sich, daß der Gruppenzusammenhalt zunehmend über konfrontative Strategien in den Außenbeziehungen hergestellt werden muß. Krisenanzeichen, welche in diese Richtung weisen, mehren sich innerhalb der EU auf allen drei Ebenen: der Innenpolitik, der Europapolitik und der Außen- und Sicherheitspolitik.

In innenpolitischer Hinsicht ist im Zuge der neoliberalen Wirtschaftspolitik so gut wie in allen europäischen Ländern eine weitere Verschärfung der sozialen Widersprüche, eine fortschreitende Demontage der sozialen Sicherungssysteme und eine weitere Öffnung der Schere zwischen arm und reich zu verzeichnen. Selbst die Erfolgszahlen täuschen: Der Rückgang der Arbeitslosigkeit innerhalb der EU von 10,1 % (Juli 1998) auf 9,3 % (Juli 1999) ist zu einem erheblichen Teil der Schaffung von Billigarbeitsplätzen sowie der Tatsache geschuldet, daß immer mehr Menschen wegen Erreichung der Altersgrenze aus dem Arbeitsmarkt herausfallen. Exemplarisch hierfür ist der tendenzielle Rückgang der Akademikerarbeitslosigkeit in den sogenannten neuen deutschen Bundesländern, der nicht unwesentlich auch darauf zurückzuführen ist, daß sich ein wachsender Teil der intellektuellen Elite der früheren DDR resigniert in unterqualifizierte Jobs abdrängen läßt.

Die wachsende Verunsicherung in der Bevölkerung wird vielfach durch populistische Politikelemente aufgefangen, die Politikinhalte, welche bisher als nationalistisch oder rassistisch verpönt waren, wieder gesellschaftsfähig macht. So hat in Deutschland die CDU/CSU auf den Machtverlust bei den Bundestagswahlen 1998 mit einer Kampagne gegen die von der rot-grünen Bundesregierung geplante Reform des Staatsbürgerschaftsrechtes reagiert, in deren Gefolge es ihr gelang, die Landtagswahlen in Hessen zu gewinnen und den Gesetzesentwurf in wesentlichen Punkten zum Kippen zu bringen, da die Regierungsparteien die Mehrheit im Bundesrat verloren hatten.

In Österreich, wo Haiders FPÖ ihren Nationalratswahlkampf mit eindeutig rassistischen Parolen bestritt,[1] wird der öffentliche Diskurs angesichts von Wahlprognosen, welche die FPÖ als zweitstärkste Partei – erstmals vor der ÖVP – sehen, nicht müde, die Politik und die Person Haiders, der sich in der Vergangenheit wiederholt positiv auf Hitler bezogen hatte, zu verharmlosen, indem er sich fast ausschließlich auf die Frage nach der Finanzierbarkeit der Umsetzung von seiten der FPÖ in den Wahlkampf eingebrachten Programmpunkten dreht und darüber den Eindruck entstehen läßt, als wäre Haider „nur irgend so ein Politiker", dem es halt etwas an „Feingefühl" mangelt (Thurnher 1999:5). Dieser angebliche Mangel an Feingefühl „des – nach Bruno Kreisky – erfolgreichsten Politikers der 2. Republik" (Kopeinig 1999:2) wird selbst von Kritikern bloß seiner narzißtischen Persönlichkeit, der Verstrickung seiner Eltern in den Nationalsozialismus und der dominierenden Rolle der Mutter zugeschrieben (Zöchling 1999) und gewinnt darüber den Nimbus alltäglicher Normalität. Doch, wie Thurnher feststellt: Es liegt keineswegs ein Mangel an Feingefühl vor, wenn Haider ‚Stop der Überfremdung' plakatieren läßt. „Es handelt sich um die alte Taktik der Anspielung an ein Milieu, dessen er sich völlig gewiß ist,

---

1 Nachtrag: Die Arbeit an dem vorliegenden Manuskript wurde Ende September 1999 abgeschlossen. Sechs Wochen später – nach seinem Erfolg bei den Nationalratswahlen vom 3. Oktober – „entschuldigte" sich Haider vor jüdischen Organisationen in New York und bei einem Auftritt im Dachfoyer der Wiener Hofburg für Aussagen, die den „zugeordnet werden" und die Opfer der NS-Zeit verletzt hätten. Damit versuchte Haider, sich in einem europäischen Kontext salonfähig zu machen, der in Sachen Rassismus erst dann hellhörig wird, wenn er antisemitische Züge trägt. Für rassistische Realpolitik bleibt dem selbsternannten „Demokraten" Haider innerhalb dieses Rahmens allemal genug Spielraum (Wien, am 12.11.1999, W.K.).

des rechtsradikalen" (ders. 1999:5). Und indem dies aus dem politischen Diskurs sowohl der Mainstream-Medien als auch der großen politischen Parteien ausgeklammert bleibt, erscheint das rechtsradikale Milieu selbst als etwas ganz Normales, droht Demokratie zu bloßer Formsache zu degenerieren, in der es um die Schaffung von parlamentarischen Mehrheiten, aber nicht mehr um demokratische Werte geht. Auf die ausländerfeindlichen Plakate der FPÖ angesprochen, weiß der ÖVP-Spitzenkandidat und Vizekanzler Wolfgang Schüssel in einem Falter-Interview (Thurnher/Volf 1999:8) zunächst nichts anderes zu antworten als: „Solche Plakate habe ich das letzte Mal in den Fünfzigerjahren von den schlechtesten Grafikern gesehen". Erst auf die Nachfrage, was er inhaltlich davon halte, beeilt sich Schüssel zu versichern, daß Inhalt und Graphik für ihn zusammenhängen, die Plakate seien „peinlich". Flüchtlinge müßten immer in Europa einen Platz haben, der aber auch sogleich mit den Worten relativiert wird: „natürlich im Rahmen einer europäischen Solidarität". Und selbst wenn Schüssel dann bekennt, daß gerade Flüchtlinge Österreich sehr oft kulturell und wirtschaftlich bereichert hätten, widerspricht er damit nicht dem rechtsradikalen Grundtenor „Österreich den Österreichern", sondern stellt lediglich eine andere Nutzenrechnung für Österreich auf. Und, darauf angesprochen, ob er sich vorstellen könne, mit jemandem in eine Regierung zu gehen, der ‚Stop der Überfremdung' auf seine Fahnen heftet, beschönigt Schüssel den Verlust an politischer Kultur in Österreich, indem er ihn am europäischen Maßstab mißt: „Wahlkämpfe sind oft eine Zeit reduzierter Intelligenz und heraufgesetzter Emotionsschwellen. Gott sei Dank ist es in Österreich aber nicht so schlimm wie anderswo (...) Der Haider ist ein gnadenloser Rechtspopulist. Aber Sie haben in allen Ländern Europas diese Tendenzen".

Wo an Stelle demokratischer Werte der statistische Mittelwert innerhalb Europas gesetzt wird – und es ist vielleicht ungerecht und relativ beliebig, wenn Wolfgang Schüssel hierfür als Beispiel zitiert wird –, begibt sich die Zivilmacht Europa auf einen Kurs der schleichenden Demontage von Menschenrechten, wofür die Aushöhlung des Asylrechtsparagraphen im deutschen Grundgesetz als Präzedenzfall dienen kann.

Dabei ist in dem Zulauf, welchen rechtspopulistische Parteien finden, wenigstens noch ein Rest an Bereitschaft der (tatsächlich oder vermeintlich) Zukurzgekommenen zu sehen, sich am demokratischen Prozeß überhaupt noch zu beteiligen. Die Wahlbeteiligung ist europaweit rückläufig, und die Stimmabgabe für die Bauernfänger von rechts kann mitunter auch als letzter verzweifelter Versuch gesehen werden, auf demokratischem Wege etwas zu bewirken, nachdem das Vertrauen in die etablierten Parteien bereits verlorengegangen ist (vgl. Schneider 1999).

Europapolitisch werden die partikularen Interessen der einzelnen EU-Mitgliedsländer immer deutlicher in den Vordergrund gestellt. Das Klima der Kooperation innerhalb Europas wird zunehmend in einen sich verschärfenden Konkurrenzkampf transformiert, wobei auch hier populistische Politikelemente, welche das nationale Interesse der einzelnen Mitgliedsländer betonen, bis in die großen politischen Parteien hinein ausstrahlen, die einstmals als Garanten der europäischen Einigung angetreten waren: z.B. beim Streit zwischen Frankreich und Deutschland um die Besetzung des Präsidenten der europäischen Zentralbank, beim Streit um die Neuregelung der EU-Beitragszahlung oder beim Konflikt um die Simultanübersetzungen bei EU-Ministertreffen zwischen Deutschland und Österreich einerseits und der finnischen EU-Präsidentschaft andererseits. Die Leichtfertigkeit, mit der solche Themen populistisch ausgebeutet werden, gefährdet, was an Völkerverständigung innerhalb Europas nach dem zweiten Weltkrieg mühsam aufgebaut wurde, und schon längst richten sich ausländerfeindliche Übergriffe nicht nur gegen Menschen aus sogenannten Drittländern, sondern auch Bürger anderer EU-Staaten sind – zumindest in einzelnen Fällen – davon betroffen.

In außen- und sicherheitspolitischer Hinsicht scheint Europa dagegen an Handlungsspielraum gewonnen zu haben. Hatte es in Bosnien über Jahre gedauert, bis die europäischen Nationen sich auf eine gemeinsame Linie einigen konnten, so war europäischer Konsens im Kosovo-Krieg vergleichsweise rasch erreicht. Der von den Medien als erfolgreich gefeierte Luftkrieg gegen die Bundesrepublik Jugoslawien ist de facto jedoch allenfalls Ausdruck einer gesteigerten militärischen Interventionsfähigkeit der europäischen Nationen, die zugleich jedoch das Heft des Handelns aus der Hand gegeben und an die USA bzw. NATO abgetreten hatten. Nachdem man sich bis dahin innerhalb der EU auf keine gemeinsame Politik hatte verständigen können, wandte sich das deutsche Auswärtige Amt Anfang 1998 an Washington und bat dieses um „politische Führerschaft" (vgl. Pradetto 1999).

Auf der Defizitseite stehen darüber hinaus ein völliges Versagen in Sachen Konfliktprävention, eine Vernachlässigung ziviler Konfliktregelungsmechanismen und der dafür geschaffenen (europäischen) Institutionen und eine Aushöhlung des Völkerrechts infolge der Selbstmandatierung der NATO.

Bereits 1991 hatte der Generalsekretär der Vereinten Nationen (zit.n. Preuß 1999:821) in seinem Bericht an die Generalversammlung festgestellt, „daß das Prinzip der Nichteinmischung in die inneren Angelegenheiten von Staaten nicht als Schutzwall betrachtet werden darf, hinter dem straffrei Menschenrechte massiv und systematisch verletzt werden können". Die systematische Verletzung der Menschenrechte einer Bevölkerung durch ihre eigene Regierung ist demnach eine Angelegenheit, die die gesamte Staatengemeinschaft betrifft und die eine angemessene Reaktion der Vereinten Nationen (ggf. auch mit militärischen Mitteln) rechtfertigt. Bei der NATO-Intervention im Kosovo handelte es sich dagegen um die einseitige militärische Intervention eines Staatenbündnisses, deren völkerrechtliche Zulässigkeit in der Völkerrechtswissenschaft ganz überwiegend verneint wird und die den Versuch darstellt, „unter Berufung auf die Legitimität einer universalen Moral die Legalität der bestehenden völkerrechtlichen Ordnung zu relativieren" (Preuß 1999:28), indem sie sie zumindest vorübergehend außer Kraft setzt. Dieser Sachverhalt wird auch durch die nachträgliche Absegnung der NATO-Intervention durch die Resolution 1244 des Sicherheitsrates der Vereinten Nationen vom 10.6.1999 nicht bereinigt, sondern eher verschärft. So kommt Rohloff (1999) zu dem Schluß, daß der Sicherheits-

rat auch zehn Jahre nach dem Ende des Ost-West-Konflikts nicht zu einem eigenständigen Akteur gereift, sondern im Zweifelsfall ein Instrument zur Interes-
sensicherung der ständigen Mitglieder geblieben ist.

Der Zivilmacht Europa ist es nicht gelungen, aus der im Bosnien-Krieg erfahrenen Ohnmacht Lehren für ein adäquateres Verhalten im Vorfeld der Eskalation im Kosovo zu ziehen. Schon im Bosnien-Konflikt war es den europäischen Nationen zum Verhängnis geworden, daß sie mit der (von Deutschland
forcierten) überhasteten Entscheidung, die Unabhängigkeit Sloweniens, Kroatiens und Bosniens ohne nennenswerte Gegenleistung anzuerkennen, den Einfluß
auf die Kriegsparteien weitgehend verloren hatten. Indem dann der Friedens-
vertrag von Dayton jede Regelung bezüglich des Kosovo ausklammerte und den
Kosovo-Konflikt als interne Angelegenheit der Bundesrepublik Jugoslawien
überließ, hatte der Westen einerseits Milosevic „freie Hand" für eine Regelung
im Kosovo nach seinen Vorstellungen zumindest angedeutet, zugleich aber im
Tausch für einen Waffenstillstand all diejenigen Prinzipien beiseitegeschoben,
für welche die Kosovaren noch bereit waren, Rugovas Politik der Gewaltlosigkeit zu folgen (Rohloff 1999).

Anfang 1998 trat die „Kosovo-Befreiungsarmee" (UCK) mit Anschlägen
auf serbische Sicherheitskräfte und Zivilisten in Erscheinung, um mittels eines
Partisanenkrieges die Unabhängigkeit des Kosovo zu erkämpfen. Die Zivilbevölkerung geriet in Mitleidenschaft und floh aus den Kampfgebieten. Im Juni
1998 kontrollierte die UCK etwa 40 % des kosovarischen Territoriums. Die serbische Sonderpolizei intensivierte daraufhin 1998 ihre Operationen und drängte
die UCK zurück. Am 29. September 1998 erklärte der serbische Ministerpräsi-
dent Marjanovic, die UCK sei besiegt. Nachdem jugoslawisches Militär teilweise abgezogen bzw. in die örtlichen Kasernen zurückbeordert worden war, kehr-
ten mehr und mehr Flüchtlinge in ihre Dörfer zurück. Doch auch die UCK
rückte nach, erweiterte ihren Machtbereich und organisierte sich neu.

Hatte sich die jugoslawische Seite bis Ende November in ihren Reaktionen
zurückgehalten, so nahmen ab Dezember die bewaffneten Auseinandersetzungen wieder zu. Die inzwischen mit modernen Waffen ausgerüstete UCK intensivierte ihren Kampf. Die albanischen Führer proklamierten weiterhin die Unabhängigkeit des Kosovo als ihr Ziel und forderten ein militärisches Eingreifen
der NATO. Die Serben schlugen oft unverhältnismäßig hart zurück und gingen
ihrerseits in die Offensive. Bis dahin zeigt der Kriegsverlauf das typische Muster der Low Intensity Warfare gegen Guerillabewegungen, wie sie etwa mit
massivster Unterstützung der USA während der 80er Jahre in Zentralamerika
durchgeführt wurde.

Die spätere Rechtfertigung der NATO-Intervention mit der Verhinderung
ethnischer Säuberungen entbehrt nach Einschätzung von Schweitzer (1999)
jeder Grundlage. Auch in offiziellen Regierungs- und NATO-Dokumenten ist
davon bis zu Beginn der NATO-Intervention am 24. März 1999 nicht die Rede.
Man spricht lediglich von der „Verhinderung einer humanitären Katastrophe".
Auch Loquai (1999:1126) kommt zu dem Schluß, daß eine von langer Hand
vorbereitete systematische Vertreibung der kosovo-albanischen Bevölkerung

nicht erkennbar sei. Bei den bewaffneten Auseinandersetzungen, welche der NATO-Intervention vorangingen, handelte es sich allerdings um den mit massivster Gewalt und Brutalität gegen die Zivilbevölkerung unternommenen Versuch, die UCK und ihre gesamte Infrastruktur zu eliminieren, und die eskalierenden, immer weitere Regionen in Mitleidenschaft ziehenden Kämpfe von Januar bis März 1999 ließen eine Zuspitzung des Konfliktes für die nächsten Monate befürchten.

Gleichwohl haben im Verlaufe des Konfliktes durchaus Möglichkeiten für eine zivile Lösung des Kosovo-Konfliktes bestanden. Greifbar nahe war diese Chance nach Einschätzung von Loquai (1999:1125) in der Zeit zwischen Mitte Oktober bis Anfang Dezember 1998. „In diesen Wochen befand sich die Bundesrepublik Jugoslawien auf Friedenskurs. Die Tauben hatten offenbar dort die Oberhand gewonnen. Es wäre nun erforderlich gewesen, auch die Kosovo-Albaner auf diesen Weg zu bringen oder zu zwingen. Eine rasche, flächendeckende Stationierung der (am 25.11.1998 beschlossenen, W.K.) OSZE-Mission hätte den Weg zum Frieden absichern können. Beides ist nicht gelungen".

Während der Aufbau der in der Milosevic-Holbrooke-Vereinbarung vom 12. Oktober 1998 beschlossenen OSZE-Mission an organisatorischen Mängeln und anderen Defiziten in den Stabsorganen der OSZE, vor allem aber auch an der tiefen Kluft zwischen verbaler Unterstützung der OSZE und den tatsächlich geleisteten personellen, materiellen und finanziellen Beiträgen der Mitgliedsstaaten scheiterte (vgl. Loquai 1999), konnte sich die UCK durch die ambivalente Haltung der europäischen Nationen ermutigt fühlen. Es blieb weitgehend unklar, welches politische Konzept die Europäer gegenüber der UCK hatten, und die USA, welche die UCK bis dahin als Terrororganisation mißachtet hatten, wurde seit Sommer 1998 (nicht zuletzt durch den ostentativen Besuch Richard Holbrookes im UCK-Hauptquartier am 24. Juni 1998) schrittweise zur Befreiungsbewegung aufgewertet (vgl. Debiel 1999).

Damit war auch die Unparteilichkeit des Mediators zweifelhaft, der in den Friedensverhandlungen in Rambouillet (6.-23.2.1999) und Paris (15.-18.3.1999) zwischen den Streitparteien vermitteln sollte. Mag es die Unnachgiebigkeit von Milosevic noch als plausibel erscheinen lassen, Mediation mit einem gewissen machtpolitischen Druckpotential zu betreiben, so enthielt das Verhandlungsdesign schwerwiegende Fehler, welche das Scheitern der Friedensverhandlungen vorprogrammierten. So wurde das gewünschte Verhandlungsergebnis der jugoslawischen Führung quasi als Diktat präsentiert, der künftige Status des Kosovo blieb letztlich unklar und die Artikel 6, 8 und 10 des militärischen Annex B des Rambouillet-Vertragsentwurfes, die einer NATO-Truppe ungehinderte Bewegungsfreiheit in der gesamten Bundesrepublik Jugoslawien mit nahezu unbeschränkten Rechten eingeräumt hätten, hätten auch von einer moderaten Führung in Belgrad nicht akzeptiert werden können (vgl. Debiel 1999; Zumach 1999).

Andere Autoren, wie Rohloff (1999:18), relativieren diese Kritikpunkte und vertreten die Auffassung, daß Rambouillet weniger durch den Vertragstext zum Scheitern verurteilt war als durch fehlende strukturelle Voraussetzungen für ei-

nen Friedensschluß. „Selbst wenn keine Bewegungsfreiheit für die Interventionstruppen durch ganz Jugoslawien gefordert worden wäre oder wenn eine Inter-
ventionstruppe unter Führung der UN zustande gekommen wäre, hätte das
nichts am strukturellen Desinteresse der Parteien an einer tragfähigen Einigung
geändert". Aufgabe der dritten Partei wäre es gewesen, den Kontrahenten zunächst die Aussicht auf militärische Gewinne zu nehmen. „Dazu hätte es, ganz
im Sinne der UN-Charta und ohne Probleme mit Rußland oder China, die Möglichkeit gegeben, mit Embargos und Sanktionen die Kriegsfähigkeit der Parteien
einzuschränken. Erst wenn diese nicht ausgereicht hätten, hätte die Intervention
mit allen Mitteln erfolgen dürfen".

Eine solche Vorgehensweise hätte die Einschränkung der Kriegsfähigkeit
beider Parteien zum Inhalt haben müssen. Indem dies verabsäumt wurde und
darüber hinaus die Drohgebärde der NATO einseitig gegen die Bundesrepublik
Jugoslawien gerichtet war, war es für die UCK ein leichtes, dem Vertragsentwurf zuzustimmen, wohl wissend, daß er von Milosevic nicht akzeptiert würde,
und damit den Automatismus in Gang zu setzen, mit welchem die NATO –
schon aus Gründen der Glaubwürdigkeit – die angedrohte Intervention in die
Tat umsetzen mußte.

Als die NATO am 24. März ihre Luftangriffe auf Jugoslawien begann, war
das Ziel der Kampfhandlungen – mit den Worten des NATO-Generalsekretärs
Javier Solana (zitiert nach Rose, 1999:1024) ausgedrückt – „weiteres menschliches Leiden, vermehrte Unterdrückung und Gewalt gegen die Zivilbevölkerung zu verhüten". Der Krieg gegen Jugoslawien hat diesen Zweck nicht zu erfüllen vermocht. So spricht der frühere Kommandant der UN-Schutztruppe in
Bosnien, der britische General Sir Michael Rose (1999:1024), davon, „daß die
NATO diese ursprünglichen Ziele tragischerweise verfehlt hat. Denn Tausende
von Menschen wurden brutal ermordet und mehr als eine Million wurden von
den Serben aus ihren Häusern vertrieben". Auch Rohloff (1999:18) weist darauf
hin, daß die systematischen Vertreibungen und die Morde im Kosovo nicht verhindert oder gestoppt werden konnten. Im Gegenteil konnte, seiner Einschätzung nach, die Mord- und Vertreibungspolitik Belgrads erst von der Außenwelt
unbehelligt durchgeführt werden, nachdem die OSZE-Beobachter kurz vor Beginn der Luftangriffe aus der Region abgezogen waren. Schweitzer (1999)
spricht davon, daß der Angriff der NATO zu Flucht und Vertreibung in einem
bislang nicht gekannten Ausmaß geführt hätten, die von der NATO auch nicht
gestoppt werden konnten. Sie räumt zugleich aber auch ein, daß sich die von
Kriegsgegnern geäußerte Vermutung, daß es ohne den NATO-Angriff weniger
Vertriebene und Flüchtlinge im Kosovo gegeben hätte, nicht erhärtet werden
kann.

Wie auch immer eine abschließende Bewertung des „Erfolges" der NATO-
Intervention aussehen mag, „als Testfall für das westliche Vorgehen im Falle
interner Auseinandersetzungen (Bürgerkriege, Menschenrechtsverletzungen)
sowie zur Verteidigung westlicher Werte als Fundament einer neuen Weltordnung hat sich das militärische Vorgehen in Kosovo als ungeeignet erwiesen"
(Pradetto 1999:812). Weder konnten Gewalt und Vertreibung verhindert wer-

den, noch konnte Milosevic zur Unterschrift unter den Vertragsentwurf von Rambouillet gezwungen werden, und nach dem Alleingang, in dem sich die NATO unter Ausschaltung der Vereinten Nationen selbst das Mandat zur Intervention erteilt hatte, „mußte sie schließlich doch wieder auf die Weltorganisation und damit auf multilaterale Mechanismen zurückgreifen und in diesem Rahmen bezüglich der Friedensordnung und der Implementierung Kompromisse schließen".

Als Instrument der Konfliktlösung hat sich die Intervention weitgehend als untauglich erwiesen. Durch den Krieg hat sich die labile Lage in der Region weiter verschärft. Der Konflikt ist noch nicht bewältigt, wie die nach wie vor herrschende Gewalt im Kosovo – wenngleich unter Vertauschung der Täter-Opfer-Rolle – deutlich macht. Seit Kriegsende sind nach Angaben des UN-Flüchtlingshilfswerkes UNHCR (zit.n. Berliner Zeitung vom 8.9.99) 220.000 Menschen aus dem Kosovo geflohen. Betroffen sind nicht nur Serben, sondern auch Angehörige der Roma- und Aschkali-Minderheiten, die aus dem Kosovo vertrieben oder in Lager verbracht wurden. Bis zu zwei Drittel der Häuser der Minderheiten sind nach Angaben der Gesellschaft für bedrohte Völker geplündert oder zerstört worden. Hauptträger der Gewalttaten ist die UCK, der nun ihrerseits vorgeworfen wird, seit Kriegsende eine Politik der ethnischen Säuberung zu betreiben.

Gegenüber dieser langen (und keineswegs vollständigen) Defizitliste sind die am Ende erfolgreiche strategische Einbindung Rußlands und die diplomatischen Initiativen für eine gemeinsame Resolution des Sicherheitsrates der Vereinten Nationen auf der Habenseite des Krisenmanagements im Kosovo zu verzeichnen. Ohne sie wäre es nicht zum Durchbruch der Vermittlungen und zur Annahme des G-8-Friedensplanes durch Milosevic gekommen. Daß dieser Kriegsausgang gleichzeitig von der NATO als „Kapitulation" Serbiens und von Milosevic als „erfolgreiche Verteidigung" der nationalen Souveränität der Volksrepublik Jugoslawien gewertet werden konnte, verweist jedoch darauf, daß die Mittel einer zivilen Konfliktregelung bei weitem nicht ausgeschöpft waren, bevor die NATO zur militärischen Intervention schritt. Ein bezeichnendes Licht auf das zivile Konfliktmanagement im Kosovo-Konflikt wirft auch die Tatsache, daß die Vermittlung des finnischen Staatspräsidenten, welche schließlich zur Beendigung der Kampfhandlungen und zum Rückzug der (weitgehend intakt gebliebenen, vgl. Rohloff 1999) serbischen Armee führte, zwischen der NATO einerseits und Rußland andererseits stattfand. Der Kriegsgegner Jugoslawien war daran nicht beteiligt.

Die Frage, ob die Intervention als kollektives Politikversagen oder als solidarischer Bündniserfolg zu werten ist, ist von maßgeblicher Bedeutung für die zukünftige Sicherheitsarchitektur Europas. Bedenklich muß dabei stimmen, daß die Suche nach einer europäischen Sicherheits- und Verteidigungsidentität nicht parallel oder alternativ zur NATO, sondern innerhalb der NATO-Gemeinschaft stattfindet. Denn seit ihrem Gipfel in Washington am 23./24. April 1999 versteht sich die NATO auch offiziell nicht mehr bloß als ein Bündnis, welches der kollektiven Selbstverteidigung dient. Mit dem neuen strategischen Konzept der

379

NATO traten zur Aufgabe der kollektiven Verteidigung neue Aufgaben im internationalen Krisenmanagement als gleichgewichtig hinzu, wurde die geographische Beschränkung von NATO-Operationen auf ein nicht klar definiertes Umfeld des „transatlantischen Raumes" ausgeweitet und die völkerrechtliche Fundierung von NATO-Operationen von der Mandatierung durch den Sicherheitsrat der Vereinten Nationen abgekoppelt. Während die NATO-Politik gegenüber Dritten – wie im Testfall Kosovo bereits demonstriert – damit der Souveränität im Verhältnis zu Menschenrechten einen geringeren Stellenwert einräumt als bisher, wurde im Falle von Mitgliedsstaaten der NATO – namentlich im Falle der Türkei und ihrer Kurdenpolitik – dem Souveränitätsprinzip der Vorrang gegenüber Menschenrechtsfragen gegeben (Pradetto 1999). „So ist es auch nur konsequent, daß die Verletzung von Menschenrechten im Washingtoner Dokument als mögliches Interventionskriterium nicht aufgenommen wurde, obwohl sie gegenüber der Öffentlichkeit als Interventionsgrund der NATO herhalten mußte" (Rohloff 1999:32).

Nach Einschätzung von Rohloff hat die NATO-Intervention im Kosovo den sicherheitspolitischen Institutionenwettbewerb in Europa auf absehbare Zeit zugunsten der NATO entschieden und die Herausbildung einer europäischen Sicherheitsarchitektur im Rahmen der OSZE um Jahre zurückgeworfen. Dafür spricht die im Strategiekonzept der NATO festgeschriebene Aufgabe der Herausbildung einer europäischen Sicherheits- und Verteidigungsidentität *innerhalb* der Allianz ebenso wie die Tatsache, daß das Strategiekonzept die Zusammenarbeit mit anderen Organisationen wie der OSZE zwar erwähnt, diese jedoch de facto dem sicherheitspolitischen Führungsanspruch der NATO untergeordnet wird.

Wenn Europa Vorbildcharakter als zivile „Friedensmacht" gewinnen will, dann muß das Politikversagen auf dem Balkan eingestanden und darf der Waffenstillstand im Kosovo nicht als Ergebnis einer erfolgreichen Friedenspolitik präsentiert werden. Eine weitere Militarisierung europäischer Sicherheitspolitik wäre angesichts des Scheiterns im Kosovo kaum die richtige Lehre aus der NATO-Intervention. Die Rückkehr zur militärischen Intervention, warnt Lothar Brock (1999:6), „kann nicht die Antwort auf die zweifellos bestehenden Mängel kollektiver Friedenssicherung sein".

Um humanitäre Interventionen mit friedlichen Mitteln zum Erfolg führen zu können, muß europäische Politik aber vor allem auch glaubwürdiger werden, indem sie auch eigene Verbündete zur Einhaltung humanitärer Mindeststandards drängt, Waffenexporte in Krisenregionen unterbindet und – wie Kreuzer (1999:10f) unter Verweis auf die Berechtigung der Kritik an den Doppelstandards des Westens bemerkt – indem die Beziehungen zwischen den Staaten auch von den Stärkeren als Beziehungen zwischen Gleichen begriffen werden: „Auch wenn de facto enorme Unterschiede bestehen, delegitimiert man die eigene Position in dem Maße, in dem man sie mit überlegener Macht durchsetzt".

Anhang

Quellenverzeichnis

Die nachgenannten Quellenangaben folgen den Nachweisungen der AutorInnen.

Ahlf, Ernst-Heinrich 1997: Unethisches Polizeiverhalten – Neue Untersuchungen und Erklärungsansätze. In: Die Polizei 1997/6:174-177.

Alber, Jens 1995: Zur Erklärung von Ausländerfeindlichkeit in Deutschland. In: Mochmann, Ekkehard / Gerhardt, Uta (Hg.): Gewalt in Deutschland – Soziale Befunde und Deutungslinien. München 1995:39-68.

Alfs, Michael 1995: Wissenschaft für den Frieden? Das schwierige Theorie-Praxis-Verhältnis der Friedens- und Konfliktforschung, Münster 1995.

Almog, O. 1992: Israeli war memorials: A semiological analysis. Master thesis submitted to Tel-Aviv University, Tel-Aviv, Israel 1992.

Alpert, Geoffrey P. 1989: Police Use of Deadly Force: The Miami Experience. In: Dunham, Roger G. / Alpert, Geoffrey P. (Eds.): Critical Issues in Policing. In: Contemporary Readings, Illinois 1989:480-495.

Alter, Peter 1985: Nationalismus. Frankfurt/Main 1985.

Amnesty International 1995: Ausländer als Opfer – Polizeiliche Mißhandlungen in der Bundesrepublik Deutschland. London 1995.

Amnesty International 1996: Bundesrepublik Deutschland – Vorwürfe über Mißhandlungen an Ausländern – aktuelle Entwicklungen seit Veröffentlichung des Berichts vom Mai 1995, London 1996.

Amnesty International 1997: Neue Fälle – altes Muster. Polizeiliche Mißhandlungen in der Bundesrepublik Deutschland. London 1997.

Anderson, Benedict 1988: Die Erfindung der Nation – Zur Karriere eines folgenreichen Konzepts. Frankfurt/Main/New York 1988.

Andison, F. Scott 1977: TV violence and viewer aggression: A cumulation of study results 1956-1976. In: Public Opinion Quarterly, 1977/41:314-331.

Angenendt, Steffen 1997: Deutsche Migrationspolitik im neuen Europa. Opladen 1997.

Angenendt, Steffen 1999: Asylum and Migration Policies in the European Union. Bonn 1999.

Annan, Kofi A. 1996: The Peace-Keeping Prescription. In: Cahill, Kevin M. (Hg.): Preventive Diplomacy – The Therapeutics of Mediation. New York 1996(a):174-190.

Arbaiza, Norman D. 1974: Mars moves south – The future wars of South America. New York 1974.

Armstrong, S. 1990: (ohne Titel). In: Columbia Journalism Review, November/December 1990:23.

Arnett, Peter 1995: Live from the Battlefield – From Vietnam to Baghdad – 35 Years in the World's War Zones. Gorgi Books, London 1995.

Arnold, Martin 1998: Forschungsvorhaben zur Gütekraft. Erforschung des Wirkungszusammenhangs bei gewaltfreiem Vorgehen. Unveröffentlichtes Manuskript, Essen 1998.

Åsberg, Carl Johan / Wallensteen, Peter 1998: New Threats and New Security: The post-Cold War Debate Revisited. In: Wallensteen, Peter (Hg.): Preventing Violent Conflict – Past Record and Future Challenges. Stockholm 1998:167-202.

Axelrod, Robert 1984: The Evolution of Cooperation. New York 1984.

Azaryahu, M. 1995: State cults: Celebrating independence and commemorating the fallen in Israel 1948-56 Ben-Gurion University of the Negev Press. Beer Sheva (in Hebrew) 1995.

Bächler, Günther 1994: Umweltflüchtlinge als Konfliktpotential? Münster 1994.

Bächler, Günther et al. 1996: Kriegsursache Umweltzerstörung – Ökologische Konflikte in der Dritten Welt und Wege ihrer friedlichen Bearbeitung. Band 1, Rüegger Verlag, Zürich1996.

Backes, Uwe / Moreau, Patrick 1994: Die extreme Rechte in Deutschland – Geschichte, gegenwärtige Gefahren, Ursachen, Gegenmaßnahmen. 2. Aufl. München 1994.

Baecker, Dirk 1996: Gewalt im System. In: Soziale Welt, 1996/1:92-109.

Baider, L. / Rosenfeld, E. 1974: Effect of parental fears on children in wartime. Social Casework. Oct. 55/1974/8:497-503.

Baker, A. 1989: Psychological reactions of Palestinian children to environmental stress – Paper presented on the fifth annual meetin of the Society for Traumatic Stress Studies. San Franciso 1989.

Baker, A. 1990: The psychological impact of the Intifada on Palestinian children in the occupied West Bank and Gaza: An Exploratory Study. In: American Journal of Orthopsychiatry, 1990:496-504.

Balibar, Étienne 1990a: „Es gibt keinen Staat in Europa". Rassismus und Politik im heutigen Europa. In: Institut für Migrations-und Rassismusforschung (Hg.): Rassismus und Migration in Europa. Beiträge des Kongresses „Migration und Rassismus in Europa", Hamburg, 26.-30.9.1990. Hamburg/Berlin 1992:10-29.

Balibar, Étienne 1990b: Rassismus und Nationalismus. In: Ders. / Wallerstein, Immanuel (Hg.): Rasse – Klasse – Nation. Ambivalente Identitäten. Hamburg/Berlin 1990:49-84.

Balint, Michael 1959: Angstlust und Regression – Beitrag zur psychologischen Typenlehre. Stuttgart 1959.

Bandura, Albert 1960: Relationship of Family Patterns to Child Behavior Disorders. Progress Report, Stanford University, Project No. M-1734, United States Public Health Service. Stanford 1960.

Bandura, Albert 1989: Die sozial-kognitive Theorie der Massenkommunikation. In: Groebel, Jo / Winterhoff-Spurk, Peter (Hg.): Empirische Medienpsychologie. München 1989:7-32 .

Bandura, Albert / Grusec, J. E. / Menlove, F. L. 1966: Observational Learning as a Function of Symbolization and Incentive Set. In: Child Development, 1966/37:499-506.

Bandura, Albert / Houston, Aletha C. 1961: Identification as a process of incidental learning. In: Journal of Abnormal and Social Psychology, 1961/63:311-38.

Bandura, Albert / Ross, Dorothea / Ross, Sheila A. 1961: Imitation of film-mediated aggressive models. In: Journal of Abnormal and Social Psychology, 1961/63:575-582.

Bandura, Albert / Ross, Dorothea / Ross, Sheila A. 1963: A Comparative Test of the Status Envy, Social Power, and Secondary Reinforcement Theories of Identificatory Learning. In: Journal of Abnormal and Social Psychology, 1963/67, 527-534.

Bandura, Albert / Walters, R. H. 1959: Adolescent Aggression. Ronald Press, New York 1959.

Bar-Tal, Daniel 1988: Delegitimizing relations between Israeli Jews and Palestinians: A social psychological analysis. In: Hoffman, J. (Ed.): Arab-Jewish relations in Israel: A quest in human understanding.: Wyndham Hall Press, Bristol, Indiana 1988:217-2

Bar-Tal, Daniel 1989: Delegitimization: The extreme case of stereotyping and prejudice. In: Bar-Tal, D. / Graumann, C. / Kruglanski, A. W. / Stroebe, W. (Eds.): Stereotyping and prejudice: Changing conceptions. Springer-Verlag, New York 1989:169-188.

Bar-Tal, Daniel 1990: Causes and consequences of delegitimization: Models of conflict and ethnocentrism. In: Journal of Social Issues, 46/1990/1:65-81.

Bar-Tal, Daniel 1993: Patriotism as fundamental beliefs of group members. In: Politics and the Individual, 1993/3:45-62.

Bar-Tal, Daniel 1998: Societal beliefs in times of intractable conflict: The Israeli case. In: International Journal of Conflict Management, 1998/9:22-50.

Bar-Tal, Daniel 1999: Societal beliefs of ethos. CA: Sage Thousand Oakes (1999) (im Druck).

Baring, Arnulf 1991: Deutschland, was nun? Ein Gespräch mit Dirk Rumberg und Wolf Jobst Siedler. Berlin 1991.

Baring, Arnulf 1997: Scheitert Deutschland? Abschied von unseren Wunschwelten. Stuttgart 1997.

Baring, Arnulf 1999: Es lebe die Republik, es lebe Deutschland! – Stationen demokratischer Erneuerung 1949-1999. Stuttgart 1999.

Batscheider, Tordis 1993: Friedensforschung und Geschlechterverhältnisse. Zur Begründung feministischer Fragestellungen in der kritischen Friedensforschung, Marburg 1993.

Bauböck, Rainer 1992: Zur Zukunft des Nationalismus in Europa. In: Österreichisches Studienzentrum für Frieden und Konfliktlösung / Schweizerische Friedensstiftung (Hg.): Das Kriegsjahr 1991: Unsere Zukunft? Friedensbericht 1992: Friedensforscher zur Lage. Wien 1992:159-181.

Bauwens, Werner / Rexchler, Luc (Hg.) 1994: The Art of Conflict Prevention. London-New York 1994.

Bayart, Jean-François / Ellis, Stephen / Hibou, Béatrice 1997: La criminalisation de l'Etat en Afrique. Brüssel 1997.

Bayley, N. / Schafner, E. 1960: Relationships between socioeconomic Status an the attitudes of mothers toward young childeren. In: J. genet. Psychology, 1960/96:61-77.

Beauvoir, Simone de 1948: Das andere Geschlecht. Paris 1948.

Beck, Ulrich 1995: Der feindlose Staat. Militär und Demokratie nach dem Ende des Kalten Krieges. In: Ders: Die feindlose Demokratie, Stuttgart 1995:163-181.

Beer, F. A. 1981: Peace against war: The ecology of international violence. W. H. Freeman and Company, San Francisco 1981.

Beham, M. 1996: Kriegstrommeln – Medien, Krieg und Politik. München 1996.

Belson, William A. 1978: Television and the adolescent boy. Saxon House, Westmead 1978.

Ben-Amos, A. 1993: Monuments and memory in French nationalism. In: History and Memory, 1993/5:50-81.

Bender, L. / Fross, J. 1942: Children´s Reactions to War. In: American Journal of Orthopsychiatry, 12/1942:571-586.

Benner, Dietrich 1987: Pädagogisches Handeln als sich negierendes Gewaltverhältnis. In: Ders.: Allgemeine Pädagogik, Weinheim/München 1987:187-207.

Benseler, Frank 1995: Über Gewalt. Arbeitspapier des Lukács-Instituts für Sozialwissenschaften (Paderborn) 1995/8.

Benson, Michelle / Kugler, Jacek 1998: Power parity, democracy, and the severity of internal violence. In: Journal of Conflict Resolution, 1998/42:196-209.

Benz, Wolfgang 1989: Die Opfer und die Täter – Rechtsextremismus in der Bundesrepublik. In: Ders. (Hg.): Rechtsextremismus in der Bundesrepublik – Voraussetzungen, Zusammenhänge, Wirkungen. Frankfurt/Main 1989:9-37.

Bercovitch, Jacob 1996: Mediation in der Staatenwelt: Bedingungen für Erfolg oder Scheitern internationaler Vermittlungsbemühungen. In: Ropers, Norbert / Debiel, Tobias (Hg.): Friedliche Konfliktbearbeitung in der Staaten- und Gesellschaftswelt, Bonn 1996:89-111.

Bercovitch, Jacob 1998: Preventing Deadly Conflicts: The Contribution of International Mediation. In: Wallensteen, Peter (Hg.): Preventing Violent Conflict – Past Record and Future Challenges. Stockholm 1998:231-248.

Bercovitch, Jacob / Rubin, Jeffrey, Z. 1992: Mediation in International Relations. London 1992.

Berdal, Mats 1993: Whither UN Peacekeeping? An analysis of the changing military requirements of UN peacekeeping with proposals for its enhancement. Adelphi Paper 281, October 1993.

Bergem, Wolfgang 1993: Tradition und Transformation. Eine vergleichende Untersuchung zur politischen Kultur in Deutschland. Mit einem Vorwort von Kurt Sontheimer. Opladen 1993.

Bergmann, Jörg / Leggewie, Claus 1993: Die Täter sind unter uns – Beobachtungen aus der Mitte Deutschlands. In: Kursbuch 113/1993:7-37.

Bergmann, Werner 1994: Ein Versuch, die extreme Rechte als soziale Bewegung zu beschreiben. In: Ders. / Erb, Rainer (Hg.): Neonazismus und rechte Subkultur. Berlin 1994:183-207.

Bericht des Parlamentarischen Untersuchungsausschusses 1995: „Hamburger Polizeiskandal" – Bürgerschaft der Freien und Hansestadt Hamburg. Drucksache 15/6200 (13.11.1995).

Berkowitz, Leonard / Rawlings, Edna 1963: Effects of film violence on inhibition agianst subsequent aggression. In: Journal of Abnormal and Social Psychology, 1963/66:405-412.

Berkowitz, Leonard / Corwin, Ronald / Hieronimus, Mark 1963: Film violence and aggressive tendencies. Public Opinion Quarterly, 1963/27:217-229.

Berkowitz, Leonard / Geen, Russel G. 1966: Film violence and cue porperties of available targets. In: Journal of Personality and Social Psychology, 1966/3:525-530.

Berlin, Jörg / et al. 1978: Neofaschismus in der Bundesrepublik – Aktivität, Ideologie und Funktion rechtsextremer Gruppen. In: Blätter für deutsche und internationale Politik 1978/5:528-554.

Bernhard, Armin 1988: Mythos Friedenserziehung. Zur Kritik der Friedenspädagogik in der Geschichte der bürgerlichen Gesellschaft. Gießen 1988.

Bernt, Peter 1989: Systematische Gewaltdeeskalation in der polizeilichen Alltagspraxis – Vorstellung eines Trainingsprogramms. In: Bundeskriminalamt (Hg.): Was ist Gewalt? – Auseinandersetzungen mit einem Begriff, Band 3, Wiesbaden 1989:221-233.

Besemer, Christoph 1997: Gewaltfreie Konfliktlösung durch Deeskalation?. In: Politik von unten. Zur Geschichte und Gegenwart. Theodor Ebert zum 60. Geburtstag. Hrsg. v. Büttner, Christian W. / Jochheim, Gernot / Luer, Nadya / Schramm, Torsten: Vierteljahreshefte für Frieden und Gerechtigkeit, 111/112, 29/1997/1-2:101-118.

Bessel-Lorck, Lorenz 1966: Kriminologie der antisemitischen und nazistischen Ausschreitungen. In: Ders. u.a. (Hg.): National oder radikal? – Der Rechtsradikalismus in der Bundesrepublik Deutschland. Mainz 1966:9-39.

Bettelheim, Bruno 1960: The informed Heart – Autonomy in A Mass Age. New York 1960.

Beyme, Klaus von 1996: Deutsche Identität zwischen Nationalismus und Verfassungspatriotismus. In: Hettling, Manfred / Nolte, Paul (Hg.): Nation und Gesellschaft in Deutschland – Historische Essays. München 1996:80-99.

Biermann, Frank / Petschel-Held, Gerhard / Rohloff, Christoph 1998: Umweltzerstörung als Konfliktursache? Theoretische Konzeptualisierung und empirische Analyse des Zusammenhangs von „Umwelt" und „Sicherheit". In: Zeitschrift für Internationale Beziehungen 5/1998/2:273-308.

Billig, M. 1995: Banal nationalism. Sage, London 1995.

Birckenbach, Hanne-Margret o.J.: Gewalt besser begreifen. Friedensforschung als Ausdruck des wissenschaftlich-politischen Lernens und als Beispiel für institutionalisierte Lernhemmungen. In: Vack, Hanne / Vack, Klaus (Hg.): Politische und soziale Lernprozesse – Möglichkeiten, Chancen, Probleme. Beerfelden: 65-84.

Bischof, Norbert 1991: Gescheiter als all die Laffen – Ein Psychogramm von Konrad Lorenz. Hamburg 1959 (1991).

Bittner, Egon 1978: The Functions of the Police in modern Society. In: Manning, Peter K. / Van Maanen, John (eds.): Policing: A View from the Street, Santa Monica 1978:32-50.

Blake, R. R. / Mouton, J. S. 1961: Comprehension of Own and Outgroup Positions under Intergroup Competition. In: Journal of Conflict Resolution, 1961/5:304-310.

Blake, R. R. / Mouton, J. S. 1962: : Overevaluation of Own Group's Product in Interproup Competition. In: Journal of Abnormal and Social Psychology, 1962/64:237-238.

Blumberg, Mark 1989: Controlling Police Use of Deadly Force: Assessing Two Decades of Progress. In: Dunham, Roger G. / Alpert, Geoffrey P.: Critical Issues in Policing. Contemporary Readings, Illinois 1989:442-464.

Blumer, Herbert 1973: Der methodologische Standpunkt des symbolischen Interaktionismus. In: Arbeitsgruppe Bielefelder Soziologen (Hg.): Alltagswissen, Interaktion und gesellschaftliche Wirklichkeit, Band 1: Symbolischer Interaktionismus und Ethnomethodolo

BMZ aktuell 1997: Entwicklungspolitik zur Vorbeugung und Bewältigung von Katastrophen und Konflikten – Stellungnahme des Wissenschaftlichen Beirats beim Bundesministerium für wirtschaftliche Zusammenarbeit und Entwicklung. Ref. Presse- und Öffentlichkeitsarbeit, Juni 1997.

BMZ aktuell 1998: Gewaltmärkte und Entwicklungspolitik – Stellungnahme des Wissenschaftlichen Beirats beim Bundesministerium für wirtschaftliche Zusammenarbeit und Entwicklung. Referat Presse- und Öffentlichkeitsarbeit, August 1998.

Böckelmann, Frank / Nahr, Günther 1979: Staatliche Öffentlichkeitsarbeit im Wandel der politischen Kommunikation. Berlin 1979.

Bornewasser, Manfred / Eckert, Roland / Willems, Helmut 1996: Die Polizei im Umgang mit Fremden – Problemlagen, Belastungssituationen und übergriffe. In: Schriftenreihe der Polizei-Führungsakademie 1996/1-2:9-162.

Boserup, Anders / Mack, Andrew 1973: Krieg ohne Waffen? Studie über Möglichkeiten und Erfolge sozialer Verteidigung. Reinbek bei Hamburg 1973.

Bothe, Michael 1996: Peacekeeping and international humanitarian law: friends or foes? In: International Peacekeeping, 1996/3:91-95.

Bourdieu, Pierre 1977: Die männliche Herrschaft. In: Dölling, Irene, und Beate Krais (Hg.): Ein alltägliches Spiel. Geschlechterkontruktion in der sozialen Praxis. Frankfurt/Main 1977:153-217.

Bourdieu, Pierre 1983: Ökonomisches Kapital, kulturelles Kapital, soziales Kapital. In: Kreckel, Reinhard (Hg.): Soziale Ungleichheiten. Sonderband 2 der Sozialen Welt, Göttingen 1983:183-198.

Bourdieu, Pierre 1997: Der Tote packt den Lebenden. Schriften zu Politik und Kultur. Bd. 2, Hamburg 1997.

Bourdieu, Pierre / Passeron, Jean-Claude 1971: Die Illusion der Chancengleichheit, Stuttgart 1971.

Bourne, J. P. 1970: Military psychiatry and the Vietnam experience. In: American Journal of Psychiatry, 127/1970/4:123-130.

Boutros-Ghali, Boutros 1992: Agenda für den Frieden. Bericht des Generalsekretärs gemäß der am 31. Januar 1992 von dem Gipfeltreffen des Sicherheitsrats verabschiedeten Erklärung. New York: Vereinte Nationen Generalversammlung / Sicherheitsrat A 47/277-S.

Boutros-Ghali, Boutros 1996a: Challenges of Preventive Diplomacy. The Role of the United Nations and Its Secretary-General. In: Cahill, Kevin M. (Hg.): Preventive Diplomacy – The Therapeutics of Mediation. New York 1996(a):16-32.

Boutros-Ghali, Boutros 1996b: Introduction. In: United Nations (ed.): The Blue Helmets. A review of United Nations Peace-keeping (3rd edition), New York 1996:3-9.

Boyle, Daniel B. 1993: Police Violence – Addressing The Issue. In: FBI Law Enforcement Bulletin 1993/6:17-21.

Brähler, Rainer / Dudek, Peter 1992: Nationkonzepte und interkulturelles Lernen – Anmerkungen zu notwendigen Neuorientierungen in der Politischen Bildung. In: Dies. (Hg.): Fremde – Heimat. Neuer Nationalismus versus interkulturelles Lernen – Probleme politischer Bildungsarbeit (Jahrbuch für interkulturelles Lernen 1991), Frankfurt/Main 1992:9-22.

Braun, Gerald / Angelina Topan 1998: Frieden als Abwesenheit von Krieg? Kritischer Vergleich einiger Blauhelmeinsätze in den neunziger Jahren. In: Aus Politik und Zeitgeschichte. Beilage zur Wochenzeitung Das Parlament, B 16-17/1998:3-12.

Brecher, M. 1984: International crisis, protracted conflicts. In: International Interactions, 1984/11:237-298.

Brecher, Michael / Wilkenfeld, Jonathan 1997: A Study of Crisis. Ann Arbor 1997.

Bremer, Stuart / Cusack, Thomas (Hg.) 1996: The Process of War – Advancing the Scientfic Study of War. New York 1996.

Bremer, Stuart A. 1996a: Advancing the Scientific Study of War. In: Bremer, Stuart / Cusack, Thomas (Hg.): The Process of War – Advancing the Scientific Study of War. New York 1996:1-33.

Bremer, Stuart A. 1996b: Militarized Interstate Dispute Dataset and Coding Rules. Version 2.1 (Computer File). 1996.

Bremer, Stuart A. / Cusack, Thomas (eds.) 1996: The Process of War – Advancing the Scientfic Study of War. New York 1996.

Brock, Lothar / Elliesen, Tillmann 1993: Zivilisierung und Gewalt – Zur Problematik militärischer Eingriffe in innerstaatliche Konflikte. HSFK-Report 9/1993, Frankfurt/Main 1993.

Brock, Lothar 1997: Den Frieden erwirtschaften. In: Senghaas, Dieter (Hg.): Frieden machen. Frankfurt/Main 1997:397-420.

Brock, Lothar 1999: Weltbürger und Vigilanten – Lehren aus dem Kosovo-Krieg. HSFK-Standpunkte Nr. 2/1999.

Brockhaus (Hg.) 1969: Brockhaus Enzyklopädie. Wiesbaden 1969.

Brosius, Hans-Bernd 1997: Auswirkungen der Rezeption von Horror-Videos auf die Legitimation von aggressiven Handlungen. In: Rundfunk und Fernsehen, 1987/35:71-91.

Brosius, Hans-Bernd / Hartmann, Thomas 1988: Erfahrungen mit Horror-Videos bei Schülern unterschiedlicher Schultypen – Eine Umfrage unter 12-15jährigen Schülern. In: communications, 1988/14:91-112.

Brosius, Hans-Bernd / Weimann, Gabriel 1991. The contagiousness of mass mediated terrorism. In: Journal of Communication, 1991/6:63-75.

Brosius, Hans-Bernd / Schmitt, Iris 1994: Nervenkitzel oder Gruppendruck? Determinanten für die Beliebtheit von Horrorvideos bei Jugendlichen. In: Lukesch, Helmut (Hg.): „Wenn Gewalt zur Unterhaltung wird ...". Beiträge zur Nutzung und Wirkung von Gewaltdarstellungen in audiovisuellen Medien (= Reihe Medienforschung, Band 3), Regensburg 1994:11-52.

Brosius, Hans-Bernd / Esser, Frank 1995: Eskalation durch Berichterstattung? Massenmedien und fremdenfeindliche Gewalt. Opladen 1995.

Brückner, Margit 1993a: Blickrichtungen und Zielsetzungen in der Gewaltdiskussion – Anmerkungen zum Beitrag von Carol Hagemann-White. In: Zeitschrift für Frauenforschung, 1993/1-2:63-66.

Brückner, Margit 1993b: Einbettung von Gewalt in die kulturellen Bilder von Männlichkeit und Weiblichkeit. In: Zeitschrift für Frauenforschung, 1993/1-2:47-56.

Brumlik, Micha 1998: Das Öffnen der Schleusen. Bitburg und die Rehabilitation des Nationalismus in der Bundesrepublik. In: Hafner, Georg M. / Jacoby, Edmund (Hg.): Die Skandale der Republik, Frankfurt/Main 1989:262-273.

Bryce, D. / Walker, N. 1986: Family functioning and child health: A study of families in West Beirut. Final Report, December 31, UNICEF New York 1986.

Buhl, Dieter 1991: Die Macht der Zensur – Medien und der Krieg. In: Die Zeit, 25.01.1991.

Bukow, Wolf-Dietrich 1990: Soziogenese ethnischer Minoritäten. In: Das Argument 1990/181:423-426.

Bukow, Wolf-Dietrich 1996: Feindbild: Minderheit – Ethnisierung und ihre Ziele. Opladen 1996.

Bundesministerium des Innern 1966: Erfahrungen aus der Beobachtung und Abwehr rechtsradikaler und antisemitischer Tendenzen im Jahre 1965. In: Aus Politik und Zeitgeschichte. Beilage zur Wochenzeitung Das Parlament 1966/11:3-38.

Bundeszentrale für politische Bildung (Hg.) 1985: Die Frage nach der deutschen Identität. Ergebnisse einer Fachtagung der Bundeszentrale für politische Bildung, Bonn 1985 (Schriftenreihe, Bd. 221).

Bürgerrechte & Polizei (CILIP) / Diederichs, Otto (Hg.) 1995: Hilfe, Polizei – Fremdenfeindlichkeit bei Deutschlands Ordnungshütern. Berlin 1995.

Burrowes, Robert J. 1996: The Strategy of Nonviolent Defense – A Gandhian Approach. Albany 1996.

Burton, J. W. 1969: Conflict and communication. Macmillan, London 1969.

Busch, Heiner / Funk, Albrecht / Kauß, Udo / Narr, Wolf-Dieter /et al. 1985: Die Polizei in der Bundesrepublik. Frankfurt/New York 1985.

Butler, Judith 1990: Gender Trouble: Feminism and the subversion of Identity. Routledge, New York 1990.

Butterwegge, Christoph 1993: Der Funktionswandel des Rassismus und die Erfolge des Rechtsextremismus. In: Ders. / Jäger, Siegfried (Hg.): Rassismus in Europa. 3. Aufl. Köln 1993:181-199.

Butterwegge, Christoph / Jäger, Siegfried (Hg.) 1993: Europa gegen den Rest der Welt? Flüchtlingsbewegungen – Einwanderung – Asylpolitik. Köln 1993.

Butterwegge, Christoph 1996: Rechtsextremismus, Rassismus und Gewalt – Erklärungsmodelle in der Diskussion. Darmstadt 1996.

Butterwegge, Christoph (Hg.) 1997: NS-Vergangenheit, Antisemitismus und Nationalismus in Deutschland – Beiträge zur politischen Kultur der Bundesrepublik und zur politischen Bildung. Mit einem Vorwort von Ignatz Bubis, Baden-Baden 1997.

Butterwegge, Christoph / et al. 1997: Rechtsextremisten in Parlamenten – Forschungsstand, Fallstudien, Gegenstrategien. Opladen 1997.

Butterwegge, Christoph 1998: Marktradikalismus, Standortnationalismus und Wohlstandschauvinismus – die Sinnkrise des Sozialen als Nährboden der extremen Rechten. In: Ders. u.a. (Hg.): Sozialstaat und neoliberale Hegemonie. Standortnationalismus als Gefahr für die Demokratie. Berlin 1998:121-160.

Butterwegge, Christoph 1999: Von der „Vaterlandsliebe" zur Sorge um den Wirtschaftsstandort – Metamorphosen nationaler Mythen im vereinten Deutschland. In: Ders.: / Hentges, Gudrun (Hg.): Alte und Neue Rechte an den Hochschulen. Münster 1999.

Buzan, Berry 1991: People, States and Fear – An Agenda for International Security Studies in the Post-Cold War Era. 2nd Edition, Boulder 1991.

Cahill, Kevin M. (ed.) 1996a: Preventive Diplomacy -The Therapeutics of Mediation. New York 1996.

Cahill, Kevin M. (ed.) 1996b: Preventive Diplomacy: Stopping Wars Before They Start. New York 1996.

Calic, Marie-Janine 1996: „Ein Mythos bringt Tod und Zerstörung. Das Amselfeld ist seit Jahrhunderten erbittert umkämpft". In: Süddeutsche Zeitung vom 17./18.4.1996:6.

Calic, Marie-Janine 1998: Probleme Dritter Parteien bei der Regulierung von Bürgerkriegen: Der Fall Bosnien-Herzegovina. In: Krumwiede, Heinrich-W. / Waldmann, Peter (Hg.): Bürgerkriege: Folgen und Regulierungsmöglichkeiten, Baden-Baden 1998:217-240.

Cantor, Joanne 1991: Fright responses to mass media productions. In: Bryant, Jenings / Zillmann, Dolf (Eds.): Responding to the screen: Reception and reaction processes. Erlbaum, Hillsdale, NJ. 1991:169-197.

Cantor, Joanne 1996: Television and children's fear. In: Williams, Tannis MacBeth (Ed.): Tuning in to young viewers – Social science perspectives on television. Sage, Thousand Oaks 1996:87-116.

Cantor, Joanne / Nathanson, Amy I. 1996: Children's fright reactions to television news. In: Journal of Communication, 1996/46:139-152.

Carius, Alexander / Lietzmann, Kurt M. (Hg.) 1998: Umwelt und Sicherheit – Herausforderungen für die internationale Politik. Berlin 1998.

Carius, Alexander / Imbusch, Kerstin 1998: Umwelt und Sicherheit in der Internationalen Politik – Eine Einführung. In: Carius, Alexander / Lietzmann, Kurt M. unter Mitarbeit von Kerstin Imbusch (Hg.): Umwelt und Sicherheit. Herausforderungen an die Internnationale Politik. Berlin 1998:7-31.

Cartier, Raymond 1971: Mächte und Männer unserer Zeit. Weltgeschichte seit 1945. München 1971.

CBD 1991: Civilian-Based Defence: News and Opinion – A Publication of the Association for Transarmament Studies. Editors: Melvin G. Beckman, Melvin / Ellison Norman, Liane / Bogdonoff, Philipp D. Omaha, USA, Jahrgänge 1990, 1991.

CCPDC 1997: Preventing Deadly Conflict – Final Report. Carnegie Commission on Preventing Deadly Conflict, New York 1997.

Charlton, Michael 1972: Untersuchung zur Auswirkung aggressiver Filmmodelle auf Einstellungen und Verhaltensweisen von Schülern. Dissertation, Universität Hamburg 1972.

Charlton, Michael / Liebelt, Elsa / Sültz, Jutta / Tausch, Anne-Marie 1974: Auswirkungen von Verhaltensmodellen aus einem Fernsehwestern auf Gruppenarbeitsverhalten und Aggressionsbereitschaft von Grundschülern. In: Psychologie in Erziehung und Unterricht, 1974/21:164-175.

Chaussy, Ulrich 1985: Oktoberfest – Ein Attentat. Darmstadt/Neuwied 1985.

Chayes, Abram / Chayes, Antonia Handler 1996: Preventing Conflict in the Post-Communist World – Mobilizing International and Regional Organizations. Washington DC 1996.

Cheung, Chan-Kin / Chan, Chi-Fai 1996: Television viewing and mean world value in Hong Kong's adolescents. In: Social Behavior and Personality, 1996/24:351-364.

Chigas, Diana 1996: Preventive Diplomacy and the Organization for Security and Cooperation in Europe: Creating Incentives for Dialogue and Cooperation. In: Chayes, Abram / Chayes, Antonia Handler: Preventing Conflict in the Post-Communist World. Mobilizing International and Regional Organizations, Washington DC 1996:25-97.

Chojnacki, Sven 1999: Dyadische Konflikte und die Eskalation zum Krieg – Prozesse und Strukturbedingungen dyadischer Gewalt in Europa – 1816-1992. Dissertation, Berlin 1999.

Chojnacki, Sven / Eberwein, Wolf-Dieter 1998: Disasters and Violence – 1946-1997 – The link between the natural and the social environment. Wissenschaftszentrum Berlin für Sozialforschung, Berlin 98-302/1998.

Clark, Howard 1998: Das Ende des gewaltfreien Widerstandes in Kosovo. In: Gewaltfreie Aktion 117/118, 3-4/1998:4-24.

Claussen, Detlev 1994: Was heißt Rassismus? Darmstadt 1994.

Cline, V. B; Croft, R.G. / Courrier, S. 1972: The desentivization of children to television violence. University of Utah 1972.

Cockell, John G. 1998a: Towards Response-Oriented Early Warning Analysis. In: Davies, John L. / Gurr, Ted R., 1998:1-19.

Cockell, John G. 1998b: Peacebuilding and Human Security: Frameworks for International Responses to Internal Conflict. In: Wallensteen, Peter (Hg.): Preventing Violent Conflict – Past Record and Future Challenges. Stockholm 1998:203-230.

Cohen, Carol 1993: „Wars Wimps, and Women.'' In: Cooke, Miriam / Woollacott, Angela (eds.): Gendering War Talk. Princeton University Press, Princeton 1993. p:227-249.

Coles, R. 1986: The Political liefe of children. Houghton Mifflin Co., Boston 1986.

Collins, Randall 1995: German-Bashing and the Theory of Democratic Modernization. In: Zeitschrift für Soziologie, 1995/24:3-21.

Collinson, Sarah 1993: Europe and International Migration. London 1993.

Colomer, Josip 1991: Transitions by agreement: modeling the Spanish way. In: American Political Science Review, 1991/85:1283-1302.

Commission on Global Governance 1995: Nachbarn in einer Welt. Bericht der Kommission für Weltordnungspolitik. Bonn 1995.

Comstock, George A. / Chaffee, Steven / Katzmann, Natan / et al. 1978: Television and human behavior. Columbia University, New York 1978.

Connerton, P. 1989: How societies remember. Cambridge University Press. Cambridge 1989.

Cooke, Miriam / Woollacott, Angela (eds.) 1993: Gendering War Talk. Princeton University Press, Princeton 1993.

Coser, L. 1956: The functions of social conflict. Free Press, New York 1956.

Coser, Lewis A. 1956: The Functions of social conflict. New York 1956.

Creighton, James L. 1992: Schlag nicht die Türe zu – Konflikte aushalten lernen. Reinbek bei Hamburg 1992.

Crocker, Chester A. / Hamson, Fen Osler (ed.) 1996: Managing Global Chaos: Sources of and Responses to International Conflict. Washington 1996.

Czempiel, Ernst-Otto 1994: Die Intervention – Politische Notwendigkeit und strategische Möglichkeiten. In: Politische Vierteljahresschrift, 35/1994/3:402ff.

Czempiel, Ernst-Otto 1994: Die Reform der UNO – Möglichkeiten und Mißverständnisse. München 1994.

Czempiel, Ernst-Otto 1996: Kants Theorem – Oder: Warum sind die Demokratien (noch immer) nicht friedlich? In: Zeitschrift für internationale Beziehungen 3/1996/1:79-101.

Dahrendorf, Ralf 1972: Konflikt und Freiheit. München 1972.

Daly, Mary 1978: Gym / Ecology: The Metaethics of Radical Feminism. Beacon Press, Bosten 1978.

Dann, Otto 1993: Nation und Nationalismus in Deutschland – 1770-1990. München 1993.

Davies, John L. / Gurr, Ted R. 1998: Preventive Measures: Building Risk Assessment and Crisis Early Warning Systems. Lanham 1998.

Day, R. C. / Ghandour, M. 1984: The effect of televisionmediated aggression and real-life aggression on the behavior of Lebanese children. In: Journal of Experimental Child Psychology, 1984/38:7-18.

Debiel, Tobias 1999: Deutsche Außenpolitik jenseits der Kontinuität – Nachfragen und Lehren zum Kosovo-Jugoslawien-Krieg. INEF Report 38/1999:47-66.

Debiel, Tobias / Fischer, Jörg 1994: Ohnmächtige Blauhelme? Zum Funktionswandel der UNO-Friedensmissionen. In: Sicherheit und Frieden, 1994/12:104-111.

Debiel, Tobias / Nuscheler, Franz (Hg.) 1996: Der neue Interventionismus – Humanitäre Einmischung zwischen Anspruch und Wirklichkeit. Bonn 1996:53ff.

Debiel, Tobias / Ropers, Norbert 1995: Friedliche Konfliktbearbeitung in der Staaten- und Gesellschaftswelt. Texte der Stiftung Entwicklung und Frieden. Stiftung Entwicklung und Frieden, Bonn 1995.

Deichmann, Thomas 1997: Mehr Schock – In: Der Standard, 10.1.1997.

Deleuze, Gilles / Guattari, Felix 1992: One thousand Plateaus: Capitalism and Schizophrenia. Athlon Press, London 1992.

Deng, Francis M. 1998: Guiding Principles on Internal Displacement. UN Commission on Human Rights, New York 1998.

Denninger, Erhard 1992: Polizeiaufgaben. In: Lisken, Hans / Denninger, Erhard (Hg.): Handbuch des Polizeirechts. München 1992:131-224.

Deutsch, Morton 1976: Konfliktregelung. München 1976.

Dewitt, David / Haglund, David / Kirton, John 1993: Building a New Global Order – Emerging Trends in International Security. Oxford UP, New York 1993.

DFG (Deutsche Forschungsgemeinschaft) 1993: Naturkatastrophen und Katastrophenvorbeugung – Bericht zu IDNDR. Weinheim 1993.

Dickens, S.L. / Hobart, C. 1959: Parental dominance and offspring ethnocentrism. In: Journal of Social Psychology, 1959/49:296-305.

Diederichs, Otto 1995: Hilfe, Polizei – Auswüchse oder System? In: Bürgerrechte & Polizei / CILIP / Diederichs, Otto (Hg.): Hilfe, Polizei. Fremdenfeindlichkeit bei Deutschlands Ordnungshütern. Berlin 1995:41-53.

Diederichs, Otto / Narr, Wolf-Dieter 1993: Ausbildung bei der Polizei – Polizeiausbildung für den Alltag. In: Bürgerrechte & Polizei / CILIP 46/1993/3:6-13.

Diehl, Paul, E. 1998: Environmental Conflict: An Introduction. In: Journal of Conflict Resolution 35/1998/3:275-277.

Dieter, Heribert 1998: Die Asienkrise und der IWF: Ist die Politik des Internationalen Währungsfonds gescheitert? INEF Report 29. Institut für Entwicklung und Frieden, Duisburg 1998.

Diokno Maria Serena I. 1991: People Power: The Philippines. In: Brian, Martin u.a.: Nonviolent Struggle and Social Defence. London 1991:24-30.

Dodge, K. A. 1980: Social cognition and children's aggressive behavior. In: Child Development, 1980/51:162-170.

Dodge, K. A. / Frame, C. C. 1982: Social cognitive biases and deficits in aggressive boys. In: Child development, 1982/53:620-635.

Dollard, J. / Doob, L. W. / Miller, N. E. / Mowrer, O. H. / Sears, R.R 1939: Frustration and Aggression. Yale University Press. New Haven 1939.

Dominikowski, Thomas / Esser, Johannes 1993: Die Lust an der Gewalttätigkeit bei Jugendlichen. Krisenprofile – Ursachen – Handlungsorientierungen für die Jugendarbeit, Frankfurt/Main 1993.

Donagan, A. 1979: The theory of morality. University of Chicago Press, Chicago 1979.

Doran, Charles F. 1983: Power cycle theory and the contemporary state system. In: Thompson, William R. (Hg.): Contending Approaches to World System Analysis, Sage Publications, Beverly Hills 1983.

Dorfman, Lorin / Woodruff, Katie / Chavez, Vivian / Wallack, Lawrence 1997: Youth and violence on local television news in California. In: American Journal of Public Health, 1997/87:1311-1316.

Drabman, Ronald S. / Thomas, Margaret H. 1974: Does media violence increase children's tolerance of real-life violence? In: Developmental Psychology, 1974/10:418-421.

Druwe, Ulrich 1996: „Rechtsextremismus". Methodologische Bemerkungen zu einem politikwissenschaftlichen Begriff. In: Falter, Jürgen W. et al. (Hg.): Rechtsextremismus. Ergebnisse und Perspektiven der Forschung. Opladen (PVS-Sonderheft 27) 1996:66-80.

Duffield, Mark 1998: Post-Modern Conflict: Warlords, Post-adjustment States and Private Protection. In: Civil Wars, 1/1998/1:65-102.

Durkheim, Emile 1968: Suicide – A Study in Sociology. Routledge/Kegan Paul Ltd., London 1968.

Dyregov, A. 1993: The interplay of trauma an grief. In: Occasional Paper, Trauma and crisis management. Association for Child Psychology an Psychiatry Occational Papers 1993.

Eberhard, Ulla 1986: Wider eine männerorientierte Gewaltfreiheit. In: graswurzelrevolution 109, November 1986.

Ebert, Theodor 1981: Gewaltfreier Aufstand – Alternative zum Bürgerkrieg. Waldkirch 1981.

Ebert, Theodor 1992: Lernen von Litauen und Lettland – Aus meinem Tagebuch einer Erkundungsreise des Bundes für Soziale Verteidigung nach Vilnius und Riga vom 17.-26. Juli 1992. In: gewaltfreie aktion 93-94/1992:43-67.

Eberwein, Wolf-Dieter 1993: Ewiger Friede oder Anarchie? Demokratie und Krieg. In: Forndran, Erhard / Pohlmann, Hartmut (Hg.): Europäische Sicherheit nach dem Ende des Warschauer Paktes. Baden-Baden, 1993:139-166.

Eberwein, Wolf-Dieter / Saurel, Pierre 1995: La Genèse d'un Mouvement Révolutionnaire – la RDA en 1989. Préparé pour les Journées de Rochebrunne mars 1995, 95/1995:20-24.

Eberwein, Wolf-Dieter 1997: Umwelt – Sicherheit – Konflikt. Eine theoretische Analyse. Wissenschaftszentrum Berlin für Sozialforschung, Berlin 97-303/1997.

Eberwein, Wolf-Dieter 1998: Umweltbedingte Konflikte – Methodologische Notizen. In: Carius, A. / Lietzmann, K. M. (Hg.): Umwelt und Sicherheit – Herausforderungen für die internationale Politik. Berlin 1998:179-194.

Eberwein, Wolf-Dieter / Chojnacki, Sven 1998: Disaster and Violence – The Link between the natural and social environment. Wissenschaftszentrum Berlin für Sozialforschung, Berlin 98-302/1998.

Eckert, Ronald / Kaase, Max / Neidhardt, Friedhelm / Willems, Helmut 1990: Ursachen, Prävention und Kontrolle von Gewalt aus soziologischer Sicht. In: Schwind, Hans-Dieter / Baumann, Jürgen (Hg.): Ursachen, Prävention und Kontrolle von Gewalt. Band II, Berlin 1990:293-414.

Ege, Klaus 1992: Der Mythos von der vierten Gewalt – US-Medien und Golfkrieg. In: Blätter für deutsche und internationale Politik, 1992/37:1366-1374.

Ehrenreich, Barbara 1997: Blood Rites – Origins and History of the Passions of War. Metropolitain, New York 1997.

Ehrhart, Hans-Georg / Gießmann, Hans-Joachim / Lutz, Dieter S. / et al. 1994: Kollektive Sicherheit zwischen Realität und Modell – Beiträge zur Diskussion über eine Europäische Sicherheitsgemeinschaft. IFSH, Hamburg 1994.

Ehrhart, Hans-Georg / Klingenburg, Konrad 1994: Was heißt Peace-Keeping? In: Sicherheit und Frieden, 1994/12:52-63.

Eibl-Eibesfeldt, Irenäus 1990: Gewaltbereitschaft aus ethologischer Sicht. In: Rolinski, Klaus / Eibl-Eibesfeldt, Irenäus (Hg.): Gewalt in unserer Gesellschaft – Gutachten für das Bayerische Staatsministerium des Inneren. Berlin 1990:59-86.

Eikenberg, Kathrin 1993: Somalia: Vom Krieg der Clans zum Krieg der UNO? In: Matthies, Volker (Hg.): Frieden durch Einmischung? Die Schrecken des Krieges und die (Ohn-)Macht der internationalen Gemeinschaft, Bonn 1993:185-202.

Eisele, Manfred 1998: Im Auftrag des Sicherheitsrats: Friedensmissionen der Vereinten Nationen. Erfahrungen als Beigeordneter Generalsekretär für Planung und Unterstützung der UN-Friedenseinsätze. In: Vereinte Nationen 1998/1:1-6.

Eisenstadt, S. N. 1973: The Israeli society: Background, developement and problems (2nd ed.). Magnes Press, Jerusalem 1973 (in Hebrew).

Eldridge, A. F. 1979: Images of conflict. St. Martin's Press, New York 1979.

Eley, Geoff 1991: Wilhelminismus, Nationalismus, Faschismus – Zur historischen Kontinuität in Deutschland. Münster 1991.

Elfner, Peter 1997: Darstellung der Konfliktursachen im Golfkrieg – Eine medienpsychologische Vergleichsstudie von Süddeutscher Zeitung und Washington Post. Diplomarbeit, Universität Konstanz 1997.

Elias, Norbert 1995: Über den Prozeß der Zivilisation. Soziogenetische und psychogenetische Untersuchungen. 2 Bde., Frankfurt/Main 1995.

Eliasson, Jan 1996: Establishing Trust in the Healer – Preventive Diplomacy and the Future of United Nations. In: Cahill, Kevin M. (Hg.): Preventive Diplomacy: Stopping Wars Before They Start. New York 1996(b):318-343.

Elshtain, Jean Bethke 1987: Just Warriors and Beautiful Souls. In: Women and War. Basic Books, New York 1987.

Elwert, Georg 1995: Gewalt und Märkte. In: Dombrowsky, Wolf R. / Pasero, Ursula (Hg.): Wissenschaft, Literatur, Katastrophe. Festschrift zum sechzigsten Geburtstag von Lars Clausen Opladen 1995:123-141.

Elwert, Georg 1997: Gewaltmärkte – Beobachtungen zur Zweckrationalität von Gewalt. In: von Trotha, Trutz (Hg.): Soziologie der Gewalt, Sonderheft 37 der Kölner Zeitschrift für Soziologie und Sozialpsychologie, Opladen 1997.

Enloe, Cynthia 1990: „Bananas, Bases and Patriarchy" in Elshtain, Bethke; Tobias, Sheila (eds.): Women, Militarism and War: Essays in History, Politics, and Social Theory. Rowman, Maryland 1990.

Enzensberger, Hans Magnus 1993: Die Große Wanderung – Dreiunddreißig Markierungen. 6. Aufl., Frankfurt/Main 1993.

Erdmenger, Klaus 1991: Rep-Wählen als rationaler Protest? – Wer wählt die „Republikaner" und warum? In: Hans-Georg Wehling (Red.): Wahlverhalten. Stuttgart/Berlin/Köln 1991:242-252.

Eriksson, John 1996: The International Response to Conflict and Genocide: Lessons from the Rwanda Experience – Synthesis Report. Joint Evaluation of Emergency Assistance to Rwanda. Odense 1996.

Erklärung 1999: Erklärung von Erziehungswissennschaftlern zum Jugoslawienkrieg und seine Folgen, zuerst erschienen in: Freitag, Nr. 20, 14.5.1999.

Erler, Gernot 1996: Die Antiquiertheit des internationalen Systems als Herausforderung. In: Sicherheit und Frieden, 1/1996:21-25.

Eron, Leonhard D. / Huesmann, L. Rowell / Lefkowitz, Monroe M. / et al. 1972: Does television violence cause aggression? In: American Psychologist, 27/1972:253-263.

Estel, Bernd 1994: Grundaspekte der Nation. In: Ders. / Mayer, Tilman (Hg.): Das Prinzip Nation in modernen Gesellschaften – Länderdiagnosen und theoretische Perspektiven. Opladen 1994:13-81.

Esty, Daniel C. / Goldstone, Jack A. / Gurr, Ted R. / et al. 1995: State Failure Task Force Report. Science Applications International Corporation, McLean, New York 1995.

European Platform for Conflict Prevention and Transformation 1998: Prevention and Management of Violent Conflicts – An International Directory, Utrecht 1998.

Falter, Jürgen W. 1994: Wer wählt rechts? – Die Wähler und Anhänger rechtsextremistischer Parteien im vereinigten Deutschland. München 1994.

Fanon, Frantz 1966: Die Verdammten dieser Erde. Frankfurt/Main 1966.

Fassmann, Heinz / Münz, Rainer (Hg.) 1996: Migration in Europa – Historische Entwicklung, aktuelle Trends, politische Reaktionen. Frankfurt/New York 1996.

Feinberg, Leslie 1996: Transgender Warriors. Beacon Press, Boston 1996.

Feist, Ursula 1992: Rechtsruck in Baden-Württemberg und Schleswig-Holstein. In: Starzacher, Karl u.a. (Hg.): Protestwähler und Wahlverweigerer – Krise der Demokratie? Köln 1992:69-76.

Feldman, F. 1992: Confrontations with the reaper: A philosophical study of the nature and value of death. Oxford University Press, New York 1992.

Ferris, Elisabeth G. 1993: Beyond Borders – Refugees, Migrants and Human Rights in The Post-Cold-War Era. Genf 1993.

Feshbach, Seymor 1961: The stimulating versus cathartic effect of a vicarious aggressive activity. In: Journal of Abnormal and Social Psychology, 1961/63:381-385.

Festinger, L. 1954: A theory of social comparison processes. In: Human Relations, 1954/7:117-140.

Fialka, J. J. 1991: Hotel Warriors – Covering the Gulf War. The Woodrow Wilson Center Press, Washington DC 1991.

Fields, R.M. 1977: Society Under Siege: A Psychology of Northern Ireland. Tempel University Press, Philadelphia 1977.

Fischer, Erika 1997: Ging ein falsches Photo um die Welt? In: Freitag, 7.2.1997.

Fisher, Roger / Ury, William / Patton, Bruce 1995: Das Harvard-Konzept – Sachgerecht verhandeln – erfolgreich verhandeln. Frankfurt/New York 1995.

Fisher, Ronald J. 1993: Forging a Bridge from Peacekeeping to Peacemaking. In: Peace & Change, July 18/1993/3:247-266.

Flohr, Anne Katrin 1994: Fremdenfeindlichkeit – Biosoziale Grundlagen von Ethnozentrismus. Opladen 1994.

Forndran, Erhard / Lemke, Hans-Dieter (Hg.) 1995: Sicherheitspolitik für Europa zwischen Konsens und Konflikt – Analysen und Optionen. Baden-Baden 1995.

Foucault, Michel 1977: Die Ordnung des Diskurses. Frankfurt/Wien/Berlin 1977.

Foucault, Michel 1978: Die Ordnung der Dinge. 2. Aufl., Frankfurt/Main 1978.

Foucault, Michel 1994: Omnes et singulatim: Zu einer Kritik der politischen Vernunft. In: Vogl, Joseph (Hg.): Gemeinschaften: Positionen zu einer Philosophie des Politischen. Frankfurt/Main 1994.

Foucault, Michel 1995: Die Machen der Macht. In: Freibeuter, 1995/63:22-42.

Fox, R. 1994: Nationalism: Hymns ancient and modern. In: The National Interest, 1994/35:51-57.

Franck, D. 1985: Verhaltensbiologie. 2. Auflage. Stuttgart 1985.

Franzke, Bettina / Lazai, Eckhardt 1992: Training gegen Diskriminierung. In: Deutsche Polizei 1992/12:21-24.

Fraser, M. 1977: Children in Conflict. New York 1977.

Freud, A. / Burlingham, D. 1943: War and children. International University Press, New York 1943.

Freud, A. / Burlingham, D. 1944: Infants without families. International Universtiy Press, New York 1944.

Fritzsche, K. Peter 1995: Bürger im Streß – eine Erklärung der Xenophobie. In: Verantwortung in einer unübersichtlichen Welt – Aufgaben wertorientierter politischer Bildung. Referate und Diskussionsergebnisse des Bundeskongresses der Deutschen Vereinigung für Politische Bildung 10.-12.3.1994 in Erfurt. Bonn 1995:165-182.

Fromkin, D. 1975: The strategy of terrorism. In: Foreign Affairs, 1975/53:683-98.

Fromm, Rainer / Kernbach, Barbara 1994: ... und morgen die ganze Welt? – Rechtsextreme Publizistik in Westeuropa. Marburg/Berlin 1994.

Froschhammer, Hubert 1992: Die Untersuchung von Beziehungen zwischen audiovisuellen Medien und Delinquenz unter besonderer Berücksichtigung ausgewählter kriminologischer Variablen bei jugendlichen Heiminsassen. Unveröff. Diplomarbeit, Universität Regensburg 1992.

Früh, Werner 1995: Die Rezeption von Fernsehgewalt. In: Media Perspektiven, 1995/4:172-185.

Fuchs, Albert 1993: Gewaltbegriff und Funktion von Gewalt. In: Kempf, Wilhelm / Frindte, Wolfgang / Sommer, Gert / Spreiter, M. (Hg.): Gewaltfreie Konfliktlösungen. Heidelberg 1993:35-52.

Funk, Walter (Hg.) 1995: Nürnberger Schüler-Studie 1994 – Gewalt an Schulen. Regensburg 1995.

Furu, Takeo 1971: The function of television for children and adolescents. Sophia University (Monumenta Nipponica), Tokyo 1971.

Fyfe, James J. 1989: The Split-Second Syndrome and Other Determinants of Police Violence. In: Dunham, Roger G. / Alpert, Geoffrey P. / Critical Issues in Policing. In: Contemporary Readings, Illinois 1989:465-479.

Galnoor, I. 1982: Steering the policy: Communication and politics in Israel. Sage. Beverly Hills CA 1982.

Galtung, Johan 1969a: Conflict as a way of life. In: Freeman, H. (Ed.): Progress in mental health. Churchill, London 1969.

Galtung, Johan 1969b: Violence, peace, and peace research. In: Journal of Peace Research, 1969/6:167-191.

Galtung, Johan 1975a: Konflikt als Lebensform. In: Ders.: Strukturelle Gewalt. Reinbek 1975:108-136.

Galtung, Johan 1975b: Gewalt, Frieden und Friedensforschung. In: Galtung, Johan: Strukturelle Gewalt. Reinbek bei Hamburg 1975.

Galtung, Johan 1978: Peace and Social Structure. Kopenhagen 1978.

Galtung, Johan 1980: Peace and World Structure. Kopenhagen 1980.

Galtung, Johan 1982: Drei Annäherungsweisen an den Frieden: Friedenssicherung, Friedensstiftung, Friedensbewahrung. In: Ders.: Anders verteidigen – Beiträge zur Friedens- und Konfliktforschung. Reinbek bei Hamburg 1982:50ff.

Galtung, Johan 1987: Der Weg ist das Ziel. Wuppertal 1987.

Galtung, Johan 1990: Cultural Violence. In: Journal of Peace Reserach, 1990/3:291-305.

Galtung, Johan 1995: Kein Zweifel: Gewaltlosigkeit funktioniert! Wirkungsweise und Aktualität gewaltlosen Widerstandes. Heidelberg 1995.

Galtung, Johan 1996: Eine strukturelle Theorie des Imperialismus – Zehn Jahre danach. In: Széll, György, und Dieter Kinkelbur (Hg.): Forschung, Erziehung und Arbeit für den Frieden, Osnabrück 1996:50-68.

Galtung, Johan 1997a: Gewalt, Krieg und deren Nachwirkungen. Über sichtbare und unsichtbare Folgen der Gewalt – und wie damit umzugehen ist. In: Ders.: Der Preis der Modernisierung. Struktur und Kultur im Weltsystem, Wien 1997:170-211.

Galtung, Johan 1997b: Strukturelle Gewalt. In: Albrecht, Ulrich, / Vogler, Helmut (Hg.): Lexikon der Internationalen Politik. München/Wien 1997:475-479.

Galtung, Johan 1998: Frieden mit friedlichen Mitteln. Opladen 1998.

Galtung, Johan / Kinkelbur, Dieter / Nieder, Martin (Hg.) 1993: Gewalt im Alltag und in der Weltpolitik. Friedenswissenschaftliche Stichwörter zur Zeitdiagnose. Münster 1993.

Gandhi, M. K. 1983: Satyagraha. Ahmedabad 14, 1951:6f, nach: Gugel, Günther: Gewaltfreiheit – ein Lernprinzip. Tübingen 1983:4.

Gandy, O. 1982: Beyond Agenda Setting – Information Subsidies and Public Policy. Ablex Publishing Company, Norwood, N.J. 1982.

Gantzel, Klaus Jürgen (Hg.) 1988: Krieg in der Dritten Welt: theoretische und methodische Probleme der Kriegsursachenforschung – Fallstudien. Baden-Baden 1988.

Gantzel, Klaus Jürgen / Schwinghammer, Torsten 1995: Die Kriege nach dem Zweiten Weltkrieg 1945 bis 1992. Daten und Tendenzen. Münster/Hamburg 1995.

Garbarina, J. 1991: Youth in dangerous environments: Coping with the consequences. In: Hurrelmann, K / Loessel, F., Hurrelmann, K. / Loesel, F. (eds.): Hazards in Adolescence. Berlin 1991.

Garbarino, J. 1990: Youth in dangerous environments: Coping with the consequences. In: Hurrelmann, K. / Loesel, F. (eds.): Hazards in Adolescence. Berlin 1990:193-218.

Geisen, Thomas 1996: Antirassistisches Geschichtsbuch – Quellen des Rassismus im kollektiven Gedächtnis der Deutschen. Frankfurt/Main 1996.

Geiss, Imanuel 1989: Geschichte des Rassismus. 2. Aufl. Frankfurt/Main 1989.

Geißler, Heiner 1990: Zugluft – Politik in stürmischer Zeit. 3. Aufl., München 1990.

Geller, Daniel S. / Singer, David J. 1998: Nations at War – A Scientific Study of International Conflict. Cambridge 1998.

Gellner, Ernest 1991: Nationalismus und Moderne. Berlin 1991.

Genschel, Philipp / Schlichte, Klaus 1997: Wenn Kriege chronisch werden: Der Bürgerkrieg. In: Leviathan, 25/1997/4:501-517.

George, Alexander / Holl, Jane E. 1997: The Warning-Response Problem and Missed Opportunities in Preventive Diplomacy – A Report to the Carnegie Commission on Preventing Deadly Conflict, New York 1997, Internet: http://www.ccpdc.org/pubs/.

Gerbner, George / Gross, Larry 1973: Violence profile No. 5. Trends in network television drama and viewer conceptions of social reality. University of Pennsylvania, Philadelphia 1973.

Gerbner, George / Gross, Larry / Morgan, Michael / Signorelli, Nancy 1980: The „mainstreaming" of America – Violence profile No. 11. In: Journal of Communication, 1980/30:10-29.

Gerbner, George / Gross, Larry 1981: Die „angsterregende Welt" des Vielsehers. In: Fernsehen und Bildung, 1981/15:16-42.

Gessenharter, Wolfgang 1997: Herausforderungen zur Jahrtausendwende: Kann „Nation" die Antwort sein? In: Butterwegge, Christoph (Hg.): NS-Vergangenheit, Antisemitismus und Nationalismus in Deutschland. Beiträge zur politischen Kultur der Bundesrepublik und zur politischen Bildung, mit einem Vorwort von Ignatz Bubis, Baden-Baden 1997:141-171.

Gessenharter, Wolfgang / Fröchling, Helmut (Hg.) 1998: Rechtsextremismus und Neue Rechte in Deutschland – Neuvermessung eines politisch-ideologischen Raumes? Opladen 1998.

Gewaltfreiheit auf den Philippinen 1986: Die gefahrvolle Straße. In: Versöhnungsbund-Rundbrief, Nov. 1986:75-81.

Ghassemlou, N. 1996: Friedensdialog zwischen Kurden, Deutschen und Türken, Notwendigkeit und psychische Barrieren. In: Kurdistan heute (Zeitschrift von NAVEND e.V.) Bonn 1996.

Giddens, Anthony 1985: The Nation-State and Violence. Cambridge 1985.

Giddens, Anthony 1992: Kritische Theorie der Spätmoderne. Wien 1992.

Giddens, Anthony 1995: Krieg und Militär. In: Ders.: Soziologie. Graz 1995:372-408.

Giddens, Anthony 1997: Politische Theorie und das Problem der Gewalt. In: Ders.: Jenseits von Links und Rechts. Frankfurt/Main 1997:307-328.

Gilligan, Carol 1982: In a different voice: Psychological Theory and Women's Development. Harvard Press, Cambridge 1982.

Gilpin, Robert 1981: War and Change in World Politics. University Press, New York Cambridge 1981.

Gioia, Andrea 1997: The United Nations and Regional Organizations in the Maintenance of Peace and Security. In: Bothe, M. / Ronzitti, N. / Rosas, A. (eds.): The OSCE in the Maintenance of Peace and Security – Conflict Prevention, Crisis Management and Peace and Security – Conflict Prevention, Crisis Management and Peaceful Settlement of Disputes. The Hague/London/Boston 1997:191-236.

Girard, Rene 1983: Das Ende der Gewalt – Analysen des Menschheitsverhängnisses. Zürich 1983.

Glasl, Friedrich 1990: Konfliktmanagement – Ein Handbuch zur Diagnose und Behandlung von Konflikten für Organisationen und Berater. Bern/ Stuttgart 1990.

Glasl, Friedrich 1992: Konfliktmanagement. Bern 1992.

Gleditsch, Nils Petter (Hg.) 1997: Conflict and the Environment. Dordrecht 1997.

Gleditsch, Nils Petter 1998: Armed Conflict and the Environment – A Critique of the Literature. In: Journal of Conflict Resolution 35/1998/3:381-400.

Glöckler-Fuchs, Juliane 1997: Internationalisierung der europäischen Außenpolitik. München 1997.

Glogauer, Walter 1991: Kriminalisierung von Kindern und Jugendlichen durch Medien – Wirkungen gewalttätiger, sexueller, pornographischer und satanischer Darstellungen. Baden-Baden 1991.

Gochman, C. / Maoz, Z. 1984: Militarized interstate disputes, 1816-1976: Procedures, patterns and insights. In: Journal of Conflict Resolution, 1984/28:585-616.

Gochman, Charles S. / Sabrosky, Alan Ned (Hg.) 1990: Prisoners of War: Nation-states in the Modern Era. Lexington 1990.

Goertz, G. / Diehl, P. 1992: The empirical importance of enduring rivalries. In: International Interactions, 1992/18:151-163.

Goldhagen, Daniel 1998: Hitlers willige Vollstrecker: Ganz gewöhnliche Deutsche und der Holocaust. Berlin 1998.

Goss-Mayr, Hildegard 1981: Der Mensch vor dem Unrecht – Spiritualität und Pra xis gewaltloser Befreiung. Wien 1981.

Goss-Mayr, Hildegard / Goss, Jean 1989: Gewaltfreies Ringen um kleine Fortschritte. In: gewaltfreie Aktion, 77-79/1989:39-41.

Gössner, Rolf / Neß, Oliver 1996: Polizei im Zwielicht. Frankfurt/Main 1996.

Götz, Wolfgang 1966: Zur geistigen Auseinandersetzung mit dem Rechtsradikalismus. In: Bessel-Lorck, Lorenz / u.a. (Hg.): National oder radikal? Der Rechtsradikalismus in der Bundesrepublik Deutschland. Mainz 1966:91-143.

Gouldner, A. W. 1960: The norm of reciprocity – A preliminary statement. In: American Sociological Review, 1960/25:161-178.

Grab, Walter 1993: Gefahren des deutschen Nationalismus. In: Europäische Ideen 1993/82:20-28.

Graf, Wilfried / Ottomeyer, Klaus 1989: Identität und Gewalt. Ein Überblick. In: Dies.: Szenen der Gewalt in Alltagsleben, Kulturindustrie und Politik. Wien 1989:1-46.

Grass, Günter 1992: Rede vom Verlust – Über den Niedergang der politischen Kultur im geeinten Deutschland. Göttingen 1992.

Greiffenhagen, Martin / Greiffenhagen, Sylvia 1993: Ein schwieriges Vaterland – Zur politischen Kultur im vereinigten Deutschland. München/Leipzig 1993.

Groebel, Jo 1989: Fernsehen, Video und Schülerkriminalität. In: Bäuerle, Siegfried (Hg.): Kriminalität bei Schülern. Stuttgart 1989.

Groebel, Jo 1998: Media Violence and children. In: Educational Media International (EMI), 1998/35:216-227.

Groebel, Jo / Gleich, Uli 1993: Gewaltprofil des deutschen Fernsehprogramms – Eine Analyse des Angebots privater und öffentlich-rechtlicher Sender. Opladen 1993.

Gruber, Irene 1993: Die Abbildung emotionalisierender Effekte eines Gewaltfilmes mit der Methode des Katathymen Bilderlebens. Unveröff. Diplomarbeit, Universität Regensburg 1993.

Grundy, K. W. / Weinstein, M. A. 1974: The ideologies of violence. Charles E. Merrill. Columbus, Ohio 1974.

Gurr, Ted R. 1996: Early-Warning Systems. From Surveillance to Assessment to Action. In: Cahill, Kevin M. (Hg.): Preventive Diplomacy: Stopping Wars Before They Start. New York 1996(b):123-143.

Gurr, Ted R. / Harff, Barbara 1998: Early Warning of Communal Conflict and Humanitarian Crisis. Tokyo 1998.

Gurr, Ted Robert 1970: Why Men Rebel. Princeton University Press, Princeton 1970.

Gurr, Ted Robert (ed.) 1980: Handbook of Political Conflict. Free Press, New York 1980.

Gurr, Ted Robert / Lichbach, Mark Irving 1986: Forecasting internal conflict. In: Comparative Political Studies 1986/19:3-38.

Habermas, Jürgen 1990: Gewaltmonopol, Rechtsbewußtsein und demokratischer Prozeß. Erste Eindrücke bei der Lektüre des 'Endgutachtens' der Gewaltkommission. In: Albrecht, Peter-Alexis / Backes, Otto: Verdeckte Gewalt. Frankfurt/Main 1990:180-188.

Hafeneger, Benno 1998: Nicht vom Rande her, sondern aus der Mitte – Rechtsextremismus, Gewalt und Demokratiegefährdung. In: Krahulec, Peter / Scherer, Hanfried (Hg.): Dunkel Deutschland – Aufforderung zum Dialog der Generationen, Wiesbaden 1998:8-21.

Haferkamp, Heinrich 1993: Nationen und Nationalismus – Zur Konstitution eines folgenreichen Prinzips politischer Legitimität. In: Probleme des Friedens 1993/2:19-48.

Hagemann-White, Carol 1992: Strategien gegen Gewalt im Geschlechterverhältnis. Pfaffenweiler 1992.

Hagemann-White, Carol 1993: Das Ziel aus den Augen verloren? In: Zeitschrift für Frauenforschung, 1993/1-2:57-63.

Halbwachs, M. 1992: On collective memory. University of Chicago Press, Chicago 1992.

Halliday, W. (Ed.) 1915: Propatria: A book of patriotic verse. J. M. Dent & Sons, London 1915.

Hamilton, Kimberly A. (Hg.) 1993: The Security Dimension of International Migration to Europe, Washington DC 1993.

Handelman, D. 1990: Models and mirrors: Towards an anthropology of public events. Cambridge University Press, Cambridge 1990.

Hanisch, Rolf / Moßmann, Peter (Hg.) 1996: Katastrophen und ihre Bewältigung in der Ländern des Südens. Hamburg 1996.

Harff, Barbara / Gurr, Ted R. 1997: Systemic Early Warning of Humanitarian Emergencies. unpublished paper (1997).

Harrison, B. 1997: We've never had it so good. The Guardian 18.1.1997.

Harriss, John (Hg.) 1995: The Politics of Humanitarian Intervention. London/New York 1995.

Hassanein, Hanaa 1995: A study of television viewing motivation and academic achievement among secondary school students in Assiut – Egypt. Regensburg 1995.

Hauswedell, Corinna 1997: Friedenswissenschaften im Kalten Krieg. Friedensforschung und friedenswissenschaftliche Initiativen in der Bundesrepublik Deutschland in den achtziger Jahren. Baden-Baden 1997.

Hearold, Susan 1986: A synthesis of 1043 effects of television on social behavior. In: Public Communication and Behavior, 1986/1:65-133.

Heath, Linda / Kruttschnitt, Candace / Ward, David 1986: Television and violent criminal behavior: Beyond the Bobo Doll. In: Victims and Violence, 1986/1:177-190.

Hefty, Georg Paul 1990: Der Nationalismus – Gift oder Medizin? In: Frankfurter Allgemeine Zeitung v. 23.7.1990.

Heintz, Peter 1974: Interkulturelle Vergleiche. In: König, René (Hg.): Handbuch der Empirischen Sozialforschung. Bd. 4. 3. Aufl. Stuttgart 1974:405-425.

Heintze, Hans-Joachim / Worku, Messeletch 1992: Golfkrieg und Jugoslawienkrise – Einwirkungen auf das Völkerrecht. In: Sicherheit und Frieden, 1992/10:16-20.

Heitmeyer, Wilhelm 1987: Rechtsextremistische Orientierungen bei Jugendlichen – Empirische Ergebnisse und Erklärungsmuster einer Untersuchung zur politischen Sozialisation, Weinheim/München 1987.

Heitmeyer, Wilhelm 1994: Das Desintegrations-Theorem – Ein Erklärungsansatz zu fremdenfeindlich motivierter, rechtsextremistischer Gewalt und zur Lähmung gesellschaftlicher Institutionen. In: Ders. (Hg.): Das Gewalt-Dilemma. Gesellschaftliche Reaktionen auf fremdenfeindliche Gewalt und Rechtsextremismus. Frankfurt/Main 1994:29-69.

Heitmeyer, Wilhelm / et al. 1995: Gewalt – Schattenseiten der Individualisierung bei Jugendlichen aus unterschiedlichen Milieus. Weinheim/München 1995.

Hell, Peter W. (Projektleitung/Redaktion) 1988: Gefährdung durch Video – Pädagogische Handlungsmöglichkeiten – Modellversuch der Akademie für Lehrerfortbildung Dillingen. München1988.

Helson, H. 1964: Adaptation level theory: The experimental an systematic approach to behavior. Haper & Row New, York 1964.

Henkel, Hans-Olaf 1997: Für eine Reform des politischen Systems. In: Bissinger, Manfred (Hg.): Stimmen gegen den Stillstand – Roman Herzogs „Berliner Rede" und 33 Antworten, 2. Aufl., Hamburg 1997:87-90.

Hennig, Eike 1989: Was leistet das Konzept der „Strukturellen Gewalt"? In: Heitmeyer, Wilhelm / Möller, Kurt / Sünker, Heinz (Hg.): Jugend – Staat – Gewalt. Politische Sozialisation von Jugendlichen, Jugendpolitik und politische Bildung. Weinheim/ München 1989:57-79.

Hennig, Eike 1993: Gesellschaftlicher Wandel und Gewalt – Stichworte zur Entwicklung der Gewaltformen von 1989 bis 1992. In: Gewerkschaftliche Monatshefte, 1993/4:221-230.

Herles, Wolfgang 1990: Nationalrausch – Szenen aus dem gesamtdeutschen Machtkampf. München 1990.

Herman, Edward S. / Chomsky, N. 1988: Manufacturing Consent – The Political Economy of the Mass Media. Pantheon Books, New York 1988.

Herman, Judith Lewis 1993: Die Narben der Gewalt – Traumatische Erfahrungen verstehen und überwinden. Zürich/München 1993.

Herz, Thomas A. 1996: Rechtsradikalismus und die „Basiserzählung" – Wandlungen in der politischen Kultur Deutschlands. In: Falter, Jürgen W. / et al. (Hg.): Rechtsextremismus – Ergebnisse und Perspektiven der Forschung, Opladen (PVS-Sonderheft 27) 1996:48.

HEWS (Humanitarian Early Warning System) 1995: Progress and Prospects. New York 1995.

Heydorn, Heinz-Joachim 1980: Überleben durch Bildung – Umriß einer Aussicht. In: Ders.: Ungleichheit für alle. Zur Neufassung des Bildungsbegriffs. 3. Bd., Frankfurt/Main 1980:282-301.

Hibbs, Douglas A. 1973: Mass Political Violence. Wiley, New York 1973.

Hicks, D. J. 1965: Imitation and retention of film-mediated aggressive peer and adults models. In: Journal of Personality and Social Psychology, 1965/2:97-100.

Hicks, David 1968: Short- and long-term retention of affectivly varied modeled behavior. In: Psychonomic Science, 1968/11:369-370.

HIIK (Heidelberger Institut für internationale Konfliktforschung) 1998: Konfliktbarometer 1997, 1998. Im Internet: www.konflikte.de/hiik.

Himmelweit, Hilde / Oppenheim, Abraham N. / Vince, Pamela 1958: Television and the child. Oxford University Press, London 1958.

Hirsch, Joachim 1995: Der nationale Wettbewerbsstaat – Staat, Demokratie und Politik im globalen Kapitalismus. Berlin/Amsterdam 1995.

Hirschman, Albert O. 1973: The changing tolerance for income inequality in the course of economic development (with a mathematical appendix by Michael Rothschild). In: Quarterly Journal of Economics 1973/87:544-66.

Hobbes, Thomas 1984: Leviathan. Frankfurt/Main 1984 (Original 1651).

Hobsbawm, Eric J. 1991: Nationen und Nationalismus – Mythos und Realität seit 1780. Frankfurt/Main/New York 1991.

Hocking, J. J. 1992: Government´s Perspectives. In: Paletz, D.A. / Schmid, A.P. (Eds.). Terrorism and the Media. Sage, Newbury Park 1992.

Hoffmann, Lutz 1994: Das deutsche Volk und seine Feinde – Die völkische Droge – Aktualität und Entstehungsgeschichte. Köln 1994.

Hofmeier, Rolf / Matthies, Volker (Hg.) 1992: Vergessene Kriege in Afrika. Göttingen 1992.

Hohmann, Heinz 1998: Die integrative Fortbildung der Polizei in Nordrhein-Wesfalen. In: Deutsches Polizeiblatt 1998/6:4-9.

Holden, Robert T. 1986: The contagiousness of aircraft hijackings. In: American Journal of Sociology, 1986/91:874-904.

Holsti, Kalevi J. 1991: Peace and War – Armed Conflicts and International Order 1648-1989. Cambridge 1991.

Holsti, Kalevi J. 1996: The State, War, and the State of War. Cambridge UP, Cambridge 1996.

Holtz, Uwe (Hg.) 1997: Probleme der Entwicklungspolitik. Bonn 1997.

Homer-Dixon, Thomas F. 1993: Environmental Scarcities and Violent Conflict: Evidence from Cases. In: International Security 19/1993/1:5-40.

Hondrich, Karl Otto 1994: Europa im Krieg. In: Berliner Debatte Initial, 1994/2:53-59.

Hopf, Werner / Weiß, Rudolf H. 1996: Horror- und Gewaltkonsum bei Jugendlichen – Eine Untersuchung von Sprachproben von Videokonsumenten mit der Gottschalk-Gleser-Sprachinhaltsanalyse. Praxis der Kinderpsychologie und Kinderpsychiatrie, 1996/45:179-185.

Hordvik, E. 1997: Was ist ein psychisches Trauma. In: Hilweg, Werner / Ullman, Elisabeth (Hg.): Kindheit und Trauma. Göttingen 1997.

Horn, Klaus 1988: Gewalt – Aggression – Krieg. Studien zu einer psychoanalytisch orientierten Sozialpsychologie des Friedens. Baden-Baden 1988.

Horn, Klaus 1996: Gewalt in der Gesellschaft – Wie wir organisiert miteinander umgehen und wie wir Veränderungen in Gang setzen können. In: Ders.: Sozialisation und strukturelle Gewalt. Gießen 1996:135-196.

Horowitz, E.L. 1947: Development of attitude towards Negroes. In: Newcomb, T.M. / Hartley, E.L. (Eds.): Reading in social psychology. Henry Holt, New York 1947.

Hosin, A./ Cairns, Ed. 1984: The impact of conflict on children's ideas about their conty. In: The Journal of Psychology, 118/1984/2:161-168.

Howes, Ruth / Stevenson, Michael (eds.) 1993: Women and the Use of Military Force. Lynne Rienner Publishers, Boulder/London 1993.

Huber, Wolfgang / Reuter, Hans-Richard 1990: Friedensethik. Stuttgart/Berlin/Köln 1990.

Huesmann, L. Rowell / Eron, Leonard D. (eds.) 1986: Television and the aggressive child: A cross-national comparison. Erlbaum, Hillsdale 1986.

Huesmann, L. Rowell, Moise, Jessica F. / Podolski, Cheryl-Lynn 1997: The effects of media violence on the development of antisocial behavior. In: Stoff, David / Breiling, James (Eds.): Handbook of antisocial behavior (pp. 181-193). Wiley, New York 1997.

Huffman, R. E. 1970: Which soldiers break down: A survey of 610 psychiatric patients in Vietnam. In: Bulletin of Menniger Clinics, 1970/34:343-350.

Huisken, Freerk 1993: Nichts als Nationalismus – Deutsche Lehren aus Rostock und Mölln – Ein antirassistisches Tagebuch. Hamburg 1993.

Hülsmann, Heinz 1974: Theorie und Konflikt. In: Soziale Welt, 1974/4:395-414.

Hume, Mick 1997: Whose War is it Anyway? The Dangers of the Journalism of Atta-chement. BM Informinc, London 1997.

Hunter, J. A. / Stringer, M. / Watson, R. P. 1991: Ingroup violence and intergroup attri-butions. In: British Journal of Social Psychology, 1991/30:261-266.

Huntington, Samuel P. 1993: The Clash of Civilizations? In: Foreign Affairs 72/1993/3:22-49.

Huntington, Samuel P. 1996a: Der Kampf der Kulturen (The Clash of Civilizations) – Die Neugestaltung der Weltpolitik im 21. Jahrhundert. München/Wien 1996.

Huntington, Samuel P. 1996b: The Clash of Civilizations and the Remaking of World Order. Simon & Schuster, New York 1996.

IFRC (International Federation of the Red Cross) 1998: World Disasters Report 1998. Oxford 1998.

Ignatieff, M. 1984: Soviet war memorials. History Workshop, issue 1984/17:157-163.

Imbusch, Peter (Hg.) 1998: Macht und Herrschaft – Sozialwissenschaftliche Konzeptio-nen und Theorien. Opladen 1998.

In der Maur, Wolf 1989: Nationalismus. Wien 1989.

Informationszentrum Sozialwissenschaften (Hg.) 1993: Gewalt in der Gesellschaft: eine Dokumentation zum Stand der sozialwissenschaftlichen Forschung seit 1985. Bonn 1993.

Institut für Friedensforschung und Sicherheitspolitik (Hg.) 1996: The European Security Community (ESC) – The Security Model for the Twenty-First Century. Baden-Baden 1996.

Institute for Democracy and Electoral Assistance-Handbook 1998: Democracy and Deep-Rooted Conflict: Options for Negotiators. Stockholm 1998.

Isaksson, Eva (ed.) 1988: Women and the Military System. St. Martin's Press, New York 1988.

Iwao, Sumiko / de Sola Pool, Ithiel / Hagiwara, Shigeru 1981: Japanese and U.S. media: Some cross-cultural insights into tv-violence. In: Journal of Communication, 1981/31:28-36.

Jaberg, Sabine 1998: Systeme kollektiver Sichrheit in und für Europa in Theorie, Praxis und Entwurf – Ein systemwissenschaftlicher Versuch. Baden-Baden 1998.

Jackson, Robert H. 1990: Quasi-States, Sovereignty, International Relations and the Third World. Cambridge 1990.

Jaeger, Susanne 1998: Propaganda mit Frauenschicksalen? Die deutsche Presseberichter-stattung über Vergewaltigung im Krieg in Bosnien-Herzegowina. In: Kempf, Wil-helm / Schmidt-Regener, I. (Hg.): Krieg Nationalismus, Rassismus und die Medien. Münster 1998.

Jäger, Joachim 1988: Gewalt und Polizei. Pfaffenweiler 1988.

Jäger, Siegfried 1992: BrandSätze. Rassismus im Alltag. Duisburg 1992.

Jäggi, Christian J. 1992: Rassismus – Ein globales Problem. Zürich/Köln 1992.

Jahn, Egbert 1990: Zur Phänomenologie der Massenvernichtung. Kolyma, Auschwitz, Hiroshima und der potentielle nukleare Holocaust. In: Leviathan, 1990/1:7-38.

Jahoda, G. / Harrisons S. 1975: Belfast children: Some effects of a conflict environment. In: The Irish Journal of Psychology, 3/1975/1:1-19.

Jaschke, Hans-Gerd 1993: Rechtsradikalismus als soziale Bewegung – Was heißt das? In: Vorgänge 122/1993:105-116.

Jean, François / Rufin, Jean-Christophe (Hg.) 1996: Economie des guerres civiles. Col-lection Pluriel, Paris 1996.

Jeismann, Michael 1993: Alter und neuer Nationalismus. In: Ders. / Ritter, Henning (Hg.): Grenzfälle – Über neuen und alten Nationalismus. Leipzig 1993:9-26.

Jewtuschenko, Jewgeni 1991: Die Panzer bewegten sich nur noch wie auf Zehenspitzen. In: gewaltfreie aktion, 89-90/1991:12-20.

Jobard, Fabien 1998: Polizeilicher Schußwaffengebrauch in Frankreich. In: Bürgerrechte & Polizei / CILIP 61/1998/3:75-80.

Jochheim, Gernot 1977: Antimilitaristische Aktionstheorie, soziale Revolution und soziale Verteidigung: Zur Entwicklung der Gewaltfreiheitstheorie in der europäischen antimilitaristischen und sozialistischen Bewegung 1890 – 1940 unter besonderer Berücksichtigung der Niederlande. Assen/Amsterdam/Frankfurt 1977.

Jochheim, Gernot 1988a: Gewaltfreie Verteidigung der Revolution. Ursprünge der Sozialen Verteidigung im Anarchismus. In: graswurzelrevolution Nr 123/124, Sonderheft Soziale Verteidigung, Hamburg 1988.

Jochheim, Gernot 1988b: Soziale Verteidigung – Verteidigung mit einem menschlichen Gesicht. Eine Handreichung, Düsseldorf 1988.

Johnson, C. / Ratwik, S. H. / Sawyer, T. J. 1987: The evocative significance of kin terms in patriotic speech. In: Reynolds, V. / Falger, V. / Vine, I. (Eds.): The sociobiology of ethnocentrism: Evolutionary dimensions of xenophobia, discrimination, racism and nationalism. Croom Helm, London1987:157-174.

Johnson, G. R. 1997: The evolutionary roots of patriotism. In: Bar-Tal, D. / Staub, E. (Eds.): Patriotism in the lives of individuals and nations. Nelson-Hall, Chicago 1997:45-90.

Johnson, James D. / Adams, Mike S. / Hall, William / Ashburn, Leslie 1997: Race, media, and violence: Differential racial effects of exposure to violent news stories. In: Basic and Applied Social Psychology, 1997/19:81-90.

Jonas, Markus / Neuberger, Christoph 1996: Unterhaltung durch Realitätsdarstellungen: „Reality TV" als neue Programmform. In: Publizistik, 1996/41:187-203.

Jones, Daniel / Bremer, Stuart A. / Singer, David J. 1996: Militarized Interstate Disputes, 1816-1992 -Rationale, Coding Rules and Empirical Patterns. In: Conflict Mangement and Peace Sciences, Vol. 15/1996/2:163-213.

Joy, Lesley A. / Kimball, Meredith M. / Zabrack, Merle L. 1986: Television and children's aggressive behavior – In: Tanis MacBeth, Williams (Ed.): The impact of television. A natural experiment in three communities. Academic Press, Orlando 1986:303-360.

Jung, Dietrich 1995: Tradition – Moderne – Krieg. Grundlegung einer Methode zur Erforschung kriegsursächlicher Prozesse. Münster/Hamburg 1995.

Jung, Dietrich 1997a: Zwischen Wirtschaftswunder und Bürgerkrieg. Kriege in Asien seit 1945. Arbeitspapier der Forschungsstelle Kriege, Rüstung und Entwicklung Nr. 2/1997, Hamburg 1997.

Jung, Dietrich 1997b: Kriege im Nahen und Mittleren Osten seit 1945. Daten, Hintergründe und Analysen. Arbeitspapier der Forschungsstelle Kriege, Rüstung und Entwicklung Nr. 3/1997, Hamburg 1997.

Junge, Barbara / et al. 1997: Rechtsschreiber – Wie ein Netzwerk in Medien und Politik an der Restauration des Nationalen arbeitet. Berlin 1997.

Kaffman, M: 1977: Kibbutz civilian population under war stress. In: British Journal of Psychiatry, 130/1977:489-494.

Kaplan, Laura Duhan 1994: Women as caretakers: an archetype that supports patriarchal Militarism. In: Hypathia. Vol 9/1994/1:23ff.

Kappeler, Susanne 1994: Der Wille zur Gewalt – Politik des persönlichen Verhaltens. München 1994.

Katz, D. 1960: The functional approach to the study of attitudes. In: Public Opinion Quarterly, 1960/24:163-204.

Kavanagh, John 1994: The Occurence of Violence in Police-Citizen Arrest Encounters. In: Criminal Justice Abstracts 1994/6:319-330.

Keiffer, M. G. 1968: The Effect of Availability and Precision of Threat on Bargaining Behavior. Ph.D. Dissertation. Columbia University, Teachers College 1968.

Kellershohn, Helmut (Hg.) 1994: Das Plagiat – Der Völkische Nationalismus der Jungen Freiheit. Duisburg 1994.

Kempf Wilhelm / Luostarinen, Heikki 1997: New World Order Rhetorics. A Comparative Study of American and European Media during the Gulf War. Diskussionsbeiträge der Projektgruppe Friedensforschung, Konstanz 35/1997.

Kempf, Wilhelm 1978: Konfliktlösung und Aggression – Zu den Grundlagen einer psychologischen Friedensforschung. Bern 1978.

Kempf, Wilhelm 1993: Konflikteskalation durch autonome Prozesse. In: Kempf, Wilhelm / Frindte, Wolfgang / Sommer, Gert / Spreiter, Michael (Hg.): Gewaltfreie Konfliktlösungen. Heidelberg 1993:53-70.

Kempf, Wilhelm 1996a: Begriff und Probleme des Friedens – Beiträge der Sozialpsychologie. Kurseinheit 1: Aggression, Gewalt und Gewaltfreiheit. Fernuniversität, Hagen 1996.

Kempf, Wilhelm 1996b: Konfliktberichterstattung zwischen Eskalation und Deeskalation – Ein sozialpsychologisches Modell. In: Wissenschaft und Frieden, 1996/2:51-54.

Kempf, Wilhelm 1998a: News media and conflict escalation – a comparative study of the Gulf War coverage in American and European media. In: Nohrstedt, S. A. / Ottosen, R. (Eds). Journalism in the New World Order. Vol. I. Gulf War, National News Discourses and Globalization. (o.O.) 1998.

Kempf, Wilhelm 1998b: Die Berichterstattung über Friedensinitiativen dritter Parteien während des Golfkrieges. In: Kempf, Wilhelm / Schmidt-Regener, I. (Hg.): Krieg, Nationalismus, Rassismus und die Medien. Münster 1998.

Kempf, Wilhelm 1998c: Menschenrechte im Krieg. In: Mahdavi, R. / Vandré, J. (Hg.): Wie man Menschen von Menschen unterscheidet. Münster 1998:59-72.

Kempf, Wilhelm 1999: Escalation and deescalation oriented elements in the coverage of the Bosnia conflict. In: Kempf, Wilhelm / Luostarinen, Heikki (Eds.): Journalism in the New World Order. Vol. II. Studying war and the media. (o.O.) (1999).

Kempf, Wilhelm (Hg.) 1994: Manipulierte Wirklichkeiten – Medienpsychologische Untersuchungen der bundesdeutschen Presseberichterstattung im Golfkrieg. Münster 1994.

Kempf, Wilhelm / Reimann, Michael 1994: Die Berichterstattung über alliierte Kriegsgefangene. In: Kempf, Wilhelm (Hg.): Manipulierte Wirklichkeiten – Medienpsychologische Untersuchungen der bundesdeutschen Presseberichterstattung im Golfkrieg. Münster 1994

Kempf, Wilhelm / Reimann, Michael / Luostarinen, Heikki 1996: Qualitative Inhaltsanalyse von Kriegspropaganda und Kritischem Friedensjournalismus. Diskussionsbeiträge der Projektgruppe Friedensforschung Konstanz, 32/1996.

Kempf, Wilhelm / Reimann, Michael 1999: The presentation of alternative ways to settle the Gulf conflict in German, Norwegian and Finnish media. In: Kempf, Wilhelm / Luostarinen, Heikki (Eds): Journalism in the New World Order. Vol. II. Studying War and the Media. (o.O.) (1999).

Kempf, Wilhelm / Reimann, Michael / Luostarinen, Heikki 1999: New World Order Rhetorics in American and European Media. In: Nohrstedt, S. A. / Ottosen, R. (Eds): Journalism in the New World Order. Vol. I. Gulf War, National News Discourses and Globalization. Sage, London (im Druck) (1999).

Keohane, Robert / Nye, Joseph S. 1977: Power and Interdependence. Boston, Mass. 1977.

Kepplinger, Hans Mathias 1987: Darstellungseffekte – Experimentelle Untersuchungen zur Wirkung von Pressefotos und Fernsehfilmen. Freiburg 1987.

Kepplinger, Hans Mathias / Dahlem, Stefan 1990: Medieninhalte und Gewaltanwendung. In: Schwind, Hans-Dieter / Baumann, Jürgen / Lösel, Friedrich et al. (Hg.): Ursachen, Prävention und Kontrolle von Gewalt (Band III, Sondergutachten). Berlin 1990:382-396.

Kepplinger, Hans Mathias / Giesselmann, Thea 1993: Die Wirkung von Gewaltdarstellungen in der aktuellen Fernsehberichterstattung – Eine konflikttheoretische Analyse. In: Medienpsychologie, 1993/5:160-189.

Kerner, Hans-Jürgen / Kaiser, Günther / Kreuzer, Arthur / Pfeiffer, Ch 1990: Ursachen, Prävention und Kontrolle von Gewalt aus kriminologischer Sicht. In: Schwind, Hans-Dieter / Baumann, Jürgen (Hg.): Ursachen, Prävention und Kontrolle von Gewalt (Band II) Berlin 1990:415-606.

Kestenberg, Judith 1980: Kinder von Überlebenden der Naziverfolgung – Psychoanalytische Beiträge. In: Dahmer, Helmut (Hg.): Analytische Sozialpsychologie Bd. 2, Frankfurt/Main 1980:494-509.

Kevenhörster, Paul / Woyke, Wichard (Hg.) 1995: Internationale Politik nach dem Ost-West-Konflikt. Münster 1995.

Kevorkian, N. S. 1988: The Victimization of Palestinian Children in The Occupied Territories – The Case of the Uprising. Paper presented in the International Victimology Symposium in Israel 1988.

Kielmansegg, Peter Graf 1978: Politikwissenschaft und Gewaltproblematik. In: Geißler, Heiner (Hg.): Der Weg in die Gewalt – Geistige und gesellschaftliche Ursachen des Terrorismus und seine Folgen. München/Wien 1978:69-79.

Kimmel, Adolf 1992: Die Rückkehr des Nationalismus. In: Erhard Forndran (Hg.): Politik nach dem Ost-West-Konflikt. Baden-Baden 1992:99-120.

King, Charles 1997: Ending Civil Wars. Adelphi-Paper 308, International Institute for Strategic Studies. Oxford 1997.

Kinkelbur, Dieter 1995: Theologie und Friedensforschung – Eine Analyse theologischer Beiträge zur Friedens- und Konfliktforschung im 20. Jahrhundert. Münster/New York 1995.

Kirste, Knut / Maull, Hanns W. 1996: Zivilmacht und Rollentheorie. In: Zeitschrift für Internationale Beziehungen 3/1996/2:283-312.

Kizilhan, Ilhan 1997: Die Yeziden – Eine anthropologische und sozialpsychologische Studie über die kurdische Gemeinschaft. Frankfurt/Main 1997.

Kizilhan, Ilhan 1998: Kinder im Krieg, Gewalt und Bedrohung gegen Kinder – Eine empirische-psychologische Studie über die Auswirkung von Streß durch gewalttätige kriegsähnliche Lebensbedingungen auf Kinder, Dissertation, Universität Konstanz 1998.

Kleinig, J. 1991: Valuing life. Princeton University Press, Princeton 1991.

Kleiter, Ekkehard F. 1994: Aggression und Gewalt in Filmen und aggressiv-gewalttätiges Verhalten von Schülern. Darstellung einer empirischen Pilotstudie. In: Empirische Pädagogik, 1994/8:3-57.

Kleiter, Ekkehard F. 1997: Film und Aggression – Aggressionspsychologie – Theorie und empirische Ergebnisse mit einem Beitrag zur Allgemeinen Aggressionspsychologie. Weinheim 1997.

Kliche, Thomas / Adam, S. / Jannink, H. 1998: „Der Marsch hat begonnen." Diskursanalysen zur Konstruktion von 'Islam' in deutschen Printmedien. In: Kempf,

Wilhelm / Schmidt-Regener, I. (Hg.): Krieg, Nationalismus, Rassismus und die Medien. Münster 1998.

Klingenburg, Konrad 1994: Die UN – Vom Hoffnungsträger zum Prügelknaben. In: Solms, Friedhelm / Mutz, Reinhard / Krell, Gert (Hg.): Friedensgutachten 1994, Münster/Hamburg 1994:22-35.

Klingenburg, Konrad 1994: Vom Krisenmanagement zur Konfliktprävention – Herausforderung und Chance für die Vereinten Nationen. In: Sicherheit und Frieden, 1994/12:98-104.

Klingman, A. / Wiesner, E. 1983: Relationship of selected community factors to fear levels of Israeli children. Unpublished Paper (1983).

Klönne, Arno 1993: Völkische Wiedergeburt? Die Neue Rechte in den früher „realsozialistischen" Ländern Osteuropas. In: Butterwegge, Christoph / Jäger, Siegfried (Hg.): Rassismus in Europa. 3. Aufl., Köln 1993:46-57.

Klönne, Arno 1997: Zurück zur Weltmachtpolitik? Ambitionen des deutschen Nationalismus in Vergangenheit und Gegenwart. In: Christoph Butterwegge (Hg.): NS-Vergangenheit, Antisemitismus und Nationalismus in Deutschland. Beiträge zur politischen Kultur der Bundesrepublik und zur politischen Bildung, Baden-Baden 1997:133-140.

Klosinski, Günther 1987: Beitrag zur Beziehung von Video-Filmkonsum und Kriminalität in der Adoleszenz. In: Praxis der Kinderpsychologie und Kinderpsychiatrie, 1987/36:66-71.

Kniesel, Michael 1996: Staatsaufgabe Sicherheit, Grundgesetz und Polizei. In: Kniesel, Michael / Kube, Edwin / Murck, Manfred (Hg.): Handbuch für Führungskräfte der Polizei – Wissenschaft und Praxis. Lübeck 1996:41-98.

Kniesel, Michael / Behrendes, Udo 1996: Demonstrationen und Versammlungen. In: Kniesel, Michael / Kube, Edwin / Murck, Manfred (Hg.): Handbuch für Führungskräfte der Polizei – Wissenschaft und Praxis, Lübeck 1996:273-354.

Knightley, Phillip 1982: The First Casualty. From the Crimea to Vietnam: The War Correspondent as Hero, Propagandist, and Myth Maker. London, Melbourne, Quartet Books, New York 1982.

Knox, George W. / Laske, David / Doocy, J. H. 1991: Beliefs about Police Brutality: A Study of African Americans. San Francisco 1991.

Knütter, Hans-Helmuth 1961: Ideologien des Rechtsradikalismus im Nachkriegsdeutschland – Eine Studie über die Nachwirkungen des Nationalsozialismus. Bonn 1961.

Koch, Jutta 1995: UN-Blauhelm-Einsätze in der Krise? Zwischenbilanz und Perspektiven für die 90er Jahre. In: Ropers, Norbert / Debiel, Tobias (Hg.): Friedliche Konfliktbearbeitung in der Staaten- und Gesellschaftswelt. Bonn-Bad Godesberg 1995:132-151.

Kocijan-Hercigonja, D. 1997: Kinder im Krieg – Erfahrungen aus Kroatien. In: Hilweg, Werner / Ullman, Elisabeth (Hg.): Kindheit und Trauma. Göttingen 1997:177-194.

Koenen, Gerd / Hielscher, Karla 1991: Die schwarze Front – Der neue Antisemitismus in der Sowjetunion. Reinbek bei Hamburg 1991.

Kohl, Christine / Libal, Wolfgang 1992: Kosovo: gordischer Knoten des Balkan. Wien 1992.

Kohlberg, Lawrence 1986: Die Psychologie der Moralentwicklung. München/Wien 1986.

Köhler, Damaris 1996: Katastrophenhilfe als Aufgabe für den Deutschen Entwicklungsdienst? – Deutscher Entwicklungsdienst. Berlin 1996.

Kopeinig, Margaretha 1999: Hintergrund zu Haider und ein Lesebuch über die Neutralität. In: Kurier, 13.9.1999:2.

Koppe, Karlheinz 1994: Konfliktprävention, Konfliktregelung, Konfliktbeendigung mit nicht-militärischen Mitteln. In: Peaceful Settlement of Conflict II, 1994:123ff.

Korhonen, Pekka 1990: The Geometry of Power – Johan Galtung's Conception of Power. Tampere 1990.

Koschwitz, Hansjürgen 1988: Der verdeckte Kampf. In: Publizistik, 1988/33:71-88.

Kowalsky, Wolfgang 1992: Rechtsaußen ... und die verfehlten Strategien der deutschen Linken. Frankfurt/Main/Berlin 1992.

Krämer, Rolf 1995: Tätigkeitsbericht der Schutz- und Wasserpolizei für das Jahr 1994. In: Hessische Polizeirundschau 1995/8:4f.

Krell, Gert 1991: Krise und Krieg: Zur politischen Anatomie des Golf-Konflikts. In: Krell, Gert / Kubbig, Bernd W. (Hg.) Krieg und Frieden am Golf. Frankfurt/Main 1991.

Krell, Gert 1993: Wie der Gewalt widerstehen? Konfliktintervention und die Frage legitimer Gegengewalt als ethisches und politisches Problem. In: Schlotter, Peter et al. (Hg.): Der Krieg in Bosnien und das hilflose Europa. Plädoyer für eine militärische UN-Intervention, HSFK-Report 5-6/1993, Frankfurt/Main 1993:12-22.

Kreuzer, Peter 1999: Asiatische Weltsichten: Der Kosovo als Baustein zur amerikanischen globalen Hegemonie. In: HSFK-Standpunkte 1/1999.

Kreuzinger, Birgit / Maschke, Kathrin /unter Mitarbeit von Walter Funk 1995: Mediennutzung und die Gewaltbilligung, Gewaltbereitschaft und Gewalttätigkeit Nürnberger Schüler. In: Funk, Walter (Hg.): Nürnberger Schüler-Studie 1994 – Gewalt an Schulen. Regensburg 1995.

Krey, Volker (unter Mitarbeit von Arenz, Norbert / Freudenberg, Klaus) 1986: Zum Gewaltbegriff im Strafrecht. 1. Teil. Probleme der Nötigung mit Gewalt. In Bundeskriminalamt Wiesbaden (Hg.): Was ist Gewalt? Band 1. Strafrechtliche und sozialwissenschaftliche Darlegungen (S.). Wiesbaden 1986:11-106.

Kriesberg, L. 1993: Intractable conflicts. In: Peace Review, 1993/5:417-421.

Kriesberg, L. 1998: Intractable conflicts. In: E. Weiner (Ed.): The handbook of interethnic coexistence (pp.). Continuum, New York 1998:332-342.

Krippendorff, Ekkehart (Hg.) 1974: Friedensforschung. 4. Aufl. Köln 1974.

Krippendorff, Ekkehart 1999: Die Kunst, nicht regiert zu werden – Ethische Politik von Sokrates bis Mozart. Frankfurt/Main 1999.

Krüger, Udo Michael 1994: Gewalt in Informationssendungen und Reality TV. In: Media Perspektiven, 1994/2:72-85.

Krüger, Udo Michael 1996: Gewalt in von Kindern genutzten Fernsehsendungen. In: Media Perspektiven, 1996/3:114-133.

Kugler, Jacek / Lemke, Douglas (eds.) 1996: Parity and War – Evaluations and Extensions of The War Ledger. University of Michigan Press, Ann Arbor 1996.

Kühne, Winrich 1993: Völkerrecht und Friedenssicherung in einer turbulenten Welt: Eine analytische Zusammenfassung der Grundprobleme und Entwicklungsperspektiven. In: Ders. (Hg.): Blauhelme in einer turbulenten Welt – Beiträge internationaler Experten zur Fortentwicklung des Völkerrechts und der Vereinten Nationen. Baden-Baden 1993:17-100.

Kühnl, Reinhard / et al. 1969: Die NPD – Struktur, Ideologie und Funktion einer neofaschistischen Partei. Frankfurt/Main 1969.

Kunczik, Michael 1990: Die manipulierte Meinung. Köln 1990.

Kunczik, Michael 1995: Wirkungen von Gewaltdarstellungen – Zum aktuellen Stand der Diskussion. In: Mochmann, Ekkehard / Gerhardt, Uta (Hg.): Gewalt in Deutschland – Soziale Befunde und Deutungslinien. München 1995:79-106.

Kuran, Timur 1989: Sparks and Prairie Fires: A Theory of Unanticipated Political Revolution. In: Public Choice 1989/61:41-74.

Kurtenbach, Sabine 1995: Kolumbianisierung Lateinamerikas? Transformationsprozesse vom Krieg zum Frieden in komparativer Perspektive. In: Matthies, Volker (Hg.): Vom Krieg zum Frieden, Kriegsbeendigung und Friedenskonsolidierung. Bremen 1995:164-183.

Labrousse, Alain 1996: Territoires et réseaux: l'exemple de la drogue. In: Jean, François / Rufin, Jean-Christophe (Hg.): Economie des guerres civiles. Collection Pluriel, Paris 1996:467-494.

Lake, David 1992: Powerful pacifists: democratic states and war. In: American Political Science Review 1992/86:24-37.

Lakey, George 1979: Sociological Mechanisms of Nonviolence: How it Works. In: Nonviolent Action and Social Change. Bruyn, Severyn T. / Rayman, Paula M. (Hg.): New York, London/Sydney/Toronto 1979:64-72.

Lakey, George / Randle, Michael 1988: Gewaltfreie Revolution. Berlin 1988.

Lamnek, Siegfried 1979: Theorien abweichenden Verhaltens. München 1979.

Lamnek, Siegfried 1995: Gewalt in Massenmedien und Gewalt von Schülern. In: Lamnek, Siegfried (Hg.): Jugend und Gewalt – Devianz und Kriminalität in Ost und West. Opladen 1995:225-256.

Lang, Annie / Newhagen, John / Reeves, Byron 1996: Negative video as structure: Emotion, attention, capacity, and memory. In: Journal of Broadcasting and Electronic Media, 1996/40:460-477.

Langenbucher, Wolfgang R. 1979: Einleitung. In Langenbucher, Wolfgang R. (Hg.): Politik und öffentliche Kommunikation – Über öffentliche Meinungsbildung. München 1979:7-26.

Laqueur, Walter 1993: Der Schoß ist fruchtbar noch – Der militante Nationalismus der russischen Rechten. München 1993.

Lasswell, Harold D. 1927: Propaganda Technique in the World War. Kegan Paul, London 1927.

Lazarus, R.S. / Folkman, S. 1984: Stress, appraisal and coping. Springer, New York 1984.

Lederach, John P. 1994: Building Peace – Sustainable Reconciliation in Divided Societies. Harrisonburg 1994.

Leeds, Brett Ashley / Davis, David R. 1997: Domestic political vulnerability and international disputes. In: Journal of Conflict Resolution 1997/41:814-834.

Leggewie, Claus 1987: Die Zwerge am rechten Rand – Zu den Chancen kleiner neuer Rechtsparteien in der Bundesrepublik Deutschland. In: Politische Vierteljahresschrift 1987/4:361-383.

Leggewie, Claus 1994: Europa beginnt in Sarajevo – Gegen den Skeptizismus in der europäischen Wiedervereinigung. In: Aus Politik und Zeitgeschichte. Beilage zur Wochenzeitung Das Parlament 1994/42:24-33.

Leiblich, A. 1977: Tin Soldiers on Jerusalem Beach. New York 1977.

Leifer, A. / Roberts, D. 1971: Children's responses to television violence – Television and social behavior (Vol. 2) U.S. Government Printing Office, Washington DC 1971.

Lenhardt, Gero 1993: Der verwahrloste Nationalismus – Über die Anschläge auf Asylsuchende. In: Neue Sammlung 1993/4:539-548.

Lentz, Astrid 1995: Ethnizität und Macht – Ethnische Differenzierung als Struktur und Prozeß sozialer Schließung im Kapitalismus. Köln 1995.

Lepsius, M. Rainer 1993: Das Erbe des Nationalsozialismus und die politische Kultur der Nachfolgestaaten des „Großdeutschen Reiches". In: Ders.: Demokratie in Deutschland. Soziologisch-historische Konstitutionsanalysen. Ausgewählte Aufsätze, Göttingen 1993.

Lepsius, M. Rainer 1997: Bildet sich eine kulturelle Identität in der Europäischen Union? In: Blätter für deutsche und internationale Politik 1997/8:948-955.

Lerner, M. 1980: The belief in just world. Plenum, New York 1980.

Levi-Strauss, C. 1958: Anthropologie structurale. Plon, Paris 1958.

Levinger, E. 1993: War memorials in Israel. Hakibbutz Hameuchad. (in Hebrew), Tel Aviv 1993.

Levy, Jack S. 1989a: Causes of War: A Review of Theories and Evidence. In: Tedlock, P. E.: Stopping the Killing; How civil wars end. New York: (Hg.): Behavior, Society and Nuclear War. Vol.1, New York 1989:209-283.

Levy, Jack S. 1989b: The diversionary theory of war: a critique. In: Midlarsky, M. (ed.): Handbook of War Studies. Unwin-Hyman, London 1989:259-288.

Lichbach, Mark Irving / Gurr, Ted Robert 1981: The conflict process. In: Journal of Conflict Resolution 1981/25:3-29.

Liebert, Ulrike 1991: Kein neuer deutscher Nationalismus? Vereinigungsdebatte und Nationalbewußtsein auf dem „Durchmarsch" zur Einheit. In: Dies. / Merkel, Wolfgang (Hg.): Die Politik zur deutschen Einheit. Probleme – Strategien – Kontroversen, Opladen 1991:51-94.

Liebman, C. S. / Don-Yehiya, E. 1983: Civil religion in Israel: Traditional Judaism and political culture in the Jewish State. University of California Press, Berkeley 1983.

Liegl, Peter / Kempf, Wilhelm 1994: Die Auseinandersetzung mit der bundesdeutschen Friedensbewegung. In: Kempf, Wilhelm (Hg.): Manipulierte Wirklichkeiten – Medienpsychologische Untersuchungen der bundesdeutschen Presseberichterstattung im Golfkrieg. Münster 1994.

Lindenberger, Thomas / Lüdtke, Alf (Hg.) 1995: Physische Gewalt – Studien zur Geschichte der Neuzeit. Frankfurt/Main 1995.

Link, Jürgen 1999: Die Autopoiesis des Krieges. In: Wissenschaft und Frieden, 1999/3:7-12.

Linz, Juan J. / Stepan, Alfred 1996: Problems of Democratic Transition and Consolidation – Southern Europe, South America, and Post-Communist Europe. Johns Hopkins University Press, Baltimore 1996.

Lippert, Ekkehard / Prüfert, Andreas / Wachtler, Günter (Hg.) 1997: Sicherheit in der unsicheren Gesellschaft. Opladen 1997.

Lock, Peter 1998: Privatisierung der Sicherheit oder private Militarisierung? Aktuelle Entwicklungen in Afrika. unveröff. Manuskript, Hamburg 1998.

Loescher, Gil 1993: Beyond Charity, International Cooperation and the Global Refugee Crisis. Oxford 1993.

Loescher, Gil 1997: Wanderungsbewegungen und internationale Sicherheit. In: Angenendt, Steffen (Hg.): Migration und Flucht. München 1997:181-189.

Loesel, F. Bliesener, Th. / Koeferl, P. 1989: On the conept of „Invulnerability" – Evaluation and first results of the Bielefeld-Project. In: Barming, M. / Liesel, F. / Skowronek, H. (Eds.): Children at risk. Assesment – Longitudinal research and intervention. Berlin/New York 1989:196-219.

Logan, C. S. 1950: What our children see. In: Olsen, O. J. (Ed.): Education on the air: Twentieth Yearbook of the Institute for Education by Radio and Television. Columbus 1950.

Loquai, Heinz 1999: Die OSZE-Mission im Kosovo – eine ungenutzte Friedenschance? In: Blätter für deutsche und internationale Politik 9/1999:1118-1126.

Lorenz, Konrad 1974: Das sogenannte Böse – Zur Naturgeschichte der Aggression. Wien 1963 (Neuauflage: München 1974).

Lösel, Friedrich 1975: Handlungskontrolle und Jugenddelinquenz – Persönlichkeitspsychologische Erklärungsansätze delinquenten Verhaltens. Stuttgart 1975.

Lösel, Friedrich / Selg, Herbert / Scheider, Ursula / Müller-Luckmann 1990: Ursachen, Prävention und Kontrolle von Gewalt aus psycholgischer Sicht. In: Schwind, Hans-Dieter / Baumann, Jürgen (Hg.): Ursachen, Prävention und Kontrolle von Gewalt (Band II) Berlin 1990:1-156.

Luca-Krüger, Renate 1988: „Das Gute soll gewinnen" – Gewaltvideos im Erleben weiblicher und männlicher Jugendlicher. In: Publizistik, 1988/33:481-492.

Ludes, P. / Schütte, G. 1991: „Gigantisches Täuschungsmanöver" – Der Golfkrieg 1991 in den Medien der Bundesrepublik Deutschland. In: Zivilcourage 1991/4:6-11.

Ludwig, Klemens 1993: Europa zerfällt. Völker ohne Staaten und der neue Nationalismus. Reinbek bei Hamburg 1993.

Luhmann, Niklas 1996: Zeit und Gedächtnis. In: Ders.: Soziale Systeme 2, Opladen 1996:307-330.

Lukesch, Helmut 1988: Mass media use, deviant behavior and delinquency. In: Communications 1988/14:53-64.

Lukesch, Helmut 1990: Video violence and aggression. In: German Journal of Psychology, 1990/13:293-300.

Lukesch, Helmut 1992: Aktuelle Videokonsumgewohnheiten bei Kindern und Jugendlichen in den fünf neuen Bundesländern. In: BPS-Info der Bundesprüfstelle für jugendgefährdende Schriften, 1992/1:3-5.

Lukesch, Helmut 1997: Medien und ihre Wirkungen – Eine Einführung – Sammelwerk Medienzeit. Hg. Bayerisches Staatsministerium für Unterricht Kultus, Wissenschaft und Kunst. Donauwörth 1997.

Lukesch, Helmut / Habereder, Sabine 1989: Die Nutzung indizierter und konfiszierter Videofilme durch Jugendliche nach Änderung der Jugendschutzbestimmungen. In: Psychologie in Erziehung und Unterricht, 1989/36:134-139.

Lukesch, Helmut / Kägi, Hans / Karger, Gerlinde / et al. 1989: Video im Alltag der Jugend – Quantitative und qualitative Aspekte des Videokonsums, des Videospielens und der Nutzung anderer Medien bei Kindern, Jugendlichen und jungen Erwachsenen (2. Auflag

Lukesch, Helmut / Kischkel, Karl Heinz / Amann, Anne / et al. 1989: Jugendmedienstudie. Roderer, Regensburg 1989.

Lukesch, Helmut / Schauf, Marianne 1990: Können Filme stellvertretende Aggressionskatharsis bewirken? In: Psychologie in Erziehung und Unterricht, 1990/37:38-46.

Lukesch, Helmut / Scheungrab, Michael 1995: Beiträge der Massenmedien zur Delinquenzgenese Jugendlicher. In: Gruppendynamik, 1995/26:63-87.

Lund, Michael S. 1996: Preventing Violent Conflict. A Strategy for Preventive Diplomacy. Washington DC 1996.

Lund, Michael S. 1998: Not Only When to Act, But How: From Early Warning to Rolling Prevention. In: Wallensteen, Peter (Hg.): Preventing Violent Conflict – Past Record and Future Challenges. Stockholm 1998:155-166.

Luostarinen, Heikki 1986: Perivihollinen (The Ancient Foe) – Suomen oikeistolehdistön Neuvostoliittoa koskeva viholliskuva sodassa 1941-44: tausta ja sisältö. Vastapaino, Tampere 1986.

Luostarinen, Heikki 1994: Mielen kersantit (Sergeants of the Mind) – Julkisuuden hallinta ja journalistiset vastastrategiat sotilaallisissa konflikteissa. Hanki ja Jää, Helsinki 1994.

MacArthur, John R. 1993: Die Schlacht der Lügen. München 1993.

MacDonald, F. J. 1985: Television and the Red Menace. The Video Road to Vietnam. Praeger, New York 1985.

Macrae, Joanna / Zwi, Anthony 1994: War and Hunger – Rethinking International Responses to Complex Emergencies. London/New Jersey 1994.

Maibach, Gerda 1996: Polizisten und Gewalt. Innenansichten aus dem Polizeialltag. Reinbek 1996.

Malesic, Marjan 1998: Propaganda im Krieg in Bosnien-Herzegowina. In: Kempf, Wilhelm / Schmidt-Regener, I. (Hg.): Krieg, Nationalismus, Rassismus und die Medien. Münster 1998.

Mansfield, Edward D. / Snyder 1995: Democratization and the danger of war. In: International Security 1995/20:5-38.

Mantino, Susanne 1992: Die „Neue Rechte" in der „Grauzone" zwischen Rechtsextremismus und Konservatismus – Eine systematische Analyse des Phänomens „Neue Rechte". Frankfurt/Main 1992.

Markl, Hubert 1982: Evolutionsbiologie des Aggressionsverhaltens. In: Hilke, R. / Kempf, Wilhelm (Hg.): Aggression. Bern 1982:21-43.

Mathiopoulos, Margarita 1993: Das Ende der Bonner Republik – Beobachtungen einer Europäerin. Stuttgart 1993.

Matthies, Volker 1988: Kriegsschauplatz Dritte Welt. München 1988.

Matthies, Volker 1994a: Immer wieder Krieg? Eindämmen – beenden – verhüten? Schutz und Hilfe für die Menschen? Opladen 1994.

Matthies, Volker 1994b: Friedensursachenforschung. Ein vernachlässigtes Forschungsfeld. In: Wissenschaft & Frieden, 1994/2:45-49.

Matthies, Volker 1996: Vom reaktiven Krisenmanagement zur präventiven Konfliktbearbeitung? In: Aus Politik und Zeitgeschichte, B 33-34/1996:19-28.

Maull, Hans W. 1997: Zivilmacht Deutschland – Vierzehn Thesen für eine neue deutsche Außenpolitik. In: Senghaas, Dieter (Hg.): Frieden machen. Frankfurt/Main 1997:63-76.

Mayntz, Renate / Nedelmann, Brigitta 1997: Eigendynamische soziale Prozesse. In: Mayntz, Renate: Soziale Dynamik und Politische Steuerung – Theoretische und Methodologische Überlegungen. Frankfurt/Main 1997:86-114.

McFarlane, G. 1986: Violence in rural Northern Ireland: Social scientific models, folk explanations and local variation. In: D. Riches (Ed.): The anthropology of violence. Basil Blackwell, Oxford 1986:184-203.

McLaughlin, Sara / Gates, Scott / Havard, Hegre / et al. 1998: Timing the Changes in Political Structures: A New Polity Database. In: Journal of Conflict Resolution 42/1998/2:231-242.

McWhirter, L. / Young, V. / Murray J. 1983: Belfast children's awareness of violent death. In: British Journal of Social Psychology, 1983/22:81-91.

McWhirter, E. 1981: Violence in Northern Ireland: Children's conceptions. Paper presented at the sixth biennial meeting, International Society for Study of Behavioral Development, Toronto 1981.

McWhirter, E. / Trew, K. 1981: Social awareness in Northern Irland children an youth. In: American Journal of Diseases of Children, 1981/123:527-532.

Meder, Gerhard 1994: Die Funktionalisierung der Vereinten Nationen. In: Kempf, Wilhelm (Hg.): Manipulierte Wirklichkeiten – Medienpsychologische Untersuchungen der bundesdeutschen Presseberichterstattung im Golfkrieg. Münster 1994.

Melchers, Christoph B. / Seifert, Werner 1984: „... das Bild ist jetzt noch nicht weg" – Psychologische Untersuchungen und Überlegungen zum Video-Horror. In: medium 14/1984/6:21-31.

Mendler, Martin / Schwegler-Rohmeis, Wolfgang 1989: Weder Drachentöter noch Sicherheitsingenieur – Stand und Perspektiven der Kriegsursachenforschung. HSFK-Forschungsberichte, Frankfurt/Main 1989.

Mendlewitsch, Doris 1988: Volk und Heil – Vordenker des Nationalsozialismus im 19. Jahrhundert. Rheda-Wiedenbrück 1988.

Menk, Thomas Michael 1992: Gewalt für den Frieden – Die Idee der Kollektiven Sicherheit und die Pathognomie des Krieges im 20. Jahrhundert. Berlin 1992.

Messner, Dirk / Nuscheler, Frank 1996: Global Governance. Organisationselemente und Säulen einer Weltordnungspolitik. In: Messner, Dirk / Nuscheler, Franz / INEF (Hg.): Weltkonferenzen und Weltberichte. Ein Wegweiser durch die internationale Diskussion. Bonn 1996:12-36.

Meyer, Berthold 1998: In der Endlosschleife? Die OSZE-Langzeitmissionen auf dem Prüfstand. Hessische Stiftung für Friedens- und Konfliktforschung, HSFK Report 3, Frankfurt/Main 1998.

Meyer, Ernst W. 1992: „Es ist unfaßbar, wir können es nicht glauben" – Lehrerfortbildung zu einem Tabuthema. In: Pädagogik, 1992/44:26-29.

Meyer, Heinz-Dieter 1995: Kann die Zivilisationstheorie einen Beitrag zur Neuorientierung der Konflikttheorie leisten? Zur Rekonstruktion und Kritik einer Theorie des sozialen Konflikts bei Norbert Elias. In: Kinkelbur, Dieter, Zubke, Friedhelm (Hg.): Friedensentwürfe. Positionen von Querdenkern des 20. Jahrhunderts, Münster 1995:98-115.

Meyers, Reinhard 1994: Friedens- und Konfliktforschung. In: Kerber, Harald und Arnold Schmieder (Hg.): Spezielle Soziologien. Reinbek 1994:255-278.

Meyers, Reinhard 1995: Von der Globalisierung zur Fragmentierung? Überlegungen zum Wandel des Kriegsbildes in der Weltübergangsgesellschaft. In: Kevenhörster, Paul / Woyke, Wichard (Hg.): Internationale Politik nach dem Ost-West-Konflikt. Münster 1995:33-82.

Mezger-Brewka, Jutta 1993: Die Abbildung emotionalisierender Effekte eines Horrorfilms mit der Methode des Katathymen Bilderlebens. Unveröff. Diplomarbeit, Universität Regensburg 1993.

Mies, Maria / Shiva, Vandana 1994: Ecofeminism. Zed Books, London 1994.

Miles, Robert 1991: Rassismus – Einführung in die Geschichte und Theorie eines Begriffs. Hamburg 1991.

Milgram, R. / Milgram, N. 1976: (The effect of the Yom Kippur War on anciety level in Israeli children. In: The Journal of Psychology 1976/94:107-113.

Minc, Alain 1992: Die Wiedergeburt des Nationalismus in Europa. Hamburg 1992.

Mitchell, C. R. 1981: The structure of international conflict. Macmillan, London 1981.

Moeller, Michael Lukas 1992: Der Krieg, die Lust, der Frieden, die Macht. Reinbek 1992.

Moeller, Michael Lukas 1993: Was ist Krieg? In: Plänkers, Thomas (Hg.): Die Angst vor der Freiheit: Beiträge zur Psychoanalyse des Krieges. Tübingen 1993:13-31.

Mommsen, Margareta 1992: Einleitung. In: Dies. (Hg.): Nationalismus in Osteuropa – Gefahrvolle Wege in die Demokratie. München 1992:7-17.

Moore, Barrington, Jr. 1966: The Social Origins of Dictatorship and Democracy. Beacon Press, Boston 1966.

Moore, Simon R. / Cockerton, Tracey 1996: Viewers' ratings of violence presented in justified and unjustified contexts. In: Psychological Reports, 1996/79:931-935.

Morgenthau, Hans J. 1960: Politics Among Nations – The Struggle for Power and Peace. New York 1960.

Morley, D. / Robins, K. 1995: Spaces of Identity – Global Media, Electronic Landscapes and Cultural Boundaries. Routledge, London 1995.

Morshäuser, Bodo 1993: Rechtsradikale Jugendliche: „Eine antiautoritäre Rebellion". In: Psychologie heute 1993/12:40-43.

Mosse, G. L. 1990: Fallen soldiers: Reshaping the memory of the world wars. Oxford University Press, New York 1990.

Muir, Kate 1992: Arms and the Woman. Sinclair Stevenson, London 1992.

Müller, Barbara 1995: Passiver Widerstand im Ruhrkampf. Münster 1995.

Müller, Barbara 1996: Zur Theorie und Praxis von Sozialer Verteidigung. IFGK, Arbeitspapier Nr. 3, Wahlenau 1996.

Müller, Barbara 1997: „Gewaltfrei eskalieren!" – geht das noch? In: Politik von unten – Zur Geschichte und Gegenwart – Theodor Ebert zum 60. Geburtstag. Hrsg. v. Büttner, Christian W. / Jochheim, Gernot / Luer, Nadya / Schramm, Torsten: Vierteljahreshefte für Frieden und Gerechtigkeit, 111/112, 29/1997/1-2:119-124.

Müller, Barbara / Büttner, Christian 1996: Optimierungschancen von Peacekeeping, Peacemaking und Peacebuiling durch gewaltfreie Interventionen? Institut für Friedensarbeit und Gewaltfreie Konfliktaustragung. Arbeitspapier Nr. 4. Wahlenau 1996.

Müller, Barbara / Büttner, Christian / Gleichmann, Peter R. 1999: Der Beitrag des Balkan Peace Team zur konstruktiven Konfliktbearbeitung in Kroatien und Serbien/Kosovo, Abschlußbericht „Gewaltfreie Intervention im bewaffneten Konflikt: Aktuelle zivilgesellschaftliche Handlungsansätze und Lernprozesse im eskalierten interkulturellen Konflikt am Beispiel Balkan Peace Team. Wahlenau 1999.

Müller, Erwin 1998: Internationale Polizei: Prinzip und Konzept. In: Sicherheit und Frieden, 1998/16:5-18.

Müller, Johannes 1997: Entwicklungspolitik als globale Herausforderung – Methodische und ethische Grundlegung. Stuttgart 1997.

Mussen, Paul / Rutherford, Eldred 1961: Effects of aggressive cartoons on children's aggressive Play. In: Journal of Abnormal and Social Psychology, 1961/62:461-464.

Musterentwurf 1990: Musterentwurf eines einheitlichen Polizeigesetzes des Bundes und der Länder. In: Kniesel, Michael / Vahle, Jürgen (Hg.): VE ME PolG, Heidelberg 1990.

Mustonen, Ann 1997: Nature of screen violence and its relation to program popularity. In: Aggressive Behavior, 1997/23:281-292.

Mutz, Reinhard / Schoch, Bruno / Solms, Friedhelm 1998: Frieden schaffen – auch mit Waffen? Überlegungen zu einer anhaltenden Kontroverse in der Friedensforschung. In: Dies. (Hg.): Friedensgutachten 1998, Münster/Hamburg 1998:117-129.

Narr, Wolf-Dieter / Schubert, Alexander 1994: Weltökonomie – Die Misere der Politik. Frankfurt/Main 1994.

Nashef, Y. 1993: The psychological impact of the Intifada on Palestinian children living in refugee camps in the West Bank, as reflected in their dreams, drwaing an behavior. Berlin 1993.

Nass, Klaus Otto 1993: Grenzen und Gefahren humanitärer Interventionen – Wegbereiter für Frieden, Menschenrechte, Demokratie und Entwicklung? In: Europa-Archiv 1993/10 :279-288.

Nassehi, Armin 1990: Zum Funktionswandel von Ethnizität im Prozeß gesellschaftlicher Modernisierung – Ein Beitrag zur Theorie funktionaler Differenzierung. In: Soziale Welt 1990/3:261-282.

Nedelmann, Brigitta 1997: Gewaltsoziologie am Scheideweg – Die Auseinandersetzungen in der gegenwärtigen und Wege der künftigen Gewaltforschung. In: Trotha, Trutz von (Hg.): Soziologie der Gewalt. Opladen/Wiesbaden 1997:59-85.

Negt, Oskar 1995: Achtundsechzig – Politische Intellektuelle und die Macht. Göttingen 1995.

Neidhardt, Friedhelm 1986: Gewalt – Soziale Bedeutungen und sozialwissenschaftliche Bestimmungen des Begriffs. In: Bundeskriminalamt (Hg.): Was ist Gewalt? Auseinandersetzungen mit einem Begriff. Bd. 1, Wiesbaden 1986:109-141.

Neu, Viola / Zelle, Carsten 1992: Der Protest von Rechts – Kurzanalyse zu den jüngsten Wahlerfolgen der extremen Rechten, Interne Studien des Forschungsinstituts der Konrad-Adenauer-Stiftung 34/1992, Sankt Augustin 1992.

Nicklas, Hans 1996: Erziehung zur Friedensfähigkeit. In: Imbusch, Peter / Zoll, Ralf (Hg.): Friedens- und Konfliktforschung. Opladen 1996:463-480.

Nicklas, Hans / Ostermann, Änne 1993: Friedensfähigkeit. Aspekte der bisherigen friedenspädagogischen Diskussion und Perspektiven für die Zukunft. In: Galtung, Johan / Kinkelbur, Dieter / Nieder, Martin (Hg.) Gewalt im Alltag und in der Weltpolitik. Münster 1993:59-70.

Niethammer, Lutz 1969: Angepaßter Faschismus – Politische Praxis der NPD. Frankfurt/Main 1969.

Nikolic-Ristanovic, Vesna 1996: War, Nationalism and Mothers. In: Peace Review 8/1996/3:359-365.

Nilsen, A. K. A. J. 1994: Johan Galtung om krigen i Jugoslavia: En serbisk frigjoringskrig. In: Ny Tid, 19.8.1994.

Noiriel, Gérard 1994: Die Tyrannei des Nationalen – Sozialgeschichte des Asylrechts in Europa. Lüneburg 1994.

Noll, Adolf H. 1993: Die Ambivalenz der zweiten Mediatisierung: Nation und nationale Identität. In: Ders. / Reuter, Lutz R. (Hg.): Politische Bildung im vereinten Deutschland -. Geschichte, Konzeptionen, Perspektiven, Opladen 1993:106-121.

Nuscheler, Franz 1995: Internationale Migration, Flucht und Asyl. Opladen 1995.

Oberndörfer, Dieter 1993: Der Wahn des Nationalen – Die Alternative der offenen Republik. Freiburg/Basel/Wien 1993.

Oneal, John R. / Russett, Bruce M. 1997: The classical liberals were right: democracy, interdependence, and conflict -1950-1985. In: International Studies Quarterly 1997/41:267-294.

Opitz, Peter J. 1994: Weltproblem Migration – Neue Dimensionen internationaler Stabilität. In: Bundesministerium der Verteidigung (Hg.): Reader Sicherheitspolitik. Die Bundeswehr vor neuen Herausforderungen (Ergänzungslieferung Nr. 1). Bonn 1994:2-16.

Organski, A. F. K. 1968: World Politics. 2. Aufl., Knopf, New York 1968.

Ortmeyer, Benjamin 1991: Argumente gegen das Deutschlandlied – Geschichte und Gegenwart eines Lobliedes auf die deutsche Nation. Köln 1991.

Osborn, D.K. / Endsley, R.C. 1971: Emotional reactions of young children to TV violence. In: Child Development, 1971/42:321-331.

Osgood, R. E. / Tucker, R. W. 1967: Force, order and justice. John Hopkins Press, Baltimore 1967.

Osterkamp, Ute 1996: Rassismus als Selbstentmächtigung -Texte aus dem Arbeitszusammenhang des Projektes Rassismus / Diskriminierung, mit einer Einleitung von Klaus Holzkamp. Berlin/Hamburg 1996.

Österreichisches Studienzentrum für Frieden und Konfliktlösung (Hg.) 1999: Krisenprävention – Theorie und Praxis ziviler Konfliktbearbeitung – Friedensbericht 1999. Zürich 1999.

Paech, Norman 1992: Eine kopernikanische Wende des Völkerrechts? oder: Welches Recht in welcher neuen Weltordnung? In: Sicherheit und Frieden, 1992/10:11-15.

Paffenholz, Thania 1995: Nicht die Konflikte müssen beendet werden, sondern die Kriege: Möglichkeiten der Transformation von innerstaatlichen Kriegen mit nichtmilitärischen Mitteln. HSFK, Frankfurt 1995.

Page, C. 1996: U.S. Official Propaganda During the Vietnam War, 1965-1973 – The Limits of Persuasion. Leicester University Press, London/New York 1996.

Paik, Haejung / Comstock, George 1994: The effects of television violence on anti-social behavior: A meta-analysis. In: Communication Research, 1994/21:516-546.

Palmbach, Ute / Kempf, Wilhelm 1994: Die Konstruktion des Feindbildes Saddam. In: Kempf, Wilhelm (Hg.): Manipulierte Wirklichkeiten – Medienpsychologische Untersuchungen der bundesdeutschen Presseberichterstattung im Golfkrieg. Münster 1994.

Papademetriou, Demetrios 1996: Coming Together or Pulling Apart? The European Union's Struggle with Immigration and Asylum. Washington DC 1996.

Pappi, Franz Urban 1990: Die Republikaner im Parteiensystem der Bundesrepublik – Protesterscheinung oder politische Alternative? In: Aus Politik und Zeitgeschichte. Beilage zur Wochenzeitung Das Parlament 1990/21:37-44.

Pass, Helmut 1983: Nachahmung von verbal übermittelten Modellen aggressiver und prosozialer Interaktionen – Eine experimentelle Analyse. In: Psychologie in Erziehung und Unterricht, 1983/30:40-45.

Patry, Jean-Luc / Perrez, Meinrad 1982: Entstehungs-, Erklärungs- und Anwendungszusammenhang technologischer Regeln. In: Jean-Luc Patry (Hg.): Feldforschung. Bern 1982:389-412.

Pedelty, M. 1995: War Stories – The Culture of Foreign Correspondents. Routledge, New York/London 1995.

Percival, Val, / Homer Dixon, Thomas 1998: Environmental Scarcity and Violent Conflict: the Case of South Africa. In: Journal of Conflict Resolution, 35/1998/3:279-298.

Peters, Ingo 1995: Europäische Sicherheitsinstitutionen: Arbeitsteilung oder Konkurrenz? In: Forndran, Erhard / Lemke, Hans-Dieter (Hg.): Anforderungen an eine europäische Sicherheitspolitik. Baden-Baden 1995.

Peterson, Spike V. 1996: The Politics of Identification in the Context of Globalization. In: Women's Studies International Forum. 19/1996/1-2:5-15.

Pfahl-Traughber, Armin 1993: Rechtsextremismus – Eine kritische Bestandsaufnahme nach der Wiedervereinigung. Bonn 1993.

Pfetsch, Frank R. / Billing, Peter 1994: Datenhandbuch nationaler und internationaler Konflikte, Baden-Baden 1994.

Pflüger, Friedbert 1994: Deutschland driftet – Die Konservative Revolution entdeckt ihre Kinder. Düsseldorf 1994.

Philipps, David P. / Hensley, John E. 1984: When violence is rewarded or punished: The impact of mass media stories on homicide. In: Journal of Communication, 1984/34:101-116.

Philipps, David P. 1983: The impact of mass media violence on U.S. homicides. In: American Sociological Review, 1983/48:560-568.

Plessner, Helmuth 1992: Die verspätete Nation – Über die politische Verführbarkeit bürgerlichen Geistes. 4. Aufl., Frankfurt/Main 1992.

Political Order in Changing Societies. Yale University Press, New Haven 1968.

Polizeigesetz 1990: Polizeigesetz für das Land Nordrhein-Westfalen. Vom 24.2.1990. In: Gesetz- und Verordnungsblatt des Landes Nordrhein-Westfalen 1990, Nr. 10:70.

Poole, M. A. 1995: The spatial distribution of political violence in Northern Ireland – An update to 1993. In: A. O'Day (Ed.): Terrorism's laboratory: The case of Northern Ireland (pp.). Dartmouth, Aldershot 1995:27-45.

Pradetto, August 1999: Zurück zu den Interessen – Das Strategische Konzept der NATO und die Lehren des Krieges. In: Blätter für deutsche und internationale Politik 7/1999:805-815.

Prantl, Heribert 1994: Deutschland – leicht entflammbar. Ermittlungen gegen die Bonner Politik. München/Wien 1994.

Preuß, Ulrich K. 1999: Zwischen Legalität und Gerechtigkeit. Der Kosovo-Krieg, das Völkerrecht und die Moral. In: Blätter für deutsche und internationale Politik 7/1999:816-828.

Pross, Harry 1981: Zwänge. Essay über symbolische Gewalt, Berlin1981.

Punamaki, R.L. 1982: Children in the shadow of the war – A psychological study on attitudes and emotional life of Israeli and Palestinian children. In: Current Research on Peace and Violence, 1982:26-41.

Punamaki, R.L. 1987: Psychological stress of responses of palestinian mothers and their children in conditions of military occupations and political violence. In: Quarterly Newsletter of Comparative Human Cognition, 9/1987/2:76-84.

Punamaki, R.L. 1988: Historical-political an individualistic determinants of coping modes and fears among Paestinian children. In: International Journal of Psychology 1988/23:721-739.

Putnam, Robert D. 1998: Diplomacy and Domestic Politics: The logic of two-level games. In: International Organizations, Summer, 42/1988/3:427-460.

Pütter, Norbert 1999: Polizeilicher Schußwaffengebrauch in der BRD. In: Bürgerrechte & Polizei 62/1999/1:41-51.

Rabehl, Thomas / AKUF 1998: Das Kriegsgeschehen 1997 – Daten und Tendenzen der Kriege und bewaffneten Konflikte. Reihe Interdependenz Nr. 22, Bonn 1998.

Rachman, S. 1983: Fearlessness an courage in bomb-disposal operators. In: Advances in Behavior Reserarch an Therapy, 1983/4:99-104.

Radtke, Frank-Olaf 1992: Multikulturalismus und Erziehung – Ein erziehungswissenschaftlicher Versuch über die Behauptung: „Wir leben in einer multikulturellen Gesellschaft". In: Brähler, Rainer / Dudek, Peter (Hg.): Fremde – Heimat. Neuer Nationalismus versus interkulturelles Lernen – Probleme politischer Bildungsarbeit. Frankfurt/Main 1992:185-208.

Radtke, Frank-Olaf 1995: Fremde und Allzufremde – Der Prozeß der Ethnisierung gesellschaftlicher Konflikte. In: Forschungsinstitut der Friedrich-Ebert-Stiftung, Abt. Arbeits- und Sozialforschung (Hg.): Ethnisierung gesellschaftlicher Konflikte. Eine Tagung der Friedrich-Ebert-Stiftung am 11.10.1995 in Erfurt, Bonn 1996:7-17.

Rapoport, Anatol 1988: Allgemeine Systemtheorie – Wesentliche Begriffe und Anwendungen. Darmstadt 1988.

Rapoport, Anatol 1990: Ursprünge der Gewalt – Ansätze der Konfliktforschung. Darmstadt 1990.

Rapoport, Anatol (ed.) 1974: Game theory as a theory of conflict resolution. Reidel, Dordrecht 1974.

Rauchfleisch, Udo 1992: Allgegenwart von Gewalt. Göttingen 1992.

Ray, James Lee 1995: Democracy and International Conflict – An Evaluation of the Democratic Peace Proposition. University of South Carolina Press, Columbia 1995.

Ray, James Lee 1998: Does democracy cause peace? In: Annual Review of Political Science 1998/1:27-46.

Reardon, K. K. 1991: Persuasion in Practice. Sage, Newbury Park/London/New Delhi 1991.

Reese, S. D. 1991: Setting the Media's Agenda: A Power balance Perspective. In: Communication Yearbook / 14. Sage Publications, Newbury Park/London/New Delhi 1991.

Refworld 1998: Collection of databases developed by the Centre for Documentation and Research (CDR) of the United Nations High Commissioner for Refugees (UNHCR). (Juli 1998) Genf 1998.

Reimann, Michael 1998: Zweiseitige Botschaften und Doppelbindungen als Mittel zur Abwehr 'subversiver' Informationen. In: Kempf, Wilhelm / Schmidt-Regener, I. (Hg.): Krieg, Nationalismus, Rassismus und die Medien. Münster 1998.

Reimann, Michael / Kempf, Wilhelm 1993: Informationsbedürfnis, Mediengebrauch und Informiertheit über Völkerrechtsverletzungen im 2. Golfkrieg. In: Forum Kritische Psychologie, 1993/31:124-144.

Reiss, Albert J. 1976: Police Brutality – Answers to Key Questions. In: Niederhoffer, Arthur / Blumberg, Abraham S. (eds.): The ambivalent force – Perspectives on the Police. Illinois 1976:333-342.

Rejali, Darius 1996: After Feminist Analyses of Bosnian Violence. In: Peace Review, 8/1996/3:365-373.

Remschmidt, Helmut / Hacker, Friedrich / Müller-Luckmann, Elis. et al. 1990: Ursachen, Prävention und Kontrolle von Gewalt aus psychiatrischer Sicht. In: Schwind, Hans-Dieter / Baumann, Jürgen (Hg.): Ursachen, Prävention und Kontrolle von Gewalt. Band II, Berlin 1990:157-292.

Renn, Ortwin / Klinke, Andreas 1998: Risikoevaluierung von Katastrophen. Wissenschaftszentrum Berlin für Sozialforschung, Berlin 98-304/1998.

Reno, William 1997: African Weak States and Commercial Alliances. In: African Affairs 96/1997/383:165-185.

Reofe, Y. / Lewin I. 1980: Attitudes toward an enemy and personality in a war environment. In: International Journal of Interculture Relations, Vol. 4/1980:97-106.

Reuter, Hans-Richard 1996: Militärinterventionen aus humanitären Gründen? Friedensethik zwischen Gewaltverzicht und Rechtsdurchsetzung. In: Meyer, Berthold (Red.): Eine Welt oder Chaos? Friedensanalysen 25, Frankfurt/Main 1996:276-300.

Reykowski, J. 1982: Social motivation. In: Annual Review of Psychology, 1982/33:123-154.

Richardson, L. F. 1960: Statistics of deadly quarrels. Boxwood & Quadrangle, Pittsburgh 1960.

Richter, Dirk 1996: Nation als Form. Opladen 1996.

Rieseberg, Angela / Martin-Newe, Ursula 1988: Macho-, Monster-, Medienfreizeit. Pfaffenweiler 1988.

Risse-Kappen, Thomas 1994: Demokratischer Frieden? Unfriedliche Demokratien? Überlegungen zu einem theoretischen Puzzle. In: Krell, Gert / Müller, Harald (Hg.): Frieden und Konflikt in den internationalen Beziehungen. Frankfurt/New York 1994:159-189.

Rittberger, Volker 1994: Internationale Organisationen – Politik und Geschichte. Opladen 1994.

Rittberger, Volker 1997: Zur Friedensfähigkeit von Demokratien. In: Aus Politik und Zeitgeschichte, Bonn 10/1987:3-10.

Rittberger, Volker / Mogler, Martin / Zangl, Bernhard 1997: Vereinte Nationen und Weltordnung – Zivilisierung der internationalen Politik? Opladen 1997.

Roberts, Donald F. / Bachen, Christine M. 1981: Mass communication effects. In: Annual Review of Psychology, 1981/32:307-356.

Rödding, Gerhard 1994: Menschenwürde und Gewaltdarstellung im Fernsehen. In: Medienpsychologie, 1994/6:323-341.

Rogers, Rosemarie / Copeland, Emily: 1993: Forced Migration – Policy Issues in the Post-Cold War World. Medford 1993.

Rohloff, Christoph 1998: Empirische Konfliktforschung und Umweltkonflikte: Methodische Probleme. In: Carius, A. / Lietzmann, K. (Hg.): Umwelt und Sicherheit. Berlin 1998:155-175.

Rohloff, Christoph 1999: Krieg im Namen der Menschenrechte? Eine Bestandaufnahme nach der NATO-Intervention im Kosovo. INEF Report 38/1999:1-45.

Rohloff, Christoph (Hg.) 1999: Krieg im Kosovo – was nun? Friedens- und Sicherheitspolitik nach der NATO-Intervention. INEF-Report 38. Institut für Entwicklung und Frieden, Duisburg 1999.

Rolshausen, Claus 1997: Macht und Herrschaft. Münster 1997.

Rommelspacher, Birgit 1995: Dominanzkultur: Texte zur Fremdheit und Macht. Berlin, Orlanda 1995.

Ropers, Norbert 1995: Friedliche Einmischung – Strukturen, Prozesse und Strategien zur konstruktiven Bearbeitung ethnopolitischer Konflikte. Berghof Report Nr. 1, Berlin 1995.

Ropers, Norbert 1997: Roles and Functions of Third Parties in the Constructive Management of Ethnopolitical Conflicts. Berghof Occasional Paper No.14., Nov. 1997.

Rose, Sir Michael 1999: „Die NATO hat ihre Ziele verfehlt". In: Blätter für deutsche und internationale Politik, 8/1999:1024.

Rosenau, James, N. / Czempiel, Ernst-Otto (Eds.) 1992: Governance without government – Order and change in world politics. Cambridge UP, Cambridge, Mass. 1992.

Rosenkrans, M. A. / Hartup, W. W. 1967: Imitative influences of consistent an inconsistent response consequences to a model on aggressive behavior on children. In: Journal of Personality an social Psychology, 1967/7:429-331.

Ross, Jeffrey Ian 1994: The Future of Municipal Police Violence In Advanced Industrial Democracies: Towards A Structural Causal Model. In: Police Studies 1994/2:1-27.

Roth, Dieter 1990: Die Republikaner – Schneller Aufstieg und tiefer Fall einer Protestpartei am rechten Rand. In: Aus Politik und Zeitgeschichte. Beilage zur Wochenzeitung Das Parlament 1990/37-38:27-39.

Roth, Dieter / Schäfer, Hartmut 1994: Der Erfolg der Rechten – Denkzettel für die etablierten Parteien oder braune Wiedergeburt? In: Bürklin, Wilhelm / Roth, Dieter (Hg.): Das Superwahljahr – Deutschland vor unkalkulierbaren Regierungsmehrheiten? Köln 1994:111-131.

Roth, Karl-Heinz 1993: Rassismus von oben – Rassismus von unten. In: 1999. Zeitschrift für Sozialgeschichte des 20. und 21. Jahrhunderts 1993/2:7-9.

Rupesinghe, Kumar (Hg.) 1995: Conflict Transformation. Basingstoke-London 1995.

Rupesinghe, Kumar / Kuroda, Michiko (eds.) 1992: Early Warning and Conflict Resolution. New York 1992.

Russett, Bruce M. 1993: Grasping the Democratic Peace – Principles for a Post-Cold War World. Princeton University Press, Princeton 1993.

Rüther, Günther 1993: Politische Bildung und politische Kultur im vereinigten Deutschland. In: Aus Politik und Zeitgeschichte. Beilage zur Wochenzeitung Das Parlament 1993/34:3-12.

Rutkoff, P. M. 1981: Revenge and revision. Ohio University Press, Athens 1981 .

Rutschky, Michael 1991: Antiautoritäre Revolte von rechts? Nachrichten aus dem Beitrittsgebiet. In: Tageszeitung (taz) vom 8.7.1991.

Ryan, Stephen 1995: Ethnic Conflict and International Relations. Aldershot 1995.

Saigh, Ph. A. 1985: An experimental analysis of chronic posttraumatic Stress among adolescents. In: The Journal of Genetic Psychology, 146/1985/1:125-131.

Saner, Hans 1982: Hoffung und Gewalt – Zur Ferne des Friedens. Basel 1982.

Saner, Hans 1988: Der innere Friede und der Frieden in der Welt. In: Ders.: Identität und Widerstand. Basel 1988:63-78.

Saner, Hans 1993: Die Symbolokratie als neue Herrschaftsform. In: Ders.: Macht und Ohnmacht der Symbole. Basel 1993:245-260.

Sapir, Debarati G. / Misson, Claudine 1991: The Development of a Database on Disasters. In: Disasters 16/1991/1:74-80.

Sassen, Saskia 1996: Migranten, Siedler, Flüchtlinge. Frankfurt/Main 1996.

Schäfer, Gert 1993: Ausländerfeindliche Topoi offizieller Politik. In: Wolfgang Kreutzberger u.a. (Hg.): Aus der Mitte der Gesellschaft – Rechtsradikalismus in der Bundesrepublik. Frankfurt/Main 1993:78-93.

Schall, Hero / Schirrmacher, Gesa 1995: Gewalt in der Familie. Resignation oder Herausforderung des Strafrechts? In: Düsterberg, Rolf (Red.): Osnabrücker Jahrbuch „Frieden und Wissenschaft", 2. Bd., Osnabrück 1995:255-277.

Schäuble, Wolfgang 1994: Und der Zukunft zugewandt. Berlin 1994.

Scheff, T. J. 1994: Bloody revenge: Emotions, nationalism and war. Westview Press, Boulder 1994.

Scherer, Peter 1993: „Standort Deutschland" – Wie frei ist das Kapital bei Standortentscheidungen? In: Sozialismus 1993/10:26-31.

Scherrer, Christian P. 1996: Ethno-Nationalismus im Weltsystem – Prävention, Konfliktbearbeitung und die Rolle der internationalen Gemeinschaft. Ein Handbuch zu Ethnizität und Staat. Bd. 1, Münster 1996.

Scherrer, Christian P. 1997: Dialektik von Zivilisation und Barbarei. Von Friedlosigkeit, neuer Weltunordnung und globalitären Trends. Zur Kritik an Huntingtons ʻKampf der Kulturen. In: Calließ, Jörg (Hg.): Wodurch und wie konstituiert sich Frieden? Das zivilisatorische Hexagon auf dem Prüfstand. Loccum 1997:241-276.

Scheuch, Erwin K. 1967: Theorie des Rechtsradikalismus in westlichen Industriegesellschaften. In: Hamburger Jahrbuch für Wirtschafts- und Gesellschaftspolitik 12, Tübingen 1967:11-29.

Scheungrab, Michael 1989: Videokonsum von Jugendlichen und jungen Erwachsenen – Neuere empirische Befunde zur Verbreitung und Nutzung des Mediums Video. In: Empirische Pädagogik, 1989/3:257-269.

Scheungrab, Michael 1990: Die Abbildung von Beziehungen zwischen Medienkonsum und Delinquenz im Rahmen kausalanalytischer Modelle. In: Lukesch, Helmut (Hg.): „Wenn Gewalt zur Unterhaltung wird ...". Regensburg 1990:119-148.

Scheungrab, Michael 1993: Filmkonsum und Delinquenz. Ergebnisse einer Interviewstudie mit straffälligen und nicht-straffälligen Jugendlichen und jungen Erwachsenen. Regensburg 1993.

Schindler, Hardi 1998: Die Konflikte in Südamerika. Münster 1998.

Schindler, Hardi o.J.: Der Kosovo-Konflikt. Internet: http://www.conflict.com/deutsch.

Schlichte, Klaus 1996: Krieg und Vergesellschaftung in Afrika – Ein Beitrag zur Theorie des Krieges. Münster/Hamburg 1996.

Schlichte, Klaus 1998: Struktur und Prozeß: Zur Erklärung bewaffneter Konflikte im nachkolonialen Afrika südlich der Sahara. In: Politische Vierteljahresschrift 39/1998/2:261-281.

Schlotter, Peter 1996: Die Mühen der Stillen der Diplomatie – Konfliktprävention und Krisenmanagement durch die OSZE. In: Aus Politik und Zeitgeschichte, B 5/1996:27-31.

Schmeidl, Susanne / Jenkins, Craig J. 1998: Early Warning indicators of Forced Migration. In: Davies, John L. / Gurr, Robert Ted (Hg.): Preventive Measures – Building Risk Assessment and Crisis Early Warning Systems. New York 1998:56-69.

Schmid, A. P. / de Graaf, J. 1982: Violence as Communication – Insurgent Terrorism and the Western Media. Sage, London 1982.

Schmidt, Matthias 1997: Die Parlamentsarbeit rechtsextremer Parteien und mögliche Gegenstrategien – Eine Untersuchung am Beispiel der „Deutschen Volksunion" im Schleswig-Holsteinischen Landtag. Münster 1997.

Schmieg, Evita 1997: Entwicklungszusammenarbeit als Instrument der Krisenprävention – Beitrag für den internationalen Workshop „Umwelt und Sicherheit". Berlin, 3./4.7.1997.

Schmitt-Egner, Peter 1993: Von der Gewalt zur „Selbstreproduktion des Lebens". Überlegungen zur Kritik und Rekonstruktion eines Basiskonzeptes der Friedensforschung. In: Galtung, Johan / Kinkelbur, Dieter / Nieder, Martin (Hg.): Gewalt im Alltag und in der Weltpolitik. Münster 1993:89-127.

Schmitt-Glaeser, Walter 1990: Private Gewalt im politischen Meinungskampf: zugleich ein Beitrag zur Legitimität des Staates. Berlin 1990.

Schneewind, Klaus A. / Beckmann, Michael / Engfer, Anette 1983: Eltern und Kinder. Stuttgart 1983.

Schneider, Hans Joachim 1990: Zusammenfassung des Berichts des „Ministerial Committee of Inquiry into Violence" (Neuseeland). In Schwind, Hans-Dieter / Baumann, Jürgen (Hg.): Ursachen, Prävention und Kontrolle von Gewalt. Band III – Sondergutachten. Berlin 1990:293-313.

Schneider, Hans-Joachim 1994: Kriminologie der Gewalt. Stuttgart 1994.

Schneider, Jens 1999: Die Straße der Enttäuschten. Die Menschen, die im letzten Jahr in Sachsen-Anhalt DVU gewählt haben, wollen nun von Politik gar nichts mehr wissen. In: Süddeutsche Zeitung, 9.9.1999:3.

Schneider, Peter 1992: Ein Land zum Auswandern. In: Bahman Nirumand (Hg.): Angst vor den Deutschen – Terror gegen Ausländer und der Zerfall des Rechtsstaates. Reinbek bei Hamburg 1992:91-99.

Schoch, Bruno 1996: Der Nationalismus – bekannt, nicht erkannt. In: Berthold Meyer (Red.): Eine Welt oder Chaos? Frankfurt/Main1996:47-89.

Schramm, Wilbur / Lyle, Jack / Parker, Edwin B. 1961: Television in the lives of our children. Stanford University Press, Stanford, Calif. 1961.

Schröder, Burkhard 1997: Im Griff der rechten Szene – Ostdeutsche Städte in Angst. Reinbek bei Hamburg 1997.

Schrodt, Philip A. / Gerner, Deborah J. 1998: The Impact of Early Warning on Institutional Responses to Complex Humanitarian Crises. Paper presented at the Third Pan-European International Relations Conference, Vienna, 16-19 September 1998.

Schui, Herbert / et al. 1997: Wollt ihr den totalen Markt? Der Neoliberalismus und die extreme Rechte. München 1997.

Schulte, Axel 1997: Multikulturelle Demokratie – Überlegungen zur politischen Gestaltung des Zusammenlebens von Einwanderern und Einheimischen. In: Butterwegge, Christoph (Hg.): NS-Vergangenheit, Antisemitismus und Nationalismus in Deutschland – Beiträge zur politischen Kultur der Bundesrepublik. Baden-Baden 1997:217-238.

Schulz, Stefan 1991: Der Staatsstreich in der Sowjetunion 1991 – Drei Tage Widerstand aus der Perspektive der Sozialen Verteidigung. In: gewaltfreie aktion, 89-90/1991:20-28.

Schwarzkopf, H. Norman 1992: General H. Norman Schwarzkopf – The Autobiography – It doesn´t Take a Hero. Batam Books, New York/Toronto/ London/Sydney/Auckland 1992.

Schweitzer, Christine 1998: „Intervention: zivil, militärisch oder gewaltfrei?" In: Grundmann, Martin / Hummel, Hartwig (Hg.): Militär und Politik – Ende der Eindeutigkeiten? Zum Wandel institutioneller Gewalt, Baden-Baden 1998:76-89.

Schweitzer, Christine 1999: Krieg und Vertreibung im Kosovo – Ist die NATO Brandstifter oder Feuerwehr? IFGK Arbeitspapier 11/1999 Wahlenau 1999.

Schwilk, Heimo / Schacht, Ulrich (Hg.) 1994: Die selbstbewußte Nation – „Anschwellender Bocksgesang" und weitere Beiträge zu einer deutschen Debatte. 2. Aufl., Berlin/Frankfurt/Main 1994.

Schwind, Hans Dieter / Baumann, Jürgen (Hg.) 1990: Ursachen, Prävention und Kontrolle von Gewalt – Analysen und Vorschläge der Unabhängigen Regierungskommission zur Verhinderung und Bekämpfung von Gewalt. 4 Bde, Berlin 1990.

Selg, Herbert 1987: Zur Verharmlosung der Wirkung brutaler Medieninhalte auf Kinder und Jugendliche. In: Sozialpädiatrie in Praxis und Klinik, 1987/9:42-44.

Selg, Herbert 1990: Gewaltdarstellungen in Medien und ihre Auswirkungen auf Kinder und Jugendliche. In: Zeitschrift für Kinder- und Jugendpsychiatrie, 1990/18:152-156.

Selg, Herbert 1993: Fördern Medien die Gewaltbereitschaft? In: Wehling, Hans-Georg (Red.): Aggression und Gewalt. Stuttgart 1993:74-84.

Selg, Herbert / Mees, Ulrich / Berg, Detlev 1988: Psychologie der menschlichen Aggressivität. Göttingen 1988.

Selye, H. 1976: The stress of live. McGraw-Hill, New York 1976.

Semelin, Jacques 1995: Ohne Waffen gegen Hitler – Eine Studie zum zivilen Widerstand in Europa. Frankfurt 1995.

Senghaas, Dieter 1993: Überlegungen zu einer Kasuistik internationaler Interventionen. In: Kühne, Winrich (Hg.): Blauhelme in einer turbulenten Welt – Beiträge internationaler Experten zur Fortentwicklung des Völkerrechts und der Vereinten Nationen. Baden-Baden 1993:435-443.

Senghaas, Dieter 1994: Wohin driftet die Welt? Über die Zukunft friedlicher Koexistenz. Frankfurt/Main 1994.

Senghaas, Dieter 1995: Hexagon-Variationen: Zivilisierte Konfliktbearbeitung trotz Fundamentalpolitisierung. In: Debiel, Tobias / Ropers, Norbert: Friedliche Konfliktbearbeitung in der Staaten- und Gesellschaftswelt. SEF, Bonn 1995:37-54.

Senghaas, Dieter 1997b: Frieden – ein mehrfaches Komplexprogramm. In: Ders. (Hg.): Frieden machen, Frankfurt/Main 1997:560-575.

Senghaas, Dieter 1997c: Hexagon-Sünden – Über die Kritik am „zivilisatorischen Hexagon". In: Calließ, Jörg (Hg.): Wodurch und wie konstituiert sich Frieden? Das zivilisatorische Hexagon auf dem Prüfstand, Loccum 1997:325-337.

Senghaas, Dieter 1998: Zivilisierung wider Willen – Der Konflikt der Kulturen mit sich selbst. Frankfurt/Main 1998.

Senghaas, Dieter (Hg.) 1997a: Frieden machen. Frankfurt/Main 1997.

Shamir, I. (Ed.) 1976: The perpetuation of the memory of the fallen and its meaning. Ministry of Defense Press, Tel Aviv 1976 (in Hebrew).

Sharp, Gene 1973: The Politics of Nonviolent Action. Boston 1973.

Sharp, Gene 1985: Making Europe Unconquerable: The Potential of Civilian-Based Deterrence and Defence. Cambridge 1985.

Sheehan, James J. 1996: Nation und Staat. Deutschland als „imaginierte Gemeinschaft". In: Hettling, Manfred / Nolte, Paul (Hg.): Nation und Gesellschaft in Deutschland – Historische Essays. München 1996:33-45.

Sherif, M. 1967: Group conflict an cooperation. Routledge, London 1967.

Sherif, Muzafas / Sherif, C. 1969: Social Psychology. Harper & Row, New York 1969.

Sherman, M. 1991: Informing through the JIB. In: Naval Institute Proceedings, August 1991:59-61.

Shipler, D. 1985: Arab and Jew: Wounded spirits in promised land. Viking Penguin, New York 1985.

Siegelberg, Jens 1994: Kapitalismus und Krieg – Eine Theorie des Krieges in der Weltgesellschaft. Münster/Hamburg 1994.

Simmel, Georg 1908: Soziologie: Untersuchungen über die Formen der Vergesellschaftung. Berlin 1908.

Simpson, C. 1996: Elisabeth Noelle-Neumann's „Spiral of Silence" and the Historical Context of Communication Theory. In: Journal of Communication, Summer, 46/1996/3:149-173.

Sivan, E. 1991: The 1948 generation: Myth, profile and memory. Maarchot. Tel Aviv 1991.

Skolnick, Jerome H. / Fyfe, James J. 1993: Above the Law – Police and the Excessive Use of Force. New York 1993.

Small, Melvin / Singer, David J. 1982: Resort to Arms: International and Civil Wars, 1916-1980. Sage Publications, Beverly Hills, Ca. 1982.

Smilansky, S. 1980: Die Entwicklung von Todeskonzept bei Kindern im Vorschulalter. In: Raviv, A. / Klingman, A. / Horowitz, M. (Hg.): Kinder in Krisen- und Streßsituationen, Tel Aviv 1980.

Söllner, Alfons 1995: Asylpolitik, Fremdenfeindschaft und die Krise der demokratischen Kultur in Deutschland – eine zeitgeschichtliche Analyse. In: Backes, Uwe / Jesse, Eckhard (Hg.): Jahrbuch Extremismus und Demokratie 7. Baden-Baden 1995:43-59.

Sommer, Gert 1998: Internationale Gewalt: Friedens- und Konfliktforschung. In: Bierhoff, Hans Werner / Wagner, Ulrich (Hg.): Aggression und Gewalt – Phänomene, Ursachen und Interventionen. Stuttgart/Berlin/Köln 1998:206-231.

Sontheimer, Kurt 1991: Deutschlands Politische Kultur. 2. Aufl. München/Zürich 1991.

Spelten, Angelika 1996: Gewaltprävention – Eine neue Aufgabe auch für die Entwicklungspolitik? In: ÖSFK (Hg.): Theorie und Praxis ziviler Konfliktbearbeitung, Friedensbericht 1996. Zürich 1996:237-248.

Spielberg, C. D. (Ed.): 1972: Anxiety: Current Trends in Theory and Research (Vol.1). Academic Press, New York 1972.

Spoo, Eckart 1993: Demütig um ein Deutschland von innen bittend. In: Blätter für deutsche und internationale Politik, 1993/38:603-605.

Stack, Steven 1987: Publicized executions and homicide – 1950-1980. In: American Sociological Review, 1987/52:532-540.

Starker, G. / Moosa, F. 1988: Posttraumatic stress disorder: A reaction to state-supported child abuse an neglect. In: Child Abuse and Neglect, 1988/12:383-395.

Stedman, Stephan John 1995: Alchemy for a New World Order – Overselling Preventive Diplomacy. In: Foreign Affairs, 74/1995/3:14-20.

Stedman, Stephan John 1998: Conflict Prevention as Strategic Interaction: The Spoiler Problem and the Case of Rwanda. In: Wallensteen, Peter (Hg.): Preventing Violent Conflict – Past Record and Future Challenges. Stockholm 1998:67-86.

Stegmüller, Wolfgang 1969: Wissenschaftliche Erklärung und Begründung. Berlin 1969.

Steil, Armin 1985: Gesellschaftliche Krise und Kultur der Gewalt – Zur Faszination des militanten Neofaschismus auf Jugendliche und ihre Ursachen. In: Blätter für deutsche und internationale Politik, 1985/10:1238-1250.

Stein, A. H. / Friedrich, L. K. 1971: Television content and young children's behavior. Television and social behavior (Vol. 2). US. Government Printing Office, Washington DC 1971.

Sternstein, Wolfgang 1980: Strategien gewaltfreier Aktion -. Ein Überblick. In: Schultz, Hans-Jürgen (Hg.): Politik ohne Gewalt? Beispiele von Gandhi bis Camara. Frankfurt/Main 1980:165-179.

Stevenson, H. W. 1971: Television and the behavior of preschool Children – Television and social behavior (Vol. 2) US-Government Printing Office Washington DC 1971.

Stiftung Entwicklung und Frieden (Hg.) 1992: Agenda für den Frieden – Analysen und Empfehlungen des UN-Generalsekretärs – Forderungen an die deutsche Politik, Bonn-Bad Godesberg 1992.

Stohl, Michael 1980: The nexus of civil and international conflict. In: Gurr, Ted Robert (Hg.): Handbook of Political Conflict. Free Press, New York 1980:297-330.

Stoler, P. 1986: The War Against the Press – Politics, Pressure and Intimidation in the 80s. Dodd, Mead / Company, New York 1986.

Strafgesetzbuch 1993: Strafgesetzbuch (für die Bundesrepublik Deutschland). In der Fassung der Bekanntmachung vom 3.11.1993, Bundesgesetzblatt I, S. 50.

Sturm, Herta 1989: Medienwirkungen – ein Produkt der Beziehungen zwischen Rezipient und Medium. In Groebel, Jo / Winterhoff-Spurk, Peter (Hg.): Empirische Medienpsychologie. München 1989:33-44.

Sykes, E. Gresham / Matza, David 1974: Techniken der Neutralisierung: Eine Theorie der Delinquenz. In: Sack, Fritz / König, René (Hg.): Kriminalsoziologie. Frankfurt/Main 1974:360-371.

Sylvester, Christine 1992a: Feminist Theory and International Relations in a Postmodern Era. Cambridge University, New York 1992.

Sylvester, Christine 1992b: Feminist and Realist View, Autonomy and Obligation in IR. In: Peterson, Spike V. (ed.): Gendered States. Lynne Rienner, Boulder 1992.

Sylvester, Christine 1993: Riding the Hyphens of Feminism, Peace and Place in Four-(or More) Part Cacophony. In: Alternatives 1993/18:109-118.

Taguieff, Pierre-André 1991: Die ideologischen Metamorphosen des Rassismus und die Krise des Antirassismus. In: Bielefeld, Uli (Hg.): Das Eigene und das Fremde – Neuer Rassismus in der Alten Welt? Hamburg 1991:221-268.

Taler, Conrad 1972: Rechts, wo die Mitte ist – Der neue Nationalismus in der Bundesrepublik. Frankfurt/Main 1972.

Taschler-Pollacek, Heidrun / Lukesch, Helmut 1990: Viktimisierungsangst als Folge des Fernsehkonsums? Eine Studie an älteren Frauen. In: Publizistik, 1990/35:443-453.

Taylor, Philipp M. 1992: War and the media. Propaganda and Persuasion in the Gulf War. Manchester University Press, Manchester/New York 1992.

Terkessidis, Mark 1995: Kulturkampf – Volk, Nation, der Westen und die Neue Rechte. Köln 1995.

Terkessidis, Mark 1998: Psychologie des Rassismus. Opladen/Wiesbaden 1998.

Terr, L. C. 1991: Childhood traumas: An outline and overview. In: American Journal of Psychiatry, 148/1991:10-20.

The Media at War: The Press and the Persian Gulf Conflict. Gannet Foundation Media Center, New York City 1991.

The Seville Statement on Violence (1986) 1990: In: Alternatives 12/1990:271-274, deutsch u.a. in: Galtung / Kinkelbur / Nieder (Hg.): Gewalt im Alltag und in der Weltpolitik, Münster 1993:224-227.

Thürmer-Rohr, Christina 1989a: Mittäterschaft und Entdeckungslust. Berlin; Orlanda 1989.

Thürmer-Rohr, Christina 1989b: Vagabundinnen. Orlanda, Berlin 1989.

Thurnher, Armin 1999: Ein Hauch von Wende. In: Falter 37/1999:5.

Thurnher, Armin / Volf, Patrik 1999: „Klima ist ein Plüschtier". Interview mit Wolfgang Schüssel. In: Falter 37/1999:8.

Tibi, Bassam 1995: Krieg der Zivilisationen – Politik und Religion zwischen Vernunft und Fundamentalismus. Hamburg 1995.

Tickner, Anne J. 1992: Man, the State and War: Gendered Perspectives on International Security. In: Tickner, Anne: Gender in International Relations: Feminist Perspectives on achieving global security. Columbia University Press, New York 1992:27-67.

Tickner, Anne J. 1995a: Identity in International Relations Theory: Feminist Perspectives. In: Lapid, Y. / Kratochwil, F. (eds.): The Return of Culture and Identity in International Relations Theory. Lynne Rienner, 1995/96.

Tickner, Anne J. 1995b: International Relations: Post Positivist and Feminist Perspectives. In: Goodin, Robert E. / Klingemann, Hans-Dieter (Hg.:): A New Handbook of Political Science. Oxford University Press. Boulder 1995.

Tilly, Charles 1990: Coercion, Capital and European States AD 990-1990. Blackwell, Cambridge, MA 1990.

Tilly, Charles 1995: State-Incited Violence – 1900-1999. In: Davis, Diane E. / Kimeldorf, Howard (Hg.): Political Power and Social Theory. Vol. 9, Greenwich 1995.

Tjafel, H. / Jahoda, G. / Nemeth, C. / Rim, Y. / Johnson, N. B. 1972: The devaluation by children of their own national and ethnic grop – Two cases studies. In: British Journal of Social and Clincical Psychology, 1972/11:235-243.

Tocqueville, Alexis de 1969: Der Alte Staat und die Revolution. Hamburg 1969.

Tomuschat, Christian 1994: Ein neues Modell der Friedenssicherung tut not – Blauhelmeinsätze der zweiten Generation. In: Europa-Archiv 1994/24:677-684.

Tönnies, Sibylle 1996: Soldaten müssen Polizisten werden – Plädoyer für einen neuen Pazifismus. In: DIE ZEIT Nr 19, 3.5.1996:45f.

Treibel, Annette 1993: Transformationen des Wir-Gefühls – Nationale und ethnische Zugehörigkeiten in Deutschland. In: Blomert, Reinhard u.a. (Hg.): Transformationen des Wir-Gefühls – Studien zum nationalen Habitus. Frankfurt/Main 1993:313-345.

Troebst, Stefan 1998: Conflict in Kosovo: Failure or Prevention? An Analytical Documentation. ECMI (European Studies for Minority Issues) Working Paper No.1, May 1998.

Turney-High, H. H. 1949: Primitive war. University of South Carolina Press, Columbia 1949.

U.S. Committee for Refugees 1998: World Refugee Survey. Washington DC 1998.

U.S. Committee for Refugees o.J.: World Refugee Survey. Washington (erscheint jährlich).

UNDP United Nations Development Program 1995: Bericht über die menschliche Entwicklung 1995. Bonn 1995.

UNHCR (United Nations High Commissioner for Refugees) 1997: Zur Lage der Flüchtlinge in der Welt. Bonn 1997.

Unmittelbarer Zwang 1993: Gesetz über den unmittelbaren Zwang bei Ausübung öffentlicher Gewalt durch Vollzugsbeamte des Bundes, Stand v. 6.9.1993. In: Bundesgesetzblatt I, S. 2378, 2406.

van der Voort, Tom H. A. / Beentjes, Johannes J. W. 1997: Effects of extremely violent audiovisual products on young people's aggressive behavior and emotional reactions. In: Winterhoff-Spurk, Peter / van der Voort, Tom H. A. (Eds.): New horizons in media psychology. Opladen 1997:87-104.

Vasquez, John A. 1993: The War Puzzle. Cambridge 1993.

Vasquez, John A. 1995: Why Do Neighbors Fight? Proximity, Interaction, or Territoriality. In: Journal of Peace Research, vol. 32/1995:3:277-293.

Väyrynen, Raimo 1997: Towards Effective Conflict Prevention: A Comparison of Different Instruments. In: International Journal of Peace Studies, 2/1997/1:1-18.

Viemerö, Vappu 1996: Factors in childhood that predict later criminal behavior. In: Aggressive Behavior, 1996/22:87-97.

Vinke, Hermann 1981: Mit zweierlei Maß – Die deutsche Reaktion auf den Terror von rechts – Eine Dokumentation. Reinbek bei Hamburg 1981.

Vogt, Wolfgang R. 1997: Ist Gewalt zivilisierbar? Zur kritisch-reflexiven Friedenstheorie der Zivilisierung. In: Ders. (Hg.): Gewalt und Konfliktbearbeitung – Befunde, Konzepte, Handeln. Baden-Baden 1997:11-54.

Voorhoeve, Joris J. C. 1998: Lehren für die Zukunft – UN-Friedenssicherung im Wandel. In: Internationale Politik, 1998/7:41-48.

Waal, Frans de 1993: Wilde Diplomaten – Versöhnung und Entspannungspolitik bei Affen und Menschen. München 1993.

Waddington, P. A. C. 1991: The Strong Arm of the Law – Armed and Public Order Policing. Oxford 1991.

Waever, Ole / Buzan, Barry / Kelstrup, Morten / Lemaitre, Pierre (Hg.) 1993: Identity, Migration and the New Security Agenda in Europe. London 1993.

Waldmann, Peter 1995: Gesellschaften im Bürgerkrieg – Zur Eigendynamik entfesselter Gewalt. In: Zeitschrift für Politik, 42/1995/4:343-368.

Waldmann, Peter 1997: Bürgerkrieg – Annäherung an einen schwer faßbaren Begriff. In: Leviathan, 25/1997/4:480-500.

Wallensteen, Peter 1998b: Preventive Security: Direct and Structural Prevention of Violent Conflicts. In: Wallensteen, Peter (Hg.): Preventing Violent Conflict – Past Record and Future Challenges. Stockholm 1998:9-38.

Wallensteen, Peter (Hg.) 1998a: Preventing Violent Conflict. Past Record and Future Challenges. Stockholm 1998.

Wallensteen, Peter / Margareta Sollenberg 1998: Armed Conflicts. In: Journal of Peace Research 35/1998/3.

Walt, Stephen M. 1996: Revolution and War. Cornell University Press, Ithaca 1996.

Walter, Manfred / Werkentin, Falco 1987: Die justitielle Kontrolle polizeilicher Todesschüsse. In: Bürgerrechte & Polizei (CILIP) 26/1987/1:5-36.

Walters, Richard H. / Thomas, Edward Llewellyn 1962: Enhancement of punitive behavior by audio-visual displays. In: Science, 1962/136:872-873.

Walters, Richard H. / Thomas, Edward Llewellyn 1963: Enhancement of punitiveness by visual and audio-visual displays. In: Canadian Journal of Psychology, 1963/17:244-255.

Waltz, Kenneth N. 1959: Man, the State, and War. Columbia University Press, New York 1959.

Wasmuht, Ulrike C. 1998: Geschichte der deutschen Friedensforschung. Entwicklung – Selbstverständnis – Politischer Kontext. Münster 1998.

Wassermann, Richard / Böttcher, Reinhard / Steinhilper, Gernot / Völz, 1990: Verhinderung und Bekämpfung von Gewalt aus der Sicht der Strafrechtspraxis. In Schwind,

Hans-Dieter / Baumann, Jürgen (Hg.): Ursachen, Prävention und Kontrolle von Gewalt. Band II, Berlin 1990:762-856.

Weber, Annette 1999: Interviewsammlung – Bestandteil der Dissertation über das
Selbstverständnis von Frauen im Krieg in Südsudan und Eritrea. Veröffentlichung
voraussichtlich 1999 .

Weber, Max 1964: Wirtschaft und Gesellschaft. Studienausgabe, Köln 1964.

Weber, Max 1980: Wirtschaft und Gesellschaft. Tübingen 1980 (5. Aufl.) (Original
1921).

Wehler, Hans-Ulrich 1994: Nationalismus als fremdenfeindliche Integrationsideologie.
In: Heitmeyer, Wilhelm (Hg.): Das Gewalt-Dilemma – Gesellschaftliche Reaktionen
auf fremdenfeindliche Gewalt und Rechtsextremismus. Frankfurt/Main 1994:73-90.

Wehrmann, Elisabeth 1999: Die Abrüstung der Seelen – Warum Kriege nie zu Ende sind.
Die Traumaforschung stellt sich vor. In: Die Zeit vom 1.7.1999:41.

Weidenfeld, Werner (Hg.) 1983: Die Identität der Deutschen. Schriftenreihe der Bundeszentrale für politische Bildung, Bd. 200, Bonn 1983.

Weiner, Myron 1995: The Global Migration Crisis: Challenge to States and to Human
Rights. New York 1995.

Weiner, Myron (Hg.) 1993: International Migration and Security. Boulder 1993.

Weis, Kurt / Alt, Christian / Gingeleit, Frank 1990: Probleme der Fanausschreitungen
und ihrer Eindämmung. In: Hans-Dieter Schwind / Jürgen Baumann (Hg.): Ursachen,
Prävention und Kontrolle von Gewalt. Band III – Sondergutachten. Berlin 1990:575-
670.

Weiß, Rudolf H. 1990: Horror-Gewalt-Video-Konsum bei Jugendlichen. Gefühlsreaktio-
nen – Persönlichkeit – Identifikation Täter/Opfer. In: Lukesch, Helmut (Hg.): „Wenn
Gewalt zur Unterhaltung wird ...". Regensburg 1990:47ff.

Weiß, Rudolf H. 1992: Von der Gewalt fasziniert – Gewaltmedienkonsum und seine
Auswirkungen auf die jugendliche Psyche (insbesondere Aggressivität und Sozialverhalten). In: Hanckel, Christoph / Heipe, Helmut / Kalweit, Udo (Hg.): Psychologie
macht Schule, 10. Bundeskonferenz für Schulpsychologie 1992 Heidelberg. Bonn
1994:256-272.

Weiß, Rudolf H. 1993: Gewaltmedienkonsum – Video-Gewalt 1992. Eine Feldstudie
April bis Juli 1992. Befragung von 12-16 jährigen Schülern aus 6.-9. Klassen im Bezirk des Oberschulamtes Stuttgart. Oberschulamt, Stuttgart 1993.

Weiß, Rudolf H. 1997: Gewaltmedienkonsum und Rechtsradikalismus bei Jugendlichen
in Baden-Württemberg und Sachsen. Faktoren- und kausalanalytische Überprüfung
eines vermuteten Zusammenhangs oder 'Wie kommt das nur in diese Köpfe rein?'
In: Baumgärtel, F. / Willer, F. W. / Winterfeld, U. (Hg.): Innovation und Erfahrung,Bonn 1997:95-115.

Werbik, Hans 1974: Theorie der Gewalt. München 1974.

Werbik, Hans 1982: Zur terminologischen Bestimmung von Aggression und Gewalt. In:
Hilke, R. / Kempf, Wilhelm (Hg.): Aggression. Bern 1982:334.350.

Werkentin, Falco 1990: Warum prügeln Polizisten? Überlegungen und Thesen zu den
Produktionsfaktoren polizeilicher Gewalt. Berlin 1990 (Ms.).

Wertheimer, Jürgen 1986: Ästhetik der Gewalt – Ihre Darstellung in Literatur und Kunst.
Frankfurt/Main 1986.

Wessels, Michael G. 1993: Psychologische Dimensionen internationaler Mediation. In:
Kempf, Wilhelm / Frindte, Wolfgang / Sommer, Gert / Spreiter, Michael (Hg.): Gewaltfreie Konfliktlösungen. Interdisziplinäre Beiträge zu Theorie und Praxis friedlicher Konfliktbearbeitung. Heidelberg 1993:71-90.

White, R. 1970: Nobody wanted war: Misperception in Vietnam and other wars. Anchor Books, Garden City, NY 1970.

Whitney, C. / Wartella, E. / Lasorsa, D. / Danielson, W. / et al. 1997: National Television Violence Study, Part II: Television violence in „reality" programming: University of Texas at Austin Study. Sage, Thousand Oaks 1997.

Wichert, S. 1994: Northern Ireland in 1945. Longman, London 1994.

Wieben, Hans-Jürgen 1989: Illegale Gewalt durch Polizeibeamte – Erfahrungen aus der Praxis. In: Bundeskriminalamt (Hg.): Was ist Gewalt? – Auseinandersetzungen mit einem Begriff. Band 3, Wiesbaden 1989:303f.

Wiegel, Gerd 1995: Nationalismus und Rassismus – Zum Zusammenhang zweier Ausschließungspraktiken. Köln 1995.

Wieser, Michael 1995: Wie entsteht Gewalt? In: Friedensforum – Hefte zur Friedensarbeit, 1995/1-2:6-7.

Wilke, Boris 1997: Krieg auf dem indischen Subkontinent – Strukturgeschichtliche Ursachen gewaltsamer Konflikte in Indien, Pakistan und Bangladesch seit 1947. Arbeitspapier 1/1997 der Forschungsstelle Kriege, Rüstung und Entwicklung, Hamburg 1997.

Willems, Helmut / et al. 1998: Erklärungsmuster fremdenfeindlicher Gewalt im empirischen Test. In: Roland Eckert (Hg.): Wiederkehr des „Volksgeistes"? Ethnizität, Konflikt und politische Bewältigung. Opladen 1998:195-214.

Williams, Tanis MacBeth (Ed.). 1986: The impact of television. A natural experiment in three communities. Academic Press, Orlando 1986.

Wilson, B. J. / Kunkel, D. / Linz, D. / Potter, J. / et al. 1997: National Television Violence Study, Part I: Violence in television programming overall. University of California, Santa Barbara Study. Sage, Thousand Oaks 1997.

Winkler, A. 1983: Kinder im Stress – Empirische Untersuchung über die Auswirkungen des permanenten kriegsähnlichen Zustandes in Israel auf die Persönlichkeitsentwicklung von Kindern im Vorschulalter. Diss. Freie Universität Berlin, Berlin 1983.

Winkler, Jürgen R. 1996: Bausteine einer allgemeinen Theorie des Rechtsextremismus – Zur Stellung und Integration von Persönlichkeits- und Umweltfaktoren. In: Falter, Jürgen W. / et al. (Hg.): Rechtsextremismus – Ergebnisse und Perspektiven der Forschung. PVS-Sonderheft 27, Opladen 1996:25-48.

Winter, J. 1995: Sites of memory, sites of mourning – The Great War in European cultural history. Cambridge University Press, Cambridge 1995.

Winterhager-Schmid, Luise 1992: Gewaltphantasien – Bewältigungs- und Verarbeitungsprozesse bei männlichen Jugendlichen. In: Pädagogik, 1992/44:10-11.

Winterhoff-Spurk, Peter 1989: Fernsehen und Weltwissen. Opladen 1989.

Winterhoff-Spurk, Peter 1994: Gewalt in Fernsehnachrichten. In: Jäckel, Michael / Winterhoff-Spurk, Peter (Hg.): Politik und Medien – Analysen zur Entwicklung der politischen Kommunikation. Berlin 1994:55-69.

Wintersteiner, Werner 1999: Pädagogik des Anderen – Bausteine für eine Friedenspädagogik in der Postmoderne. Münster 1999.

Witztum, E. / Malkinson, R. 1993: Bereavement and perpetuation: The double face of the national myth. In: Malkinson, R. / Rubin, S. S. / Witztum, E. (Eds.): Loss and bereavement in Jewish society in Israel. Kana, Jerusalem 1993:231-258 (in Hebrew).

Wöhlcke, Manfred 1992: Umweltflüchtlinge – Ursachen und Folgen. München 1992.

Wolf, Klaus-Dieter 1994: Die UNO zwischen Friedensabsicht und Interventionspraxis. In: Meyer, Berthold / Moltmann, Bernhard (Hg.): Konfliktsteuerung durch Vereinte Nationen und KSZE, Frankfurt/Main 1994:57-68.

Wood, Wendy / Wong, Frank Y. / Chachere, J. Gregory 1991: Effects of media violence on viewers aggression in unconstrained social interactions. In: Psychological Bulletin, 1991/109:371-383.

Worchel, S. 1999: Written in blood: Ethnic identity and the struggle for human harmony. Worth Publishers, New York 1999.

Wulf, Christoph (Hg.) 1973: Kritische Friedenserziehung. Frankfurt/Main 1973.

Yates, A. 1983: Stress managment in childhood. In: Clinical Pediattrics, 2/1983:131-135.

Yoon, Mi Yung 1997: Explaining U.S. intervention in third world internal wars – 1945-1989. In: Journal of Conflict Resolution 1997/41:580-602.

Young, Oran R. / Zürn, Michael 1995: The Study of International Regimes. In: European Journal of International Relations, 1/1995/3:267-330.

Zalewski, Marysia 1995: Feminism and War: 'Well, what is the feminist perspective on Bosnia?' In: International Affairs. Vol. 71/1995/2.

Zartmann, I. William 1985: Ripe for Resolution. Oxford UP, New York 1985.

Zartmann, I. William (ed.) 1995: Collapsed States – The Disintegration and Restoration of Legitimate Authority. Boulder/Lynne 1995.

Zattler, Jürgen 1999: Das MAI aus entwicklungspolitischer Sicht. INEF-Report 35, Duisburg 1999.

Zehnle, Richard 1994: Medienpsychologische Untersuchungen über Legitimität und Unvermeidbarkeit einer militärischen Konfliktaustragung in der bundesdeutschen Presseberichterstattung vor Beginn des 2. Golfkrieges. Diplomarbeit, Universität Konstanz 1994.

Zeitschrift für Genozidforschung (Bochum), seit 1999.

Zerger, Johannes 1997: Was ist Rassismus? Eine Einführung. Göttingen 1997.

Zick, Andreas 1997: Vorurteile und Rassismus – Eine sozialpsychologische Analyse. Münster 1997.

Zimmermann, Ekkart 1977: Soziologie der politischen Gewalt – Darstellung und Kritik vergleichender Aggregatdatenanalysen aus den USA. Stuttgart 1977.

Zimmermann, Ekkart 1980: Macro-comparative research on political protest. In: Gurr, Ted Robert (Hg.): Handbook of Political Conflict, Free Press, New York 1980:167-237.

Zimmermann, Ekkart 1981: Krisen, Staatsstreiche und Revolutionen -Theorien, Daten und neuere Forschungsansätze. Westdeutscher Verlag, Opladen 1981.

Zimmermann, Ekkart 1983: Political Violence, Crises and Revolutions: Theories and Research. G.K. Hall / Schenkman, Boston/Cambridge, Mass. 1983.

Zimmermann, Ekkart 1987: Gewalt. In: Görlitz, Axel / Prätorius, Rainer (Hg.): Handbuch Politikwissenschaft. Reinbek 1987:133-122.

Zimmermann, Ekkart 1997: Vergleichende Krisen- und Konfliktforschung. In: Berg-Schlosser, Dirk / Müller-Rommel, Ferdinand (Hg.): Vergleichende Politikwissenschaft: Ein einführendes Handbuch, 3. Aufl., Opladen 1997:267-86.

Zimmermann, Ekkart 1999: Demokratisierung und Konflikt: Auf dem Wege zu einer theoretischen Bestandsaufnahme. Freiburg, Soziologentag 1999. Erscheint in: Hradil, Stefan (Hg.): Kongreßband 1.

Zimmermann, Jean 1995: Tail Spin: Women in the Wake of Tailhook. Doubleday, New York/London/Toronto/Sydney 1995.

Ziv, A. / Israeli R. 1973: Effect of bombardment on the manifest anxiety level of children livin in Kibbutzim. In: Journal of Consulting and Clinical Psychology, 40/1973/2:287-291.

Ziv, A. / Kruglanski, A. W. / Shulman, Sh. 1974: Children's psychological reactions to wartime stress. In: Journal of Personality and social Psychology 1974, Vol. 30/1974/1:24-40.

Zöchling, Christa 1999: Haider – Licht und Schatten einer Karriere. Molden, Wien 1999.

Zolomon, Z. / Mikulincer, M. / Hobfoll, S. E. 1986: Effects of social support and battle intensity on loneliness and breakdown during combat. In: Journal of Personality and Social Psychology, 1986/51:1269-1276.

Zuckerman-Bareli, Ch. 1979: The effect of border tension on the residents on Israeli border town. In: Journal of Human Stress, 1979/1:29-40.

Zürn, Michael 1998: Schwarz-Rot-Grün-Braun: Reaktionsweisen auf Denationalisierung. In: Beck, Ulrich (Hg.): Politik der Globalisierung. Frankfurt/Main 1998:297-330.

Stichwortregister

Die nachgenannten Stichworte spiegeln aus den Beiträgen der AutorInnen gewonnene Betrachtungsgegenstände wider. Sie zeigen keineswegs alle Fundstellen solcher Stichworte an, sondern verweisen eher auf Schwerpunkte der Betrachtungen.

G

H

I

J

K

ÖSFK-Programm

Das Forschungsprogramm „Friedensmacht Europa"

Teilprojekt 1
Frieden durch Zivilisierung?
Probleme – Ansätze – Perspektiven

Dieses Teilprojekt untersucht wesentliche Grundlagen und Grundfragen der Friedensforschung und der Friedenspolitik nach 1989/90. In einem ersten Teil werden die neuen friedenstheoretischen und -politischen Herausforderungen nach dem Ende des Ost-West-Konfliktes thematisiert. Der zweite Teil setzt sich kritisch mit der Zivilisationstheorie sowie ihrer Rezeption durch die Friedensforschung auseinander und enthält Entwürfe für ein zeitgemäßes zivilisationstheoretisches Design der Friedens- und Konfliktforschung. Im dritten Teil werden zentrale Aspekte, Ansätze und Probleme der Friedenstheorie und -politik untersucht, u.a.

- Friedensfähigkeit der Menschen,
- Frieden und Gewaltmonopol,
- Frieden und Recht,
- Frieden und Gerechtigkeit/Gleichberechtigung,
- Frieden und Demokratie,
- Frieden und Kapitalismus,
- Frieden und Religion.

Im vierten Teil werden die Vision einer „Friedensmacht Europa" in ihren Umrissen skizziert und eine Agenda zur Friedensforschung und Friedenspolitik für Europa an der Schwelle zum 21. Jahrhundert vorgelegt. Dieses Teilprojekt dient insgesamt der theoretischen Grundlegung des ÖSFK-Forschungsprojektes.

Die Erkenntnisse aus der Arbeit im Teilprojekt 1 sind veröffentlicht in:
Österreichisches Studienzentrum für Frieden und Konfliktlösung (Hg.): Gerald Mader / Wolf-Dieter Eberwein / Wolfgang R. Vogt: Frieden durch Zivilisierung? Probleme – Ansätze – Perspektiven, Koordination: Wolfgang R. Vogt, Münster, agenda-Verlag, 1996, 507 S., ISBN 3-929440-76-8.

434

Teilprojekt 2
Europa im Umbruch:
Risiken und Chancen der Friedensentwicklung

In diesem Teilprojekt soll eine systematische Bestandsaufnahme der Struktur-bedingungen und Entwicklungstendenzen innerhalb Europa einerseits, im internationalen System andererseits erfolgen. Damit werden die Grundlagen für die Entwicklung von Szenarien über grundlegend denkbare und mögliche Entwicklungen über diesen Teil der Welt geschaffen.

Stichworte hierzu im einzelnen sind:
- Chancen und Risiken für Gestaltungsoptionen,
- Krisen und Kriege,
- Sicherheit, Konflikt und Kooperation,
- Wirtschaft und Stabilität,
- Ökologie und Sicherheit,
- Identität, Integration und Stabilität,
- Szenarien.

Im Zentrum dieses Teilprojektes steht also die Risiken-Chancen-Analyse der Entwicklung Gesamteuropas. Dazu muß ein selektives Raster zentraler Dimensionen für die systematische Risiken-Chancen-Analyse entwickelt werden, auf dessen Grundlage dann Szenarien entworfen werden.

Die Erkenntnisse aus der Arbeit im Teilprojekt 2 sind veröffentlicht in: Österreichisches Studienzentrum für Frieden und Konfliktlösung (Hg.): Gerald Mader / Wolf-Dieter Eberwein / Wolfgang R. Vogt: Europa im Umbruch – Chancen und Risiken der Friedensentwicklung nach dem Ende der Systemkonfrontation. Koordination: Wolf-Dieter Eberwein, Münster, agenda-Verlag, 1997, 346 S., ISBN 3-89688-006-3.

Teilprojekt 3
Europäische Friedensordnung: Gestaltung von „oben"

Europa ist bereits heute durch ein Geflecht sicherheitspolitischer und sonstiger Institutionen überzogen. Im Rahmen dieses Teilprojektes sollen nicht nur das bestehende institutionelle Gefüge analysiert, sondern zugleich Möglichkeiten der generellen Ausgestaltung eines friedenssichernden Systems in Gesamt-europa von oben – das heißt durch die Staaten selbst – erörtert werden. Dazu gehört an prominenter Stelle die Auseinandersetzung mit der offiziellen Sicherheitspolitik in Gesamt-Europa seit dem Ende des Ost-West-Konfliktes.

Stichworte im einzelnen sind hierzu
- Institutionen- und Regimebildung in Europa,

- Europa als Regionalsystem und die UNO,
- Regionale Institutionen und ihre Interdependenz,
- Machtpolitik als kulturelles Phänomen,
- Konzepte für eine europäische Außen- und Verteidigungspolitik,
- Modelle für eine europäische Friedens- und Sicherheitsordnung.

Tendenzen und Grenzen für die Wandlung Europas zu einer militärischen (regionalen) Großmacht sollen verglichen werden mit den Chancen der Entwicklung Gesamteuropas zu einer zivilisierten Friedensmacht.

Die Erkenntnisse aus der Arbeit im Teilprojekt 3 sind veröffentlicht in:
Österreichisches Studienzentrum für Frieden und Konfliktlösung (Hg.): Gerald Mader / Wolf-Dieter Eberwein / Wolfgang R. Vogt: Europäische Friedensordnung – Konturen einer Sicherheitsarchitektur. Koordination: Wilfried Graf / Lutz Unterseher, agenda-Verlag, 1998, 384 S., ISBN 3-89688-020-9.

Teilprojekt 4
Europäische Friedensordnung: Gestaltung von „unten"

Friede im umfassenden Sinne geht über die Abwesenheit der militärischen Bedrohung hinaus. In diesem Teilprojekt geht es um die Rolle nichtstaatlicher Akteure, transnationaler und nichtstaatlicher internationaler Organisationen ebenso wie um innerstaatliche Akteure, die einen wesentlichen Beitrag zum Zivilisierungsprozeß in Europa leisten können.

Stichworte im einzelnen sind u.a.
- Kultur als Risiko und Chance,
- Multikulturalität als Voraussetzung,
- Friedenspolitik durch „NGO"s,
- Friedensarbeit vor Ort,
- innerer Frieden und Alltagsgewalt,
- Friedenserziehung/Friedenskompetenzen.

Neben der Evaluierung der kulturellen Voraussetzungen für den Zivilisierungsprozeß und der dafür erforderlichen konkreten gesellschaftlichen Akteure muß insbesondere die Problematik erörtert werden, wie Strategien der Einwirkung von unten auf die „große Politik" beschaffen sein müssen, um zu diesem Ziel beizutragen.

Die Erkenntnisse aus der Arbeit im Teilprojekt 4 sind veröffentlicht in:
Österreichisches Studienzentrum für Frieden und Konfliktlösung (Hg.): Gerald Mader / Wolf-Dieter Eberwein / Wolfgang R. Vogt: Friedenspolitik der Zivilgesellschaft – Zugänge, Erfolge, Ziele. Koordination: Christine M. Merkel, agenda-Verlag, 1998, 315 S., ISBN 3-89688-035-7.

Teilprojekt 5
Das Phänomen Gewalt

Beim Gewaltphänomen muß zwischen einer zwischenstaatlichen Dimension und einer innerstaatlichen, die mit dem Begriff der „Alltagsgewalt" charakterisiert werden kann, unterschieden werden. Im Rahmen dieses Teilprojektes geht es darum, diese beiden Aspekte je für sich ebenso wie ihre Querbezüge herauszuarbeiten.

Stichworte im einzelnen sind u.a.
– Gewalt und Geschlecht,
– Gewalt und gesellschaftliche Institutionen,
– Gewalt und politischer Extremismus,
– Gewalt und Friedenserzwingung,
– Gewalt und Friedenssicherung,
– Interdependenz von Gewalt von „oben" und von „unten".

Die kulturelle Verfestigung von Gewalt als denkbares und praktiziertes Handlungsmuster steht hier im Mittelpunkt, ebenso wie die Möglichkeiten, derartige kulturell verfestigte Praktiken zu überwinden. Insofern werden in diesem Teilprojekt wichtige Grundlagen für die spätere Entwicklung von Friedensstrategien geschaffen.

Die Erkenntnisse aus der Arbeit im Teilprojekt 5 sind Gegenstand des hier vorgelegten Bandes.

Teilprojekt 6
Frieden und Ökonomie

In diesem Teilprojekt geht es zum einen darum, die Bedingungen struktureller Gewalt, die in dem ökonomischen Teilsystem angelegt sind, aufzuarbeiten, zum anderen darum, Möglichkeiten der Überwindung solcher Bedingungen ins Auge zu fassen, die die Sicherheit in Europa unmittelbar bedrohen.

Stichworte im einzelnen sind u.a.
– der globale Kontext: regionale Konkurrenz USA – Japan – Europa,
– regionale Ungleichheit und ihre Überwindung,
– der globale Kontext: das Nord-Süd-Gefälle,
– der Zyklus von Armut und Gewalt, Rüstungsproduktion und Waffenhandel als Risiko,
– Ökologische Marktwirtschaft als Chance.

Ohne Schaffung von Wohlstand ist eine Friedensordnung kaum denkbar. Ohne politisch institutionelle Absicherung einer Ökonomie, die in der Lage ist, diesen

Wohlstand zu garantieren, ohne daß er diesen zugleich längerfristig ökologisch wieder zerstört, ist dieses Ziel nicht zu erreichen. Diese zentralen und komplexen Zusammenhänge sollen im Rahmen dieses Teilprojektes analysiert werden und durch die Frage nach adäquaten Strategien ergänzt werden. Der ökologische Aspekt wird überdies gesondert im Teilprojekt 7 vertieft.

Die Publiktion der Ergebnisse der Arbeit im Teilprojekt 6 ist in Vorbereitung.

Teilprojekt 7
Frieden und Ökologie

Ohne Berücksichtigung der Ökologie ist keine Friedensordnung denkbar. Zivilisierung erstreckt sich nicht nur auf den Umgang zwischen Menschen bzw. Staaten, sondern ebenso auf den Umgang mit der Natur. Ökologische Gefährdungen ergeben sich nicht nur aus der Organisation der Produktion und Verteilung, sondern ebenso aus kriegerischen Auseinandersetzungen innerhalb und zwischen Staaten. Deswegen stellt die Vernachlässigung der Ökologie ebenso ein Sicherheitsrisiko dar, wie deren Instrumentalisierung für machtpolitische Zwecke (etwa durch Giftgasangriffe auf Aufständische).

Stichworte im einzelnen sind u.a.
- Ökologische Sicherheit/Problemaufriß
- Umweltzerstörung als Ursache/Folge von (Bürger-)Krieg,
- Ressourcenausbeutung und -vernichtung,
- Umweltzerstörung im globalen Kontext,
- Umwelt als institutionelles Problem.

Die engen Grenzen der Einzelstaaten im Hinblick auf ihre Kontroll- und Steuerungsfähigkeit treten in der Umweltproblematik besonders deutlich zutage. Zugleich ist keine Lösung ohne entsprechende Unterstützung der Politik möglich. Mit diesem Teilprojekt sollen neben der Bestandsaufnahme der Problematik in Europa im Kontext der globalen Umweltbedrohung Ansätze für die Entwicklung strategischer Lösungen erarbeitet und aufgezeigt werden.

Teilprojekt 8
Zivile Konfliktverarbeitung:
Gewalt-Prävention und nichtmilitärische Krisen-Intervention

Das Problem der Konfliktverarbeitung besteht darin, daß der (nichtmilitärischen) Prävention zu wenig Aufmerksamkeit geschenkt wird und Möglichkeiten der gewaltfreien Konfliktregulierung vorschnell ausgeblendet werden. Mit diesem Teilprojekt soll daher dieser Gesamtkomplex grundsätzlich thematisiert werden.

Stichworte im einzelnen sind u.a.
– Konfliktprozesse und ihre Bearbeitung – ein Problemaufriß,
– pro und kontra Gewalt: dysfunktional oder nicht?
– pro und kontra gewaltlose Konfliktbearbeitung,
– Konfliktprävention,
– Konfliktmediation und ihre Träger,
– Konflikttraining und zivile Friedensdienste.

Vor dem Hintergrund kurz- und mittelfristiger Überlegungen zum Konfliktprozeß selbst geht es darum, neben den strukturellen Bedingungen von Konflikten als Ursache deren Eigendynamik aufzuarbeiten unter dem Gesichtspunkt, welche Mittel und Akteure erforderlich sind, um Gewalt weitgehend auszuschalten (innerstaatlich wie zwischenstaatlich), da sie immer nur negativ wirkt, keineswegs aber zur Konfliktlösung im positiven Sinne beitragen kann.

Teilprojekt 9
Europäische Friedenspolitik: Strategien und Programme

Das Forschungsprojekt zielt im Kern auf Strategien ab, die politikfähig sind. Aus diesem Grunde ist es notwendig, einen Überblick über das Spektrum an Vorschlägen zu erarbeiten, die von den verschiedensten staatlichen wie nichtstaatlichen Akteuren in den vergangenen Jahren erarbeitet und in der Öffentlichkeit diskutiert worden sind. Eine solche systematische Aufarbeitung steht bis heute aus.

Stichworte im einzelnen sind u.a.
Grundsätzliche Überlegungen zur Zivilisierung der Politik, Sicherheitspolitische Konzepte und Friedensstrategien (u.a.):
– Gewalt der Regierungen,
– Gewalt der politischen Parteien,
– Gewalt der Kirchen,
– Gewalt gesellschaftlicher Gruppen.

An Hand einer systematischen Kriterienliste sollen diese verschiedenen Strategien und Konzepte im Vergleich analysiert und evaluiert werden. Insbesondere geht es darum zu klären, inwieweit sie die für Strategien spezifizierten Bedingungen erfüllen.

Teilprojekt 10
Friedensstrategien für Europa

Dieses letzte Teilprojekt stellt das Herzstück des Gesamtprojektes dar. Die Aufgabenstellung besteht darin, die in den vorangegangenen neun Teilprojekten erarbeiteten Grundlagen nicht nur auszuwerten, sondern darüber hinaus ein Strategiebündel zu formulieren, das nicht nur realistisch erscheint, sondern darüber hinaus die Bedingungen der „Politikfähigkeit" erfüllt oder erfüllen könnte. Es erscheint wenig sinnvoll, an dieser Stelle weitere Ausführungen zu machen. Die Bedingungen wurden im Abschnitt 3 bereits präzisiert.

AutorInnen

Steffen Angenendt, Jahrgang 1958, Dr. phil., Politologe, Berlin.

Daniel Bar-Tal, Jahrgang 1946, Professor für Psychologie an der School of Education, Tel Aviv University, Tel Aviv, Präsident der International Society of Political Psychology.

Christoph Butterwegge, Jahrgang 1951, Prof. Dr. rer. pol., Hochschullehrer für Politikwissenschaft an der Universität zu Köln.

Sven Chojnacki, Jahrgang 1966, M.A., Freie Universität Berlin, assoziierter Wissenschaftler der Arbeitsgruppe internationale Politik, Wissenschaftszentrum Berlin für Sozialforschung.

Wilhelm Kempf, Jahrgang 1947, Prof. Dr. phil. habil., Professor für psychologische Methodenlehre und Statistik an der Universität Konstanz. Leiter der Projektgruppe Friedensforschung Konstanz. Mitglied des Bundesvorstandes des Forum Friedenspsychologie.

Dieter Kinkelbur, Jahrgang 1959, Dr. phil., M.A., Lehrer (Philosophie, Evangelische Religion, Sozialwissenschaften) und Lehrbeauftragter an der Universität Osnabrück.

Ilhan Kizilhan, Jahrgang 1965, Dipl. Psychologe, Journalist, Köln.

Helmut Lukesch, Jahrgang 1946, Dr. phil., Univ-Prof., Ord. Prof. für Psychologie an der Universität Regensbug, Lehrbeauftragter für Pädagogische Psychologie sowie Theorie der Erziehung und Bildung an der Universität für Musik und darstellende Kunst „Mozarteum" in Salzburg.

Heikki Luostarinen, Jahrgang 1957, Prof., Ph. D., Magister, Professor für Journalismus und Massenkommunikation an der Universität Jyvaskyla, Finnland.

Berthold Meyer, Jahrgang 1944, Prof. Dr. rer. soc., M.A., Projektleiter bei der Hessischen Stiftung Friedens- und Konfliktforschung (HSFK), Frankfurt am Main.

Barbara Müller, Jahrgang 1959, Dr. phil., Mitarbeiterin im Institut für Friedensarbeit und Gewaltfreie Konfliktaustragung, Wahlenau (Hunsrück).

Norbert Pütter, Jahrgang 1956, Dr. phil., Privatdozent am Fachbereich Politische Wissenschaft der Freien Universität Berlin, Redakteur des Informationsdienstes „Bürgerrechte & Polizei/CILIP".

Chistoph Rohloff, Jahrgang 1965, M.A., Politologe; Vorsitzender des Heidelberger Instituts für Internationale Konfliktforschung e.V., Wissenschaftlicher Mitarbeiter am Institut für Entwicklung und Frieden der Universität Duisburg.

Hardi Schindler, Jahrgang 1957, Magister (rer.pol.), M.A., Geschäftsführer des Heidelberger Instituts für Internationale Konfliktforschung e.V., Heidelberg.

Klaus Schlichte, Jahrgang 1963, Dr. phil., Dipl.Pol., Wissenschaftlicher Mitarbeiter am Institut für Politische Wissenschaft, Universität Hamburg; Hauptbearbeiter des DFG-Projektes „Staatsbildung und Staatszerfall in der Dritten Welt".

Christine Schweitzer, Jahrgang 1959, Ethnologin, M.A., Mitarbeit im Institut für Friedensarbeit und Gewaltfreie Konfliktaustragung, Wahlenau (Hunsrück).

Annette Weber, Jahrgang 1967, Politologin, Konfliktforscherin und Journalistin. Lehrbeauftragte an der European Peace University, Stadtschlaining, Doktorandin an der Freien Universität Berlin.

Ekkart Zimmermann, Jahrgang 1946, Professor Dr. rer. pol., Lehrstuhl für Makrosoziologie am Institut für Soziologie der Technischen Universität Dresden.

Über die Koordinatoren des Forschungsprogramms

Wolf-Dieter Eberwein, 1943, Dr. soz. wiss., Dipl. Pol., Privatdozent Universität Leipzig. Seit 1978 am Wissenschaftszentrum Berlin für Sozialforschung; Berater des Forschungsinstituts der Deutschen Gesellschaft für Auswärtige Politik Berlin (DGAP), Gastdozent am Institut d'Études Politiques, Paris; Vorstandsmitglied Studienkreis Internationale Beziehungen; Mitherausgeber der Zeitschrift „Global Security". Wissenschaftlicher Direktor des Europäischen Universitätszentrums für Friedensstudien (EPU), Stadtschlaining.

Gerald Mader, Dr. jur., Rechtsanwalt von 1951-1971, Mitglied der Burgenländischen Landesregierung von 1971-1984 (Kultur, Soziales, Gesundheit). Gründer und Leiter des Österreichischen Studienzentrums für Frieden und Konfliktlösung (ÖSFK) und des European University Center for Peace Studies (EPU), Stadtschlaining. Österreichischer Preis für Erwachsenenbildung (1971).

Wolfgang R. Vogt, 1940, Dr. rer. pol., Dipl. Soziologe, Leitender Wissenschaftlicher Direktor und Dozent für Friedens- und Konfliktforschung im Fachbereich Sozialwissenschaften/Sektion Soziologie an der Führungsakademie der Bundeswehr, Hamburg (seit 1968); seit 1992 Vorsitzender der Arbeitsgemeinschaft für Friedens- und Konfliktforschung (AFK), Bonn; Vorsitzender des Vorstandes von „Wissenschaft & Frieden" (W&F) – Interdisziplinäre Vierteljahreszeitschrift (seit März 1996); Wissenschaftlicher Leiter des Europäischen Museums für Frieden auf der Burg Schlaining, Burgenland (im Aufbau, Eröffnung im Mai 2000).

Über den Herausgeber

Österreichisches Studienzentrum für Frieden und Konfliktlösung (ÖSFK)

A-7461 Stadtschlaining/Burg, Tel.: (0043)03355-2498, Fax:03355-2662

Das ÖSFK (vormals Österreichisches Institut für Friedensforschung und Friedenserziehung) wurde im Jahre 1983 gegründet und setzt sich zum Ziel,

– zur weltweiten Förderung des Friedens,

– zur Förderung einer friedlichen Konfliktlösung auf allen Ebenen,

– zur Förderung des politischen und wissenschaftlichen Dialogs und

– zur Verbreitung des Friedensgedankens

beizutragen und der Stimme des Friedens mehr Gehör in Öffentlichkeit und Politik zu verschaffen.

Der konkrete Schwerpunkt der Aufgabe des ÖSFK besteht in

– Durchführung von Forschungsprojekten, insbesondere des fünfjährigen Forschungsprojektes „Friedensmacht Europa? – Strategien für den Aufbruch ins 21. Jahrhundert",

– Durchführung von „Advanced International Program in Peace, Security, Development and Conflict Resolution" (EPU-Programm),

– Durchführung eines „International Civilian Peace-Keeping and Peace-Building Training Program" (IPT-Programm).

Die Durchführung des EPU-Programms erfolgt in Zusammenarbeit mit dem Europäischen Universitätszentrum für Friedensstudien, das ebenfalls seinen Sitz in Stadtschlaining hat.

Die United Nations Educational, Scientific and Cultural Organization (UNESCO) hat dem Österreichischen Studienzentrum für Friedens- und Konfliktlösung (ÖSFK) und dem Europäischen Universitätszentrum für Friedensstudien (EPU) den UNESCO-Preis für Friedenserziehung 1995 verliehen.

Gründer von ÖSFK und EPU ist Gerald Mader.